国家哲学社会科学成果文库
NATIONAL ACHIEVEMENTS LIBRARY
OF PHILOSOPHY AND SOCIAL SCIENCES

缅甸语汉语
比较研究

汪大年　著

汪大年 1938年10月生,江苏武进人。北京大学教授。1960年毕业于北京大学东方语言文学系,并留校任教。长期以来从事缅甸语言、文化和汉藏语系语言比较的教学与研究工作。曾多次访问缅甸:1988—1989年赴缅甸仰光外国语学院进修,1994—1998年借调至文化部,被派赴中国驻缅甸大使馆文化处工作。2004年为国家社会科学基金项目《缅甸语与汉语比较研究》需要,专程赴缅甸各方言区进行为期5个月的缅甸语方言田野调查。

主要学术成果有:《缅汉词典》(主要编写者)、《缅甸语概论》(专著)、面向21世纪国家外语非通用语种本科人才培养基地教材《缅甸语教程》(共六册,主编)、《缅甸语与汉藏语系比较研究》(专著)等专著和教材。曾先后发表过《缅甸语中辅音韵尾的历史演变》、《妙齐提碑文研究(一)》、《论现代缅甸语声调》、《缅汉成语比较》、《建立在六缘基础上的中缅文化交流》、《缅甸的佛教文化》、《缅甸的佛教与社会》、《天涯同云雨,何曾分两地——论东南亚华人、华侨在文化交流中的作用》等数十篇有关语言文化的论文。

《国家哲学社会科学成果文库》
出版说明

为充分发挥哲学社会科学研究优秀成果和优秀人才的示范带动作用，促进我国哲学社会科学繁荣发展，全国哲学社会科学规划领导小组决定自 2010 年始，设立《国家哲学社会科学成果文库》，每年评审一次。入选成果经过了同行专家严格评审，代表当前相关领域学术研究的前沿水平，体现我国哲学社会科学界的学术创造力，按照"统一标识、统一封面、统一版式、统一标准"的总体要求组织出版。

全国哲学社会科学规划办公室
2011 年 3 月

内容简介

　　本书依据缅甸文碑铭、中缅两国的古籍、现代缅语及其方言等材料，对缅甸语的语音历史、构词构形、句子结构等特点进行了全面的研究，从缅汉两种语言的纵向发展（语言的历时变化）和横向的演变（方言的共时变化）两条轴线互相比较和佐证中，总结出了缅甸语的语音、词汇、语法的特点和历史演变规律。在此基础上与汉语作了全方位的比较，揭示了缅甸语和汉语之间在复辅音声母、韵母、辅音韵尾等诸多方面的共同特点和变化规律；揭示了缅汉两种语言的声母、韵母、辅音韵尾的演变对声调的产生和发展的重要作用；揭示了缅汉两种语言在构词方式、形态变化以及句子的结构等方面的异同。本书还通过比较研究，寻找出千余对缅甸语汉语同源词。为研究汉语和缅甸语的发展历史、深入研究汉藏语系提供了可靠的资料，也为中缅两国的历史、文化、民族起源和友好关系等人文学科的研究提供了有益的参考。

目　录

序一 ··· 孙宏开 1
序二 ··· 戴庆夏 3
绪言 ·· 1

第一章　中缅关系概述 ··· 1
1.1 地缘、民族、历史的关系 ·· 1
1.2 缅甸语与汉语的关系 ··· 9
1.3 缅甸语与汉语的音节结构 ······································· 14
1.4 缅甸文字的起源与变迁 ·· 16

第二章　缅甸语汉语比较的工具和资料 ···························· 18
2.1 缅甸文的注音 ·· 18
2.2 缅甸文的转写 ·· 26
2.3 缅甸文中一些不常见符号的注音和转写 ····················· 27
2.4 缅汉比较研究中的重要资料 ···································· 29
　　2.4.1 《白狼歌》 ··· 30
　　2.4.2 缅文碑铭 ·· 34
　　2.4.3 《四夷馆译语》 ·· 40
　　2.4.4 其他重要资料 ··· 47

第三章　缅甸语汉语声母系统的比较 ······························· 49
3.1 辅音的历史演变与共时变化的互证 ··························· 49
　　3.1.1 关于塞擦音 ts、tɕ 和擦音 s 的变化 ·················· 51
　　3.1.2 关于喉塞音 ʔ、送气音 h ······························· 51
　　3.1.3 关于清鼻流音 ·· 52
　　3.1.4 关于圆唇音 w ··· 52
　　3.1.5 关于复辅音的后置辅音 j、r、l、w ················· 54

      3.1.6 关于前加式复辅音 ·· 65
   3.2 缅甸语与汉语声母的对应 ·· 67
   3.3 汉语的谐声与缅甸语辅音的通转规律 ·································· 78

第四章　缅甸语汉语韵母系统的比较 ·· 89
   4.1 汉语、缅甸语的元音系统 ·· 89
      4.1.1 单元音、复合元音 ·· 90
      4.1.2 介音 ·· 91
      4.1.3 辅音韵尾 ·· 94
      4.1.4 辅音韵尾的历史变化 ··· 100
   4.2 缅甸语汉语韵母的对应 ··· 102
   4.3 缅甸语元音的通转规律 ··· 124

第五章　缅甸语汉语的声调系统比较 ······································· 147
   5.1 缅甸语声调及其历史演变 ··· 148
   5.2 缅甸语汉语声调的比较 ··· 153
   5.3 缅甸语与汉语声调的作用 ··· 169

第六章　缅甸语汉语词汇的比较 ··· 171
   6.1 构词法的比较 ··· 173
      6.1.1 单纯词 ··· 173
      6.1.2 复合词 ··· 174
   6.2 缅甸语汉语的形态比较 ··· 188
   6.3 缅甸语汉语词类的比较 ··· 199
      6.3.1 名词、代词、数量词的异同 ··································· 200
      6.3.2 形容词、动词、助动词、副词的异同 ··························· 226
      6.3.3 连接词、感叹词、拟声词的异同 ······························· 257
      6.3.4 助词的异同 ··· 275

第七章　缅甸语汉语句法的比较 ··· 325
   7.1 词、词组的比较 ··· 326

7.1.1 名词词组 …… 329
7.1.2 形容词词组 …… 334
7.1.3 状语词组 …… 335
7.1.4 谓语词组 …… 335
7.2 单句的比较 …… 336
7.2.1 句子成分的比较 …… 337
7.2.2 几种特殊成分的比较 …… 354
7.2.3 单句的词序和形式的比较 …… 357
7.3 缅甸语汉语句子类型的比较 …… 363
7.3.1 陈述句 …… 364
7.3.2 疑问句 …… 370
7.3.3 祈使句 …… 381
7.3.4 感叹句 …… 383
7.4 缅甸语汉语特殊句型的比较 …… 384
7.4.1 独词句 …… 385
7.4.2 引语句 …… 387
7.4.3 倒装句 …… 390
7.4.4 其他特殊句型 …… 391
7.5 缅甸语汉语复句的比较 …… 397

第八章 缅汉同源词 …… **414**

结语 …… **579**

缅甸语汉语同源词索引 …… **582**

主要参考书目 …… **597**

后记 …… **613**

Contents

Preface I..Sun Hongkai 1
Preface II..Dai Qingxia 3
Introduction..1

1 Summary of Sino-Burma Relations...1
  1.1 Geographical, Ethnic, Historical Relations...........................1
  1.2 Relationship Between Burmese and Chinese 9
  1.3 Syllabic Structure of Burmese and Chinese.........................14
  1.4 Origin and Development of Burmese Characters 16

2 Tools and Materials for the Comparative Study Between
Burmese and Chinese..18
  2.1 Phonetic Notation of Burmese 18
  2.2 Transcription of Burmese 26
  2.3 Phonetic Notationand Transcription of Some Special Burmese Characters ...27
  2.4 Important Materials for the Comparative Study Between
      Burmese and Chinese... 29
        2.4.1 *Songs of King Bailang*..30
        2.4.2 Burmese Inscriptions..34
        2.4.3 *Translation by Si-Yi-Guan Institute*............................40
        2.4.4 Other Historical Records and Materials.......................47

3 Comparison of the Initials System Between Burmese and Chinese............ 49
  3.1 Cross-verifying Consonant's Changes from both a Synchronic and a
      Diachronic Viewpoint..49
        3.1.1 About Stops, Affricates, Fricatives, etc..........................51

  3.1.2 About Glottal Stops, Aspirates..51
  3.1.3 About Voiceless Nasals...52
  3.1.4 About Rounded Consonants..52
  3.1.5 About Post-positional Consonant in a Consonant Cluster...............54
  3.1.6 About Pre-positional Consonant in a Consonant Cluster............65
 3.2 Initials in Burmese and Their Correspondence in Chinese.....................67
 3.3 Interchange Rules for Chinese Homophony and Burmese Consonants......78

4 Comparison of the Finals System Between Burmese and Chinese...............89
 4.1 Tracks and Rules of Changes of Chinese and Burmese from Both a Synchronic and a Diachronic Viewpoint...89
  4.1.1 Monophthong Vowels, Diphthong Vowels............................90
  4.1.2 Semi-vowels...91
  4.1.3 Consonant Codas..94
  4.1.4 Historical Changes of Consonant Codas................................100
 4.2 Finals in Burmese and Their Correspondence in Chinese.....................102
 4.3 Interchange Rules for Burmese Vowels...124

5 Comparison of the Tones System Between Burmese and Chinese............147
 5.1 Burmese Tones and Their Historical Development.....................148
 5.2 Tones in Burmese and Their Correspondence in Chinese......................153
 5.3 Function of Tones in Burmese and Chinese..................................169

6 Comparison of the Vocabulary System Between Burmese and Chinese......171
 6.1 Comparison of Word-formation...173
  6.1.1 Single-morpheme Words...173
  6.1.2 Compound-morpheme Words..174
 6.2 Comparison of Forms Between Burmese and Chinese........................188
 6.3 Comparison of Parts of Speech Between Burmese and Chinese...............199
  6.3.1 Similarities and Differences about Nouns, Pronouns, Quantifiers......200

    6.3.2 Similarities and Differences about Adjectives, Verbs,
         Auxiliary Verbs, Adverbs......226
    6.3.3 Similarities and Differences about Conjunctions, Interjections,
         Onomatopoeias......257
    6.3.4 Similarities and Differences about Particles......275

7 Comparison of the Syntax System Between Burmese and Chinese......325
  7.1 Comparison of Words and Phrases......326
    7.1.1 Noun Phrases......329
    7.1.2 Adjective Phrases......334
    7.1.3 Adverbial Phrases......335
    7.1.4 Verbal Phrases......335
  7.2 Comparison of Simple Sentences......336
    7.2.1 Comparison of Sentence Elements......337
    7.2.2 Comparison of some Special Elements......354
    7.2.3 Word Orders and Forms of Simple Sentences......357
  7.3 Comparison of Sentences Types Between Burmese and Chinese......363
    7.3.1 Declarative Sentences......364
    7.3.2 Interrogative Sentences......370
    7.3.3 Imperative Sentences......381
    7.3.4 Exclamatory Sentences......383
  7.4 Comparison of Special Sentence Patterns Between Burmese and Chinese...384
    7.4.1 Single-word Sentences......385
    7.4.2 Quotation-words Sentences......387
    7.4.3 Inverted Sentences......390
    7.4.4 Other Special Sentence Patterns......391
  7.5 Similarities and Differences about Compound Sentences Between Burmese and
    Chinese......397

8 Cognate Words in Burmese and Chinese......414
Conclusion......579

Index of Cognate Words both in Burmese and in Chinese......................582
References..597
Afterword..613

序 一

三年前,汪大年老师的《缅甸语与汉藏语系语言比较研究》即将出版,让我给他写序,时间似乎就在昨天。没有想到,时隔三年,他的又一部书稿《缅甸语汉语比较研究》又放在了我的桌上。他退休以后,一连出了多部汉藏语系历史比较研究方面的大部头著作,实在令我钦佩不已。回忆把我带到了30年前……。

对汉藏语系历史比较研究有着非常敏锐感觉的朱德熙先生[①],为了推动中国学者开展这个领域的研究,他不仅于1982年在国内发起召开了第15届国际汉藏语会议,请中央民族学院的老师在北大开设了汉藏语概论的课程,邀请美国汉藏语系研究专家马提索夫到北大做汉藏语系历史比较研究方面的系列讲座[②],而且还计划在北大培养汉藏语系历史比较研究方面的高级人才。在那段时间里,汪大年老师是这个计划的具体执行者。不仅如此,30年来,也是这个计划的实践者,他孜孜以求,在他相关的研究领域,开展着与汉语、汉藏语的深入比较研究,完成了一部又一部有分量的专著。应该说,汪老师的研究是与国内整个汉藏语系的历史比较研究同步进行的。

大家知道,中国是汉藏语系语言分布的故乡,理应对汉藏语系研究做出自己应有的贡献,但是事实并非如此。有关汉藏语系的分类、汉藏语系的内涵和外延、汉藏语系的历史演变、汉藏语系中许多专题研究等等,话语权并不在国内。为了扭转这种被动局面,30多年来,中国学者卧薪尝胆,从摸家底,整合资料,组织队伍,开展专题研究,进行国际以及地区间交流和合作,召开国际汉藏语会议等方面,开展了一系列卓有成效的工作,在国际汉藏语系以及相关的会议上已经争取到一定的话语权。

汪大年老师的研究成果,就是在这种大背景下完成的。但是,他所付出的艰辛,他所完成的大部头著作,又是许多人难以做到的。古人说,十年磨一剑。汪老师在他退休以后,仍然潜心于学术研究,把他多年积累的学术思想,用文字展现在学人面前,他实践了一位学者"永不停步"的人生追求。

[①] 详情请参阅朱德熙先生为马学良主编的《汉藏语概论》一书写的序言,北京大学出版社,1991年。
[②] 该讲座于1984年进行,一共讲了九次,有8次在北大进行,一次是在中国社会科学院民族所举行。

翻开他的大作，他对缅甸语语音、语法和词汇的分析，给人以纵横两个方面的认识，也就是既了解了缅甸语现时的特点，又得到了历史演变脉络的启发，不了解缅甸语的学者可以从他的著作里窥见缅甸语历史演变的轨迹，正如他在绪论中提到的"《缅甸语汉语比较研究》就是在前人研究的成果上，以历史比较语言学和普通语言学的理论为指导，对缅甸语的语音、语法、词汇等各个方面进行了近半个世纪的研究，加上著作者本人亲自到缅甸进行田野调查，在大量的语言数据的基础上，首先对缅甸语的语音、词汇、语法作了历时和共时的全面研究，并且与同族语言作了比较，总结出了缅甸语的语言、词汇、语法的特点和历史演变规律。同时，在这个基础上对缅汉两种语言作了比较研究。从古今语音发展变化的历史和演变规律、词汇构成、形态以及句子结构等多方位的领域中，找出共性和个性，使人们了解缅汉两种语言的共同发展规律，这些都是前人未曾做过的工作。"

最让人感到难能可贵的是在他的著作里找到了 1148 个缅甸语和汉语的同源词。每一条同源词都列出了它们同源的证据。他寻找同源词的理论和方法应该说是无可挑剔的："我想，不妨采用混合中外研究理论，加上利用方言的材料，尝试着尽可能地从语音和词义两个相近的范围内，再根据各自语音变化规律，综合这三个方面的情况找出缅汉同源词来，也许更可靠些。有些现在以为是同源词的，经过以后证明是借词或偶然的同音同义，那么将这些词排除了，不就剩下真正的同源词吗？有些可能今天认为是'疑似同源词'的，说不定却是变异后的真正的同源词。当然，在本书中列出的同源词只是一己之见，仅供参考，除了明显的同源词外，有些可以算是'疑似同源词'，是否是同源词还有较大的推敲余地。敬请读者一起斟酌。"

我们现在不能够说他找到的同源词百分之百都正确。但是他的态度是严谨的、客观的、实事求是的，方法是对头的。在汉藏语系历史比较研究的工作中，不管是宏观也好，微观也罢，我们需要的就是这样脚踏实地一步一个脚印的工作，他的成果的出版无疑会对推动汉藏语系的历史比较研究做出重大的贡献，在汉藏语系历史比较研究的前进道路上，是一个有里程碑意义的成就。

汉藏语系历史比较研究正方兴未艾，汪大年老师的成果为我们树立了一个难得的榜样，希望今后有更多的类似成果问世。

孙宏开
2011 年 1 月 14 日序于安贞桥寓所

序 二

大年教授的专著《缅甸语汉语比较研究》由北京大学出版社出版了，这对汉藏语系研究的人来说是件喜事，值得庆贺。

这部专著出版之前，大年先生就将原稿寄给了我，让我提意见，并请我为他作序。因为我也作藏缅语研究，很高兴能有先睹为快的机会，也很乐意为我的好友写序，将他的著作介绍给大家。拜读之后，有一股清新的感觉，对我很有帮助、很有启发。在这里，我只想谈谈该书的一个"新"字，也就是粗略地说说这部新著对汉藏语言学研究的贡献。

《缅甸语汉语比较研究》一书，对汉藏语历史语言学以及汉语史的研究有其特殊价值。因为汉藏语中有古代文字的语言很少，在进行语言的历史比较时遇到许多困难，而缅甸语是汉藏语系藏缅语族中的一种使用人口较多的语言，又是有早期拼音文字的语言，而且跟汉语有密切的亲缘关系，因而在汉藏语研究中弄清缅甸语的历史演变以及梳理它与汉语的关系，能够挖掘出许多有价值的新认识，能为汉藏语的研究提供新的养料。但纵观汉藏语的研究历史，与有些语言（如汉语、藏语等）相比，缅甸语的研究相对滞后，大都囿于局部的范围，缺少比较深入、系统的研究。特别是缅甸语与亲属语言的系统比较，可谓是个空白地带。而《缅甸语汉语比较研究》一书，在深入研究古今缅甸语言和广泛调查缅甸语方言的基础上，探索了缅甸语发展的历史，并重视使用已有的汉语史研究成果，从语音、词汇、语法等方面将缅甸语与汉语进行了系统的比较研究，力所能及地求出两种语言在历史演变中的异同，这项研究具有重要的学术价值。

比如在语音方面，该专著综合考察了缅甸语古今的变化轨迹。总结了上古缅甸文（12世纪初缅文碑铭）、中古缅甸语（四译馆缅文）以及现代缅甸语的语音特点，还利用了与古缅甸语有密切关系的《白狼歌》资料，勾画出缅甸语音从古到今的历时变化规律。作者还亲自在缅甸做了长期的方言调查，以东友方言、茵达方言、土瓦方言的缅甸语方言作基础，从纵横两条轴线观察语音变化，总结出缅甸语音历时和共时的变化规律。然后，在上述的研究基础上将缅甸语与上古汉语、中古汉语、现代汉语的语音历时变化，并与汉语的吴语、粤语、闽南语等方言作比较，涉猎历史语言学、形态学、类型学等多方面的范畴。

在研究的内容上，作者有许多自己独特的见解。例如：缅甸语和汉语中的塞音和塞擦音的共同变化途径；两种语言中浊辅音、清辅音的变化规律；送气和不送气辅音的转化规律；缅甸语中的前置辅音和复辅音后置辅音的历时变化，以及它与汉语的共同演变规律；缅甸语中的前置和后置复辅音的历史变化可以用来证实汉语的复辅音的存在；缅甸语的复辅音后置辅音 l、r、j、w 等与汉语介音的关系；在缅汉两种语言中，声母、韵母、辅音韵尾等对于声调产生和发展的作用；声调在两种语言中的形态作用；缅汉两种语言中辅音韵尾的变化途径和规律；塞音、塞擦音和擦音之间的转化规律等。

该书还在全面研究缅汉两种语言的基础上，附有一千多个词。每个字后注上词义（主要根据《说文解字》注释）、中古汉语音、现代汉语语音、汉语部分方言的语音，以及缅甸语上古拟音（11 世纪）、中古拟音（13 世纪）、现代缅甸语音（仰光音）、缅甸语东友方音、缅甸语茵达方音、缅甸语土瓦方音以及上古汉语语音等十五项内容。这些资料很宝贵，可以让读者清楚地了解到缅汉两种语言的同源词对应和发展规律，为深入研究汉藏语系藏缅语族提供有益的依据。

在研究方法上，大年教授将历史文献的排比与现实语言材料的"以今证古"结合一起，在动态的变化中探索缅汉两种语言的发展途径和规律。在如何将传统语言学与现代语言学理论方法的结合上，摸索了许多具体的经验。这对以后的汉藏语比较研究都有借鉴作用。

总之，大年教授为我们开辟了一片新的天地，相信将有更多的后来人关注缅甸语和汉语之间的亲密关系，关注汉藏语系的深入研究。

我与大年教授有几十年的交情，亲眼看到他在缅甸语的研究上花了大半生的精力，有了半个世纪的积累。他那耐得寂寞、甘坐冷板凳、锲而不舍的治学精神值得大家学习。

以上是我读了大年教授大作的一些粗浅想法，也许还未能把他最精彩的介绍出来。遗漏之处留给读者去补充。

是为序。

戴庆厦

2011 年草于中老（挝）边境勐腊县语言田野调查中

绪 言

缅甸联邦位于中国的西南，与中国的西藏自治区和云南省接壤。中缅两国有着地缘（山水相连）、血缘（民族间的血缘关系）、语缘（共同的语言系属）、命缘（历史上的共同遭遇）、佛缘（共同的宗教信仰）、商缘（自古就有商业来往）等各种缘分，中缅两国的关系非同一般。

当然，中缅两国还需要相互进一步了解，进一步促进友好关系的发展，因此必须对两国的政治、经济、文化、历史、民族、语言等进行深入的研究。这也是一项人类学、民族学、社会学、历史学、语言学综合研究的课题。本书的目的就是为了促进两国人民相互了解，促进两国人民文化交流。

缅甸语和汉语比较研究的另一目的就是进一步了解两种语言的历史发展和相互关系。因为语言在历史发展的长河中，记录了各个历史时期的社会发展、文化现象、经济面貌和当时各民族的风俗习惯和文化交流的实况。这些记录虽经沧海桑田的变化，却恒久地积淀在语言的发展史中，所以人们称语言是一种"活化石"。我们通过缅汉语言的比较，可以了解中缅两国人民的历史、民族、文化的渊源关系，也可以了解缅甸语言的起源、发展和变化规律以及缅甸语和汉语的血缘关系，了解汉藏语系语言的形成和发展、相互接触和影响，反过来也可以从缅甸语的发展中了解汉语发展历史的轨迹。过去，我们对缅甸语研究重视不够，了解肤浅。迄今为止，人们发现最早纪录上古缅语的史籍就是公元74年的《白狼歌》，这是用汉文写成的诗歌，同时一个字一个字的译成白狼语——上古缅语。由于当时古缅语尚未有文字，只能用汉字将古缅语音注出。郑张尚芳先生用自己对上古汉语研究的新成果解读了《白狼歌》中汉字注音的原意，同时也揭示了古缅语的语音面貌。尽管《白狼歌》全文只有一百多个字，不能全面反映古缅语的面貌，但是这是近两千年以前的古缅语的文字记载，在语言史上是罕见的宝贵数据，在藏缅语族的语言中也是绝无仅有的资料，它对缅甸语言研究、汉语史的研究、语言比较研究及中缅两国的政治、文化、民族关系的研究都有着重要的价值。郑张尚芳就是继承了老前辈李方桂、王力先生学说的精华，同时又通过汉语与汉藏语系藏缅语族的比较进一步提出了新的上古汉语的拟音。这是运用语言比较研究大大推进了汉语研究的有力证据。郑张尚芳用他的拟音系统，也更加贴切地解读了中国古籍中用汉字记音的《越人歌》（《说苑》"越人拥楫歌"约作于公元前528年）、《维甲令》（《越绝书》所记越王勾践对吴国备战的动员口号，约发布于公元前484年）、《白狼歌》（《后汉书》所记"远夷乐德、慕德、怀德歌"，作于公元74年）。这些作品都是我国最古老的民族语记录，比起其他的古拼音字文献如藏文、占城文、敦煌发现的古焉夷语、龟兹语、于阗语等大部分唐代的记载还要早出一千多年。就是年代最晚的《白狼歌》也要比它们早出500多年。年代久远、数量稀少，本身已是价值极高。现在证明，用这些古老的记载可以验证上古汉语的拟音的正确与否，这个意义和价值是可想而知了。

可以肯定，史前缅语的起源应该还在《白狼歌》出现的年代之前。《白狼歌》记录了公元一世纪时的上古缅语的面貌。随着历史的发展，白狼部落分崩离析，一部分向缅甸境内迁徙，将古缅语传入了缅甸，一路上也留下了部分部族，逐步与其他部族接触、融合。语言也在分化、分别与其他的语言接触、融合，发展成为彝语、载瓦语、阿昌语等等与白狼语极为相似的语言。可以肯定这些语言也在不同程度上保留了上古白狼语的原貌。在9世纪以后的几百年间，缅甸族兴起和发展，逐渐战胜了缅甸境内的许多城堡国家，统一了缅甸，建立了蒲甘王朝。白狼语（即上古缅语）在缅甸特定的环境下发展，同时借助于印度古文字——梵文、巴利文的影响和孟文的范例，公元10世纪前后创制了缅甸文字。这是一种拼音文字，它比较精确地记录了当时的缅甸语，真实反映了缅甸语在当时的语音面貌。经过比较，我们可以发现古缅甸语（缅甸碑文时期）较多地保留了上古缅语的原始面貌。因此，我们能够从11－12世纪的缅文（主要是蒲甘碑铭）了解到白狼语（上古缅语）经过将近一千年以后在缅甸变成怎样的面貌。既然，它较多的保留了上古缅语的面貌，我们也可以通过研究，了解到比《白狼歌》更多的情况。可见，研究缅甸语，不仅对于汉语的研究和缅甸语言发展史的研究有着重要意义，同时对藏缅语族乃至整个汉藏语系的研究都具有十分重大的意义。

长期来人们对于缅甸语言的研究重视不够，就是缅甸本国研究力量也十分薄弱。英国的卢斯教授在缅甸几十年对缅甸历史和缅甸碑文作了开创性的研究，但是重点还是偏重于历史与文学。缅甸学者对于缅甸语的语音、文字的研究，大都偏重于编写正字法字典（由于缅甸语辅音韵尾的历史演变，产生了许多原先不同韵尾的字变成了发音相同的异体字，造成文字上的混乱，因此历史上18－19世纪有不同的正字法字典出现。主要有盛达觉都吴奥的《智者大成正字法》和基尼江萨耶的《说文解字》),出发点不是研究缅甸语音而是着重在文字的书写上定正误之准绳,信欧甘德玛拉(主要著作有《文字拼写法》(ဝဏ္ဏဗောနေသတ်အင်း)1961年,仰光大学出版)。20世纪后缅甸的学者吴妙(U Mya,主要著作有《古缅甸文字考》)、吴达妙(U Damya 主要著作《孟缅文字史》)和吴钦貌丁(U Khin Maung ding 主要著作有《语言论》)开创了用现代语言学研究缅甸文字和语音的先河,吴温(U Wun 主要著作有《缅文正字法》(မြန်မာသတ်ညွှန်းကျမ်း)翻译文学社出版;《蒲甘王朝时期的缅文碑铭》(ပုဂံကျောက်စာများ)1980年缅甸教育部高教局翻译和出版处编;《彬牙王朝、阿瓦王朝时期的缅文碑铭》(ပင်းယခေတ် အင်းဝခေတ် မြန်မာကျောက်စာများ)1979年缅甸教育部高等教育局编,大学出版社出版;《蒲甘、阿瓦、贡榜王朝时期缅文碑铭字体》(ပုဂံ အင်းဝ ကုန်းဘောင် ကျောက်ထွင်းမြန်မာအက္ခရာပုံ)1986年、《缅甸文拼写正字法》(မြန်မာစာလုံးပေါင်း သတ်ပုံကျမ်း),1978年 缅甸联邦教育部缅甸文委员会编印;《缅甸王朝枢密院定正字法》1962年罕达瓦底印书馆。后来还有缅甸萨耶东伦(Shayathaungluing 主要著作有《缅甸文字学》1972年仰光版)、吴登奈(U Theinnain 主要著作《缅甸文字考》)、毛篦萨亚登吉(Shayatheinki 主要著作有《缅甸古文字典》罕达瓦底彼得嘎印书馆)等学者,但他们也都是偏重于文字方面。研究缅甸语词汇的有拉德盟(U Hlading 主要著作有《缅文精髓》(မြန်မာစာအမြတေ)1967年仰光宾尼亚阿林比牙印书馆、《疑难字字典》(ခက်ဆစ်အဘိဓာန်)1958年佐地咖萨印书馆、《丰富词汇妙方》(စကားလုံးကြွယ်ဝရာနည်းပဒေသာ)1969年丁瑞埃印书馆)、研究语音史的有吴戈桑洛法师(U Kawsanla 主要著作有《缅甸词汇音义考》(မြန်မာစကားလုံးပြောင်းထုံးကျမ်း)。关于缅甸语法研究,过去缅甸语言学界多采用巴利文法来套缅甸语,难免有许多牵强附会的地方。后来缅甸语言学界改用英语语法来套缅甸语,同样有许多不如意处。例如缅甸吴东伦的《新缅甸语语法》、缅甸教育部缅甸文委员会出版的《缅甸语语法》,虽然有所创新,但仍囿于缅甸文本身范围,不少问题难以解决。只有到20世纪外国语言学家冲破了缅甸语一种语言的束缚,把缅甸语语音和语法研究放到了更大范围中——汉藏语系藏缅语族中来研究,使原先的认识有了新的视野。例如 N.C.Bodman(包拟古,《原始汉语与汉藏语》(Proto-Chinese and Sino-Tibetan)1980年中华书局、《上古汉语中具有l和r介音的证据及相关诸问题》(Evidence for l and r Medials in Old Chinese and Associated Problem JAOS)1985年中华书局)、D.Bradley(布莱德雷,主要著作《Proto-Loloish》(彝语支源流),四川民族出版社 1992年翻译并出版《Arakanese Vowels》,第十二届国际汉藏语言学会论文)、卢斯(H.Luce《对应词汇表》

（Comparative word-list）1981年伦敦大学东方和非洲学院学报）、马提索夫（James A. Matisoff《从卢斯的〈对应词汇表〉看原始汉藏语》,《民族语文研究情报资料集》第11辑、《古藏缅语手册》Handbook of Proto-Tibeto-Burman，加利福尼亚大学出版社）。对缅甸语口语语法研究的有英国的奥开尔（John Okell，主要著作有 A Reference Grammar of Colloquial Burmese（缅语口语语法参考）London oxford University Press.）。

对缅甸语言史的研究有[日]西田龙雄（Tatsuo Nishida 主要的著作有1972年《缅甸馆译语の研究》东京松香堂），还有对缅甸语方言研究的日本学者薮司郎(Yabu Shiro 著作有《在捧语中的缅语同源词》，第34届国际汉藏语言学会议论文;《缅甸的濒危语言——篷语》, Hpun A Moribund Language In Myanmar）2002年，日本，大阪外国语大学）。近年来中国也有越来越多的语言学家研究缅甸语并发表了不少有水平的著作和论文。例如：丁椿寿，主要著作有《汉彝缅比较研究》；潘悟云，主要论文有《汉藏语历史比较中的几个声母问题》、《上古汉语、南亚语、南岛语——一个更大的语言联盟》、《汉藏语系的次要音节》等等；黄树先，著作有《汉缅语比较研究》、郑张尚芳，著作有《上古音系》、《上古缅歌——白狼歌的全文解读》。

大部分以汉语为出发点的研究成果，提出了许多真知灼见，对汉藏语学研究作出了贡献。但是，对缅甸语的历时和共时的系统研究还是一个空白。就是缅甸本国也没有正式出版过关于缅甸语的语音、词汇、语法系统的著作。

本书就是在前人研究的成果上，以历史比较语言学和普通语言学的理论为指导，对缅甸语的语音、语法、词汇等各个方面进行了近半个世纪的研究，加上著作者本人亲自到缅甸进行田野调查，在大量的语言数据的基础上，首先对缅甸语的语音、词汇、语法作了历时和共时的全面研究，并且与同族语言作了比较，总结出了缅甸语的语言、词汇、语法的特点和历史演变规律。同时，在这个基础上对缅汉两种语言作了比较研究。从古今语音发展变化的历史和演变规律、词汇构成、形态以及句子结构等多方位的领域中，找出共性和个性，使人们了解缅汉两种语言的共同发展规律，这些都是前人未曾做过的工作。相信会对了解和研究两种语言的历史和现状有所裨益。

从现代缅甸语和现代汉语来看，无论是语音方面或声调、词汇和语法方面都跟古汉语和古缅语有着很大的差别，我们现在将这样两个差别很大的语言放在一起比较，有多大的意义呢？况且缅甸语就算是人们常说的那样，是属于汉藏语系藏缅语族的语言，但是从文字产生的年代来看，相差也甚远。最早的藏文创制时期也不过在7世纪左右，而缅甸文的创制，更要晚上二三百年。相当于我国唐朝，也就相当于汉语的广韵时期。如果与广韵时期的汉语比较，可比性可能要高一些，近似的东西要更多一些。拿缅甸语的语音与汉语上古音比较，似乎距离太远，其中年代相差超过数千年，跨度是那么大，语言的变化，包括声母、韵母、声调、词的构成、语法体系，都有了很大的变化，这样的比较还有意义吗？我们认为，语言的历史比较，不一定局限在同一个历史层面的语言比较，也不一定要限制在年代的长短之间。语言的变化是随着社会、历史、文化的发展而变化的，因此与时代的发展有着不可分割的联系。各种亲属语言之间也像历史发展一样是不平衡的。有些语言发展快一些，有些语言发展慢一些，有些语言的某些部分或某些方言区发展快一些，另一些部分或另一些方言区发展和变化可能慢一些，因此我们可以通过不同情况，利用各种不同的现象进行比较研究，找出它们之间的联系和差异，发现语音、词汇、语法方面变化的规律。比如：汉语中的苦、鱼、补、五、虎等字，韵母中的主要元音在上古汉语中都是"a"，而到广韵以后的时期大部分变成了"u"。在缅甸语中虽然与古汉语比，已经相差数千年，但是，直至今天，这些词的韵母部分仍然保留着与上古汉语一样的元音"a"。例如：

汉义	上古汉语音	中古汉语音	现代汉语音	现代缅语音
苦	qhlaaʔ	khu	khu	kha^{55}
鱼	ŋǐɑ	ŋǐo	yu	ŋa^{55}
补	pua	pu	bu	pha^{22}
五	ŋa	ŋu	wu	ŋa^{55}
虎	xa	hu	hu	tɕa^{55}

又如复辅音的问题，上古汉语中有没有复辅音声母？仅仅从汉字本身来研究，很难得出明确的结论。但是，经过汉语与其他同族语言的比较，大部分学者还是统一了认识，绝大多数语言学家都同意上古汉语中存在着复辅音声母的事实。我们通过缅甸语与汉语的比较，至少可以了解到复辅音声母的存在、发展、变化的情况和规律。在12世纪初，最早的缅甸文碑文反映了当时存在着 kl、kr、pl、pr 等复辅音。我们通过对缅甸语方言的研究，可以发现随着历史的发展，语音有了变化，原本两个复辅音 kl、kr 中的后置辅音 r 先消失，kr、kl 合并，只剩下一个复辅音 kl。后来 kl 又变成了颚化音 kj，最后到仰光话中复辅音都丢失，变成了舌面音 tɕ。这种变化的轨迹和情况，在汉语的方言和缅甸语方言中都同样比较

清楚地反映出来。因此，我们不仅可以通过"纵向的"语音历史发展情况了解语音变化的来龙去脉，也可以通过横向的方言之间的差别，了解语音变化的内在规律。反过来说，我们想要清楚了解语言的变化规律，必须通过纵坐标（历史语音发展轨迹）和横坐标（一种语言的各种不同方言的差别）来定位语音的发展轨迹。只有这样，才能真正找到语音发展、变化的可靠依据。当然，无论是纵向（历时的）还是横向（共时的）的语言发展都是随着时代的发展而不断变化着，因此语言的比较是在不断的变量中找规律，在比较中找共性和特性。我们不能用静止的、孤立的的观点来审视语言的关系和发展。这样才能更符合客观的实际，才更有说服力。同时，我们还将类型学和发生学结合起来，这些都是本书研究的基本出发点和有别于其他相关著作的特点。

第一章　中缅关系概述

1.1 地缘、民族、历史的关系

缅甸联邦是我国友好邻邦，位于亚洲中南半岛西部，地处东经 92°20′至 101°11′和 北纬 9°58′至 28°31′之间，东西最宽处 937 公里，南北长为 2050 公里，与我国西南的云南省和西藏自治区接壤。中缅两国有 2100 多公里的共同边界线，中间有高入云霄、终年积雪的崇山峻岭相阻隔，亦有一衣带水，一条小溪相连，更有许多地方是一马平川，无任何屏障相阻。边民来往如同穿越前后院那样方便。

贯穿缅甸南北的第一大江是伊洛瓦底江，伊洛瓦底江的源头有两条江，即恩梅开江和迈立开江。其中，恩梅开江就发源于我国西藏自治区的察隅地区，发源地的涓涓细流汇成大河，越过中缅边境，和发源于缅甸境内的迈立开江在缅甸密支那以北约 50 公里处会合，注入伊洛瓦底江。伊洛瓦底江全长 2150 公里。滔滔不尽的江水给缅甸中原地区带来了肥沃的冲积土，伊洛瓦底江流域占缅甸国土面积的 60%，达到 43 万平方公里，是缅甸的主要粮食——稻米的种植区。她不仅孕育和抚养了缅甸人民，也是缅甸人民创造自己光辉灿烂的文化的发祥地。伊洛瓦底江最后注入印度洋安达曼海。伊江也是缅甸主要的内河运输要道。因此，人们称伊洛瓦底江是缅甸的大命脉。

我国的大盈江也经云南穿越中缅边界汇入伊洛瓦底江，我国古籍记载道："潞江自孟定府西入麓川江。而麓川江自陇川宣抚司西南入于金沙江，三水源源而归同也……金沙江即大盈江也。亦名大车江，与槟榔江二水合流，始名大盈江，大盈江又东南流，绕芒市西南界，陇川西北界又南而麓川江西南流合焉，并流经孟养宣抚司东境谓之金沙江，江合总流，水势益甚，浩瀚汹涌，南流入缅甸界，阔 5 里余，经江头、大公、莆甘诸城而入于南海。"（此处"金沙江"即伊洛瓦底江之古称）

缅甸另一条贯穿南北的大江是萨尔温江，其上游也在中国境内。发源于西藏唐古拉山的怒江经过云南流入缅甸，称为萨尔温江，她流经缅甸掸邦，然后向西进入缅甸南部的克耶邦，又沿泰缅边境向南流入克伦邦和孟邦，最后于缅甸南部大城市毛淡棉附近注入莫德马湾，全长为 1600 多公里。萨尔温江是一条典型的山地河流，沿江多峡谷叠嶂，水流湍急曲折，无法通航，只能用来运送沿江山区的木材，水力资源丰富。

缅甸有东、西两支南北走向的山脉。都与我国的山脉一脉相连。中国的喜马拉雅山从我国的西藏向南延伸，至缅甸境内分成东西两支，西侧一支形成葡萄山脉、八拐山脉、那加山脉、曼尼普尔高地、钦山山脉连接若开山脉直插缅甸西南端的印度洋，并在沿海形成孟加拉湾周围的安达曼群岛。东侧一支由中缅边境上的高黎贡山，延伸至缅甸东北部的掸邦高原，南接多纳、东纽和德林达依山脉，并在缅甸南部狭长地区沿海形成东南半岛最大的岛群——丹老群岛。因此，从地缘来看，缅甸与中国是山连着山，水连着水，真可谓是"抽刀断水割不断"的友好邻邦。

民族的血缘关系

缅甸是一个多民族的国家，共有 50 多种民族（另有一说为 135 种）。从语言来分，他们分别属于不同语系的四个语族，即：孟－高棉语族、藏缅语族、台语族和苗瑶语族。作为缅甸联邦的主体民族——缅甸族在公元 8 世纪以后才出现在史册中。现在史学界一般都认为，缅甸族是由中国黄土高原的原始民族氐羌族向南发展和迁徙中逐渐形成的。他们经过云南然后沿着金沙江（缅甸境内称萨尔温江）、缅甸境内的伊洛瓦底江及缅甸北方的地区逐渐向南迁徙，最后在南诏国灭了缅甸中部地区的骠族建立的骠国以后，缅甸族在缅甸逐渐成为强大的主体民族。到 11 世纪初，缅族征服了孟族、掸族等建立的城堡国家，第一次统一了缅甸。建立了统一的蒲甘王朝。但是由于骠国被灭到蒲甘王朝的建立的 200 多年的历史，没有任何文字记载，所以缅甸族究竟怎样形成，怎样来到缅甸，又是怎样发展起来，无从考查。因此，对于缅甸族的形成也就有多种的推测：有说是起源于印度的释迦族（传说是太阳神的后代），释迦人到缅甸北部建立起缅甸第一个王国——太公国，从此缅甸族开始形成。后来还流传着"缅甸始于太公"的成语。也有说缅甸族是起源于白族的。还有一说是前仰光大学历史系教授 G. H. 卢斯的源于中国说。他认为中国的黄土高原一带羌族向南迁徙进入缅甸，就是缅甸族的起源。[①]

据我国史籍《史记·西南夷传》记载，先秦时期，西南的部落"皆氐类也"。即大多数属于由黄土高原迁徙而来的氐羌部落。古羌族早在新石器时代就分别

---

① 见 G. H. 哈威著《缅甸史》姚楠译。

向东、南、西三个方向迁徙。据《史记·五帝本记》记载："黄帝二十五子，其得姓者十四人（按：后繁衍成十四个氏族），……其一曰玄嚣，是为青阳，青阳降居江水，其二曰昌意，降居若水。"所谓黄帝二子降居江水和若水，即当时羌族中的一部分氏族活动于金沙江和雅砻江流域一带（即今青海、四川、云南一带）。到汉代，西南地区羌人实际上已分化成百多种不同部族。如：河湟羌、牦牛羌、白马羌、参狼羌等等。方国瑜认为：汉代越嶲郡境内有邛、筰、牦、昆等四个古羌族分支。据考证，筰都夷是汉人对牦牛羌的称呼，其自称为"白狼"，《后汉书》中将白兰（白狼）收入筰都夷条下。到晋与北周时，白狼又称为白兰、白兰羌。公元 7 世纪时，由于唐、吐蕃、南诏之间争战，一部分白兰族内迁，融入大唐，一部分被吐蕃并吞，另一部分则被迫继续向南迁徙，进入南诏，依附于南诏麾下。白兰族骠悍善战，常为南诏军队的开路先锋，为南诏立下汗马之功。公元 9 世纪初（公元 832 年），南诏摧毁了缅甸的骠国，客观上为南迁的白兰族以及混合在征战中失败的部落如施蛮、磨些蛮、寻传蛮等部落创造了生存和发展的空间。从语言的发展来看，也可以肯定缅甸族绝对早于白族、彝族、阿昌、载瓦等族。

从中国古籍中的记载我们还可以看到，早在公元 74 年就有上古缅语的历史记载，那就是"白狼歌"。《白狼歌》是《后汉书》中记载的一篇诗歌。东汉明帝永平（公元 58—75 年）时期，益州刺史梁国朱辅大力宣传汉朝仁政，对周边的少数民族影响很大，起到了招抚作用。当时，白狼、盘木、唐菆等部落纷纷"举种奉贡，称为臣仆"。《后汉书·西南夷列传》中记载："白狼王、唐菆等慕化归义，作诗三章"即《白狼歌》（《后汉书》所记为'远夷乐德、慕德、怀德歌'）。歌颂中央政权的统治，表达他们归化汉朝的决心。由此看来，"白狼族"应该是缅甸族祖先的主要组成部分。

此外，从考古发现，缅甸于 1920 年在吻外（今马圭县）发现石斧、石楔、石凿，在亲墩县和瑞波县发现环石，这些文物与中国仰韶文化时期的新石器相似[①]。这也证明，缅甸的居民可能是由中国的黄河地区部分非定居民族沿着自然创造的条件，不断往南迁徙而到达缅甸的。从云南省的考古发现，云南不仅是古猿人活动的中心地区之一，从发现的新石器时代的文物来看，中国西南一带的部落除了黄河流域迁徙来的部族以外，还有来自中国的中原、西北及东南

---

① 见莫里斯《缅甸出土的史前石器》（T.O.Morris:The Prehistoric Stone Implements of Burma .J.B.R.S 1935.Vol.25）。

沿海的原始部落群，这些部落群汇集于云南，使云南省成为全国少数民族数量最多的地区，中国56个民族中有23个民族聚居在此。而这些民族中，有许多民族也由于各种原因个别地或成群地向南迁徙，进入了缅甸境内。

可见，先秦时期，西南一带除了氐羌部落外，尚有百越各部落（《华阳国志》载"南中在昔盖夷越之地"即指氐羌和百越）"百越"是我国长江下游以南的古老族群。在中原的华夏族之后，被称为"蛮夷"的部落。这个部落的特点是"翦发文身"、"雕题黑齿"。后来，一部分越人部落向西南迁徙。《史记·大宛传》载："昆明，其西千余里有乘象国，名曰滇越。"这个滇越也属百越，即今云南德宏州境内，他们也是侗台语族的祖先。

迁徙到西南地区的还有以蚩尤为代表的"苗民"部落。《帝王史记》中有载："诸侯有苗民处南蛮而不服，尧征而克于丹水之浦。"即被征服于今湖北、湖南、南昌一带，即为今之苗瑶的祖先。

在西南的古老民族中还有一支百濮部落。他们往往与百越部族交错混杂而居。傣族就是百越中的一支。在战国以后，百濮部落在西南聚居于澜沧江中下游地区。他们是今南亚语系孟高棉语族各民族的祖先。

氐羌、百越、百濮等部落民族经过不断的迁徙、分化和融合，逐渐发展到白蛮、乌蛮、和蛮、徙莫抵蛮、磨些蛮、僚和鸠僚、闽濮、寻传蛮、阿昌、裸形蛮、金齿、茫蛮、苗族、扑子蛮、望蛮等。到元、明、清时期变成白族、罗罗（彝族）、傈僳、阿昌（或峨昌）、拉祜（缅甸人称'么些'）、哈尼、古宗（藏）、西番（普米）、怒、俅（独龙）、景颇、金齿、百夷（傣）、壮、苗、瑶、蒲人（布朗）、崩龙、佤族以及蒙古和回族。①

从国内各地区迁徙到云南的部落，由于多种原因，又向南迁徙，逐渐进入缅甸。其中，在缅甸创造了辉煌的历史的骠族，就于1—8世纪建立了骠国，曾在印支半岛称雄一时。算是较早进入缅甸的藏缅语支的民族。还有许多民族在迁徙中，定居在中缅边境两边，形成了跨境聚居的民族。例如：傣族（缅称'掸族'）、苗、瑶、彝族（缅称'罗罗'）、哈尼、景颇（缅称'克钦'）、傈僳、拉祜、佤族、德昂、布朗、怒、阿昌。根据上述历史记载，我们认为，缅族主要是由中国黄河流域的部分氐羌部族向西南方向迁徙，到达云南后，又与部分百越、百濮等部落民族会合，进入缅甸。后来的缅甸族就是由氐羌族为主并与

---

① 详见尤中《中国西南的古代民族》，云南人民出版社，1980年。

多种民族（包括缅甸原著民族在内）组成的融合体。可见，从缅甸民族起源来看，包括缅甸主体民族缅甸族在内，许多缅甸的少数民族也都与中国的少数民族有着一脉相承的血缘关系。

交往悠久的历史关系

中缅交往的历史关系，有史籍记载的可追溯到公元前2世纪。在《史记·西南夷列传》中记载道："元狩元年（公元前122年），博望候张骞使大夏来，言居大夏时见蜀布、邛竹杖，使问所从来，曰'从东南身毒国，可数千里，得蜀贾人市。'或闻邛西可二千里有身毒国。骞因盛言大夏在汉西南，慕中国，患匈奴隔其道。诚通蜀，身毒国道便近，有利无害。"四川出产的蜀布和邛竹杖远销大夏（今阿富汗北部）和身毒国（今印度），说明当时早已有一条从四川经过缅甸北部进入印度的马帮通道。公元前二世纪后又开辟了途经南海的海上丝绸之路。这海陆两条交通线在加强中外交往中日趋重要。缅甸地处这两条交通要道中间，自然起到重要的作用。到东汉明帝永平十二年（公元69年），汉朝在今云南保山设置永昌郡。自此，我国的古籍中就有了中缅两国官方交往的记载。《后汉书·南蛮西南夷列传》记载，中缅之间最早的官方交往是在永元六年（公元97年）正月，永昌徼外"敦忍乙王莫延慕义，遣使译献犀牛、大象。"

《后汉书》还记载掸国多次遣使入访中国，"掸国"不少历史学家认为是古缅甸。同时中国古籍中也出现有关缅甸骠国的记载。《西南异方志》、《南中八郡志》等书提到："传闻永昌西南三千里有骠国，君臣、父子、长幼有序"，"以金为刀戟"。在《华阳国志》中也提到："在永昌有僄（按：即骠国人）越。"可见，当时骠人已到达中国云南的重要商埠——永昌进行商贸活动。到唐朝，中缅关系更加密切。唐贞元十七年（公元801年），骠国王雍羌派遣王子舒难陀率领一使团并一乐团访问中国，到达成都。经四川节度使韦皋"以其舞容、乐器异常，乃图画以献"。将使团送至京都长安。这是中缅两国之间一次重要的政治交往，也是一次重要的文化交流。骠国乐团的精彩表演受到热情洋溢的赞颂。如开州刺史唐次、著名诗人白居易分别写诗《骠国乐颂》、《骠国乐》赞叹优美的歌舞。进士胡直钧也写诗《太常观阅骠国新乐》并收入《全唐诗》中。从那以后，骠国乐也流传在长安，成为宫廷音乐中一个组成部分。唐德宗赐封骠国王雍羌为检校太常卿，王子舒难陀为太仆卿。

到11世纪中叶，阿奴律陀（1044—1077）第一次统一了缅甸，建立了蒲甘王朝。据宋代史籍记载，缅甸蒲甘王朝曾多次遣使访问中国。蒲甘王朝兴盛时期，正是中国宋代时期。在缅甸的《琉璃宫史》中提到，在蒲甘王朝建立初期，阿奴律陀王曾亲自到大理迎取佛牙。当天到达大理，受到大理王的热情接待。两王还曾互赠礼物，倾谈殊欢。最后，虽然阿奴律陀王没有迎到佛牙，但得到大理王赠送的一尊碧玉佛，高高兴兴地带回蒲甘。[①]

佛教对中缅两国的影响十分巨大。相传在公元前6世纪到5世纪，古北印度迦毗罗卫国（今尼泊尔南部）净饭王之子释迦牟尼创立佛教以后，有两种不同的教派通过不同的途径，分别传到中国和缅甸。大众部佛教（俗称大乘教）向北传入中国。上座部佛教（俗称小乘教）向南，通过斯里兰卡、爪哇、马来半岛传入缅甸。然后又通过不同的途径，大乘教和小乘教又相互传到对方国家。据缅甸历史学者考证，从11世纪建造的佛塔、佛像来看，蒲甘的文化曾受到中国大乘佛教的影响。而中国的云南也有缅寺、缅塔等小乘佛教的踪迹。

经历了2000年的历史，曲折的发展道路，佛教教义深深地渗透到两国的传统文化之中，这种共同的佛教信仰对两国人民的思想观念、社会意识、道德准则、文学艺术、心理习俗等产生了不可估量的影响。

中缅两国交往在历史的长河中，虽然也出现过不和谐的音符，例如在元代中缅之间也曾发生过三次战争。但是更多的时间是两国人民之间有着友好的往来和经济文化的交流。只是到1885年，英殖民主义者经过三次侵缅战争将缅甸变成殖民地，中国也经过"鸦片战争"沦为半殖民地半封建的社会以后，两国的交往受到殖民主义者的破坏。但是，共同的不幸遭遇，激起了两国人民的反殖民主义，争取民族独立的烈火，在这场共同的斗争中，两国人民反而更加团结，互相支持、互相帮助，最后取得了胜利。1948年1月4日缅甸人民争得了国家的独立，建立了缅甸联邦。1949年10月1日中国向全世界宣布了"中华人民共和国成立了！"紧接着两国人民又共同面临着保卫祖国、发展经济、建设国家的共同任务，中缅两国在共同创造的和平共处五项原则的基础上，互谅互让，相互支持，互通有无，互相帮助，开启了友好关系新的篇章。

---

① 见《琉璃宫史》中文译本，商务印书馆，2007年，上卷第205页138节。

语言同源的亲属关系

缅甸 50 多个民族使用的语言基本上属于四种语族：藏缅、侗台、孟－高棉、苗瑶。缅甸甸语是缅甸联邦的官方通用语，使用人口约有五千万。原本是缅甸族的语言，缅甸族约占缅甸总人口的百分之七十五以上。要想了解缅甸语的情况，必须先了解缅甸族的起源和社会发展的历史和语言文化发展的背景才能更清楚地了解缅甸语的来龙去脉。我们已在上文中简单介绍中缅关系的情况，重点不在研究中缅两国的历史，因为这些都是历史学家研究的对象，他们已经取得了丰硕的成果，要详细了解历史，可以参阅相关文献论著。我们在这里想说明的是中缅两国的各种特殊关系，给两国的语言发展作了什么铺垫？例如：中缅两国民族之间的血缘关系，可以证明语言有同源的可能性，各民族的向南迁徙，民族的再分化和重新组合可以了解到汉藏语系语言之间的关系和历史层次。过去，人们常常用现代缅甸语中的汉语借词来说明中缅文化关系的密切。例如：

缅甸语借词	汉语原词词义
$kwa^{22}\ si^{53}$	瓜子
$pao?^{44}\ si^{53}$	包子
$i^{22}\ tɕa^{22}\ kei^{55}$	油条（油炸桧）
$\tilde{a}^{22}\ paũ^{55}$	红包
$to^{22}\ hu^{55}$	豆腐
$tɕa^{22}\ ȵo^{53}$	酱油
$l\tilde{a}^{22}tɕha^{55}$	人力车
$koũ^{22}\ hu^{55}$	武术、功夫

其实，这些借词都只反映近 200 年来的缅甸人借用华侨所操汉语的部分词汇。由于旅缅华人大部分是近二三百年里由中国的福建省和广东省迁入的。因此，借词也都是借自近代中国汉语方言中的闽方言和粤方言。比起历史上民族大迁徙，同源民族的文化发展积淀而形成的同源词来说，这些只是近代历史上很短时期中的很少一部分的借词。

缅甸语中的许多词与我国的藏语、景颇语、彝语、阿昌语等汉藏语系的语言有共同之处。这就证明使用这些语言的民族在远古时期可能是同一个民族，使用着共同的原始母语。因为民族的分化和重组等原因，这个原始共同语分化成为不同的语言和方言。例如下列部分基本词，在汉藏语系藏缅语族各语言中都是共通的。

原始母语词义	语音
哑	a
喊	aw
薄	ba
给	biy
白	bok
吃	dza
冷	glaŋ
压	ik
苦	ka
干涸	kan
落	gla/kla
叶	lap
目	mik/myak
你	naŋ
黑	nak
奶、乳房	nuw
我	ŋa
五	l-ŋa
鱼	ŋa
父	pa/pwa
补	pha
半	pwak
马	m-taŋ
日/天	ryak/s-ryak
生命	sak
死	siy
刀	s-ta
三	s-sum

洗	(m)syil
细、小	ziy

（上列词汇摘自 P.K.本尼迪克特《汉藏语言概论》）

这些词的语音虽说是一种构拟，但至少给了我们一个清晰的印象：汉藏语系中的众多语言可能来自于一个原始共同母语，语言的传承与民族的血缘关系有着密切的关系。

此外，缅汉两种语言中都有着大量的外来语借词。例如缅甸语中仅巴利文的借词就有 3000 多个[①]。同样，在汉语中也有大量的梵文借词，这都是因为翻译佛教经典，传播佛教的需要。在殖民主义统治时期，大量的英文词汇被借入缅甸语中。同样在近代，汉语也吸收了大量的英语借词。这都证明语言的发展与历史文化的影响也有着密切的关系。

1.2 缅甸语与汉语的关系

一百多年前，欧洲的语言学家提出了汉藏语系（Sino-Tibetan Family）或称藏汉语系（Tibeto-Chinese Family）的设想，这是从语言发生学(genealogy)的角度来研究语言关系的一种假设(hypothesis)。他们将语言之间的关系比作家族关系相似的谱系关系(genetic relationship)，后来的各国语言学家也就循着这条路子开展了进一步的研究。就汉藏语系的内容、归类、特点等方面提出了不同的看法。

几种语系划分方法：汉藏语系（Sino-Tibetan Family）藏汉语系（Tibeto-Chinese Family）

1. 格里森·科诺（Grieson konow）20 世纪初提出，藏缅语下分：藏、喜马拉雅、缅、克钦、北阿萨姆、库基—钦、那加、巴拉或博多等八个组。
2. 李方桂 (1937 年)汉藏语系分：汉语、侗台、苗瑶、藏缅等 4 个语族。
3. 赵元任（1943 年）、董同龢（1953 年）提出：汉藏语系分成藏缅、台语、汉语和苗瑶语等 4 个语族。
4. 罗常培、傅懋勣（1954 年）的分类：

[①] 缅甸文中巴利文借词的数量是根据《巴利文借词》([缅]吴通敏编，大学出版社，1968 年）所收集的词条统计所得。

一、藏语支：藏、嘉戎、羌、西番(普米)、俅（独龙）、怒语
二、彝语支：包括彝语、傈僳、纳西、哈尼、拉祜、阿昌、民家语
三、景颇语支：景颇语
四、缅语支：载瓦、腊讫（茶山）、浪我(浪速)语（后三种语言极接近）

5. 美国学者谢非（Robert Shafer）1955年提出汉藏语系有6个语族：缅语族、汉语族、台语族、藏语族、巴尔语族和卡伦语族，他将藏缅语族分成两个语族，与汉语族、台语族等并列。

6. 美国学者白保罗(Paul K.Benedict) 1972年提出与众不同的观点，他将传统的谱系树分类法与波浪发展理论结合起来，提出如下的关系图。

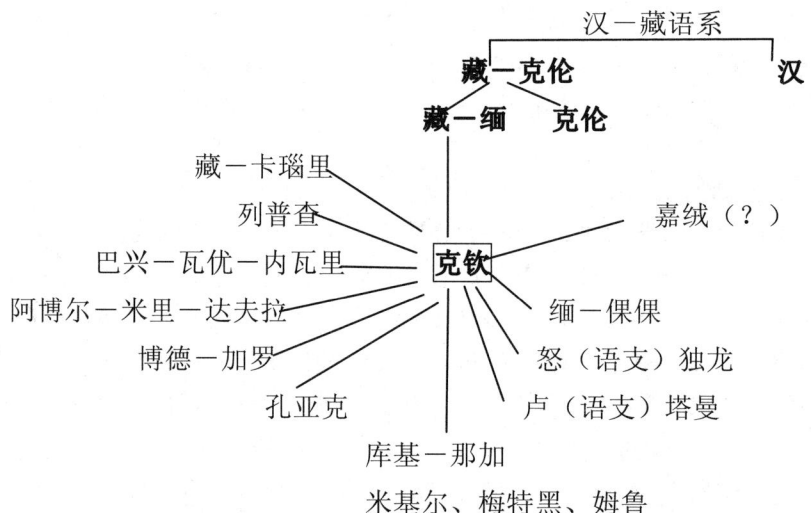

70年代后，白保罗又在《澳台语系：语言和文化》一书中，将中国语言学界一向认为"汉藏语系"四个语族中的两个语族——壮侗和苗瑶从汉藏语系中剥离了出去，因而引起了国内外语言学界的大震荡和大争论。

7. 日本学者西田龙雄（Tatsuo Nishida）1979年提出：汉藏语系分汉台和藏缅两大语群，藏缅语族下分藏语族、彝缅语族、博多—那嘎语族和钦语族。藏语族下分藏、嘉戎、喜马拉雅、羌、克钦语支。

8. 鲍德曼(1980)提出新的设想

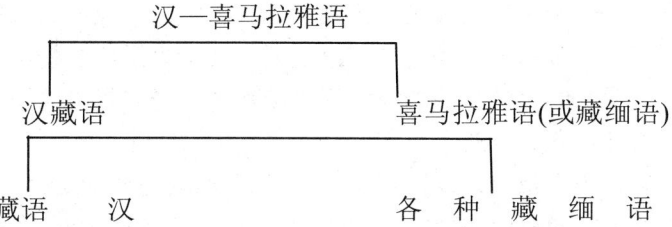

9. 二十世纪九十年代以后，法国学者沙加尔（Laurent Sagart）在 23 届国际汉藏语言及语言学会议上发表了题为《汉语和南岛语的发生学关系》的论文，提出汉语和澳泰语有密切的发生学关系。

10. 中国学者邢公畹曾发表一系列文章积极肯定了沙加尔的观点，而且进一步提出这样的假设："在人类语言史上有两支规模最大的语系：一支从南向北延伸，叫做印度欧罗巴语系；一支从北向南延伸。叫做汉藏澳泰语系。"将汉藏语系、澳台语系和南岛语系揉合成一个范围更大的语言集团。

11. 加拿大学者蒲立本（E.G.Pulleyblank）1995 年提出汉藏和印欧语有同源关系.可追溯到 6000 年前。

对汉藏语系的分类产生了上述多种绝然不同的观点，反映了人们对"汉藏语系"认识的不确定性。如此大的分歧也充分反映了汉藏语系语言的复杂性，同时也反映了人们对汉藏语系语言了解的严重不足。这同样也反映了在汉藏语系的研究上，从理论到方法上都存在着乏力、缺失和不统一。

按照历史语言学的理论，在确定亲属语言之间的关系时，往往以同源词和形态的对应为依据。有语音对应关系的同源词的数量多少是语言亲属关系远近的重要证据。各语言之间的形态的对应也是同源关系的重要证据。但是，仅仅用历史语言学原有的理论却很难解决"汉藏语系"的同源关系的一切问题。例如，被大家共同认为肯定是有同源关系的汉语和藏缅语族之间，虽然有相当数量的同源核心词，语音上也有明显的对应关系，但互相之间的语法上的差异较大，形态对应的现象不多。而汉语却与侗台语、南岛语系的语言，在形态上有着很多对应关系，语音格局比较接近，语法系统也比较接近。在同源词上也有不少对应现象。因此，有些语言学家将汉语与澳泰语系连到一起。造成了对汉藏语系构成的认识上的大分歧。此外，在许多语言、语支、语族的归类上也有不少分歧。这些现象都促使大家关注和思考一个问题：原有的历史语言学原理是不是并不完全适合情况复杂的"汉藏语系"语言的实际？我们只有寻找新的理论和方法才能解决汉藏语系中的问题。也正因为汉藏语系情况的复杂性和特殊性，更加引起了世界语言学家的关注和探索的热情，越来越多的国内外学者加入了这个引人入胜的研究行列。

汉语从那里来？一直是个谜团。17 世纪一位名叫韦伯的学者写道："汉语是伊甸园中所讲的最初的语言"。另一位想象力丰富的学者干脆说，汉语是"被称作为中国的那个伟大国家的某位圣贤一下子发明出来的，其目的是为了居住在周围.不同民族的人群之间能够用这种语言进行口头交际。"但是有关汉语的起源的种种假设却总是扑朔迷离。

在对比汉藏之间的同源词时我们发现：汉藏语有共同的数词 1－10，但"千""万"却不同，而在汉语中，"千"和"万"在殷商时期就已经出现，那么汉语与藏缅语的分化必定早于殷商时期，语言学家大致推算距今约 4000－5000 年。经过一个多世纪研究，语言学家们大致能够接受"汉藏语系"这种假说。但其间分歧依然很大。

最新的研究——从分子人类学角度，从人类基因研究入手，详细地论述了东亚人群起源和迁徙途径。学者们认为北京猿人竟然不是汉族的祖先。因为据 1999 年宿兵等人和 2000 年柯越海等人研究亚太地区和中国各族的涉及到所有个体的 NRY 单倍型都在非洲起源的人类谱系树上，也就是说人类都是源自"非洲智人"。在我们国内没有找到十万年到四万年前的人类化石，看来这里的古人种在十万年前就灭亡了。他们的研究证明，东亚人群也是来自非洲。而且是从东南亚进入东亚大陆，大约在距今 8 万年左右。当然，人类族群的血统分化完全可能不与语言分化同步，甚至可能相去甚远，加上群体语言转用的影响，使遗传结构和语言结构相差更远。现代东亚人讲的语言大致分六种：

① 汉藏语系（Sino－Tibetan 包括汉语、藏语、羌、彝）
② 侗台语（Daic，侗、壮、泰、黎、僚、仡佬、等族）
③ 苗瑶（Hmong－Mien，苗、瑶、畲等族，又称荆蛮）
④ 南亚语系（Austro－Asiatic，包括越南、高棉、芒、孟、门达等族，又称百濮）
⑤ 南岛语系（Austronesiya，马来、爪哇、占城、马拉加什等遍及太平洋和印度洋的大多数民族主要是马来－波利尼西亚语族 Malayo－

Pploynesian）

⑥ 北方草原的主体阿尔泰语系(Altaic,包括突厥、蒙古、通古斯三个语族和朝鲜、日本、虾夷三种独立语种，从土耳其到日本)

这六种语系的祖先来到中亚时，完全没有分化。约在八万年前一支人群开始向东南亚扩进形成南方系民族（Austric）东亚族群也就在这个基础上经过反反复复、不断扩展中形成。

东亚族群的祖先最初到东南亚南部,约在40000年到20000年前开始分化。一支从越南进入中国，沿海岸线向北，成为百越和东夷的先祖，其中一支从北部湾一带转而南下，成为南岛语族的先祖。

另一支则自云南穿过四川一直到达黄河中上游盆地，成为汉藏羌的祖先。其中一个亚支在8000年到6000年左右向东、南扩展成为华夏族群（汉族）的先祖。而有另外的分支则向西南发展，最终成为藏缅语族的祖先。尽管这个来自基因的迁徙路线还是一个草图，但语言学界长期悬而未决的难题似乎都能得到合理的解释。这就是为什么语言学家们在汉语中能找到与藏缅语、苗瑶语、侗台语，甚至南岛、阿尔泰语系有亲缘关系的原因。（2008年11月17日津报，并参考：《东亚人的遗传系统初识》李辉复旦大学生命科学学院现代人类学研究中心。）

也许这种全新的理论可能给我们许多启迪，可以解释为什么汉藏语中有许多南岛、南亚语系的底层词汇。

然而，我们语言比较研究真要追溯到汉语的祖先即4—5万年以前的语言，那就太困难了。

在语言中，可能找到为数不多的语言底层的同源词（可以称作为语言化石），但是，比较起来，意义不是太大。所以我们只能从5—6千年的汉语和两三千年的缅语作为对象，来找出语言对应的部分。这部分的语言的流向正好与最新理论中的东亚族群迁徙方向相反，是否可以理解为东亚族群从南经过云南来到黄土高原后，又因为各种原因回头由北向南，从黄土高原经川西、云南再向缅甸方向迁徙。留下了藏缅语族语言演变的轨迹。这段历史多少还能找到文字的记载。因此《缅甸语汉语比较研究》的范围也就仅限于4—5千年间的汉藏语系的范围之内，至于几万年乃至10万年以前汉藏语系民族的起源问题究竟如何，可以留待人类学家和语言学家另作讨论，并不能影响我们的缅甸语和汉语的比较研究。

不过，目前对 4-5 千年间的汉藏语系诸语言研究也还是比较薄弱，得出的许多结论，因为基础建立在并不可靠、并不全面的材料之上，不免有些难以令人信服。因此有必要进一步作艰苦的基础研究，将各种语言的共性和个性了解得更加清楚，这才有可能找到可靠的依据和得出正确的判断。

1.3 缅甸语与汉语的音节结构

关于汉语的音节结构，在中古以后，似乎并无分歧，但是对上古汉语构拟的争论中复辅音和阴声韵是否带韵尾是最大的分歧。有人认为上古汉语的阴声韵全有塞尾，因此上古汉语的音节结构是 CVC 的形式。但是后来认为，由于平声字较上、去、入声字多，平声的阴声韵不带辅音韵尾的开尾韵，大家也就认为汉语的音节就是 CVC 与 CV 两类音节并存的语言。而缅甸语的音节结构，从 12 世纪初的碑文来看，也是 CVC 和 CV 结构的音节为主的语言。在汉藏语系藏缅语族的音节结构方面，都有许多共同的特点。比如声母部分可能是一个复辅音或一个辅音群，除了主要的辅音外，有前置辅音、再前置辅音、后置辅音等，有时多达三四个辅音共同组成声母。在韵母的结尾，有后置辅音（或称韵尾辅音），有时韵尾辅音后，还有再后置辅音。也就是说，在包括古汉语在内的汉藏语系的语言中 CVC 中的前后两个 C 中都有可能包含一个或一个以上的辅音成分。例如：

上古汉语（以郑张尚芳的《上古音系》中的构拟音为例）：

荀　　$sqh^w in$

　　　　声母为一个辅音群：$s+q+(h)+^w$ (郑张尚芳称"垫音"，有人称"介音")

　　　　韵母为：单元音 i + 辅音尾 n

贷　　$lhɯɯgs$

　　　　声母：lh

　　　　韵母：ɯɯ+辅尾 g + s

缴　　$kleew\text{?}$

　　　　声母：kl

　　　　韵母：eew?

　　　　韵尾：w?

藏缅语音节结构：(p) C (s) (m) V C (f)
　　　　　　　　声首(p) 声尾(s) 韵头(m) 韵尾(f)
声母可有 2 个、3 个或 4 个辅音组成。如；
　　CC　CCC　CCCC
韵母结构有：2 个、3 个、4 个，其中辅音可有 1 到 2 个
　　VV+VC\　VV\VVC\VCC　VVCC
　　古藏文中反映的音节结构，基本形式是 CV 结构和 CVC 结构。声母部分的组成可有基字、前加 、上加、下加字组成。例字：

　　　　　　　　　编排
　　　　　　　　元音符号
　　　　　　　　上加字
　　前加字　　　基字　　　后加字＋再后加字
　　　　　　　　下加字
　　　　　　　　元音符号

用转写的办法"编排"这个词就是如下的组成：基字（带框者，主要辅音）＋前置辅音 b ＋再前置辅音 s＋后置辅音 r ＋元音 i＋辅音韵尾 g＋后置辅音韵尾 s 。

```
            i
            s
   b       g      g    s
            r
```

缅甸语的音节，声母部分可能是一个辅音，也可能是一个复辅音或是一个辅音群，包含着多达 3 个辅音成分。韵母部分可能是一个单元音，也可能是双元音。在古缅语中，凡是韵母中有复合元音则必定带塞韵尾 p、t、k 或鼻韵尾 m、n、ŋ。例如：

单辅音音节	词义	组成（国际音标转写）
က	跳舞	辅音 k＋元音 a＋声调
复辅音音节		
ပျား	蜜蜂	辅音 p＋j＋元音 a＋声调[55]
复（多）辅音音节		
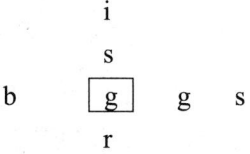	蛇	辅音 m＋r＋w＋元音 e＋声调[22]

复（多）辅音音节
ရှ　　　　　　　剥皮　　　辅音h+n+w+元音a+声调22
单元音音节
ရ　　　　　　　得到　　　辅音r+元音a+声调53
复元音音节（带辅音韵尾）
ရှိုက်　　　　　　生火　　　辅音h+m+j+元音a+i+韵尾k+声调44
အောင်　　　　　胜利　　　零声母+元音a+u+韵尾ŋ+声调22

　　缅汉比较的材料：从事语言比较研究，可以从各个不同的角度、不同的范围和不同的方法出发。我们主要是依据上古缅语（12世纪初的碑文）、中古缅语（十五世纪的《缅甸馆译语》）、现代缅语以及缅甸语方言来与汉语的上古汉语、中古汉语、现代汉语以及汉语方言作比较。

　　另外，上古汉语与上古缅甸语，同样都是"上古"，但并不在同一个历史层面上，缅甸语与汉语，前后相差至少有两三千年。难免使原来的同源词更加"扑朔迷离"。是同源词还是借词很难划分。但是，好在这两种语言都有可靠的文字记载，给语言比较带来不少有利条件。而且从古到今研究汉语的材料很多，都是我们作比较研究的重要依靠资料。

1.4 缅甸文字的起源与变迁

　　现代的缅甸文字是一种拼音文字，书写时是从左到右。从字型来看，好像是用大小不同的圆圈拼接、套叠而成。它在东方和世界文字之林中，可说是别具一格，与方块形的汉字迥然不同，各自有着完全不同的特点，缅文表音，汉字表意，两种文字恰恰形成了鲜明对照。

　　是谁创造了缅甸文字？创始于何年何月？因为缺乏历史记载，无从稽查。但是，真要是去考究缅文的创始者，未免也会落入徒劳。过去有人说汉字是仓颉创造，后来终于也没有人真信。因为文字不太可能由个别人创造，只能是在社会上逐渐运用的过程中形成和完善。在缅甸国内和外国考古学界中，对于缅甸文字的起源有着多种的解释，有些缅甸民族感情十分强烈的人说："缅甸文字是缅甸人民创造的"；有些学者则主张是由印度南方的一种古文先传入缅甸南部孟族聚居的地区，然后再传到缅甸来的；也有学者说缅甸文字是由印度南方的一种古文字发展成为缅甸的骠文，然后再演变成缅文；还有学者说缅文是由孟文变来，孟缅本是一体，故可以直接称作为"孟缅文字"；又有学者说："缅甸文即骠文，骠文即孟文是也"①。总之，众说纷纭，不一而足。

我们只能从目前缅甸发现的文物，诸如陶片、碑铭、铜铸钟鼎、金箔、贝叶等物品上的文字记载来作考证和推断，勾划出缅甸文字的起源和发展的大致轮廓。我们研究语言的现状和历史有许多情况往往需要借助于文字的演变，才能弄清历史的真面貌。

缅甸文字的起源大致可分成下列几个时期：
① 前古时期：公元五世纪——十世纪
② 上古时期：公元十一世纪——十二世纪
③ 中古时期：公元十三世纪——十六世纪
④ 近古时期：公元十六世纪——十八世纪
⑤ 现代时期：十九世纪至今。

缅甸文字的起源和发展已有另文详述，此处从略。②

---

① 参见[缅]吴妙《缅甸古文字考》仰光 1961 年，pp.18。
① 详见汪大年《缅甸语与汉藏语系比较研究》第三章，昆仑出版社，2008 年。

第二章 缅甸语汉语比较的工具和资料

缅甸文的注音和转写是学习缅甸语、研究缅甸语言文字和进行汉藏语系语言比较研究时，不可或缺的两种工具。注音的重要性是不言而喻的。而转写也是世界各国语言学家研究缅甸语和汉藏语系诸语言的一种重要方法。不了解这些，我们就无法了解各国语言学家们的研究成果和研究现状，也就无法与各国语言学家交流和沟通，我们的研究便很难与世界接轨。

为了给我国语言研究者提供方便，我们曾经在 1983 年左右，提供过一份缅甸语注音和转写规则。当时也曾征求国内有关语言学家，如中国社会科学院民族研究所的孙宏开、李永燧，中央民族大学戴庆厦、黄布凡等专家学者的意见，并发表在《民族语文》上。从那以后，许多语言学家也采用此规则，至今已有 20 多个年头。现在回过头来看看，经过实践的考验，我们发现 1983 年提出的注音和转写规则，基本上还是可行的。但也有不足之处，有些外国朋友对我们的转写规则个别地方也提出不同意见，给我们很好的启发。我们感到原来的注音和转写，有些地方需要做适当的修正，有些地方还需要作些说明，才能更加完善。因此在此书中填补阙如。同时，对国内外有些学者专家提出的意见作一答复，提供同行们参考。

2.1 缅甸文的注音

缅甸文是一种拼音文字，但是由于文白异读现象较多，讲话时的语音和文字的读音有很大的差异。还有，缅甸文字反映文字创制时期（公元 10 世纪左右）的语音面貌，比如当时文字反映了该时期缅甸语音中有较多的辅音韵尾。如：k、t、p,m、n、ŋ 等。还有众多的复辅音声母如：kr、pr、kl、pl、mr、ml 等，后来语音起了变化，文字的变化相对滞后，形成许多异体同音现象。如果仅仅按书面文字来发音，往往会发生误解，甚至无法让人听懂。为了人们正确地了解缅甸语言、规范缅文的读音、指导正确的变音，需要借用注音的办法来帮助。尤其是编写字典，就必须要用一套简单而又易懂的注音办法，来注明每一个词的正确发音。

对缅甸文的注音有许多种方法，从世界各国和缅甸本国出版的缅甸文字典和双语字典中的注音和各国语言学家们在研究时采用的注音来看，大致有 4 种不同的注音方法：一是用缅甸文注缅甸语音；二是用国际音标；三是用拉丁文字母注音、四是用英文字母注音。现分别将前三种介绍如下：（另有第四种是用英文字母注音的，另文介绍）

一、用缅甸文注缅甸语音：缅甸国内出版的《简明缅甸语字典》（缅甸联邦教育部缅甸文委员会编，仰光文学宫出版社 1978 年出版，共收集约 30000 词条）就是采用缅甸文来注缅甸语音的。这一套注音办法，对于以缅甸语为母语的缅甸人或者学习过缅甸语的人来说，很实用，也简易。只要掌握几条规律，就可以读出所有的字音。最基本的规律有：

① 凡单独用缅文字母注的音，均读作"轻读音"。如：词条 ခရီး "旅途"，缅文注音为 / ခ ရီး/ (国际音标注音为 / khə. ji: /)。其中，第一个音节不读高降调，而读作轻声调 / khə /。同样，凡是缅甸语中要读轻声的字，都用单独的缅文字母注音。如：词条 ကုလားထိုင် "凳子"，前两个音节都读轻声，因此缅文注音为 / က လ ထိုင် / (国际音标为 / gə. lə. thãi /) 。

② 非轻读的字符音，用该字母加高降调的元音符号（ ၁ ）来标注。
例如 က "跳舞"，缅文注音为/ကာ့/ (国际音标为 / ka^{53} /)，စ "开始"，缅文注音为/စာ့/ (国际音标注音为 / sa^{53} /)

③ 发清音的字用清音字母注，清音字读浊音时用浊音字母注。例如：ကသ "医治"，两个音节中的声母都是清辅音，缅文注音为/က သ / (国际音标为 / ku^{53} tθa ^{53} /)。而缅文词条 ကူးတို့ "渡口"，两个音节的声母都要变浊，缅文注音就用浊音字母，注音为/ ဂ ဒို့ / (国际音标为 / gə. do^{53} /)。
在缅文字母中，字母 "သ" 有时读清音，就用清声字母 "သ" 注，有时读浊音，就没有与之相对的浊音字母。所以在注浊音时，用清音字母下加一符号(₋)，写成 "သ̣" 来注浊音。

④ 除了上述注音办法以外，其余音都按缅文读音注。例如：词条 ကိုယ်ရေးမှတ်တမ်း 缅文注音为 / ကိုရေး မှတ်တန်း /，(国际音标为 / ko^{22}je^{55} hmaʔ^4 tã^{55} /)；缅文词条 ခန့်ဒွင်း；注作 / ခန့်ဒွင်း / / ဒ ဒွင်း /，(国际音标为 / gə dwĩ ^{55} /)。

二、用国际音标注音：自从国际音标产生以来，世界各国的语言学家纷纷采用这一套注音办法。因为可以直接按国际音标的符号，准确地发出缅甸语音。但我们现在采用的国际音标与有些国内外学者注缅甸语时采用的国际音标稍有不同，现列表对照如下：

缅甸语注音对照表

缅文	国际音标注音	国内外学者的不同注音
က	k	k
ခ	kh	hk/kh/k'
ဂ	g	g/g
ဃ	g	g/g
င	ŋ	ŋ/ng
စ	s	s
ဆ	sh	hs/sh/s'
ဇ	z	z
ဈ	z	z
ည	ɲ	ny/ň/ɲ
ဋ/တ	t	t
ဌ/ထ	th	ht/th/t'
ဍ/ဒ	d	d
ဎ/ဓ	d	d
န	n	n
ပ	p	p
ဖ	ph	hp/ph/p'
ဗ/ဘ	b	b
မ	m	m

缅文	国际音标注音	国内外学者的不同注音
ယ	j	y/j
ရ	j r	y/j/r
လ/ဠ	l	l
ဝ	w	w
သ	tθ/dð	θ/th/t̪

		dð	ð / dh / dð / d̦
သ		h	h / x
ကျ / ကြ		tɕ	c tɕ
ချ / ခြ		tɕh	ch / hc / tɕh
ဂျ		dʑ	j / dz
ရှ / သျှ		ɕ	š / hy / ɕ / ʃ
လှ		ɬ / l̥	l̥ / hl
မှ		hm	hm / m̥
ကွ		kw	kw
ကျွ		tɕw	cw / tɕw
ချွ		tɕhw	chw / hcw / tɕhw
ဂျွ		dʑw	jw, dʑw
မျှ / မျ		hmj / m̥j	hmj / hmy
မွှ		hmw / mw	hmw / mw
နွှ		hnw / n̥w	hnw, n̥w

缅文	国际音标注音	国内外学者的不同注音
အ	a / ʔ	ʔaʔ / aʔ / ă / a
အိ	i	i
အု	u	u
အေ	e	ei / ey / e
အဲ / အယ် / အဲ့	ɛ	e / ai / ɛ
အော	ɔ	ɔ / o
အို	o	ou / ow / ɯ
အတ် / အပ်	aʔ	a' / ɑʔ / aʔ
အစ်	iʔ	iʔ / i'
အွတ် / အွပ်	uʔ	uʔ / u' / ʋ
အိတ် / အိပ်	eiʔ	eʔ / ey' / ei' / eiʔ
အက်	ɛʔ	ɛʔ / eʔ / e'
အောက်	auʔ	auʔ / ʋʔ / uʔ / aw'
အိုက်	aiʔ	ay' / ai' / ɑi' / aiʔ

အုတ်/အုပ်	ouʔ			ouʔ / ow' / ou' / oʔ			
အန်/အံ/အမ်	ã			ã / an / añ / ã			
အင်/အဉ်	ĩ			in / iñ			
အံ့/အုန့်/အုမ်	ũ			un / uñ / û			
အိန်/အိမ်	eĩ			ein / eyn / eiñ / ẽ			
အုံ/အုန့်/အုမ်	oũ			oũ / oun / own / ouñ / õ			
အိုင်	aĩ			ain / ayn / aiñ / ɯŋ			
အောင်	aũ			aũ / aun / awn / auñ			

各种声调标法：	①	②	③	④	⑤	⑥
高降调	1	53	ˬ	+´	`+	+̣
低平调	2	22	ˎ	+	´+	+(−)
高平调	3	55	+:	`+	+^	+:
短促调	4	4				

上列①—⑥的各种标调方法中，①③④⑤⑥是标调号的，②是标调值的。

关于注音的几点说明：

1. 上表中的"国内外学者不同注音"包括了下列古今学者采用的方法，有的是用国际音标，有的用拉丁字母注音，在此不再分别注明。其中包括：

    St Barbe(1878) ; Bridges(1906) ; Armstrong(1925) ; Cornyn(1944) ; McDavid(1945); Minn Latt(1958); Bernot(1963); Okell(1969); Ok- ell(1995); Nishi(1999)等。（注：材料来源参见: A guide To The Romanization of Burmese. (By Jone Okell Published by The Royal Asiatic Society of Great Britain And Ireland) ; Four Papers On Burmese (by Yoshio Nishi Published by ILCAA. Tokyo Unit.of Foreing Studies)

2. 按国际音标，注送气音有两种办法，一是在不送气音后加 h 写作"ph,th,kh"，另一种办法就是在不送气注音符号右上角加送气音符号 "'"，写作 "k' t' p'"一般可以任选一种办法注音。

3. 过去，由于注音受到打字机字母的限制，有些学者采用拉丁字母注音，有些则采用国际音标注音，所以产生许多不同的注法(见上表中的右边一列)。我们现在采用的国际音标注音，是参考了前辈学者们的方法，结合缅甸语实际语音选定的。大部分与国内外学者所采用的注法相同，个别地方则与部分学者注法有分歧，因为各自处理和认识、考虑问题的不同。

例如：

① 有些学者用 / ny / , / ng / 注 ည／င ,这种注法在英文打字机上使用方便，但有用两个音挤成一个音之嫌。故我们还是选用 ɲ、ŋ，来注。

② 我们用tθ来注缅文字,有些学者用θ注。按照国际音标辅音表中的排列来看，θ是舌尖擦音，而缅甸语中的 သ 是塞擦音，因此用国际音标的tθ表示塞擦音更符合缅甸语的实际情况。尤其是学过英语的中国人往往将θ发作擦音，为了避免混淆，我们还是选用现在的tθ来注音。

③ 有些学者用 C，Ch，dj，j 来注缅文 ဂျ ၊ ချ ၊，但是，j 在国际音标中与 dʑ 相差甚远，后者更符合缅甸语音实际。所以，我们采用tɕ、tɕh、dʑ来注。

④ hm 和 m̥ 都可以用来注送气鼻辅音，所以我们都采用。

⑤ 缅甸语中的 ေး၊ ား၊ ော်၊ း၉ 等都是单元音，因此我们用国际音标 e ɛ ɔ ɔ 来注，而未采用有些学者用的双元音符号 ei、ey、o、ou、ow 等注。

⑥ 我们采用国际音标上加符号（~）表示鼻化元音，而不采用后面加辅音韵尾的形式来注。如用 eĩ 而不用 ein，以免与辅音韵尾m、n、ŋ 等混淆。当然，我们尊重各位学者的选择，只要能互相了解，就可以互相参考、交流，不必强求一致。在科学领域中"百花齐放"是正常的。

三、拉丁字母注音：过去，因为打字机上字母或印刷字母的限制，许多有关缅甸语的论文和缅甸语字典都用拉丁字母来注音。1991年商务印书馆出版的《缅汉词典》（北京大学东方语言文学系缅甸语教研室编，商务印书馆1990年出版）就是因为印刷困难，不得不将原稿中的国际音标注音全部改成拉丁文注音，不仅白白浪费了编者的大量时间和精力，也给读者带来使用上的不便。为了弥补缺陷。只能在词典的说明中加进拉丁文注音和国际音标对照表，现列表对照如下：

1. **辅音：**

缅文字母	拉丁字母注音	国际音标注音	缅文字母	拉丁字母注音	国际音标注音
က	k	k	န ၊ ణ	n	n
ခ	kh	kh	ပ	p	p
ဂ ၊ ဃ	g	g	ဖ	ph	p'

缅文	拉丁字母注音	国际音标注音	缅文	拉丁字母注音	国际音标注音
င	ng	ŋ	ဗ၊ဘ	b	b
စ	s	s	မ	m	m
ဆ	hs	sʻ	ယ	y	J
ဇ၊ဈ	z	z	ရ	y,r	j,r
ည	ny	n̟	လ၊ဠ	l	I
တ၊ဋ	t	t	ဝ	w	W
ထ၊ဌ	ht	tʻ	သ	th	tθ
ဒ၊ဍ	d	d		dh	dð
ဓ၊ဎ	d	d	ဟ	h	h

2. 元音：

缅文字母	拉丁字母注音	国际音标注音	缅文字母	拉丁字母注音	国际音标注音
အ	a	a	အုန်	on	oũ
အိ	i	i	အိုင်	ain	aĩ
အု	u	u	အောင်	aun	aũ
အေ	ei	e	အတ်	at	aʔ
အဲ	E	ɛ	အစ်	it	ɪʔ
အော်	aw	ɔ	အွတ်	ut	uʔ
အို	o	o	အိတ်	eit	eɪʔ
အန်	an	ã	အွတ်	out	ouʔ
အင်	in	ĩ	အက်	et	ɛʔ
အွန်	un	ũ	အိုက်	ait	aɪʔ
အိန်	ein	eĩ	အောက်	aut	auʔ

3. 复辅音：

从缅文来看，缅甸语中有许多复辅音。例如：

（1） 腭化音：

缅文复辅音字	拉丁字母	国际音标
ကျ က + ယ	ky	tɕ
ချ ခ + ယ	khy	tɕh
ဂျ ဂ + ယ	gy	dʑ
ပြ ပ + ရ	py	pj
ဖျ ဖ + ယ	phy	p'j
မျ မ + ရ	my	mj

（2）唇化音：

缅文复辅音字	拉丁字母	国际音标
ကွ က + ဝ	kw	kw
ခွ ခ + ဝ	khw	k'w
စွ စ + ဝ	sw	sw
ယွ ယ + ဝ	yw	jw
ပွ ပ + ဝ	pw	pw

（3）清化音或送气音：

缅文复辅音字	拉丁字母	国际音标
ငှ င + ှ	hng	hŋ / ŋ̊
နှ န + ှ	hn	hn / n̥
မှ မ + ှ	hm	hm / m̥
မျှ မ + ှ + ယ	hmy	hmj / m̥j
မွှ မ + ှ + ဝ	hmw	hmw / m̥w
မျွှ မ + ှ + ယ + ဝ	hmyw	hmjw / m̥jw
ရှ ရ + ှ	sh	ɕ

有些复辅音在发音时比较困难，往往丢失某一音素。例如：

缅文字　　　拉丁字母　　　　国际音标

မြွေ　　　mywei　　　　mwe　　　丢失辅音 y (j)

| လျှောက် | shaut | çau | 丢失辅音 l（l） |
| မြွက်ကြား | mywet kya: | mwε tça | 丢失辅音 y（j） |

关于拉丁字母注音的几点说明：

1. 在辅音表中 s 和 t 的送气音，按常规应采用 sh 和 th。但是我们已经用 / sh / 注 ရ 音，/ th / 注 သ 音。为了避免重复，s、t 的送气音就用 / hs / 和 / ht / 来注。

2. 缅文中有许多同音异体字，它们在历史上可能是不同的语音，但是由于现代实际语言中已经变成同一个音，字典中就用同一个音标注音。如：ဒ ဓ ဍ ဎ 都用拉丁字母 / d / 来注。又如 အဲ့、အန့်、အံ့ 就用同一个/an'／注。အွန်／အွမ် 用/un/ 注（အွန်／အွမ် 两音有时发不同的音，就按不同拉丁字母注音。例如：အွမ် 有些地方发 un 音，有些词中发 uan 音）。အိန်／အိမ် 用/ein/ 来注。အုန်／အုမ် 用/on/ 注。အတ်／အပ် 用/at／ 注。အုတ်／အုပ် 用 / out / 注等等。

3. 一个字母有不同的发音，用不同的音标注。例如：ရ 用拉丁字母 y 和 r 注。သ 用/ th /（清音）、/ dh /（浊音）注。

4. 声调：在《缅汉词典》中，声调符号如下：
   高平调： （ ▬ : ）
   高降调： （ ▬ ' ）
   低平调： 无符号
   短促调： （ ▬ t ）

5. 轻声调：有些字在连读时要变轻声调，注音时在声母后用一短横道表示。例如：ရာဇဝင် 注音为/ya z- win / ，ဖေနောင် 注音为 / ph- naun' /。

2.2 缅甸文的转写

所谓"转写"，就是用一种字母表里的字符标记另一种字母表的字符的方法。缅甸文字体以圆形为主。过去在打字和印刷上比较困难，许多学者就用拉丁字母来转写缅文字。由于缅甸文字是一种拼音文字，所以可以用拉丁字母或英文字母来替代。但是缅甸文又与拉丁文拼写方法不同，因为缅文中的元音不是用字母表示，而是用一套专门符号表示，这些符号在书写时，有的加在辅音字母（称作"基字"）的前面，简称"前加"，有的加在辅音字母的后面（称后加），另外还有上加、下加、再后加等情况。为了完整地反映缅甸文字，就需要把每一个缅文字母和元音符号都用一个不同的英文或拉丁文字母来代表。

用拉丁文（或英文字母，下同）字母转写缅文，不仅解决了缅文打印上的困难，而且也能反映古代缅甸语的语音面貌。例如现代缅甸语中 ကျ/ကြ 已变成同音字了，如果用音标来注的话，只需写成 / tɕ / 即可。但是，它无法反映这两个字的区别。在古缅文中，ကျ / ကြ 是不同的两个音节。写法也不相同。一个是 က+ယ 另一个是 က + ရ。因此为了准确、完整地反映缅甸文古文的书写面貌，语言学家们创造了转写的办法,将 ကျ 转写成 kla、ကြ 转写成 kra。将现代发音相同的字母 ဒ、ဍ、ဓ、ဎ 分别转写成 d、ḍ、dh、ḍh。这样就把不同的字母区分开来。

特别要注意的是，转写时并不考虑这个缅文字读什么音。转写只是将每一个字母或每一个元音符号用一个拉丁字母或是一个国际音标符号转写下来。因此，人们无法，也不能按转写的符号（拉丁字母、国际音标符号或英文字母）来拼读出缅甸语音。但是可以按照转写规律来恢复原来的缅文。当然，大家都希望，转写能够反映创制字母时期的语音状况，尽量采用语音近似的字母来转写，这样可以通过对缅文的转写，了解古缅语的状况。可惜的是，到目前为止，有些转写可以反映语音面貌，有些却无法反映。如何使转写能尽量反映古音面貌，还是一个需要进一步研究的课题。

2.3 缅甸文中一些不常见符号的注音和转写

在缅甸文中,有一些不常见的字,它们的拼音办法也与一般的拼音规律不同，这些字大部分是缅甸语中的巴利文借词，或梵文借词，都是在翻译梵文和巴利文佛经中出现。还有一些是缅甸古碑文中的字，在现代缅甸语中已经不用或已很少见了。这些借词和古词还保留着原有的许多不同的辅音韵尾的残痕。请见下表：（表中的 " - " 代表辅音声母）

缅文	国际音标注音	国际音标转写	缅文	国际音标注音	国际音标转写
◌ုက်	ouʔ	—ukh	◌က်	ɛʔ	—ag
◌ိုက်	eiʔ	—ig	◌ုဂ်	ouʔ	—ug
ေ◌ာက်	auʔ	—ɔg	◌ဃ်	au	—gh
◌ုဃ်	o	—uigh	◌င်	eĩ	—iŋ
◌စ်	iʔ	—aas	◌ည်	eiʔ	—is, its
缅文	国际音标注音	国际音标转写	缅文	国际音标注音	国际音标转写
◌ုစ်	ouʔ	—us	◌စ်	iʔ	—az
◌ိစ်	iʔ	—aaz	◌ည်	eiʔ	—iz

缅文	国际音标注音	国际音标转写	缅文	国际音标注音	国际音标转写
ော်	uʔ/ɔ	—ɔz	ိုံ	aiʔ	—uiz
ည်	õu	—uṇ	ေည်	i	—eṇ
ဉ်	ĩ	—aan	ိုံ	ẽi	—iñ
ုံ	õu	—uñ	ေုံ	i	—eñ
ိတ်	eiʔ	—iṭ	ို်	ouʔ	—uṭ
ေိတ်	iʔ	—eṭ	ုိံ	aiʔ	—uiṭ
ုတ်	aʔ	—aaṭh	ိုံ	eiʔ	—iṭh
ိတ်	ouʔ	—uṭh	ေိုံ	ĩ	—eṭh
ိုတ်	aiʔ	—uiṭh	ိုံ	ouʔ	—uḍ
ာဏ်	ã	—aaṇ	ုံ	e	—iṇ
ုိဏ်	õu	—uṇ	ုိံ	ãi	—uiṇ
ေတ်	iʔ	—et	ောဏ်	uʔ	—ɔt
ုတ်	ouʔ	—uth	်ိံ	aʔ	—ad
ုာတ်	aʔ	—aad	ုိံ	eiʔ	—id
ုိတ်	ouʔ	—ud	ုိံ	aiʔ	—uid
ဓ်	aʔ	—adh	ောဓ်	aʔ	—aadh
ုဓ်	eiʔ	—idh	ုိံ	ouʔ	—udh
ာန်	ã	—aan	ုိံ	aʔ	—aap
ဗ်	aʔ	—ab	ုိံ	eiʔ	—ib
ုဗ်	ouʔ	—ub	ောဗ်	aʔ	—aabh
缅文	国际音标注音	国际音标转写	缅文	国际音标注音	国际音标转写
ာမ်	ã	—aam	ောယ်	ɛ	—aaj
ုိယ်	o	—uij	ာရ်	ã	—aar
ုိရ်	ẽi	—ir	ေရ်	e/i	—er
ုိရ်	o	—uir	ုလ်	ã	—al
ာလ်	ã	—aal	ုိလ်	ẽi	—il
ုိလ်	õu	—ul	ုိံ	ãi/o	—uil
ုသ်	aʔ	—aatθ	ောသ်	aʔ	—aatθ
ုိသ်	eiʔ	—itθ	ုိံ	ouʔ	—utθ
ေသ်	iʔ/e	—etθ	ုသ်	a	—ah
ုိသ်	ẽi	—ih	ုိံ	o	—uih

ं ã —aḷ ္ဝိ o —uiဲ

总之，现在各国的语言学家对缅甸语的拼音和转写方法，由于各人考虑的角度和习惯不同，采用的符号稍有差别。但是，可以说是大同小异。其次，不同的注音和转写，在国外也未统一，有些学者采用国际音标注音和转写，有些学者则仍采用拉丁字母拼音或转写法。因此我们现在用的国际音标注音的办法不可能与所有的国外学者完全一致。只要了解各人的体系，就可以达到交流的目的。第三，在转写的体系中，也同样存在类似的问题。日本语言学家（Yoshio Nishi）对我们 1983 年的缅甸语转写体系中（实际上我们国内学者对有些注音和转写也有不同意见，尚未统一）有些地方提出不同意见。例如，我们将（ ္ဝိ ）转写成（0），这与一个字母只转写一种符号的转写规则有悖。缅文符号是由上加元音符号（i）和下加元音符号（u）组成。我们按现代缅语音转写成（o），它既不符合转写规则，也不能全面反映缅语的语音。因为，（o）虽然能反应现代缅语的语音，但是，无法反映古代缅语的语音。这样，转写只能反映现代语音，显然是片面的。我们觉得这个意见提得对，所以在本文中作了改正。将（ ္ဝိ ）的转写改为（ui）。潘悟云先生通过对汉语上古音的研究，发现了上古汉语中有 /ɯ/ 元音，因此认为，缅甸文的（ ္ဝိ ）应转写成 /ɯ/。这同样与一个符号用一个字母来转写的原则有悖。同时，上古汉语中的元音经过几千年的语音变化，发展到原始藏缅语阶段，再到古缅甸语中，是否仍保留此音，现在还很难确定。因此，到不如不去照顾古代语音或现代语音，还是按转写的原则，仍然转写成（ui）更妥当一些。

另外，我们原先将（အွန်）转写成（on），也是同样的道理。现在，将（အွန်）的转写改为 (wan)，将（အွတ်）的转写改为(wat) 等。另有一些其他意见，我们考虑各种因素和体系的关系不便苟同，故未作改动。世界各国学者也未统一，不必强求一致。

2.4 缅汉比较研究中的重要资料

要做语言比较研究，可以从各个不同的角度、不同的范围和不同的方法出发。我们主要是依据中国史籍《白狼歌》、上古缅语（12 世纪初的碑文）、中古缅语（十五世纪的《缅甸馆译语》）、现代缅语以及缅甸语方言总结出缅甸语的历时和共时的语言变化规律，然后与汉语的上古汉语、中古汉语、现代汉语以及汉语方言作比较。

2.4.1《白狼歌》:

《白狼歌》是《后汉书》中记载的一篇诗歌。东汉明帝永平（公元 58－75 年）时期，益州刺史梁国朱辅大力宣传汉朝仁政，对周边的少数民族影响很大，起到了招抚作用。当时，白狼、盘木、唐菆等部落纷纷"举种奉贡，称为臣仆。"《后汉书·西南夷列传》中记载道："白狼王、唐菆等慕化归义，作诗三章"即《白狼歌》(《后汉书》所记为'远夷乐德、慕德、怀德歌')。歌颂了中央政权的统治，表达了他们归化汉朝的决心。

《白狼歌》包含两部分内容。一部分是中文四言诗，另一部分是用白狼语对译的四言诗，白狼语当时没有文字，借用汉字来注白狼语的音。全文如下：（注：诗句前的序号是为了方便说明所加）

一章

序号	汉文诗	汉字注白狼语音
1	大汉是治	提官槐杈
2	与天意合	魏冒踰糟
3	吏译平端	罔译流牌
4	不从我来	旁莫支留
5	闻风向化	征衣随旅
6	所见奇异	知唐桑艾
7	多赐缯布	邪毗㦑繡
8	甘美酒食	推潭仆远
9	昌乐肉飞	拓拒苏便
10	屈伸悉备	局后仍离
11	蛮夷贫薄	偻让龙洞
12	无所报嗣	莫支度由
13	愿主长寿	阳雒僧鳞
14	子孙昌炽	莫稚角存

二 章

序号	汉文诗	汉字注白狼语音
15	蛮夷所处	偻让皮尼
16	日入之部	且交陵悟
17	慕义向北	绳动随旅
18	归日出主	路且栋雒
19	圣德深恩	圣德渡诺
20	与人富厚	魏菌渡洗
21	冬多霜雪	综邪流藩
22	夏多和雨	莋邪寻螺
23	寒温时适	藐浔泸漓
24	部人多有	菌补邪推
25	涉危历险	辟危归险
26	不远万里	莫受万流
27	去俗归德	术类附德
28	心归慈母	仍路挛摸

三章

29	荒服之外	荒服之仪
30	土地硗埆	犁籍怜怜
31	食肉衣皮	阻苏邪犁
32	不见盐谷	莫砀麤沐
33	吏译传风	罔译传微
34	大汉安乐	是汉夜拒
35	携负归仁	踪优路仁
36	触冒险陕	雷折险龙
37	高山歧峻	伦狼藏栋
38	缘崖磻石	扶路侧禄
39	木薄发家	息落服淫
40	百宿到洛	理沥发雒
41	父子同赐	捕莒菌毗

42	怀抱匹帛	怀橐匹漏
43	传告种人	传言呼敕
44	长愿臣仆	陵阳臣仆

《白狼歌》由汉字和白狼语汉字注音写成。究竟先用汉字写成然后再译成白狼语，还是先以白狼语写成诗歌，然后译成汉字四言体诗？历来看法多有分歧。马学良、戴庆厦在《白狼歌》研究一文中指出："《后汉书》中记载，先有白狼语写成的诗歌，再由官员田贡译为汉语的说法不足为信。"并且从词序和用词上否定了先有白狼语诗再译成汉文诗歌的可能。这种说法是可信的。因为，《白狼歌》中的汉文诗歌语句通顺、流畅，合乎汉语的语法和四言诗歌的规则。而白狼语的诗歌，语法不合藏缅语的一般规则，而且可以看出是按照汉文诗的顺序一个字一个字的生硬地译出，而后用汉字注出音来。

关于《白狼歌》的语言归属问题，很多研究者提出了不同的意见，有些认为是属于彝语支的，有认为近彝语么些语支的，也有认为属于嘉绒语、普米语、羌语的、彝缅语支的。马学良、戴庆厦的《〈白狼歌〉研究》广泛地比较了十多种藏缅语言和藏文和缅文后，提出了《白狼歌》中的白狼语接近缅语支和彝语支。后来，郑张尚芳用最新的上古汉语的研究成果来解读《白狼歌》，提出了"《白狼歌》中的白狼语是上古缅语"的结论[①]，我们也同意这一观点。（本文部分有关《白狼歌》的内容也引自该文）。

《白狼歌》全文有44句，176个字（其中有23个汉语借词和重复使用的字，全文实际有114个字）。我们可以发现其中的白狼语音与缅甸语（指古缅甸语音）有惊人的相似之处。现将他注出的缅文摘录如下（详见拙著《缅甸语与汉藏语系的比较研究》中的《上古缅语从中国的传出与回归》一章）

《白狼歌》中用汉字注的上古缅语音与汉语上古音有着明显的对应规则。例如：

（一）复辅音的对应：（前为缅文词，后为对应汉字。下同。详见郑张尚芳文。）

  冠音有无：hmweih 徽，hnga 呼；hngaa 艾，hreng 陵

  垫音有无：mrei 犁，mruu 流，mrong 龙，mrang 狼 mrang 唐砀；Prei 牌，

[①]《上古缅歌——〈白狼歌〉的全文解读》《民族语文》1993年，第1、2期连载。

preih 辟，kraah 稿，mlouh 沐

（二）古汉语"来" *r 母，"以" *l 母，"邪" *lj 母，"船" *ɦlj 母，"定" *ɦl 母的一部分，记音也对流音。

来母：rouh 刘，roungh 龙，raa 泸，rwaa 螺 raa 理

以母：lou 逾，lang 阳，la 邪，hla 夜

邪母：lum 寻 浔，hljaah 邪 rwai 随

船母、定母：hrut 术，rengh 绳；mrang 唐、砀，mreih 稚

（三）元音的对应：鱼部 *a 对 a：la 邪，ka 柜，hnga 呼，caah 阻

幽部：*u *ɯu 候部 *o 对 ou, u, o：rouh 刘，ou 优，couh 受 mruu 流 ko 后

脂部：*i、支部 *e 对 ei, i：nei 尼，peih 毗，rei 犁，chii 髭，

微部：*ɯi 对 ei：hmweih 徽，eih 衣 kweih 归

歌部：*ai 对 ai, e：bhai 皮，lee 离，漓

（四）韵尾对应及鼻塞交替：

*－ŋ：maŋh 冈，paŋ 旁，laŋ 阳，mraŋ 狼，douŋ 动，chonŋh 综

*－n：kwan 官，kwjan 菌，sinh 洗

*－m：kamh 俭，im 淫，thum 潭，lum 寻、浔

*－g：nak 诺，thak 度，rak 历，kok 局

*－d：chat 折，pit 匹，kwjan 橘

（五）缅文的 aṉ（ᨠ）ac（ᨦ）对蒸部、职部字为主：

蒸部：*ɯŋ

职部：*ɯg

《白狼歌》是迄今为止，最早的用汉字注音的古缅语，距今已有1900多年的历史。可是它与一千年以后也就是缅甸文创始的12世纪初碑文时期的缅甸语以及近两千年后的现代缅甸语比较，还是有惊人的相似之处。对《白狼歌》的研究，意义十分重大。

2.4.2 缅文碑铭：缅文碑铭是指11世纪初以"妙齐提"碑文为代表的缅甸历代镌刻的碑铭总称。妙齐提碑是一块四棱柱体，上端为一倒心形饰刻。碑体总高为1.8米。碑的四个面上分别用缅甸文、骠文、巴利文、孟文等四种不同的文字镌刻着内容相同的碑文。

"妙齐提碑"是1886年在蒲甘西南敏格巴地区的一座名叫"妙齐提"佛塔附近被发现的，因而得名为"妙齐提"碑。它有大小形状相似的两块。从字体、镌刻的手法和技巧来看，可能是一块为样稿，另一块为正式成品。

"妙齐提碑"上的缅甸文是一种拼音文字，它为我们研究当时的语音提供了宝贵的数据，使我们今天有可能借助汉藏语系藏缅语族中的其他亲属语言和文字记载进行对比研究，找出它们的对应关系，弄清十二世纪初叶缅甸语音的体系。

当然，就"妙齐提碑铭"来说，全文总共仅有四百八十三个音节，它不可能包罗十二世纪初缅甸语音的全部内容。但是我们通过分析研究，可以了解十二世纪初语言系统的大致轮廓。（详见拙文《妙齐提碑文研究（一）》，1986年《北京大学学报》4期）

碑文时期的辅音，可以归纳为下列几类：

塞音： k, kh, g, gh
　　　　ṭ, ṭh, ḍ, ḍh
　　　　t, th, d, dh
　　　　p, ph, b, bh, ʔ

塞擦音：ts, tsh, dz, dzh

擦 音：s, h

鼻 音：ŋ, ṇ, ṉ, n, m

闪　音：r

半元音：w，j

边　音：l，ḷ

其中，主要辅音有 19 个，其余的大部分，尤其是浊辅音只在巴利文借词中用。如：g, gh, d, dz, ḍ, dzh, ṭ, ṭh, ḍ, ḍh, b, bh, ṇ, ḷ 等。

从碑文的辅音中可以看出，当时的缅甸语中，辅音有清浊之分，也就是说清浊是对立的音位。如：k–g, t–d, p–b。

送气音与不送气音也是一双对立的音位。如：k–kh, s–sh, t–th, d–dh, p–ph, b–bh。

鼻辅音也有送气与不送气的对立。送气的鼻辅音使鼻音清化。十二世纪初期的缅甸语中边音也有送气与不送气的对立，如：l 与 lh。

我们知道，清浊的对立，送气与不送气的对立，尤其是鼻辅音的送气与不送气的对立都是缅彝语支语言的一些重要特征，也可以说是缅甸语语音的一个重要特征。

在"妙齐提"碑文中，我们还可以看到 pr、phr、pl、phl、kj、tj 等复辅音字母。从公元十二世纪到十四世纪的蒲甘碑文，我们可以看到，复辅音的后置辅音 l 已经分别分化为 r 和 j 两类。

从现代缅甸语中的舌面硬腭音 tɕ、tɕh、dʑ、pja、phja、bja 等音来看，原来古音中的 r、l、j 等都已起了变化。舌根软腭音与后置辅音 r、l、j 等合成复辅音时已经逐步腭化，变成 tɕ、tɕh、dʑ 等音，这与古汉语中的变化趋势完全一样。

缅甸文字是从婆罗迷古文字衍化而成的巴利文和孟文脱胎而来。但是也有缅甸文中特有的字母。这就是辅音字母表中的第 2 行，这行字母在巴利文中是舌叶音 c, ch, j, jh, ṇ。在现代缅甸语中是擦音组 s, sh, z, z, ṇ。这一组的末尾一字母仍保留着舌叶音的本色，其余几个音则变成舌尖音。当时的语音究竟如何呢？我们从亲属语言的对比中可以得到答案。

例如：

现代缅语	藏语	彝语	汉义
sha^{55}	tsha^{43}	tshɯ	盐
sa^{55}	sa^{12}	dzɯ	吃

su⁵⁵	tsu⁴⁴	tṣha	插、刺
she⁵⁵	tṣhu⁴³	tshŋ	洗
she⁵⁵	tsi⁴³	butsh	药

从以上语音对应情况来看，现代缅语的 s 与亲属语言中的 ts 对应，sh 与 tsh 对应。我们从"四译馆"的缅文杂字汉字注音规律中可以看到，现代缅语音的 s，sh，在历史上就是 ts、tsh 等音。如：

四译馆缅文（转写）	汉字注音	汉义
sa	乍	吃
shu lap	楚剌	赏赐
sha	叉	盐
shi	赤	油

从这些例字中可以看出，凡缅语为"s"声母的字，都用声母"ts"的汉字注音。缅语为"sh"声母的字，汉字就用"tsh"字母的字来注音。可见，即使到了公元十六世纪左右，缅语的"s，sh"声母，仍然是发"ts，tsh"之音。联系前面与藏语、彝语等我国内少数民族语言中的同源词比较，我们有充分的理由证明，在十二世纪初，第二行字母的音（指现代缅文字母 sa，sha，za，）应该是 ts，tsh，dz 等塞擦音。在现代缅语中，读作 s，sh，z 等音已是经过历史变化的结果，而且从"四译馆"杂字注音情况来看，这一变化为时并不长久。

总之，通过"妙齐提"碑文，我们可以看到①古缅语声母系统与古汉语声母系统有许多相似之处。②缅语复辅音声母反映了古汉语中存在着复辅音的可能性。③缅语辅音中有清浊、送气与不送气的对立。④缅语古音中有浊送气音。⑤缅语古音中复辅音声母发展到现代缅语时，发生一定变化，这些变化都有一定规律，而这些规律又与汉语的语音发展史有较多的共同之处。

此外，"妙齐提"碑文也给我们有关声调产生和发展的启迪。碑文反映出来在古缅语中，有着较丰富的声母系统和辅音韵尾系统，因而声调的区别作用并不突出，字音的高低变化，只是一种伴随特征，并不具备音位功能。在十二世纪左右，长调可以读作低平，也可以读作高平，文字中就用两种办法来标注这个声调。

一部分是通过符号，如字母上加ိ、加ု、加ံ等符号，或者在 a, i, u, 以外的韵母后加[h]尾。[h]的作用用与ု、ံ等符号作用一样是加长元音的符号。

因此，在古缅语中声调并不像现代缅语那样严格、齐整。随着复辅音声母的简化，辅音韵尾的变化，使同音词增加，必然要采用另一种补偿手段来区别词义。声调便应运而生，有所发展。逐渐使声调不再像原来那样无拘无束，从而与声母、韵母逐渐固定形成一个整体。可见碑文记载了古缅语的许多重要信息，对于研究缅甸文化、语言是个极为宝贵的资料。

为了更好地了解蒲甘碑文时期的文字与语音情况，现将碑文的字体、碑文的转写、语音的构拟，以及现代缅文与现代仰光语音列出，以便比较参考。（在以后的有关章节中作比较时，还将分别详细介绍。）

1. 蒲甘碑文的辅音字母：

碑文	国际音标转写	构拟音	现代缅文	现代语音
	k	k	က	k
	kh	kh	ခ	kh
	g	g	ဂ	g
	gh	gh	ဃ	g
	ŋ	ŋ	င	ŋ
	ts	ts	စ	s
	tsh	tsh	ဆ	sh
	z	dz	ဇ	z
	zh	dzh	ဈ	z
	ṇ	ṇ	ဉ	ṇ
	ṭ	ṭ	ဋ	t
	ṭh	ṭh	ဌ	th
	ḍ	ḍ	ဍ	d
	ṇ	ṇ	ဎ	n
	t	t	တ	t
	th	th	ထ	th
	d	d	ဒ	d
	dh	dh	ဓ	d

ɪ	n	n	န	n
ပ	p	p	ပ	p
ဖ	ph	ph	ဖ	ph
ဗ	b	b	ဗ	b
ဘ	bh	bh	ဘ	b
မ	m	m	မ	m
ယ	j	j	ယ	j、r
ရ	r	r	ရ	j
လ	l	l	လ	l
ဝ	w	w	ဝ	w
သ	s	s	သ	tθ
ဟ	h	h	ဟ	h
ဠ	l̥	l̥	ဠ	l

2. 元音及元音符号：

အ	a	ɑ	အ	a'
အာ	aa	ɑɑ	အာ	a
ဣ	i	i	ဣ	i'
ဤ	ii	ii	ဤ	i
ဥ	ij	e	ဧ	e
ဦ	u	u	ဥ	u'
ဦ	uu	uu	ဦ	u
ဧ	ee	ee	ဧ	e
အဲ	lej	lɛ	အဲ	lɛː
ဩ	ɔ	ɔ	ဩ	ɔː
အံ	am	ɑm	အံ	ã
ကာ	kaa	kɑɑ	ကာ	ka
ပါ	paa	pɑɑ	ပါ	pa
မိ	mi	mi	မိ	mi'
လီ	lii	lii	လီ	li
သု	su	su	သု	tθu'

	suu	suu	သူ	tθu
	tij	te	တေ	te
	saw	sɔ	သော	tθɔ:
	tsaaw	tsɔ	ေစာ	sɔ:
	thuiw	tho	ထို	tho
	khaṁ	kham	ခံ	khã
	teh	tee	တေး	te:

3. 上加符号、下加符号及辅音韵尾符号：

	lak	lak	လက်	lɛʔ
	kaj	kja	ကျ	tɕa'
	krɔŋ	krɔŋ	ကြောင်	tɕaũ
	saŋ ghaa	saŋ ghaa	သံဃာ	tθĩ ga
	pra	pra	ပြ	pja'
	rwaa	rwaa	ရွာ	jwa
	hnap	hnap	နှပ်	hnaʔ
	hla	hla	လှ	hla'
	kjwa	kjwa	ကျွ	tɕwa'
	krwa	krwa	ကြွ	tɕwa
	hmja	hmja	မျှ	hmja'
	phla	phla	ပျှ	phja'
	ruj ʔ	ruj ʔ	ရွေ့	jwe'
	min ʔ	min ʔ	မင့်	mẽi
	lan ʔ	lan ʔ	လန့်	lã '
	pam ʔ	pam ʔ	ပံ့	pã
	pan ḍit	pan tit	ပဏ္ဍိတ်	pã deıʔ

关于上列碑文字的几点说明：

① 在上列碑文中，有不少浊音字，主要是在巴利文借词中出现，当时的缅甸语中，浊音极少。

② 碑文中的韵尾辅音，当时还保留着其本身的语音特征。到后来，这些辅音韵尾才向不

同的方向变化。例如，m、n、ŋ 使元音鼻化；p、t、k、使元音变短促，同时使元音变化。(具体变化可参见下面辅音韵尾和声调比较的有关章节)

③ 在蒲甘碑文时期，声母中有两个辅音组成的复辅音，也有三个辅音组成的复辅音(也称"辅音群")，如 kjwa、kjwan等。

④ 在缅甸文碑文时期，缅甸文的字体尚属起始阶段，有时同样的字在碑文中出现几种不同的写法，反映当时的缅甸文还未完全定型。例如 [ko] 的写法就有：ကိူ ကိူဝ် ကိူဝ် 等几种，在现代缅甸文中写作 ကို 如果用转写的形式来表示缅语中同一个语音 ကို / ko / 就有四种转写法：kuw kuiw kiw 和 kui。

2.4.3 《四夷馆译语》

是十五世纪初留下的中文史籍，它记载着当时缅甸语词汇的写法和语音(用汉字注的音)以及用缅文写的奏折(用缅甸文写的汉语奏折)。这是研究十五世纪缅语的重要材料。1923 年在北京大学担任导师的俄国人钢和泰(B·VON STAEL-HOLSTEIN)发表了《音译梵书与中国古音》(胡适译，《国学季刊》第一卷)指出，研究历代读音，除反切、韵表、方音、以及日、越、朝、汉字音以外，还有汉字在外文中的译音与外文在中文里的译音也是一项重要的材料。汪荣宝在《歌戈鱼虞模古读考》(1923 年《国学季刊》第一期第二号)中写道："……夫古之音既不可得耳闻，而文字又不足以相印证。则欲解此疑问者，惟有从他国之记音文字求其与古语有关者而取为旁证者而已。"经过用译音对证得出结论：唐宋以上，凡歌戈韵之字皆读a音，不读o音；魏晋以上，凡鱼虞模韵之字亦皆读a音，不读u音或ü音也。"由此看来，汉字"鱼"音从上古的ŋǐa衍变成现代汉语的jiu，声母、韵母都发生了变化。但在缅甸语中"鱼"的读音与汉语某些方言相同，如读ŋ (吴方言中的上海、苏州方音)/ŋε (吴方言中的丹阳方音)，仍保留了古汉语的读音ŋa,可见缅甸语中的"ŋa^{55}"应该是汉语的"鱼"的同源词。要比较缅汉两种语言，《四夷馆译语》是必不可少的宝贵资料。现作简单介绍：四夷馆是明代永乐五年(公元 1407 年)在南京设立的一个官方机构，目的是掌译书之事。四夷馆的建立是顺应当时中外关系发展的需要，为了进一步加强中国与周边国家政治、经济、文化交流而创建。当时(明朝洪武至宣德年间)正是中缅之间来往比较密切的时期。据《明实录》记载，洪武四年(1371 年)到宣德八年(1433 年)，明朝先后 15 次遣使访问阿瓦、白古等地。这段时期中，阿瓦、白古等地也先后27次遣使访问明朝。①

  明初，对内实行休养生息的政策，以缓和矛盾，发展经济；对外，尤其是对周边国家奉行和平友好政策，主动遣使出国修好。洪武二十七年明太祖朱元璋下令设置"缅中宣威使司"，任阿瓦王卜剌浪为宣威使。为了方便明朝政府和边境各个宣威司之间的公文往来，加强沟通。建立了四夷馆（清初改为四译馆），它隶属于翰林院之下。开始时，设立有：鞑靼、女真、回回、缅甸、百夷、西番、西天、高昌等八个馆。到1579年，又增加了八百和暹罗二馆。乾隆十三年（1748年）改四译馆为会同四译馆，并入礼部。这些馆，曾编纂外族语言与汉语对译的辞书，总称为"华夷译语"。国外学者一般依照时代先后对"译语"加以分类。甲种为明代火原诘用汉字记写蒙古语的"华夷译语"；乙种为"四夷馆本"，收杂字和来文，有原字；丙种为"会同馆本"，仅收汉字注音的杂字，没有来文和原字。四夷馆创建开始时，在昆明设立了"缅字馆"，专门培养缅甸语翻译人才，负责招待缅甸来使，接待来云南贸易的缅甸商人。②

  据《滇系》记载："明初设缅字馆于滇坦，令汉人习而译之。考缅字授自缅僧，有深浅优劣之别，其精者知晦明风雨、日月剥蚀。乾隆六十年孟于以贡使八部，购御纂五经、康熙字典、渊鉴类函、朱子纲目、李时珍本草数十种以归诗书之译。"③

  据《四夷馆考》记载，缅甸馆开始时，有缅甸贡使6人留下未归，在四夷馆作教授，后均卒于官。其中有：李瓒、寸文斌、寸玉、寸惜阴等人。以寸玉任期最长，明武宗（1505－1521年）为表彰他，赐予"仕佐郎"之职（见《明史·志》四夷馆条）。1504年，缅甸宣慰使卜剌郎入贡，又选派孟香、的洒、香牛等三人来馆执教，俱受序班。

  当时（1504年）的缅甸馆曾以一首缅文译成汉文的七言绝句作课本。《集字诗》中有一首诗歌，反映了中缅两国人民友好之情。诗中写道：

    江岸秋风好送行，阳关阴雨几时晴。
    马蹄别入千山外，沙路云开见月生。

  为了便于学习，"缅甸馆"曾编纂了缅甸语与汉语对译的辞书，即《缅甸馆译语》。包括杂字和来文，属于"华夷译语"的乙种本之列。有各种版本分别被

---

① 见余定邦《中缅关系史》46－47页，光明日报出版社，2000年。
② 参见《腾越州志》卷十一，《滇系》十二之一。
③ 《滇系》12册第一卷11页。

法国、英国、日本和我国故宫博物馆收藏。杂字有原文，按字的意义分类。例如在巴黎国民图书馆藏本中的分类有：天文门、地理门、时令门、花木门、鸟兽门、人物门、人事门、宫殿门、器用门、饮馔门、衣服门、颜色门、珍宝门、身体门、文史门、数目门等十六类。其他版本中，有通用门。大都收集一千多词。每个缅词有缅文原文、注缅音的汉字以及汉字注的词义等三部分组成。这可以说是我国最早的一部缅汉双语分类词典。

从《缅甸馆译语》中的缅文字来看，它与缅文创始时期——蒲甘碑铭时期的缅文相比，已有很大的差别。蒲甘时期的字母是方形的，更加接近于印度古婆罗米文字的字形，而三百年以后，出现在"四夷馆"时期的字体变成圆形，更接近于现代缅文字体。除了字体差异以外，拼写法也有所不同。反映了缅甸语音已经有了较大的衍变。通过比较，可以看到大致有下列几个方面的差别。

（一）从《缅甸馆译语》的汉字注音来看，当时的缅甸语中，仍然保留着上古缅语的塞擦音 ts　tsh。而在现代缅甸语中，塞擦音已经变成擦音 s，sh。例如：

缅文	汉字注音	汉字释义	现代缅甸语音
စ	乍	吃	sa:
စွန်	转	边	sũ:
ပုစွန်ဆိပ်	卜转赤	虾	bə zũ zeɪʔ
စော	爪	早	sɔ:
ဆင်	唱	象	shĩ
ဆောင်းဦး	昌乌	秋	shaũ: u:
ကဆုန်လ	嘎春剌	三月（原文有误，gə zoũ laʼ 应为缅历二月，相当于公历五月）

（二）仍保留卷舌音 ʈ。例如：

缅文	汉字注音	汉字释义	现代缅甸语音
ခရံသီ	克滥洗	茄子	khə jã : dði:
ရောက်ပြီ	若比	临	jauʔ bji
ရေစီး	热斋	水流	je zi:
ထရံ	榻琅	壁	thə jã

（三）仍保留擦音 s。而现代缅甸语中原有的 s（သ）音已变成塞擦音 tθ。原有的塞擦音 ts（စ）变成了擦音 s，也就是说，在缅语历史上有塞擦音 ts。例如：

缅文	汉字注音	汉字释义	现代缅甸语音
သမင်	撒莽	鹿	tθə mĩ
သစ်သီ	谢西	果	tθɪʔ tθi:
သဲ	赛	沙	tθɛ:
သက်တန်	撒当	虹	tθɛʔ dã ˈ

（四）保留了上古缅语的韵尾辅音：k、t、p、m、n、ŋ、ȵ、w、j、g、ts 等。例如：

缅文	转写	汉字注音	汉字释义	现代缅甸语音
လက်ဖက်	lak phak	剌怕	茶	lɛʔ phɛʔ
ထွက်	thwak	塔	出	thwɛʔ
မှုတ်	mut	沫	吹	hmouʔ
ဆိတ်	shit	赤	羊	sheɪʔ
ငရုပ်ကောင်	ŋa rup kɔŋ	矮柔缸	胡椒	ŋə jouʔ gaũ :
သန်	tθan	散	夏	nwei

缅文	转写	汉字注音	汉字释义	现代缅甸语音
မိုဃ်	muigh	某	天	moː
လိပ်ပြာ	lip pra	李白剌	蝶	leɪʔ pja
တိမ်	tim	定	云	tẽɪ
ငြိမ်	ŋrim	厄林	凉	ɲeɪ
ဝင်	waŋ	望	入	wĩ
လင်	laŋ	浪	明	l ĩ
နစ်	nits	捏	沉	nɪʔ
မြစ်	mrats	麦列	河	mjɪʔ
ပင်လယ်	paŋ laj	邦赖	海	pĩ lɛ
ကြယ်	kraj	革来	星	tɕɛ
မြို့	mruiw	某路	城	mjoˈ

（五）保留了上古缅语的复辅音声母 kr pr mr 等。在《缅甸馆译语》的汉字注音中，凡遇复辅音声母都用两个汉字注音。一般来说前一个汉字的声母注复辅音的前一个辅音，后一个汉字表示复辅音后置辅音及韵母元音。而这些复辅音到现代缅甸语中大部分经颚化，变成 tɕ tɕh dʑ pja phj mj。例如：

缅文	转写	汉字注音	汉字释义	现代缅甸语音
မိုဃ်ကြိုး	muig krui	某骨路	雷	mo^{55} tɕo^{55}
ကြယ်	kraj	革来	星	tɕɛ^{22}
မြို့	mruiw	某路	城	mjo^{53}
မြင့်	mraŋ	麦浪	高	mj ĩ ^{53}
မြေ	mre	麦类	地	mje^{22}
မြူ	mruu	麦路	尘	mju^{22}
ခြောက်	khlɔk	克老	旱	tɕhauʔ^4
ချို	khluiw	克路	角	dʑo^{22}
လိပ်ပြာ	lip praa	李白剌	蝶	leɪʔ^4 pja^{22}
ပျာ	pjaa	必牙	蜂	pja^{55}

（六）从复辅音的注音来看，当时有许多复辅音声母已经发生变化，有些同样的复辅音，汉文注音有所不同。可以看到一部分复辅音仍然保留着原来的面

貌，而另一部分同样的复辅音已经变化。例如：
复辅音 kr 变成颚化音 tɕ 的。例如：

缅文	转写	汉字注音	汉字释义	现代缅甸语音
ကြယ်မ	kraj ma	吉玛	众星	tɕɛ mja⁵⁵

复辅音 kr 尚未变成颚化音 tɕ 的。例如：

缅文	转写	汉字注音	汉字释义	现代缅甸语音
မိုဃ်ကြို	muigh krui	某骨路	雷	mo⁵⁵ tɕo⁵⁵
ကြယ်	kraj	革来	星	tɕɛ²²

复辅音 kl 变成颚化音 tɕ 的。例如：

缅文	转写	汉字注音	汉字释义	现代缅甸语音
ကျောက်	klɔk	缴	石	tɕauʔ⁴
ကျာ	kla	贾	虎	tɕa⁵⁵
ကျွယ်	klwaj	卷	牛	tɕwɛ⁵⁵

复辅音 khl 变成颚化音 tɕh 的。例如：

缅文	转写	汉字注音	汉字释义	现代缅甸语音
မိုဃ်ချုပ်	muig tɕhouʔ	某丘	晚	mo: tɕhouʔ⁴
ချမ်း	khlam	遣	凉	tɕhã⁵⁵
ချောင်	khlɔŋ	腔	涧	tɕhaũ⁵⁵

未变成腭化音的。例如：

缅文	转写	汉字注音	汉字释义	现代缅甸语音
ချောက်	khlɔk	克老	旱	tɕhauʔ⁴
ချိုဝ်	khluiw	克路	角	dʐo²²

复辅音 mr 变成颚化音 mj 例如：

缅文	转写	汉字注音	汉字释义	现代缅甸语音
မြေ	mre	乜	土	mje²²
မြေ မြင်	mre praŋ	乜白浪	川	mje²² pjã⁵³³

未变的：

缅文	转写	汉字注音	汉字释义	现代缅甸语音
မြေ	mre	麦类	地	mje²²
မြူ	mruu	麦路	尘	mju²²

复辅音 pr phr 变成颚化音pj phj 例如：

缅文	转写	汉字注音	汉字释义	现代缅甸语音
ပြောင်	prɔŋ	帮	移	pjaũ⁵⁵
ဖြစ်	phrats	撒	成	phjɪʔ⁴
ပြည်ငယ်	praɲ ŋaj	逼碍	小国	pji²² ŋɛ²²

未变的：

缅文	转写	汉字注音	汉字释义	现代缅甸语音
လိပ်ပြာ	lip praa	李白剌	蝶	leɪʔ⁴ pja²²
ပြာသိုလ	praa tθui la	白剌嗽剌	十一月（缅历十月之误译）pja²² dðo²² la⁵³

(七) 可以明显地看到，当时的语音中常常丢失声母中的送气音 h、半元音 j 和 复辅音的后置辅音 w 。例如：

缅文	转写	汉字注音	汉字释义	现代缅甸语音

丢声母中h的：

缅文	转写	汉字注音	汉字释义	现代缅甸语音
ှက်	hŋak	哈	鸟	hŋɛʔ⁴
နှင်	hnaŋ	囊	露	hnĩ⁵⁵
နှစ်	hnats	捏	年	hnɪʔ⁴

丢失h, l 的：

缅文	转写	汉字注音	汉字释义	现代缅甸语音
လျှပ်	hljap	剌	（雷）电	ɬjaʔ⁴

丢失w 的：

缅文	转写	汉字注音	汉字释义	现代缅甸语音
ရေတွင်	re twaŋ	锐当	井	je²² twĩ⁵⁵

(八) 我们还可以看到，当时的缅甸语声调，也还未定型，元音有长短，但是还未分高低；由于有较多的辅音韵尾，后来的短促调还未明显出现。就以现代缅语中的高平调来说，《缅甸馆译语》的缅甸文就没有固定，有的后来的高平调，在《译语》中，有的字标上符号（：），大多数还没表这样的符号。例如：

现代缅甸语高平调字	《译语》时期缅字	字义	《译语》注音
မိုး	မိုဃ်	天	某
မိုးကြိုး	မိုဃ်ကြိုဝ်	雷	某骨路
အနိုး	အနိုဝ်	烟	阿叩

ငင်း		နင်	露	囊
မိုး လင်း		မိုးလင်	天晴	某浪
ခရီး		ခရီ	路	克里
ရေတွင်း		ရေတွင်	井	锐当

有些现代缅语中的高平调、高降调和低平调，在《缅甸馆译语》中并不分高低。例如：

《译语》时期的缅字	字义	现代缅语声调	
a nii	红	a ni^{22}	（低平）
a nii	近	a ni^{55}	（高平）
uu	肠	u^{22}	（低平）
uu thup	帽	u^{55} thouʔ^4	（高平）
tsa	字	sa^{22}	（低平）
tsa	吃	sa^{55}	（高平）
tshai	十	shɛ^{22}	（低平）
tshai	骂	shɛ^{55}	（高平）
kow	身体	ko^{22}	（低平）
kow	九	ko^{55}	（高平）
mlaŋ	见	mjĩ^{22}	（低平）
mlaŋ	高	mjĩ^{53}	（高降）
mlaŋ	马	mjĩ^{55}	（高平）

这种声调符号还未定型的情况证明了缅甸语的声调是后起的，或者说至少是逐渐增多的。（参见拙文《论现代缅甸语声调》和《<妙齐提>碑文研究(一)》）。

在四译馆时期（缅甸语中古时期）复辅音有了一些变化。碑文时期的后置辅音 l 已经发生变化，由流音变成腭音j，舌根软腭音 kj、khj 更变成舌面硬腭音tɕ。

2.4.4 其他重要资料

方言比较研究是历史比较中不可或缺的重要内容。因为方言中不仅反映着历时语音变化的积淀，更重要的是方言中保留了不易变化的语言系统的核心——结构格局。包括语音成分的数目，关系和作用。因此，为了更好地开展缅汉语言比较，我们花了大力气，克服各种困难，到缅甸开展境外田野调查，获得了大量可贵的第一手资料。通过这些第一手资料，我们能更好地与汉语作比较研究。同时通过调查研究，了解到原先被人们认为缅甸主要的七大方言：若开方言、东友方言、茵达方言、约方言、德努方言、土瓦方言、丹老方言实际上并没有反映缅甸语方言的全部面貌。例如：其中遗漏了很重要的北部方言篷方言。而约、德努、丹老等方言，只能称作次方言（关于缅甸语方言和比较研究将另文阐述）。为了跟汉语比较，本文也在方言调查中选择了具有代表性的、较多保留古缅语面貌的东友方言、茵达方言和土瓦方言与汉语的吴语、粤语、闽南语作比较，使我们选择和确定同源词时有了更广泛、更可靠的依据。

缅甸语的重要参考资料还包括许多古代典籍，其中包括；历代经典名著、各种正字法字典等。其中吴戈桑落法师编著的《缅甸语词汇音义考》可说是比较有分量的一部辞书。吴戈桑落法师从大量的经典、古籍中收集了缅语词汇的实例，揭示了古今缅甸词汇的语音变化、通转现象以及词义上的千丝万缕联系，对了解古今缅语词汇的音义发展、变化有很高的参考价值。

至于汉语的资料，更是浩如烟海。中国及国外的语言学家们对汉语作了上千年的研究，取得了巨大成果，出版了大量的书籍，我们可以充分利用。

按郑张尚芳意见(《上古音系》第 32－33 页)，汉语的发展史可以分成十个历史时期，即阶段：上古三期"模、鱼、麻"合为鱼部读 a；中古三期（六朝至五代）；近古（宋代）"歌、麻"读 a；近代二期（金元至明清）；现代"麻二"读 a。

甲骨文以前的汉语（即远古汉语）的语音，无文献可稽，只能用上古音结合汉藏语系各语言同源词比较来重建其原始形式。而人们认识和研究上古汉语时，主要还是依靠和根据汉字的谐声。韵类则主要靠对《诗经》的押韵的情况进行归纳和分析。此外，古籍中的异文、通假、双声叠韵、联绵字以及现代汉语方言的遗迹及域外语言的上古汉语的积淀及汉语借词中的语音现象来构拟上古汉语的语音系统。后来又用代表中古汉语音系的《切韵》音系往上推测。由于观点、方法不同，对上古汉语音系的看法和结论都不相同。产生了各种不同的构拟形式，尚无统一的意见。而缅甸语的历史，由于研究不够，认识更是比较模糊。作比较研究也只能根据现有的认识水平作一初步探讨。

第三章　缅甸语汉语声母系统的比较

　　缅汉两种语言的声母可以是零声母，也可以是单辅音声母、复辅音声母或由多个辅音组成的辅音群。

　　众所周知，上古汉语的声母与中古汉语的声母系统有着较大的差别。关于上古汉语声部的划分也各不相同。王力分三十类；江有浩分为二十一类；高本汉、罗常培分三十一类；董同龢、周法高分二十三类；郑张尚芳分三十类。（参见后文中的声母对照表）

3.1 辅音的历史演变与共时变化的互证

　　高本汉、王力将汉语中古声母分别拟定为 36 个，32 个。"帮滂并明、见溪群疑、端透定泥、心" 13 母上古属基本声母。李珍华、周长楫的《汉字今音表》根据对汉字谐声的分析与有关材料的参证，并吸收前辈研究的合理成果，拟定上古声母为 19 个：

唇 音	帮 [p]	滂 [ph]	并 [b]	明 [m]
舌 音	端 [t]	透 [th]	定 [d]	泥 [n]	来 [l]
齿 音	精 [ts]	清 [tsh]	从 [dz]	心 [s]
牙喉音	见 [k]	溪 [kh]	匣 [g]	凝 [ŋ]	晓 [h]
	影 [∅]

　　郑张尚芳的《上古音系》认为上古辅音有 30 个，其中 25 个为基本声母，另外 j、w 只作垫音，ʔ、h、ɦ 可作喉冠音使用。（下列表中 / 号后是较晚变体）。即：

见 [k]	溪 [kh]	群匣 [g]	疑 [ŋ]	哭 [ŋh]
晓 [qh/h]	影 [q/ʔ]	云匣 [ɢ/ɦ]	帮 [p]	滂 [ph]
并 [b]	明 [m]	抚 [mh]	端 [t]	透 [th]
定 [d]	泥 [n]	滩 [nh]	以 [l]	胎 [lh]
心 [s]	清 [sh / tsh]	从 [z / dz]	来 [r]	宠 [rh]

我们拿碑文时期缅文反映的声母与上古汉语的声母作比较。

上古缅甸语的单辅音有 32 个，从发音方法来归类，"妙齐提"碑文时期的辅音可以归纳为下列几类。

塞音：k，kh，g，<u>gh</u>，
　　　ṭ，<u>ṭh</u>，<u>ḍ</u>，<u>ḍh</u>，
　　　t，th，d，<u>dh</u>，
　　　p，ph，b，<u>bh</u>，ʔ

塞擦音：ts，tsh，dz，<u>dzh</u>

擦　音：s，h，

鼻　音：ŋ，ṇ，n，m，

闪　音：r

半元音：w，j

边　音：l，ḷ

（上列辅音中下画线者为当时翻译巴利文的佛经时用，不是缅语固有的辅音。上缅甸语上古音中，浊音往往发作清音，这样一来实际上主要辅音就是 19 个，即：k，kh，ŋ，t，th，n、p，ph，m，ts，tsh，ṇ，s，h，r，w，j，l，ʔ）

在这些辅音中可以看出，当时的缅甸语中，辅音分清浊，也就是说清浊是对立的音位。如：k-g，t-d，p-b。

送气音与不送气音也是一双对立的音位。如：k-kh，g-gh，t-th，d-dh，p-ph，b-bh 从碑文中，我们还可以发现，缅甸语中鼻辅音也有送气与不送气的对立。送气的鼻音使鼻音清化。如，nh（15,20,23,39,118,124,146,147,150,162,201,253,366,464）与 n，mh（316，416）与 m 是两个对立的鼻音。（括号中的数字表示该音取自《妙齐提碑文》的碑文字序号，参见汪大年《妙齐提碑文研究（一）——十二世纪初缅甸语音初探》下同）

十二世纪初期的缅甸语中，边音也有送气不送气的对立。如：l 与 lh（258，261，363，459）是一对对立的音位。

我们知道，清浊的对立，送气与不送气的对立，尤其是鼻辅音的送气与不送气的对立都是缅彝语支语音的一些重要特征，也可以说是缅甸语语音的一些重要特征。

缅甸文碑文时期，缅甸语可作声母的单辅音（本文前面已按发音部位分别列出）与上古汉语中的辅音音位系统极为相似。（见下表）

上古汉语	古缅语
帮系：p、ph、b、m	p组：p、ph、b、m
端系：t、th、d、n	t组：t、th、d、n
l、h、r、	另组：l、h、r、
精系：ts、tsh、dz、s	ts组：ts、tsh、z、s
见系：k、kh、g、ŋ、h	k组：k、kh、g、ŋ
影系：ʔ、j、w	a组：ʔ、h、j、w

3.1.1 关于塞擦音ts、tɕ和擦音s的变化

汉语界大家认为中古塞擦音tɕ-是后起的。而ts-组好像是古已有之。李方桂认为精组有些字从s- 加塞音变来。郑张尚芳认为精（庄）组是上古后期才增加的。后参照缅文改清母为sh-、从母为z，于是简化成：清sh-、shl-，初shr-，从z-、zl-、崇zr-、邪 sɢl-、俟sɢr-。2001年据白、李对藏文s带ɦ- 等前缀音变塞音，增加ʔ s变精的来源。

从缅甸语来看，tɕ 也是后起的，是由复辅音腭化而成的。（参见本书复辅音后置辅音部分。）

3.1.2 关于喉塞音ʔ、送气音h

汉语中，影晓两母拟成 ʔ、h（或x），大家并无争论。而法国沙加尔认为上声韵尾 -ʔ 有 -q 来源，那么声母 ʔ- 是否也有-q 来源？关于这个问题，蒲立本举过例子证明汉代"影云"曾译成 q- 。潘悟云先生《喉音考》（1997年《民族语文》第五期）提出"影晓云"三母应来自上古小舌塞音 *q-、*qh-、*ɢ-，此说也得到郑张尚芳的赞同，因此在郑张先生的上古声母中添加了小舌音一系。

但是，在上古缅语的声母中并未发现 q, qh 等声母和韵尾的踪影，只有ʔ、h 两声母辅音也可作韵尾和作为复辅音声母的前置辅音存在。主要原因可能是上古缅语比上古汉语要晚数千年，到上古缅语时音系已经发生了变化，q, qh 早已经变成 ʔ、h。

3.1.3 关于清鼻流音

高本汉提出了"黑悔"声母为xm和"慝 叹"声母为 thn；董同龢将xm改成m̥。雅洪托夫（1960）将两类合而为一，假设它们都来自s- 头的鼻流音，xm来自sm；thn来自sn，再加上 sn̥ → cn̥ 、 sŋ→ xŋ 、 sl → ṣl 成为清鼻流音系列。蒲立本改为送气鼻流音：mh、nh、ŋh、lh。李方桂采纳此意见，建立了一套清鼻流音hm、hn（hnj）、hŋ、hl来表示m̥、n̥、n̥、ŋ̥、l̥。后来郑张尚芳认为上述清鼻流音应分成两套：

A 送气的变送气塞音： mh抚 nh帑 ŋh哭 lh胎 rh宠

B 带有 h 冠音的变h： hm悔 hn汉 hŋ虐 hl哈 hr罅

A 类属基本声母，B 类是带前加音的复声母，冠音会吞没浊声干，因此只留下 h。

在缅甸语中，并未发现郑张尚芳认为的 A 类基本声母，而 B 类带有 h 冠音的复声母却有与汉语完全对应的 hm、hn、hŋ、hl、hr 等。例如：

复声母	缅文例词	现代语音	词义
hm	မှန်	hmã^{22}	正确
hn	နှေး	hne^{55}	慢
hŋ	ငှါး	hŋa^{55}	借
hl	လှ	hla^{53}	美丽
hr	ရှာ	ça^{22}	寻找

3.1.4 关于圆唇音w

蒲立本和李方桂为上古汉语构拟了一套圆唇喉牙音，肯定上古汉语中只有喉牙声母才含w 成分。而且我国新起各家都采纳此说。

但是，从缅语的情况来看，"w"不仅可以作一般声母如："ဝါ"（wa） 黄（色）、"ဝေး"（we:）远、"ဝဲ"（wɛ:） 盘旋外，还可以作为复辅音声母的后置辅音来用。而且，它不受蒲、李二位的"只有喉牙声母才含w 成分"的限定，可以与喉牙音以外的绝大部分辅音结合形成复辅音声母。例如：它可以与喉音k、kh、g、s、sh、z、t、th、d、舌页音j、流音 l、颤音 r 等结合成复辅音。例如：

复辅音	例词	语音	词义
kw	ကွေး	kwe^{55}	蜷缩
khw	ခွေး	khwe^{55}	狗
gw	ဂွေး	gwe^{55}	睾丸

sw	ဆွဲ	swɛ⁵⁵	上瘾
shw	ဆွဲ	shwɛ⁵⁵	拉
zw	ဇွဲ	zwɛ⁵⁵	毅力
tw	တွေး	twe⁵⁵	想
thw	ထွေး	thwe⁵⁵	最小
dw	ဒွိ	dwi⁵³	双
jw	ယွင်း	jwĩ⁵⁵	错误
lw	လွေး	lwe⁵⁵	狼吞虎咽
rw	ရွ	rwa⁵³	蠢蠢欲动

而且还能与鼻音 ŋ、n、m、ṇ等组成复辅音声母。例如：

复辅音	例词	语音	词义
ŋw	ငွါ:ငွါ:	ŋwa⁵⁵ ŋwa⁵⁵	高高地
nw	နွေ	nwe²²	夏季
mw	မွဲ	mwɛ⁵⁵	贫穷
ṇw	ညွတ်	ṇwuʔ⁴	低（头）

同时，在上古缅甸语中 j、l、r、w 还能作韵尾辅音存在。例如：

辅音韵尾	国际音标转写	语音	词义
例词（碑文）			
ထိုဝ်	thuiw	tho	那（指示代词）
ပူဝ်	puu zɔw	pu zɔ	上供
အိုဝ်	oː	oː	坛、罐
တိုဝ်	teiwʔ	toˈ	们（表多数）
နတ်တော်	naʔ taɑw	nə dɔ	缅历十月

蒲甘时期的韵尾辅音 w 到后来全部消失，现代缅语中已无踪迹可寻。

辅音韵尾 j、l、r 的例词：

例词（碑文）	国际音标转写	语音	词义
ငယ်	ŋaaj	ŋai	小
ပ ဟိုလ်	pa hol	pa ho	更（缅记时单位）

3.1.5 关于复辅音的后置辅音 j、r、l、w（汉语的垫音或介音）

对于汉语中的 r、l 等复辅音的后置辅音，国内外许多学者都作了研究。雅洪托夫、包拟古、梅祖麟、郑张尚芳都肯定：来母 r->l-，喻四 l->j-。邪母为 lj，r-、l-互换。而在复辅音的后置辅音（汉语学界称之为"后垫音"或"介音"）方面，各有不同见解：高本汉提出过 A、B、C 三式（A，各 kl-；洛 l-，B，各 k-；洛 kl / gl，C，各 kl；洛 gl）哪个最适宜也难定。直到雅洪托夫（1960 年）才论定这类 l 规则地出现于二等字中。李方桂在其体系中用了二等一律带 r 的构拟并用以解释庄、知二组的形成，已得到新起各家的公认。白一平、郑张尚芳都把 r 从二等字扩展到重纽三等字。郑张尚芳还比较了上古汉语和汉藏语言提出了后垫音 r 与 l 分别出现的条件：

r（中古变-ɣ-）——二等、三等 B[即重纽 B 类韵（重纽三等）及庚、蒸、幽韵的喉牙唇音]

l（中古消失）—— 一、四等，三等 A[即重纽 A 类韵（重纽四等）及一般三等韵]

关于 r 介音，郑再发《上古 r、j 两介音的分布》中（1983 年《史语所集刊》54－3）说李氏的知、庄、章等的 rj 与介音 ji 互补，作用相同。建议将李氏的 ji 改为 ri。这与郑张尚芳（1983－1984）表中的规律相同。此外，郑张尚芳、丁邦新、龚煌城等也都论证并赞同重纽三等带 r 介音而不涉及重纽四等，各家也已对此说达成共识。

在缅甸语中，复辅音的后置辅音归入辅音行列，不作为"介音"处理。 在古缅甸语中有许多复辅音声母，但在现代的仰光话中，复辅音声母已经有了很大的变化，主要的变化集中在复辅音声母的后置辅音的变化上。

缅甸语中可以作为复辅音的后置辅音并不多，只有 r、l、j、w 等四个。这种情况与汉藏语系许多语言的音系结构相符。从汉藏语言研究结果来看，复辅音并不是任意两个辅音就能结成的。例如嘉戎语中，复辅音数量很多，有几百个。其中有二合音、三合音乃至有四合音复声母。但复辅音的后置辅音却只有 -r -l -j -w 四种通音。缅语的复辅音后置辅音也只有这四个音，而这四个复辅音声母中的后置辅音在缅甸语音发展史上，变化是比较大的，特别是其中三个，即：r、l、j。

我们通过复辅音声母的历史演变和方言中复辅音声母的现状的比较研究，可以看到复辅音中的后置辅音并不是同一时代的产物，而是不同时期的变化结果，通过比较也可以发现其变化轨迹,我们可以从这些规律中推断出汉藏语系语言的共同语音变化规律。

以蒲甘碑文为代表的上古缅文,比较全面、真实地反映了当时的语音状况。比如缅甸语也与藏语一样有复辅音声母,辅音韵尾等。复辅音声母由基本辅音和前置辅音、后置辅音构成。反映在文字上,缅甸文也与藏文相似,在组成复辅音声母(包括前置、后置或几个辅音组成的辅音群)中有一个主要的辅音字母,书写时把它作为基字,前置辅音写在基字之前,后置辅音写在基字之下或基字之后。

当时,复辅音声母中的后置辅音 l、r、j 是作为下加字,写在基字底下。例如:

碑文	国际音标转写	拟音	现代缅文	现代缅音	词义
	phlats	phlaʔ / phraʔ	ြဖစ်	phjıʔ^{44}	是
	pluʔ	pluʔ / pruʔ	ြပု	pju^{53}	做
	plaŋ	pre	ြပည်	pji^{22}	国
	mlaŋ	mraŋ	ြမင်း	mjĩ^{55}	马
	kla	kla	ကျ	tɕa^{53}	落、坠
	klaam	klaam	ကျမ်း	tɕã^{55}	经典
	klɔŋ	klɔŋ	ကျောင်း	tɕaũ^{55}	寺庙、学校
	a mluiw	a mljo	အမျိုး	ə mjo^{55}	亲戚
	khljaŋ	khljaŋ	ချင်	tɕhĩ^{22}	想
	kljap	kljap	ကျပ်	tɕaʔ^{44}	两(重量单位)
	khlɔŋ	klɔɔŋ	ချောင်း	tɕhaũ^{55}	溪
	rjak	rjak	ရက်	jɛʔ^{44}	日

在古缅语中有相当数量的复辅音,有双辅音,三辅音等。如:塞音与闪音结

合：kr（429）、khr（18）、gr（181）、tr（43）、pr（39）、br（26）。有塞音与流声（边音）结合 k+l，p+l 等：kl（182，245），phl（55）pl（198）有鼻音与流音结合：ml（440）；有塞音与半元音结合：tj（47），（96）、（121）；还有三合辅音：kjw（221）等。

从缅甸蒲甘时期（十一世纪前后）的碑文来看，我们可以发现，当时后置辅音 r、l、j 的写法有四种：

第一种：基字 k 下加后置辅音l

第二种：基字 k 下加后置辅音l和j

第三种：基字 r 下加后置辅音j

第四种：基字 sh 下加后置辅音r和j

第一种写法中的后置辅音 l 后来变成两种：①变成j
②变成r

第二种写法中的后置辅音l+j 后来变成j

第三种写法中的后置辅音 j 后来变成 r 或 j 或

（即丢失一个辅音，复辅音变成单辅音声母）

第四种写法中的后置辅音r +l 后来变成

实际上，第四种写法是一个合体字，由 ∞ 和 ၅ 组成，词义为"老师"，现代缅文写作 "ဆရာ"

从第一种写法中，可以看到，碑文时期的后置辅音 l 到后来变成 r 或 j，而碑文时期，r、l 音是不分的，两个音可以互相通转。

碑文中的下加字 ∞ (即复辅音声母的后置辅音)既可以是后置辅音 l 也可以是 r，也可能是 j（参见本文上述例词）。

到四译馆时期（缅甸语中古时期），复辅音有了一些变化。碑文时期的后置辅音 l 变成腭音 j。舌根软腭音 kj、khj 有些已进一步变成舌面硬腭音tɕ。而在四译馆时期的后置辅音 l 与双唇音或鼻辅音结合的音节中，都变成了上腭音 j。例如：

碑文期	中古期	中古期拟音	四译馆汉字注音	汉义	现代仰光音
kla	kja	tɕa	贾	虎	tɕa[55]
khliu	khjiu	tɕho	丘	甜	tɕho[22]
plaa	pjaa	pja	比牙	蜂	pja[55]

| plɔk | pjɔk | pjɔk | 表 | 失 | pjauʔ⁴ |
| mliu | mjiu | mjo | 谬 | 咽 | mjo²² |

四译馆时期，后置辅音 -r 仍然保留了碑文时期的（后期）的特点，发成闪音r。例如：

碑文期	中古期	中古期拟音	四译馆注音	汉义	现代仰光音
kraa	kraa	kraa	革剌	闻	tɕa⁵⁵
kre	kre	kre	革类	铜	tɕe⁵⁵
kraj	kraj	krɛ	革来	星	tɕɛ²²
krɔ	krɔ	krɔ	革老	筋	ə.tɕɔ⁵⁵
khre	khre	khre	克类	脚	tɕhe²²
khrui	khrui	khrui	克路	角	dʑo²²
khrɔk	khrɔk	khrɔk	克老	六	tɕhauʔ⁴
ŋriṁ	ŋriṁ	ŋriṁ	厄林	凉	n̥ei⁵⁵
praa	praa	praa	白剌	圣旨	pja²²teiʔ⁴ dɔ²²
praṅ	praṅ	praṅ	白列	圆	pje⁵³
phruu	phruu	phruu	普路	白	phju²²
phraṅ	phraṅ	phraṅ	拍列	成	phje⁵³
mraa	mraa	mraa	麦剌	箭	hmja⁵⁵
mre	mre	mre	麦类	地	mje²²
mruu	mruu	mruu	麦路	尘	mju²²
mruiw	mruiw	mrow	某路	城	mjo⁵³

从上列例子可以看出，后置辅音r、l在历史的发展中，变化的步骤是：r、l 分化后变成 r、l、j，后来 流音l 消失，剩下 r、j。后来颤音 r 又消失，只剩下j。最后 j 腭化，变成现代缅语中的 tɕ。

在现代标准话——仰光话中已经没有后置辅音 r、l 的踪迹。原先的后置辅音 r、l 都变成 j，而 j 与前置辅音 k、kh 等舌根软腭音相拼时都变成舌面音 [tɕ]；当 l 与双唇音 p、ph、b、m 和流音 l 相拼时，作为后置辅音的 l 都演变成了 [j]。而后置辅音的 j 又进一步逐渐向前转移，尤其是在韵母为 i 的音节中最为明显。例如：

缅甸文	国际音标转写	标准音	口语音	词义
ပြီး	prii	pji^{55}	pi^{55}	结束、完结
ပြဲ	praj	pjɛ^{55}	piɛ^{55}	破
မျောက်	mjɔk	mjauʔ^4	miauʔ^4	猴子
ပျော်	pjɔ	pjɔ^{22}	piɔ^{22}	溶化

后置辅音的舌面音 j 逐渐轻化，变成 i，相当于汉语的介音"i"。由此可见，汉语中的所谓介音，有一部分可能是由复辅音后置辅音简化而形成的。如果这个假设成立，上古汉语中存在复辅音是可以肯定的了。

我们还可以从缅甸语方言来揭示舌根音 k、kh、g 与后置辅音 r、l、j 结合后，逐渐向塞擦音 tɕ 变化以及双唇音 p、ph、b、m 与 r、l 结合，逐渐向舌页音 j 变化，并逐渐向"介音" i 变化的规律。这种变化的各个阶段，都可以从缅甸语方言中找到。但变化的速度各不相同。也就是说，在缅甸语各方言中，并不是同步进行。有许多方言中至今仍然保持着多少不等的后置辅音 r、l、j。例如茵达方言中保留着 r、l；东友方言中却保留着 l、r、j；土瓦方言中只保留了 l。也正因为各个方言变化的不同步，语音变化留下了一步一步如何变化和发展的轨迹，使我们有可能总结出后置辅音的变化规律。

土瓦方言中保留了古缅语中的后置辅音 l 音。例如：

复辅音	缅文	汉义	转写	仰光音	缅古音	土瓦方音
kl	ကျ	落	kla	tɕa^{53}	klɑʔ	kla^{42}
kl	ကျိုး	断	klui	tɕo^{55}	kloo	klo^{44}
kl	ကျယ်	宽	klaj	tɕɛ^{22}	klɑi	klɛ^{11}
khl	ချ	使落	khja	tɕha^{53}	khlɑʔ	khla^{42}
pr	ပြာ	灰	praa	pja^{22}	praa	pla^{11}
pr	ပြေး	跑	pre:	pje^{55}	pree / prii	ple^{44}
pr	ပြန်	回	pran	pjã^{22}	pran	plã^{11}
mre	မြေ	地	mre	mje^{22}	mre	mle^{11}

而在茵达方言中，存在着后置辅音 l、r，同时也存在着 后来的变音 tɕ、pj 等。更有意思的是在茵达方言中，r、l 同样保留了上古缅语中 r、l 可以通转的现象。这种上古语音和后来的变音同时并存的现象使我们可以有机会了解缅甸语音演化的规律。例如：

复辅音	缅文	汉义	缅古音	仰光音	茵达方音
kl	ကျ	落	kla	tɕa⁵³	kla⁵³ 或 kra⁵³
kl	ကျောင်း	寺	klɔŋ	tɕaũ⁵⁵	klɔŋ⁵³ 或 krɔŋ⁵³
pr	ပြည်	满	preʔ	pje⁵³	ple³¹ 或 pre³¹
pr	ဖြူ	白	phruu	phju	phlu³³ 或 phru³³
pr	ဖြဲ	撕	phrɑɑi	phjɛ⁵⁵	phlɛ⁵³ 或 phrɛ⁵³

在东友方言中也保留了上古缅语中的后置辅音 r、l 音。例如：

复辅音	缅文	汉义	转写	东友音	仰光音
pl	အပြင်	外面	a plaŋ	a praŋ³²	ə pjĩ²²
pl	အပြာ	蓝色	a plaa	a pra³²	ə pja²²
phl	အဖြူ	白色	a phluu	a phru³²	ə phju²²
ml	မြင်း	马	mlaaŋ	hmrɛŋ⁵⁵	mjĩ⁵⁵
ml	မြေကြီး	土地	mle kii	mle³² ki⁵⁵	mje²² dʑi⁵⁵
mr	မြည်	响	mraŋ	mree³²	mji²²

更有意思的是只有东友方言中还保留了 l 音与舌根软腭音 k、kh 结合时，向舌面塞音 tɕ 变化的中间音 j。在东友方言中有 kj、khj 等音。例如：

复辅音	缅文	汉义	转写	仰光音	缅古音	东友方音
kl	ကျ	落	kj a	tɕa⁵³	klaʔ	kj a⁴²
kl	ကျပ်	元	kjap	tɕaʔ⁴	klap	kj ap⁵³ʔ
kr	ကြောက်	怕	krɔk	tɕauʔ⁴	krɔk	kjøk⁵³ʔ
kr	ကြိုး	绳	krui:	tɕo⁵⁵	krui	kjɯ⁵⁵
kr	ကြာ	久	kraa	tɕ a²	kraa	kj a³²

我们从缅甸语主要几个方言 土瓦、茵达、东友等语言现状中看到了上古缅语复辅音的后置辅音 l、r、j 向舌面音 tɕ 变化的步骤，这样的音，在历时的语言描写中，很难发现，只有在语言发展不平衡的方言的共时比较中，才能较全面地看到这个语音发展进程。

这种语言变化的规律，对于同族语言比较来说是很有价值的。缅甸语后置辅音的历史变化与藏缅语族的许多语言有着极为相似的地方。例如：(为了简明，

下列例字中不标声调号)

汉字	鸡	尖	姜	角	借	脚
藏文	j a	rtse tɕan	sga skja	rwa	g jar	rkaŋ pa
拉萨音	tɕha tə	tse no po	kə mu	ra ko	ja	kaŋ pa
羌语	tɕuy		sɛn tɕaŋ	ɣɛt	ha ʂkuə	dʐu qu
嘉戎语	pka tʃu	ka pja	tʃɐ zgɛ	tə ru	ka scçi	tɑ mᴇ
独龙语	kaʔ	a tɕɯ	luŋ dʑin	dɯ rɯŋ	kɔi	ç i
景颇语	u	mǎ sen	ʃa nam	n ʒuŋ	khoi	lǎ ko
缅文	krak	khjwan	khjaŋ	khjui	khje	khre
缅甸语	tɕɛʔ	tɕhu	dʑĩ：	dʑo	tɕhi：	tɕhe
阿昌语	kzuaʔ	liam	tɕhaŋ	khzau	mɔ	tɕhi
载瓦语	voʔ	tʃhun	tʃhaŋ	khjui	tʃ i	khji
彝语	ẓ i	tɕhy	tʂha	tɕhɯ ɣɯ	tʂɳ	tɕhi

从汉语的现代音来看，上列"鸡、尖、姜、角、借、角"等例字的声母都是 tɕ 加上 介音 i 组成。而在藏缅语族诸多语言中 分别由 k、kh、tɕ、tʃ 等加上 j、r、i 组成。缅甸语中更为明显地表明，缅文中保留着古音是 kr、khr、kj、khj，而现代 口语中都变成 tɕ、tɕh 。这一系列变化规律同样在汉语的上古音和汉语方言中反映出来。

在古汉语研究中，上古汉语有没有复辅音声母，一直为是大家的研究热点，各种观点针锋相对。从林语堂提出"古有复辅音说"至今已有 80 多年，随着研究的深入，不少人认为，在上古汉语中存在着复辅音声母。不过也有学者坚决不接受，看来还需要从各个角度来证明，并要弄清复辅音声母有哪些成份、结构规则及演变条件。

郑张尚芳在《上古音系》中提到：上古汉语中垫音也应限于 j、r、w、l 四种。同时也提到 j、w 是可以与 r 或 l 一起出现。在缅甸语中，这四个辅音都作为后置辅音归入复辅音声母中，不像汉语那样算作辅音性介音。后置音-j-在郑张尚芳所拟中古见系字上古无 -j-、只有章系字带-j-，才有 kj- ／ klj- > dj- > tɕ-的变化。他还认为，应加上 pj、plj，日母的 nj-"入、乳"、ŋj、ŋlj "儿、绕"，mj-、mlj-"柔"三类上古带j 的音。

现代汉语中的"健"、"见"、"欠" 等字的声母是由上古的 k-/kh-变成今天的 tɕ、tɕh 的。我们将汉语与缅甸语作一比较，可以明显看到相同的变化规律。例如：

汉语	中古（广）	上古拟音	缅语	缅古音
健	渠建切	*gĭan	tɕã 55	*klaan
见	古电切	*kien	tɕi 53	*klaŋ,*klee
监	格忏切	*kam	tɕi 53	*klaŋ,*klee
坚	古贤切	*kien	tɕã 53	*klam
艰	古闲切	*kæn	tɕã 55	*klaam
欠	去剑切	*khĭɐ	tɕhwĩ 55	*khlwa

（上列缅古音的拟音是根据缅甸语音古今变化的一般规律而定，由于 l、r 在上古缅甸语中可以通转，而后来 l 分别演化成 r 或 j 。为了简便、明了，故将后置辅音都拟作"1"）

我们还可以用"坚"、"六"两个字为例，分别跟缅甸语、藏缅语族部分语言和汉语以及汉语方言放在一起来作比较，可以更加明显地看到它们的关系。

（1）例字：坚

汉语		缅甸语	
古音或方言	汉语	古音或方言	缅甸语
现代汉语	tɕian	现代仰光音	tɕã
上古拟音	kien	碑文拟音	klam
中古拟音	kien	四译馆译语音	注音汉字：克老 kram
近代汉语	kien	若开方言	tɕɛn
吴语	tɕiɪ	茵达方言	tɕã
湘语	tɕiẽ	东友方言	klam / tɕam
赣语	tɕien	土瓦方言	tɕã
客家话	kian	丹老方言	tɕã
粤语	kin		
闽南话	kian		

（2）例字：六

汉语		藏缅语		缅甸语	
古音、方言	汉语	民族	藏缅语	古音、方言	缅甸语

现代汉语	liòu	藏文	ðruɡ	现仰光音	tɕhauʔ
上古拟音	lĭuk	拉萨音	tʂhu	碑文拟音	khlɔk
中古拟音	lĭuk	错那门巴	kroʔ	四译馆字	注音汉字：克老 khrɔk
近代汉语	lieu	羌	xtʂuə	若开方言	tɕhauʔ
吴语	loʔ	嘉戎	kə tʂok	茵达方言	tɕhuk
湘语	ləu	木雅	tɕhuə	东友方言	khlauʔ
赣语	liuk	独龙	k ɹuʔ	土瓦方言	tɕhauʔ
客家话	liuk	拉祜	khɔ	丹老方言	tɕhauʔ
粤语	luk	彝（南华）	tɕhɔ		
闽南话	lyh	傈僳	tɕhɔ		

从上列的例字中，我们可以看到它们有着严格的对应现象。在现代缅甸语和汉语中的 tɕ 音大都是从古音的 k 加 l 变化而来。而汉语上古音拟音中的介音 i，根据上述规律推测，也应该是多辅音声母中的后置辅音 l 变化而来。另外，在许多语言中，复辅音声母常常会丢失一个辅音而成为单辅音声母。例如：缅甸语中的古音中 khle（脚）常常丢失后置辅音 l，变成 ke 音。kri（大）常常丢失后置辅音 r，变成 ki 音。有时，也有复辅音中的主要辅音丢失，而留下后置辅音变成主要声母。

因此，在上列表中的 kl、kr、khl、khr 变成 tɕ、tɕh。由于这些语音的有着严格对应的变化，tɕ、tɕh 与 kl、kr、khl、khr 以及 kj 等复声母有可能有着同源关系，甚至有可能像上列表（2）所示，上古汉语中的 l 加上介音 i 的音与藏缅语的 kl、kr、khl、khr 以及 tɕ、tɕh 等是属于同源关系的词。关于这点，汉语中的谐声字有很多例子可作证明。德国的汉语家甲柏连孜（Gabelentz 1881 年）谈到汉语的谐声字时，举例说："例如以'监'为声符的字，除了读 kiem, hiem 外，也有读 lam 的。同样，'各'除了读 kok, hok 外，也常常读 lok；'久'有 kien, lien 等音。" 汉语中，kl 与 l 谐声的字还有如：

各	kâk	络、洛	lâk	略	ljak
京	kjɐng	凉、谅	ljang		
监	kam	蓝、滥	lam		

另外，在张世禄、杨剑桥《论上古带 r 复辅音声母》一文中，也提到了很

有意思的缅汉共同特点，摘录部分如下："上古带r复辅音声母依照'等'的不同而有不同的分化，它们在二等字中总是失落r，而在一、三、四等字中则大多失落其他辅音声母。例如：

一等	二等	三等	四等
蓝篮览滥	监鉴槛	盐	
谰澜拦爛	柬拣谏		
銮峦鸾	蛮弯	戀娈	
	摎胶	戮勠廖	蓼寥
来莱	麦		
	薶埋霾	里理鲤狸	
洛路赂骆落	格客额		

更为有趣的是，许多以一字两读的形式表示古代有 *kr-等复辅音声母的字，到中古时代总是在在一、三、四等留下 r 声母，而在二等则失去 r 声母。例如：

　　　　　二等　　　　　　　　　一、三、四等

　　鬲　麦韵古核切　k-　　　　锡韵郎击切　l-
　　乐　觉韵五角切　ŋ-　　　　铎韵卢谷切　l-
　　龙　江韵莫江切　m-　　　　钟韵力钟切　l-
　　率　至韵所类切　s-　　　　术韵劣成切　l-"

因此，tɕ、tɕh 与 r、l等单辅音声母的字有着同源关系，就不难理解了。根据一般语音发展规律，我们是否可以推定，在上古汉语中上列例子中的介音 i 原本是复辅音后置辅音 l 变化而来，因此也就可以推定上古汉语的这几个字中是有复辅音存在。

在复辅音的后置辅音问题上，缅甸语与汉语有着极为相似之处。这决非偶然的现象。

在现代缅语中的 ၊ ၊ ၊ （文字上转写成 kr，khr、kj、khj；上古缅文转写成kl、khl）和 ၊ ၊（文字转写为 mj、pj；上古缅文转写成 ml、pl）中的 r 和 j 都是由 l 变来。

在古汉语中，r （在中古变成 -y-）、l （到中古时期消失）。由 l 变 r 这种变化现象在汉语的上古时期早已有类似的先例，郑尚芳的"汉语上古音系表解"一文中提到：在古汉语中"以"母与"来"母可以通转。如"籯"（以成切）leŋ通"等"（郎丁切）reŋ。蜼（以醉切）lui 又读（刀轨切）rjui；《尔雅·释天》"屠维 lui"《史记·历书》作"祝犁 ri";"擸"音（与涉切）lap,"猎"音 rjap 也又音（与涉切）；昱 luk 从立 rjup 声；"药"lauk 谐"乐"rauk 等。

从现代缅甸语中的舌面硬腭音 tɕ、tɕh、dʑ、pja、phja、bja 等音来看，后置辅音 r、l、j 等与舌根软腭音结合成复辅音时已经逐步腭化，变成 tɕ、tɕh、dʑ 等音，这与古汉语中的变化趋势完全一样。

我们通过对上古汉语、中古汉语、上古缅甸语、缅甸语方言以及藏缅语族其他语言的比较研究，可以比较清楚地了解到：

1. 缅甸语的方言中保存着许多古代缅甸语的语言史料，通过方言比较可以总结出缅甸语音的发展变化的规律，了解到更多的缅甸语言的发展历史。

   在缅甸语中，复辅音变化规律是：

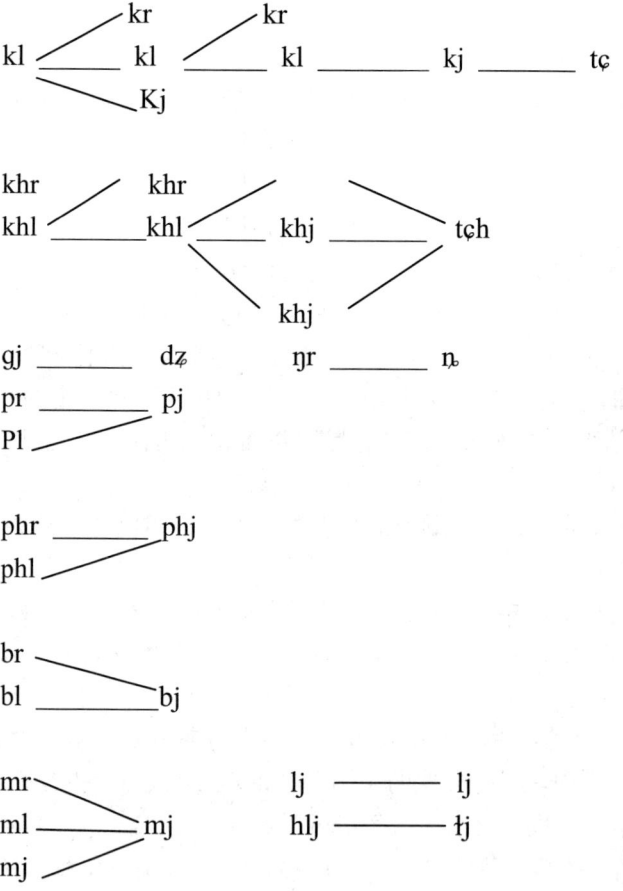

2. 研究缅甸语的复辅音声母的历史语变。可以发现缅甸语复辅音声母与藏缅语族其他语言以及汉语有着共同的变化规律。
3. 通过对缅甸语的碑文、中国的四译馆译语以及缅甸语方言研究，我们不仅可以了解缅甸语音的历史发展面貌，同时也可以与汉语研究结合，进一步探究上古汉语的语音结构。正是通过缅甸语汉语的比较，我们认为上古汉语应该有复辅音声母存在。当然，我们不可能用这些规律解决有关复辅音的所有问题，诸如复辅音的变化、变化的原因等等。但至少可以给我们以有益的启迪。
4. 通过语言历史纵向的发展和语言方言的横向发展的探究，可以更加清楚的勾画出语言的发展步骤，从而能帮助我们从理性的角度，找到更多的同源词和同源的语言现象。
5. 许多语言学家通过汉语跟汉藏语系的语言比较，接受了古汉语中存在复辅音的事实。那么，汉语音韵学中的所谓"介音"，是否也可以重新考虑它的身份呢？如果汉语也能像一些汉藏语言那样，将"介音"归入复辅音中来研究，那么势必大大减少韵母的数量，这样可以简化韵母的繁杂程度。也许对汉语研究会有"柳暗花明又一村"的感觉。我想为什么不可以在上千年的音韵学研究的基础上，尝试一下"比较简化"的办法呢？

3.1.6 关于前加式复辅音

从亲属语言比较来看，前加的冠音有 S 冠、喉冠、鼻冠、流冠、塞冠等 5 类。它们在演变过程中有消失、喉化、或被别的音取代、或分裂而自成音节。这些前加复辅音（前冠音）及其变化模式，在上古汉语中同样存在。（可参见潘悟云《汉藏语历史比较中的几个声母问题》1987 年《语言研究集刊》，复旦大学）

前加音与声干如何由上古变成中古音的？如st->ts、sd->dz、mp->p-、mb->m 郑张尚芳认为演变中前冠音会吞没后面的次浊以至全浊声干。如：sl->s "锡"、hŋ->h- "许"，(缅甸语中的hŋɛʔ>hɛʔ)，ŋg->ŋ "岸"、mg->m- "袂"；同样，后面的声干也能影响前面的冠音。如：hm->hw- "晦"、sm->sw- "戌"、sr->ʂ- "史"。

这样的变化在郑张尚芳《上古音系》53—56 页中归纳为五种情况：

1. 前冠音s- sC-遇塞音变ts-、tsh-、dz，遇鼻流音、喉擦音变s-、z-。这样就可推断出中古汉语的部分声母的来源。前冠音s-和h- 有交替现象。
2. 前冠喉音h、ɦ、ʔ。ɦ-见于藏文，h-见于缅文、泰文，ʔ-见于泰、藏文、缅文。郑张提出前冠喉音 h-、ɦ-、ʔ-、ɦ-先限在鼻流音前。ʔm->ʔw-"殳页"、hm->hw-"悔、薨"、ɦm->ɦw-"臀"语音演化规律很一致。白、李提出冠ɦ的s会转化成塞擦音。金理新提出的ɦ冠音会导致喉音影组的产生等主张也可参考。

3. 前冠鼻音从藏文看，应分m-及同部位鼻冠音N（来自ɦ-）两种。有些语言中前冠鼻音是活跃的形态成分，是浊声母产生的一个源头。
4. 前冠流音藏文有r-、l-两种。汉语中较少见。
5. 前冠塞音藏文有b-、d-、g-。郑张尚芳认为上古汉语以p-冠音最可信。如阜阳汉简《诗经》写"永"为"柄"p-Graŋ，帛书《周易》写"亨"p-hraŋ作"芳"p-hlaŋ 而"烹"是 p-hraŋ（qh->h-亨）。此外有的浊 CL 中的 C（如"盐"g-、"聿"b-）常失落，郑张认为是前冠音ɦ-影响所致。潘认为前加音节g-、b-在 r-、l-前脱落。

这些前冠音，在上古缅文中未发现，通过与藏缅语族其他语言的比较，可以发现，有些前冠音还是有过的，不过到了上古缅语时期已经发生了变化。前冠音 s 后来变成了复辅音前置辅音的 h。例如：

	藏文转写	缅文转写
鼻子	sna	hna²²
鼻涕	snab	hnaʔ⁴
穗	sɲe	hnã²²
墨	snag tsha	hmĩ²²
熟（果子）	smin	hmaṇ⁵³
守卫	sruŋ	sɔŋ⁵³
晒（太阳）	sro	hlum²²

从上列例词可以看到，古前缀 *s- 到了缅甸语中绝大部分已经发生变化，变成了鼻音和流音声母轻化，成为前置辅音 h-。有些前缀没有变化，但是影响了后置辅音的存在，如上例中的"守卫"。

原始藏缅语中还有一些复辅音的前置辅音（前缀辅音）如 *g- *d- *b- *l- *r- *s-等，到缅语中也已经消失或变化，例如以基数词为例：（此处藏缅语构拟形式采自本尼迪克特《汉藏语言概论》，上古汉语拟音采自郑张尚芳《上古音系》）

	藏缅语	上古汉语	藏文转写	缅文转写(碑文)	缅语音
二	* g-nis	* njis	gnis	hnats	hnɪʔ⁴
三	* g-sum	* suums	gsum	sum	tθoũ⁵⁵
四	* b-liy	* hljids>s	bzi	lij	le⁵⁵
五	* l - ŋa	* ŋaaʔ	lŋa	ŋaa	ŋa⁵⁵
六	* d - ruk	* mrug	drug	khluk	tɕhauʔ⁴
八	* b-r-gyat	* preed	brgjad	hrats	ɕɪʔ⁴
九	* d- kuw	* kuʔ	dgu	kui	ko⁵⁵
百	* r- gya	* praag	brgja	raa	ja²²
千	* s-toŋ	* snhiin	stoŋ	thoŋ	thaũ²²

上古汉语和原始藏缅语的构拟不一定完全正确,但是从以上的数词的复辅音的前置辅音发展还是有一定的规律性,缅甸语前置辅音的丢失和变化,也可以从中窥见一斑。

3.2 缅甸语与汉语声母的对应

在我们寻找缅汉两种语言的同源词时,可以发现许多上古缅语的词与上古汉语同源词的声母有着严格的对应规律。关于这点,黄树先的《汉缅语比较研究》第五章,比较详细地论述了上古汉语与缅语声母系统的对应关系。这是十分有价值的研究成果。在此,梗概地摘录,以便更好的了解缅汉两种语言的过去和现在的对应关系。

上古汉语的唇音(帮滂并明,含中古的非敷奉微)

帮母	*p-	对应缅文的	清塞音	p-	声母
	*p-		清塞送气音	ph-	
	*p-		半元音	w-	
滂母	*ph-		清送气音	ph-	
	*ph-		清塞音	p-	
	*ph-		浊塞音	b- bh-	
	*ph-		其它声母如	w- sh-	
并母	*b-		浊塞音或清塞音	b- bh- ph-	

(汉语的浊音对应缅语的浊音应该有共同的来源,但在并母对应的缅文词大部分读送气清音,反映缅语的浊音清化现象。)

明母   *m-   鼻音   m-
        *m-   清鼻音   hm-

(m 对应 hm 许多情况下是形态的表现)

上古汉语舌音（包括中古的端透定泥和舌上音知彻澄娘）

端透母　大体上对应缅文的 t- th- d-

（这类音在缅文中有些发展为塞擦音。例如：上古汉语的"滴"*teek 对应缅文的"滴"စက် tsak 和汉语的中古音相当，这是更晚层次的读音。）

泥、娘母

缅文的"န／n／"相当汉语的泥母，缅文的"ည／ɲ／"相当于汉语的娘母。

来母 *r-

对应缅文有四种情况：

（一）来母对缅文的塞音加流音。但是汉缅对应词几乎都是舌根音加流音。

（二）来母对缅文的 r 。应该是原来前面的塞音脱落的结果。这与汉语的变化相同。

（三）来母对缅文的 l 。这种对应大约有两种可能，一是汉语发生音变 r>l 以后借入缅甸；另一是汉语与缅语之间 r l 的交替。

（四）来母对应缅文的 th 。可能是流音的塞化。也可能来自早期的清流音。

上古汉语的齿音（精庄章组）和缅文的对应：

精清从母　精组字中古多读塞擦音。后来研究表明，塞擦音是较晚产生的。

精组对应缅文有三种情况：

（一）汉语塞擦音对应缅文的塞擦音。

（二）来自擦音加塞音的汉语精组字对应缅文的舌根音或流音。这表明缅文保留了较早的形式，而汉语的塞擦音是后起的，早期应该也是舌根音。

（三）汉语来自塞音加擦音对应缅文的擦音或塞音。缅文音应是后起的。

来源可能有二：汉缅语各自独立演变结果；汉语演变为塞擦音后借入缅文。

心母　潘悟云曾提出上古汉语的心母有*s-，还有 s-加流音，加塞音的结构。

对应缅文有四种情况：

（一）汉语的心母对缅文的 s 。这一类读音表明汉缅音都来自早期的 s 。

（二）汉语的心母对缅文的塞音加流音。说明汉语的心母在上古确实存在擦音加塞音的音节。

（三）汉语的心母来自擦音加塞音对应缅文的擦音或塞擦音，当为后起形式。

（四）上古为擦音加鼻音的汉语心母对缅文的擦音或鼻音。

邪母 李方桂认为邪母来自*lj-。潘悟云认为有些邪母与舌根音谐声，来自 *sGl->z-。对应的缅文有：或塞音加流音，或为流音。如：夕*sGlă k-对应 လ la' 。还有对应缅文的塞擦音。如：象*ză ŋʔ-<*sGlă ŋ- 可能是较晚的形式。

庄组 （包括中古的庄初崇山）对应缅文的有（一）带塞音或流音的声母。如：债 *skreeks 对应 ကြွေ: krwe: 债务。应该是早期读音。

（二）塞音、擦音或塞擦音。这些可能是后起的。如：使*srŭʔ 对应缅文 ဆို tsho（古）使唤。

章组 大部分对应缅文的 k+j < *l 音。如：鼠 *qhljă 对应 ကြွက် krwak 鼠。

有些章组字对应缅文的舌尖音，形式较晚。如：终 *kljŭ ŋ တုံ: tuṁ: 完事、完结。

有些章组字对应缅文的塞擦音，也是比较晚的形式。如：脂 *kj̃ i对应缅文的 ဆီ tshii 油。

日母 对应缅文的n。例如：攘 *njă ŋ 对应缅文 နှင် hnaŋ 驱逐。

汉语牙音与缅文的对应：

见母 汉语的牙音字比较多且与缅文字对应也比较整齐。

（一）汉语见母对应缅文的 k-。例如：贾*kaaʔ 对应 ကာ:(罕) kaa:进行贸易。

（二）汉语见母对应缅文的 kh-。例如：谷*kĭrook 对应缅文 ချောက် khjɔk。

（三）汉语见母对应缅文的流音。这是缅文丢失前面的塞音的结果。
例如：胳*klaak对应缅文 လက် lak 手。

（四）汉语见母对应缅文的 。w 。例如：敢*klaamʔ 对应缅文 ဝံ့ waṁ < Gam 。

溪母 语的送气舌根音对应缅文的送气舌根音。例如：苦 *khaaʔ 对应缅文的 ခါ: khaa:。

汉语的送气舌根音 对应缅文的不送气清舌根音。例如：曲 *khŏ k对应缅文的 ကောက် kɔk 曲、弯。

群母 群母没有一例对应缅文的浊舌根音，却与缅文的送气清舌根音和不送气舌根音对应。例如：求 *gŭ 对应缅文 ချူ khjuu 谋求、力求。汉语 耆 *grĩ 对应缅文 ကြီ: krii 大、多。

疑母 汉语的疑母对应缅文的 ɕ ŋ。例如：吾 *ŋaa 对应缅文的 ငါ ŋaa。

汉语的疑母有对应缅文的 ɲ n 或 ɳ ṇ 的。例如：汉语牛 *ŋǔ 对应缅文的 နွား nwaa；汉语的元 *ŋǒ n 对应缅文的 ပင့်ငွေ ṇwan。

汉语的喉音与缅文的对应：

汉语的喉音（包括影晓匣云以五声母）不少学者认为上古的喉音为小舌音，汉藏语系不少语言也都有小舌音，小舌音发音部位靠后容易发生音变，汉语的小舌音是向两个方向变化：向前变化与舌根音合流，向后变化与喉塞音合并。从汉语与缅语同源词比较来看，也反映这两种趋势。到上古缅语中，小舌音已经消失，也就是向上述两个方向变化。

影母 汉语上古音q 对应缅语k-，kh-。例如 汉语 鞍*qaan 对应缅文 ကာ ka¹ 鞍。

有些缅文失去小舌音。例如：上古汉语 哑qraak 对应缅文的 အ aʔ 。

晓母 汉语上古音qh对应缅文的 k-, kh-。例如：虎 *ghlaaʔ 对应缅文的 ကျား kjaa: 虎。

对应缅文的鼻音 m 或 hm。例如：黑*hmɯɯk 对应缅文 မိုက် mok 黑暗。

匣母 在汉缅同源词比较中未发现有汉语的g与缅文的g声母有对应的词。倒是有汉语的匣母对应缅文的清送气舌根音或不送气舌根音。例如：汉语的 户 *glaaʔ 对应缅文的 တံခါး taṁ khaa；汉语的荷 *glaalʔ 对应缅文的 ကြာ kraa 荷花。

还有一类汉语匣母字与失去一个辅音声母的缅文字对应。例如：后 *gooʔ 对应缅文的 အောက် ok 下。

云母 郑张尚芳、潘悟云等认为上古汉语的云母是浊小舌音 *G对应缅文的不送气清舌根音和送气舌根音。例如：晔 *Gǐ p *Gě p对应缅文的 ခလိပ် khlip 发光。由于小舌音易变化，在缅语中常常丢失前面的辅音。例如：汉语的 雨 *Gwǎ ʔ 对应缅文的 ရွာ rwaa。

以母 包拟古、蒲立本、郑张尚芳和潘悟云等学者都认为上古以母为l, 对应缅文为l、j、r等。例如：移*kǐlǎ l对应缅文 လဲ laj 换。

汉语二等字与缅文的对应：

苏联汉学家雅洪托夫（1960 年）提出上古汉语的二等字有-l- 介音，李方桂改拟为-r-后来郑张尚芳、潘悟云等研究证实了古汉语二等字有 r 介音。这些字对应的缅文复辅音后置辅音有 r，也有 j 和 l。例如：汉语马 *mraaʔ 对应缅文 မြင်း

mraaŋ 马。又如：古汉语的 价 *kraas 对应缅文的 ကျ kla，kja。有些汉语二等字所对应的缅文后面没有介音。如：葩 *phraa 对应缅文的 ပန်း pan:花。 也有鼻音后面的流音丢失的，如：孟 *mraaŋs 对应缅文的 မင်း maŋ:帝王。又如：汉语 杀 *sreet 对应缅文的 သတ် sat 杀。

汉语重纽三等字与缅文的对应：郑张尚芳等学者认为重纽三等字有 -r-介音，对应的缅文词有-r-介音的如：汉语的敏 *mrǔn? < *mrǔŋ? 对应缅文的 မြန် mran 快、敏。

还有对应缅文字有j或r介音的。如：汉语的漂 *grǔm? *grǔms 对应缅文的 ချမ်း khlaam khjam:冷。

这些汉缅对应的同源词由于声母辅音的变化，和各自的历史和方言的不同，形成了许多对应形式。我们通过下列对缅语历史音变现象的归纳（下面辅音表格后的缅语音变规律）可以找到更多的其他对应的现象。也可以比较清楚地了解到为什么同源词对应中有的与送气音对应，有的与不送气音对应；有的与舌根音对应而有的却与鼻音对应。

至于汉语的二等字、三等字的对应缅文中带r、l、j等介音问题，在缅文复辅音后置辅音部分已经比较详细的论述了它们的来源和变化。不再赘述。

无论是汉语还是缅甸语，都随着历史的发展不断发生着变化，上古汉语发展到中古汉语声母、韵母、声调都有变化。上古汉语的声韵母的构拟各家稍有差别，在此将汉语的各家构拟的上古、中古汉语的声母与缅甸语的上古、中古、现代辅音放在一起，以便比较清楚地看到缅汉之间在声母方面的对应关系。

缅汉声母对照表

派类	上古	高本汉	王力	李方桂	郑张尚芳	中古	上古缅语碑文时期	中古缅语四译馆时	现代缅语
帮	帮p	p	p	p	p	帮p	p	p	p
	帮p	p	p	p	mp		p	p	p
	影q见k	p	p	p	pq, pk		kr	kr	tɕ
	滂ph	p'	p'	ph	ph	滂ph	ph	ph	ph
	滂ph	p'	p'	ph	mph		ph	ph	ph
	抚mh	p'	p'	ph	mh		ph	ph	ph

	呼qh 溪kh	p'	p'	ph	p—qh变 p—kh	并b	ph kh	ph kh	ph tɕh
	并b	b'	b	b	b		b	b	b
	帮p	b'	b	b	ɦb		b	b	b
	云ɢ群g	b'	b	b	p-ɢ，p-g		b	b	b
	明m	m	m	m	m	明m	m	m	m
	并b	m	m	m	mb		m	m	m
	云ɢ群g	m	m	m	mɢmg		m	m	m
	泥n疑ŋ	m	m	m	mn mŋ		m	m	m
	影q	m	m	m	mq		m	m	m
端	端t	t	t	t	t	端t	t	t	t
	端t	t	t	t	nt		t	t	t
	以l	t	t	t	ʔl̥		t	t	t
	影q见k 帮p	t	t	t	ql̥ kl̥ pl̥		kl pl	kl pl	tɕ tɕh pj
透	秃 th	t'	透 t'	透 th	th	透th	th	th	th
	秃 th	t'	透 t'	透 th	nth		th	th	th
	滩 nh	t'n	透 t'	泥hn	nh		th	th	th
	胎 lh	t'	透 t'	透 th	lh		th	th	th
	宠 rh	rl	透 t'	来 hl	rh		th	th	th
	以 l	t'	t'	th	hl		th	th	th
	影qh溪kh 滂ph	t'	t'	th	qhl khl phl		kl khl pl	kl khl pl	tɕ tɕh pj
	定 d	d'	d	d	d	定d	d	d	d
	以 l	d'	d	d	l̥ ɦl̥		d	d	d
	泥 n	n	n	n	n	泥n	n	n	n
	定 d	n	n	n	nd		n	n	n
	以 l	n	n	n	nl		n	n	n
	疑 ŋ 明 m	n	n	n	ŋl̥ ml̥		ŋ m	ŋ m	ŋ m

第三章　缅甸语汉语声母系统的比较

派类	上古	高本汉	王力	李方桂	郑张尚芳	中古	上古缅语碑文时期	中古缅语四译馆时	现代缅语
	来 r	l	l	l	r	来 l	l	l	l
	来 r	gl	l	ŋl 乐	r		r	r	j
	来 r	gl 路吕立	l	gl 落立	g.r,gw.r		l	l	l
	见 k>来 r	gl 林蓝	l	gl 林蓝	ɦkr>g.r 林蓝		kl kr	kr	tɕ
	来 r	ml 吝	l	ml 吝	m.r 来吝		l	l	l
	来 r	bl 銮	l	bl	b.r 銮		r	r	J
	帮 p 来 r	bl 律廪临	l	bl 律廪	ɦpr>b.r		l	l	l
知	端 t	t	t	tr	t 三等	知 ṭ	s	s tθ	tθ
	端	t	t	tr	rt		t	t	t
	来 r	t	t	tr	ʔr		t	t	t
	影 q 见 k 帮 p	t	t	tr	qrʾ krʾ prʾ		kr pr	kr tɕ pr	tɕ
	l	t	t	tr	t 三等		t	t	t
	影 q 见 k 帮 p	t	t	tr	qlʾ klʾ plʾ 三等		pl kl	pl kl	tɕ
	秃 th	tʻ	tʻ	thr	th 三等	彻 ṭʻ	th	th	th
	秃 th	tʻ	tʻ	thr	rth		th	th	th
	滩 nh	tʻn	tʻ	tnr 丑	nh 三等		th	th	th
	胎 lh	tʻl	tʻ	th	lh 三等		th	th	th
	宠 rh	tʻl	tʻ	hl	rh 三等		th	th	th
	来 r	tʻ	tʻ	thr	hr		th	th	th
	呼 qh 溪 kh 滂 ph	tʻ	tʻ	thr	qhrʾ khrʾ phrʾ		kr khr phr	kr khr phr	tɕ tɕh phj
	抚	tʻ	tʻ	thr	mhrʾ 蛋		th	th	th
	哭	tʻ	tʻ	thr	ŋhlʾ 三等		th	th th	

派类	上古	高本汉	王力	李方桂	郑张尚芳	中古	上古缅语碑文时期	中古缅语四译馆时	现代缅语
	定 d	d'	dr	d	d 三等	澄ḍ	d	th	d
	定 d	d'	d	dr	rd		d	d	d
	以 l	d'	d	dr	rl		d	d	d
	来r云ɢ 群g并b	d'	d	dr	r ɢr gr' hr'		kr hr	kr hr	tɕ ɕ
	以l云ɢ 群g并b	d'	d	dr	l' ɢl' gl' bl' 三等		kl khlpl	kl khlpl	tɕ
	泥 n	n	n	nr	n 三等	娘n	n	n	n
	泥n 疑ŋ	n	n	nr	rn rŋ		n	n	n
	疑ŋ明m	n	n	nr	ŋr mr		ŋ˳ mr	ŋ˳ mr	ŋ˳ mj
组	疑ŋ明m	n	n	nr	ŋl ml 三等		ŋ m	ŋ m	ŋ˳ m
精	心 s	精ts	精ts	精ts	ʔs	精ts	ts	ts	s
	以 l	精ts	精ts	精ts	sl'		ts	ts	s
	端t影q 见k帮p	精ts	精ts	精ts	st sq sk sp		ts k p	ts k p	s k p
	明m	精ts	精ts	精ts	sml'		mr	mr	mj
	清 sh	ts'	ts'	tsh	sh	清tsh	hr	hr	ɕ
	禿 th	ts'	ts'	tsh	sth		hr	hr	ɕ
	溪kh 滂ph	ts' k's金	ts'	ts'	sth	skh sph	khr hrw	khr ɕw	ɕ ɕw
	滩nh胎lh 抚mh哭ŋh	ts'	ts'	tsh sth蜕	snh slh smh sŋh		hr	hr	ɕ
	从 z	dz'	dz	dz	z	从dz	dz	dz	z
	定d群g并b	dz'	dz	sd sgdz	sd sg sb		dz	dz	z
	心 s	s	s	s	s	心s	s	s	s

第三章　缅甸语汉语声母系统的比较

派类	上古	高本汉	王力	李方桂	郑张尚芳	中古	上古缅语碑文时期	中古缅语四译馆时	现代缅语
	呼 qh	s	s	sk	sqh歲	邪 z	hn	hn	hn
	泥n明m疑ŋ	sn 襄	s	sm 丧 sn 需	sn sm sŋ		hŋ hn hm	hŋ hn hm	hŋ hnhm
	以 l	s	s	st(sk秀)	sl slj		hl	hl	hl
	以 l	dz	z	rj sdj	lj		lj	lj	lj
	云 G	dz	z	sg (w, j)	sG		z	z	z
庄	心 s	tʂ	庄tʃ	精tsr	ʔsr	庄tʃ	ts	ts	s
	来 r	tʂ	庄tʃ	精tsr	sr'		ts	ts	s
	影q见k帮p	tʂ	庄tʃ	精tsr	str sqr skr spr		ts	ts	s
	清 sh	tʂ'	初tʃ'	tshr	shr	初tʃ'	tsh	tsh	sh
	溪kh滂ph	tʂ'	初tʃ'	tshr sthrc 揣	sthr skhr sphr		ts	ts	s
	抚mh哭ŋh	tʂ'	初tʃ'	tshr	smhr sŋhr		ts	ts	s
	从 z	dʐ'	崇dʒ	dzr	zr	崇dʒ	ts	ts	s
	群g并b	dʐ'	崇dʒ	dzr	sgr sbr		ts	ts	s
	心s	ʂ sl数	ʃ	sr sl数	sr	生ʃ	ts	ts	s
	呼qh	ʂ	ʃ	skr	sqhr		ts	ts	s
	明m疑ŋ	ʂ	ʃ	sr	smr sŋr		ts	ts	s
	云Gr	dʐ'	ʒ	dzr	sGr	俟ʒ	t	t	t
	来r	dʐ'	ʒ	dzr	rj				
章	端t	照ʨ	ʨ	tj	tj	章tɕ	tw	tw	tw
	影q见k帮p	照ʨ	ʨ	krj tj	qj kj pj	后ʃ	kj khj pj	tɕ tɕh pj	tɕ tɕh pj
	见 k	照ʨ n.準	ʨ	tj	kwj		kw	kw	kw
	以 l	ʨ	ʨ	tj	ʔlj ʔnj		lj	lj	lj
	泥	ʨ	ʨ		ʔnj		ɲ	ɲ	ɲ
	秃 th	ʨ'	ʨ'	thj	thj	昌tɕ'	tw	tw	tw

派类		上古	高本汉	王力	李方桂	郑张尚芳	中古	上古缅语碑文时期	中古缅语四译馆时	现代缅语
	溪滂	tʻ	tʻ	khrj thj	khj khwj phj		khj khjw phj	tɕh tɕhwphj	tɕh tɕhwphj
	哭滩胎宠	tʻ	tʻ	khrj thj	ŋhj mhj nhj lhj rhj		hŋ hmj hlj hr	hŋ hmj hlj ɕ	hŋ hmj hlj ɕ
	定 d	dʻ	z	dj	dj	禅ʑ	z	z	z
	群g并b	dʻ	z	grj dj	gj bj		dʑ	gl bl	gj bj	dʑ bj
	呼 qh	ɕ	ɕ	hrj	qhj /hj qhwj	书 ɕ		ɕ	ɕ
	以 l	ɕl 烁	ɕ	hrj	hlj		hlj	ɕ	ɕ
	泥n疑ŋ明m	ɕn 恕	ɕ	hnj hŋrj	hnj hŋj hmj		hn hŋ hmj	hn hŋ hmj	hn hŋ hmj
	云 ɢ	dʻ	dʻ	grj	ɢj ɢwj ɢlj	船 dʑ ʑ dʒ	kl gl dʑ	kr gr dʑ	tɕ dʑ
	以 l	dʻ	dʻ	dj	ɦlj		hlj	ɕ	ɕ
	群g并b	dʻ	dʻ	grj dj	ɦglj 船 ɦblj 绳		hl	hl	hl
	泥 n	n.	n.	nj	nj	日 nʑ	n.	n.	n.
	疑ŋ明m	ŋ.	ŋ.	ŋrj nj	ŋj ŋwj mj		ŋr ŋw mj	n. ŋw mj	n. ŋw mj
见	见 k	k	k	k	k	见 k	k	k	k
	见 k	k	k	k	ŋk mk		k	k	k
	溪 kh	kʻ	kʻ	kh	kh	溪 kh	kh	kh	kh
	溪 kh	kʻ	kʻ	kh	ŋkh mkh		kh	kh	kh
	群 g	g	g	g	g	群 g gʻ	g	g	g
	疑 ŋ	ŋ	ŋ	ŋ	ŋ	疑 ŋ	ŋ	ŋ	ŋ
	云ɢ群g	ŋ	ŋ	ŋ	ŋɢ ŋg		ŋ	ŋ	ŋ
影	影 q ʔ	ʔ	0	ʔ	q 后 ʔ	影 ʔ	ʔ	ʔ	ʔ
	影 q ʔ	ʔ	0	ʔ	m q		ʔ	ʔ	ʔ

第三章 缅甸语汉语声母系统的比较

派类	上古	高本汉	王力	李方桂	郑张尚芳	中古	上古缅语碑文时期	中古缅语四译馆时	现代缅语
	以l来r	ʔ	0	ʔ	ʔl ʔr		ʔ	ʔ	ʔ
	明m泥n疑ŋ	ʔ	0	ʔ	ʔm 毒 ʔn ʔŋ		ʔ	ʔ	ʔ
	呼 qh/h	x	x	h	qh/h	晓x	h	h	x
	以l来r	x	x	h	hl hr	H	h	h	x
	明 m	xm	x mx黑	hm	hm hml		hm hml	hm hmj	hm hmj
	疑ŋ，泥n	x	x	hŋ h	hŋ hn		hŋ hn	hŋ hn	hŋ hn
	群g，云G/ɦ	g'	ɣ	g	后	匣ɦ	ɦ	ɦ	h
	以l，来r	g'	ɣ	g	ɦl ɦr	ɣ	ɦ	ɦ	h
	明m泥n疑n	g'	ɣ	g	ɦm ɦn ɦŋ		m n ŋ	m n ŋ	m n ŋ
	云 G/ɦ	喻三g	ɣ	gw gwr	G/ɦ	云ɣ ɦ	k kh	k kh	k kh
	以l来r	喻三g	ɣ	gwr	ɦl ɦr		hl hr	hl hr	hl
	以 l	dz羊	余ʎ	r羊	l	以j	l	l	l
	以 l	g	余ʎ	ŋr 藥	l		l	l	l
	以 l	g欲	余ʎ	grj r	g.l gw.l		kl	kl	tɕ
	见>以	g?	余ʎ	grj	ɦkl>g.l 峪浴盐		kl	kl	tɕ
	见>以	g	余ʎ	grj	ɦkwl>gw.l		krw	krw	tɕw
	以l	g翼翌	余ʎ	r	b.l 翼翌				
	帮p>以	d蝇 b聿	余ʎ	r蝇	ɦpl>bïl 蝇聿		r	r	j

上表中所列的汉语和缅语的上古音、中古音等只是代表当时某一时期的语音，实际上在历史发展的长河中，还有着各种细微的变化。了解这些变化，对语言比较有着重要的参考价值。

3.3 汉语的谐声与缅甸语辅音的通转规律

在分析汉语的声母往往依靠形声字符的谐声、转注（如：立、位；史、吏；己、纪；用、涌、勇、痛；羊、洋、痒等由同一个字根分化的同源字）现象。同声符或同字根的字，读音理应相同，或相近。相近者可看作衍变的产物。这样，可以排成一个个谐声系列。大家都认为，研究上古汉语，发音部位相同可以互谐。李方桂对此作了归纳，如：舌尖塞音可以互偕；一般不同舌尖塞擦音及擦音互谐；舌根塞音可互谐，也有与喉音互谐的，不常与鼻音互谐；唇塞音可互谐，不常与鼻音相谐。舌尖擦音和擦音相谐，但不跟舌尖塞音互谐。另外，《诗经》、《楚辞》等古诗叶韵、归类时将韵母作了归类，规定了押韵的范围。也反映了韵母之间的相近关系。加上现代汉语方言中的古音积淀，都为研究汉语声韵母的发展历史提供了极为有价值的数据。再加上比照汉藏语系同族语言之间的比照，可以比较清楚地了解和更加有力地证明古汉语的本来面貌。

同样，我们也可以通过古缅甸文字的记载（主要是碑铭上的文字）、汉藏语系语言比较、缅甸语音的历史发展和变迁以及现代缅甸语方言的古音积淀来了解缅甸语言的历史发展。也可以通过缅甸语的纵向历史语言变化和横向的方言比较，来了解缅甸语音的变化规律，进而将缅甸语和汉语的语言现象互相印证，推断出原始藏缅语或上古汉语的部分面貌。

从纵向（历史的）和横向（方言的）的两个坐标的对照出发，推断出更古的语言结构。对从事语言比较研究的人来说，这是必不可少的，又是最可靠的依据。这两个坐标上的语音和语言现象都是一个不断变化的变量，要在两变量中确定一个标点，再与其他语言进行比较并找出规律，是复杂和艰巨的工作。

在汉藏语系语言研究中，有不少中外语言学家收集了很多资料，用不同的观点和材料构拟了上古汉语的语音系统。他们用自己的努力大大的推动了汉语研究向前发展，为汉藏语系语言研究作出了卓越的贡献。记得美国研究汉藏语系语言的著名语言学家马提索夫在一次讲座时说："有人认为，构拟就像'鬼画符'"。当时，因为对构拟了解不多，看到构拟的古音简直无法发出。有些构拟的语音，是各种语音特征的总合，就是将认为有可能是该词声韵母的语音（甚至有些是转写出来，并不代表实际语音的转写音）都收罗、汇总起来。这样，虽然可以说历史上或者在同族语言中某个词曾经有过那样的音，都找到了。近乎"包罗万象"，无"挂万漏一"之弊。可惜的是，往往无法读出。例如："稽"声母构拟成 pkt

一,"乔"声母构拟成xknd一"绥"声母构拟成xsnth等,这样的辅音群,很难让人理解。实际上,语音在不断地变化,原有的语音可能在实际运用中已经变化、丢失,但是文字上没有反映出来。就像现代藏语和藏文一样,藏文中还保留着古藏语的语音,但是在实践的言语中早已起了变化,把变化过的语音都放在一起,很可能是不同历史时期、不同的语言层次的语音混合体。无法读出也就不奇怪的了。同样,如果要根据现代的语音跳过几千年甚至好几万年的历史和形形色色的变化来推断古音,实在是极端困难的。因此在同源词的认定时,必须将语音变化的历史和语言事实作为很重要的条件依据。不能简单地将声韵母相似或相近的拉来就用,这样往往得不到正确的答案。要求先弄清语音的历史演变规律然后找出同源词,无疑会加大选择同源词的难度,除了有些语言像藏语、缅甸语、纳西语、彝语等等,有着丰富的历史文字数据,和详细的方言材料,再通过正确、周密的科学研究,才有可能。即使这样,我们往往也会看不到或忽略许多表面上看来好似风牛马不相及的词,恰恰是经过语言变化了的"货真价实"的同源词。而在汉藏语系中更多的语言,没有历史记载、没有文字数据,就更难确定同源词了,只能通过别的办法来求证。

缅甸语声母从古至今随着时代的变化,也在不断地变化。有些现代声母与上古缅甸语声母有着一脉相传的"血统",一成不变地保留了原始语音的面貌,或者是只是发生了很小的变化,如果拿这些变化不大的词来作比较,很容易就能找到同源词了。然而,语言是随着社会的发展和变化不断地变化的。因此仅仅凭借现代缅甸语音来与汉语比较,从历时的发展来看,已经有了几千年的差距,从地域来说也有了不断的变动,忽视了这些变化,简单的"拉郎配",就会找不到南北,迷失方向。只有全面的了解了他们各自的历史音变才有可能符合实际的比较研究,作出可靠的结论。在这里我们不厌其烦地寻找古今、各地的语言变化,目的就是为了更好地从古今语音的变化中,发现缅甸语音的变化规律,这样才能在更开阔的范围内与古往今来的汉语和汉语方言作比较。在动态的变化中找到更合乎客观的规律。

下面我们列举声母辅音的变化,都是从缅甸碑文或古今经典中找到的例证,大致有下面几类情况:

1. 古今用词中一个语音有不同的变体,这些变体表示可以互相通转。送气音与不送气音可以互相通转。例如:သီးကွဲ / thī : kwe:/, သီးခွဲ / thī : khwe / (作者注:由于古缅语中声调尚未固定,因此反映在文字上带":(现代缅语中的高平调符号)"和不带":(现代缅语的低平调符号)"可以通转，而根据历史语音发展来看，当时都作为长元音处理，而不作为高平调与低平调来看，因此不同的长短调之间可以通转)

2. 在古缅甸语中，多音节词比较多。这些词中大部分又是有两个语音不同，意义相同的词素或词组成。词的组成部分之间可以换用，说明语音之间可以 通转的关系。例如：ထိုး刺＋ထွင်း穿→ထိုးထွင်း戳穿；ယို漏＋ယွင်း坏→ယိုယွင်း缺陷。

3. 一个词的声母部分可以用不同的辅音替代、转换，说明这些声母辅音之间可以互相通转。例如："雇农"一词，有三种声母：စရင်းငှါး/တရင်းငှါး/သူရင်းငှါး [sə jĩ: hŋa/ tə jĩ: hŋa/ tθə jĩ: hŋa:]，这说明s、t、tθ之间可以通转。又如："同情"缅文为：သက်ချင်းစာ/သက်ချင်းတာ [tθɛʔ dʑĩ :tsa /tθɛʔ dʑĩ : ta]说明ta 和 tsa 塞音、塞擦音之间可以通转。

4. 两个同义词或词尾之间可以互相替换，证明两个辅音之间可以通转。例如："翘着尾巴" အမြီးထောင်ထောင် / အမြီးဆောင်းဆောင်း [thaũ thaũ / shaũ :shaũ :]中的 th 和 sh 可以通转。

5. 两个加词头"အ"的同义词合成一个词时，这两个同义词的声母可以通转。例如：

"附近"အနီးအနား [a ni: a na:]，中"ni: 近"和"na:旁"；"原因"အကြောင်းအရင်း[a tɕaũ : a jĩ :]，"情况、事件"中的"tɕaũ :原因""jĩ :原因"အချင်းအတာ[a tɕhĩ : a ta]"明显的、公开地"အထင်အလင်း[a thĩ a lĩ:]等等。

通过这些可以通转的语音，我们可以在变化了的语音中，在更广的范围内去寻找跟汉语对应的同源词。

下面的例子（部分摘自缅甸吴戈桑落法师的《缅甸语词汇音义考（မြန်မာစကားလုံးပြောင်းထုံးကျမ်း)》萨北邦古印书馆1985年出版）主要列出了能够通转的声母辅音（例词的下面有黑线者，有些例词为了更加明显起见，在后面还单独列出可以互相通转的音。有些条目中有例子的出处，用缅甸经典著作的简称标出。最后为经典出处的页码。

缅语声母通转规律：

（1）不送气清音─→送气清音：က / k / → ခ / kh /

နတ်များကိုကို: မြော့လင်နိုးအဲ့

၊ထင်းကွေး → ထင်းခွေ

ခမ်း → ကမ်း ရေမြောက်အခမ်း ကမ်းနင့်ထွေရော်
စ /s/ → ဆ /sh/ မိုဟင်းလခူး စူးလစူး ဆူး ခိုင်တေး ၁၇
ငြေပဖယ် စက်ဆုတ်ဘွယ်မဝယ်မချမ်းရာ ဆက် ကဝိ ၁၉
မရှမဆိတ် လူ၏စိတ်ကို စိတ် မဃ ၁၅၀
တ /t/ → ထ /th/
ချင်မှန်တိုင်းထွာ နာရီမှာကား တိုင်းတာ
ကြိုးစားတွေးငေါ် ယုဆသော်လည်း ထွေးငေါ်
ပ /p/ → ဖ /ph/
လူးတလွန်လွန် တချွန်ချွန်ပဆွန်အနင်းပျက် ဖ(ဝါး) စွန် ကဝိ
ပယ်ရှားသည် ဖယ်ရှားသည် ပ ဖ သတ်စုံ
လူခွင်ဖေါဖေါ် ဥသဘောကို ပေါပေါ ဥတိ
ပူလံပဇင် ဖလက်ပန်သင်
စသည်မုဋ္ဌေ ကျော်စောဘုရား ပူထိုး စာဆ ၁၂

从上列例词中我们可以看到,在古缅语中送气音与不送气音是可以通转的,在现代缅语中有些地方仍然保持着这种现象。例如 ကလေး: 小孩[kə leː] 或读作 khə leː],

(2) 不送气清音——→鼻音: က /k/ → င /ŋ/
ကြွက်ကယ်လောင်– ကြွက်ငယ်လောင်း
သက်ကယ်ပျစ်– သက်ငယ်ဖျစ်
ဦးကင်းချက်ဖွေ တက်သစ်နေသို့ — ဦးခင်းချက်ဖွေ
ပ /p/ → မ /m/
ပွင့်စမူးမူးထိုနေဦးခွဲ မူးမူး 通 ပူးပူး ပါ့ဉ် ၁၁
စားတော်ခေါ်က မူးမူးတွင် မူးမူး 通 ပူးပူး (ကပ်ကပ်) ကုလားပ ၁၃၉

(3) 送气清音——→鼻音 ခ /kh/ → င /ŋ/
သားမြေးခေါ်ငင် (ခေါ်)
အစွယ်ခေါ်ခေါ် - အစွယ်ငေါ်ငေါ် ခေါ် 通 ငေါ်

(4) 不送气舌面清音——→送气舌面清音 ကျ / tɕ / – ချ / tɕh /
ကျိုက် 通 ချိုက်
ယဉ်ချေး– 通 ယဉ်ကျေး
ခြေချည်းသွား通 ခြေကျင်းသွား

（5）送气或不送气舌面清音——→鼻音

ကျ ၊ ချ / tɕ、tɕh / 通 ည / ɲ /

ကီး / tɕi: / → ညီး / ɲi: /

တောကြီးမြည်းမြည်း ဆည်းလည်း<u>ကျကျ</u>　ဆိပ်<u>ညံ</u> <u>ကျကျ</u> 通 <u>ညံညံ</u>

မင်းကြားမချုပ် 通 <u>ညုပ်</u>

လည်ဝင်ရိုးသံ တ<u>ညံ</u> ပုဂံဘုရားပေါင်း　<u>ကျကျ</u> 通 <u>ညံညံ</u>

တ၊ထ / t、th / → န / n /

စ<u>ည်း</u>တီတုံးဝယ် ခေါင်းအုံးသက်နံ　စ<u>ည်း</u>နီးတုံး <u>တီ</u> 通 <u>နီး</u>

ပယ်စက်စ<u>ည်</u>ဝယ် တူယှ<u>ဉ်</u>နှဲဖက်　　ယှ<u>ဉ်</u>တွဲ 通

ပုခက်နှင်းပန်း နှီး၏<u>တ</u>ည်း　　　　　通 <u>ထင်း</u>

တနေ့နက်ဝယ် မြင်ထွက်မျက်<u>နှာ</u>　<u>နက်</u> 通 <u>ထ</u>

（6）鼻音——→边音　န / n / → လ / l /

ပြီးထမ<u>နေး</u> လုပ်တော်ဆေး၍　　通　<u>နတ်</u>တော်ဆေး၍

ရှင်တက်ဝမ်းမြောက် <u>လက်ပန်း</u>ပေါက်လျှင် 通 <u>နက်ပန်း-နပန်း</u>

ဝမ်းမှာကျင်တင် စာပိုးနှင့် ၍ 通 စာပို<u>လင်း</u>

မစိုးထိတ်တ<u>နန့်</u> မ<u>လ</u>န့်ကြောက်စေ <u>နန့်</u>၊ 通 <u>လန့်</u>

ခြင်းရာ<u>ဆေးနေး</u> ငါ့လျင်မေး၏ 通 <u>ဆေးလေး</u>

（7）半元音与边音的通转 ယ / j /、ရ / r /、လ / l /

ပရိုင်းတောင်းနှင့်ကောင်းကောင်းသိုထား 通 ပ<u>လိုင်း</u>

လက်ငင်း<u>ရော</u>က်နီး ရွှေထီးရွှေနန်း 通 <u>ရက်</u>ငင်း

ကြီးကြီးစားစား ထို<u>ကြောင်းလျား</u>ကို 通 <u>ကြောင်းရာ</u>

ညမှ<u>ယား</u>၍တပါးခရီး 通 <u>လား</u>

တမ<u>ရှုန်</u>နှိုက်လည်း 通 <u>လွန်</u>　ရွှေကြက်ယက်ဘုရားကျောက်စာ

ပြောင်းမည်ယူ<u>ယူ</u> ရင်နဲ့ကြူ၍ 通 <u>လူလူ</u> သေ

（8）前唇音与后元音的通转 ဝ / w /、ဥ / u /、သြ / ɔ /

<u>ဝတ်</u> ကျည်ချောင် ကိုယ်ရောင်ကြိုဝင် 通 <u>ဥတ်</u>　ဘံ ၄၈

ဝရီးသားရင်းဖြစ်ပါသည် 通 <u>ဦးရီး</u>　ပ၁ ၂၅

ခွယ်ခီသောသာတစ် 通 (ခွေးချီသောသားတစ်) လော ၅၆

（9）舌根软腭音与舌面硬腭音通转 က / k /、ခ / kh /、င / ŋ / → ကျ / tɕ /、ချ / tɕh /、ည / ɲ /

   ကျွန်စာရင် ၁၀ ကိပ် 通 ကျိပ် ကျောက်လက် ၁၆
   ကင်းကျီုယ်ပျိုး ပုဆိုးမဝတ် 通 ကျီ သစ္စာ ၁၅
   မျက်မှောင်ကြုတ်ကြုတ် ဥပဂုတ် 通 ကျုတ် ကဝ၂ ၉
   ကြည်နူးချစ်ခင် မိတ်သင်တစုတို့ 通 ချင် ပုဒ ၃၀
   ဦးငယ်သြင်စံစားပြီးကာ 通(ဦးငွေအောင်စံစားပြီးကာ) စကားကျောင်းကျောက်စာ
   အီအညွတ် ကျော်င်နိုက်လာရယ် 通 အညီ ကျောက်လက် ၁၄၁

（10）舌面硬腭音与齿音（包括舌尖齿间音）通转 ကျ / tɕ /、ချ / tɕh / → စ / s /、ဆ / sh /

   ဆုံးဖြတ်ဆိုနည်း လုံးကြည်းလိုက်နာ 通 စည်း စာဆို ၁၅
   ထွေတွေညစ်ကြေး အစေးအနံ့ထွက် 通 အကြေး ဂုဏ္ဍာ ၂၁
   ခဆီးပတ်မြေ ခံရထွေးလည်း 通 ကျီ ရေ ၁၂
   ဦးခင်းစွပ်စွန် တံခွန်အလား 通 ချံ စွယ်တော် ၆
   မြတ်ချမ်းသာကိုမှန်စွာအရျှု၏လော 通 စု ဘုလင် ၅
   ဆင်ရွှေနှင့်ပဋ္ဌမြား 通 ချင်ရွှေ ရာမ ၅
   တရားနာချင်၍ ဆည်းကပ်၏ 通 ချည်း ပါရာ ၈၀

（11）舌面硬腭音与舌尖硬腭音的通转：ကျ / tɕ / → တ / t /

   ကိုယ်ကြပ်ရောက်ပေါက် ငါသွားလောက်ဟု 通 တပ် ပါ-မီ ၅
   မာမာကြောကြောဟောပြောအသုံ 通 တော ညွန့်-၃ ၃၄၄
   ဆင်နှင့်လှည်းသို့ တောလည်းချုချု 通 ကျော်လည်း ပါရာ ၁၄၆

（12）塞音、塞擦音、擦音的通转：တ / t /、စ / s /、ဆ / sh / ပြောင်းလဲခြင်း

   သံမျှောတွဲယှဉ် ပျဉ်နယ်လည်းတေ့ 通 စွဲ စေ့ ၃ ၅၅
   တည်တည်တူရ ရေသိုမှုလျက 通 စည်စည် မဟာရ ၁၃၇
   လွန်ကြမ်းတမ်းသို့ လူတမ်းမမိ မလေ့ဇ္ဇိဖြင့် 通 လွန် မေဃ ၂၆၆
   အနက်အစံ ထုံးစံနည်းသိ 通 ထုံးတမ်း ဥတီ ၁၂၀
   သနားကြင်နာ သက်ချင်တာ၍ 通 စ ဓမ္မ ၆၇

စ / s / → တ / t /

   အနက်အစံ ထုံးစံနည်းသိဘိ 通 ထုံးတမ်း ရွှေ ၄၄
   သောက်တုတ်သေစာ မင်္လာခမ်းနား 通 သောက်စုတ် ရွှေ ၇
   တောထွက်ခြင်းကိုစိုင်းပြင်းလေ 通 တိုင်ပင် ဆ ၇၈

ဖြောင့်စင်းတစ်တစ်သဘောစစ်ဖြင့်	通	စစ်စစ်	နဝ	၄၃

ဆ / sh / → တ / t /

ထုံးရက်ဆိုင်းတွဝိရိယဟု	通	ထိုင်း	မာ	၃၈
မထိုင်းလျှင်ပြင် စွန့်အပ်လျှင်းသည်	通	ဆိုင်း	နဝ	၈
အမြိုးရောက် အမောက်နှင့်ဆောင်းဆောင်း	通	ထောင် ထောင်	ပုည	၉

ချ / tɕh / → ထ / th /

ထိုးခုတ်တိုက်ဘိ ချုတ်ချုတ်ထိလျက်	通	ထုတ်ထုတ်	သန်	၁၉၅
ဖုံထောင်းထောင်းခွဲ မိကျောင်းကြည်တင်	通	ခြောင်းခြောင်း	မဃ	၄၂၇
တနေ့ချင်းတွင်သော်လည်း	通	ထည်း	ပါရ	၃၆
အဆုံးထက်တိုင်	通	ချက်တိုင်	ဆုတောင်း	၁၀၀

တ / t / → သ / s /

ရိရိသေသေ ပတေပတ	通	သေ-တေ	မဃ	၁၃
သိသိမကြင်းလက်ရသွင်၏	通	တိတိ	စလင်း	၂၄
သောက်ပလင်းဟို တက်အရဏ်ဝယ်	通	တောက်ပ	မဃ	၂၈၀

ထ / th / → သ / s /

ဆရာစစ်၏ ဖွင့်လှစ်ချေင် မိန်ထွေသံကို	通	သွေး	မာ	၁၁
ဆိုထွေဝေါက်ဝေါက် ငန်းငန်းတည်း	通	ဆိုသွေး	ဝေနီး	၅၂
ပိတ်သိုင်းရေနောက်တောင်မြောက်မသိ	通	ထိုင်း	ဒိဗ္ဗ	၂၉

စ / ts / → သ / s /

မစစ်သည်သား ကျင်သောကား၏	通	စော်ကား	ညွန့်-၃	၂၁၁
ပန်းမာလ်ပွင့်ညီ ကုံးနှင့်သီသို့	通	စီ	ဒေ	၂၆၆
ကျောက်စံရတနာ ယူလိုငှာဖြင့်	通	သံ	ဝီ	၂၈
သီသီကြေအောင် ထုတေမွ သိုက်ပြချ၍	通	စီစီ	ပုည	၄၀

ဆ / sh / → သ / s /

မြန်သန်ပြေးလျှင်စွာ	通	မြန်ဆန်	ကဝိ	၅၉၈
နိုင်းဆိုစရာ ပမာမဆွယ်	通	သွယ်	စာဆို	၁၆၂
ကန်သင်းခန္ဒီ ပါရမီဟု	通	ကန်ဆင်း	ပါရမီ	၁၀၀

（13） 双唇塞音与半元音通转：ပ /p/ → ဝ /w/

မျက်ဝါးထင်ထင် ဖူးလိုချင်၍ 通 မျက်ပါး မဆ ၅၁၅
လက်ပွေ့လက်ပန်း ဘက်ယမ်းလုံးတွေး 通 လက်ဝှေ့ မဆ ၄၆
လမ္ပယ် မြွေဖမ်း လက်ပန်းလက်ပွေ့ 通 လက်ဝှေ့ ညွန့်-တ ၁၁၇

（14） 塞音、塞擦音、擦音间的通转：ချ /tɕh/、တ /t/、ချ /tɕh/
ကျ /tɕ/、သ /s/ → ၡ /ɕ/（ရှ - ယှ - သျှ - လျှ）

မှားမှန်းမသိ ချောက်ချီးချောက်ချက် 通 တောက်တီး မဆ ၄၄၈
စကားတောက်တီး နာညီးစရာ 通 ချောက်ချီး ဥက္ကာ ၂၈

ကျ /tɕ/ → ၡ /ɕ/（ရှ - ယှ - သျှ - လျှ）

အဠ္ဝကဘီလူး ကျောက်ချင်းထ၍ 通 ရှောက်ချင်း ပါရ ၅၂
ကျိန်းစပ်မျက်ရေ ငိုရစေဟု 通 ရှိန်းစပ် ကိုးခန်း ၁၃၈

ချ /tɕh/ → ၡ /ɕ/（ရှ - ယှ - သျှ - လျှ）

ခြေမှာရှပ်စည်း ဖိုက်ဖိုက်လည်းလျက် 通 ချုပ် ရေ ၁၆
နိမ့်နိမ့် ရှိုင်းလျက် ဂုမ်းချိုင်းခွန့်ရှည် 通 ချိုင်း မဟာဇ ၂၇
ဦးက်ဦးက်မက်မက် နစ်သက်ဖွယ်မှ 通 ရှိုက် မဟာဇ ၁၁၀
ကွဲခြေစေကာ မစွန့်ရှာသား 通 ကွဲရှ မဆ ၄၇၇

သ /s/ → ၡ /ɕ/（ရှ - ယှ - သျှ - လျှ）

သိမ်းပြီးမျက်နှာ ရက်ရကာနှင့် 通 ရှိမ်း သန် ၉၅
မျက်နှာရှိမ်းပြီး ရက်ဖွယ်သီးအောင် 通 သိမ်း မဆ ၂၁၀
ရှိဝက်သံသံ သူ့အကြိုကို 通 သိုဝက် မဆ ၁၀၁
ပညာမြော်မြင် တွေးတောသင်လော့ 通 ယှဉ် မဆ ၂၉၄

စ /ts/ → ၡ /ɕ/（ရှ - ယှ - သျှ - လျှ）

ပြတင်းပေါက်ကိုအရှောက်ပိတ်လျက် 通 အစောက် ဥမ္မာ ၁၉
သစ္စာဖေါက်က မရှောက်ခဏာ 通 မစောက် စက် ၄၀
လန်းလန်းရှိမ်းရှိမ်း စိန်းစိန်းညိုညို ရှိမ်း 通 စိမ်း ဘူ ၁၅

ဆ /tsh/ → ၡ /ɕ/（ရှ - ယှ - သျှ - လျှ）

ဆူးဆူးရာရာ ဒေါသအားဖြင့် 通 ရှူးရှူး ကိုးခန်း ၁၇၅
အလယ်ဆိုင်းဆိုင်း ရှိုင်းရှိုင်းဝဲဝဲ 通 ဆိုင်းဆိုင်း သျှံ ၅၀
ဆူးဆူးရာရာ ရှူးရှူးရာရာ 通 ရှူးရှူး သက္က ၇၂

（15） ‑ျ [j] 与 ြ‑ [r] 的通转：

ပျို့ တို့ကျင့်တင် လေချည်ပင်၍ 通 ကြို့ ပေါင်း ၉
ဤသာကျန်းတော ဖြစ်တည်လော 通 ဖြန်တော မား ၁၀၂
အမွေဝေခြမ်း ညီအောင်းပျမ်း ခွဲတမ်းစာမကိုဘ 通 ကြမ်း
ကဝိ ၄၃၀
ကြိုအန်မှုမထိုးစဖူးဟူ၏ 通 ပျို့အံ ပါရာ ၃၉

（16） သ (စ) /s/ → ကျ /tɕ/

ကမ္ဘာကြေလည် မကြေတို့ပဲ 通 မသေ သခင်ကြီး ၂၇
လေးဦးမကျေ လပ်လုံးနေသို့ 通 မသေ ပလိပ် ၄၂
ပူမီးမကျေ ရေးထက်ပွေလျက် 通 မသေ မဃ ၄၁၀

（17） သ (ဆ) /s (sh)/ → ချ /tɕh/

ဖျိုင်းထက်ပုစွန်လီမှာပွန် လွန်လေသင်းကြမ္ဘာ 通 ချင်းကြမ္ဘာ
ကဝိ ၃၄၂
ငါတို့လည်းချင်းကို အစာမပြတ်ပေးပါကုန်၏ 通 သင်း
မဏိ ၄၃၀
မကြားကောင်း မခံသီး ဘုန်းကြီးတန်မဲ့ 通 ချို ပုည ၉
စုလစ်သွန်းသွန်း ရွှေဘုံနန်းဝယ် 通 ချန်ချန် သစ္စာ ၇၅

（18）送气音与鼻音 s 的通转：ဆ(သ) /sh (s)/ → န /n/

ပြစ်ဆာစွန်းဉီ မယုံပေဘူး 通 ပြစ်နာ ဇယ ၉၅
ငါ့မှာလဲအိမ်ကဆန္ဒင်တွေ 通 နန္ဒင်း တက္ကသို ၇၀၇
အမြိတ်အဆာ 通 အနာ စန်‑န ၁၁၃

从上列的缅甸历史语音变化的例词中，我们可以看到缅甸语声母中辅音的变化轨迹基本上可以有下列几种：

(1)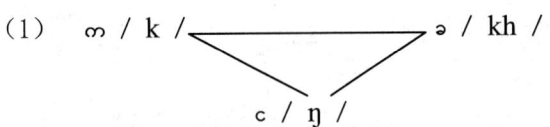

(2)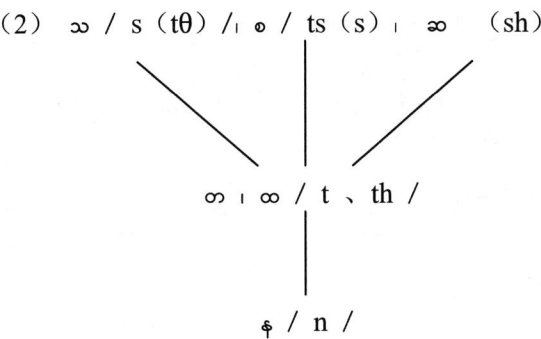

(3)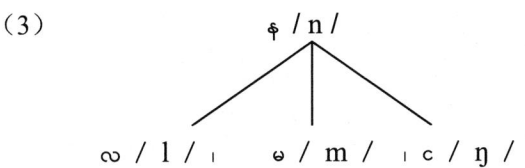

(4)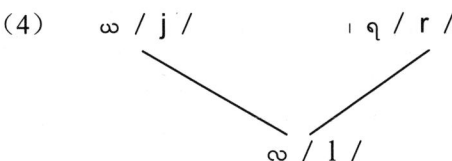

(5)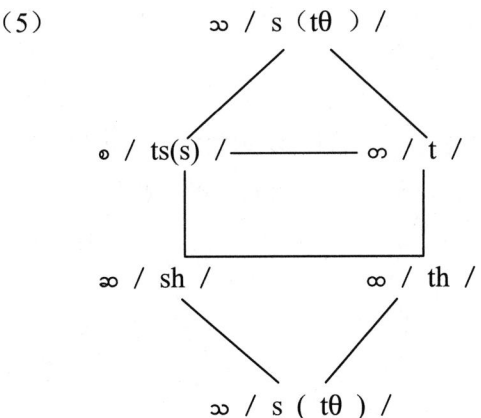

(6)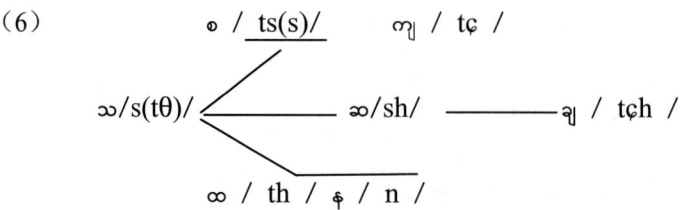

(7) ပ / p / ——— ဝ / w /

(8)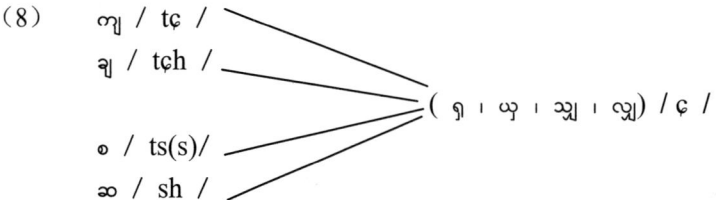

(9) က / k / ——— ကျ / tɕ /
ခ / kh / ——— ချ / tɕh /

(10)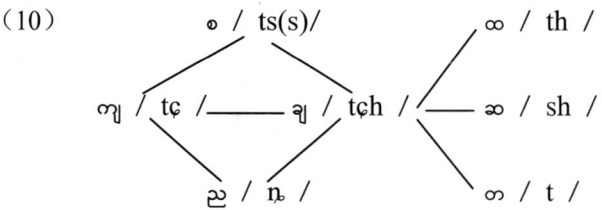

这些辅音声母的通转规律给我们开阔了眼界，我们可以从这些通转的规律中找到许多看来似乎毫不相关的词原来却是同源词的例证。（例见本书后面的"汉缅同源词表"）

第四章　缅甸语汉语韵母系统的比较

汉语的韵母系统向来分歧较大，清初音韵学家顾炎武离析唐韵得古韵十部，江永分古韵为十三部，段玉裁分古韵为十七部，孔广森分为十八部，并提出了"阴阳对转"的观点。他的"阴"指的是元音收尾的韵部，"阳"指的是鼻音收尾的韵部。如歌元（ai-an）可以对转，鱼阳（a-an）可以对转，支耕（e-en）可以对转等。王力主张阴、阳、入三分，定为29－30部（其中先秦古韵是29部，战国时代为30部）。李方桂将阴声韵和入声韵合成一部，分成22部，还有像江有诰的21部、严可钧的16部、章炳麟的23部、高本汉、罗常培的31部董同龢周法高的23部以及分成26部（《汉文典》），35部（《中上古汉语音韵纲要》）不等。这些都是韵母系统在诗歌韵脚上的大致划分，这些语言学家们都对古音韵的研究作出了贡献。

4.1 汉语、缅甸语的元音系统

高本汉的每部元音太多，王力、李方桂又改为每部只有一个元音。郑张尚芳则认为不能一刀切，"每部一个元音"在一、四等不并存的收喉各部是完全正确的;在一、四等并存的收舌、收唇（包括收-w）各部，每部实含二至三个元音，应该再分：i、ɯ、u 为一类，a、e/ɛ、o/ɔ 为一类。元音中，高氏拟了14个主要元音（不包括只作介音的i），董同龢增至20个主元音，王力则定5元音，即 a，e、u、ɔ、ə。他们构拟的上古汉语中主要元音中没有 i 元音。将 i 划作介音或韵尾的系统。改歌为 ai，鱼为 a 合为一个音位，到1985年在《汉语语音史》中，改复元音əu、au 为单元音u、o，将原来的表喉部的o改为ɔ，成为四主元音系统。李方桂将王力的e、o全并入i、u 也得到四个主要元音，另加三个复元音共成 7 个元音。严学宭则认为古元音有 7 个：ə、e、i、a、u、o、ɔ，并都分松紧。

后起的学者认为保持元音三角 i、u、a 为主元音，增加 e、o 及一个央元音(央元音包拟古、白一平拟作ɨ，郑张尚芳作ɯ，斯氏作ə。俞敏归纳汉代梵译汉元音是：i、u、a、e、o 加一个ɐi，ɐi郑张尚芳作单元音 ɯ，认为上古单元音有六个，即：i、u、a、e、o、ɯ，并且，郑张尚芳和斯塔罗斯金都认为元音有长短六对共 12 个单元音。随着长元音复音化为均衡音节，短元音前也增生了过渡音。开始为 ɯ，后为i>ĭ。

4.1.1 单元音、复合元音

1. 新说各家一致拟鱼部为a，高氏拟o为汉代以后之事。缅甸语比汉语发展慢，与汉语鱼部字对应的词大都为a未变。各家收喉音aŋ、ag（ak）则皆对阳、铎两部。闭音节鼻尾元音变化最慢，故汉语阳谈寒等部a元音至今未变。
2. i、u 为主元音。收喉音尾的uŋ、ug对冬、觉两部。iŋ、ig 并入真、质两部。
3. e、o 新说各家认定，前者在支部，o在喉部，与王力所分相同。收喉音尾的eŋ、eg 和oŋ、og分别对耕、锡、东屋四部。
4. ɯ 之部的主要元音，郑张尚芳用 ɯ，白氏用ɨ，斯氏用ə。旧说都从高氏作ə，元音与韵尾配合成韵母，其分布从汉藏语看一般比较对称，组合上并无限制。比较起来，郑张尚芳韵母表空档较少。例如：

	-0 -g -ŋ	-u -ug -b -m	-l/-i -d(-s) -n
i	脂豕 质节 真绳	幽黝觉吊缉揖侵添	脂齐 质 [至] 真
ɯ	之 职 蒸	幽萧觉萧缉涩侵音	微尾物迄[队]气文欣
u	幽媪觉睦 终	缉纳侵枕	微畏物术[队] 文谆
o	侯 屋 东	宵夭药沃盍乏谈赣	歌戈月脱[祭] 兑元算
a	鱼 铎 阳	宵豪药乐盍谈	歌 月曷[祭]泰元寒
e	支 锡 耕	宵尧药的盍夹谈兼	歌地月灭[祭] 元仙

复合韵母：

1. 歌、微部——郑张尚芳作ai、ɯi 等同于白氏的 aj、ɨj 或斯氏的 aj、əj 歌部包括oi，微部包括ui。郑张尚芳的歌部还含有ei/ɛj。高、李 还为歌微两部拟-r尾。薛斯勒（1974）根据汉藏语系比较，建议改为l尾，这样对有些汉藏语变 j 尾也更好说明。后来 j 尾从l 尾变来为大家接受。
2. 月、祭——一分为三：a、o/ɔ、e/ɛ，圆唇元音的on、ot。en、et 中董同龢指出，ɛn与an相对。
3. 物——一分为二，文部分：ɯn（白氏为ɨn、斯氏为ən）与un两类。与真部相配。李方桂还认为：舌齿音后的ən 会变成uən。若变四等，则变iən，但这与四等韵 i 介音后起说相违。
4. 幽觉——含u 或ɯw两类，前者后来复元音化，变成ɯu
5. 叶、宵药——一分为三：a、e、o，新说分六部，om、op、im、ip。宵部王力始拟为au，后拟为o 。李方桂拟为agw即aw。加俞敏梵汉对应所得的au除四等类拟为eu/ew外，郑张尚芳还提出ou。

4.1.2 介音

在对上古汉语的介音研究中，高本汉拟有i、ji、i̯、w 董同龢 作j、i、w、u。王力 i̯、i、w、u外加二等介音 e、o。李方桂改二等介音为统一的r。郑张尚芳认为，从汉藏语系亲属语言来看，元音系统很简单，元音性介音都不发达。因此上古汉语除声母有垫音w、j、l、r 外，韵母应非常简单。没有任何元音性介音。但是，在上古缅语（缅甸碑文时期）中将 j、r、l、w 等被汉语学者称之为"介音"或郑张尚芳称之为"垫音"的几个音，都被归入复辅音的后置辅音的行列。这样就大大的减少了缅甸语韵母系统的数量。而且，这几个辅音也都对应地出现在上古缅语的韵尾辅音中。因此，缅甸语中并不存在"介音"一说。但是我们在对比研究中可以发现，汉语的介音与缅语的复辅音后置辅音有着密切的对应关系。

上古汉语中有-m、-n、-ŋ 鼻音韵尾，关于这点各家并无异议。塞音多拟为-p、-t、-k，俞敏认为汉魏时代的韵尾应为浊塞音-b、-d、-g，郑张也认为是浊塞尾。对说明-d>-r、-l方便。-j 尾由流音 l尾转化来。-w 除原有外，蒲立本还设想从-ʁ转化来。李方桂设想有唇化舌根音尾。汉语常表现为-uk。白氏改为-wk，郑张改为-ug 。

根据押韵的一般规律，能够互相押韵的字，必须是韵母的主要元音和韵尾都相同。所以同一韵部里不同韵母的区别不应该在韵母的主要元音和韵尾上，只能体现在韵头或介音上。介音或韵头不同构成了等呼的不同。这在缅语中因为没有介音，等呼问题就不存在。

汉语发展到中古时期，声韵母都有了很多变化。例如汉语声母到中古，由上古的 19 个（郑张尚芳的《上古音系》中认为有 30 个（下表中 19 个辅音加带// 者），其中基本声母为 25 个）发展成为 40 个（不包括复辅音声母）。声母表如下：

帮组	帮（p）	滂（ph）	并（b）	明（m）/抚（mh）/
非组	非（pf）	敷（phf）	奉（v）	微（ɱ）
端组	端（t）	透（th）	定（d）	泥（n）/滩（nh）/来(l)/胎(lh)/
知组	知（ʈ）	彻（ʈh）	澄（ɖ）	
精组	精（ts）	清（tsh）/清（sh/tsh）/从（dz）/		
	从（z/dz）/心（s）	邪（z）		
庄组	庄（tʃ）	初（tʃh）	崇（dʒ）	生（ʃ）
章组	章（tɕ）	昌（tɕh）	船（dʑ）	书（ɕ） 禅（ʑ）
日组	日（ȵz）			
见组	见（k）	溪（kh）	群（g）	疑（ŋ）/哭（ŋh）/
晓组	晓（h）/qh/h/		匣（ɣ）铎	
影组	影（o）/(q/ʔ)/		云（-w）/云匣（ɢ/ɦ）/	以（-j）

上古汉语的韵部有多种意见，王力先生分古韵为三十部（其中先秦古韵为二十九部，战国时代为三十部）。

阴声韵　　　　　**入声韵**　　　　　**阳声韵**

鱼 a　　　　　铎 ak　　　　　阳 aŋ

歌 ai　　　　　月 at　　　　　元 an

宵 au　　　　　药 auk

　　　　　　　叶 ap　　　　　谈 am

支 e　　　　　锡 ek　　　　　耕 eŋ

脂 ei　　　　　质 et　　　　　真 en

之 ə　　　　　职 ək　　　　　蒸 əŋ

微 əi　　　　　物 ət　　　　　文 ən

　　　　　　　缉 əp　　　　　侵 əm

侯 ɔ　　　　　屋 ɔk　　　　　东 ɔŋ

幽 u　　　　　觉 uk　　　　　冬 uŋ

郑张尚芳的韵母系统分成58[64]类。（参见本书第104页的韵母系统表）

单元音有六对：i、ɯ、u、e、a、o，ii、ɯɯ、uu、ee、aa、oo，实际上是各分长短。常见的变式有：ɯ>ə、e>ɛ、o>oa，例如：" 童"dooŋ 不变。"瞳"thoon 变 thoan 。

从上古汉语到中古汉语韵母的变化主要还是分化为主，即上古一个韵部到中古就分化成不同的韵部。以洪音为例，仍分为一（四）等韵和二等韵，一（四）等韵基本保留上古 19 声母，二等韵唇牙喉音声母与一等韵同，但舌（端透定）、齿（精清从心）则变为与一等韵不同的声母知（知彻澄）、庄（庄初崇生）两组声母了。而韵部里却有一（四）等和二等的对立。细音情况也大致与洪音的分化相同。中古韵母有 206 韵（平声 57、上声 55、去声 60、入声 34）（参见[美]李珍华、周长楫《汉字古今音标》中华书局 1993 年版）。

缅甸语中关于元音数目也有各种观点，在上古缅甸语（碑文）中有单元音 a、i、u、e、o、ɔ、共 6 个。元音加韵尾形成的韵部共 40 部。如下：

元音	k t p ts	m n ŋ ṇ（ñ）	j l w	h ʔ
a	ak at ap ats	am an aŋ aṇ añ	aj al	ah aʔ
i	ik it ip	im in	ij	iʔ
u	ut up	um un	uj	uʔ
e				eʔ
o	ok	oŋ	ow	oʔ
ɔ	ɔk	ɔŋ	ɔw	ɔʔ

在缅文的碑文中，有许多巴利文借词，这些借词中有许多辅音韵尾仅仅出现在巴利文借词中，缅文中没有这些辅音韵尾，我们没有算入上古缅文的辅音韵尾之中。例如：akh、ag、agh、az、aṇ、ad、ab、abh、ar、as、is、al、oh、ih、等。

也有人（罕达瓦底吴巴银）认为缅甸语中有 11 个元音：အ/ a /、အာ/ aa /、ဣ/ i /、ဤ/ ii /、ဥ/ u /、ဦ/ uu /、ဧ/ e /、ဪ/ ai /、ဩ/ ɔ /、ဪ/ o /。有的认为有 8 个的。而《四译馆译语》中有单元音 11 个：（参见[日]西田龙雄《缅甸馆译语の研究》1972 年, 日本松花堂出版 ）

缅文	国际音标转写	语音（国际音标）	例字	词义
အ	a	a	အခိုး	烟
ာ	aa	aa	လာ	来
ိ	iC	i	အိပ်	睡
ီ	ii		နီး	近
ု	uC	u	လုပ်	作

	uu		uu		尘
ေ—	e	ေ	e		日
ဩ	o		o		九
ေ—ာ်	ɔ		ɔ		麦
ေ—ာ	wɔ		ɛɔ		浮
	ai		ɛ		洒、播

到现代缅语中，大家公认基本元音7个，加上短促元音8个，鼻化元音7个。元音共为22个。其中有4个复合元音ai、ei、au、ou、只出现在短促元音和鼻元音中。实际上，短促元音和鼻元音都是由上古缅语中的辅音韵尾发展变化而来。上古缅语中的辅音韵尾p、t、k、ts变化成促元音；辅音韵尾m、n、ŋ、ɲ变化成鼻元音。它们是：

单元音	短促元音	鼻元音
a	aʔ	ã
i	ɪʔ	ĩ
u	uʔ	ũ
e	eɪʔ	ẽɪ
ɛ	ɛʔ	
ɔ	auʔ	aũ
o	ouʔ	oũ
	aɪʔ	aĩ

有些人认为有50个，即上表中的单元音都有3个调，算成21个元音；鼻音也有三个调，也算成21个，加上短促元音8个，加起来总共有50个。

4.1.3 辅音韵尾

汉语的韵母和韵部都可以依据韵尾的情况来分类，按照郑张尚芳和潘悟云的古音体系，上古汉语有p、t、k、m、n、ŋ、ʔ、s、l、w等十个辅音韵尾。藏语的韵尾来看，b、d、g是比较早的形式，后来才变成清辅音p、t、k的。到中古汉语时，按韵尾的不同大家都同意分成入声韵、阳声韵和阴声韵三类。塞音尾p、 t、k 分布于入声，形成"入声韵"；鼻韵尾 m、n、ŋ 分布于非入声形成"阳声韵"；其余没有鼻音尾又非入声尾的元音作尾时，都归入"阴声韵"，中古时期又将这三类分成平仄两大类。

一、上古缅语与上古汉语一样，存在着辅音韵尾。在碑文时期的辅音韵尾共有十一个，与上古汉语极为相似。那时候的辅音p、t、k也与藏语的浊塞音b、d、g不同，估计是发展到古缅语时，浊音清化（浊音清化不仅反映在韵尾上，同时也反映在辅音系统中其他的辅音上。请参见上古缅语的辅音部分）。到了现代缅语中辅音韵尾已经消失，或起了变化。

辅音韵尾在缅甸文中有一个标志符号" ္ "，缅语称之为[အသတ် / a tθaʔ/]。现代缅语中，这类辅音韵尾已经失去它语音上的特征，变成了元音符号的一个组成部分。请看下表：

蒲甘碑文	国际音标转写	韵尾	现代缅文	现代缅音（国际音标）	汉义
ယောက်	jɔk	k	ယောက်	jauʔ	位，个
နှိပ်	hnip	p	နှိပ်	hneiʔ	按，压
ထွတ်	thwat	t	ထွတ်	thuʔ	端，顶
ဖြစ်	phlats	ts	ဖြစ်	phjɪʔ	是
သုံ	sum	m	သုံး	tθoũ:	三
မင်	maŋ	ŋ	မင်း	mĩ	国王
လောန်	lɔn	n	လွန်	lũ	越过

从上表可以看出，在古缅文中，有 p, t, k, m, n, ŋ, 等韵尾，后来分别变成现代缅语中的喉塞韵母和鼻韵母。那么，究竟在古代缅语中有没有韵尾？有多少辅音韵尾呢？回答是肯定的，而且数目还不少。因为，我们通过汉藏语系的亲属语言之间对比，可以得出这个结论。试看下表：

藏	景颇	门巴	缅	现代缅音	汉义
gsum	mă˅sum˥	sum˅	sum˥	tθoũ:	三
bdum	să˅nit˅	nis˥	khu˅hnats˥	khu'hnɪʔ	七
miŋ	mjiŋ˥	meŋ˥	nam˩	nã	名字

| gsad | sat ˅ | sɔt ˅ | sat ˥ | tθaˀ | 杀 |
| mig | mjiˀ ˅ | meˀ ˅ | mjak ˥ | mjɛˀ | 眼 |

从这些词中可以看出，它们都是有严格的对应关系，这不能说是偶然现象，只能证明在历史上它们之间有着共同的特征，也证明了缅甸语中确实也存在着辅音韵尾。只是到后来，各种语言受着不同条件的影响，向着不同的方向发展。发展到现代缅甸语中，这些韵尾发生变化了。

二、从书面语（包括公元 1113 年镌刻的"妙齐提"碑铭在内的蒲甘时期碑文）来看，我们可以看到当时的缅文中存在着 15 个辅音韵尾，它们是：

k，t，p，m，n，ŋ，ts，ṇ，gh，j，w，h，ˀ，l，r

把蒲甘时期的缅文再与现代缅文来比较，可以看到古代的辅音韵尾绝大部分在现代文字中仍然保留着，如：

韵尾	碑文	国际音标转写	现代缅文	国际音标转写	汉义
ŋ	သုင်	sakhaŋ	သွင်	tθa khaŋ	主人
ts	ဟစ်	tats	တစ်	tats	一
k	ခြောက်	khrɔk	ခြောက်	khrɔk	六
n	လောန်	Lɔn	လွန်	lwan	越过
ṇ	မည်	Maṇ	မည်	maṇ	名为
p	နှိပ်	hnip	နှိပ်	hnip	压按
m	သုမ်	sum	သုံး	tθum:	三
t	ထုတ်	htut	ထွတ်	thwat	顶点
y	ဆယ်	chaaj	ဆယ်	hsaj	拾

只有 w，h，gh 三个辅音韵尾在现代缅文中不见了。

但是，即使在现代缅文中仍然保留着的韵尾辅音在历史的演变中也产生了很大变化。它已经引起了整个缅甸语音系统的大变化。我们可以从对比中看到，辅音韵尾的消失在缅甸语中产生的影响有下列几种情况。

第一种情况：有些辅音韵尾的消失，对语音的变化并不产生什么影响。如 [-w]、[-gh]，在碑文中可以在 ɔ 或 o 的韵母后面出现，而后来都消失了。如：

碑文	国际音标转写	现代缅文	国际音标转写	现代缅音
ထိုဝ်	htuiw	ထို	htui	tʻo
ကိုဝ်	kuiw	ကို	kui	ko
ဗိုလ်	buil	ဗိုလ်	buil	bo
စောဝ်	sɔw	စော	sɔ	sɔ:
မိုလ်	muigh	မို့	mui:	mo:

第二种情况：辅音韵尾的消失，增加了元音的数量。

缅甸语中究竟有多少元音？在缅甸以前的学者们众说不一，有的说是 8 个，有的说有 10 个也有的说有 12 个。现代缅甸学者又主张有 22 个或 50 个。这些数字相差很远。实际上，在缅甸 碑文时期，基本元音为六个。a，i，u，e，ɔ，o。这些元音都可以带辅音韵尾。后来那些辅音逐渐变化、消失，导致另一些元音或双元音出现。例如：a 作韵母时，后面可以出现 k，t，p 等韵尾，后来经过语音变化，k，t，p 韵尾脱落，韵母 a 也变成了 ɛʔ、ɑʔ。

古缅语的 ak，at，ap 后来发生了变化，ak 变成 [ɛʔ]，at 和 ap 都变成了 [aʔ]，这样 k，t，p 韵尾在现代缅语中都变成了[ʔ]。这可以从"四译馆译语"缅甸馆中缅汉杂字对照表得到证明。请看下表：

缅文	国际音标转写	汉字注音	汉义	现代缅语音
ထက်	thak	塔	上	thɛʔ
လက်	lak	剌	手	lɛʔ
လုယက်	lu jak	禄	争	lu' jɛʔ
အပ်	ap	阿	针	aʔ
ရေငတ်	re ŋat	热额	渴	je ŋaʔ

韵尾辅音 ts(c) 比较复杂。当这个辅音不作韵尾，单独成一音节时，读作[ts]，在"缅甸馆译语"中，汉字注音时用"诈"。它作韵尾时，在古代与 t 相同。在蒲甘碑文中韵尾 t 和 s 可以自由替换如 khyat=khyac   tsat=tsats。这一点从亲属语言之间的对比中也可以得到证明。如：

藏	景颇	载佤	阿昌	缅	汉义
brgyad	mă↓tsat↑	ʃit┐	çet┐	hrats	八
bdum	să↓nit↓	ŋjit┐	n̪it┐	hnats	七

到现在缅语中，ts(c)变成[ɪʔ]。例如在"缅甸馆译语"中：

缅文	转写	汉字注音	汉义	现代缅语音
ဟစ်သည်	hats saṇ	吸些	叫	hɪʔ dði
အသစ်	a sats	阿息	新	ə̣ tθɪʔ
နှစ်	hnats	捏	二	hnɪʔ

ts(c)辅音在现代缅甸语中，并不在 a 韵母以外的其他韵母后面出现。韵尾音消失时使韵母变成[t]。但是，在巴利文借词中间它却可以在 u、i 韵母之后出现，这时 is（ic）, us（uc）的语音与 it, ut 相同。如：

缅文	罗马字转写	现代缅语音	汉义
ကိစ္စ	kitstsa	keiʔ sa'	事情
ဝေဝုစ်	we wuts	we wouʔ	计谋

当 m n ŋ 等鼻辅音作 a 韵母的韵尾时，韵尾音消失后使韵母变成鼻化元音[ã ĩ ĩ]。ny、y 韵尾消失后使韵母变成了[ɛ][e]或[i]。aɲ、an, am 在缅语中发音都是[ã]。例如在"缅甸馆译语"中：

缅字	罗马字转写	汉字注音	汉义	现代缅音
နှန်	hnan	难	芝麻	hnã:
မံ	mam	漫	镜	hmã
အိုမင်	o mang	窝莽	老	o mĩ:
ဆံပင်	cham pang	飐梆	发	shã bĩ
ဝင်	wang	望	进	wĩ

后来元音 a 变元音 i，ã 变成了 ĩ。

如果韵母是 i，辅音韵尾 k, t, p 消失后韵母变为 eɪʔ，韵尾 m, n 消失后韵母变为 eĩ。例如：

韵尾	缅文	国际音标转写	现代缅音	汉义
k	ဘိသိက်	bi sik	beɪʔ tθeɪʔ	加冕
p	အိပ်	ip	eɪʔ	睡觉
t	ဆိတ်	shit	sheɪʔ	羊
ts	ကိစ္စ	kits tsa	keɪʔ sa⁵³	事情
n	စိန်	tsin	sẽɪ²²	钻石
m	ငြိမ်	ŋrim	n̠ẽɪ	静

如果韵母为 u，塞音韵尾 p，t，k，s 消失后，韵母变成 ouʔ。鼻韵尾 m、n、n̠ 消失后，韵母变成鼻元音 oũ。例如：

韵尾	缅文	国际音标转写	现代缅语音	汉义
k	ဒုက္ခ	duk kha	douʔ kha'	麻烦
t	ခုတ်	khut	khouʔ	砍
p	လုပ်	lup	louʔ	做
ts	ဝေဝုစ်	wei wuts	we wouʔ	计谋
n	ဖုန်	phun	phoũ :	福气
m	လုံမလ	lum la	loũ : la'	毅力
n̠	သုဉ်	sun̠	tθoũ	毁灭

aw 韵母在历史演变中分成两个：

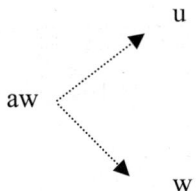

aw 韵母后的塞音韵尾和鼻音韵尾消失后，出现下列各种情况。例如：

韵尾	缅文	国际音标转写	现代缅音	汉义
k	အောက်	ɔk	auʔ	下
T	မွတ်သာ	mwat shaa	muʔ sha	饥饿

p	ကွပ်	kwap	kuʔ	处斩
m	လွမ်	lwam	lwã 55	想念
m	မွမ်း⋮မ်	mwam mam	mũ mã	装饰
ŋ	ကောင်း	Kɔŋ	kaũː	好
n	လွန်	lwan	lũ	越过

综合上述情况，我们看到缅甸语中 k，t，p，s 等塞音韵尾消失之后，变为喉塞音。而 m，n，ŋ，n̥等鼻韵尾则变韵母为鼻化。这样，使缅甸语中的元音发展成为 22 个。排列如下：

基本元音	K，t，p，s 韵尾转化成喉塞音	m.n.ŋ、n̥韵尾转化成鼻化元音
a	aʔ	ã , ĩ,
i	eɪʔ	ẽɪ
u	ouʔ	õu
e	ɪʔ	ĩ
ɛ	ɛʔ	
ɔ	auʔ	aũ
	uʔ	ũ
o		
	aɪʔ	aĩ

4.1.4 辅音韵尾的历史变化

古代缅甸语中有着较为丰富的辅音韵尾。但是，随着历史的发展，辅音韵尾逐渐变成喉塞音、鼻化元音或其他声调。在这复杂的变化中，辅音韵尾之间也有着各种不同的变化。例如：

① က် / -k / → င် / -ŋ /

လက်ခမောင်း တဖြောက်ဖြောက်နှင့်	ဖြောင်း-ဖြောင်း	ရာမ	၁၅
ပဲ့တင်ခြောင်းမှု မြေဆောင်းဘနန်း	ခြောက်-ချောင်း	ဒီဗွ	၂
တအောင်မေ့မေ့ ဖြစ်ဘိရကား	အောက်-အောက်	ပါရ	၁၀၀
သေဘေးမခိုင်း	ခိုက် - ခိုင်း	ပါ	၇
ရောက်မဆိုက်ဝယ် စာထိုက်သောက်ထိုက	ဆိုက်-ဆိုင်း	သံ	၆၀

အတိုအတောင်း မကျန်ကောင်သည်	တောက်–တောင်း	တံရ	၁၅
အာသာကောက်ကောက် လောဘမက်၍	ကောက်ကောက်–ငင်းငင်း	ရခိုင်	၂၃
လေကျောက်မြင်ဆံ စုံအင်စုံထွေ	လေကျောက် . လေကျောင်းယိုးဒယား		၃၅

② စ် / ts/ → င် / -ŋ/

လူလျှင်စ်စ်စ် ဖြစ်ရလစ်ဟု	စင်–စစ်	သုခါ	၄
လွန်ခင်မင်တောင့်တ	ချစ်–ချင်–ခင်	ပုည	၄၇
အဆွေစင်စင် လျှခံလျှင်ဟု	စင်–စစ်	ပါ	၁၅

③ စ် /-ts/ → ည် / -ŋ/

သူရာစစ်ကိုပြစ်ပြစ်ညက်ကြေ	ပြစ်–ပြည်	စွာ	၅
ဘိုးမင်းစစ်၏သနစ်ရုံပေါင်း နေမျိုးကြောင်းကို	နှစ်–နည်း	စလင်း	၁၄
မကွာတစ်လစ် ရာဂနှစ်ကို	တစ်လစ်–တည်းလည်း	ရဲ	၁
လက်စတည်းလည်း အပျော်သည်းစဉ်	တည်းလည်း–တစ်လစ်	မ	၁၀၈/၁၀၉

④ တ် / -t/ → န် / -n/

ခြောက်ဆယ်လေးဖြာ လက္ခဏာသနန်သနန့်	သတ်သတ်–သန့်သန့်	ဇယ	၂၂
စစ်ထွက်၍လှန်သည်နယ် တာကင်ဖန်လုံး	ဖန်လုံး–ပတ်လုံး	ပုည	၂၆
ဒုကုဉ္ဆါးပန်း ရွှေခါးရန်းမြန်းမြန်းနီလှစေ	ပတ်–ပန်း	ကဝိ	၆၇
အုတ်အုတ်ကျက်ကျက် ပြွမ်းပြွမ်းထွက်၍	အုန်း–အုန်း– အုတ်အုတ	ဇယ	၁၁

⑤ ပ် /-p/ → မ် / -m/

လူမွေ့လူနှောက် လူပေါက်လူလျှပ် လူသော့သွပ်ကို	သွပ်–သွမ်း	ဇယ	၅၁
လျှုတမ်းစရာလည်း ငါ့ဝယ်မရှိခဲ့	ကပ်–ကမ်း	ပါရ	၁၆၃
ဝပ်လျား ပက်လက်	ဝပ်လျား–ဝမ်းလျား	ဆ	၁၆၂
တောစွန်အုံနား နွားကျောင်းသားတို့ အုပ် . အုံ		ပါ	၁၀၀
ဆယ်ဆတိုး၍ ထပ်ပိုးကျို့းနိုင်ပါ၏	ထပ်ပိုး – ထမ်းပိုး	သျှို	၄၁

可见，随着历史的发展，缅甸语的辅音韵尾部分同样也在不断地发生着变化，主要的变化趋向有：

1. k，t，p 等非鼻音韵尾辅音变成鼻音韵尾 n，m，ŋ。

   အောက် ---- အစ် ၊ အတ် ၊ အင် ၊ အိမ် ၊ အုမ် ၊ အံ ၊ အုံ ၊

   အတ် --- အစ် ၊ အင် ၊ အုံ

2. n，m，ŋ 等鼻音韵尾辅音变成非鼻音韵尾 p，t，k。

   အောင် --- အတ် ၊ အံ ၊ အင် ၊ အိမ် ၊ အုတ် ၊ အုံ ၊ အက်

   အံ --- အစ် ၊ အင် ၊ အိပ် ၊ အုတ် ၊ အတ် ၊ အိတ် ၊ အုံ

缅甸语的单元音韵母也常常变成其他元音韵母或带辅音韵尾的韵母。

4.2 缅甸语汉语韵母对应

从上古汉语到中古汉语再到现代汉语时间经过了几千年,语音也发生了巨大变化。一般来说,发展的趋势是由少变多。例如上古汉语的"鱼部[a]"到中古汉语变成"模[u iu]、麻二[a ia ua]、麻三[i iɛ]、鱼[u iu]、虞三[u iu]",到现代汉语变成"u a ia ɤ iɛ ua y"等音。例如:

上古汉语	中古汉语	现代汉语
鱼部[a]	模一合[u]	姑苏 [u]
	麻二开合[a]	巴马 [a]
		家牙[ia]
	[ia]	车蛇[ɤ]
		茄 [iɛ]
	[ua]	瓜花[ua]
	麻三开[iɛ]	怯业[iɛ]
	鱼三合[u iu],庄组	女鱼[u y]
	虞三合[iu]	雨屡[u y]

从缅甸语音发展来看,有一部分至今还保留着上古汉语"鱼部"的音值,例如:

上古缅甸文	拟音	现代缅甸文	现代缅音
ငါ	ŋa	ငါး	ŋa²²
ဖ	pha	ဖ	pha²²
ခ	kha	ခါး	kha⁵⁵
ကြ	kla	ကျား	tɕa⁵⁵
အဖ	a pha	အဖ	a ba⁵³

但是,缅甸语也跟汉语一样,经过上千年的语音变化,完全保留上古汉语的音不多,大部分是经过了许多变化。看到保留上古汉语的韵母固然可以很容易地找到对应的同源词,但是,我们却不得不从许多变化中去寻找有对应关系的同源词,这就为我们增加了很多的困难和不确定因素。我们现在将上古、中古汉语的语音和上古缅甸语和现代缅甸语语音放到一起作一比较,多少可以为我们提供比较可靠的联想天地,而不至于落入"乱点鸳鸯谱"的尴尬境地。不过在这里,我

们还要再次强调，所谓"上古汉语"、"上古缅甸语"，虽然都是"上古"，实际上并不是在同一个历史层面上，上古汉语与上古缅甸语相差有好几千年的历史。我们这里指的"上古缅甸语"是 11 世纪左右的缅甸碑文时期的缅甸语，与汉语的分期比较，充其量只能相当于汉语广韵时期。而实际上也可以发现，所谓"上古缅甸语"与中古汉语比较接近。因此我们采用王力对上古汉语拟音体系为主，也可以找到更多的近似点，当然为了根多的了解上古汉语，我们在比较中也重视吸收新的研究成果。所以，我们常常将郑张尚芳的《上古音系》体系作比较中的另一个重要依据。

关于汉语上古音韵的构拟，各家有不少分歧，为了达到"集思广益"的效果，我们在这里将高本汉、王力、李方桂、郑张尚芳等人的对上古汉语韵母的构拟以及中古汉语的拟音以及笔者对缅甸语上古、中古缅甸语的拟音和现代缅甸语的语音列成一表，以便大家参考和对比。

缅甸语和汉语上古中古韵母比较表

派部	中古韵		高本汉	王力	李方桂	郑张尚芳	上古缅文	中古缅文	现代缅语
鱼	模	II/33部	o	鱼部 ɑ	鱼部 ɑ	ag	aa	ɑ	a
			wo	ua	wag	ʷaa	ʷɑɑ	ʷɑɑ	ʷaa
	麻三		i̯o	iɑ	jiag	jaa	jɑɑ	jɑɑ	ja
	麻二		ɔ	eɑ	rag	raa	rɑɑ	rɑɑ	ja
			wɔ	oɑ	wrag	ʷraa	rɑɑ	rɑɑ	ja
	鱼		i̯o	ĭɑ	jag	a	ɑ	ɑ	a
	虞		i̯wjo	ĭwɑ	wjag wjiag 惧	ʷa	wɑ	wɑ	wa
	支(戏)	(I/35)	i̯a	歌 ĭa/ĭai	(jar?)	ra	rɑ	rɑ	ja

派部	中古韵	高本汉	王力	李方桂	郑张尚芳	上古缅文	中古缅文	现代缅语
铎	铎	XVII/17部 ɑk	铎部 ăk	鱼部 ak	aag	ɑk	ɑk	ɛʔ
		wɑk	uăk	wak	ʷaag	ɑk	ɑk	ɛʔ
	昔	i̯ăk	iăk	jiak	jaag	ɑk	ɑk	ɛʔ
	陌二	ăk	uăk	rak	raag	ɑk	ɑk	ɛʔ
		ak	eăk	wrak	ʷraag	ɑk	ɑk	ɛʔ
	药	i̯ak	ĭăk	jak	ag	ɑk	ɑk	ɛʔ
		i̯wak	ĭwăk	wjak	ʷag	ɑk	ɑk	ɛʔ
	陌三	i̯ăk	iăk	jiak	rag	ɑk	ɑk	ɛʔ
(暮)	暮	XVII/18部 ɑg	ăk	agh	aags	ɑk	ɑk	ɛʔ
		wɑg	uăk	wagh	ʷaags	ʷɑk	ʷɑk	ʷɛʔ
	祃三	i̯ɑg 庶 i̯ˇ 射		jaags	jɑk	jɑk	ɪʔ
	祃二	ʷaag		raags	ʷɑk	ʷɑk	ʷɛʔ
		ʷaag		ʷraags				
	御	ʷaag ʷaag		ags	ʷɑk	ʷɑk	ʷɛʔ

派部	中古韵		高本汉		王力		李方桂	郑张尚芳	上古缅文	中古缅文	现代缅语
阳	唐	XVI/16部	ɑŋ	阳部	ɑŋ	阳部	aŋ	aaŋ	aŋ	aŋ	ĩ
			waŋ		uaŋ		waŋ	ʷaaŋ	ʷaaŋ	ʷaaŋ	ʷĩ
	庚二		ăŋ		eaŋ		raŋ	raaŋ	aŋ	aŋ	ĩ
			wăŋ		oaŋ		wraŋ	ʷraaŋ	ʷaaŋ	ʷaaŋ	ʷĩ
	阳		i̯aŋ		iaŋ		jaŋ	aŋ	aŋ	aŋ	ĩ
			i̯waŋ		i̯waŋ		wjaŋ	ʷaŋ	ʷaaŋ	ʷaaŋ	ʷĩ
	庚三		i̯ăŋ		iaŋ		jiaŋ	raŋ	aŋ	aŋ	ĩ
			i̯wăŋ		iwaŋ		wjiaŋ	ʷraŋ	ʷaaŋ	ʷaaŋ	ʷĩ
支	齐	XIX/24部	ieg	支部	ie	佳部	ig	ee	ii	ii	ii
			iweg		iwe		wig	ʷee	ʷii	ʷii	ʷii
	佳		ěg		e		rig	ree	ii	ii	ii
			wěg		ue		wrig	ʷree	ʷii	ʷii	ʷii
	支A		i̯ěg		ǐe		jig	e	ii	ii	ii
			i̯weg		ǐwe		wjig	ʷe	ʷii	ʷii	ʷii
	支B							re	ʷre		i	ʷi
锡	锡	XIX/23部	iek	锡部	iěk	支部	iěk	eeg	ik	ik	eɪʔ
			iwek		iwěk		wik	ʷeeg	ik	ik	ɪʔ
	麦		ěk		ěk		rik	reeg	ik	ik	ɪʔ
			wěk		uěk		wrik	ʷreeg	ik	ik	ɪʔ

派部\中古韵		高本汉	王力		李方桂		郑张尚芳	上古缅文	中古缅文	现代缅语
	昔	i̯ĕk	ĭĕk		jik		eg	ik	ik	ɪʔ
		i̯ĕk	iwĕk		wrjik		ʷreg	ik	ik	eɪʔ
	陌三(屡)	?	ĭĕk>		jik>		reg	ik	ik	ɪʔ
[赐]	霁	ieg	iēk		igh		eegs	ik	ik	aɪʔ
	卦	ĕg	ēk		righ		reegs	ik	ik	aɪʔ
		wĕg	uēk		wrigh		ʷreegs	ik	ik	eɪʔ
	寘A	i̯ĕg	ĭēk		jigh		egs	ik	ik	ɪʔ
	寘B						regs	ik	ik	ɪʔ
耕	青	XVIII/22部 ieŋ	耕部	ieŋ	耕部	iŋ	eeŋ	iŋ	iŋ	ẽɪ
		iweŋ		iweŋ		wiŋ	ʷeeŋ	iŋ	iŋ	ẽɪ
	耕	ĕŋ		eŋ		riŋ	reeŋ	aṇ	aṇ	ĩ
		wĕŋ		ueŋ		wriŋ	ʷreeŋ	aṇ	aṇ	ĩ
	清	i̯ĕŋ		ĭeŋ		jiŋ	eŋ	aṇ	aṇ	ĩ
		i̯wĕŋ		ĭweŋ		wjiŋ	ʷeŋ	aṇ	aṇ	ĩ
	庚三	i̯ĕŋ		ĭeŋ		jiŋ	reŋ	iŋ	iŋ	ẽɪ
		i̯wĕŋ		ĭweŋ		wjiŋ	ʷreŋ	iŋ	iŋ	ẽɪ
之	咍	XXI/20部 əg	之部	ə	之部	əg	ɯɯ	o	o	o
	灰	wəg		uə		wəg	ʷɯɯ	o	o	o
	皆	æg		ə		rəg	rɯɯ	o	o	o

派部	中古韵	高本汉		王力		李方桂	郑张尚芳	上古缅文	中古缅文	现代缅语
	(怪)	wæg		uə		wrəgh	ʷruɯ	o	o	o
	之	i̯əg		ǐə		jəg	ɯ	o	o	o
	尤	i̯ug		wəg		（p）jəg wjəg	ʷɯ	o	o	o
	(侯)	(m)əg		(m)ə		(m)əg	(m)ɯ	o	o	o
	脂 B	i̯wəg		pǐə		wəg	rɯ ʷrɯ	o	o	o
				kǐwəg		(k)wjiəg		o	o	o
职	德	XXI/19部	ək	职部	ŏk	之部	ək	ɯɯg	ok	ok	aɪʔ
			wək		uŏk		wək	ʷɯɯg	ok	ok	aɪʔ
	麦		æk		ŏk		rək	rɯɯg	ok	ok	aɪʔ
			wæk		uŏk		wrək	ʷrɯɯg	ok	ok	aɪʔ
	职		i̯ək		ǐŏk		jək	ɯg	ok	ok	aɪʔ
			i̯wək		ǐwŏkg		wjiək	ʷɯg	ok	ok	aɪʔ
	屋三		i̯uk		ǐwŏk		wjək	ʷɯg	ok	ok	aɪʔ
(代)	代		əg		ŏk		əgh	ɯɯgs	ok	ok	aɪʔ
	队		wəg		uŏk		wəgh	ʷɯɯgs	ok	ok	ai?
	怪		æg		ŏk		wəgh	rɯɯgs	ok	ok	aɪʔ
			wæg		uŏk		wrəgh	ʷrɯɯgs	ok	ok	aɪʔ

派部	中古韵		高本汉		王力		李方桂	郑张尚芳	上古缅文	中古缅文	现代缅语
	志		i̯əg		ǐə̆k		jəgh	ɯgs	ok	ok	aɪʔ
	宥		i̯ug		ǐwə̆k		wiəgh	ʷɯgs	ok	ok	aɪʔ
	至B		i̯wəg		ǐə̆k		jiəgh	ʷrɯgs	ok	ok	aɪʔ
蒸	登	XX/21部	əŋ	蒸部	əŋ	蒸部	əŋ	ɯɯŋ	oŋ	oŋ	aĩ
			wəŋ		uəŋ		wəŋ	ʷɯɯŋ	oŋ	oŋ	aĩ
	耕		æŋ		əŋ		rəŋ	rɯɯŋ	aṇ	aṇ	ĩ
			wæŋ		uəŋ		wrəŋ	ʷrɯɯŋ	aṇ	aṇ	ĩ
	蒸		i̯əŋ		ǐəŋ		jəŋ	ɯŋ	aṇ	aṇ	ĩ
			i̯əŋ		ǐəŋ		(p)jiəŋ	(p)rɯŋ	aṇ	aṇ	ĩ
	东三		i̯uŋ		ǐwəŋ (k)		(p) (kw) jəŋ	ʷɯŋ	oŋ	oŋ	aũ
幽	豪	XXIII/28部	ʊg	幽部	əu	幽部	(见后)	uu	uu	uu	uu
	肴		ǒg		eəu			ruu	uu	uu	uu
	尤		i̯ʊg		ǐəu			u	uu	uu	uu
	幽				iəu			ru	uu	uu	uu
觉	沃	XXIII/27部	ʊk	觉部	(见后)	幽部	(见后)	uug	ɔk	ɔk	auʔ
	觉		ǒk					ruug	ɔk	ɔk	auʔ

派部	中古韵		高本汉	王力	李方桂	郑张尚芳	上古缅文	中古缅文	现代缅语
(奥)	层三		i̯ʊk			ug	ɔk	ɔk	auʔ
	号		ʊg			uugs	ɔk	ɔk	auʔ
	效		ŏg			ruugs	ɔk	ɔk	auʔ
	宥		i̯ʊğ			ugs	ɔk	ɔk	auʔ
终	冬	XXII/29部	ʊŋ	侵部	uəm	中部	əŋw	uuŋ	uŋ	uŋ	aũ
	江		ŏŋ		oəm		rəŋw	ruŋ	uŋ	uŋ	aũ
	东三		i̯ʊŋ		ĭwəm		jəŋw	uŋ	uŋ	uŋ	aũ
侯	侯	III/34部	u	侯部	o	侯部	ug	oo	ɔ	ɔ	ɔ
	肴						roo 爓	ɔ	ɔ	ɔ
	虞		i̯u		ĭwo		jug	o	ɔ	ɔ	ɔ
屋	屋	XXVI/30部	uk		ŏk		uk	oog	uk	uk	ouʔ
	觉		ŏk		eŏk		ruk	roog	uk	uk	ouʔ
	烛		i̯uk		ĭwŏk		juk	og	uk	uk	ouʔ
(窦)	候	XXVI/31部	ug 瞀 ŭg 榖		ok		ugh	oogs	uk	uk	ouʔ
	效							roogs	uk	uk	ouʔ
	遇		i̯ug		ĭwŏk		jugh	ogs	uk	uk	ouʔ
东	东	XXV/32部	uŋ	东部	oŋ	东部	uŋ	ooŋ	ɔŋ	ɔŋ	aũ

派部	中古韵		高本汉		王力		李方桂	郑张尚芳	上古缅文	中古缅文	现代缅语
	江		ŭŋ		eoŋ		ruŋ	rooŋ	ɔŋ	ɔŋ	aũ
	钟		i̯uŋ		ĭwoŋ		juŋ	oŋ	ɔŋ	ɔŋ	aũ
宵	豪	XXVI/26部	iogk	宵部	iauk	宵部	jagw	aaw oow	ɔk	ɔk	auʔ
	萧		iogk		iauk		jagw	eew	ɔk	ɔk	auʔ
	肴		iogk		iauk		jagw	raaw reew	ɔk	ɔk	auʔ
	宵A		iogk		iauk		jagw	ewaw ow	ɔk	ɔk	auʔ
	宵B		iogk		iauk		jagw	raw row rew	ɔk	ɔk	auʔ
药	铎	XXIV/25部	ɔk	药部	ăuk	宵部	akw	aawG	ɔk	ɔk	auʔ
	沃		ok		ăuk		akw	oowG	ɔk	ɔk	auʔ
	锡		iok		iăuk		iakw	eewG	ɔk	ɔk	auʔ
	觉		ŏk		eăuk		rakw	raawG roowG reewG	ɔk	ɔk	auʔ
	药		i̯ok		ĭăuk		jakw	awG ewG	ɔk	ɔk	auʔ
(豹)	号	XXIV/26部	og		ăuk		agwh	aawGS	ɔk	ɔk	auʔ
	啸		iog		iauk		iagwh	eewGS	ɔk	ɔk	auʔ

第四章　缅甸语汉语韵母系统的比较

派部	中古韵	高本汉	王力	李方桂	郑张尚芳	上古缅文	中古缅文	现代缅语
	效	ŏg	eauk	ragwh	raawGS reewGS	ɔk	ɔk	auʔ
	笑A	i̯og	ĭăuk	jagwh	awGS ewGS	ɔk	ɔk	auʔ
	笑B				rawGS rewGS	ɔk	ɔk	auʔ
幽2·3	豪	XXIII/28部	ʊg	幽部 əu	幽部 əgw	ɯɯw	iu	iu	o
	萧¹		iʊg	iəu	iəgw	ɯɯw iiw	iu	iu	o
	肴		ŏg	eəu	rəgw	rɯɯw riiw	iu	iu	o
	尤		i̯ʊg	ĭəu	jəgw wjəgw 牡》候	ɯw	iu	iu	o
	幽		i̯ŏg	pkiəu	jiəgw	rɯw	iu	iu	o
	脂B	（归20部之）	(i wəg)	ĭəu	wjiəgw	ʷrɯw riw	iu	iu	o
	宵		i̯ʊg 椒	iəu>	jəgw	iw	iu	iu	o
觉2、3	沃	XXIII/27部	ʊk	觉部 ŏuk	幽部 əkw	ɯɯwG	uk	uk	auʔ
	锡t		iʊk	iŏuk	iəkw	ɯɯwG	uk	uk	auʔ
	觉		ŏk	eŏuk	rəkw	rɯɯwG riiwG	uk	uk	auʔ

派部	中古韵	高本汉	王力	李方桂	郑张尚芳	上古缅文	中古缅文	现代缅语
	屋三	i̯ʊk	iŏ uk	jəkw	ɯwɢ	uk	uk	auʔ
[奥]	号	ʊg	ŏ uk	əgwh	ɯɯwɢs	uk	uk	auʔ
	啸t	iʊg	iəu	iəgwh	ɯɯwɢs iiwɢs	uk	uk	auʔ
	效	ŭ g	eŏ uk	rəgwh 敩	rɯɯw ɢs riiwɢs	uk	uk	auʔ
	宥	i̯ʊg	ĭŏ uk	jəgwh	ɯwɢs	uk	uk	auʔ
盍部	盍	XIII/13部 ɑp	叶部 ap	叶部 ap	aab	ɑp	ɑp	aʔ
	业	i̯ap	ĭ ap	jap	ab	ɑp	ɑp	aʔ
	乏	i̯ wap	ĭ wap	jap	ob ab	ʷɑp	ʷɑp	ʷaʔ
	叶A	i̯ ap	ĭ ap	jap wjap	eb ab ob	ɑp	ɑp	aʔ
	叶B				reb rab rob	ɑp ip up	ɑp ip up	aʔ eɪʔ ouʔ
	合	(əp)	(əp)	(əp)	oob	up	up	ouʔ
	帖	iap	iap	iap	eeb	ip	ip	eɪʔ
	洽	ă p	eap	riap	reeb	ɑp	ɑp	aʔ
[盖]	泰	ɑb	at	abh	aabs 盖	ɑt	ɑt	aʔ
		(wɑd)	(uat)	(wadh)	oobs	ʷɑt	ʷɑt	ʷaʔ

第四章 缅甸语汉语韵母系统的比较

派部	中古韵		高本汉	王力	李方桂	郑张尚芳	上古缅文	中古缅文	现代缅语
						会			
	夬					raabs	ɑp	ɑp	aʔ
	废					abs obs	ɑp	ɑp	aʔ
	祭 A		(i̯ ad)	(ǐ at)	jabh	ebs abs 世	ɑp	ɑp	aʔ
			(i̯ wad)	(ǐ wăt)	jabh	obs 芮	ɑp	ɑp	aʔ
	祭 B		(i̯ ad)	ǐ ă p ǐ ă t	jiabh	reb 瘗 rabs robs	ɑp	ɑp	aʔ
	霁（荔）		?	ǐ ap ǐ at	iabh	eebs	ɑp	ɑp	aʔ
			去作 kʻi ab						
谈	谈	XII/12部	ɑm	谈部 am	谈部 am	aam	ɑm	ɑm	ã
	衔		ɑm	eam	ram	raam	ɑm	ɑm	ã
	严		i̯ am	ǐ am	jam	am	ɑm	ɑm	ã
	凡		i̯ wăm	ǐ wam ǐ wəm >泛	jam	om am um	ɑm um	ɑm um	ã ũ
	盐 A		i̯ am	ǐ am	jiam	em	ɑm	ɑm	ã
			i̯ am	ǐ am	jam	am om	ɑm	ɑm	ã

派部	中古韵	高本汉		王力		李方桂	郑张尚芳	上古缅文	中古缅文	现代缅语
	盐B					jiam	rem ram	am	am	ã
						wjam	rom	um	um	ũ
	东	(14)	(ǔm)	(iwəm)		(əm)	(ʷ)oom	um	um	ũ
	添	iam		iam		iam	eem	am	am	ã
	咸	ăm		eam		ram	reem	am	am	ã
缉部	合	XV/15部	əp	缉部	əp uəp 纳	缉部 əp	ɯɯb uub	up	up	ouʔ
	帖		iəp		(iap)	iəp	ɯɯb iib	up ip	up ip	ouʔ eɪʔ
	洽		æp		əap	rəp	rɯɯb ruub ri ib	up ip	up ip	ouʔ eɪʔ
	缉A		i̯əp		ǐəp ǐwəp 立声	jəp	ub ib ub	ip	ip	eɪʔ
	缉B						rɯub rib rub	up ip	up ip	ouʔ eɪʔ
[内]	队		wəp		uəp/uət	əbh	uubs ɯɯbs	up	up	ouʔ
	怪					wrəby 坏	ruubs	up	up	ouʔ
	霁		(iəd)		(iət)	iəpb	iibs 苈	ip	ip	eɪʔ
	至A		i̯əp 挚		ǐəp/ ǐət	jiəbh 挚	ɯbs ibs 挚	up ip	up ip	ouʔ eɪʔ

派部	中古韵	高本汉		王力		李方桂		郑张尚芳	上古缅文	中古缅文	现代缅语
		(iwæ-d)位		ĭwə̆ pĭwət		wjəbh 位		ubs	up ip	up ip	ouʔ eɪʔ
	至B							rɯbs ribs rubs	up ip	up ip	ouʔ eɪʔ
侵部	覃	XIV/14部	əm	侵部	əm	侵部	əm	ˤɯɯm uum	am	am	ã
	添		iem		iəm		iəm	ˤɯɯm iim	am	am	ã
	咸		æm		eəm		rəm	rɯɯm ruum riim	am um im	am um im	ã oũ eĩ
	侵A		i̯ əm		iəm		jəm	ɯm im	um im	um im	oũ eĩ
	侵B						jiəm	rɯm rim um	um im	um im	oũ eĩ
	东三		i̯ŭm		ĭwəm		jəm	um 风	um	um	ũ
			i̯ um		(ĭwəm)		wjəm 熊	ʷum	um	um	ũ
歌	歌戈	I/35部 V/8部	ɑ ɑr 单那妥委此声	歌部	a ai	歌部	ar	aal/aai 后	ɑj	ɑj	ɛ
			wɑ wɑr 果火番蓑声		ua uai		war u ar	ʷaal o ʷol	ʷɑj	ʷɑj	ʷɛ

派部	中古韵	高本汉	王力	李方桂	郑张尚芳	上古缅文	中古缅文	现代缅语
	麻二	a wa war踝	ea eai oa oai	rar wrar ruar	raal ʷa al	ɑ	ɑ	ɑ
	麻三 t	i̯ a	ia iai	jar jiar	jaal	ɑ	ɑ	ɑ
	支 A	ia 觯 弥 i̯ ar 此迩	ia iai	jiar jar	el al ol	ɑj	ɑj	ɛ
		wia i̯ war 屵声	ĭ wa ĭ wai	juar		ʷɑj	ʷɑj	ʷɛ
	支 B	ia wia i̯ wǎ r 毁委 衰累 i̯ ǎ r贵		jar jiar wjar wjiar	rel ral rol	ɑj	ɑj	ɛ
	脂	i̯ a地	ĭ a>地	iar地	jel地	ij	ij	ei
	齐	iar齌			eel碑	i	i	i
	佳	?	ea eai	rar>	reel罢			
月	曷	V/2部 at	月部 ǎ t	祭部 at	aad	ɑt	ɑt	aʔ
		wat	uǎ t	wat uat	ood ʷaad	ʷɑt	ʷɑt	ʷaʔ uʔ
	辖	ǎ t	eǎ t	rat	raad	ɑt	ɑt	aʔ
		wǎ t	eǎ t oat	wrat ruat	rood	ɑt	ɑt	aʔ

派部	中古韵		高本汉		王力		李方桂	郑张尚芳	上古缅文	中古缅文	现代缅语
	月		i̯ăt		ᵏᵖi̯ăt		jat	ad	at	at	aʔ
			i̯wăt		ĭwăt		wjat juat	od	ut	ut	ouʔ
	薛A		i̯at		ĭăt		ᵏᵖjiat	ed ad	at	at	aʔ
			i̯wat		ĭwăt		ᵗjat juat	od	at	at	aʔ
	薛B						jiat	red rad	at	at	aʔ
	屑		iat		iăt		iat	eed	at	at	aʔ
			iwat		iwăt		wiat	ʷeed	it	it	eiʔ
	黠		at		eăt		riat	reed	at	at	aʔ
			wat		oăt		wriat	ʷreed	at	at	aʔ
[祭]	泰	V/3部	ɑd		ɑt		adh	aads	at	at	aʔ
			wɑd		uɑt		wadh uadh	oods	at	at	aʔ
	夬		ad		eat		radh	raads	at	at	aʔ
			wad		oat		wradh	roods	at	at	aʔ
	废		i̯ăd		ĭăt>		jadh	ads	at	at	aʔ
			i̯wăd		ᵖiwat		wjadh	ods	at	at	aʔ
	祭A		i̯ad		ĭat		jiadh ᵗjadh	eds ads	at	at	aʔ
			i̯wad		ĭwat		juadh wjadh	ods	at	at	aʔ

派部	中古韵		高本汉	王力		李方桂	郑张尚芳	上古缅文	中古缅文	现代缅语
	祭 B					jiadh wjiadh	reds rads rods	ɑt	ɑt	aʔ
	霁		iad	iat		iadh	eeds	ɑt	ɑt	aʔ
			iwad	iwat		wiadh	ʷeeds	ɑt	ɑt	aʔ
	怪		ăd	eăt		riadh	reeds	ɑt	ɑt	aʔ
			wăd	oat		wriadh	ʷreeds	ɑt	ɑt	aʔ
元	寒	IV/1部	ɑn	寒部	an	元部 an	aan	ɑn	ɑn	ã
	桓		wɑn		uan	wan	ʷaan o on	ɑn	ɑn	ã
	先		ian		ian	ian	een	ɑn	ɑn	ã
			iwan		iwan	iwan	ʷeen	ɑn	ɑn	ã
	删		an		ᵏᵖean	ran	ʷraan raan	ɑn	ɑn	ã
			wan		oan	wran ruan	roon	ɑn	ɑn	ã
	山		ăn		ᵗean	rian	reen	ɑn	ɑn	ã
			wăn		oan幻	wrian	ʷreen	ɑn	ɑn	ã
	元		i̯ăn		ᵏi̯an	jan	an	ɑn	ɑn	ã
			i̯wăn		ĭwan	wjan	on wan	un	un	ũ

派部	中古韵		高本汉		王力		李方桂	郑张尚芳	上古缅文	中古缅文	现代缅语
							ᵖᵏjian				
			i̯ wan		ĭ wan		wjan	on	un	un	ũ
	仙 B		an		an		an	ran re n/ron	ɑn	ɑn	ã
微	哈	部	ər	微部	ei	微部	əd	ɯɯl	ij	ij	e
	齐 t		iər		iən>洗		iəd	ᵗɯɯl	ij	ij	e
	灰		wər		uəi		wəd	uul	ui	ui	o
							ᵖəd	ᵖɯɯl	ɑj	ɑj	ɛ
	皆		ær		eəi		rəd	rɯɯl	ɑj	ɑj	ɛ
			wær		oəi		wrəd	ruul	ui	ui	o
	微		i̯ ər ᵖiwər		ĭ əi ᵖĭ wəi		jəd	ᵏᵖɯl	ui	ui	e
			i̯ wər		ĭ wər		wjəd	ul	ui	ui	e
	脂 A		i̯ ər		ĭ əi		jeid	ɯl ul	u	u	u
			iwər				wjiəd				
	脂 B		i̯ wær 愧		ĭ wəi 悲		jiəd	rɯl rul	ut	ut	ou?
物	没	X/5 部	ət	物部	ŏ t	微部	ət	ɯɯd	ut	ut	ou?
			wət		uŏ t		wət	uud	ut	ut	ou?
	屑 t		iət		iŏ t		iət	ᵗɯɯd 餮	ut	ut	ou?

派部	中古韵		高本汉	王力	李方桂	郑张尚芳	上古缅文	中古缅文	现代缅语
	黠		æt	eăt	rət	rɯɯd	ut	ut	ouʔ
			wæt	oăt	wrət	rɯɯd	ut	ut	ouʔ
	迄		i̯ət	ĭăt	jət	ɯd	ut	ut	ouʔ
	物		ᵏᵖi̯wə t	ᵖᵏiwăt	wjət	ᵏᵖɯd	ut	ut	ouʔ
	质 A		i̯ ət / i̯wət	ĭwăt	jət	ɯd ud	ut	ut	ouʔ
	质 B		i̯ət	ĭăt笔	jiət	rɯd / rud	ut	ut	ouʔ
	术		i̯wət	ĭwət	jət	ud	ut	ut	ouʔ
[队]	队	X/6部	wəd	uăt	wədh	ɯɯds tʼədh	ut	ut	ouʔ
	代		əd	ăt	ədh	ɯɯds	it	it	eɪʔ
	霁t		iəd	(iăt)	iədh棣	tɯɯds	it	it	eɪʔ
			iwəd	(iwăt)	(widh)		it	it	eɪʔ
	怪		æd	(ăt届)	rədh	rɯɯds	it	it	eɪʔ
			wæd	oət聩	wrədh	rɯɯds	it	it	eɪʔ
	未		i̯əd / ᵖi̯wəd	ĭăt / ᵖĭwăt	jədh	ᵏᵖɯɯds	it	it	eɪʔ
			i̯wəd	ĭwăt	wjədh	uds	it	it	eɪʔ
	至		i̯əd	(ĭət肄)	jədh	ɯɯds / uds	it	it	eɪʔ

派部	中古韵		高本汉		王力		李方桂	郑张尚芳	上古缅文	中古缅文	现代缅语
			i̯wəd		ti̯wǎt		jiədh		it	it	eɪʔ
	至B		i̯æd 暨		iǎt		jiədh	ruds ruds	it	it	eɪʔ
			i̯wæd 喟		iwǎt		wjiədh		it	it	eɪʔ
文部	痕	IX/4	ən	文部	ən	文部	ən	ɯun	un	un	oũ
	先t		iən		iən		iən	tɯun	un	un	oũ
	魂		wən		uən		tən wən	uun	un	un	oũ
	山		æn		eən		rən	rɯun	un	un	oũ
			wæn		oən		wrən	ruun	un	un	oũ
	欣		i̯ən		kiən		jən	kun	un	un	oũ
	文		kpi̯wən		kpi̯wən		jən	ɯn un	un	un	oũ
	真		i̯ən 贫彬入此		ĭən		jiən jən	ɯn	un	un	oũ
	真B		i̯ən 银 i̯wæn 陨		iwən		jiən run	run	un	un	oũ
	谆		i̯wən		tĭwən kpiwən		jən	un	un	un	oũ
	臻		i̯æn		eən		rjiən	run	un	un	oũ

派部	中古韵		高本汉		王力		李方桂	郑张尚芳	上古缅文	中古缅文	现代缅语
脂1、2	齐	XI/7部	iər	脂部	iei	支部	id	ii iil	ii	ii	ii
			iwər		iwei		wid	wiil	ii	ii	ii
	皆		ær		ei		rid	rii riil	ii	ii	ii
	脂A		ᵗi̯ər ᵏiær		i̯ei		jid	i il	ii	ii	ii
	脂B		i̯wær		i̯wei		wjid	ri ril	ii	ii	ii
质1、2	屑	XIII/10部	iet	质部	iet	脂部	it	lid lig	it	it	eɪʔ
			iwet (谲 iwət)		iwet		wit(谲 wiət)	ʷlid ʷlig	it	it	eɪʔ
	黠	(5)	ăt黠 æt		ĕt		rit	riid riig	it	it	eɪʔ
		(5)	wæt				writ	ʷlid ʷlig	it	it	eɪʔ
	质A		i̯ĕt		ĭĕt		jit	id ig	it	it	eɪʔ
			i̯wĕt		ĭwĕt		wjit	ʷidʷig	it	it	eɪʔ
	质B							rid rig	it	it	eɪʔ
								ʷriid ʷriig	it	it	eɪʔ
	术	(5)	(i̯wæt 橘)		ĭwĕt		wjit	ʷriid ʷriig	it	it	eɪʔ
	栉		i̯ĕt		et		rjit	rig rid	it	it	eɪʔ

第四章　缅甸语汉语韵母系统的比较

派部	中古韵		高本汉	王力	李方桂	郑张尚芳	上古缅文	中古缅文	现代缅语
[至]	霁	VIII/11部	ied	iet	idh	iigs iids	it	it	eɪʔ
		(6)	(iwed 惠)	iwet	widh	ʷiigs ʷiids	it	it	eɪʔ
	怪	(6)	(æd)	et	ridh	riigs riids	it	it	eɪʔ
	至A		i̯ĕd	i̯ĕt	jidh	igs ids	it	it	eɪʔ
		(6)	(i̯wæd 季)	iwet	wjidh	ʷigs ʷids	it	it	eɪʔ
	至B					rigs rids			
真	先	VII/9部	ien	真部 ien	真部 in	iin iiŋ	in	in	ẽɪ
			iwen	iwen	win	ʷiin ʷiiŋ	in	in	ẽɪ
	山	(1)	(ăn)	en	rin	riin riiŋ	in	in	ẽɪ
	真A		i̯ĕn (i̯æn 陛)	i̯en	jin	in iŋ	in	in	ẽɪ
			i̯wĕn	i̯wen	wjin	ʷin ʷiŋ	in	in	ẽɪ
	真B					rin riŋ	in	in	ẽɪ
	谆		i̯wĕn	i̯wen	wjin	ʷin ʷiŋ	in	in	ẽɪ

| 臻 | i̯ĕn | en | rjin | rin | in | in | eĩ |

4.3 缅甸语元音的通转规律

缅甸语的韵母中的元音也在不断的变化，在这一点上与汉语完全相同。关于汉语的韵母方面，孔广森首先提出了"阴阳对转"的理论，"阴"是指元音收尾的韵部，"阳"指以鼻音收尾的韵部。只要是元音相同，阴声韵和阳声韵的两个韵部可以对转。我们通过缅文古籍经典中反映出来的缅语元音变化规律，可以发现不仅阴阳能对转，其他能够对转的韵部有很多。例如：

元音的变化：

（一）အ

① အ / a / → အီ / i /

  ဖင်ခွက်ဆိုကတည်းကအနီအနားသို့   နီ–နား   သင်္ဇာ   ၃၂၂
  မှတ်လဲမှတ် နာလဲနာ အနာပုံမှ ပြဟ္မစိုရ်ရ   နီ–နာ   ဘွိုင်းရွှေ   ၁၅
  ရီကာရီကာနှင့် တီတီတာတာ ဟိုနှယ်သည်နှယ်   တီ–တာ   ဘွိုင်းရွှေ   ၂၈

② အ / a / → ဥ / u /

  ကိုယ်ထူကိုယ်ထ လုံ့လလည်းရှိထသော   ထ.တူ   ပါရာ   ၁၀၂
  ပုံခင်းတမျှ လူးလာခတ်ကြသည်နှယ်   လာ–လူး   ရာမ   ၄၅
  နန်းတော်ပွဲမှ စေ့စေ့သေချာ   စေ့–စေ့   ၁ဇာ   နီ

③ အ / a / → အေ / e /

  မရာမရေ ပလေလက်ချား   ရေ–ရာ   ဘူ   ၅၅
  သူမိုက်လေ့လာ မလိုက်နာနှင့်   လေ့–လာ   မယ   ၂၁၄
  ချမ်းမြေ့မသက် ပျင်းထန်မပူ   မြ–မြေ့   ဂါထာ   ၉
  ရေလည်ချမ်းမြေ့မြစ္စွာ မြိန်ရှက်စွာ၏   မြေ့–မြ   ပါရာ   ၂၁
  သမွရာသီးအချဉ်ကို လုံဖြင့်နှေးကာ   နှေး–နှာ   တွင်း   ၂၂

④ အ / a / → အဲ / ɛ /

  မတွယ်တာလျှင် စွန့်ပါစေထွန်   တာ–တွဲ့   သုခ   ၈၈
  ကွယ်ကာသီလ ဆိုတားရသော   ကာ–ကွယ်   သုခ   ၈၇
  နှစ်မြှော်တိုင်းတွဲ့   တွ–တွဲ့   ပါမီ   ၅၈

⑤ အ / a / → အော / ɔ /

  ထင်သားကျက်သရေ ထွေသားဘုန်းတော်   ၁း–သော း   နဝ   ၂၂

ဟစ်ကြော်ကြာကြာ ဆည်းစျာနေဝင်	ကြာ–ကြော်	ဝေနီး	၅၅
ငါသာကြိမ်းဝေါ် သမိန်းထောကို	ဝါး – ဝေါ်	ယိုး	၁၅
လျပ်လျပ်ပေါ်ပါး လုံထားဒိုင်ရေး	ပါး – ပေါ်	ကုန်	၄
ချမ်းသာဆင်းရဲ ရောရောလဲလျက်	ရာ – ရော	ပါမီ	၇၃

⑥ အ / a / → အို / o /

ချောက်ကြို့ချောက်ကြား အပြားပြားသား	ကြို့–ကြား	မြား	၃၇
တပါးတပိုး ကွဲပြိုတတ်သော	ပိုး – ပါး	သူဇာ	၁၃၀
မသိနီးနား မကြားကျိုးကျွန်	နီး – နား	တန်(ရ္ဍ)	၂၇

⑦ အ / a / → အောက် / auʔ /

တွေးတောထောက်ခိုင်ဆင်ခြင်နိုင်လျက်	ထောက်ထား	ဇယ	၅၁
ထွေထွေဖောက်ပြား မမှောက်မှားလင့်	မှောက်–မှား	ဇယ	၇၂
လန်ကြေးဗိုလ်ပါ သက်သက်ရာတည်	ကြောက်–ကြား	ပါမီ	၁၅၀
ခါခါဘန်ခေါက် ပြန်ပြန်ရောက်၍	ခေါက် – ခါ	မဃ	၃
အသေနီးစွာ တသက်လျာမှု	လောက်– လျာ	မဃ	၁၁၂

⑧ အ / a / → အပ် / aʔ(ap) /

ကိစ္စမအား မလပ်လျားဘဲ	လပ် – လျား	မဃ	၃၅၇
အလုပ်လပ်လျား သူရင်းငှားကို	ရပ် – ရား	ပါမီ	၈၆
ရထားပိတ်လှုပ် ခေါက်တပ်ပေါ်ရံ	လှုပ် – လှာ	ဒေး	၂၇၅

⑨ အ /a / → အံ (န် – မ်) / ã /

မင်းကြီးကို ရှိသေစွာ ခယမ်း၍နေကုန်၏	ခယ – ခယမ်း	ကုပ	၂၄
လေ့လာတည့်တံ့ ငါလောက်င့်၏	င – င့်	ပါမီ	၂၄
ထိတ်လမရှ့ တင်းတင်းသံလျက်	လ – လံ	ဆင်ဖြူ	၄၂
ကာယဗလ နည်းလျှကိုယ်အမ်း	အမ်း – အား	ဇင်း	၃၉
တနေ့မပျက် တရက်မချာ	ချာ – ချန်	ဒ	၆၆
တွက်ရေမကြန့် သုံးရက်ခန့်မှု	ကြန့် – ကြာ	ဒီ	၄၀

⑩ အ / a / → အင် / ĩ /

ကျေးဇူးပည်ပြင် လက်ရုံးအင်နှင့်	အင် – အား	ယိုး	၁၀
ဖက်လဲတကင်း သည်တပင်းထု	တပင် – တပါး	ပါမီ	၇
အခွံ့ာသည် အခွံ့ွင်သည်	န္ဒာ – နွင်	သတ်စုံ	၃၉၄
တိုင်းကားပည်ကြီး ပျက်စီးနင်နာ	နင် – နာ	မဃ	၆၀

⑪ t / a / → အုတ် / ouʔ /

မြေကြောရှုပ်ရှုပ် ကွန်ချုပ်ချုပ် တအုပ်တအာပိုင် ချုပ် – ချာ ကဝိ ၁၅

ဘုရားဆင်ကုန် မြသိန်းတန် ပြင်ထန်ကျော်အုတ်အာ အုပ် . အာ ကဝိ ၆၀၉

ခြိမ့်သောင်းအုတ်အာ ချောင်းစာနှင့် အုတ် . အာ ဘိုး ၈

⑫ t / a / → အုံ့ / oũ /

ယခုငယ်က ကြီးလုံးလ၍ လုံး – လ လောနီ ၁၇

ဘိုးတော်ဘုန်းကား မဆုံးဆနိုင် ဆုံး – ဆ စလင်း ၁၇

ကံမွဲဉာဏ်နဲ့ မလုံ့မလ နံ့ – န မဃ ၂၄၅

အမျက်ဆုံးဆုံး ရှင်မုဖုန်း ဆံဖြုန်းဆတ်၍ကြ ဖြုန်း – ဖြ ကဝိ ၆၂၂

⑬ t / a / → အက် / ɛʔ /

ကွင်းကွင်းကွက်ကွက် ချက်ချက်ချာချာ ချက် – ချာ ကုသ ၂၈၂

သက်သက်သာသာ မမှတ်ရာရှင့် သက် – သာ ဥတိ ၈၉

ဟက်ဟက်ရယ်ကာ ပြေးကုန်လျှာ၍ ဟက် – ဟာ ဝေနိ ၆၄

⑭ t / a / → အောင့် / aũ /

သိန်းသောင်းရာ ထောင် များမြောင်ဖြင်မှု မြောင် – များ ၉ ၂၅

လျှာကာသမှ ပုံလောင်းပြုသို့ လောင်း – လျှာ ပါမီ ၄၇

ရပြန်ပါလည်း ကောင်းကာယူသည် ကောင်း – ကာ ပါမီ ၆၀

(二) အီ

① အီ / i / → အု / u /

မျဉ်းတို့ရှည်နှင့် ပုံမည်လုလု လုလု – လီလီ မဃ ၃၇

ညိုကိုညစ်ကျူ ပုပ်မျိုးစုကို ညစ်ကျို . ညစ်ကျူ မဃ ၁၂၄

အုန်းအုန်းအောက်အောက် နောက်နောက်ကျူကျူ နောက်ကျို – နောက်ကျူ

မဃ ၁၁၄

အညည်းအညူ မယ်ထူးကြင်မိ ဖေါ်မရှိကို ထည်း–ထူး နတ် ၆၂

② အီ / i / → အေ့ / e /

သာဖြည်း မိန့်တော်မူလတ်သော ဖြည်း – ဖြေး ဇယ ၃

ရွှေနားမှတ်တော်မူတည့်လည်း လည်း – လေး မယ်တော် ၂

မြင်စည်းရုံ ဂနိုင်စုံဝယ် စည်း – စေး စာဆို ၂၃၆

သေချာစီစီ မြင်တော်မိက စီစီ – စေစေ မဃ ၁၄၀

③ အီ / i / → အဲ့ / ɛ /

အာဏာပြန်ချို တူမှုရှိသား	ချို – ချဲ	မယ်တော်	၁
ဒါနပေးလှူ ရည်ချူးမက်ဖိုလ်	ရည် – ရွယ်	ယိုး	၄၇
ဥစ္စာကြွယ်ဝဖြီ သူဌေးကြီးသည်	ကျို – ကြွယ်	ဥမ္မာ	၁၁
ဖျော်ကာများနည်း မကြည်းမပျစ်	ကြည်း – ကျို	မနော	၅၃

④ အီ / i / → အော့ / ɔ /

ပစ်မည်ရှော့ရှင့် ကျွန်လျော့သမင်	ရည် – ရော်	မြား	၆၃
မနောမနီး အသီးစစ်စစ်	နော – နီး	ဇယ	၄၀
သဘောကြော့လျက် မလျော့မလျှည်း	လျော့ – လျှည်း	ဇယ	၄၇
သဘောကြော့၍ တည်လျော့ချည်းနီး	ကြော့ – ကျည်း	ပြ	၂၂

⑤ အီ / i / → အို / o /

မျက်နောက်လိုက်၍ ကိုယ်၌စိုးစိ ကျိုးမရှိတည်	စိုး – စိ	ဇယ	၃၉
ကိုယ်ပေါ်ထံမျှ တီးတိုးကြ၏	တိုး – တီး	ဝေနံး	၄
ကောင်းနှင့်ကရှိ သတိကျောက်ဆို	ဆို – ဆီး	ဇယ	၁၆၃

⑥ အီ / i / → အိုက် / aiʔ/aik /

တည်တည်တိုက်တိုက် ငါ့သို့ဆိုက်သော်	တည် – တိုက်	ဇယ	၁၃၄
ရှစိန်းတည်တည် မင်းကိုကြည်လျက်	တည် – တိုက်	ဂါမဏိ	၃၈
မျက်မှောက်စည်စည် ကိုယ်လုံးကြည်က	စည် – စိုက်	ဂါမဏိ	၉
နီမွာန်တိုက်သို့ စိုက်စိုက်ဝင်စေကုန်သတည်း	တည် – စိုက်	ရွှေ-န	

⑦ အီ / i / → အွတ် / uʔ /

သင်းပင်းဖိုလ်ပုံ ပြည့်စုံညီညွှတ်	ညီ – ညွှတ်	လောက	၁၁၃
တီတီတွတ်တွတ် ရွှေတ်ကြကုန်	တီ – တွတ်	ဝေနံး	၅၄
အခါချိုချွတ် လိုက်မတတ်လျှင်	ချို – ချွတ်	ပါဠိ	၉၁

⑧ အီ / i / → အံ (န်–မ်) / ã /

မျက်စိတံ့တံ့ မကြည်ဝံ့တည်	တည် – တံ့	ရဲ	၁၁၃
တပည့်တပန်း တို့နှင့်အကွ	ပည် – ပန်း	မင်းရဲဂူမင်စာ	
ဖြောင့်ဖြောင့်တန်းတန်း ယူမည်ငန်း တမန်းကောင်းလှစေ	ဖြောင့် – တန်း	ကဝိ	၇၆၄

⑨ အီ / i / → အစ် / iʔ /

| ရွှေဘူးသင်းကျစ် လျှပ်စစ်သဘွယ် | စစ် – စီး | ယိုး | ၃၁ |
| တစ်တစ်ခွခွ တွေးဆစာနာ | တစ် – တီ | သုခ | ၄ |

လောင်ပူချီးချီး စပါးကြီးလျှင် ချီး – ချစ် မနော ၉၇
ချစ်ချစ်ပူလောင် မီးကျီးတောင်သို့ ချစ် – ချီး ဘုံ ၄၈

⑩ အီ / i / → အင် / ĩ /
မသေခင်လည်း တင်တင်ထွေးမူ နင်ခိုးသူဟု တိတိ – တင်တင် သုခ ၄၆
နာနာကျဉ်ကျဉ် သံတံကျင်ထက် ကျဉ် – ကြည်း မယ ၄၅၅
စဉ်းလဲစဉ်းစာ ဤလူရွာဝယ် စဉ်း – စဉ်း ဝ ၄၈

⑪ အီ / i / → အိပ်(တ်) / eiʔ (ip / it)
တဆိတ်(စိတ်) အနည်း မလိပ်လည်းတည် စိတ် – စီ ဇင်း ၂၉
ရန်ဘေးတစ် မရှိစေအောင် အငြိမ်းဆောင်သည စိတ် – စီ ဇယ ၈
မြူတေလျှံစီ ပြောင်ပြောင်ညီး၏ ညိတ် – ညီး သခင်ကြီး ၂၇

⑫ အီ / i / → အိမ် (န့်) / eĩ /
ကြည်းညာသံဟည်း တော်တီလည်း၏ ဟည်း – ဟိန်း ပါမီ ၂၉
အသဲကိုထဲအောင် အပ်ဖျားနင့်ကလီ လီ – လိန်း ပင်းဒု ၈၇
ဟုတ်လိုစနိန် အားမကိုးနင့် လီ – လိမ် မယ ၂၄၉

⑬ အီ / i / → အုံ (အုန် – အုမ်) / oũ /
ညဉ့်တွင်လုံးလုံး တီးတုံးတိုင်ပင် တုံး – တီး ဝေနီး ၆၀
ကိုယ်ပြင်ကြောစည်း ဆုံဆည်းချစ်ဘွယ် ဆုံ – ဆည်း ဘု ၂၀၇
တုံးတီးချောင် ကုသသံတို့ တုံး – တီး ကုသ ၁၁

⑭ အီ / i / → အက် / ɛʔ /
ကာမမာန်ကလက်လို့ ဘဝဂ်ကိုနိမ်သည် ကလီ – ကလက် မွှေ ၁၀၂
သူပြည်အဲ့.သည်ကို ပြည် – ပြက် ပါရာ ၅၆
ပြစ်တင်စရာ ပြည်ပျက်စရာ မူလေခဲ့အံ့. ပျက် – ပြည် ပါရာ ၃၅
မချီမချက် စုံမက်ကြင်နာ ချီ – ချက် ပြဇ္ဇ ၅၃

⑮ အီ / i / → အိုင် / aĩ /
အထင်နှင့်မဆီမဆိုင်ရှိတတ်သည် ဆီ – ဆိုင် ကျည်းကန်း ၈
ညောင်ပင်ကြီးသို့ ထီးထီးထိုင်းထိုင်း ထီး – ထိုင်း နာရဒ ၄၉
ငါကျိုးမင်းကဆီဆိုင်စွဟု ဆီ – ဆိုင် နာရဒ ၁၀၇

⑯ အီ / i / → အောင် / aũ /
မယွင်းစောင့်စည်း ကုသိုလ်ဆည်းသည် စောင့် – စည်း စွာ ၁၂
အောင်.အည်း၍နေရပါသည် အောင် – အည်း ကျည်းကန်း ၁၅
သစ်ယောင်းဆွေးယိယိ မီးထိုတိုင်း လောင်သည်သာ

第四章　缅甸语汉语韵母系统的比较　　129

　　　　　　　　　　　ယောင်း － ယီ　　ကျည်းကန်း　၄၂
လည်းလျောင်းတုံလျက် ခုနှစ်ရက်ပတ် စားရေပြတ်မ
　　　　　　　　　　　လည်း － လျောင်း　သုခ　　၆၈

(三) ဥ

① ဥ / u / → အဲ / ɛ /
　ထုထယ်ကြီးသည် ဒုသိုပြောင်း၍ဒုဒယ်　　ထု － ထယ်　　သတ်စုံ　၃၃၃
　ပြူးတူးပြဲတဲ ပြဲတဲပြူးတူး　　　　　　　ပြူး － ပြဲ　　သတ်စုံ　၄၆၄
　လူးလေ အလူးအလဲ　　　　　　　　　လူး － လဲ　　သတ်စုံ　၆၀၇
	ဘူမိနက်ဝယ် ထုပြက်ထုထဲ　　　　　　ထု － ထဲ　　ဥမ္မာ　၁၁၅

② ဥ / u / → အော် / ɔ /
　ဦးတုံဘွားဘော် နှစ်မတော်လည်း မူးမော်ဗျာပါ　မူး － မော်　ဇယ　၆၂
　ညာမော်ကမ်းနတ် သမုတ်မြစ်ဦး　　　　　မူ － မော်　ခိုင်ခိုင်　၅၀
　မောသောညဉ့်ဌက် မထွက်မပြူ　　　　　ပြူ － ပေါ်　ဂါမဏိ　၁၇
	အားရဝမ်းသာ မူးမူးမော်မော် မပြုအပ်　　　မူး － မော်　နန်　၂၅၀
	ငှက်ဇင်ယော်တို့ ကျူးကြော်မြည်ကျင်	　	ကျူး － ကြော်	ကျန်　၅၃

③ ဥ / u / → အို / o /
　ဆူးဆူးရွားရွား မုဆိုးသားကား　　　　　ဆူးဆူး － ဆိုးဆိုး　ဝေနေး　၃၀
　နာလိုချေဘူး စိတ်မှာဆူးချည်　　　　　ဆူး － ဆိုး　စာဆို　၂၈

④ ဥ / u / → အိုက် / aiʔ /
　ရှူရှူပန်းအောင် ညှိမြစ်ချောင်းသို့　　　　ရှိုက် － ရှူ　မြား　၁၀၆
　စိုက်စိုက်လွယ်ကူ ဝင်တော်မူသည်　　　စူး － စိုက်　သုခ　၇၇
	အမှန်ပြောင်းပြောင်း စူးစူးတည်း　　	　စူး － စိုက်	ဝေနေး　၃၃
	နန်းတော်ဦးသို့ စူးစူးမလှည်	　　	　စူး － စိုက်	မုဒု	၃၅

⑤ ဥ / u / → အပ် / aʔ /
　မှောင်မိုက်ထူ၍ အူအူသောင်းသောင်း　　ထူ － ထပ်　ဝေနေး　၁၀၄
	ပြောထူဖီထပ် မင်းပေးလပ်ဖြင့် ကြီးကြပ်သဘင်	ထူ － ထပ်	ညွန့်-တ	၁၈
	ပညာတတ်နှင့် ပူးပွတ်မကောင်း			ပူး － ပွတ်	ပါဠိ	၅၉

⑥ ဥ / u / → အံ (န်, မ်) / ã /
	ဖျားနာမှုတန်တန်ကြောင့် ပူပန်သည်သောနက်နှင့်	ပူ － ပန်	ပုည	၂၇
	သိမ်းမွေးပြည်တင်း ဖြန်ဖြူးခြင်းဖြင့်		ဖြန် － ဖြူး	အုပ်ချုပ်	၂၀၀

ရေးကအမှ နလုံးခုသည်		ခု – ခံ	သုတ	၁၇၀
မြေသင်းနံ့နံ့ တပုံပျုးပျုး		ပုံ – ပျုး	ဘုံ	၁

⑦ အု / u / → အစ် / ɪʔ /

စိတ်အာရုံလျှစ်လျှူ ဥပေက္ခာမှုပြီးလျှင်		လျှစ် – လျှူ	ပုည	၃၉
ညစ်ညူးသောအမှုကို		ညစ် – ညူး	ယသ	၁၆၅
နလုံးညစ်ညူးခြင်း		ညစ် – ညူး	ပါရာ	၅၅
ကိုယ်၌ညစ်ညူး လျှော်ခဲ့ဘူး၍		ညစ် – ညူး	ပေါင်း	၅၆

⑧ အု / u / → အင် / ĩ /

လုလင်သမဲ အမိည် မြစေကျင်း၀ါးပါး		လု – လင်	ကဝိ	၇၃
အောင်ပွဲယူ၍ ရင့်ရှု၀ါးမည်		ရု – ရင်	ပလိပ်	၇၂
နိစ္စပူပန် ပစ္စုပ္ပန်လည်း အလွန်ကျဉ်းမြောင်း		ပူ – ပင်	ရေ	၁၄၁

⑨ အု / u / → အိမ် (န်) / eĩ /

ပျော်ပါးယစ်ရှူ မိန်းမူးမတော်		မူး – မိန်း	မယ	၈၆
ချစ်ရည်လိမ်း၍ မစ်မ်းဆွံရစ်စေသတည်း		လူး – လိမ်း	ဇယ	၅၀
နတ်လူအံ့ မိန်းမူးတည်လေး		မူး – မိန်း	ရခိုင်	၂၄
အမရာဒေဝီ ဥခေါင်းထမင်းလိန့်၏		လူး – လိမ်း	လောကမင်စာ	

⑩ အု / u / → အုတ် (ပ်) / ouʔ /

လူလူတိုင်းကား လွန်ချောက်ချားသည်		လူ – လုပ်	စုံ	၄၈
လျှင်ခုရက်ရက် ကမ်းထိပ်ထက်သို့		ခု – ခုပ်	သန်	၁၃၂
ရွှေရွက်လူလူ ရွှေခြူသွင်သွင်		လူလူ – လုပ်လုပ်	ရခိုင်	၄
ဦဦသဲသဲ မဖူးရဲဟု		အုတ်အုတ် သဲသဲ	ပါမိ	၁၅၀

⑪ အု / u / → အုံ (န် – မ်) / oũ /

ငြင်းခုံဆိုမြည် စကားရှည်အံ့		ငြင်းခု – ငြင်းခုံ	ဇယ	၁၉၅
ထိတ်ထိတ်ဝေဆူ သဲသဲအူလိမ်		အူ – အုံ	ဇယ	၅၅
မီးဖိုပေါ်တွင် ဦးသောသွင်သို့		အူး – အုံး	ဝေနိ	၈၇
ကမ့်ဉာဏ်နံ့ မလုံမလ		နု – နုံ့		

⑫ အု / u / → အောင် / aũ /

တိမ်လိပ်ကယ်ရွှေဇော်ဂျိရောင် စိမ်းဖက်လိုပေါင်း		ပူး – ပေါင်း	ပဒေသာ	၉
အန်ထောင်ကြီးစား စာဂအားဖြင့်		ထူ – ထောင်	ဝေနိ	၅၉
ယူးယူးခြေလက် ချွတ်လျက်ပက်လျှင်		ယူး – ယောင်	ဆု	၁၆၇

第四章　缅甸语汉语韵母系统的比较

（四）အေ

① အေ / e / → အပ် / aʔ /

ကေန်မချွတ် ဖျစ်ဆီးလတ်အံ့	လေ - လတ်	ကို	၁၀
သေသပ်တပ်ကြီး ခရီးကြိုဆို မြီနှင့်ကြိုလည်း	သေ - သတ်	သျှိ	၅
ဘန်တီဘန်တွွတ် ရွှေတ်သောစကားကို	ရေ - ရွှတ်	မဏံ	၂၇
သဘော်ကျွတ်သို့ ချေချွတ်ပေးနိုင်	ချေ - ချွတ်	ပါမီ	၄၃

② အေ / e / → အံ (န် - မ်) / ã /

ခြေသားလေးလံ ကိုယ်ရံရွှေလာ	လေး - လံ	ရိုး	၂၇
ဖျန်ဖြေ - ဖြေဖျန်	ဖြေ - ဖျန်	မြန်ထုံး	၂၂၄
အရိယ်အရံမ် မယူပိယ်မူကာ	အရိယ် - အရံမ်	ကျောက် - လက် ၂၆

③ အေ / e / → အစ် / ɪʔ /

| သဘောပြေပြစ် နမျှစ်ဆေးလေး | ပြေ - ပြစ် | ကျည်းကန် | ၂၀ |
| ပြေပြေပြစ်ပြစ် လုပ်သစ်စစဲ | ပြေ - ပြစ် | ကိုးခန်း | ၂၈၀ |

④ အေ / e / → အင် / ĩ /

ဖျောက်လွင့်လေ့က ရန်ငွေ့စဲလေ	လေ့ - လွင့်	နဝ	၁၆
ရန်ဟူသရွှေ လေနယ်လေ့လျက်	လေ့ - လွင့်	ရဲဒင်း	၉
အမျက်ဖြေ ဖျင့်နိုင်သောသူ	ဖြေ - ဖျင့်	ပါရာ	၁၅
နွားသမင်တို့လေလွင့်သွားလာ	လေ - လွင့်	ညွန်-၃	၂၅၈

⑤ အေ / e / → အိပ် / eɪʔ /

ရွှေပေလိပ်သို့ စိတ်စိတ်မှတ်သား	စေ - စိပ်	ရွှေ	၇၂
မှတ်သားသေချာ စေစေနာလော့	စေ - စိပ်	ဝေနီး	၆၄
ကိုယ့်အကျိုးမပွားဘူး နားစေစေနာ	စေ - စိပ်	ပုည	၂၆
စက်တော်တည်ခေါ်မွှေး ပျော်ကြောင်းရေ	မွှေး - မှိတ်	စလင်း	၆၄
ဆင်ခြင်းတိတ်တွေး စာနာတည်း	တွေး - တိတ်	မဃ	၂၅၆
စေစေစပ်စပ် သိပ်သိပ်သည်းသည်း	စေ - စိပ်	ဘု	၄၄

⑥ အေ / e / → အဲ / ɛ /

နှဲ့နှဲ့ချည်းချည်းကြည်းကြည်းလျသွယ်	သေး - သွယ်	ဇယ	၇၂
မော်ကွန်းတည်ပုံသွေး ကွင်းကွင်းရေး	သွေး - သွယ်	ဆင်ဖြူ	၂၀
ထိုရန်စမပြယ်၍ တောင်းလာသောဟူ၏	ပြေ - ပြယ်	တွင်း	၆

⑦ အေ / e / → အော / ɔ /

တွေးတောထောက်နိုင်း ဆင်ခြင်နိုင်လျက်　　　တွေး – တော　　　ယ　　　၁
ဘယောင်းလိုပြော ကွေ့ရှကော့အောင်　　　ကွေ့ – ကော့　　　ည　　　ဝ
ဖိုးခေါင်ကကြော်ကြွေး　　　ကြွေး – ကြော်　　　ဒေသာ　　　၁
ဉသြဖိုမ ကြွေးကြော်ကြသား　　　ကြွေး – ကြော်　　　၁သီ　　　၆

⑧ အေ / e / → အို / o /

နဖူးခေါင်ဆွေ ဗောဓိမြေ၌　　　ဆွေ – ဖို　　　ၡမီ　　　၁၇၃
နှင်းရည်မိုးသို့ ဆွေသတည်း　　　ဆွေ – စို　　　ဘူ　　　၂၁၄
ထွေတောင်ဒေတောင် ချောင်မြောင်တလွှာ　　　ထွေ – ထို　　　တေးသံ　　　၁၀

⑨ အေ / e / → အောက် / auʔ /

မဟာဝမ်းပေါက် ဂုဏ်လောက်လွှေသား　　　လောက် – လွှေ　　　၃　　　၁၀၃
ဤအရေးကို မလေးလောက်စား　　　လောက် – လေး　　　မဟာဇ　　　၁၅
မျက်မှောင်တို့လည်း နှစ်လိုကွေ့ကောက်　　　ကောက် – ကွေ့　　　မြွား　　　၆၁

⑩ အေ / e / → အောင် / aũ /

မစောင်းမဆွေ့ သေသေချာချာ　　　စောင်း – ဆွေ့　　　ရာ　　　၅၇
ပေများနောင့်နေး ဦးမလေးတည်　　　နောင့် – နေး　　　ပါမီ　　　၃၇
စိတ်ဝမ်းနောင့်နှီး နောင့်နေးတည်း　　　နောင့် – နေး　　　ပေါင်း　　　၁၁၂
ဆင်ရဲအလွေအလောင်းတည်း　　　လောင်း – လွေ　　　ရဲ　　　၁၅

⑧ အော / ɔ / → အောက် / auʔ /

မြေတွင်မရောက် ပင်ပေါ်ပေါက်၌　　　ပေါ် – ပေါက်　　　ရာသီ　　　၁၄
ကျောက်တော် ခပ်ကိုင်းကိုင်းရှိသည်ကို　　　ကျော့ – ကျောက်　　　ပါရ　　　၁၂
ထောက်ကျူးပြင်ပြင် ကြပ်ကြပ်နင်းမူ　　　ထော့ – ထောက်　　　ပါမီ　　　၅၇
လျောက်ပတ်တင့်အပ် နေရပ်ခွင့်ရ　　　လျော့ – လျောက်　　　ကိုးခန်း　　၂၆၄

(五) အဲ

① အဲ / ɛ / → အက် / ɛʔ /

မိန့်တပါလည်း မလွဲမလက်　　　လက် – လွဲ　　　မဃ　　　၁၉၉
နေ့ကျူးကျဲ တို့တပ်ထဲး ကြီးသေးခေါင်ထက်လွှာ　　　ကျဲ – ကျက်　　　ကဝိ　　　၈၇
တပ်တပ်မယ်မယ် ပျူငှာသွယ်၍　　　မက် – မယ်　　　ရဲ　　　၇
ကျေးဇူးနက်နဲ့ လွန်ခက်ခဲကို　　　နက်နဲ့ – ခက်ခဲ　　　မဃ　　　၁၉
အသစ်စစဲ ဤဝတ်လဲကို　　　စက် – စဲ　　　ဆု　　　၁၀

② အဲ / ɛ / → အိပ် / eiʔ /

ငါတကားဟဲ ကြ၍ကြံတုံး	ကြ - ကြံတ်	ပုည	၃၇
မနိုပ်မနယ် အလမ္မယ် ကယ်ဆယ်မစပါ	နိုပ် - နယ်	ကဝိ	၁၈
ရိမှေးနိုပ်နယ် အန္တရယ်တို့	နိုပ် - နယ်	ဇယ	၁၀၀

③ အဲ / ɛ / → အုပ် / ouʔ /

လုပ်လဲးပျောင်းပျူ မိန်းမချောကြသည်နယ်	လုပ် - လဲ	ရာ	၁၆
လုပ်လီလုပ်လဲ ကြော့အထက်ဖျား ကုပ်အောက်နားမှာ	လုပ် - လဲ	ရာ	၁၉
ချုပ်ချယ်သောစကားကိုဆို၍	ချုပ် - ချယ်	ပါရာ	၇၄

④ အဲ / ɛ / → အုံ (န် - မ်) / oũ /

အရိပ်နည်းငယ် အကုန်ကယ် ကုန်ယ်သွားလေပါ	ကယ် - ကုံ	ကဝိ	၉
ငုံမဲငုံမဲ့ တုန်ချဲချဲ ရုံရဲ့သို့မျက်နှာနှင့်	ရံ့ - ရဲ့	ပဇ္ဇ	၅၀
စလုံးစလဲ ဝမ်းထဲပူပင်	လဲ - လုံ	ညွှန့်-၃	၂၆၃

⑤ အဲ / ɛ / → အံ / ã /

ထက်ဝါမြဲမြဲ သည်တိုင်ခံသို့	မြဲ - မြံ	သစ္စာ	၂၉
နားမျှသံသံ မကြားဝံ့	သံသံ - သံ့သံ့ ရဲ့		၁၀၁
အချစ်မြဲမြဲ နံ့သည်ကာလ နေ့ကစ၍	မြဲ - မြံ	ဇယ	၉၉

⑥ အဲ / ɛ / → အင် / ĩ /

ပညာရှိလယ် မတင်တယ်တည်	တယ် - တင်	လောက	၁၈
ရဟန်းတမင် မင်းကျင့်ကျင့်က	တန်မဲ - တမ်မင်	မဃ	၄၅
မပြုရန်တင်း ရာတီးစင်းကို	ရန်တဲ - ရန်တင်း	စဆို	၁၇၃

⑦ အဲ / ɛ / → အိုက် / aiʔ /

ပူပန်လိုက်လဲ့ ခန္ဓာလဲ့လည်း	လိုက် - လဲ့	မာ	၃၁
မိုက်မိုက်မဲမဲ့ သူ့ကိုဆဲး မြေထဲသရက်သား	မိုက် - မဲ့	ကဝိ	၆၀
သနိသနဲ နိုက်နဲနစ်နာ	နိုက် - နဲ	ကုသ	၃၁၀
စိုက်တဲ့ပြေးဟုန် ကျော်ခုန်နောက်ဆုတ်	တိုက် - တဲ	မဃ	၂၇၀

⑧ အဲ / ɛ / → အောက် / auʔ /

ပျောက်ပြယ်ဖျားနာ အဝေးခွာမှ	ပျောက် - ပြယ်	နဝ	၉
ကျည်တဲ့တွင်တည်သောမုန့်ညက်	တောက် - တဲ့	တွင်း	၂၇၃
လူကမ်းဆောက်နှင့် ကိုယ်သာကြွင်းလည်း	ဆောက် - ဆက်	ပါမိ	၅၃
အလောက်အလဲ့ မဆိုမြဲလျှင်	လောက် - လဲ့	ပါမ	၄၉

⑨ အဲ / ɛ / → အောင် / aũ /
ထိတ်ထိတ်ဝေဆူ သဲ့သဲ့အူလိမ်း   သဲ့သဲ့ – သောင်းသောင်း   ဇယ   ၅၅

သဲကမ်းကျောက်ဆောင် သောင်ကိုဖြိုဖျက်   သဲ , သောင်   ဂန္ထဝ   ၁၂
နမျှစနှဲ့နှောင်း ရွှေနားလောင်းဟု   နှဲ့ – နှောင်း   မင်းနံ   ၇၂
ခြိမ်းမောင်းရိုက်မဲ ခါမျှမဲ့လျှင်   မဲ – မောင်း   နတ်   ၅၀
ပြောင်ပြောင်ပြဲပြဲ ရဲရဲ့ရှင်ရှင့   ပြဲ – ပြောင်   ဘုံ   ၇၂
လုံးစုံပြောင်ပြဲ ကြောင်မျက်ရဲ့ဖြ   ပြဲ – ပြောင်   ဘုံ   ၆၄

⑩ အဲ / ɛ / → အော / ɔ /
တင်တယ်ဝင်းပြောင် မုနောဆောင်ရှု   တယ် – တော်   မယ   ၃၃၉
လင်းတသောသော သန်လျက်တောနှိုက်   သဲ့သဲ့ – သောသော   မယ   ၄၆၃
စကားလော်လဲ ပြောဆိုကြသည်   လော် – လဲ   ရေခုံ   ၄၆
ရွှယ်ရော်ဆောက်သော်မှတကား   ရော် – ရွှယ်   စဆို   ၁၅၀

(六) အော

① အော / ɔ / → အုတ် (ပ်) / ouʔ /
ထံနက်ကုတ်ကော် ခဲယှဉ်း သော်လည်း   ကုတ် – ကော်   ပေါင်း   ၂
နှံ့စပ်အုတ်အော် သတင်းကျော်လျက်   အုတ် – အော်   မယ   ၅၁၁
ချက်တဖြုတ်ခြင်း သုတ်သုတ်လျင်စွာ   သုတ်သုတ် , သောသော မယ   ၁၀၄

② အော / ɔ / → အုံ (မ် – န်) / oũ /
သင်းထုံစွာရန်, ကုန်းကော့ကာပျံသည်နယ်   ကော့ – ကုန်း   ပုည   ၃၉
ရတနာတိ များစွာပေါပုံ လွန်ပြည်စုံလိမ့်   ပေါ် – ပုံ   သုခ   ၅၀
အပျို, ရွှေကားအောင်စားပါလုံ့ဖုံးဗော်   ဖုံး – ဗော်   ညွှန်.-၃   ၁၆

③ အော / ɔ / → အက် / ɛʔ /
ညက်ညက်ညောသော နမြော်စရာ   ညော် – ညက်   နဝ   ၆၈
ရက်ရက်ရော်ရော် ကြမ်းကြောမာန်ဝက်   ရော် – ရက်   ဇယ   ၁၀၈
မက်မက်မော်မော်   မော် – မက်
အဖော်အဖက် ဖြစ်သော   ဖော် – ဖက်   ပါရာ   ၁၆

④ အော / ɔ / → အင် / ĩ /
ဖူးမြော်မြင်သား ဖြစ်စင်လတ်လတ်   မြင် – မြော်   ဘုံ   ၆
မမြော်မျက်စိ ဖြစ်ရှာဘိရှု   မြင် – မြော်   ပုညော   ၂၉

第四章　缅甸语汉语韵母系统的比较　135

　　မရိုက်မရင့် မဆော်ဆင့်နှင့် 　　　ဆင့် – ဆော် 　 နတ် 　 ၄၃
⑤ အော / ɔ / → အံ (မ် – န်) / ã /
　　စနစ်ရှမ်းရော် ထောက်လှမ်းမျှော်၍ 　 ရှမ်း – ရော် 　 ဇယ 　 ၄၈
　　ဉာဏ်မျက်စိမနောဖြင့် လှန်လှော၍ကြည့်ရှုရာတွင် 　 လှန် – လှော 　 ပုည 　 ၃၇
　　စပ်စပ်ငန်ငန် ခပ်ဖန်ဖန် အော်အန်ဝမ်းအနာ 　 အန် – အော် 　 ကဝိ 　 ၅၅၉
　　လူသောလူသွမ်း လူဟောရမ်း ကိုယ်အံမချနိုင် 　 သွမ်း – သော 　 ကဝိ 　 ၄၂၇
⑥ အော / ɔ / → အောင် / aũ /
　　ဟန်ယူပျောင်းပျောင်း ရွှေဖယောင်းသို့ 　 ပျော – ပျောင်း 　 ရာသီ 　 ၁၆
　　ပေါ်ချောရောယောင် နသေးမြောင်လူပလ 　 ရော – ယောင် 　 ရာ 　 ၈၀
　　ပူလောတို့စွ ဒုက္ခပြင်တိမ် 　 လော – လောင် 　 စာဆို 　 ၁၅၀
　　ခုံခုံမင်မင် ဆောင်တလျင်တည် 　 ဆော – ဆောင် 　 မဃ 　 ၂၄၈
⑦ အော / ɔ / → အတ် (ပ်) / aʔ /
　　တလတ်တွင် မင်းကြီးမယား မိဖုရားဟောင်းတို့ 　 တလော – တလတ်
　　　　　　　　　　　　　　　　　　　　　　　 ပါရာ 　 ၁၇၃
　　ရေးတလတ်က မညွတ်မတိမ်း 　 လော – လတ် 　 သံရ 　 ၇၀
　　ရောက်လာချက်ချင်း လောလောခြင်းတွင် 　 လောလော – လတ်လတ်
　　　　　　　　　　　　　　　　　　　　　　　 မဟာဇ 　 ၂၆၃
⑧ အော / ɔ / → အောက် / auʔ /
　　မြေတွင်မရောက် ပင်ပေါ်ပေါက်၍ 　 ပေါ် – ပေါက် 　 ရာသီ 　 ၁၄
　　ကျောက်တော် ခပ်ကိုင်းကိုင်းရှိသည်ကို 　 ကျော – ကျောက် 　 ပါရာ 　 ၁၆၂
　　ထောက်ကျိုးပြင်ပြင် ကြပ်ကြပ်နှင်းမှု 　 ထော – ထောက် 　 ပါမီ 　 ၈၇
　　လူမွေ့လူနှောက် လူပေါက်လူလျှပ် 　 ပေါ် – ပေါက် 　 ဇယ 　 ၅၁

(七) အို
① အို / o / → အောက် / auʔ /
　　အချစ်မျိုးကို မောက်မိုးဆင့်ကာ 　 မိုး – မောက် 　 သုဇ 　 ၂၃၀
　　ပြီးပြောက်ရိုးရဲ လက်ဝဲဆဲ့ရှစ် 　 ပြိုး – ပြောက် 　 ကု 　 ၃၁၈
　　အစောက်ကြာမြင့် မနေသင့်ဟု 　 စိုး – စောက် 　 မဟာဇ 　 ၁၃၆
② အို / o / → အောင် / aũ /
　　အတောင်းအရှည် သည်နှစ်တည်မှာ 　 တို – တောင်း 　 နာ 　 ၁၁၀
　　နတ်လမ်းမသို့ တူလှယိုးယောင် 　 ယိုး – ယောင် 　 မဃ 　 ၃၅

③ အို / o / → အတ် (ပ်) / aʔ /

မသဒ္ဓါလို မကြည်ညိုဟု	ညွတ် – ညို့	သုခ	၇၆
မလိုမလွတ် ရာဇဝတ် ယုတ်မြတ်မဟူကျင်	လွတ် – လို	ကဝိ	၉၆၃
မျက်နှာကိုမြင်လျှင် မကြည်ဝန်းဘဲ ကြည်ညွတ်ကုန်၏	ညွတ် – ညို့	မဏိ	၅၅
ကယွတ်ကယို နို့လျင်ပြိုသို့	ယွတ် – ယို	ငွေး	၅၃

အသွားပြောင်ပြောင် အရောင်ပြိုးပြိုး ... ပြိုး – ပြောင် ... မယ ... ၄၆၃
နတ်ယိုးယောင်မှား ပြစ်မျိုးရှားသည် ... ယိုး – ယောင် ... လိပ် ... ၄၁

④ အို / o / → အံ (န် – မ်) / ã /

မညှာမကြို မတွန့်တို့တစည်း	တို့ – တွန့်	ဇင်း	၁၄
မခိုးမခန့် မလန့်မထိတ်	ခိုး – ခန့်	ကုသ	၂၅၇
မာန်ဟူးဟူးသည် ဘီလူးအားပံ့ စားစေအံ့	ပို့ – ပံ့	ဇယ	၇၅
မယုတ်မဆွန့် ပေးလှူစွန့် မတွန့်တို့စိတ်	တို့ – တွန့်	ကဝိ	၇၇၆

⑤ အို / o / → အက် / ɛʔ /

ပြောင်ပြချိုးချက် လက်ရရက်လျှင်	ချိုး – ချက်	ဘုံ	၁၀၉
ပြီးပြက်ပြီးပြတ် ရောင်ခြင်းရက်၌	ပြိုး – ပြက်	ဘုံ	၄၁
အံ့ကြစိုးစိုးစွက်စွက်တစည်း	စိုး – စွက်	မဟာဇ	၇၃
တလိုင်းမွဲကြောင့် ပြည်တဲးပျက်ပြို	ပြို – ပျက်	စလင်	၁၉
ချမ်းသာတိုးတက် ဘုန်းကြက်သရေတက်သစ်နေသို့	တိုး – တက်	ကဏ္ဍ	၁၀၅

⑥ အို / o / → အင် / ĩ /

ပြီးပြက်ချိုးခြင်း ဝိုးဝင်းထက်ပြင်	ဝိုး – ဝင်း	မယ်တော်	၆၇
နိပ်စက်ညှဉ်း၍ စိုးစဉ်းမရ	စိုး – စဉ်း	ဂါမီ	၄၂
ကျိုးဒုက်သားပျိုး သန်ဝါတွင်းနိုက်	သားပျိုး – သားပျင်း		
		စာဆို	၃၀
အထဲထိုးထွင်း နက်စွာချင်းသည် ငြိမ်းခြင်းအမွန်	ထိုး – ထွင်း	ပါမီ	၉၁
ကြမ္မာယွင်းယို အကုသိုလ်ဖြင့်	ယို – ယွင်း	ပါမီ	၄၂
အယူပြိုငြင် လွန်ခဲအင်၏	ပြို – ငြင်	ဘု	၄

⑦ အို / o / → အိပ် / eiʔ /

ဂနိုင်သုံးထောင် ကုန်အောင်ထိုးထိတ် သိုးသိုးသိတ်မျှ	သိုး – သိတ်	ရဲတင်း	၁၈
ရှိုးရှိပ်ခြည်မျှ မည်သည်စ	ရှိုး – ရှိပ်	ဒေး	၁၅၉
ထိုးထိတ်မတွန့် လန်ခြင်းမရှိ	ထိုး – ထိပ်	ညွန့်-ဒု	၂၆၃
တိုးတိုးတိတ်တိတ်- သို့သို့သိပ်သိပ်	သို့ – သိပ်		

⑧ အို / o / → အိမ် / eĩ /

တပ်ဆက်သိုးသိုး သိမ့်သိမ့်တည်း သိုး – သိမ် ကုသ ၂၈၀

ဆင်ခြင်နိုးနိုး နှိမ့်နှိမ့်တည်း နိုး – နှိမ် ကုသ ၂၄၆

ထွက်ဝင် ညိုးညိုးငြိမ့်ငြိမ့်တည်း ညိုးညိုး – ငြိမ့်ငြိမ့် သာမီ ၃

ကြက်သီး စိုးစိုးစိမ့်စိမ့်တည်း စိုး – စိမ် သာမ ၄

⑨ အို / o / → အုတ် / ouʔ /

တိုတိုတုတ်တုတ် တို – တုတ် သတ်စုံ ၃၅၅

ရှစ်ပါးကြိုးကုတ် မြတ်ဉပုသ်ကြောင့် ကြိုး – ကုတ် စလင်း ၁၆

မဲ့ကိုဆတ်ဆတ် စုန်းဟူမှတ် ရုပ်ပတ်လူပုံထင် ယိုး – ရုပ် ကဝိ ၁၀၇၂

အရကုတ်ကုတ် အထဲငုတ်၍ ကြိုးကြိုး – ကုတ်ကုတ် ပါမီ ၃

⑩ အို / o / → အုံ (န် – မ်) / oũ /

ကျော်ဟိုးသပေ တောင်ကျွန်းတည်း ဟိုး – ဟုန်း ရဲတင်း ၈

ချိုးချိုးချွန်းချွန်း အုန်းအုန်းမည်ဟစ် ချိုး – ချွန်း ဝေနှီး ၂၅

ယိုယိုရွဲ့ရွဲ့ နုတ်တုံ့မမြွက် ယို – ရွဲ ဒေး ၁၃၀

ကျိုက်ဆူဟိုးဟိုး ကြီးသည်မိုးသို့ ဟိုးဟိုး – ဟုန်းဟုန်း ပါမီ ၁၂၄

ကျေးဇူးအဟုံ ဆပ်တုံ့လို၍ တို – တုံ နဝ ၂၇

(၈) အိုင် / aĩ / → အုံ (န် – မ်) / oũ /

တမိုင်းငယ်မို့သည် ရဂုံညိမြွန်းတော့တယ် မိုင် – မုန် ပဒေသာ ၁၁

လေကြီးမုန်တိုင်း ဆင်အုံ့မိုင်း၍ ဝန်းဝိုင်းပိုက်ကာ မိုင် – မုန် ကဏ္ဍာ ၅၅

လကိုင်၍ မိုင်းမို့အရောင် မပြောင်မလင်း မိုင် – မုန် ကဏ္ဍာ ၆၅

လူရည်တန်တန် ဉာဏ်ခပ်ထုံထုံ ထိုင်း – ထုံ မွေ့ ၃၉

(၉) အောက်

① အောက် / auʔ / → အတ် / aʔ /

တဖျင်ချို့ချောက် နှတ်ဘောက်လျှာလ ချိုချောက် ချို – ချွတ် ဘူ ၆၂

ပေထက်တင်၍ တူဖြင်ခတ်လျှင် ခေါက် – ခတ် ပါရ ၅၂

ဒုဌရေး ခေါက်၍မေး ရုပ်သေးဘယ်မျှရှိသနည်း ခေါက် – ခတ် စွယ်စုံ ၁၀၈၃

② အောက် / auʔ / → အံ (န် – မ်) / ã /

ငေါက်ငမ်းခြိမ်မဲ သွင်းဆဲသတ်ဖြတ် ငေါက် – ငန်း မဃ ၃၉၃

အညွန့် အညှောက်	ညှောက် – ညွန့်	သတ်စုံ	၃၁၂
ချောက်ချမ်းသောအမှုဥ္ဆလိမ္မာစေကြောင်း	ချောက် – ချမ်း	တေဂီ	
အသက်သေမှုနှင့် ချောက်ချမ်း၍ ဥတ္တ–ဒီ	ချောက် – ချမ်း	တဏ္ဍာ	၂၄၀

③ အောက် / auʔ / → အစ် / ɪʔ /

ကောက်ကျစ်လိမ်လျက် ထိမ်ဝှက်မှုဆေး	ကောက် – ကျစ်	သုခါ	၄၈
မရောင့်မရဲ ဆားပျားမြဲ အမဲတစ်နှင့်ငါး	တောမ် – တစ်	ကဝိ	၆၉
တယောက်ဘက်ရပ် ကျောက်ကိုပစ်လည်း	ပေါက် – ပစ်	မနော်	၉၇
တုံတီဝတန်ရပ် နှစ်နောက်ဆုတ်ပြန်	နောက် – နှစ်	ပေါ–ကထာ	

④ အောက် / auʔ / → အင် / ĩ /

ဆုံလာထွတ်ချင်း ကျယ်လှုဝင်းသား	ချောက် – ချင်း	ပါမီ	၁၄၁
တောထွတ်ချင်းခပ် ရိပ်ခြည်းစပ်လျက်	ချောက် – ချင်း	မဟာဇ	၂၆၄
မင်းနားထွတ်ချောက် မကြားလျှောက်နိုင်	ချောက် – ချင်း	မဏိကုဏ်	၅၇၂

⑤ အောက် / auʔ / → အိမ် / eĩ /

ကြောက်ကြိမ်းရာပြည် ထီးနန်းတည်	ကြောက် – ကြိမ်း		
အပြောက်အပြိမ် သင်းနှောပိမ်း တလိမ်းမတိုက်နိုင်	ပြောက် – ပြိမ်း	ကဝိ	၆၄၁
ခြိမ်းခြောက်လန့်ကြား	ချောက် – ခြိမ်း	ပါမီ	၄၀

⑥ အောက် / auʔ / → အုတ် (ပ်) / ouʔ /

မျက်ရည်တွတ်တွတ် မီးထင်းမှုတ် ချက်ပြုတ်မပြီးပြ	တွတ်တွတ်. တောက်တောက်	ကဝိ	၁၂၆၂
ခရီးလမ်းထောက် မျက်ခြည်ရှောက်မှု	ရှုပ် – ရှောက်	ဒေ	၂၆၉
ကုတ်ကုတ်ကျစ်ကျစ် မညှစ်ဖျစ်နှင့်.	ကုတ် – ကောက်	မယ	၁၉၂
ကျော့.ကျည်းမှုနည် ကွေ့လည်ကောက်ကျစ်	ကုတ် – ကောက်	မယ	၂၀၉

⑦ အောက် / auʔ / → အုံ (န် – မ်) / oũ /

စပါးနေဟုတ် လှမ်းပါကုန် မအုန်မအောက်သေး	အုန် – အောက်	ကဝိ	၈၆၃
ပည်ဖြိုးလောက်လုံ့ တပါးတုံကား	လုံ. လောက်	ကုန်း	၉
ဥအောက်သအုန် မျက်သုန်သုန်တည်	အုန် – အောက်	ပါမီ	၁၆
အုန်အောက်ခန္ဓာ သတ္တဝါကို	အုန် – အောက်	ပါမီ	၁၀၇

⑧ အောက် / auʔ / → အက် / ɛʔ /

ရေမပြည်အို့ လုပ်ရိုးပေါက်ပက်	ပေါက် – ပက်	လောကနီ	၃၂
ထီးကိုစွန့်၍ မတွန်မရွက် မိဘလက်ဥ္ဆ	ရှောက် – ရှက်	ဇယ	၃
ဆက်နင်းစုပုံ ရတုံခွန်သွင်း	ဆောက် – ဆက်	စွာ	၃၁

第四章　缅甸语汉语韵母系统的比较　139

အိပ်လေသော် ဟောက်ဟက်၍ အိပ်ပျော်လေ၏ ဟောက် – ဟက်　မဏိ　၃၈၉
ဆောက်နှင်းကြမှာ ချမ်းသာပင်စည်　　　　ဆောက် – ဆက်　ပါမီ　၁၃၁

（十）အောင်

① အောင် / aũ / → အတ် (ပ်) / aʔ /
တရာထီးဆောင်း ညွတ်ညောင်းဦးတင်　　ညွတ် – ညောင်း　ရာသ　၄

② အောင် / aũ / → အံ (န် – မ်) / ã /
ဇော်ဇိညွှန့်ညောင်း ရေးသူဟောင်းတို့　　ညောင်း–ညွှန့်　ဇယ　၇၈
မမြောက်သီးနံ အသွံ့အဖျုံး　　　　　　　သောင်း – သွံ့　ပြင့်　၁၄
လေးလျှုံရောင်ညီ လောင်လီလီသော　　ရောင် – လျှုံ　ကျီးသ　၁၄
အဆွေခင်ပွန်း ကောင်းလျှင်ကန်း ချစ်ပန်းစုပါစေကောင်း – ကန်း　ကဝိ　၆၅၇

③ အောင် / aũ / → အင် / ĩ /
လင်မောင်မင်းနှင့် သက်ခြင်းလုယ်ဘက်　　မောင် – မင်း　ကိုခန်　၁၇၆
ထိသေမင်းအားရောင်ရင်းတူပင်　　　　　ရောင်း – ရင်း　မူ　၁၇
ယခေါင်ကာလ ဘဝဝက　　　　　　　ခေါင် – ခင်　မဃ　၁၂၂
စိုးရိမ်သဖြင့် တထင်ထင်လျှင် ငွ်လင်၍သာ　ထောင် – ထင်　ကျည်းကန်　၉
လေညောင်းမဆန့် ဆန်စေသော　　　　　ညောင်း – ညင်း　ဒေး　၅၇

④ အောင် / aũ / → အိမ် / eĩ /
သက်မျှုကြည့်ယုံ လက်ဆုံမယား ပြောင်းမယားနှင့် ပြိန် – ပြောင်း　အဋ္ဌ　၂၄
မယားပြိန်ပြောင် မောင်နမရင်း　　　　　ပြိန် – ပြောင်　ပါမီ　၁၃၅
ပွဲဝင်မယ် ချောင်းသူရဲ့ လွဲယှဉ်နှင့်မောင်း　ချိန် – ချောင်း
သူခိုးဉာဏ်ကောင်းဉစ္စာချောင်းသို့　　　　ချိန် – ချောင်း　ပြင့်　၆

⑤ အောင် / aũ / → အုတ် (ပ်) / ouʔ /
သုပ်သုပ်သောင်းသောင်း ဖုန်းတောင်းအဂုန့်　သုပ် – သောင်း　ဘုံ　၂၆
သွယ်လမောင်းနှင့် ပုပွေးပွားစည်　　　　ပုပ် – ပေါင်း　မူ　၄၄
သမီးပျိုကို မငေါင်းစီကဲ့　　　　　　　ငုတ် – ငေါင်း　တေးသ　၆၂

⑥ အောင် / aũ / → အုံ (န် – မ်) / oũ /
မိုးရိပ်တိမ်ဘောင်ချုင်းလတည်း　　　　　ဘုံ – ဘောင်　ဇယ　၁၄၇
အပေါင်းတွေ အန်သင်၍ နက်ဖြင်လား　　အပုံ – အပေါင်း　ကျီးသ　၁၅
လုံးလုံးလျောင်းလျောင်း မမှား　　　　　လုံး – လျောင်း　မဏိ　၁၂၉

⑦ အောင် / aũ / → အံ (န် - မ်) / ã /

မမြောက်သီးနံ့ အသွံ့အဖျင်း	သောင်း – သွံ့	ပြာဥ္စ	၁၄
လေးလျှံရောင်ညီ လောင်လီလီသော	ရောင် – လျှံ	ကျိုးသဲ	၁၄
အဆွေခင်ပွန်း ကောင်းလျှင်ကန်း ချစ်ပန်းစုပါစေ	ကောင်း – ကန်း	ကဝိ	၆၅၇
မအီမကျန်းခြေယမ်းလက်ယောင်နှင့်	ယောင် – ယမ်း	ကျည်းကန	၁၄

(၁၁) အတ်

① အတ် (ပ်) / aʔ / → အစ် / ɪʔ /

လစ်လပ်ယွင်းခွ မရမူကား	လစ် – လပ်	ကုသ	၃၇၄
လုံခါးသေနစ် အဆစ်ဆစ်ဖြင့်	သေနစ် – သေနတ်	မဃ	၃၇၅
နောင်အိမ်လည်း အလပ်ဖြစ်ခဲ့	လပ် – လစ်	ပါရာ	၅၇
မျက်ဆန်နှင့်တူသော မိမိချတ်စွာသောလင်	ချစ် – ချတ်	ကျောက်လက်	၁၂၉

② အတ် (ပ်) / aʔ / → အင် / ĩ /

ထောင်အကြပ်တို့ကျဉ်းကျပ်မြဲမြဲ	ကျပ် – ကျဉ်း	မဃ	၁၄၈
ထီးနန်းနှင့်လျှက် မင်းတို့ကျင်ရာ	နှပ် – နှင်း	မဃ	၆
ကျဉ်းကျပ်ဆောင်ရွက် ရောင်ရင်းဘက်နှင့်	ကျပ် – ကျဉ်း	မဃ	၁၆၂
မင်းရို့ကျင့်မှတ် နားတော်သွပ်အံ့	သွပ် – သွင်း	နဝ	၆

③ အတ် (ပ်) / aʔ / → အိပ် / eɪʔ /

ဒကာစေါတွပ် ရန်သွံ့နံ့ဖြတ်အား	ထွပ် – ထိပ်	နဝ	၂
တောင်အောက်တောင်လတ် တောင်ထွပ်တောင်ထိပ်			
	ထွပ် – ထိပ်	ယိုး	၂၈
နန်းမြေအောင်ချာ ထွပ်ထိပ်သာထက်	ထွပ် – ထိပ်	စာဆို	၂၃

④ အတ် (ပ်) / aʔ / → အုတ် (ပ်) / ouʔ /

မကုတ်မကတ် သူတော်မြတ်တို့	ကုတ် – ကတ်	နဝရတ်	၄၃
မုချဆတ်ဆတ် ဟုတ်ဟတ်စီစီ	ဟုတ် – ဟတ်	ကု	၁၂၄
ဂုဏ်တော်စုတ်ကို အရှပ်တင်ပြု	စုပ် – စပ်	သစ္စာ	၆၈
ထံပါးမကုပ်ထိတ်လန့်ဖျပ်၏	ကုပ် – ကပ်	ဘူ	၂၉၃
ထိုခါတိုးစုတ် ခွန်အားထုတ်သည်	စွတ် – စုတ်	ပါမီ	၄၆

⑤ အတ် (ပ်) / aʔ / → အံ့ (န် - မ်) / oũ /

| မသုံးမသပ် ခဲမကွပ် တေးခပ်ပြနှင့်သာ | သပ် – သုံး | ကဝိ | ၁၄၃၈ |

⑥ အတ် (ပ်) / aʔ / → အက် / ɛʔ /

ကေန်ဆက်ဆက် ဒီဗွ စက်ဖြင့်	ဆက်ဆက် – ဆတ်ဆတ်	မဟာစ	၁၆၉
ပို့မည်ဆက်ဆက် စိတ်မကွက်ဘဲ	ဆက်ဆက် – ဆတ်ဆတ်	၉	၁၀၈
ကျိုးမနက်ကပျက်သည်အရာ ဖြစ်သင့်စွာကို	နက် – နပ်	သုခ	၈၉
မပြေငြ်၍ ပန်နက်တဘန်	ငက် – ငတ်	ပါမီ	၈၀

⑦ အတ် (ပ်) / aʔ / → အွတ် / uʔ /

လပ်သည်အခါ ပဥ္စကာယေ ရောက်ပြန်လေခဲ့	လွတ် – လပ်	သုခ	၃၀
သမီးပေးအပ် အင်ရှစ်ထပ် မလပ်မလွတ်ရာ	လွတ် – လပ်	ကဝိ	၁၄၆၇

(十二) အိုက် / aiʔ /

① အိုက် / aiʔ / → အက် / ɛʔ /

တစုမက်မက် ခေါ်စိုက်စက်လျှက်	စိုက် – စက်	ရခိုင်	၂၆
လိုက်လိုက်လက်လက် ရေးမိတ်ဘက်ဖြင့်	လိုက် – လက်	သခင်ကြီး	၃၆

② အိုက် / aiʔ / → အောက် / auʔ /

အထောက်သင့်ထွေ ဖြစ်နှင့်ပေသည်	ထောက် – ထိုက်	ဆင်ဖြူ	၄၀
အထောက်မတန် ရေနံဘဝတွင်	ထောက် – ထိုက်	ပုည	၂၀

③ အိုက် / aiʔ / → အံ (န် – မ်) / ã /

ကျားရဲသစံ တွေ့လိုက်လံ ကိုယ်ရံပင်သို့လွှဲ့	လိုက် – လံ	ကဝိ	၃၁၀
တိုက်တွန်းဆင်လား ခြေသွားလွှားပစ်	တိုက် – တွန်း	သခင်ကြီး	၁၂
အညာမြစ်ယံ ရှာလိုက်လံသည်	လိုက် – လံ	ပုည	၃၀

④ အိုက် / aiʔ / → အိမ် (န်) / aĩ /

ထွက်ခင်းကြိမ်ကြိုက် ဘုန်းကံထိုက်၍	ကြိုက် – ကြိမ်	ကျည်းကန်	၁၈

⑤ အိုက် / aiʔ / → အုံ (န် – မ်) / oũ /

ငြင်းခုံဆိုမြည် စကားရှည်အံ့	ခိုက် – ခုံ	ဇယ	၁၆၅
ဗျာဒိတ်နှင့်ကြို့ မြစ်ရေတို့ အဟုံးမပြေး	ကြိုက် – ကြုံ	ကဝိ	၁၅၂
နှစ်ပါးအညီ ကြိုက်ကြစေ၏	ကြိုက် – ကြုံ	ပါရ	၁၉၈

⑥ အိုက် / aiʔ / → အက် / ɛʔ /

စိုက်စိုက်စက်စက် နန်းတော်လက်ဓ	စိုက် – စက်	မြား	၃၂
ကြင်နာစုံမက် ခေါ်စိုက်စက်သား	စိုက် – စက်	ဘုံ	၇
တီးဆော်မှုတ်၍ အုတ်အုတ်ကျိုက်ကျိုက်	ကျိုက် – ကျက်	မယ	၉၃
လိုက်လိုက်လက်လက် ရေးမိဘက်ဖြင့်	လိုက် – လက်	သခင်ကြီး	၃၆

(十三) အိုင်

① အိုင် / aĩ / → အံ (န် - မ်) / ã /

ကိုင်ကိုင်ကန်ကန် ဆိုလိုက်တွန်လည်	ကိုင် - ကန်	ပြာဋ္ဌ	၄
မိုး်လေးလလုံး ကျူးခဲ့ဆုံး အိုင်ထုံးစိုထန်းထန်း	ထန်း - ထိုင်း	ကဝိ	၁၉၁
တည်တည်တံ့တံ့ ခိုင်ခံ့ခဲ့လျှင်	ခိုင် - ခံ့	သစ္စာ	၂၁၇
တိုင်တန်းသက်သေကြားမတည်း	တိုင် - တန်း	တန်ရဿ	၄၃

② အိုင် / aĩ / → အင် / ĩ /

| မမာမယွလေး ပုံတုခင်းသော် | ပုံခိုင်း - ပုံခင်း | လောက | ၂၆ |
| ပုံစံညှိခိုင်း တူသင့်နိုင်းသား | ခိုင်း - ခင်း | ကိုးခန်း | ၄၀ |

③ အိုင် / aĩ / → အိမ် (န်) / eĩ /

နောင်လာစောင့်စည်း ကွပ်ထိုင်းတည်းလျှက်	ထန်း - ထိုင်း	ရဲ	၃
ယိမ်းယိုင်ဦးဆောက် လျှားမှောက်ဝပ်စင်း	ယိမ်း - ယိုင်	မဃ	၄၈
နောင်ကြောင့်ပေတီ မမြေမိန်းမိုင်	မိန်း - မိုင်း	စာဆို	၆၄
ပညာကျယ်တိုင်း ကွပ်ထိုင်းဆုံးမ	ထန်း - ထိုင်း	ကိုးခန်း	၁၈၀

④ အိုင် / aĩ / → အုပ် (တ်) / ouʔ /

ရှက်ရွံ့ဆုတ် ဆိုင်း ဆုတ်ဆိုင်းတည်း	ဆုတ် - ဆိုင်း	ကိုးခန်း	၂၀၉
ဆရာသင်တိုင် မဆုတ်ဆိုင်းဘဲ	ဆုတ် - ဆိုင်း	ကုတ	၆
ကြိုးဝါးသံတိုင် မဆိုင်းမဆုတ်	ဆုတ် - ဆိုင်း	ဇယ	၇၇

(十四) အံ

① အံ (န် - မ်) / ã / → အစ် / ɪʔ /

ကြောက်ရှက်မစောင့် ညစ်ညောင့်ညစ်ညမ်း	ညစ် - ညမ်း	ကိုးခန်း	၁၇၆
သဘောတမ်းဖြင့် ညစ်ညမ်းယုတ်မာ	ညစ် - ညမ်း	မဃ	၁၂၉
ညစ်ညစ်ညမ်းညမ်း သက်န်းကိုမရံ	ညစ် - ညမ်း	ပုည	၆

② အံ (န် - မ်) / ã / → အင် / ĩ /

မကျင့်မလျှင် ကျွမ်းမဝင်သည်	ကျွမ်း - ကျင်	သံ	၄၈
ပေါင်းမိချစ်ခင် ကျွမ်းကျင်လျှင်က	ကျွမ်း - ကျင်	၀မ္ဘီ	၃၉
ယဲ့ကကျွမ်းလျှင် မေတ္တာဝင်လျှက်	ကျွမ်း - ကျင်	ဥမ္မာ	၆
အောက်ဟင်းလင်းလျှင် ကျယ်ဝင်းထက်ချည်း	ကျယ်ဝန်း - ကျယ်ဝင်း	ပါမီ	၅၅
မြှားနယ်စင်း၍ ဝမ်းတွင်းဖြောင့်တန်း	စန် - စင်း	ကိုးခန်း	၅

ကြာတင်မနေ ရပ်မြေသူ့ဆီ ကြာတန် – ကြာတင်
စာဆို ၁၉၅

③ အံ (န် – မ်) / ã / → အိပ် (တ်) / eɪʔ /
ခွမ်းမောင်းနိုပ်နှံ့ ဖြန်းတောသံနင့်. နိုပ် – နှံ့ ဂါမဏိ ၂၆

④ အံ (န် – မ်) / ã / → အိမ် / eĩ /
စိုးရိမ်နှောင့်တော မမူနှင့်. ရှံ့ – ရိမ် နန္ဒီ ၃၅
နောင်တမတင် စိုးရိမ်ပြင်းလျက် ရှံ့ – ရိမ် ရွှေ ၇၀
ရှိလေးနိုးစံ. လွန်စိုးရှံ့ခဲ. ရှံ့ – ရိမ် ဒေး ၅၀
ကောင်းကင်မှာတိမ် ချုမှာကြိမ် အလိမ်အလိမ်ရစ် လွန်. လိမ် ကဝိ ၄၄၂

⑤ အံ (န် – မ်) / ã / → အုပ် (တ်) / ouʔ /
ကြမ်းကြမ်းကြုတ်ကြုတ် မဟုတ်မလျား ကြမ်း – ကြုတ် ဘို ၅၀

⑥ အံ (န် – မ်) / ã / → အုံ (န် – မ်) / oũ /
အထူးမြူ့မွန် တည်လတ်တွန်သည် တုံ – တွန် ရခိုင် ၂၂
ငါ့ကြက်တမြှုစားလေတုံ ဘုံ့လွင့်ရွာသားခွေး တုံ – တွန် ကဝိ ၁၇၀
မဖျင်းမသုန်း ပျှာပိတုန်း ဖြူးဖြူးပျိုဝဲ သုန်း – သွမ်း ကဝိ ၅၀၇
ပြည်ကြီးကြေးမုန် ရှင်ဝေသန် ကြေးမုန် – ကြေးမုံ့ဝေသန်း ၆၉

⑦ အံ (န် – မ်) / ã / → အက် / ɛʔ /
ရှိန်ရှိန်ရပ်ရည် သက်သက်ကြည်လျက် သန် – သက် ဆု ၃၉
သန်သက်ကြည်စွာ သဒ္ဒါရေဆွတ် သန် – သက် ကိုးခန်း ၂၆၁
ကိုယ့်အလေးကို သန်ဆေးပြင်ဆင် သန် – သက် ဇယ ၁၃၄
လေးအင်္ယိုးယံ ပြစ်မဆံသည် ဆံ – ဆက် ဝရ ၁၄
နှစ်ဦးမဆံ မယ်သက်နံလျှင် ဆံ – ဆက် စာဆို ၁၅၇

⑧ အံ (န် – မ်) / ã / → အွန် (မ်) / ũ /
ပိန်သားမွှမ်းမ ပြင်နှံရံ အလျှုနာရဏာ မွမ်း – မံ ကဝိ ၂၆၇

(၁၅) အစ် / ɪʔ /

① အစ် / ɪʔ / → အိပ် (တ်) / eɪʔ /
ချက်ထီနစ်လျက် ချစ်ချစ်မဲ မီးကြီးထဲတွင် ချစ် – ချိတ် သုခ ၅၁

② အစ် / ɪʔ / → အုပ် (တ်) / ouʔ /
အဟောင်းချုတ်ချစ်အသစ်မဝင် ချုတ်. ချစ် ရွှေ ၇၈
အိုးပုအိုးပျစ် ကျပ်လည်သစ်သို့. ပုတ် – ပျစ် သုခ ၁၁

ချစ်ချစ်ချုပ်ချုတ် ကျမ်းတသေ့တ်စုတ်စွဲမကျင်ပြီ	ချုတ် - ချစ	ကဝိ	၁၃၀၇
ကုပ်ကျစ်သေသပ် ဆုကြီးဝတ်ကို	ကုပ် - ကျစ်	ပါမီ	၁၀၅

③ အစ် / ɪʔ / → အုံ (န် - မ်) / oũ /

တုံးတစ်ပြတ်တောင်း ဥကျော်င်းလက်ခြေ	တစ် - တုံး	မဃ	၄၆၃

④ အစ် / ɪʔ / → အက် / ɛʔ /

ခင်ပွန်းပစ်လျှင် ဖြစ်လင်းကစား	ပျက် - ပစ်	ပါမီ	၁၃၇
နရာတမွတ် ကေရတ်လည်း	ကေရတ်- ကေရင့်	စာဆို	၁၆
ကျင်ထွေနီသတ် ခလုပတ်နှင့်	ခလုပတ်- ခလုပစ်	နတ်	၁၅

(十六) အင် / ĩ /

① အင် / ĩ / → အိပ် (တ်) / eiʔ /

သက်န်းအရိပ် ချိုပ်ချိုပ်ဟောင်းထွေး	ချိုပ် - ချင်း	ဆု	၁၆၈
အသွေးခြင်းခြင်း သားသစ်ဆင်းသို့	ချိတ် - ခြင်	ကိုးခန်း	၁၂၀
မပင်မပိတ် ကိုယ်နှတ်စိတ်ဖြင့်	ပိတ် - ပင်;	သုခါ	၆၃
ပုတီးလည်းစိတ် မာန်ကိုနှိပ် သိပ်သိပ်သည်းလည်းပင်	နှိပ် - နှင်း	ကဝိ	၁၄၈၅

② အင် / ĩ / → အိမ် (န်) / eĩ /

အခဏ်းခဏ်းတို့ စူးစမ်းချင်ချိန်	ချင် - ချိန်	ပုည	၄၀
မြေပြင်ခပင်း တိမ်းတင်းဘွယ်တီ	တင်း - တိမ်း	စွာ	၂၅
တနေ့ဆယ်ကြိမ် တင်းမတိမ် ပန်းထိမ်သုခိုညှပ်	တင်း - တိမ်	ကဝိ	၄၆၂
လူပြင်းလူပြိန်း စိတ်မထိမ်း ပိန်ကိုစား၍မှင်	ပျင်း - ပြိန်း	ကဝိ	၁၄၃

③ အင် / ĩ / → အုပ် (တ်) / ouʔ /

အုတ်အင်ပြောထူ ရွှေပြည်သူတို့	အုတ် - အင်	မု	၃၃
မာရ်ငါးအင်ကို ပယ်သင်နိုင်သော	သုတ် - သင်	ကိုးသဲ	၁
ဂုဏ်အင်ပစ္စည်း မထောက်နည်းကား	အုတ် - အင်	စာဆို	၂၅
မင်းရေးကုန်စင် ရန်လုံးသင်မှ	သုတ် - သင်	စာဆို	၄၅

④ အင် / ĩ / → အုံ (န် - မ်) / oũ /

မခုံမင် မခင်မမွတ် ပျိုထွတ်ယံသွေး	ခုံ - ခင်	ဇေယ	၁၃၉
ရွှေမြို့ပတ်ကုံ သုံးထပ်ကျုံး ခြူးခြူးရံသန်းသန်း	ကျုံး - ကျင်း	ကဝိ	၁၉၆
ပန်းကုံးလိုဆင် ရွှေကြေးမြင်သို့	ကြေးမြင် - ကြေးမုံ		

နတ်စည်အုန်းအင်း သဘင်စင်းလျက် အုန်း – အင် နာရဒ ၇၂

(十七) အိတ် (ပ်) / eiʔ / → အက် / ɛʔ /

ဆောက်တည်ဆောက်တည် စိတ်စက်ကြည်လျက် စိတ် – စက် သစ္စာ ၁၆၇
ညိတ်ညက်စစ်မြေ့ သွားကြလေ၍ ညိတ် – ညက် စုံ ၃၀
ထွန်းဝင်းရောင်ခြိုပ် ရွှေညောင်ရိပ် မာရ်နိပ်ပြီးအောင်မြင် ရောင်ခြိုတ် –ရောင်ချက်
ကဝိ ၁၄၇

(十八) အိမ် (န်) / eĩ /

① အိမ် (န်) / eĩ / → အုံ (န် – မ်) / oũ /

ကြောက်မက်လန့်ကြိမ်း သိကြား ခြိမ်းလည်း ခြိမ်း – ချုန်း ပေါင်း ၃၆
မိုးချုန်းမည်သံ ဝဲကာပျံတည် ခြိမ်း – ချုန်း မက်–နီ ၂
အားရမ်းသံပ ကြိမ်းထိုက်လု၏ ကြိမ်း – ကြုံး တန်–ရ ၂–၃
ခိုကိုးရခွင့် ကြိမ်သည်လည်းတကြောင် ကိမ် – ကြုံ ကျိုးသဲ ၅

② အိမ် (န်) / eĩ / → အက် / ɛʔ /

မချက်မချိန်း ကြည်စိန်းစိန်း ဘိန်းကားရှာကျေးကိုင် ချိန်း – ချက် ကဝိ ၈၅၀
အမြဲအချက်ဆိုသတည်း ချိန်း – ချက် ပါရာ ၉၂
မော့လှန်လိမ့်လက် လိုင်းဂယက်နိုက် လိမ့် – လက် မဃ ၂၄၅
ကလက်ကလိန်း ဘဏ်မထိမ်းပ လိန်း – လက် မဃ ၂၈၁
လော်လီလိမ်လက် ဆင်နားရွက်သို့ လိမ့် – လက် ရဲ ၁၆

(十九) အုတ် (ပ်) / ouʔ / → အက် / ɛʔ /

ရှတ်ရက်သဲသဲ ပျံဝဲသောင်းသောင်း ရှတ် – ရက် ဘုံ ၅၁
ရှုပ်ရှုပ်ထွေးရော သံရည်နောသည် ရှုပ် – ရက် နာ ၁၄၉
ရောင်ဝါဟုတ်ဟုတ် မလှုပ်မလှုက် လှုပ် – လှုက် မဃ ၄၀၀
မြားမြောင်တည်စုဝေး ရှုပ်ရက်ဖွေး ရှုပ် – ရက် တိုးမင်း ၄၉

(二十) အုံ (န် – မ်) / oũ / → အက် / ɛʔ /

မာရ်နတ်မျက်မှုန်း ပျက်ပြုန်းကပွ မှုန်း – မျက် ပုည ၂၄
ရွှာသွန်းပတ်ကုံး လျှပ်ဝါပြုံးသည် ပြုံး – ပြက် ညွန်–တ ၆

我们将上列的各种情况归纳成简单的缅甸语今古韵母变化表如下：

缅甸语韵母		可以通转的韵母
a	→	u e ɛ ɔ o a? ɛ? au? ap ou? ã ĩ aũ oũ
i	→	u e ɛ ɔ o a w i ɛ? ai?（uik） u? ou?（ip it）ã ĩ aĩ aũ eĩ oũ
u	→	ɛ o ɔ a?（ap）ɪ? ai? ou? ã ĩ aũ eĩ oũ
e	→	ɛ ɔ o a?（ap）ɪ? au? ɛ? ã ĩ aũ
ɛ	→	ɔ o a?ɛ? aɪ? au? eɪa ?ua ?i ou? ã ĩ aũ oũ
ɔ	→	a?ɛ? ou? ã ĩ aũ oũ
o	→	a?ɛ? au? eɪ? ou? ã ĩ aũ eĩ oũ
a?	→	ɪ? u? ɛ? ei?（uik） ou?（ip it）ĩ oũ
ɪ?	→	ɛ? eɪ? ou? oũ
aɪ?	→	ɛ? au? ã aĩ oũ
au?	→	ɪ? a? ɛ? ou? ã ĩ eĩ oũ
eɪ?	→	ɛ?
ou?	→	ɛ?
ã	→	ⁱɪ? ɛ? eɪ? ou? ĩ ũ eĩ oũ
ĩ	→	eɪa ?ou? eĩ oũ
aĩ	→	ou? ã ĩ eĩ
aũ	→	a? ou? ã ĩ eĩ oũ
eĩ	→	ɛ? oũ
oũ	→	ɛ?

从古到今，缅语的韵母与辅音声母一样，变化很大，这些给我们提供了研究语音变化的宝贵材料。

第五章 缅甸语汉语的声调系统比较

对于汉语，上古汉语中有没有声调国内外的语言研究者持有不同的看法：

（一）一部分学者认为汉语声调古已有之。因为汉语的特点之一就是有声调。他们认为《切韵》的声调不可能是突然出现的，而是继承上古汉语的声调而来。并且参证《诗经》押韵中的基本规律和其他有关材料，提出了上古汉语有四个声调的假设。基本上与《切韵》相同。只是在音高、音长方面与中古汉语的声调有别。例如：

调类	平声	上声	去声	入声
例字	刀 东 庆	小 步 广	报 易 电	易 合 节

清顾炎武在《音学五书·音论》中写道："四声之论虽起于江左，然古人之诗已自有迟疾轻重之分，故平多韵平，仄多韵仄，亦有不尽然者。而上或转为平，去或转为平上，入或转为平上去，则在歌者之抑扬高下而已，故四声可以并用。"顾氏此言，肯定了四声一贯的主张。

江永主张"平自韵平，上去入自韵上去入者，恒也。"强调了同调相押的常规。

段玉裁主张上古汉语只有平上入三个声调，没有去声。他认为古韵17部中，有的韵部只有平声，如歌部、宵部、元部、文部以及阳部、耕部、东部、蒸部等，有的韵部只有平上两声，如侯部，有的韵部只有平入两声，如支部、真部、侵部和谈部，有的韵部则平上入三声皆有，如鱼部、脂部、之部，幽部等。

黄侃主张上古只有平入两个声调。

王国维则提出上古声调有五个，即：阳类一，与阴类之平上去入四，是也。（《观堂集林》卷八）

王力则认为上古有四个声调，分为舒促两类如：

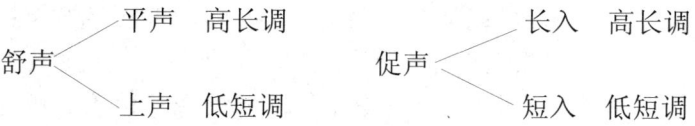

王力认为"上古四声不但有音高的分别，而且有音长的分别"，"中古的去声是从上古长入调去掉韵尾塞音而变来的。"

（二）另有一部分学者则认为上古汉语没有声调。像提出"古今语音有时地之异，并有变化发展"著名论断的明陈第就认为"四声之辨，古人未有"（《毛诗古音考》），这一论点被人认为是错误的，认为他看不到《诗经》用韵中声调相协的基本规则。

奥德里古在1954年根据越南语研究，最完整地提出了声调起于韵尾转化说，并提出了-s > -h >去声，-x > -ʔ >上声的演化公式（其中 –x 表示某类喉音，从南岛语来看，当代表 -q 音）。郑张尚芳、白一平等持新学说的学者都认为：上古无声调。他们采用奥德里古、蒲氏上声来自-ʔ，去声来自-s（-h），仄声来源于韵尾的说法，所以又增加了-ʔ、-s 尾。1997 年全广镇《试论原始汉藏语有无复辅音韵尾》(第 30 届国际汉藏语言和语言学会议论文)论述汉语去声字跟藏文-gs、-bs、-ds、-ŋs、-ms相对应的字例。郑张还指出更早时候-ʔ来自-q。而-s 稍后变成-h，-s、-gs 变 -h时，-bs并入-ds>-s，故-h、-s曾经同时并存过。郑张尚芳的声调与韵尾的关系表如下：（1987）

	平 声	上 声	去 声	入 声
后置尾	-0	-ʔ	-s →-h	
鼻尾	-m -n -ŋ	-mʔ -nʔ -ŋʔ	-ms -ns -ŋs	
塞尾			-bs -ds -gs	-b -d -g
伴随调	33	35	31	3

5.1 缅甸语声调及其历史演变

从缅甸语发展史来看，辅音韵尾的消失导致缅语中的声调的发展，多少也可以作为上古汉语没有声调，而后来的分化成四声是跟韵尾舒促、元音长短、声母清浊变化有关的一个佐证。

在中国，许多专家认为"声调是在同一声调中音长、音节、音势三种变化相乘之结果"。这可以理解为元音音高的升降和音长的总和形成了声调。这里指的是韵母部分，声调与韵母的密切关系是显而易见的。按这个标准，古代汉语就分成平上去入四个声调。但是又根据声母的清浊，分成阴、阳两类。可见声调与声母也有着密切的关系。我们要想更科学地划分缅甸语声调，不能不分析缅甸语中的声调与声母、韵母及声调与声调之间的关系。

现代缅甸语与大多数汉藏语系的语言一样，已经成为一种有声调的语言。缅甸语与汉语一样，声调与声母、韵母结合成一整体，成为每个音节不可缺少的组成部分。声调与声母、韵母都有一定的制约关系。也就是说，声母、韵母发生变化，声调也随之发生变化。

关于汉语声调的起源有多种说法，郑张尚芳在《上古音系》中写道："声调的起源有多种说法，从汉语方言看，在音系层面上，四声后来的分化跟韵尾舒促、元音长短、声母清浊都有联系。"例如汉语是先分舒促（平仄）后分阴阳（清浊）。藏语也与此类似。藏语由无声调到有声调也是先分舒促后分阴阳。从汉语、缅语、藏语等来看声调产生的一个重要原因是韵尾转化。汉语的入声由塞音韵尾转化而来是大家眼见的铁的事实，而且丢尾之后好长时期还保留读促音。当然，元音的长短、高低、声母的清浊分化，也是声调产生的重要因素。

缅甸语的声调特征与汉语、藏语以及我国许多兄弟民族语言的声调有许多共同之处。从声调的产生和发展；声调的特点和作用；声调的变化等方面都可以找到极为相似之处。因此，对缅甸语声调的研究与亲属语言的历时或共时的对比研究有着密切的关系。

关于汉语的声调，唐《元和韵谱》写道："平声者哀而安，上声者厉而举，去声者清而远，入声者直而促。"这是对汉语四个声调极为形象的描述。上面已经提到，王力先生认为古无去声，入声元音分长短，去声由长入变来。严学宭则认为原始汉语无声调，后由元音松紧产生高低调作伴随现象而形成声调，故早期只有平上入声，去声来自上声、入声。郑张尚芳也认为汉语原先并无声调，声调是后来产生的。

那么，上古缅语有没有声调，缅甸语声调究竟有几类？到目前为止，国内外学者对此尚无统一的意见。综合来看，有两分法、三分法、四分法、五分法等多种分类法。其中"四分法"按不同的标准，又有多种看法，故虽然同样是四分法内容也不尽相同。为了使读者对诸家分法有个大致的了解，现将诸家之说作一简单介绍。

A. 两分法：美国的语言学家班奈迪克（Benedict）主张缅甸语声调可成两类：一类为以元音结尾的音节（其中包括鼻元音为结尾的音节），这类声调中有不同的音质差别；另一类为以闭塞音结尾的音节，这类声调没有对应的音质差别。[①]

B. 三分法：澳大利亚学者布莱德雷（Bradley）认为：从历史观点来看，古缅语可以构拟成三个声调，它们是：带元音韵尾的一个调、带鼻音韵尾的一个调、

---

① "E. G. Benedict 1948 and spring 1957. 1963a, 1983B, suggest a two-tone analysis for Burmese in vowel-final syllables (including nasalized syllables), with a further voice-quality distinction, g/non-g Present in one tone, but not in the other, and on tonal contrast is stop-final syllables." David Bradley《Proto-Loloish》p.81

以及带塞音韵尾的一个调。后来带塞音韵尾的调发展成 creaky，也可能发展为带喉塞韵尾的音。①

C. 四分法：这类分法中，还有不同的内容和名称。如英国学者奥凯尔（Okell）认为缅语中有四个声调：塞音调（stop）、吱嘎调（creaky）、重调（heavy）、平调（level）。②

缅甸学者吴佩貌丁也认为有四个调：高降调、平调、微降调、中间调。③

这两种分法中，"平调"所指是一样的，其他几类各不相同。在吴佩貌丁的分类法中，将奥凯尔（Okell）的吱嘎调、塞音调都放入微降调中。而将重调（heavy）算作高降调。

吴佩貌丁的"中间调"实际上是指"轻声调"。

D. 五分法：日本语言学家西田龙雄则把缅甸语声调分成五种类型。他认为，缅甸语声调可分为：-n，-zero 为韵尾的（开音节）声调三种和喉塞音为韵尾的（闭音节）声调两种；详见下表：

调类	调值	例词	音	汉语意见
1. 低平型（平）	22~23	ca	[kya:^{22}]	荷花
2. 高平型（上）	442	câ	[kya:^{55}]	老虎
3. 高降型（去）	41	câ-de	[kya^{41}de:]	落下
4. 高平型（短入）	ʔ44	caʔ	[kya^{ʔ44}]	缅元
5. 高降型（长入）	ʔ41	caaiʔ-te	[kyai^{ʔ41}te:]	喜欢

---

① 见注一。
② John okell *A Reference Grammar of Colloquial Burmese* P.1.11, 1969, London oxford University Press.
③ 参见缅甸吴佩貌丁、美国阿姆斯特朗合著、吉端敦译成缅甸文的《缅语语音学》，仰光 1969 年。

对于缅甸语调类的划分标准颇有分歧。有人按韵母类型不同来划分，有人则从韵母的长短来划分，也有人按调值高低变化和韵尾来划分。上述的声调划分，实际上也不是在同一层面的基础上划分的，而是依据不同时期的缅甸语作基础划分的。例如二分法是以韵尾的舒促为依据，三分法是以原始彝缅语的声调构拟为依据，五分法主要是以《四译馆译语》（中古缅语）为依据，四分法则是以现代缅语为依据划分的。当然，各国学者从不同的角度，不同的方法来分析，得出不同的分类结果是不足为奇的。

缅甸语是汉藏语系中的语言，将缅甸语的声调放到汉藏语系中观察，得出的结论可能会更合理些。

国外许多学者也注意到了这一点，分别将缅甸语声调与汉语声调作了比较。如奥凯尔（Okell）将低平调与汉语的平声对应；将缅语中重调与汉语的上声调对应；将缅语的吱嘎调与汉语的去声相对应；缅语的塞音调跟汉语的入声调相对应。

西田龙雄也同样作了对应分析，不同的地方就是将缅语中的塞音调分成"短入"和"长入"两类。我国学者王敬骝、陈相木将缅甸语声调与傣、泰、柬语等作了比较，认为缅甸语中的高降调应与汉语的上声调相对，而缅语的高平调应与汉语中的去声调相对。这两个声调对应正好与奥凯尔和西田龙雄相反。这个分歧跟缅甸语声调分几类关系并不太大，我们暂且不论，这里着重分析缅甸语声调的调型和调类。因为，调值与调类并没有必然的联系，就像汉语一样，平上去入四声，发展到各个方言中，调值有不同的变化。如：北京的阴平调值为 55，可是在济南话中，55 调成了上声调，济南话中的阴平调却成了 213 调。从下列表中可以清楚看出这点：

	平		上		去		入	
	阴	阳						
北京	55	35	214		51			
沈阳	33	35	213		41			
济南	213	42	55		21			
			阴	阳	阴	阳	阴	阳
广州	55	21	35	23	33	22	5 或 33 2 或 22	

两分法按韵母类型来划分，将缅甸语分成开音节和闭音节两类。但缅语的开音节是有高低长短的区别的，并以此区别词义，也就是说是通过声调区别意义的。如"ka"它既可以表示"跳舞"又可以表示"阻拦"，还可以表示"车"。这种能区别不同词义的声调，不应该放在同一个调位中。应该将它们算作不同的声调为好。

五分法将促声调一分为二，分别为"长入"、"短入"。这当然在一定程度上反映了缅语中以喉塞音为韵尾的一类声调的特点。因为短促调中包括两种不同的声调现象。一种是单元音作韵母的，一种是双元音作韵母的。如：

A 类：	例字	汉语意思
	ja$^?$	站立
	ju$^?$	朗诵
	jɛ$^?$	编、织
	ji$^?$	缠绕
B 类：	jei$^?$	割、剃
	jai$^?$	打、揍
	jou$^?$	像、形像
	jau$^?$	到达

A 类短促调，韵母为单元音，声音很短，调值可标为 4。而 B 类短促调，韵母为双元音，它比 A 类调相对要长些，并有一个下降的趋势。调值可标作 42。这两种短促调还是有所差别的。

但是，类似这种情况的，还有鼻化双元音为韵母的音节。我们知道，缅甸语中的复合元音只能出现在鼻化元音和短促调中。例如：

C 类（指鼻化单元音作韵母的时候）声调较短。

如： jã 敌人　　　jĩ 蝇　　　jũ 腻味

D 类（指鼻化双元音当韵母时）声调较长。

如： jaũ 肿　　　jaĩ 东倒西歪　　joũ 相信

是否也应分成两类呢？如果按韵母长短来划分，自然也应另立一类。这样，缅语声调势必要增加好几类。

还有学者认为缅语声调分成三类，再另外加上一个带喉塞的尾，称之为"促声韵"，"促声韵"并不算声调。从缅甸语言历史来看，这类促声韵在古代都是带

p、t、k 韵尾的。后来这些辅音韵尾逐渐简化，成为喉塞音。它与古汉语中塞音韵尾逐渐变成入声调的情形是一样的。不把它算作一种调类，而说成是不同于声调的"韵"，将这"韵"划出声调范畴。但却又与其他三个声调相提并论，显得有些不伦不类。如果将这类 p、t、k 韵尾变成的喉塞音的情况不作声调处理，那么以同样的理由还可以将缅语中的鼻化元音作韵母的一类分出来，称之为"鼻化韵"。因为，这一类韵母，在古代都是以鼻辅音 m、n、ŋ 等作韵尾，后来 m、n、ŋ 等鼻辅音消失，使元音鼻化，形成现代缅语中的鼻韵母[①]。显然，这样的划分也会分出更多的声调。这些都涉及到按什么标准来划分调类的问题。

5.2 缅甸语汉语声调的比较

根据上述缅甸语声调分法与汉语比较，从下表可以一目了然。

汉语 缅语 不同分类	平声 阴阳	上声 阴阳	去声 阴阳	入声 阴阳
二分法	舒声	舒声	舒声	促声
三分法	高平	低平	高降	塞尾韵
四分法 [缅]吴佩貌丁	平声	高降（同其他学者的高平调）	微降（合指高降、促声调）	"中间调"即"轻声调"
[英]okell	低平（level）	高平（heavy）	吱嘎调(creak)	短促（stop）
（王敬骝、陈相木）	低平22	高降53	高平55	短促5
	高降 低平22	高降 低平	高降 低平	短促44
（黄树先）	高平	高平55	高平55	
（郑张尚芳）	低平22	高平55	高平55	短促44
（汪大年）	低平22	高降53	高平55	短促44
五分法	低平22	高平442	高降41	高平44 （短入） 高降41 （长入）

---

① 参见汪大年《缅甸语中辅音韵尾的历史演变》，《民族语文》84年第二期。

说明：1. 上述诸家所指对应的声调大致相同，只在高平和高降之间有所不同。2. [缅]吴佩貌丁将高降、促声合二为一，称"微降调"。并将"轻声调"另立为独立的一个调类。3. Okell 的"吱嘎调"即其他学者的"高降调"。4. 黄树先在统计汉缅 600 多同源词后发现汉语的平上去调的词在缅语的高降、低平、高平等三个调中都有对应的词，本表中取其汉缅对应的同源词数量最多者为代表（下有黑线者）。至于为何汉语的一个调类的词在缅语三个调类中都有对应的词，可能是语音演变所致。5. 表中调类名称右上角的数字表示该声调的调值。

一、声调与声、韵、调的关系

在中国，许多专家认为"声调是在同一声调中音长，音节、音势三种变化相乘之结果"[①]。这可以理解为元音的音高的升降和音长的总和形成了声调。这里指的是韵母部分，声调与韵母的密切关系是显而易见的。按这个标准，古代汉语就分成平上去入四个声调。但是又根据声母的清浊，分成阴、阳两类。可见声调与声母也有着密切的关系。我们要想更科学地了解缅甸语声调，不能不分析缅甸语中的声调与声母、韵母及声调与声调之间的关系。

（1）缅语声调与声母之间的关系：

谈到缅甸语的声母，我们将有着共同文字来源的语言未作比较是很有意思的。因为尽管这几种语言是属于不同系属的语言，但是却借用同一种字母。那么这些字母代表的辅音作声母时，与声调有什么关系呢？各种语言是否相同呢？对比一下这几种文字无疑是很有必要的。

我们知道，缅文是直接脱胎于孟（MON）文[②]，它的整个字母系统与巴利文字母有着同样的规律。缅文字母的排列与藏文以及其它来源于巴利文的泰、傣、孟文等许多东南亚国家的语言文字相同。这些字母列成表左边半部的字母均属高调，右半边的字调属低调。在藏语中，有些音清声母只出现在高调 55、53 调中。浊声母只在低声调 12、31、13、14 调中。给人一个明确的感觉，清声调调值高，浊声调调值低。[③]这种清高浊低的现象在缅甸语中同样存在。虽然，到现在为止，还没有人将缅语声调中清浊不同的情况看作是对立的声调，但是从调查来看，清辅音作声母时的调值要比浊辅音作声母时的调值要高。清辅音声调如果是 55，

[①] 参见陈家康《四声究竟是什么东西》，北京文字改革出版社，1975 年。
[②] 关于缅甸文字的来源，参见《东方研究》1984 年第五期"缅甸文字的起源和发展"一文。
[③] 参见瞿霭堂《藏语的声调及其发展》，《语言研究》创刊号，1981 年。

那么浊辅音声调往往是 45，也就是说在五等分中要低一档。如果按调值来分，缅甸语的每个声调都可一分为二，就像汉语那样，分成阴、阳两种调类。

另外，在藏语中，"有无前置辅音是调类内部分合的一个重要因素。如德格话低调的浊音声母，如果有前置辅音（包括历史上有而现代已脱落的）一律变读高调，即 31 变为 53 调，13 调变为 55 调。"[①]尤其是次浊声母受到前置辅音影响，由低变高，在现代藏语中是划一的现象，并无例外。这种现象在缅语中同样存在。

在缅语中，有 h 与另一个辅音结成的复辅音作声母的，在文字上用符号（ ̣）表示。根据与亲属语言的对比，缅语中的 h 也是一种前置辅音，它可以加在次浊声母 m、n、ŋ、ɲ和边音 l、闪音 r 之前使浊音清化。例如：

hna	鼻子	hma:	错
hnga:	借	hla′	美丽
hnya	怜悯	hra [sh]	寻找

这些带前置辅音的音节在调值上与不带前置辅音时调值是不同的。但是，缅语没有像藏语的木雅话那样，声母清浊泾渭分明，清声是 53 调，浊声是 13 调，一点也不混淆。在缅语中，清声母与浊声母只差一等，如清声母是 55 调，浊声母为 45 调。清声母为 22 调，浊声母为 11 调，差别不十分显著。我们可以像汉语那样按清浊分成阴阳两类，但是由于缅语中清音和浊音是对立的，所以不用再从声调上去区别清浊的不同。我们从声调的绝对值来看，清浊有别，但在划分调类时，为了简化，可以将这一差别忽略不计。

（2）声调与韵母的关系：

在缅甸语中，声调与韵母有着密切的关系，韵母的高低、长短以及轻重直接影响到声调。

缅甸语中，韵母共有四种类型：① 单元音韵母，② 双元音韵母，③ 历史上是带辅音韵尾 m、n、ŋ 而现代缅语中变化成鼻元音（包括单元音和双元音）韵母，④ 历史上是带辅音韵尾 k、t、p，而现代缅语中变为带喉塞音的韵母。

① 单元音作韵母：可以出现三种调型：高降、高平、低平，它们的调值分别是 53、55、22。例如：

高降调： ka^{53} 跳舞 kha^{53} 落下

---

① 参见瞿霭堂《藏语的声调及其发展》。

低平调： ka²² 围、拦 kha²² 拂
高平调： ka⁵⁵ 车 kha⁵⁵ 苦

在高平调中，由于语音结束时，收尾部分往往出现下降趋势，55 调往往发成 553 调音。为了与高降调 53 区别，我们将此调标作 55 调。

另外，按前所述，浊声母的声调起点总要低一些。我们为了简便，同时也因为清浊辅音本身已对立，无须借助声调来以示区别，所以将 53 与 42 调，22 与 11 调，55 与 45 调分别合成一个。

② 双元音韵母：在缅甸语中，双元音韵母只出现在鼻元音作韵尾或喉塞音作韵尾的短促调中。这是古缅语中的辅音韵尾 k、t、p、m、n、ŋ 逐渐消失而出现元音作补偿现象。实际上，双元音在音节中都表现为前响元音，后面的元音只是表示一种趋向，口形和发音部位并不真的达到 i 或 u 的地步。

从韵母的长短来看，双元音韵母显然比单元音韵母长。例如：

A.　tɕhaĩ　　砍　　　　　B.　tɕhoũ　　披
　　tɕhaĩ'　　凹进　　　　　　tɕhoũ'　　缩小
　　dzaĩ:　　胳窝　　　　　　tɕhoũ:　　概括
C.　taũ　　　山　　　　　D.　seĩ　　　金刚石
　　taũ'　　　壮，僵直　　　　seĩ'　　　渗
　　taũ:　　　乞讨，要　　　　seĩ:　　　生疏

双元音韵母不仅声音比单元音韵母长，而且调值也不完全相同。在各种声调类型中几乎都有一个下降的逐势。如：低平调从 22 变成 21，高降调从 53 变成 52，高平调从 55 变成 53。

试比较 ka⁵⁵车，和 kaũ:⁵⁵³好，可以看出，双元音字母的后面有下降的趋势，这是受到鼻化的影响，但与高降调不一样，它有一个持续的高平阶段。为了区别这两种高降调的调值，我们将双元音韵母的下降部分忽略不计。

③ 鼻元音韵母：历史上有带鼻辅音韵尾的韵母音发展到现在缅语中，都变成鼻化元音韵母。鼻化元音当韵母的音节，有两种调值，单元音作韵母和上述②中的双元音作韵母不同；单独的鼻化元音作韵母时，声调情况与①相同。鼻化双元音作韵母时与②相同。

④ 带喉塞音韵母：这个喉塞音在历史上是由 k、t、p 等塞音韵尾演变而来。相当于汉语中的入声调。但是，通过缅甸方言的调查，我们发现当 k、t、p 等塞音韵尾消失时，产生了两种结果：一是影响元音，使韵腹部分的元音（包括单元

音和复元音）缩短，并有紧喉的趋势，逐渐变成现在仰光话中的短促声调。另一种结果是并不影响韵母部分的元音，仅仅是塞音韵尾变成喉塞音"ʔ"如缅甸丹老方言，中的"鸡"读"tɕɪ' ʔ"。然而它的读音与仰光话中的短促调"tɕɪʔ"不同。前者是高降调，调值是 53，元音并不缩短，最后以塞音结尾，属于高降调之列。后者是短促调，调值是 44。元音明显缩短，并带有紧喉的性质。亦以喉塞音结尾。因此丹老方言中只有三个调，加上一个入声韵。仰光话中却形成四个调。

在缅甸语中除了上述 p-.t-.k-辅音韵尾消失，变成短促调以外我们还可以举出另外两个辅音韵尾消失导致声调出现和发展的例子。这两个辅音就是 h 和 ʔ。

在蒲甘时期的碑文上，我们可以看到辅音韵尾中有 h 和 ʔ 两个韵尾。可是到现代缅甸语中这两个韵尾辅音都消失了。碑文中表示送气或长元音的辅音韵尾 h 已经变成了高平调的符号（:）或长元音符号。例如：

蒲甘碑文	国际音标转写	现代缅文	现代缅语	汉义
ဖုဟ်	phuh	ဖူး	phu:	曾经(助词)
သာဟ်	sah	သား	tθa:	儿子
ရွောဟ်	rwɔh	ရွာ	Jwa	村子

我们通过巴利文、孟文、缅文的对比发现，在巴利文、孟文中都有表示长音的符号（:）。这符号来自梵文，在梵文中称之谓"Visarga"。如果说，在古缅文中存在着高平调的话，为什么不马上把巴利文和孟文中的长音符号拿来用呢？在缅甸文中只有到公元 1611 年阿瑙帕龙王的生辰牌上才出现表示高平调的符号（:）。这比缅文出现的年代晚了四百多年！在这几百年中只有[h]辅音作为韵尾出现，而没有（:）符号。这就可以肯定蒲甘时期，并不存在高平调。只是在后来 h 韵尾逐渐变化成了高平调，这时才开始借用巴利文和孟文中早已存在的长音符号（:）。也就是说缅甸文字出现几百年后才开始形成高平声调。而且从"缅甸馆译语"的词汇对照表来看，缅甸语中高平声调是逐渐发展和健全的。开始时只有在 a 韵母后才有高平调符号。其他韵母后面并没有（:）。请见下表：

缅 （国际音标转写）	汉字注音	汉义	现代缅文 （国际音标转写）
kra:saṇ	伽些	听见	tɕa:dði

swa:	耍	去	tθwa:
tsaka:	诈戛	话	zəga:
pe:tsa:	被鲊	嫁	pe:za:
thuiwa:	妥瓦	篙	tho:wa:

可见，缅甸语中高平调的产生是由 h 辅音韵尾变化而来，它是逐渐发展和完善起来的。

在缅甸文中另一个消失了的辅音韵尾便是 အ。关于缅甸语中的这个 အ 究竟是元音还是辅音在缅甸历史上就有过争论。一派认为缅文 33 个字母中，最后一个字母 အ 是辅音字母。另一派认为不能算辅音，只能算元音。还有一派则认为既是元音又是辅音。

根据缅甸语的具体情况，我们认为 အ 一身兼有两重任务：一是作为元音字母，代表元音，它与辅音字母相拼成一音节时，只有音而无形。如 a 与 k 拼，成 ka，在缅文中就是字母 က，而没有 အ 的字形。二是作为辅音字母，它可以与任何元音符号相拼。（缅文中元音是以符号来表示）这与其他元音完全不同。从蒲甘碑文上我们可以看到它出现在辅音韵尾的位置，有着辅音韵尾的特征。如：

碑文	အေ့	တိုအ်	ကိုအ်	မင်းအ်
国际音标转写	e?	tui?	klui?	min?

有人说这里的 အ 有切割语流的作用，在巴利文中"a"有"阻止"、"阻拦"之意，把它放在韵母之后来表示缩短语音的作用。按照发音规律来看，အ 如果是元音的话，应该发音时气流遇不到任何阻碍；发音器官均衡地保持紧张。可是在缅甸语却偏偏要拿 အ 来作为阻塞语音的标志，这就很难说它还是元音的符号，这只能有一个"塞音的符号"来解释。根据现代缅语中 အ 的发音情况来推测，实际上当时的 အ 应该是 ?。关于这一点，我们可以比较由巴利文发展而来的几种文字，如泰文、老挝文、傣文来证明。这几种文字中，辅音字母最后一个都是辅音[?]。可见，缅甸文 33 个辅音字母中的 အ 也完全可能以辅音[?]的身份出现。这样，အ 字母在过去就有两种身份：一是元音，二是喉塞音 ?。只是后来辅音韵尾 p、t、k、s 等逐渐变成喉塞音时，?这个原来的塞音，却逐渐向高降调演变。အ 也逐渐用字的右下角一点（—•）来代替。从 အ 演变到（—•）几乎用了六七百年，到了 1768 年以后才在缅文中出现（—•）符号。这种喉塞调逐渐变成别的调的变化现象，在汉语中也可以找到类似的情况。例如：

汉字	古汉语音	广东话	苏州话	北京话
铁	thi ɛ t	thit	thiiʔ	thĭ e
密	mit	mɐt	miiʔ	mì
急	kiep	kɐp	tɕiiʔ	tɕí
脱	thuat	thʉt	thɤʔ	thuo

从上列例子中，我们比较清楚地看到，在汉语中从辅音韵尾变成喉塞音，然后再向别的声调演变。而缅甸语中，p、t、k 等塞音韵尾变成喉塞调，与汉语相似，而喉塞音[ʔ]，绝大部分并没有变成别的不同的声调，只是有少数[ʔ]在语音发展中变成了高降调而已。

在缅甸语的发展中，ʔ音转化成其他声调是不是一种规律？现在语音中的 ʔ 音，是否会向其他声调发展？下结论为时还早。但是，从缅甸语中连读音变的现状来看，由 ʔ 向其他声调转化的可能性也是不能排除的。如：

缅文	国际音标转写	古文字读音	现代缅语音	汉义
အောက်မေ့	ɔk meʔ	*ɔk me	aũ : meˈ	想念，以为
အိပ်မက်	ip mak	*ip mak	eĩ ˈ mɛʔ	做梦
နစ်နာ	mas na	*nat naa	nĩ ˈ na	损失

从以上例子可以看出，连续音变中，不仅使韵母鼻化，而且声调也从短促调分别变成高平、低平、高降等几个不同的声调。

可见，从古今缅语变化来看，喉塞音 "ʔ" 有两种来源，一是上古缅语中就有的，碑文上刻作 ꩠ 尾。后来这个 ꩠ 尾变成现代缅语的高降调。跟汉语上声来源于 "ʔ" 尾相吻合，因此缅语中的高降调与汉语的上声应是对应的调类。而现代缅语中的短促调的 "ʔ" 是由上古缅语中的 k、t、p 等塞音韵尾消失后，作为一种补偿而出现的，是后起的声调，这与汉语的入声调对应。因此我们将缅语中的短促调与汉语的入声调对应。关于上古汉语的声调来源，持新说的学者（白一平、郑张尚芳等）也一致采用奥德里古、蒲立本对声调来源的说法，即：上声来自-ʔ、去声来自-s（-h），仄声来自韵尾。郑张尚芳又指出更早的-ʔ尾来自-q，而-s尾稍后变成-h。而-h尾在上古缅文中是表示延长，到后来变成高平调的符号。因此，高平调与汉语的去声对应。

韵母的长短、辅音韵尾的制约，出现多种调值。但是由于缅语中清浊音已形成对立，不必再分阴阳，这样，我们认为，缅甸语声调可归纳为四类：高平、高降、低平和短促。请参见下表：

调值\调型\韵母	高平		低平		高降		短促	
	清	浊	清	浊	清	浊	清	浊
单元音	55	45	22	11	53	42	44	33
双元音	553	453	221	111	533	432	42	32
归类调值	55		22		53		44	
与汉语对应的声调	去声		平声		上声		入声	

（3）声调与声调的关系：

缅甸语分成四个声调，声调之间就有十六种搭配关系，以 F 代表高降调，L 代表低平调，H 代表高平调，S 代表短促调，则有下列 16 种搭配方式：

FF	LF	HF	SF
FL	LL	HL	SL
FH	LH	HH	SH
FS	LS	HS	SS

在这些关系中，由于前后声调或声韵母的关系，互相受到影响。例如缅甸语中两个短促调产生不同的变化。例如：

အောက်မေ့ / auʔ meˊ → aũ : meˊ /　　　想念、以为
အိပ်မက် / eıʔ meʔ → eĩ ' meʔ /　　　做梦

上例由短促调变成高平和高降调。这些变化都是受到邻近声母的影响而改变声调，并不是一种规律。缅语中邻近两个音互相影响，常常反映在语音的变化上，由清变浊。缅语的声调变化较大的是四个声调都向轻声调转变。尤其是在实际口语中很普遍。如：

ka⁵³ sa⁵⁵ → gə. za⁵⁵ 玩
hsa⁵³ja²² → hsə. ja²² 老师
ni⁵³ meiʔ⁴⁴ → nə. meiʔ⁴⁴
pu⁵³ ti⁵⁵ → bə. di⁵⁵ 佛珠
hša²² tɕhi²² → hsə. dʑi²² 头发丝
lɛʔ⁴⁴ phɛʔ⁴⁴ → lə. phɛ⁴⁴ 茶叶

缅语中的轻声调与汉语中的轻声有许多相同之处。

轻声调在缅语中没有固定调值，往往受到后一音节的声调的影响。如果后一声调高，则轻读调值就高，后面的声调低，则轻声调调值就低。不过轻声调调值的高低并不改变词义，因此它不起音位作用。我们不再严格区别轻声调的调值。由于这些原因，在缅语中轻声调只作为一种语言变音现象。因为在缅语中普遍存在，是值得人们注意的。但是，它不像其他几种声调那样，与声、韵母结合在一起，成为一个不可分割的整体。所以我们并不把轻声列成一类声调，只是把它作轻声现象处理。它的音值[ə]是一个变量，不具有一般元音的音位作用，所以我们没有将它列入缅语的基本元音之中。

在现代缅语中，书面语与口语有较大的差别。在文读和口语的差异中，轻读和清音变浊最为突出。例如：

缅文（国际音标转写）	国际音标注音	现代缅语音	汉义
ka tsa	ka sa:	gə za:	玩
khaŋ bja	khĩ bja:	kə mja:	您
sa kra:	tθa' tɕa	dðə dʑa:	糖
pu gam	pu' gã	bə gã	蒲甘
bu hto:	pu' tho	bə tho	佛塔
tam ship	tã sheiʔ	də zeiʔ	印章
tha maŋ ne	tha mĩ :nɛ	thə mə nɛ:	糯米饭

在轻读时，不仅韵母[a]读成[ə]，而且任何韵母在轻读时都变成央元音/ə/。这种轻读现象在缅语中是大量的。由轻读再变化，整个音节便会发生变化，或者脱落，或者使声母与另一音节合并，成为另一音节的辅音韵尾。这种现象在现代

缅语中也有例证。如：

ma hou   bu： "不是"读成 mə houʔ bu：→   hmou bu：
ma t θ i´ pa bu： "不知道"变成→mə tθi´ baũ

上例是韵母变化，下例为声母脱落。脱落的过程是：[a]→[ə]→脱落。这种现象也是巴利文借词中辅音韵尾产生的原因之一。

二、声调的变化

现代缅语声调在语流中受到各种不同因素的影响，会发生不同的变调现象。能影响声调变化的主要因素有语音上的相互影响，语法关系的作用以及说话人的感情等。缅甸语声调的变化有下列四种：变轻声；连音变调；语流中的变调；语法范畴的变调。

第一种情况：轻声作为声调变化中的一种现象，这在缅甸语中是较为突出的。它在缅甸语中的作用也有多种，在拙著《缅甸语中的弱化音节》[①]中已有阐述，此处从略。但是，应该着重指出的是，缅甸语中轻声弱化是音节合并的前题，也是历史上辅音韵尾可能产生的一个条件。

在现代缅甸语中弱化音节很少在多音节的最后一个音节出现，但在历史上却有。从历史上的辅音韵尾演变情况来看，也可以发现这一点。缅甸语在历史上曾经有过辅音韵尾，这些韵尾的产生有几个方面的原因，弱化就是其中一个原因。古代的语音究竟如何，现在已无法找出实例来，但是我们从文字的记载和亲属语言的比较中可以得出有说服力的结论。从文字的记载中推出语音变化的情况。结合现代缅语的语音变化规律，可以推测过去的面貌和变化过程。例如我们从"蒲甘"这一地名的变化可以看出历史上语音变化的现象。蒲甘是缅甸有名的古城。历史上有过一段鼎盛时期。历代国王和广大虔诚的佛教信徒不惜重金在这座城市中竞相建造佛塔。使这座古城佛塔林立，蔚为壮观，从而以"万塔之城"而蜚声世界。"蒲甘"这个城市名在历史上曾几经演变。

　　　　　　　　　① 　　　　　② 　　　　③
　　pjuu gaa ma → pju' gaa ma → pu gaa ma → pu gaam

[①] 汪大年《缅甸语中的弱化音节》，《缅甸语与汉藏语系比较研究》昆仑出版社，2008年。

④　　　　⑤　　　　⑥
→ pu gam → pu gã → bə̣ gã

从上面变化过程可以发现，第一个变化是第一个音节从低平调变成高降调，也就是由长变短。第二步复辅音中的[j]脱落。第三步最后一个音节韵母脱落，声母附到前一音节，变成前一音节的辅音韵尾。第四步，第二音节中长元音 aa 缩短，变成 a。第五步，韵尾 m 变成鼻化韵母。最后，第一音节弱化。从①→⑤都是从字体上的演变看出语音的变化，只有第六步因为有现代缅甸语口语作证，说明弱化音节存在。对前面几个过程，从字面推断的结论与通过历史比较法得出的结论完全一致。因此，"蒲甘"这一名字的变化，无异于一个活的证据，证明历史上语音的变化是由长变短，韵尾从有到无，鼻辅音 m 变成韵母鼻化。这是一个难得的例证。从这几个变化步骤中，我们可以看到音节的合并、韵尾的产生与消失都与弱化有着密切的关系。

这一点，我们还可以从现代缅甸语中的例子来说明。例如：

① ma' houʔ bu:　（不是）→ hmouʔ bu:
② pa jwɛʔ sheɪʔ　（蚂蚁）→ pə jwɛʔ sheɪʔ → pwɛː sheɪʔ

例①中 ma 弱化为 mə，再弱化，这个音节韵母消失，声母 m 与下一个音节合并成[hmou^5]。例②中同样由弱化音节进一步变成合并。可见弱化音节可以导致音节与音节之间的合并。

我们还可以用缅语数字"七"的语音变化来说明。"七"在单独发音时为"k'u^{53} hniʔ^4"，当它后面跟着量词时，第二音节便弱化。如：

sa ouʔ khu' hnə̣ ouʔ　　　　　七本书
tθɪʔ pĩ khu' hnə̣ pĩ　　　　　七棵树

当"七"在尾数时，也就是说它后面没有名词或量词，其语音则变为 khũ。如：

tθoũː shɛ' khũ　　　　　三十七
ŋaː shɛ' khũ　　　　　　五十七

[khũ]这个音节是怎样产生的呢？看来是由 k'u^{53}hniʔ的第二个音节弱化成 hnə，然后再次弱化，第二音节消失，声母并入第一音节末尾，成为[khun]，后来韵尾音消失，使韵母鼻化，于是 khun 变成为现在的 khũ 音。

这些都说明弱化音节在语音变化中的作用。弱化音节可说是语音滑动中的一个过渡音。它很不稳定，常常受到语音的同化、连读音变、词内部的语法关系、词义等多种因素的影响和制约。

第二种情况：连音变调，轻声也是一种连音变调，由于它在缅甸语中较为突出，我们将轻声调现象单独列出。除了轻声以外，在多音节词中往往互相影响产生变调现象。如：高平调重叠，前一个音节一般读 55 调，后一个音节声母变浊，声调调值下降，韵母相对缩短。读音近似高降调。如：

popomomoju tθwa:	→	pobo momo ju tθwa:	多拿些
kaũ :kaũ : thaĩ	→	kaũ :gaũ : thaĩ	好好地坐着
tθaũ :tθaũ phja'phja'	→	tθaũ : dðaũ : phja' bja'	热烈地

这些都属于连读变调，并非因为有两个相同的调在一起，必然变化，所以不放在声调与声调之间的关系中去阐述。

第三种情况：语流中的变调。声调随着说话人的感情，环境或其他原因发生变化，在缅甸语中常常发生在低平调中。如：

① $lu^{22}tə\ jau?^{44}\ lo^{22}ne^{22}\ de^{22}$ → $lu^{22}tə\ jau?^{44}\ lo^{315}\ ne^{22}\ de^{22}$
　　　　　　　　　　　　　　　　　缺一个人

其中"需要"，"缺" lo^{22} 在单独发音为 22 调，但在这里发 315 调即由低平调变成低降升调。

② $\eta a^{55}te\ ga\tilde{u}\ ^{22}we^{22}la^{22}de^{22}$　　　　→$\eta a^{55}te\ ga\tilde{u}\ ^{22}we^{315}la^{22}de^{22}$
　　鱼　一条　买　来（句尾助词）　　　买了一条鱼来。
买 we^{22} 在句子中读作 315 调。情况同上例。

③ $ho^{22}hma^{22}tha\tilde{i}\ ^{22}mə\ ne^{22}$　ne^{53}　→$ho^{22}hma^{22}\underline{tha\tilde{i}}\ ^{315}mə\ ne^{22}ne^{53}$
　　那儿　　坐　不　状态（句尾助词）　　　　别坐在那儿！
"坐" thaĩ 在句中读作 315 调。

语流中的变调受到说话人的感情支配，或者是为了加强说话的分量，表示强调，肯定之意，使声调强弱、高低有所变化，这种变调现象不是个别现象，也不因人而异，而是遵循一定的规律。缅甸语中语气助词的变化，最明显地反映了这一特点。如：表示语气平缓、委婉时用 22 调，表示语气强硬、不客气时用 53 调。表示决心时声调也由 22 变 53。如：

22 调	$la^{22}\ ba^{22}\ me^{22}$	将会来。
53 调	$la^{22}\ ba^{53}\ me^{22}$	肯定会来！
22 调	$ja^{53}\ ze^{22}\ me^{22}$	会让你得到。
53 调	$ja^{53}\ ze^{53}\ me^{22}$	一定让你得到。

表示加重语气：

22 调	tɔ²²tɔ²²	kaũ⁵⁵	dɛ²²	相当好
	相当	好	(句尾助词)	
53 调	tɔ²²tɔ⁵³	kaũ⁵⁵	dɛ²²	特别好
	相当	好		
22 调	louʔ⁴⁴kɔ²²mə louʔ⁴⁴ dʑĩ²² bu⁵⁵			不想干
53 调	louʔ⁴⁴kɔ³¹⁵mə louʔ⁴⁴ dʑĩ²² bu⁵⁵			根本不想干

这些助词在语言中不仅大部分由清音变浊音（除了在短促调后有时不变浊），而且声调也根据各种不同的情况发生变化。而变化的方向一般为：低平调变成高降调（22→53 调）；低平变低升调（22→315）。

根据说话人的不同心境、环境可能还有其他声调变化现象。除了上列变化规律外，有的是没有理据可查的。在汉语来说，"五方之音有迟疾轻重之不同。淮南子云：'轻土多利，重土多迟，清水音小，浊水音大。'陆法言《切韵》序曰：'吴楚则时伤轻浅，燕赵则多伤重浊，秦陇则去声为入，梁益则平声作去。'约而言之，即一人之身而出辞吐气，先后之间已有不能齐者，……"[①]顾炎武的书中还提到："歌者以上为平，而不以平为上，以入为去而不以去为入。何则，歌之为言也，长言之也，平音最长，上去次之，入则诎然而止，无余音矣，凡歌者贵其有余音也，以无余从有余，乐之伦也。"可见，在汉语中，声调的变化也是因人、因地、因某种特殊的需要而异，而所谓平上去入也不过是一个大致的分类而并无绝对的音值。声调的变化是一个普遍的规律。

第四种情况：语法范畴的变调。

人们常常认为孤立语没有形态变化，其实并不确切，因为语言一方面并不那么单纯，许多情况难以以一言蔽之。另一方面声调的变化能产生语法效果，这种现象本身就是一种形态变化。

高本汉认为："英语中每藉元音的变化以表示语法意义的不同。如 man, men; bind, bound 之类属于形态之变化颇多，而中国语言有相似之现象，其变化之形式不在音缀上之元音，而在其音调。"[②]

例如在汉语中，"衣"、"冠"等读平声是名词，读去声成动词；"秤"、"称"

---

① （清）顾炎武《音学五书》中华书局。
② 参见周祖谟《四声别义释例》。

又正好相反，读去声为名词，读平声为动词。"好"、"恶"等读上声、入声是形容词，读去声成动词。当然，我们无法以这些例子为证，推断说上古汉语中去声有构成动词的作用。因为上古汉语中，尚无声调，声调是后起的现象。而且在上古汉语时期，去声可以变成其他词性，而并不一定变成动词。例如："藏"读平声是动词、读去声是名词；"度"读去声也是名词，而读入声才是动词。但是，我们如果说，古汉语中，声调的改变可以改变词性，则是成立的。

与汉语一样，在缅甸语中，通过声调变化来起各种语法作用的现象亦相当普遍。我们可以从下列诸方面变调现象来证明。例如：在汉语中，"转"可以作自主动词，如转过身，转身就走。也可以变调之后（三调变四调）转（拨动）一圈。

在语法变调中，有些变调可以说是因为省略了助词而变成高降调。如从属关系中的变调现象就是如此。

1. 以改变声调来改变词性：汉语中有

  传　　chuán 传递，zhuàn 白蛇传
  弹　　tán 弹出去，dàn 子弹
  重　　zhòng 重量大，chóng 重复
  还　　hái 仍旧，huán 归还
  好　　hǎo 形容词，hào 喜欢
  排　　pái 动词，pǎi 名词（排子车）
  和　　hé 相安，hè 声音相应
  处　　chù 处所，chū 居住、处理等等。

缅甸语中不变音的是动词，变轻读（弱化音节）者为名词。例如：

  叛变　（动词）　　tθɪʔ sa phauʔ
  叛徒　（名词）　　tθɪʔ sə bauʔ
  说话　（动词）　　zə gaː pjɔː
  会话　（名词）　　zə gə bjɔː

在缅甸语中，绝大部分都是通过变成轻声改变词性。没有像汉语或藏语那样，一个音节改变声调后改变词性的现象。

2. 通过改变声调表达从属关系。一般是由低平调变成高降调或高平调变高降调。

  ŋa^{22}　i^{53}　ɲi^{22}　　→　　ŋa^{53}　ɲi^{22}　　我的弟弟
  我　的　弟弟　　　　　　我　弟弟

tθu²² i⁵³ ĩ⁵⁵ dʑi²² → tθu⁵³ ĩ⁵⁵ dʑi²²　他的衣服
他　的　衣　服　　　　　他　衣　服
khĩ²²bja⁵⁵i⁵³ sa²² ouʔ⁴⁴ → khə mja⁵³ sa²² ouʔ⁴⁴ 你的书
你　的　书　　　　　　　你　　　书
sa⁵⁵pwɛ⁵⁵ i⁵³ tɕe²² dauʔ⁴⁴ → zə bwɛ⁵³ tɕe²² dauʔ⁴⁴ 桌子的腿
桌子　的　腿　　　　　桌子　腿

这种从属关系，不仅表示某物属于某人，而且还能表示物品的某一部分属于整体。

3. 表示方位、趋向时，名词或代词一般也变调，变调方向是由 22→53。

他 tθu²² tθu⁵³shi²²sa²²je⁵⁵ pe⁵⁵laiʔ⁴⁴ dðɛ²²　给他写了信。
　　　他 （向）信 写 给 助词 助词
我 ŋa²² ŋa⁵³hma²² sa²²ouʔ⁴⁴mə ɕi⁵³ bu⁵⁵　我没书。
　　　我（在） 书　没 有（句尾助）
你 khə mja khə mja⁵³ hma²² ɕi⁵³ dðə la⁵⁵　你有吗？
　　　你 （在） 有 吗？

4. 在句子或词组作定语修饰一个名词时，句子最后的助词如果是低平调也变成高降调。

zə̣ ga⁵⁵pjɔ⁵⁵dhi²² 说话 + lu²²人→
　　zə̣ ga⁵⁵pjɔ⁵⁵dhi⁵³ lu²² 说话的人
na⁵⁵lɛ²²mi²² （将懂得）+ lu²² （人）→
　　na⁵⁵lɛ²²mi⁵³ lu²² 懂得的人

5. 在构词形式中，有时低平调或高平调变高降调。

pjɔ²²高兴　　　məpjɔ⁵³ tə pjɔ²²　　似高兴非高兴地
fi⁵⁵ 紧　　　　mə tĩ⁵³ tə fi⁵⁵　　　半松不紧地

这类现象一般是在两个单音节动词或形容词重迭，加上 ma⁵³ ta⁵³ 两个词素组成。

6. 对某人，事物表示同情时，被同情的对象（名词或代词）如果是低平调则往往变成高降调。

他 tθu²²　tθu⁵³khə mja²² je²² thɛ⁵⁵ tɕa⁵³ tθwa⁵⁵ dɛ²²
　　　　他 （语助） 水　中　掉　下去
可怜的他，掉入了水里。

母亲 a⁵³me²² me²²me⁵³khə mja²² mu⁵⁵me⁵³tθwa⁵⁵dɛ²²
　　　　母　亲　（语助）　昏　　　去　（语助）
　　　（可怜的）母亲昏了过去。

7. 名词或代词在句子中作宾语时，由低平调变高降调。
哥哥 ko²²ko²²　ko²²ko⁵³ko²²　pjɔ⁵⁵pja⁵³　ba²² 告诉哥哥吧。
　　　　哥　哥（助）　告　诉　吧
他 tθu²²　　tθu⁵³ ko²²　　pe⁵⁵ ba²²　　给他吧。
　　　　他 （宾助）　给　吧
老师 shə ja²²　shə ja⁵³ ko²²　me⁵⁵ ba²²　问老师吧
　　　　老　师 (宾助) 问　吧

8. 在十进位的数词中，如果整数后有零数时，表示整数的词要变调，由低平变高降。
壹拾 tɪʔ⁴⁴shɛ²²　壹 tɪʔ⁴⁴ → tə shɛ⁵³ tɪʔ⁴⁴　拾壹
貳拾 nə shɛ²²　伍 ŋa⁵⁵ → hnə shɛ⁵³ ŋa⁵⁵　貳拾伍
捌拾 ɕɪʔ⁴⁴shɛ²²　陆 tɕhauʔ→ ɕɪʔ⁴⁴shɛ⁵³ tɕhauʔ⁴⁴　捌拾陆

数字超过一百时，常常发生间隔变调现象。如：

tə　　　　ja'　　　ŋa:　　　shɛ'　　le
一　　　　百　　　五　　　十　　　四

thaũ'　　ŋa　　　ja　　　ɕɪʔ　　shɛ' le
千　　　五　　　百　　　八　　　十　四

9. 在表示替代、比较时，被替代或被比较的人物（名词或代词）都由低平调或高平调变成高降调。如：
他 thu²²　　tθu⁵³ ə. sa⁵⁵ ŋa²²tθwa⁵⁵mɛ²²　我代他去。
　　　　他　（助）　我　去　（助）
你 khə mja⁵⁵　tθu²² ga⁵³khə mja⁵⁵ htɛʔ⁴⁴mjĩ⁵³dɛ¹¹ 他比你高
　　　　他　（助）　你　比　高

在缅甸语声调的变化中，一部分是各种声调变成轻声，另一部分是由低平或高平变成高降调。

5.3 缅甸语与汉语声调的作用

从上述情况来看，我们可以知道声调无论在缅甸语中还是在汉语中，都是一个比较活跃的语法手段。

在前两节中，我们介绍了缅甸语声调的分类和变化。从这些变化中也可以看出缅语声调与汉语语调的相同之处及它们变化的作用：包括

① 改变词性作用

② 区别词义作用

③ 表达语法关系作用。

除此之外，缅甸语还有

④ 语言的补偿作用

⑤ 区别事物程度，词义强弱的作用

前三种作用，上文已经阐述得很多，不再重复。现在着重分析④、⑤两种作用。

④ 关于语言的补偿作用。在古缅甸语中，有较多的辅音韵尾，如 p、t、k、l、ʔ、m、n、ŋ、ɲ 等，经过历史的演变，这些辅音韵尾逐渐消失，m、n、ŋ 等鼻辅音变成了元音的鼻化。p、t、k 等变成了喉塞音[ʔ]，而原来的[ʜ／ʔ]变成为高降调。这样的语音变化使同音字增加，造成交流上的困难，为了解决因辅音韵尾的消失而造成的困难，就产生了声调，声调作为语音补偿而出现和发展。例如缅甸语中韵尾 h 和 ʔ 消失，导致高平调和高降调的出现和发展。

⑤ 区别词义的强弱作用是缅甸语声调的一个特点。不同的声调，表示同一种词根意义，声调的差异只表示词根意义的强弱，这就是区别词义强弱的含义，也就是缅甸语声调的又一个作用。例如：su^{22}（低平调）su^{53}（高降调）su^{55}（高平调）

上列三种声调，形成三个词义。但是，这三个词义基本意思是一样的，表示：集拢、隆起。这三个词在程度上又有差别。su^{53} 是"集合"之意，su^{22} 意思是撅起嘴，可以理解为两片嘴唇合拢，而且撅起来。su^{55} 则表示不仅撅起，而且变得很尖。由这三个词组成的合成词，含义也都反映这个既同义又有程度差别的特点。

如　su^{53} 集合→su^{53}　si^{55} 集合；su^{53}　pou^{22} 堆积

su^{22} 鼓，隆起→su^{22} htwɛʔ⁴ 鼓起，隆起

一般说来 22 调表示程度较轻，53 调表示稍强而 55 调表示程度最强。又如：$tã^{22}$、$tã^{53}$、$tã^{55}$ 基本意思是"相当"、"停住"。它们的词汇意义可以变成

tã²²　　　值，相当、停住
tã⁵³　　　停留，滞留，停住
tã⁵⁵　　　滞留

mo²², mo⁵³, mo⁵⁵共同的意思为"鼓起、隆起"用在各种场合，表示基本意思，程度上有所特别。其他还有很多类似的例子。

由于不同的声调表示不同程度的特点，我们在寻求词的意义时可以从声调相近的词义入手。这类以声别义之事，在汉语中同样存在。周祖谟先生在《四声别义释例》中就谈到："凡由一词一语根孳生之语词，虽形有增变，义有转移，而音则每藉声调之变换以区分之。""夫以声别义之事，乃汉语之特色，与方法，训诂，音韵，皆息息相关。"可见，在声调区别词义的程度这点上，缅语与汉语有着极为相似之处。从声调的各个特点来比较亲属语言之间的关系，一定是很有意思的。

在蒲甘时期的碑文中，并没有像现代缅语那样明确的声调特征。这证明当时可能根本没有声调，或者声调不多，并不重要。只是依靠较多的辅音韵尾来起一部分区别词义的作用。后来，随着缅甸语言的发展，辅音韵尾也逐渐发生了变化。同音词便相应增加，如果不另外用一种补偿手段来解决这个问题，必然给使用语言交际带来不便。

综合上述情况我们感到，缅甸语中辅音韵尾的演变情况有许多地方与汉语有相同之处，但是也有其内在的规律。首先，缅甸语辅音韵尾是由历史上遗留下来的，还有一部分是由巴利文、孟文借词的过程中产生。第二，辅音韵尾的逐渐消失，促使缅语中的韵母系统发生变化。第三，缅语中辅音韵尾的消失，引起了声调的产生和变化。它使每一个音节逐渐带上了相对稳定的声调。声调同声母、韵母结合在一起共同起着区别词义的作用。

在现代缅甸语中，辅音韵尾已逐渐失去了它语音上的某些特征。只留下了文字上的痕迹。可是它却为我们研究缅甸语音发展史，进行汉缅比较研究保存了极有价值的记录。

第六章 缅甸语汉语词汇的比较

词法研究的是词的构造、词的变化、词的分类以及词的使用规律。要更好地了解缅汉语言的关系，词法的比较研究是不可缺少的一个重要组成部分。

谈到语法(包括词法和句法)，汉语与缅甸语都还面临着许多问题。我们现代的语法分析大都是接受西方传来的语法理论（grammar）指导，当然，用西方语法理论在分析东方语言未尝不可，有些地方也很贴切，分析时也比较明确。我们大可以用"拿来主义"的办法，取其精华，为我所用。实际上也正是如此。在西方语法理论传入东方以前，缅甸的语言学界曾经有很长时间是借用属于印欧语系的巴利文语音语法体系来对缅甸语作分析。如语音中，元音分长短，词法中，名词分"格"，没有形容词、有介词（ဝိဘတ်/ wi' ba?/）等等。但是巴利文语法也好，西方的语法理论也好，虽然各有所长，但将其套用于别的语言，有许多不尽人意之处。例如汉语，陆俭明在"汉语词类问题的审视与思考"一文中提到"现代汉语词类问题一直是汉语语法研究中的老大难问题"。他提到 80 多年前黎锦熙先生的《新着国语文法》提出的一方面依据意义定词类，又以英语语法为参照，认定词类跟句法成分对应。于是得出了"依句辨品，离句无品"的结论。可是受到汉语语法界的批评。2002 年，郭锐的《现代汉语词类研究》中提出"词类从本质上来说是词的语法意义的类型，我们把这种语法意义叫做表述功能"，实际上这种观点与黎先生的观点是基本一致的。汉语中还有一些争论，如"名物化"、"词的兼类"等。陆俭明在他教学实践中也曾让外国人选择：汉语动词、形容词在主语位置上，哪种说法比较容易接受？

1. 动词、形容词转成名词了。

2. 作主语的动词、形容词还是动词、形容词。这是汉语所具有的不同于西方语言的一个特点。

结果是多数人回答说，愿意接受第 1 种说法。这样，汉语句法规则相对简单了，但是就会出现大量的兼类词。

我们觉得，用汉语语法与同族语言缅甸语的语法作比较，可以得到一定的启发。在缅甸语中也有许多词很难明确分类，例如：名词与副词、形容词与动词。因此，在缅甸语词典和许多汉语词典中，都没有标上词性。要给每个词标上明确的词性，的确是一个很大的困难。于是汉语就干脆不标，或者在分析时，说它们是"兼类词"。缅甸语中往往将形容词与动词归为一类,称形容词为"性状动词"。实际上,用西方语法理论来套用汉藏语系诸多语言时出现许多尴尬,我们只能在不断总结自己的研究成果的基础上创造自己的,适合于汉藏语系自身规律的语法理论。这是一个系统工程,不可能一蹴而成。所以,在本书里,我们也只能暂时借用目前通用的语法理论来对缅甸语与汉语作比较研究。

在我们作词的比较时,首先要了解"词"的概念。"词"是语法科学里最基本的概念之一。无论是在汉语中还是在缅甸语中,定义都不太好下。主要是因为缅甸语和汉语中词与非词的界线很难绝然分开。除了"词"以外,语言中还有音节、词组等。在汉语和缅甸语中,有些词组可以当作一个词,有些则不能。例如:汉语中的"火车",缅甸语中的"မီးရထား",都是由"火"和"车"组成,但其词义不是"火"与"车"的单独的词汇意义的简单相加。"火车"不是指"火"的"车",也不是点火的或是烧火的"车"。而已经组成为一个相对固定的词,是指平时在铁轨上的、由一节一节车厢互相挂连在一起的那种列车。即使时代发展后,有的机车不使用"火",而使用液体燃料或电作驱动能源,而仍统称为"火车"。"火车"按意义来看,已经不能将"火"和"车"拆成两个词来看,实际上它们已成为一个词了。还有,汉语和缅甸语一样,有些词本身只是一个意义,代表一个具体事物,如汉语的"中华人民共和国",缅甸语中称"တရုတ်ပြည်သူ့သမ္မတနိုင်ငံတော်",它是一个完整的名词,但是它却是一个由好几个词组成的"词组"。可见,词的定义不太好下。各种情况错综复杂,有时有交叉,所以只能是相对而言。总的来说,"词是最小的、能够独立运用的语言单位"还是比较好的定义。

字、词、词素:

文字是记录语言的书写符号。用哪一种书写符号来记录文字是不定的、可变的。比如说,同样一个蒙古语,过去用好像重叠成串的八思巴文,也称作为"旧蒙文"或称"老蒙文"的文字来作书写符号,后来改用以俄文为基础的斯拉夫文字作书写符号。现在又有人主张改回去,仍用旧蒙文来作书写符号。可见,语言与文字不是必然地连在一起的。我们无意探求蒙文的这种变化的社会根源、复杂的原因以及新老蒙文的优缺点等。用蒙文的不同变化作例证,只想说明一点,语言是可以用不同的文字来记录的。为了与世界接轨,也为了减轻人们因书写的困难给人们带来的沉重负担,我国也正进行方块汉字的文字改革,要用拉丁字为基础的拼音文字来替代笔划繁杂的汉字。至于能否成功,还要经过客观实际来证明,这是无法以个人意志为转移的。现在的缅文和中文，完全不同，中文是表意的方块字，而缅文是表音的拼音文字。但是，基本上还是一个字为一个音节。如果这个音节同时还能表达一种意义又能独立运用的话，它就同样是个词。在这种场合下，字就是词，词也就是字，两者统一了起来。例如汉语的"天、地、山、水、大、小、远、近、吃、穿、用、跳、笑"，缅甸语—မိုး[mo^{55}] 天．မြေ [mje^{22}] 地．တောင်[taũ ^{22}] 山．ရေ [je^{22}] 水．ဝေး[we^{55}] 远．နီး[ni^{55}] 近．စား[sa^{55}] 吃．ဝတ် [w u ʔ] 穿．သုံး[tθoũ ^{55}) 用．ခုန်[khoũ ^{22}] 跳．ရယ် [ji ^{22}] 笑等等。

但是，无论在中文或是缅甸文中，有些字并不都能表示意义，都能独立运用。只有意义但不能独立运用的字，只能算作"词素"。如汉语中的"具体"中的"具"和"体"、"介绍"中的"介"和"绍"、"徘徊"中的"徘"和"徊"等。缅甸语中的 သစ်ပင်[tθɪʔ^{4}pĩ ^{22}]树木中的[tθɪʔ^4]和[pĩ ^{22})，其中的 ပင် [pĩ]是由 အပင် (植物) 一词变来，但它不能独立成词，但有意义，所以是词素。又如，မိတ်ဆွေ [meɪʔ^4 shwe^{22}]朋友中的[meɪʔ^4]和[shwe^{22}]等等。

有些词，有多音节组成，但组成词的每一个音节没有意义也不能独立运用的，只能算作音节。例如汉语中的玻璃、巧克力、葡萄、雷达、尼古丁、盘尼西林等，缅甸语中的 ရိုသေ [jotθe] 尊敬 \ တိုက်ရိုက် [daiʔjaiʔ] 直接 \ လင်းတ [lə daʔ] 秃鹫 \ အာဏာ [a na] 权力等。

6.1 构词法的比较

缅甸语和汉语一样是一种孤立语类型的语言，由于它们这个特点，决定了这两种语言的构词方式有着极为相似的地方。它们的构词形式基本上有单纯词和合成词两种。

6.1.1 单纯词

单纯词绝大部分是由一个音节构成，古缅语与古汉语一样，以单音节词为主，一个词往往有多义。由于社会的发展对表达提出更高的要求，单音词所表示的意义有时不够精密，为了精确，后来的汉语或缅语中，出现大量的多音节词，这是语言历史发展的结果。汉语的单音节词如人、天、地、树、雨(名词、动词均是"雨")、美、丑、高、低、上、下、左、右、前、后、弹、拉、说、唱、歌（名词、动词)、叫、跑、跳、滚，缅甸语中如 လူ(人)．မိုး (天)．မြေ(地)．လှ(美)．မြင့်(高)．နိမ့်(低)．ထက်(上)．အောက် (下)．ဘယ်(左)．ညာ(右)．ရှေ့ (前)．နောက် (后)．ပစ်: (弹)

၊ ပြော (说)၊ ဆို (唱)၊ အော် (叫)၊ ပြေး (跑)၊ ခုန် (跳)၊ လိမ့် (滚)၊ 等。

但是，单纯词并不都是一个音节组成，有时是由两个音节甚至两个以上音节组成。如汉语中的琵琶、枇杷、吩咐、参差、玛瑙、蜈蚣、垃圾、阿司匹林（外来词译音）等。缅甸语中同样有：ရှိသေ၊ ကလေး၊ အကျီ၊ မဟူရာ 等。

6.1.2 复合词

（包括联合、重叠、附加）亦称"合成词"，是由两个或两个以上的语素构成，构成复合词的语素的构成、语素之间的关系也有各种不同情况。一种语素有实在意义能出现在复合词中的不同位置，这种词素也叫做"词根"。例如：

① 汉语中的"人"，本身是一个词，但它又可以作为一个"词根"组成许多复合词。例如：人才、人民、人命、人品、人家、行人、好人、恶人、爱人等。缅甸语中也有同样的情况。例如：လူ / lu^{22} /人၊ လူပျို / $lu^{22}pjo^2$ / (年轻人)、လူအို / $lu^{22}o^{22}$ / (老人)၊ လူထု / $lu^{22}du^{53}$ / (人民) ၊ လူသွား လူလာ / $lu^{22}\theta wa^{55}$ lu^{22} la^{22} / (行人)၊ လူကောင်း / $lu^{22}kaũ^5$ / (好人)၊ လူဆိုး / $lu^{22}zo^{55}$ / (坏人) /လူနာ/$u^{22}na^{22}$/(病人) 等。

② 汉语中的"水"可组成复合词。例如：水壶、水缸、蓄水池、水库、水塘、水流、水兵、开水、冷水、冰水、药水、水灾、水灵灵的、重水、辣椒水、蒸馏水等，缅甸语中的（ရေ / je^{22}/水 ）同样可组成复合词，如：ရေနွေး/$je^{22}nwe^{55}$/(开水) ၊ ရေအိုး / $je^{22}o^{55}$ / (水壶) ၊ ရေတကောင်း / $je^{22}tə kaũ^{55}$ / (水罐) ၊ ရေစီးကြောင်း/$je^{22}si^{55}dzaũ^{55}$ / (水流) ၊ ရေကျက်အေး / $je^{22}t\varepsilon\varepsilon^{24}e^{55}$ / (冷开水) ၊ ရေပူစမ်း / $je^{22}pu^{24}sã^{55}$/ (温泉) ၊ ရေဘေး / $je^{22}be^{55}$ / (水灾) ၊ ရေကန် / $je^{22}kã^{22}$ / (池塘) ၊ ရေချိုး / $je^{22}t\varepsilon ho^{55}$ / (洗澡) ၊သောက်ရေ/$t\theta au^{24}je^{22}$/ (饮用水) ၊ ပေါင်းခံရေ/$paũ^{55}khã^{22}je^{22}$/ (蒸馏水) ကျောက်စမ်းရေ /$t\varepsilon au^{24}sĩ^{24}je^{22}$/ (山泉水) ၊ ရေသောက်လယ်/ je^{22} $t\theta au^{24}l\varepsilon^{22}$/(水田) ၊ 等。

③ 汉语的"吃"可以组成复合词：吃亏、吃香、吃香喝辣、吃货、吃里扒外、通吃、同吃、胡吃海塞、骗吃骗喝、坐吃等。缅甸语的 စား / sa^{55} /吃၊ 可组成复合词，如：မြို့စား/mjo^{53} sa^{55} / (食邑某城镇之主) ၊ ချက်စား / $t\varepsilon h\varepsilon^{24}sa^{55}$ / (煮着吃) ၊ ကြော်စား / $t\varepsilon\mathrm{o}^{22}$ sa^{55} /(炒着吃) ၊ ဖုတ်စား / $phou^{24}$ sa^{55} / (煨着吃) ၊ လုပ်စား / lou^{24} sa^{55} / (靠做某事糊口) ၊ စားကျက် / $sə t\varepsilon\varepsilon^{24}$ / (地盘) ၊ စားသောက်ဆိုင် / sa^{55} $t\theta au^{24}shaĩ^{22}$/ (饮食店) ၊ စားခွက်လု / $sə khw\varepsilon^{24}lu^{53}$/ (争食吃) ၊ စားစရိတ် / sa^{55} $zə je\mathrm{I}^{24}$/ (伙食费) ၊ ကျောင်းအိပ်ကျောင်းစား / $t\varepsilon au^{55}$ $e\mathrm{I}^{24}$ $t\varepsilon au^{55}sa^{55}$ / (住读生) 等。

（一）联合法组成的复合词：在现代汉语和现代缅甸语中，复合词越来越多，组成这些复合词的词素之间的关系也有不同。

两个词素之间的关系是并列关系，二者地位平等，不分轻重。例如：汉语的朋友、乡村、宁静、建造、种植等。

① 缅甸语的并列复合词结构与汉语完全相同。例如：

မိတ် /meɪʔ⁴/（朋）+ ဆွေ /shwei²²/（友）
→ မိတ်ဆွေ（朋友）

တော /tɔ⁵⁵/（乡）+ ရွာ /jwa²²/（村）
→ တောရွာ（乡村）

ဧ /e⁵⁵/（安）+ ချမ်း /tɕhã⁵⁵/（宁）
→ ချမ်း（平安）

တိတ် /teɪʔ⁴/（停）+ ဆိတ် /sheɪʔ⁴/（静）
→ တိတ်ဆိတ်（宁静）

တည် /ti²²/（建）+ ဆောက် /shauʔ⁴/（造）
→ တည်ဆောက်（建造）

စိုက် /saɪʔ⁴/（种）+ ပျိုး /pjo⁵⁵/（植）
→ စိုက်ပျိုး（种植）

အော် /ɔ²²/（叫）+ ဟစ် /hɪʔ⁴/（喊）
→ အော်ဟစ်（叫喊）

② 两个词素之间的关系是偏正关系，其中一个词素描写或限定另一个词素。一般是前一个词素修饰后一个词素，后一个词素是整个词的重心。例如汉语的铁路、铅笔、解释、火车、火轮等，缅甸语中的支配关系的复合词，构成与汉语完全相同。例如：

သံ /tθã²²/（铁）+ လမ်း /lã⁵⁵/（路）→ သံလမ်း（铁路）
ခဲ /khe⁵⁵/（铅）+ တံ /dã²²/（小棍）→ ခဲတံ（铅笔）
ရှင်း /ɕĩ⁵⁵/（释）+ ပြ /pja⁵³/（示）→ ရှင်းပြ（解释）
မီး /mĩ⁵³/（火）+ ရထား /jətha⁵⁵/（车）→ မီးရထား（火车）
မီး /mĩ⁵⁵/（火）+ သင်္ဘော /tĩ⁵⁵bɔ⁵⁵/（轮船）→
မီးသင်္ဘော（火轮）

③ 两个词素之间的关系是支配关系。一个词素表示动作的行为，另一个为受这个词素支配或影响的事物。由于缅汉语法之间的差异，汉语中表示动作的词素在前。而缅语中，表示动作的词素在后。例如汉语的跳高、舂米、看家、梳头。

缅甸语中的支配关系的复合词构成如下：

အမြင့် /ə mjĩ⁵³/（高）+ ခုန်/ khoũ²²/（跳）→
　　　　　　　　　　　　　　　　အမြင့်ခုန်（跳高）

ဆန် / shã²²/（米）+ ဖွတ်/ phuʔ⁴/（去壳）→
　　　　　　　　　　　　　　　　ဆန်ဖွတ်（舂米）

အိမ် / eĩ²²/（家）+ စောင့်/ saũ⁵³/（看守）→
　　　　　　　　　　　　　　　　အိမ်စောင့်（看家）

ခေါင်း/ gaũ⁵⁵/（头）+ ဘီး/ phi⁵⁵/（梳头）→
　　　　　　　　　　　　　　　　ခေါင်းဘီး（梳头）

④ 两个词素之间的关系是补充关系。这类词，前一个词素表示动作，后一个词素表示动作的结果。例如汉语中的：充实、说道、滑倒、站在（某一边），缅甸语中同样有这种复合词。例如：

ဖြည့် / phje⁵³/（补充）+ တင်း/ tĩ⁵⁵/（充实）→
　　　　　　　　　　　　　　　　ဖြည့်တင်း（充实）

ပြော/ pjɔ⁵⁵/（说）+ ကြား/ tɕa⁵⁵/（闻）→
　　　　　　　　　　　　　　　　ပြောကြား（说道）

ချော် / tɕhɔ²²/（滑）+ လဲ/ lɛ⁵⁵/（倒）→
　　　　　　　　　　　　　　　　ချော်လဲ（滑倒）

ရပ် / jaʔ⁴/（站）+ တည်/ ti²²/（立）→
　　　　　　　　　　　　　　　　ရပ်တည်（站在）

⑤ 两个词素之间的关系是主谓关系。一个主语和一个谓语，在语法关系上形成主谓结构。如汉语的头疼、眼花、肚子饿、手艺高超、手酸，缅甸语中的主谓结构的合成词与汉语完全相同。例如：

ခေါင်း/ gaũ⁵⁵/（头）+ ကိုက်/ kaɪʔ⁴/（疼）→
　　　　　　　　　　　　　　　　ခေါင်းကိုက်（头疼）

မျက်စေ့/ mjɛʔ⁴si⁵³/（眼）+ မှုန်/ hmoũ²²/（花）→
　　　　　　　　　　　　　　　　မျက်စေ့မှုန်（眼花）

ဗိုက်/ baɪʔ⁴/（肚子）+ ဆာ / sha²²/（饿）→
　　　　　　　　　　　　　　　　ဗိုက်ဆာ（肚子饿）

လက်ရာ / lɛʔ⁴ja²²/（手艺）+ မြောက်/ mja u ʔ⁴/（高）→
　　　　　　　　　　　　　　　　လက်ရာမြောက်（手艺高）

လက် / lɛʔ⁴ /（手）+ ညောင်း / ŋaũ⁵⁵ /（酸疼）→

လက်ညောင်း:（手酸）

（二）附加法组成的复合词：在缅甸语和汉语中，"附加法"也是构成复合词的重要手段之一。附加法包括：附加和插入两种。

① "附加"，是指一个词根在其前后附加上一个音节，在前头的叫"前缀"，或叫"词头"。加在后面的叫"后缀"，或称"词缀"。它们有些可以独立成一个词或作词根。但是它们加在别的词根前后，就不带任何词汇意义了，而仅仅起着构词的作用。附加的前缀、后缀都属于次要音节，口语中往往变成轻声调。

"附加法"也是汉藏语系语言的一个重要构词方法。有许多词可以加上 a- 词头。（可参见汪大年《藏缅语"A-"词头的探源》，《彝缅语研究》四川民族出版社，1997 年例如汉语中：

阿 ＋ 哥 → 阿哥；　　　阿 ＋ 妹 → 阿妹
阿 ＋ 爸 → 阿爸；　　　阿 ＋ 嫂 → 阿嫂

缅甸语中的亲属名词前大都可以加 a- 词头，这与汉语完全相同。例如：

အ/ a / + ဖေ / phe²² /（父）→ အဖေ（父亲）
အ / a/+ မ / ma⁵³ /（姐）   → အမ（姐姐）
အ / a/+ ဘိုး / pho⁵⁵ /（爷爷）→ အဘိုး:（爷爷）

在缅甸语中，许多词可以加a-词头。加上词头后，词义和词性有的并无改变，有的却有所改变。例如：

A. 原来是名词，加a-词头后，词义和词性并无改变。例如：

အ / a /+ ရွက် / a jwɛʔ⁴ /（叶）→ အရွက်（叶子）
အ / a /+ ပင် / a pĩ²² /（植物）→ အပင်（植物）
အ / a /+ ကိုင်း / a kaĩ⁵⁵ /（枝）→ အကိုင်း:（枝）
အ / a /+ ဘ / a ba⁵³ /（父）→ အဘ（父）
အ / a /+ သား: / a tθa⁵⁵ /（肉）→ အသား:（肉）

B. 原来是形容词，加 a-词头后变成名词。例如：

အ / a /+ ကောင်း / kaũ⁵⁵ /（好）→ အကောင်း:（好东西、好意）
အ / a /+ လှ / hla⁵³ /（美）→ အလှ（美丽的外观、美丽）
အ / a /+ များ: / mja⁵⁵ /（多）→ အများ:（大家）

အ / a /+ ေဝး / we⁵⁵ /（远）   →   အေဝး（远处）

C. 原来是形容词，加 a-词头后变成副词。例如：
အ / a /+ တင်း / tĩ⁵⁵ /（紧）   →   အတင်း（强硬地）
အ / a /+ မြန် / mjã²² /（快） →   အမြန်（迅速地）
အ / a /+ ခိုင် / khãĩ²² /（牢） →   အခိုင်（牢固地）
အ / a /+ မြဲ / mjɛ⁵⁵ /（永久）→   အမြဲ（永久地）

D. 原来是动词，加 a-词头后变成名词。例如：
အ / a /+ လုပ် / louʔ⁴ /（做） →   အလုပ်（工作）
အ / a /+ ပြော / pjɔ⁵⁵ /（说） →   အပြော（口才）
အ / a /+ စား / sa⁵⁵ /（吃）   →   အစား（食量）
အ / a /+ တွေး / twe⁵⁵ /（想） →   အတွေး（想法）

E. 原来是动词，加 a-词头后变成副词。例如：
အ / a /+ ရောက်/ jauʔ⁴ /（到）→   အရောက်（到达）
အ / a /+ ပြီး / pi⁵⁵ /（完） →   အပြီး（结束）

汉语中没有缅语那样加 a-词头的形态变化那么多，但是，也有一些形容词或动词加其他一些词头发生形态变化的现象。例如：加上词头"可"

"可" ＋ 动词　 →　 形容词
"可" ＋ 爱　　→　 可爱
"可" ＋ 笑　　→　 可笑
"可" ＋ 恨　　→　 可恨
"可" ＋ 怜　　→　 可怜

还可以加上词头"不"。例如：
"不" ＋ 名词　 →　 形容词或副词
"不" ＋ 时　　→　 不时
"不" ＋ 利　　→　 不利
"不" ＋ 法　　→　 不法
"不" ＋ 才　　→　 不才

② 缅甸语中还有一种"附加"，是在词根后加上词缀，这些词缀大部分没有具体意义。例如：

词根（意义）+		后缀		→	复合词	词义
စည် / si²² /	热闹	ကာ：	[ka:]	→	စည်ကား	热闹
စိမ် / sẽi⁵⁵ /	陌生	ကာ：		→	စိမ်းကား	冷淡、生分
ရမ် / jã⁵⁵ /	乱来	ကာ：		→	ရမ်းကား	霸道
စေ / se²² /	使	စာ：	[sa:]	→	စေစာ	指使
ခ / kha⁵³ /	侍候	စာ：		→	ခစာ	侍奉
ခံ / khã²² /	受	စာ：		→	ခံစာ	享受
ဆုံး / shoũ⁵⁵ /	结束	ပါ：	[pa:]	→	ဆုံးပါ	损失
နည် / nɛ⁵⁵ /	少	ပါ：		→	နည်းပါ	少
နွမ် / nũ⁵⁵ /	蔫、皱	ပါ		→	နွမ်းပါ	蔫、皱
ဆက် / shɛʔ⁴ /	献	သ	[tθa]	→	ဆက်သ	献
ပိ / pi²² /	清晰	သ		→	ပိသ	清晰
ကု / ku⁵³ /	治疗	သ		→	ကုသ	治疗
မျှော် / mjɔ²² /	盼望	တင်း	[tĩ:]	→	မျှော်တင်း	盼望
ရဲ / jɛ⁵⁵ /	勇敢	တင်း		→	ရဲတင်း	勇敢
ဖြည် / phje⁵³ /	补充	တင်း		→	ဖြည်တင်း	补充
မှီ / hmi²² /	依靠	တင်း		→	မှီတင်း	依靠
ရောင် / ɕaũ²² /	避开	ရှာ：	[ɕa:]	→	ရောင်ရှာ	躲避
လုပ် / louʔ⁴ /	活动	ရှာ：		→	လုပ်ရှာ	活动
ထင် / thĩ²² /	明显	ရှာ：		→	ထင်ရှာ	明显

③ 缅甸语和汉语中还有一种附加法，就是在一个单音节（也有双音节）的名词、形容词或动词后加上两个相同的音节，该音节本身可能有意义，也可能没意义。例如汉语的傻呆呆、酸溜溜、甜丝丝、绿茵茵、水汪汪、色迷迷、沉甸甸、颤巍巍、哗啦啦、笑嘻嘻、尴尬兮兮、羞人答答等。

在一个词的后面加上两个相同音节而构成的词的词汇意义，比词根意义更加加重、或更加委婉、减轻，有时也表示更富有浓厚的感情色彩。

缅甸语同样有这种构词法。一般是词根在前，后面跟上双声叠韵形式的两个词缀。例如：

ဝါကျန်ကျန် / wa²²tɕã⁵³tɕã⁵³ /（黄渍渍的）၊ဝါတာတာ/ wa²²ta²²ta²² /
（黄黄的）

နီတီတီ / ni²²ti²²ti²² /（红红的）၊နီရဲရဲ / ni²²jɛ⁵⁵jɛ⁵⁵ /
（红艳艳的）

ဝေးတေးတေး / we⁵⁵te⁵⁵te⁵⁵ /（稍远的）၊ရွှတ်တွတ်တွတ် / ɕuʔ⁴tuʔ⁴tuʔ⁴ /
（嬉皮笑脸地）၊

မိုက်တိုက်တိုက် / maɪʔ⁴taɪʔ⁴taɪʔ⁴ /（蛮不讲理地）၊

ပေတေတေ / pe²²te²²te²² /（脏兮兮的）၊

မေ့တေ့တေ့ / me⁵³t⁵³t⁵³ /（呆若木鸡地）၊

ချဉ်တင်တင် / tɕhĩ²²fĩ²²fĩ²² /（酸不丢丢的)၊

ချိုတိုတို / tɕho²²to²²to²² /（甜丝丝的、甜当当的（吴方言）)၊

ဝေးခေါင်ခေါင် / we⁵⁵khaũ²²khaũ²² /（遥远的）၊

ခါးသက်သက် / kha⁵⁵tθɛʔ⁴tθɛʔ⁴ /（苦茵茵的）

在这种构词法中缅汉两种语言，不仅有着相同的构词方式，而且在附加的词缀两个相同的音节中，都有用辅音 t 作声母的两个词缀。在缅语中词缀的辅音除了声母是 t 外，韵母方面，与词根常常形成叠韵形式。例如汉语的"傻呆呆"中的"呆呆 taitai"、"沉甸甸"中的"甸甸 tian tian"、"羞人答答"中的"答答 ta ta"等。

缅甸语中的后缀与词根还是叠韵的："ဝါတာတာ"中的"တာတာ ta ta"、"နီတီတီ"中的"တီတီ ti ti"、"ချိုတိုတို"中的"တိုတို to to"等。

④ 缅甸语中还有一种"附加"，是在词根后加上表示敬语的词缀"တော်"、"တော်မူ"等。例如：

တော် /dɔ²²/加在名词后，表示敬语形式，汉语中无此类构词法。例如：

名词　　　　　＋　　　တော်　　　　→　　　敬语形式

နန်း(宫殿)　　　＋　　　တော်　　　　→　　　နန်းတော် 宫殿

ခြေနင်း(鞋)　　＋　　　တော်　　　　→　　　ခြေနင်းတော် 御用鞋

ဆံ(发)　　　　＋　　　တော်　　　　→　　　ဆံတော် 佛发

စွယ်(臼牙)　　　＋　　　တော်　　　　→　　　စွယ်တော်မြတ် 佛牙

တော်မူ / dɔ²²mu²² / 用于动词后，表示尊敬的语气。一般用在同高贵者（如国王、僧侣等）讲话之中。汉语中也无此类词缀。例如：

缅甸语   汉语
နားသောတရှင်းများရှင် ၊ ကျန်းမာတော်မူကြပါစရှင် ။   听众们，你们好！
ကြွတော်မူပါဘုရား ။   请！（为僧侣等高贵者引路时用
                                                     或请皇帝起驾时用）。
မူးကြီးမတ်ရာများအားဘွဲ့ချီးမြှောက်တော်မူပါသည် ။   赐给众大臣们荣誉称号。

（三）插入法：缅甸语和汉语的构词法中，插入法也是一种重要的构词方式。有各种形式的插入方法，插入的音节也各不相同。有插在双音节和三音节词的前头和中间，插入一个音节或两个相同的音节。例如：

汉语中有插入两个不同的词的：巴山蜀水、白山黑水、跋山涉水，插入两个"半"字的：半文半白、半真半假、半信半疑、半推半就，插入"半"和"不"字的：半生不熟、半明不暗、半新不旧、半死不活，插入两个"不"字的：不卑不亢、不紧不慢、不干不净、不疼不痒、不明不白、不清不楚、不知不觉、不言不语、不闻不问、不依不饶、不折不扣、不管不顾、不偏不倚，插入两个"一"字的：一心一德、一心一意、一生一世、一针一线、一草一木、一瘸一拐、一问一答、一唱一和、一起一落、一张一弛、一上一下，插入一个"一"和一个"再"字的：一问再问、一拖再拖、一错在错、一误再误，插入一个"一"和一个"半"字的：一鳞半爪、一年半载、一时半刻、一星半点、一知半解，插入一个"一"和一个"不"字的：一去不返、一蹶不振，插入一个"一"和一个"二"字的：一差二错、一来二去、一刀两断、一不做二不休等。

缅甸语中同样有这种构词方法。有在一个双音节词中插入两个相同的音节。例如：

原词	（词义）	插入音节	→	复合词	词义
လျစ်လျူ	无视	က [ka]		ကလျစ်ကလျူ	不在乎地
ပြောင်းပြန်		က		ကပြောင်းကပြန်	颠三倒四地
စမ်းဝါး	摸索	က		ကစမ်းကဝါး	摸索
သိရှိ	穷困	က		ကသိကရှိ	穷困地
ပျက်ချော်	歹徒	က		ကပျက်ကချော်	没正经地
ခိုင်မာ	牢固	အ [a]		အခိုင်အမာ	牢固地
စုံလင်	齐全	အ		အစုံအလင်	齐全地

原词	词义	插入音节		复合词	词义
ပြောဆို	说	အ		အပြောအဆို	说的话
မှတ်သား	记录	အ		အမှတ်အသား	记录
သေချာ	确定	အ		အသေအချာ	肯定地
ယုယ	体贴	တ	[ta]	တယုတယ	体贴地
ပျော်ပါး	欢乐	တ		တပျော်တပါး	欢乐地
ဖွဲ့နွဲ့	描绘	တ		တဖွဲ့ဖွဲ့ တနွဲ့နွဲ့	渲染地
အရက်ကွဲ	出丑	တ		အရက်တကွဲ	丢尽脸地
အရေးကြီး	重要	တ		အရေးတကြီး	急切地
အမှတ်ရ	记得	တ		အမှတ်တရ	牢记着
အနာရ	受伤	တ		အနာတရ	受伤
သိသာ	明显	မ	[ma]	မသိမသာ	悄悄地
လှုပ်ရှက်	摇动	မ		မလှုပ်မရှက်	纹丝不动地
ထင်ရှား	显著	မ		မထင်မရှား	不显眼地
သေချာ	确定	မ		မသေမချာ	不确定地

也有在一个双音节词的前面和中间插入两个不同的音节 အ၊တ 。例如：

原词	（词义）	插入音节	→	复合词	词义
မြတ်နိုး	珍爱	အ၊တ		အမြတ်တနိုး	珍爱地
ပျော်ပါး	欢乐	အ၊တ		အပျော်တပါး	欢乐地
ကျော်စော	闻名	အ၊တ		အကျော်တစော	遐迩闻名地

也有在两个相同的词前面和中间插入两个不同的音节 မ၊တ。例如：

原词	（词义）	插入音节	→	复合词	词义
ကောင်း	好	မ၊တ		မကောင်းတကောင်း	凑和
ကျက်	熟	မ၊တ		မကျက်တကျက်	半生不熟
ဝေး	远	မ၊တ		မဝေးတဝေး	不太远
သိ	知	မ၊တ		မသိတသိ	模糊不清

这一类构词法中，有些并不是在一个双音节词中插入某些音节，而是将意义相反的两个词加上词头后连在一起使用。例如：汉语中的"一鳞半爪"、"半生不熟"、"不紧不慢"中的"鳞爪"、"生熟"、"紧慢"等，缅甸语中的"မကျက်တကျက်"、"မသိတသိ"、"မဝေးတဝေး"并不是能够独立运用的词,缅甸语中的是一个相同的词。这类词严格的说，并不属于插入法之列，应该另归一类。但因形式有些类似，也就放在这里讨论了。

（四）重叠构词法：在汉语中重叠是一种重要的构词法。由于重叠的构词法，使词汇量大大的增加。并且也使词汇的感情色彩增添了很多。从构词方式来看，重叠有各种方式，有完全重叠、有不完全重叠等。例如汉语中不完全重叠的有：

一蹦一跳——表示蹦跳的动作连续不断的交替发生、又蹦又跳——表示动作的热烈程度，不仅蹦高而且还高高跳起完全重叠的有家家、人人、种种、重重——表示多数或程度的加深蹦蹦跳跳、高高兴兴——表示动作的不断地发生或程度的加深等等。

时下，中国有一首通俗歌曲，名为"你好吗"，在这首歌词中，比较集中地运用了重叠形式的构词法，不仅满足了歌曲语音的美感要求，也赋予歌曲的意境承载了更多的情感和思绪。其中歌词写道：

在这<u>安安静静</u>的黄昏，	（形容词重叠）
谁弹起<u>叮叮咚咚</u>的琴？	（拟声词）
带着<u>缠缠绵绵</u>的思绪，	（动词）
敲打我<u>空空荡荡</u>的心。	（形容词）
望着<u>清清亮亮</u>的明月，	（形容词）
轻推开<u>支支呀呀</u>的门。	（拟声词）
把我<u>牵牵挂挂</u>的问讯，	（动词）
托付给<u>飘飘漾漾</u>的云。	（动词）
你好吗？你好吗？	
<u>真真</u>地思念你	（副词）
我<u>最亲最近</u>的人。	（副词＋形容词）
知音隔不断，	
天各一方，月共一轮。	
你好吗？你好吗？	
<u>深深</u>地想念你，	（形容词）
我<u>最疼最爱</u>的人。	（副词＋动词）
让平安的祝福，	
永远伴随着我们，	
<u>甜甜蜜蜜</u>的一生，	（形容词）
<u>甜甜密密</u>的一生！	（形容词）

从构词的内容来看，有形容词重叠的、有动词重叠的、有象声词重叠的。从形式来看，有完全重叠、不完全重叠的。种种重叠形式构成的重叠词改变了原有的词性，搭载着各种词的感情色彩。因此，汉语中有着大量的，各种形式的重叠词，可以用来表达丰富多彩的内容和感情。

同样，缅甸语中也有重叠形式的构词法，使词汇量大大增加，表达的意义更加纷繁。由于这种构词法能够衍生出数量极多的词，因此，无论是汉语词典中或是缅甸语词典中，都无法将重叠的词一一列成词条，只能在字典中有重点地将重叠过后的少量有特色的词列作词条，其余的大量的重叠词只用"重叠的构词法"来一言蔽之。

重叠构词法是汉藏语系语言的一个重要构词法，尤其是其中的"四音词格"（经过各种重叠形式而构成有四个音节组成的相对固定的四音节词）是大多数汉藏语系语言的共同特点。与其他语系的语言比较，这样的构词法可以说是汉藏语系语言的一大特点。

① 缅汉两种语言中，名词可以重叠。如：汉语中的 天天、年年、年年岁岁、 人人、人山人海。家家，爸爸，哥哥，星星，家家户户，婆婆妈妈、山山水水、一山一水、原原本本。缅甸语中名词的重叠没有汉语那样多，和汉语一样，亲属称谓可以重叠，变成称呼语。如：汉语中爸→→爸爸，姐→→姐姐，妹→→妹妹，舅→→舅舅，缅甸语中的亲属名词可以重叠。如：

အ(爸) →→ အအ(爸爸) ၊ မ(姐) →→ မမ(姐姐) ၊ ဦး(舅) →→ ဦးဦး(舅舅) ၊ ကို(哥) →→ ကိုကို(哥哥) ၊ ေဒၚ(婶) →→ ေဒၚေဒၚ(婶婶)

但是，缅甸语中的亲属名词不像汉语那样多，汉语的亲属名词几乎都可以重叠。而缅甸语中却不一样，尤其是双音节的亲属名词一般不能重叠。

② 代词可以重叠。不过这类重叠无论是汉语还是缅甸语中都是很少的。例如：汉语中的卿卿我我，缅甸语中的 ဟိုဟိုဒီဒီ / ho²²ho²²di²²di²²/ 那那这这（意即：周围、四处）သူသူငါငါ / tθu²² dðu²²ŋa²² ŋa²² / 他他我我（意即：你我之辈）

③ 动词可以重叠。如汉语中的 问问、闻闻、看看，蹦蹦跳跳、一蹦一跳、又蹦又跳，欢欢喜喜，高高兴兴、零零碎碎、急急忙忙。缅甸语中：

动词	词义
ေပျာ်ရွှင်/pjɔ²² ɕwĩ²²/	愉快
ကြိုးစား / tɕo⁵⁵ za⁵⁵/	努力
ရယ်ေမာ / ji²² mɔ⁵⁵ /	笑

သွားလာ / tθwa⁵⁵ la²² /　　　　　来往
ပြောဆို / pjɔ⁵⁵ sho²² /　　　　　说

重叠后变副词　　　　　　　　**词义**
ပျော်ပျော်ရွှင်ရွှင် /pjɔ pjɔ ɕwĩ ɕwĩ /　　高高兴兴
ကြိုးကြိုးစားစား / tɕo: tɕo: za: za:/　　努力地
ရယ်ရယ်မောမော /ji ji mɔ:mɔ:/　　　笑着
သွားသွားလာလာ / tθa: tθa: la la/　　来来往往
ပြောပြောဆိုဆို / pjɔ: pjɔ: sho sho/　　说着说着

④ 形容词可以重叠。如汉语的漂漂亮亮、红红绿绿、弯弯、弯弯曲曲、直来直去、远远、圆圆、糊胡涂涂、乱乱糟糟、马马虎虎、高高的、白白净净等等。

缅甸语中的形容词重叠后有两种作用：A. 是改变词性，使形容词变成副词；B. 是仍作形容词，只是放在被修饰的名词后面。例如：

A.　　形容词　　词义　重叠后变副词用在动词前　　词义
　　　လှ / hla⁵³/ 美 → လှလှ / hla⁵³hla⁵³ /　　漂漂亮亮
　　　မြန် / mjã²² / 快 → မြန်မြန် /mjã²²mjã²²/　迅速地
　　　နှေး / hne⁵⁵ / 慢 → နှေးနှေး /hne⁵⁵hne⁵⁵/　慢慢地

B.　　形容词　　词义　重叠后变形容词用在名词后　　词义
　　　လှ / hla⁵³ / 美 → လှလှ /hla⁵³hla⁵³/　　漂亮的
　　　ပါး /pa⁵⁵ 薄 → ပါးပါး / pa⁵⁵pa⁵⁵/　　薄薄的
　　　ကောင်း /kaũ⁵⁵/ 好 → ကောင်းကောင်း / kaũ⁵⁵ kaũ⁵⁵ /　较好的

⑤ 数量词可以重叠。这类词在汉语中比较多，而在缅甸语量词可以重叠，数量却比较少，并且重叠后常常加上一个前置音节。两种语言中的量词重叠后的词义也有区别。汉语量词重叠后表示"多数中的每一个"。如汉语中的三三两两、个个、一筐筐、一摞摞，缅甸语中的量词重叠并加上"ta"后，表示"多数中的某一个"。如：

တစ်ယောက်ယောက်/ tə jauʔ⁴⁴jauʔ⁴⁴ / 任何一位、某一位
တစ်ခုခု / tə khu⁵³ khu⁵³ / 任意一个，某一个

缅甸语的重叠的形式也和汉语一样，有多种多样，有的重叠形式，已经形成比较有规律的"四音词格"（或称"四音联绵"）词，并且成为汉藏语系的一个独特的构词形式。例如：

（1）AABB式这种叠字形式中，组成的成分有各种情况。例如：① A、B可能是分别独立的词，如汉语中的"家家户户"、"来来去去"是由"家＋家＋户＋户"、"来＋ 来＋去＋去"构成。② A、B也可能其中一个不是独立的词素，如"骂骂咧咧"、"晕晕乎乎"，其中"咧"、"乎"是词素，它不能独立当词来用。③ 也可能AB是一个词，由两个词素分别重叠而成。如汉语中的"别扭"→"别别扭扭"。

在缅甸语中，类似这样的重叠形式和重叠词的结构与汉语完全相同。例如：

① A、B 分别是可以独立的词组成。例如：

ပျော် /pjɔ²²/(愉快、喜悦) ＋ ရွှင် /ɕwĩ²²/（高兴）

→ ပျော်ရွှင် (高兴、愉快)

→ ပျော်ပျော်ရွှင်ရွှင် (高高兴兴地)

② A、B 不一定是可以独立的词。例如：

ကြို: /tɕo⁵⁵/ (努力) ＋ စား /sa⁵⁵/ (不含具体意义的词缀、不能单独作词用)

→ ကြိုးစား: (努力、勤奋) → ကြိုးကြိုးစားစား: (勤奋地、努力地)

③ A、B 是一个词。例如：

ရိုသေ (尊敬) 其中两个词素都是不能独立运用的）

→ ရိုရိုသေသေ (必恭必敬地)

（2）ABAB式这种叠字形式中，AB 大多数是一个词。例如汉语中的"商量商量"、"琢磨琢磨"、"高兴高兴"、"彼此彼此"、"意思意思"、"研究研究"、"呼哧呼哧"等。

缅甸语中也有类似的重叠词。如：

လှုပ်တုတ်လှုပ်တုတ်၊（摇摇摆摆的、不停地动着）

（3）ABAC 式 汉语中的必恭必敬、半文半白、一心一德、一唱一和、一上一下、不知 不觉、克勤克俭、百发百中、边干边学。缅甸语如：

ကုန်တင်ကုန်ချ / kou²² tĩ²²koũ²²tɕa⁵³/ 装卸

လူသွားလူလာ / lu²²tθwa⁵⁵lu²²la²²/ 行人

ဖြက်တိဖြက်တောက် / bjɛʔ⁴⁴ti⁵³bjɛʔ⁴⁴tauʔ⁴⁴/ 嘟嘟囔囔的

သေစားသေစေ/ tθe²²sa⁵⁵tθe²²ze⁵³/ 血债要用血还、杀人者偿命 ကပ်တီးကပ်သတ် / kaʔ⁴⁴ti⁵⁵kaʔ⁴⁴tθaʔ⁴⁴/ 刁钻古怪的

（4）AAAA式 汉语中有用拟声词或形象的描述动作的动词重叠而成的四音词。例如：

咚咚咚咚、唰唰唰唰、噔噔噔噔
缅语中一样有这种形式的词。例如：
ရိပ်ရိပ်ရိပ်ရိပ် /jeʔ⁴⁴ jeʔ⁴⁴ jeʔ⁴⁴ jeʔ⁴⁴/ 不停地闪动着
လှုပ်လှုပ်လှုပ်လှုပ် / hlouʔ hlouʔ hlouʔ hlouʔ / 不停地晃动着
（5）ABCB 式 汉语如一错再错、一拖再拖
缅甸语如：
ခွေးပြေးဝက်ပြေး / khwe⁵⁵pje⁵⁵wɛʔ⁴⁴pje⁵⁵/ 作鸟兽散
ခွေးကျဝက်ကျ /khwe⁵⁵tɕa⁵³wɛʔ⁴⁴tɕa⁵³/ 像死猪一样摔下
ခြေပန်းလက်ပန်း / tɕhe pã⁵⁵lɛʔ⁴⁴pã⁵⁵/ 筋疲力尽地
ဝင်လိုက်ထွက်လိုက်/ wɪ²² laɪʔ⁴⁴thwɛʔ⁴⁴laɪʔ⁴⁴/ 进进出出
ကြိုးစားပန်းစား / tɕo⁵⁵za⁵⁵pã⁵⁵za⁵⁵/ 努力地

（五）嵌字四音格：这是缅甸语和汉语中极为独特的四音格构词法。例如：汉语中有 稀里胡涂、糊里胡涂、流里流气、迷里迷糊、傻里傻气、疙里疙瘩、埋里埋汰（脏兮兮）。

这些词里都有一个垫字"里"它在词中并无任何实际意义，只是为了凑足四个字而嵌进去的。那些四音词主要的词根在后两个字上。例如"糊里胡涂"中主要是后两个字"胡涂"；"流利流气"中主要是"流气"；"迷里迷糊"中主要是"迷糊"。这种四音格词的第一个字往往与第三个字相同。

还有一种嵌字四音词，垫进去的也是"里"但是，主要词义在第一个字上，后面的两个字不过是毫无意义的词缀。例如：汉语中的"笨里巴几""脏里巴几""傻里巴几""臭里巴几"，主要的词义在"笨"、"脏"、"傻"、"臭"等第一个字上。后面的几个字都是毫无意义的词缀。说是毫无意义，其实它们还是有一定的含意，如果说仅仅是"笨"、"脏"、"臭"，不过是表明事物的一种性质，并不带有其他的意思。而在这些词后加上"里巴几"几个后缀，它表明这个词带有程度的轻重或说话人的"厌恶、嫌弃"等感情色彩。

缅甸语中也有与汉语的第一种构词法一样构成的四音格词，而没有第二种嵌字四音词。例如：
主要词义在后面两个音节上的：
တွတ်တိတွတ်တာ / tuʔ⁴⁴ti⁵³tuʔ⁴⁴ta²²/ 咿咿呀呀的
လှုပ်လီလှုပ်လဲ့ / hlouʔ⁴⁴li⁵³hlouʔ⁴⁴lɛ⁵³/ 不停摇晃着
ဖျစ်တိဖျစ်တောက်/ bjɪʔ⁴⁴ti⁵³bjɪʔ⁴⁴tauʔ⁴⁴/ 嘟嘟哝哝的

အတိအတ/ $a^{53}ti^{53}a^{53}ta^{53}$ /， 傻里巴几地

（六）双声、叠韵词：缅甸语和汉语一样，有两种从语音上和谐而构成的词，就是双声词和叠韵词。

双声词就是由两个声母相同的音节构成的词。在汉语中有：

古怪	泼皮	差池	查处	得道	得当	和好	绘画	好坏	胞波	奔波
参差	苍翠	层次	到达	地点	方法	丰富	仿佛	佛法	关公	供稿
基金	解决	经济	京剧	急遽	酒精	金奖	绝句	开课	可靠	力量
榴莲	面貌	茂密	男女	奶娘	澎湃	批评	瓢泼	确切	亲戚	请求
齐全	仍然	荣辱	探讨	体贴	头疼	文物	学校	学习	详细	现象
消息	心虚	新秀	心胸	学衔	休学	译音	由于	语言	演员	营业
元音	议员	最早	杂字	栽赃	自责					

缅语中有：သက်သာ / $t\theta\epsilon?^{44} t\theta a^{22}$ /（病情）减轻、轻松

ကာကွယ် / $ka^{22}kw\epsilon^{22}$ / 保卫、防御

ကောင်းကင် / $kaũ^{55}kĩ^{22}$ / 天空

စဉ်းစား / $sĩ^{55}za^{22}$ / 想、思考

叠韵词就是由两个韵母相同的音节构成的词。在汉语中有：

大妈	帮忙	合格	和乐	啬刻	集体	肌体	毅力	乙醚	依稀	迷离
父母	腹部	浴具	豫剧	自私	致词	北美	早操	欧洲	假牙	挂花
过错	过多	啰嗦	侨民	斑斓	言谈	圆圈	渊泉	认真	均匀	厂长
状况	冷风	命令	明令	工农	汹涌	笼统	激励	机理	吉利	

缅语中有：သာယာ / $t\theta a^{22}ja^{22}$ / 景色秀丽

ခေါင်းလောင်း / $khaũ^{55}laũ^{55}$ / 钟

ကျစ်လစ် / $tɕi?^{44}li?^{44}$ / 结实

ဆွေးနွေး / $shwe^{55}nwe^{55}$ / 讨论

无论是汉语还是缅甸语，以上陈述的构词方式除了结构上有相同之处外，还有使构成的新词的语法作用有了改变。例如插入式和重叠式构词法构成的新词与原词的词性有了明显的改变。一般是由名词、形容词或动词变成为副词。这种变化也应该算作缅汉语言中形态变化的一种表现。

6.2 缅甸语汉语的形态比较

过去，大多数人都认为，缅甸语与汉语是属于典型的孤立语类型的语言，

它们的一大特点就是词的结构主要是单音节的，一个字、一个音节、一个意思。没有像印欧语系语言那样有很多形态变化。但是，随着研究的深入，人们发现，缅甸语和汉语中还是有不少的形态变化现象。于是认为缅甸语应该说是一种"准孤立语"。而对于汉语，1984 年俞敏也提出不同的看法，他认为藏语中，有前置辅音"m"，原来是带有元音"a"的，如"mnam"原先是"manam"。后来，"ma"音节变成仅起语法作用的语素。除了俞敏提到的例子外，还可以在古文献中找到其他一些例子（摘录自潘悟云《汉语历史音韵学》第 115 页）：

词头"马/*mra/"：

马蜩、马荔、马陆、马蓝、马蓟、马鸡、马蚁、马蔺等

词头"胡 /*ga /"、"渠 /*gă /"、拒/ * gă /:

胡蝶、胡梨、渠略、拒斧等

词头 "姑 、蛄 /*ka /"、"居、蜛 /* kă /"：

姑获、姑榆、居暨、蜛蝫等

词头 "不 / *pŭ /"、"丕（豾、魾）/ phrŭ /"：

不律、不蜩、不过、不来、豾狸、魾鳌等。

在古汉语中，这些词头都没有明确的语义。只能当作合成词中的一个无意义的词素。

虽然是一个音节，都只能算作次要音节（或我们常称之为"弱化音节"），而弱化音节往往发生变化，失去音节的作用，进而附到后一音节上，成为复辅音声母的前置辅音。应该说这也是一种形态变化。在古汉语中的谐声、异读等都反映了上古汉语中的形态现象。

实际上，包括缅甸语和汉语在内的汉藏语系诸多语言中有着多种的形态变化。在汉藏语系语言中，"形态"的类型有两种：（一）分析性的形态（二）屈折性的形态。在缅甸语和汉语比较中，我们可以看到这两种形态在两种语言中有很多共同之点。

（一）分析性的形态：

首先，缅汉两种语言中都有词序的问题，汉语更加突出，词序是不是也应该算作一种形态呢？我认为是一种"形态"。它使用不同的位置改变着语法关系。例如汉语中 "红花"和"花红"词序不同"红"这一音节（字、词）由形容词变成名词的词素。"语言"是名词，而将其颠倒，变成"言语"就成为动词。在缅甸语中也同样有这种情况。例如"ဆားကျက်/sə tɕɛʔ⁴ / 名词、放牧场、野兽觅食

场所"位置颠倒后"ကျက်စား/ tɕɛʔ⁴ sa⁵⁵ /动词，觅食"；"လူမိုက်/ lu²² maɪʔ⁴ /名词，坏蛋、傻瓜""မိုက်သောသူ/ maɪʔ⁴ ðɔ⁵⁵ lu²² /形容词，蛮横的人"。

其次，通过附加、插入、重叠的构词法构成不同的词。这也是缅汉两种语言的共同的分析性"形态"。

1. 附加：利用包括前加和后加的方法，起改变形态的作用。例如：
   ① 加词头的：缅汉两种语言中都有加"阿 / a - /"词头的构词方法。汉语中虽然没有缅语那样加 a-词头的形态变化那么多，但是，也有一些形容词或动词加其他一些词头发生形态变化的现象。例如：汉语中的加"可"、加"不"等词头的，使原有的形容词或动词变成为副词或形容词（详见本书 6.1 构词法的比较。此处从简）。例如：

缅甸语加词头的例词　　　　汉语中加词头的例词

A. 名词加 a-词头　　　　　A. 名词加 a-词头

  အ + ဖေ（父）→အဖေ（父亲）　　阿 ＋ 哥→阿哥

  အ + မ（姐）→အမ（姐姐）　　　阿 ＋ 妹→阿妹

  အ + ဘိုး（爷爷）→အဘိုး（爷爷）　阿 ＋ 爸→阿爸

  အ + ရွက်（叶）→အရွက်（叶子）　**B.** 形容词加词头后变成副词

  အ + ပင်（植物）→အပင်（植物）　"不" ＋时→不时

B. 形容词加 a-词头后变名词　　　　"不"＋利 →不利

  အ + ကောင်း（好）→အကောင်း（好东西）

  　　　　　　　　　　　　　　C. 动词加词头后变成形容词

  အ + များ（多）→အများ（大家）　"可"＋爱→可爱

C. 形容词加 a-词头后变成副词。　　"可"＋怜→可怜

  အ + တင်း（紧）→အတင်း（强硬地）"可"＋笑→可笑

  အ + မြန်（快）→အမြန်（迅速地） D. 名词加词头后变成形容词或副词

D. 原来是动词，加 a-词头后变成名词

  အ + လုပ်（做）→အလုပ်（工作）　"不"＋ 时 →不时

  အ + ပြော（说）→အပြော（口才）　"不"＋ 利 →不利

E. 原来是动词，加 a-词头后变成副词　"不"＋ 才 →不才

  အ ＋ ရောက်（到）→ အရောက်（到达）

  အ ＋ ပြီး（完）→ အပြီး（结束）

汉语中也有一些形容词或动词加其他一些词头发生形态变化的现象。
例如：加上词头"可"

"可" ＋ 动词 → 形容词
"可" ＋ 爱 → 可爱
"可" ＋ 笑 → 可笑
"可" ＋ 恨 → 可恨
"可" ＋ 怜 → 可怜

还可以在名词前加上词头"不"，变成形容词或副词。例如：

"不" ＋ 名词 → 形容词或副词
"不" ＋ 时 → 不时
"不" ＋ 利 → 不利
"不" ＋ 法 → 不法
"不" ＋ 才 → 不才

② 加词尾的：有些是在词根后加上词缀，这些词缀大部分没有具体意义。
例如：

词根 （意义） ＋	后缀	→	复合词	词义
စည် 热闹	ကား [ka:]	→	စည်ကား	热闹
စေ 使	စာ [sa:]	→	စေစား	指使
ဆုံး 结束	ပါ [pa:]	→	ဆုံးပါး	损失
ဆက် 献	သ [tθa]	→	ဆက်သ	献
မြော် 盼望	တင် [tĩ:]	→	မြော်တင်	盼望
ရောင် 避开	ရာ [ça:]	→	ရောင်ရှား	躲避

缅甸语和汉语中还有一种附加法，就是在一个单音节（也有双音节）的名词、形容词或动词后加上两个相同的音节变成副词（缅甸语中还有与前面的形容词形成双声叠韵关系的词尾），该音节本身可能有意义，也可能没意义。但是这种附加法成为改变形态的的一种方法。
例如：
汉语：傻呆呆、酸溜溜、甜丝丝、绿茵茵、水汪汪、色迷迷、沉甸甸、颤巍巍、哗啦啦、笑嘻嘻、尴尬兮兮、羞人答答
缅甸语：

ဝါကျန့်ကျန့်（黄渍渍的）ဝါတတ（黄黄的）

နီတီတီ（红红的），နီရဲရဲ（红艳艳的）
ဝေးတေးတေး（稍远的），ရွှတ်တွတ်တွတ်（嬉皮笑脸地），
မိုက်တိုက်တိုက်（蛮不讲理地），
ပေတေပေ（脏兮兮的），မေ့တေ့တေ့（呆若木鸡地)。

缅甸语中，还有一种分析性形态，就是在动词或形容词之后加上助词，使动词或形容词变成动名词的。（详见本书名词一节的动名词部分，本书第 261-262 页）例如：

动词（或形容词）＋	助词ခြင်း/dʑĩ⁵⁵//tɕhĩ⁵⁵/→动名词	词义
သွား（去、走）＋	ခြင်း/dʑĩ⁵⁵/	သွားခြင်း 去
လာ（来）＋	ခြင်း/dʑĩ⁵⁵/	လာခြင်း 来
လုပ်（做）＋	ခြင်း/tɕhĩ⁵⁵/	လုပ်ခြင်း 做
ဝေဖန်（批评）＋	ခြင်း/dʑĩ⁵⁵/	ဝေဖန်ခြင်း 批评

还有就是动词（或形容词）加上省略"A—"词头的名词词根组成。例如：

动词＋	အမှု /ə hmu⁵³/（案件、事务）→ 动名词	词义
လုပ်ရှား（活动）＋	မှု / hmu⁵³/	→လုပ်ရှားမှု 运动
ယဉ်ကျေး（文明）＋	မှု / hmu⁵³/	→ယဉ်ကျေးမှု 文明
ကားတိုက်（撞车）＋	မှု / hmu⁵³/	→ကားတိုက်မှု 车祸
လုယက်（抢劫）＋	မှု / hmu⁵³/	→လုယက်မှု 抢劫案
动词＋	အရေး（事情、事务)	→动名词　词义
လွတ်လပ်（自由）＋	ရေး /je⁵⁵/	→လွတ်လပ်ရေး 独立
ငြိမ်းချမ်း（和平）＋	ရေး / je⁵⁵/	→ငြိမ်းချမ်းရေး 和平
动词＋	အချက်（项目、要点）	→动名词　词义
ဆုံးဖြတ်（决定）＋	ချက် /tɕhɛʔ⁴/	→ဆုံးဖြတ်ချက် 决议、决定
မျှော်မှန်း（期望）＋	ချက် /dʑɛʔ⁴/	→မျှော်မှန်းချက် 目标

缅甸语中还有一种分析性形态，就是用"助词"来表示词与词之间的语法关系。其实这种形态在汉语中也有，例如汉语中有"了"、"着"、"过"等表示动词时态的助词。不过在现代汉语中数量比较少而已。

2. 缅甸语和汉语的构词法中，插入法也是一种重要的构词方式。有各种形式的插入方法，插入的音节也各不相同。有插在双音节和三音节词的前头和中间，插入一个音节或两个相同的音节，插入法构成的词往往也发生了词性的变化，也是一种"形态变化"。例如：

汉语中有：插入两个不同的词的： 巴山蜀水、白山黑水、跋山涉水，插入两个"半"字的： 半文半白、半真半假、半信半疑、半推半就，插入"半"和"不"字的：半生不熟、半明不暗、半新不旧、半死不活，插入两个"不"字的：不卑不亢、不紧不慢、不干不净、不疼不痒，插入两个"一"字的：一心一德、一心一意、一生一世、一针一线，插入"一"和"再"字的：一问再问、一拖再拖、一错在错、一误再误，插入"一"和"半"字的：一鳞半爪、一年半载、一时半刻、一星半点。

缅甸语有：在一个 双音节词中插入两个相同的音节，使原来的动词或形容词变成副词或名词。例如：

原词	词义	插入音节	→	复合词	词义
လျစ်လျူ	无视	က [ka]		ကလျစ်ကလျူ	不在乎地
ပြောင်းပြန်	颠倒	က		ကပြောင်းကပြန်	颠三倒四地
ခိုင်မာ	牢固	အ [a]		အခိုင်အမာ	牢固地
သေချာ	确定	အ		အသေအချာ	肯定地
ယုယ	体贴	တ [ta]		တယုတယ	体贴地
အနာရ	受伤	တ		အနာတရ	受伤
သိသာ	明显	မ [ma]		မသိမသာ	悄悄地
လှုပ်ရှက်	摇动	မ		မလှုပ်မရှက်	纹丝不动

也有在一个双音节词的前面和中间插入两个不同的音节 အ၊ တ 。例如：

原词	词义	插入音节	→	复合词	词义
မြတ်နိုး	珍爱	အ၊ တ		အမြတ်တနိုး	珍爱地
ပျော်ပါး	欢乐	အ၊ တ		အပျော်တပါး	欢乐地

也有在两个相同的词前面和中间插入两个不同的音节 မ၊ တ。例如：

原词	词义	插入音节	→	复合词	词义
ကောင်း	好	မ၊ တ		မကောင်းတကောင်း	凑和
ကျက်	熟	မ၊ တ		မကျက်တကျက်	半生不熟

3. 重叠法是缅汉两种语言共同的重要的构词法，也是形态变化的一种现象。动词或形容词经过重叠变成副词，名词重叠变成副词或形容词，是最为普遍的现象。例如：

汉语中：高兴→高高兴兴　　　　漂亮→漂漂亮亮
　　　　薄→薄薄的、薄薄地　　远→远远的

缅甸语中：

动词重叠后变副词　　　　　　　词义

ပျော်ရွှင်/pjɔ²² ɕwĩ²²/愉快　→　ပျော်ပျော်ရွှင်ရွှင်/pjɔ²² pjɔ²² ɕwĩ²² ɕwĩ²²/高高兴兴

ကြိုးစား /tɕo⁵⁵ za⁵⁵/努力　→　ကြိုးကြိုးစားစား / tɕo⁵⁵ tɕo⁵⁵ za⁵⁵ za⁵⁵ /努力地

形容词重叠后变副词　　　　　　词义

လှ / hla⁵³/美　→　လှလှ / hla⁵³hla⁵³/漂漂亮亮

မြန် / mjã²²/快　→　မြန်မြန် /mjã²² mjã²²/ 迅速地

还有缅汉两种语言中的四音连绵词，也都属于这类形态变化之列。

4. 在缅汉两种语言中，还有一种表示主谓宾等语法成分、主动和使动等语法范畴的方法，就是通过句子中加入各种介词（缅甸语中是通过助词或助动词）的方式表示。例如：

汉语中：用"使""让""叫"。

缅甸语中：用"စေ //助动词，使"、"ခိုင်း / /助动词，叫……干"（详见本书有关助词或助动词的章节）。

（二）屈折性的形态：

1. 严学宭 1979 年曾在《中国语文》第二期上发表了《论汉语同族词内部屈折的变换模式》一文，详细地揭示了古汉语中的"形态变化"的情况。他指出：同源词是指在语源上有亲属关系，而由同一本源的词核所构成的亲属语词。在古汉语中，曾经依据词核的内部曲折方式派生大量的单音节词。这在《说文》、《尔雅》、《广雅》、《方言》、《释名》等古字书、词书中俯拾即是。前人训诂中所谓"一语之转"、"一声之转"、"双声相转"、"叠韵相转"……，大多数是有亲属关系的同族词。

他对通过五千个左右语词的分析和综合，认识到汉语语词的音的变换是古汉语中最有孳生力的构词和构形手段，它是利用同一词核变换辅音声母、元音和辅音韵尾派生许多新词。通过辅音声母、元音、辅音韵尾的变化来表示不同的语义（包括词义、词性以及语法作用等）是汉藏语系各亲属语言所共有的特征。这就是说汉藏语系诸语言都有这种形态变化的共同特征。他通过辅音声母、元音和辅音韵尾各自对比，观察它们的变换模式，得出规律性的变换模式有六种，即：第一种变换辅音声母的；第二种变换元音的；第三种变换辅音韵尾的；第四种变换元音伴随辅音声母变换的；第五种变换元音伴随辅音韵尾变换的；第六种变换辅音声母和韵尾的。

潘悟云在 2000 年 7 月出版的专著《汉语历史音韵学》的第八章谐声原则一章中，也详细地研究了语音与形态的关系，并归纳成 11 种情况（详见《汉语历史音韵学》第 127－136 页）。现简录如下：

1. 韵尾相同而主元音相近的。例如：

    a～e   亡 *măŋ ～ 氓 *mreŋ，单 *tan ～ 殚 *ten

    e～i   演 *lenˇ ～ 寅 *lin，砥 诸氏切 *tjě ～ 砥脂利切 *tjǐs

    ɯ～u   冒 莫北切 *mɯk ～ 冒 莫报切 *muks

    ɯ～a   居 *kɯ 居之切 ～ 居 *kǎ 九鱼切

2. 主元音相同而韵尾部位相通（指韵尾可以交替）。
    下列词族中的词就是通过韵尾交替形成。

    孔 *khloŋˇ ～科 *khol ～ 窾 * khonˇ ～ 坎 * khomˇ

3. 同部位的塞音相通（包括清浊交替和送气不送气交替）
    同一个如有清浊两读，清声母为使动词，浊声母为自动词。例如：
    折：《广韵》长列切："断而犹连也"，自动词；旨热切："拗折"使动词。
    坏：《广韵》胡怪切："自破也"，自动词；古坏切："毁也"，使动词。

4. 流音之间相通。包括 l～r，hl～hr。例如：谷庐谷切 *kǐrok ～谷余蜀切 *kǐlǒk

5. 同部位的鼻音相通（包括m～hm n～hn ŋ～hŋ之间的交替）。例如：能 *nɯŋ ～ 态 *hnɯs，无 *mǎ ～ 抚*hmǎ。

6. 词根前加词缀*s-，*n(鼻冠音，包括*ŋ-、*m-)，* p-（唇塞音）、*k-（舌根塞音)、后来又增加了*Q-（小舌塞音）、*L-（流音）、*kl-舌根塞音加流音，*pl-（唇塞音加加流音）、*QL-（小舌塞音加流音）。

7. 词根后加后缀 *s-（发展为中古去声）、* -?（紧喉或喉塞，发展为中古上声）。例如：量吕张切*grǎŋ ～ 量力让切*grǎŋs，羊 *lǎŋ ～ 养 *lǎŋˇ。

8. 词根声母加中缀 *-l- 、 *-r- 、 *-j- 。
9. 长短元音变换。
10. 小舌塞音 *Q- 与舌根塞音 *k- 的变化。
11. 带次要音节与不带次要音节的形态。

我们在作缅汉语言比较时，同样发现这一规律。当然，缅甸语碑文时期（11世纪左右）的语言，只不过相当于汉语的中古时期——《广韵》时期的语言，许多上古汉语时期的语音一部分可能积淀在缅甸语中，而大部分早就发生巨大变化。例如上列第6、10等形态在缅甸语中已经消失，或者已经演变成其他语音现象。（参见本书有关前置辅音的章节）但是，缅甸语中大部分形态还是与汉语相同，即使是那些消失了的前置辅音，也可能在藏缅语中找到端倪。在缅甸语中，屈折型的形态有：

1. 韵母或主要元音变化，构成不同词义。例如：

ငေါ် (/ŋɔ²²/往前突出，动词)　　　ခေါ်(/khɔ⁵⁵/ 突出、支出，形容词)
ကွဲ (/kwɛ⁵⁵/ 破裂、碎)　　　　ကွာ(/kwa²²/脱落、离开)
တို (/to²²/短)　　　　　　　တောင်:(/taũ⁵⁵/（古）短、窄)
စင် (/sĩ²² *tsaŋ/干净、纯洁)　　　စစ်(/sɪʔ⁴ *tsak/纯粹、真实)
ချစ် (/tɕhɪʔ⁴ *khlak /喜欢、爱)　　ခင်(/khĩ²² *khaŋ/钟爱、亲密)
နွှဲ: (/hnwe⁵⁵/（古）剥、削（皮）)　　နွာ(/hnwa²²/剥皮、削皮)
လင်: (/lĩ⁵⁵ *laŋ/亮)　　　　　　လက်(/lɛʔ⁴ *lak/ 闪光、发亮)

2. 韵尾变化，词义也变化。例如：

လပ်(/laʔ⁴ *lap /空、间断)　　　လစ် (/ lɪʔ⁴ *lak/ 空，缺)
အား: (/a⁵⁵ * a/ 力气、力量)　　　အင်(/ ĩ⁵⁵ * aŋ /力量、能力)
ထိုင်: (/ thaĩ⁵⁵ *thoŋ / 迟钝)　　　ထုံ(/ thoũ²² *thum/麻木、痴呆)
ခြိမ်: (/ tɕheĩ⁵⁵ * khrim /恫吓、威吓)
　　　　　　　　ခြောက်(/ tɕhauʔ⁴⁴ *khrok/ 威胁、恫吓)
ခိုင် (/khaĩ²² * khoŋ/牢固、结实)
　　　　　　　ခံ(/khã⁵ * khamʔ/ 坚固、结实)
ကျွမ်: (/tɕwã⁵⁵ *klwaam / 精通、熟悉)
　　　　　　　　ကျင်(/ tɕĩ *klaŋ / (古)精通

3. 送气与不送气的形态交替。例如：
ကွဲ(/kwɛ⁵⁵ * kwɑj / 破裂，自动)
ခွဲ(/kwɛ⁵⁵* kwɑj / 分开、切开，使动)
ကျ (/tɕa⁵³ * klɑ'/ 降、跌落，自动)
ချ(/tɕha⁵³ * khlɑ'*/ 放下、降下，使动)
ပျက်(/pjɛʔ⁴ * plɑk/ 坏、自动)
ဖျက်(/phjɛʔ⁴ * phlɑk /毁、破坏，使动)
ဆူး: (/su⁵⁵/刺，名词)   ဆူး: (/shu⁵⁵/ 扎刺 动词)
ပယ်(/pɛ²²/排除、排斥，不及物)
ဖယ် (/phɛ²²/撇开、避开，及物动词)
တံတွေး: (/zə dwe⁵⁵ / 痰，名词)
ထွေး: (/thwe⁵⁵/ 吐痰，动词)
ပေါက်(/pauʔ⁴/破、破裂，不及物动词)
ဖောက်(/phauʔ⁴/穿透、刺穿，及物动词)

4. 清音变浊音的形态作用。例如：
ခ (/khwa⁵³/ 横跨、叉开，动词) ဂ (/gwa⁵³/ 丫杈，名词)
ချိတ် (/tɕheɪʔ⁴/挂，动词)
ဂျိတ်(/dzeɪʔ⁴ /挂钩、钩子，名词)
သစ္စာဖောက်(/tθɪʔ⁴ sa²² phauʔ⁴/叛变，动词)
သစ္စာဖောက်(/tθɪʔ⁴ zə bauʔ⁴ /叛徒，名词)
ထမင်းချက် (/tə mĩ⁵⁵ tɕhɛʔ⁴/ 做饭)
ထမင်းချက်(/tə mĩ⁵⁵ dzɛʔ⁴/ 厨师)
ထောက် (/thauʔ⁴/ 支撑，撑)   ဒေါက်(/dauʔ⁴/ 支棍、支架)

5. 弱化音节的形态作用。例如：

不弱化（动词）　　　　　　　　弱化（名词）
叛变（动词）　tθɪʔ sa phauʔ　　叛徒(名词)　tθɪʔ sə bauʔ
说话（动词）　zə ga: pjɔ:　　　会话（名词）　zə gə bjɔ:
吃吃喝喝（动词）sa: sa: tθauʔtθauʔ
　　　　　　　　　　　　　　　餐桌（名词）zə bwɛ:
写信（动词）　　　　　　　　　秘书（名词）sə je:

6. 应该特别提出的是缅汉两种语言中还有通过声调的变化，改变词的意义、词性，这也应该算是一种形态变化（参见本书前面有关声调的部分）。

在许多西方语言中，没有声调，因此，西方的语言学家往往忽视了声调也应该是一种"形态"。在许多汉藏语系语言中，声调虽然是后起的现象，但是既然声调是一个音节中的不可分割的部分，它的变化和起的作用都应该算作"形态变化"之列。例如在汉语中：

"数"的上声调为动词，"数"的去声调为名词。
"好"的上声调为形容词，"好"的去声调为副词或动词。
"背"的去声调为名词，"背"的平声调为动词。
"扇"的去声调为名词，"扇（搧）"的平声调为动词。
"把"的上声调为名词，"把"的去声调为动词。
"称"的去声调为名词，"称"的平声调为动词。

缅甸语中：声调的长短、高低变化的形态作用。
元音长短改变词义。例如：

လာ（/ la^{22} / 来）လား（/ la^{55} /去）

ပ（/ pa^{22} /一般语气助词）ပါ

（/ pa^{53} /语气较强 ）

စေ （/ ze^{22} /使，一般语气）စေ့

（/ ze^{53} /一定使，语气强）

声调的变化区别词义强弱。例如：
表示聚合、凸出意思：ဆု（/su^{22}/凸出）， ဆု့（/su^{53}/聚集），ဆူး（/su^{55}/ 刺）

表示停止意思：တန့်（/$tã^{22}$/停住），တန့် （/$tã^{53}$/ 停留），တန့်း（/$tã^{55}$/滞留）

表示隆起、鼓起意思：မို（/mo^{22}/鼓起），မို့（/ mo^{53} /隆起），မိုး（/ mo^{55} /笼罩）

从上面的例词可以看出，无论是在缅甸语还是汉语中，有着许多共同的"形态"和"形态变化"。从藏语的情况来看，在原始汉藏语中有较多的"屈折性的形态变化"，后来屈折性的形态逐渐简化成分析性的形态变化。到了古缅甸语时期，屈折性的"形态"已经很少，而且随着历史发展，即使是分析性的形态变化也在简化。缅甸语的助词变化方向就是逐渐减少,明显地反映这一简化的趋势。

6.3 缅甸语汉语词类的比较

词类的划分：根据词的语法特点可以将词划分为不同的类别。语言中的词可以从不同的角度去分类，从语音角度来分析，可分成单音节词、双音节词和多音节词等；从词汇学的角度去分，可以分成原生词和派生词等；从语法性质的角度，可以依照词的不同形态、意义、功能来划分称实词和虚词两大类（各种语言的词类都可以分成这两大类），或分成名词、动词、等多种类别。我们现在主要依靠语法功能、词的搭配能力及语义范畴（即词义）来划分。

对上古汉语和现代汉语的词类划分有不同的意见。按照刘景农《汉语文言语法》（中华书局 1994 年）一书的划分，将汉语文言的词划分成八类：

名词　动词　形容词　代词　副词　介词　连词　语气词

时间词和方位词附在名词后，能愿词和判断词附在动词后，数量词附在形容词后，感叹词和应答词附在语气词后。这八类中前三类是完全表示实在意义的，叫"实词"。其他几类只有帮助实词表达意义、配合实词构造句子的功用，叫做"虚词"。

北京大学中文系现代汉语教研室编写，1993 年商务印书馆出版的《现代汉语》一书，将现代汉语的词分为 15 类，它们是：

1 名词、2 代词、3 数词、4 量词、5 动词、6 形容词、7 状态词、8 副词、9 区别词、10 介词、11 连词、12 助词、13 语气词、14 感叹词、15 拟声词

关于现代缅甸语的词类划分，也有不同的意见。以前，缅甸语法界大多数按照巴利文的语法体系将词类分成：1、名词 2、代词 3、动词 4、副词 5、连词 6、介词 7、小品词 8、语气词。形容词放入动词内，称性状动词。数量词放入名词内。感叹词和应答词放入语气词内。

到 1984 年 11 月，缅甸政府教育部下属缅甸文委员会主持编辑出版了一套正式的中学《缅甸语法》基础教材。其中，将缅甸语词类分成 9 类，分别是：

1 名词、2 代词、3 动词、4 形容词、5 副词、6 介词、7 连词、8 助词、9 感叹词

拙著《缅甸语概论》（北京大学出版社，1997 年），将现代缅甸语的词分成 12 类，它们是：

1 名词、2 代词、3 数词、4 量词、5 动词、6 形容词、7 副词、8 连词、9 助词、10 语气词、11 感叹词、12 拟声词。

两种语言的分类区别在现代汉语中多了状态词、区别词。实际上，缅甸语中

也有类似于现代汉语的状态词、区别词和介词,不过将状态词分入了形容词和副词中,将"区别词"分别归入名词或形容词中,将介词归入助词中。

现代汉语中将1—9类词称为"实词",10—15类称为"虚词";缅甸语将1—7类称"实词",8—12类称"虚词"。实词和虚词的含义和划分基本是相同的。实词和虚词性质是不同的,在语言中作用各不相同。一般来说,实词的意义比较实在,易于体会。虚词则主要起语法上的作用,意义都比较空虚。有的虚词仅仅代表一种语气或感情。例如:汉语中的"吧",可以表示各种不同的语气。至于究竟是什么意义,还要看语言环境、上下文的说话人的感情而定。例如:

你说吧! 　　你就服个软吧!(劝告或鼓励的语气)
回来吧! 　　这次你去吧!(商量或祈使的语气)
跳吧! 　　　跳吧!总有你哭的时候。去死吧!(威胁或不满的语气)
不会是他吧? 要不还是我去吧(疑问或犹豫不定的语气)

在缅甸语中的"ပါ / ba /"也同样有这种情况。例如:

လာပါ၊ ထိုင်ပါ 来吧,坐吧。(邀请或劝告)
ငါပြောလိုက်ပါတယ် 我讲了。(表示对对方的尊敬、比较委婉的语气)
ဒီတစ်ခေါက်မင်းသွားပါ ။ 这一次你去吧。 (商量或祈使语气)

6.3.1 名词、代词、数量词的异同:

名词:

缅汉两种语言中的名词,无论在语法意义和语法作用上都有许多共同的特点。名词都表示事物名称。"事物"所指范围很广,可以指事、物、地点、人等具体东西,也可指抽象的、无形的东西,有时也表示行为或性质。名词的分类,大致也可分专有名词、普通名词、集体名词和抽象名词等几种。

从名词的构成来看,缅汉两种语言中都有单纯名词、复合名词。两种语言的名词不同之处是,缅甸语中有动名词而汉语中没有这一类名词。

(1) 缅汉两种语言中都有单纯名词。例如:

缅语　　　　　　　　　　　汉语

လူ / lu^{22} / 人　　　　　　　人

လက် / $lɛʔ^{24}$ / 手　　　　　　手

နွား / nwa^{55} / 牛　　　　　　牛

နေ / ne^{22} / 太阳　　　　　　　　　太阳
ကြယ် / tɕɛ^{22} / 星　　　　　　　　　星
အိမ် / eĩ^{22} / 家　　　　　　　　　家
တောင် / taũ^{22} / 山　　　　　　　　　山
လှ / hla^{53} / 美　　　　　　　　　美
မြန် / mjã^{22} / 快　　　　　　　　　快
နီး / ni^{55} / 近　　　　　　　　　近
စား / sa^{55} / 吃　　　　　　　　　吃
သင် / tθĩ^{22} / 学　　　　　　　　　学

（2）复合名词：缅汉两种语言中的复合名词的组成也都极为相似。复合名词是由名词加名词或名词加其他词组成。当然组成名词的各个成分之间的结合并不是任意的。例如：名词加名词组成的复合名词之间有并列和修饰（或称主从）关系的。

① 并列关系的复合名词：

缅甸语中的名词 + 名词　　　　　　→　**复合名词　词义**

လင် (/ lĩ^{22}/丈夫) + မယား: (/mə̣ja^{55} /妻子) → လင်မယား: 夫妻

သား: (/tθa^{55}/儿子) +သမီး: (/tθa̠.mi^{55}/女儿) → သား:သမီး: 子女

လယ် (/ lɛ^{22}/水田) +ယာ (/ ja^{22}/旱田) → လယ်ယာ 农田

ကောက် (/ kauʔ^{4}/ 稻子) + ပဲ (/ pɛ^{55}/ 豆子) +
သီး:(/ tθi^{55} / 果实) + နှံ (/ hnã^{22}/穗儿) → ကောက်ပဲသီး:နှံ 五谷

这类复合名词的结构形式，在缅甸语和汉语中完全一样。

② 主从关系的复合名词：这类复合词在两种语言中还有各种结合情况。
有前面的名词修饰后面的名词：
汉语：幼儿园、动物园、花园、火车、汽车、三轮车、花车、轿车等。
缅甸语：

ဘူတာရုံ/bu^{22}dd^{22}joũ ^{22}/火车站　　　ရုပ်ရှင်ရုံ /jouʔ^{4}ɕĩ ^{22} joũ ^{22}/电影院

ဆေးရုံ /she^{55} joũ ^{22}/医院　　　　　မီးရထား / mi^{55}jə tha^{55}/火车

ရေကန် /je^{22}kã ^{22}/池塘　　　　　ပျားရည် /pja^{55}je^{22}/蜂蜜

ဟင်းရည်/ hĩ ^{55}ji^{22}/菜汤

名词修饰名词的复合名词中，还有是一个名词加上一个不能独立的词素。例如汉语的木匠、瓦匠、泥水匠、工匠、皮匠等，后面的词素"匠"实际上是名词

"匠人"省略了后面的"人"字。所以我们将这一类词归入名词修饰名词的复合名词中。

同样，在缅甸语中也有类似的情况。例如：အပင် 是"树木、植物"之意，但是组成复合名词时，不用能够独立运用的词 အပင်，而是只用不能独立的词素 ပင် 来组合。例如：

ပန်း /pã^{55}/（花）+ အပင် →
  ပန်းပင်/ pã^{55}bĩ^{22}/（花，指的是带枝的整棵花）
သစ်/tθɪʔ^4/（木）+ အပင် →
  သစ်ပင် / tθɪʔ^{4}pĩ^{22}/（树）
ကောက် /kauʔ^4/（谷）+ အပင် →
  ကောက်ပင် / kauʔ^4 pĩ^{22}/（稻子，指植物的整体）
ထန်း /thã^{55}/（棕榈）+ အပင် →
  ထန်းပင် / thã^{55} bĩ^{22}/（棕榈树）

又如：名词 + အသား/ə tθa^{55}/（肉）
ကြက် /tɕɛʔ^4/（鸡）+ အသား →
  ကြက်သား / tɕɛʔ^{4}tθa^{55}/（鸡肉）
ဝက် /wɛʔ^4/（猪）+ အသား →
  ဝက်သား / wɛʔ^4 tθa^{55}/（猪肉）
ကျွန်း /tɕũ^{55}/（柚木）+ အသား →
  ကျွန်းသား / tɕũ^{55}dða^{55}/（柚木木材）

名词 + အရွက်（叶子）
ကစွန်း /gə zũ^{55}/（空心菜）+ အရွက် →
  ကစွန်းရွက်/ gə zũ^{55}jwɛʔ^4/（空心菜叶）
ဆေး /she^{22}/（烟）+ အရွက်→
  ဆေးရွက် / she^{22}jwɛʔ^4/（烟叶）
သစ် /tθɪʔ^4/（树木）+ အရွက်→
  သစ်ရွက် / tθɪʔ^4 jwɛʔ^4/（树叶）

缅甸语中"သမား""သည်" 是指从事某种职业的"人"，它们本身不能独立成词，只能加在其他名词后，组成另一个合成名词，就像汉语的"者""匠"一样。例如：

အလုပ်/ə louʔ⁴/（工作）+ သမား /tθə ma⁵⁵/ →
　　အလုပ်သမား:/ ə louʔ⁴ tθə ma⁵⁵/（工人）
လယ်/lɛ²²/（水田）+ သမား →
　　လယ်သမား /lɛ²² tθə ma⁵⁵/（农民）
ဆရာ /shə ja²²/（老师）+ သမား →
　　ဆရာသမား /shə ja²² tθə ma⁵⁵/（老师）
ကုန် /koũ²²/（商品）+ သည် /dðɛ²²/ →
　　ကုန်သည် /koũ²² dðɛ²²/（商人）
ခရီး /khə ji⁵⁵/（旅途）+ သည် →
　　ခရီးသည်/khə ji⁵⁵ dðɛ²²/（旅行者、旅客）
ဈေး /ze⁵⁵/（市场）+ သည် →
　　ဈေးသည် /ze⁵⁵ dðɛ²²/（小贩）

主从关系的复合名词中，还有一种是"名词+动词"，或者是"动词+名词"结构的。例如：

名词+动词：

မီး /mi⁵⁵/（火）+ ခြစ်/tɕhɪʔ⁴/（擦、划）→
　　မီးခြစ်（火柴）
သူ / tθu²²/（人）+ ခိုး /kho⁵⁵/（偷）→
　　သူခိုး（贼）
သူ /tθu²²/（人）+ တောင်းစား /taũ⁵⁵ sa⁵⁵/（乞食）→
　　သူတောင်းစား（乞丐）
စာ /sa²²/（字）+ ရေး /je⁵⁵/（写）→
　　စာရေး（文书）
ထမင်း /thə mĩ⁵⁵/（饭）+ ချက် /dzɛʔ⁴/（煮）→
　　ထမင်းချက်（厨师）
လက် /lɛʔ⁴/（手）+ စွပ် /suʔ⁴/（套）→
　　လက်စွပ်（戒指）

这一类词中动词和名词的关系并不相同，一般可以分成两种：一种是主谓关系，就是前一个名词是后一个动词词的施事者，像上例中的第二、第三个例子；另一种是动宾关系（在缅甸语中应为宾动关系），就是说名词是动作的宾语。像上列第三、第四、第五个例词。

动词＋名词：这类复合词中间的关系往往是前一个词修饰或说明后一个词。例如：

နေ/ne²²/（住）＋ အိမ်/ẽɪ²²/（房子）→
  နေအိမ်（住宅）

ထိုး/tho⁵⁵/（刺）＋ ဆေး/she⁵⁵/（药）→
  ထိုးဆေး（针剂）

သောက်/tθauʔ⁴/（喝）＋ ရေ/je²²/（水）→
  သောက်ရေ（饮用水）

ဖတ်/phaʔ⁴/（念）＋ စာ/sa²²/（书信、字）→
  ဖတ်စာ（课本）

名词＋形容词：这类合成词，因为汉语和缅甸语之间有词序的不同，两种语言之间稍有差别。汉语中一般是形容词在前，名词在后，而缅甸语中一般是名词在前，形容词在后。例如：

缅（汉）	缅（汉）	缅（汉）
အိမ်/ẽɪ²²/（屋）+ သစ်/tθɪʔ⁴/（新）→		အိမ်သစ်（新 屋）
		名 ＋形　　形＋名
လူ/lu²²/（人）+ ကြီး/tɕi⁵⁵/（大）→		လူကြီး（大 人）
		名／形　　形／名
စားပွဲ/zə bwɛ⁵⁵/（桌子）+ ဝိုင်း/waĩ⁵⁵/（圆的）→		စားပွဲဝိုင်း（圆 桌）
		名／形　　形／名

动词＋动词：有些复合名词是由动词和动词组成。例如：

ခေါက်/khauʔ⁴/(折) + ဆွဲ/shwɛ⁵⁵/(拉)→ ခေါက်ဆွဲ（面条）

ပေါက်/pauʔ⁴/（刨）+ တူ/tu⁵⁵/(挖)→ ပေါက်တူ：（锄头）

ကြော်/tɕɔ²²/（喊）+ ငြာ/ŋa²²/（呼喊）→ ကြော်ငြာ（广告）

ကြော်/tɕɔ²²/（炒）+ ချက်/tɕhɛʔ⁴/（煮）→ ကြော်ချက်（烹饪）

动词	+ 词素	→	复合名词　词义
ပြော/pjɔ⁵⁵/（说）	+ စရာ/zə ja²/	→	ပြောစရာ²（东西）(可说的)
စား:/sa⁵⁵/(吃)	+ စရာ	→	စားစရာ (可吃的、食品)

ကျောင်းတက်/tɕaũ⁵⁵tɛʔ⁴/ + စရ/zə ja²²/ → ကျောင်းတက်စရာ
（上课）   （课程）

စဉ်းစား /sĩ⁵⁵za⁵⁵/ + စရာ → စဉ်းစားစရာ
（想）   （值得思考的问题）

③ 缅汉两种语言中，都有两个以上的词复合而成的合成名词。例如：

动词 + 名词 → 动名词 词义

ပိုး /po⁵⁵/（虫）+ /tθaʔ⁴/သတ်(杀)+ဆေး /she⁵⁵/ （药）
→ ပိုးသတ်ဆေး （杀虫药）

ကား /ka⁵⁵/（车）+ မောင်း /maũ⁵⁵/（驾驶）+ သူ/dðu²²/（者）
→ ကားမောင်းသူ （驾驶员）

ဇာတ်ညွှန်း /zaʔ²hnṹ⁵⁵/（剧本）+ ရေး /je⁵⁵/（写）+ ဆရာ/shə ja²²/（老师）
→ ဇာတ်ညွှန်းရေးဆရာ （剧作家）

ရေ /je²²/（水）+ စုပ် /souʔ⁴/（抽、吸）+ စက် /sɛʔ⁴/（机器）
→ ရေစုပ်စက် （抽水机）

（3）汉语的动词名物化和缅语的动名词：缅甸语和汉语的名词构成之间最大的一个差别是：缅甸语中有动名词，它是由动词加上结构助词"ခြင်း"/tɕʰĩ⁵⁵//dʑĩ⁵⁵/或者是动词加上省略 A-词头的词素组成。

① "ခြင်း"是一个助词，本身并没有实在的意义，只是起改变词性的语法作用。例如：

动词（或形容词） + 助词→ 动名词 词义

သွား /tθwa⁵⁵/（去、走） + ခြင်း → သွားခြင်း 去
လာ /la²²/（来） + ခြင်း → လာခြင်း 来
လုပ် /louʔ⁴/（做） + ခြင်း → လုပ်ခြင်း 做
ဝေဖန် /we²²pʰã²²/（批评） + ခြင်း → ဝေဖန်ခြင်း 批评
လျှင်မြန် /hlĩ²²mjã²²/（迅速） + ခြင်း → လျှင်မြန်ခြင်း 迅速

② 还有一类动名词是由动词加上省略"A-"词头的名词词根组成。例如：

动词 + မှု（案件、事务）→ 动名词 词义

လုပ်ရှား //（活动） +မှု → လုပ်ရှားမှု 运动
ယဉ်ကျေး //（文明） +မှု → ယဉ်ကျေးမှု 文明
ကားတိုက် //（撞车） +မှု → ကားတိုက်မှု 车祸

လုယက် //(抢劫) +မှု → လုယက်မှု 抢劫案

动词或名词　　+ အရေး (事情、事务) → 动名词或名词　词义

လွတ်လပ် /luʔ⁴laʔ⁴/ (自由)　　+ရေး → လွတ်လပ်ရေး　独立
ငြိမ်းချမ်း /n̥eĩ⁵⁵dʑã⁵⁵/(和平)　+ရေး → ငြိမ်းချမ်းရေး　和平
သွေးစည် /tθwe⁵⁵si⁵⁵/ (团结) +ရေး → သွေးစည်းရေး　团结
ကြားနေ /dʑa⁵⁵ne²²/ (中立)　　+ရေး → ကြားနေရေး　中立
စစ် /sɪʔ⁴/ (战争)　　　　　　+ရေး → စစ်ရေး　　　军事
တိုင်းပြည် /taĩ⁵⁵pji²²/ (国家)　+ရေး → တိုင်းရေးပြည်ရေး　国事

动词　　　　+ အချက် (项目、要点) →动名词　　　词义

ဆုံးဖြတ် /shoũ⁵⁵phjaʔ⁴/ (决定)
　　　　　　　+ချက် → ဆုံးဖြတ်ချက်　决议、决定
မျှော်မှန်း /hmjɔ²²hmã⁵⁵/ (期望)
　　　　　　　+ချက် → မျှော်မှန်းချက်　目标
ရည်ရွယ် /ji²²jwɛ²²/ (心愿)
　　　　　　　+ချက် → ရည်ရွယ်ချက်　打算

缅甸语中的动名词兼有名词和动词的特性，它可以作主语、宾语，可以受形容词或副词的修饰。而在汉语中，许多动词与名词同形，就是说有些词既是动词也是名词。不像缅甸语中的动名词那样，可以用附加词缀或不成词词素的方法来改变动词词性。

在古汉语中抽象名词本来不太多，大多是动词、形容词的名物化用法。单个的动词、形容词在"之"和"其"后常用如名词。例如：

男女同姓，其生不蕃。（《左传·僖二十三年》）
陈相见许行而大悦，尽弃其学而学焉。（《孟子·滕文公上》）
秦……北有甘泉、谷之固，南有泾、渭之沃

单独的动词、形容词在及物动词后，也用如名词。例如：

赵氏求救于齐。（《战国策·赵策》）
将军披坚执锐，率诸侯以诛暴秦。（《史记·张耳陈余列传》）

单独的形容词在数词后也就名物化了。例如：

四美具，二难并。（王勃《滕王阁序》）

可见，汉语动词（或）形容词本身兼有名词的属性，不必像缅甸语那样，要加后缀来改变词性之后才有名词性质。

名词的特性与语法功能：缅汉两种语言中的名词十分相似。在古汉语中，名词作状语是普遍现象。在缅甸语中名词同样可作状语。但是，作状语时，一般有状语助词跟在后面。

根据意义不同，名词作状语可以有下列几种：

① 时地名词作状语表示动作发生的时间。如：

古汉语（指以先秦口语为基础而形成的上古汉语）

<u>旦</u>与北骑相出没于长淮间。(文天祥《指南录后序》)

族庖<u>月</u>更刀，折也。《庄子·庖丁解牛》

缅甸语：

သူ　နေ့　　တိုင်း　　　လာ　သည်။　他每天都来。
他（名词，日）（助词，每）　来　（句尾助词）

ည　တွင်　　မွှေးကြိုင် သော　ရနံ့　ထွက် သည်။ 夜间散发出香气。
夜（助词，在）芬芳（的）香味　出（句尾助词）

② 地名或方位名词作状语的，例如：

古汉语： 亚父<u>南</u>向坐。(《史记·高祖本纪》)
　　　　　孔子<u>东</u>游，见两小儿辩日。(《列子·汤问》)

缅甸语：

အရှေ့ က　　　နေဝန်း ထွက် သည်ပမာ　像东方日出一样……
东（助词，从）太阳升起（助词，像）

တောင်ဘက်　မှ　မီးခိုး ထွက်လာသည်။　南边冒出了浓烟。
南　边

代词：

代词是用来代替已知或未知的事、物、行为和性状的词，它在句子中可代替名词、形容词、数量词、动词、副词或句子。它的作用是避免语词的重复，使语言更加精炼。缅甸语和汉语中，一般都将代词分为三类，即：人称代词、指示代词和疑问代词。

人称代词是用来代替人的词。无论是缅甸语还是汉语，原始的人称代词不多，只有"我"和"你"。

第一人称代词：古汉语中人称代词的第一人称常见的有"予、余、吾、朕"等。例如：

予告汝于难。（《尚书·盘庚上》）

余幼时即嗜学。（宋濂《送东阳马生序》）

吾必尽吾力以拯吾村。（《清稗类钞·冯婉贞》）

朕不食言。（《尚书·汤誓》）

第二人称代词：汉语中有"尔、女、汝、你、您"等。

例如：

如有营，予佐尔贾。（崔铣《记王忠肃公翱事》）

逝将去女，适彼乐土。（《诗经·硕鼠》）

汝朝夕侍母。（崔铣《记王忠肃公翱事》）

更若役，复若赋，则何如？（柳宗元《捕蛇者说》）

第三人称代词"他"是后来产生的。古汉语中没有专用的第三人称代词，一般由指示代词"彼、其、之、厥"替代。

例如：

彼与彼年相若也，道相似也。（韩愈《师说》）

工欲善其事，必先利其器。（《论语·卫灵公》）

良愕然，欲殴之。（《史记·张良列传》）

人称代词中还有一类是反身代词。例如：汉语中的"自己、己"。

己所不欲勿施于人。（《论语·卫灵公》）

君子博学而日参省乎己，则知明而行无过矣。（《荀子·劝学》）

孰视之，自以为不如。（《战国策·邹忌讽齐王纳谏》）

缅甸语有 မိမိ /mi⁵³mi⁵³/自己的、မိမိဘာသာမိမိ / mi⁵³mi⁵³ba²²ða²²mi⁵³mi⁵³/自己、自个儿，ကိုယ်/ko²²/己，ကိုယ်ဘာသာကိုယ်// 、ကိုယ်ကိုယ်ကို/ ko⁵³ba²²ða²²ko²²/自己

မိမိအလုပ်မိမိလုပ်ရသည် ။ 自己的事情自己干。

ကိုယ့်အပြစ်ကိုယ်မမြင်၊ သူ့အပြစ်ကိုယ်ရယ်ချင်။

看不到自己的不足，光想笑别人的缺陷。

由于中缅两国都经历了漫长的奴隶社会和封建社会的历史阶段。深受等级制度影响，这种影响明显地反应在语言的人称代词上。特别是在是第一人称、第二人称代词上，产生了尊称、谦称、卑称等不同的形式。例如：

第一人称

汉语		缅甸语
一般称呼	吾、余、我、本人	ငါ / ŋa²² / 我、直呼自己的名字
尊称	朕、孤、寡人	ငါကိုယ်တော်မြတ်/ ŋa²² ko²² dɔ²² mjaʔ⁴⁴/朕
谦称	愚、臣、仆、在下；用本人名字	ကျွန်တော် /tɕa̱.nɔ²²/（男用）鄙人 ကျွန်မ /tɕa̱.ma⁵³/（女用）小女子
卑称	奴才、妾、小人	ကျွန်တော်မျိုး /tɕa̱.nɔ²² mjo⁵⁵/（男用）奴才 ကျွန်တော်မမျိုး /tɕũ²² dɔ²² ma⁵³mjo⁵⁵/（女用）奴婢

第二人称

汉语		缅甸语
一般称呼	尔、汝、	မင်း/mĩ⁵⁵/（男用）你 နင်/nɪ²²/（通用）你 ညည်း/ɲi⁵⁵/（女用）你
尊称	陛下、皇上、君、卿、公、子、先生、夫子、您	အရှင်ဘုရား /ə.ɕĩ²²phə.ja⁵⁵/ 主人 လူကြီးမင်း /lu²² dzi⁵⁵ mĩ⁵⁵/ 大人 ဆရာ /shə.ja²²/ 先生 ခင်ဗျား / khə.mja⁵⁵ /（男用）您 ရှင် / ɕĩ²² /（女用）您
卑称		

例如：卿欲何言？（《资治通鉴·赤壁之战》）

公为都御史，与太监某守辽东。（崔铣《记王忠肃公翱事》）

子非三闾大夫欤？（《史记·屈原列传》）

公输盘曰："夫子何命焉为？"（《墨子·公输》）

陛下亦宜自谋（诸葛亮《出师表》）

အရှင်ဘုရားမိန့်တော်မူသည်မှာမှန်လှပါဘုရား။ 陛下圣明。

ခင်ဗျားပြောတာမှန်ပါတယ်။ 您（男用）讲的对。

ရှင်ဒီရောက်တာဘယ်လောက်ကြာပြီလဲ။ 您(女用)到此地多久了？

人称代词的复数形式：古汉语表示人称代词复数的形式有两种。一是用单数表示复数。例如

吾与汝毕力平险。（《列子·汤问》）此句中的"汝"表示复数"你

们"之意。

秦不哀吾丧而伐吾同姓。(《左传·殽之战》)"吾"表示"我们"之意。

另一是用加词缀的方法表示。例如：古汉语中"吾侪"、"汝曹"、"若属"类似"我们""你们"的说法。"侪、曹、属"等都有"一班""一类"的意思。汉语中表示多数的"们"是后起的。到南北朝时，江南方言中才出现。两宋以来，接近口语的作品中，表示复数的后缀有"懑"、"门"、"们"等三种写法。元明两代的文献中又都写作"每"。例如：

我随你懑去。(楼钥《攻媿集》)

明道门摆脱得开。(谢良左《上蔡语录》)

在他们说，鬼神变怪，有许多不可知底事。(黎靖德《朱子语录》)

他每都恃着口强。(关汉卿《玉镜台》)

在上古和现代缅甸语中表示复数的词，都用"တို့/to^{53}/"加在名词或代词之后。实际上，它是由动词"တိုး/to^{55}/增加"变化而来。例如：

သူတို့ကျန်းမာရေးလေ့ကျင့်နေကြသည်။ 他们都在锻炼身体。

အလုပ်သမားတို့နှင့်လယ်သမားတို့လည်းလွတ်လပ်ရေးကိုလိုလားတောင့်တနေကြသည်။

工人和农民们也都向往着自由独立。

数词：

数词是表示事物的多少、数目的词。缅甸语或汉语的数词有以下几类：

① 基数：表示普通整数的词。世界上各民族的称数法并不是一样的。有的以"2"为单位，要表达"4"的数目时，就用"2+2"或"2x2"来表示。汉语中有时也用"一双"、"一对、一对半、两对"等来表示数目。缅甸语中同样有"2、4、6、8"来表示，例如："တပြဲ 二"、"တလ 四"、"ညောင်ကန် 六"、"ထမ်းပိုး 八""အကျိုး 拾"，这些都是特殊的用法，或是儿童游戏时数数的词。而缅汉两种语言中的基本数字，都是拾进位的。称说数目是简单而又有规律。从一到十的基数词大部分都是同源词。例如：

第六章　缅甸语汉语词汇的比较　211

	缅甸语	北京话	苏州话	广州话	厦门话
一	တစ် / tɪʔ /	/ i /	/ iɪʔ /	/ jɐt /	/ it、tsit /
二	နှစ် / hnɪʔ /	/ ɚ /	/ ɲi /	/ ji /	/ li /
三	သုံး / tθoũ⁵⁵ / / 古音 sum	/ san /	/ SE /	/ ʃam /	/ sam，文 / / sã，白 /
四	လေး / le⁵⁵ /	/ sʅ /	/ sʅ /	/ ʃi /	/ su，文 / / si，白 /
五	ငါး / ŋa⁵⁵ /	/ u /	/əu，文 / / ŋ'，白 /	/ ŋ' /	/ ŋɔ̃，文 / / gɔ，白 /
六	ခြောက် / tɕhauʔ⁴ /	/ liou /	/ loʔ /	/ lʊk /	/ lak，白 / / liok，文 /
七	ခုနှစ် / khu' hnɪʔ⁴ /	/ tɕhi /	/ tshiɪʔ /	/ ʃɐt /	/ tshit /
八	ရှစ် / ɕɪʔ⁴ /	/ pa /	/ po /	/ pa /	/ pa /
九	ကိုး / ko⁵⁵ /	/ tɕiou /	/ tɕiY /	/ kɐu /	/ kiu，文 / / kau，白 /
十	ဆယ် / shɛ²² /	/ ʂʅ /	/ zʅ / / zYʔ /	/ ʃɐp /	/ sip 文 / / tsap 白 /

上列的基数词再加上拾位数、百位数、千位数等就成十倍的增长。例如：

缅甸语　ဆယ် ၊ ရာ ၊ ထောင် ၊ သောင်း ၊ သိန်း ၊ သန်း ၊ ကုဋေ
汉语　　拾　　百　　千　　万　　十万　百万　千万

缅甸语和汉语一样，个位数放在十位数、百位数以上的数字前头是"乘"的关系，放在后头是加的关系。"三十"是"三乘十"；"六千"是"六乘一千"。"十八"是"十加八"。而"九十九"就是乘法和加法同时并用，"九乘以十再加九"。

缅甸语中从拾位数到千万数时，都有单独的位数字来表示。例如："ဆယ် / shɛ²² /拾"、"ရာ/ ja²² / 百"、"ထောင်/ thaũ²² / 千"、"သောင်း/ tθaũ⁵⁵ / 万"、"သိန်း/ tθeĩ⁵⁵ /十万"、"သန်း/ tθã⁵⁵ / 百万"、"ကုဋေ / gə de²² /千万"。而汉语中，没有这么多的位数词。只有拾位数、百位数、千位数加"万"来表示。超过"万"位数，就回头用"拾"、"百"、"千"位数词加"万"表示。如："拾万"、"千万"等。

"亿"的表示法在缅汉语中有差别，汉语中用"亿"作位数。例如："1亿"、"10亿"、"100亿"、"1000亿"。

缅甸语中最大的位数为"千万"，没有"亿"的位数，要表示1亿的数目，就用 10 个 "千万" 来表示，或用 100 个 "百万" 来表示。例如：

1 亿： ဆယ်ကုဋေ/shɛ²²gə de²²/10 千万

或 သန်းတစ်ရာ /tθã⁵⁵ tə ja²²/ 100 个百万

10 亿： ကုဋေတစ်ရာ/gə de²² tə ja²²/100 千万

或 သန်းတစ်ထောင် / tθã⁵⁵ tə thaũ²²/1000 个百万

100 亿： ကုဋေတစ်ထောင်/ gə de²²tə thaũ²²/1000 千万

或 ကုဋေပေါင်းတစ်ထောင်/gə de²²paũ⁵⁵tə thaũ²²/1 千个千万

② 分数：主要是表示事物或动作单位的百分比的大小或占原数的若干份。汉语中用"几分之几"，前头一数是分母，后一数是分子。例如：¼、½、¾，四分之一、二分之一、四分之三等等。缅文中也是这样表示分数的：

¼、လေးပုံတစ်ပုံ /le⁵⁵poũ²²tə poũ²²/

½、နှစ်ပိုင်းတစ်ပိုင်း / hnə paĩ⁵⁵tə paĩ⁵⁵/

¾ လေးချိုးသုံးချိုး / le⁵⁵tɕho⁵⁵tə tɕho⁵⁵/

这里的 "ပုံ" / poũ²²/ (堆、份)、"ပိုင်း" / paĩ⁵⁵/ (部分)，"ချိုး" / tɕho⁵⁵/ (折) 都与汉语中的 "分" 同一意义。这些词原来都是从动词变化而来。汉语的 "分" 由动词 "切分" 而来。缅甸语的 ပုံ၊ ပိုင်း၊ ချိုး 分别是由动词 "堆积"、"切分"、"折叠" 而来。

③ 倍数：这是表示一个单位几倍的词。汉语中用 "倍"，缅甸语中以 "ဆ/sha⁵³/(倍)" 意义和用法完全一样。

④ 序数：表示事物次序的数词。汉语中表示序数的方式有几种：第一种是在基数前加 "第"。如：第一、第二、第三等。另一种方法是借用其他有表示次序的词。如借用表示辈份的 "伯、仲、叔、季"，借用 "甲、乙、丙、丁" 等来表示。例如："千载谁堪伯仲间"（陆游《书愤》）"伯仲"意即第一、第二之意。"桂林山水甲天下"。"匡庐奇秀，甲天下山"。（白居易《庐山草堂记》）。第三种是用 "太上、次之、其次" 或 "首先、其次" 等来表示。

缅甸语的序数词也有三种表示方式：一种是借用巴利文的序数词，特别是 "第一" 到 "第十"，"第十" 以后一般不再借用巴利文的序数词而用缅甸文；第二种是用缅甸文表示；第三种是借用英语的序数办法，在基数前加缅文中的英文借词 "နံပတ် / nã²² paʔ⁴/" 详见下表：

序数词对照表

汉语	缅甸语中惯用的巴利文借词	缅文组成的序数词	借用英语表序数
第一	ပဌမ /pə thə ma⁵³/	တစ်ခုမြောက်သော＋名 /tə khu⁵³mjauʔ⁴tθɔ⁵⁵/+	နံ ပတ် တစ် /nã ²²paʔ⁴ ၁/
第二	ဒုတိယ /du⁵³di⁵³ja⁵³/	နှစ်ခုမြောက်သော＋名 /hnə khu⁵³mjauʔ⁴tθɔ⁵⁵/+	နံ ပတ် နှစ် /nã ²²paʔ⁴ ၂/
第三	တတိယ /ta⁵³di⁵³ja⁵³/	သုံးခုမြောက်သော＋名 /tθoũ⁵⁵ khu⁵³mjauʔ⁴tθɔ⁵⁵/+	နံ ပတ် သုံး /nã ²²paʔ⁴ ၃/
第四	စတုတ္ထ /stouʔ⁴tha⁵³/	လေးခုမြောက်သော＋名 /le⁵ khu⁵³mjauʔ⁴tθɔ⁵⁵/+	နံ ပတ်လေး /nã ²²paʔ⁴ ၄/
第五	ပဉ္စမ /pĩ ²²sə ma⁵³/	ငါးခုမြောက်သော＋名 /ŋa⁵⁵ khu⁵³mjauʔ⁴tθɔ⁵⁵/+	နံ ပတ် ငါး /nã ²²paʔ⁴ ၅/
第六	ဆဋ္ဌမ /shaʔ⁴thə ma⁵³/	ခြောက်ခုမြောက်သော＋名 /tɕhauʔ⁴khu⁵³mjauʔ⁴tθɔ⁵⁵/+	နံ ပတ်ခြောက် /nã ²²paʔ⁴ ၆/
第七	သတ္တမ /tθaʔ⁴tə ma⁵³/	ခုနစ်ခုမြောက်သော＋名 /khu⁵³hnə khu⁵³mjauʔ⁴tθɔ⁵⁵/+	နံ ပတ် ခုနစ် /nã ²²paʔ⁴ ၇/
第八	အဋ္ဌမ /aʔ⁴thə ma⁵³/	ရှစ်ခုမြောက်သော＋名 /ɕɪʔ⁴ khu⁵³mjauʔ⁴tθɔ⁵⁵/+	နံ ပတ် ရှစ် /nã ²²paʔ⁴ ၈/
第九	နဝမ /nə wə ma⁵³/	ကိုးခုမြောက်သောလ＋名 /ko⁵⁵khu⁵³mjauʔ⁴tθɔ⁵⁵/+	နံ ပတ် ကိုး /nã ²²paʔ⁴ ၉/
第十	ဒသမ /da⁵³tθə ma⁵³/	ဆယ်ခုမြောက်သော＋名 /shɛ²² khu⁵³mjauʔ⁴tθɔ⁵⁵/ +	နံ ပတ် တစ်ဆယ် /nã ²²paʔ⁴ ၁၀/
第十一	ကောဒသမ /e²²ka²² da⁵³tθə ma⁵³/	ဆယ့်တစ်ခုမြောက်သော＋名 /sha⁵³tə khu⁵³mjauʔ⁴tθɔ⁵⁵/+	နံ ပတ် ဆယ့်တစ် /nã ²²paʔ⁴၁၁/
第十二	ဒွါဒသမ /dwa²² da⁵³tθə ma⁵³/	ဆယ်နှစ်ခုမြောက်သော＋名 /sha⁵³hnə khu⁵³mjauʔ⁴tθɔ⁵⁵/+	နံ ပတ် ဆယ်နှစ် /nã ²²paʔ⁴ ၁၂/

第十三　　တေရဒသမ　　　ဆယ့်သုံးခုမြောက်သော＋名　နံ　ပတ်　ဆယ့်သုံး
　　　　　　/te²²ra⁵³ da⁵³tθə ma⁵³/
　　　　　　/ʃə⁵³tθoũ⁵⁵ khu⁵³mjauʔ⁴tθʊ⁵⁵/+　　　　　/nã²²paʔ⁴ ၁၃/

第十四　　စတုရဒသမ　　　ဆယ့်လေးခုမြောက်သော＋名　နံ　ပတ်　ဆယ့်လေး
　　　　　　/stu⁵³ra²² da⁵³tθə ma⁵³/
　　　　　　/ʃə⁵³le⁵⁵khu⁵³mjauʔ⁴tθʊ⁵⁵/+　　　　　　/nã²²paʔ⁴ ၁၄/

无论是缅甸语还是汉语，还有一种表示序数的方法，就是用"老大"、"老二"、"老三"、"老小"、"大舅"、"二舅"、"老舅"等方式表示。缅语中用"အစ်ကိုကြီး：大哥"、"အစ်ကိုလတ် 中哥（即二哥）"、"အစ်ကိုလေး：小哥"、"သားအကြီး：大儿子"、"သားအလတ် 中儿子（即二儿子）"、"သားအငယ်：幺儿子（即小儿子）"。

汉语中"老"、"幺"都表示"最小的"，缅文中同样用"လေး（表示小不点儿的词缀)"、"ငယ်（表幼小的词缀）"表示"最小的"在表示年份、月份、星期的方法上，缅汉两种语言有共同之处，也有不同之处。

在表年份方面，由于历法方面的差异，缅汉两种语言中使用着不同的表达方式.例如在中国用支干法来表示."干支"是天干地支的合称。原来是用来纪日的，后来多用来纪年。如公元 2006 年 1 月 28 日前为乙酉年，1 月 29 日即新的一年开始，该年为"丙戌年"。

在缅甸，常用的纪元方法有几种：第一种是采用佛历纪元，以释迦牟尼涅槃的那一年为第一年，到公元 1956 年时佛历正好是 2500 年，公元与佛历相差 544 年。另一种是缅甸民间惯用的缅历。缅历与公历相差 638 年，公历 2008 年就是缅历的 2008－638＝1370 年。

在使用公历方面缅汉两种语言中是相同的。例如：公元 256 年、1998 年、2024 年等。

汉语口语中，常用数字直接读出。有时书写时也用公元"贰百五十六年"、"公元壹千玖佰玖拾捌年"。而缅语中正好与汉语相同，书写时也用全文写出。例如：

ဘုရားသခင်သာသနာအနှစ်တထောင်ခြောက်ရာနှစ်ဆယ်ရှစ်နှစ်လွန်လေပြီးရကား……

(佛历一千六百贰拾捌年……。《妙齐提碑文》)

只是到后来，书写时常用简单数字，在口语中往往读出全部数位的全称。例如：

书写时用： ၂၅၆ခုနစ် (256 年)   ၁၉၉၈ခုနစ် (1998 年)

　　　　　 ၂၀၂၄ခုနစ် (2024 年)

口语中用： နှစ်ရာ့ငါးဆယ်ခြောက်ခုနှစ်　二百五拾陆年

　　　　　 ထောင်ကိုးရာကိုးဆယ်ရှစ်ခုနှစ်　壹千玖佰玖拾捌年

　　　　　 နှစ်တောင်နှစ်ဆယ်လေးခုနှစ်　两千零贰拾四年

在表达月份和星期几的方法上，缅汉两种语言有着不同。汉语中表示月份时用数字加"月"字就行。例如"一月、二月、三月……十二月"，而表示星期几时，是"星期"加上数字。例如："星期一、星期二……星期日"。但是，在缅甸语中，要表示每个月份或星期几，都有专门的词汇来表示。例如：

汉语月份名称　缅甸阳历用英语的月份名　缅历用缅文的月份名

　　　　　　　（缅文译音）　　　　　 缅历一月即公历四月

一月份　 ဇန်နဝါရီလ /zã ^{22}nə wa^{22}ri^{22}la^{53}/

　　　　　　　　　　　　　　　တန်ခူးလ /də gu^{55} la^{53}/

二月份　 ဖေဖော်ဝါရီလ/phe^{22}phɔ^{22}wa^{22}ri^{22}la^{53}/

　　　　　　　　　　　　　　　ကဆုန်လ/gə zũ ^{22} la^{53}/

三月份　 မတ်လ/maʔ^{4}la^{53}/　　နယုန်လ/ nə joũ ^{22}la^{53}/

四月份　 ဧပြီလ/e^{22}bi^{22}la^{53}/　　ဝါဆိုလ/wa^{22}sho^{22} la^{53}/

五月份　 မေလ/me^{22}la^{53}/　　ဝါခေါင်လ/wa^{22}gaũ ^{22} la^{53}/

六月份　 ဇွန်လ/zũ ^{22}la^{53}/ ဂျွန်လ/dʑũ ^{22}la^{53}/

　　　　　　　　　　　　　　　တော်သလင်းလ/ tɔ^{22}tθə ʃi ^{55}la^{53}/

七月份　 ဇူလိုင်လ/zu^{22}laĩ ^{22}la^{53}/ဂျူလိုင်/dʑu^{22}laĩ ^{22}/

　　　　　　　　　　　　　　　သီတင်းကျွတ်လ/ tθə ʃi ^{55}tɕuʔ^{4}la^{53}/

八月份　 ဩဂုတ်လ/ɔ^{55}gouʔ^{4}la^{53}/

　　　　　　　　　　　　　　　တန်ဆောင်မုန်းလ/ tə zaũ ^{22}moũ ^{55}la^{53}/

九月份　 စက်တင်ဘာလ/sɛʔ^{4}tĩ ^{22}ba^{22}la^{53}/

　　　　　　　　　　　　　　　နတ်တော်လ/ nə dɔ^{22} la^{53}/

十月份　 အောက်တိုဘာလ/auʔ^{4}to^{22}ba^{22}la^{53}/

　　　　　　　　　　　　　　　ပြာသိုလ/ pja^{22}dðo^{22}la^{53}/

十一月份　နိုဝင်ဘာလ /no^{22}wĩ ^{22}ba^{22}la^{53}/

　　　　　　　　　　　　　　　တပို့တွဲ လ/ tə po^{53}twɛ^{55}la^{53}/

十二月份　ဒီဇင်ဘာလ/di^{22}zĩ ^{22}ba^{22}la^{53}/

　　　　　တပေါင်းလ/ tə paũ ^{55}la^{53}/

在表示一星期的哪一天时，汉语用"星期"加基数词表示，只有第七天不称"星期七"而称"星期日"。缅甸语却用专有的名词表示。例如：

汉语	缅甸语	
星期一	တနင်္လာနေ့	/tə nĩ ^{55}gə nwe^{22}ne^{53}/
星期二	အင်္ဂါနေ့	/ɪ ^{22}ga^{22}ne^{53}/
星期三	ဗုဒ္ဓဟူးနေ့	/bouʔ^{4}də hu^{55}ne^{53}/
星期四	ကြာသပတေးနေ့	/tɕa^{22}tθə bə de^{55}ne^{53}/
星期五	သောကြာနေ့	/tθauʔ^{4}tɕa^{22}ne^{53}/
星期六	စနေနေ့	/sə ne^{22}ne^{53}/
星期日	တနင်္ဂနွေနေ့	/tə nĩ ^{55}gə nwe^{22}ne^{53}/

时辰的表示法：在古代，中国与缅甸都有晚上打更报时的习惯。中国将一个晚上分成五段时间，到时打更报时。例如：三更天为半夜十二点。五更为拂晓时间。缅甸将一个晚上分成四更，每更终了打更报时：

一更	တစ်ချက်တီး	/ tə tɕɛʔ^4 ti^{55} /	约晚上九点
二更	နှစ်ချက်တီး	/ hnə tɕɛʔ^4 ti^{55} /	约晚上十二点
三更	သုံးချက်တီး	/ tθoũ ^{55}tɕɛʔ^4 ti^{55} /	约凌晨三点
四更	လေးချက်တီး	/ le^{55}tɕɛʔ^4 ti^{55} /	约拂晓六点

中国过去按照星象术还将一天分成十二时，如子时、丑时、寅时、卯时等等，缅甸也有将一天按星象术要求分成若干分，这些都属于星象术之列，民间并不普遍使用。

时间的表示法：古时没有钟表，往往看日月星辰的移动来表示大约的时间，如汉语中用"日上三竿"、"黄昏日落"、"北斗转向，参星横斜"（表示天色将明）等。缅文中也有类似的表达方式。如：　နေဆာဖျူချိန် /ne^{22} sha^{22} pjo^{53} tɕheĩ ^{22} / 曙光初显时，　နေတော်တော် / ne^{22} tɔ^{55} tɔ^{55} /(古)中午，နေဝင်ထိုး / ne^{22} phĩ ^{22} tho^{55} / 太阳晒屁股（日上三竿）。

钟点的表示法：钟表出现之后，缅汉两种语言中都有许多共同之处。如把一个小时分成四份，十五分钟为一单位，汉语称"一刻(钟)"。如"三点一刻"、"两点三刻"。缅语中称"တစ်မတ် / tə maʔ^{44} / 一刻"、"သုံးမတ် / tθou^{55} maʔ^{44} / 三刻"。两种语言中都没有"两刻"。而是分别用"半"、"ခွဲ /gwɛ^{55} /半"来表示。

⑤ 概数词：所指事物数目多少不确定，表示大概的约数，称"概数词"。汉语在数词前用"约"、"大概"、"左右"，古汉语中还有"可"、"且"。例如："舟首尾长约八分有奇，高可二黍许。"（魏学洢《核舟记》），"汉之为汉，几四十年矣。"（贾谊《论积储疏》）第二种方法是在数字后加"许""余""所"等。例如："十八日所而病愈。"（《史记·扁鹊列传》）。第三种方法就是用相邻的两个数字表示。例如："共事二三年,始而未为久"（《孔雀东南飞》）。又如"以人民往观之者三二千人。"（《史记·西门豹列传》）。

缅甸语表示概数时也有几种办法，一种也是用相邻近的数字，但是并不是任意的两个数字，而是有其习惯的用法，例如：可以用 3—4、3—4—5、4—5、4—5—6、4—5—10 等组合，其他的数字一般不能连用。第二种就是在数字后用"ခန့်" /khã^{53}/（约，多用于文章体）、"လောက်" /lau$^{?44}$/（大致，多用于口语体）、"သာသာ" /tθa^{22} tθa^{22}/（稍多，多用于文章体）、"နီးနီး" /ni^{55}ni^{55}/（将近）、"ကျော်" /tɕɔ^{22}/（超过）等表示约数。例如：

မန္တလေးသွားတာ၃-၄လလောက်ရှိပြီ။ 去曼德勒已经有 3—4 个月了。
4—5—6ယောက်တော့ဖတ်ပြီးပြီ။ 有 5—6 个人读过了。
မိုင်၅၀ခန့်ဝေးသည်။ 大约有 50 英里远。
အသက်က၆၀ကျော်ရှိပြီ။ 年龄有 60 多了。

缅甸语中表示概数的词多加在数词或数量词后，没有像汉语那样加在数量词前的。

⑥ 小数词：这是十进分数的一种特殊表示方式。3/10 十分之三，可写作 0.3，3% 百分之三写作 0.03 。中间的小点称"小数点"。缅甸语和汉语中的表达方式一样。缅甸语中的"小数点"为"ဒသမ / da^{53}dðə ma^{53}/"，用法也都相同。

缅汉数词的比较：1.语音上的异同。在两种语言的基数词中，大部分语音有同源关系。缅甸语中的基数词与保留古音较多的粤、吴等汉语方言更加相近。只有一、二、七等几个数字在缅语中有特殊的变化。例如：在单纯的数词时，语音不起变化，分别为：一（တစ် / tɪʔ^{44} /）、二（နှစ် / hnɪʔ^{44}/ ）、七（ခုနစ် / khuʔ^{53}hnɪʔ^{44}/）

如果这几个数字的后面，有十位数或量词时就要变调，变作轻声。例如：

缅文	词义	语音变化
တစ်ယောက်	一个人	tɪʔ ^{44}jauʔ^{44} → tə jauʔ^{44}
နှစ်လှမ်း	两步	hnɪʔ^{44} hlã ^{55} → hnə hlã^{55}
ခုနစ်ဆယ်	七十	khu^{53} hnɪʔ^{44} shɛ^{22} → khu^{53}hnə shɛ^{22}

2. 用法的异同：汉语数词可以重叠或互相搭配使用，表示多数。例如：三三两两、三五成群、一五一十、三七二十一等等。缅甸语中数词一般不能重叠使用。只有在表示约数时可以有限制地使用（参见本节约数部分）。

3. 构词方法的异同：汉语数词比缅甸语数词运用上更加自由，搭配能力更强。汉语中有：一唱一和、一心一意、一生一世、一清二白、一来二去、一干二净、一穷二白、一波三折、一板三眼、一暴十寒、一倡百和、三灾八难、三年五载、三番五次、三教九流、四通八达、四分五裂、四平八稳、四面八方、五脏六腑、五花八门、五光十色、五湖四海、六街三市、七上八下、七嘴八舌、七手八脚、九死一生、九牛一虎、十拿九稳、十全十美等等。缅语的数词却没有这样的造词能力。

4. 缅甸语和汉语的序数词用法基本相同。在句子中可以作主语、定语和谓语。例如：

汉语　　　　　　　　　　　　**缅甸语**

（当主语）　　　　　第一是　　　　ပထမက

（当定语）　　　　　第一组　　　　ပထမအစု

（当谓语）　　　　　友谊第一　　　ချစ်ကြည်ရေးကပထမ

5. 缅甸语和汉语中的数字在语法功能上的异同：相同的是都能作定语。但是作定语时缅甸语中的数词放在名词后面，汉语中却可以放在名词的前面或后面。 二是汉语数词可作补语。例如：以大杖击二十。（柳宗元《段太尉逸事状》）缅甸语中数词常常与量词结合，用作状语。

量词：

量词是表示事物或动作单位的词。无论是汉语或是缅甸语中，量词都分三类：物量词（或称名量词）、动量词和时量词。物量词是表示事物单位的；动量词是表示动作单位的；时量词表示年、月、日、时等时间单位的。

几十年前，大家把量词看作是汉藏语的一个有别于其他语系的比较突出的特点。但是随着研究的扩大和深入，了解到除了汉藏语系语言有众多的量词外，其他语系的语言也有类似的量词。

另外，缅甸语和汉语中的量词也都是后起的一种词类。比如在上古汉语中，一般是将数词直接放在动词的前面，而不用表示动量的量词（参见王力《古代汉语》230 页）。例如：

<u>三</u>进及溜，而后视之。(《左传·宣公二年》)

齐师败绩，逐之，<u>三</u>周华不注(《左传·成公二年》)

桓公<u>九</u>合诸侯，不以兵车，管仲之力也。(《论语·宪问》)

现代汉语动量的表示法，一般是把表示动量的数量词放在动词的前面。例如上列第三例句中"九合"，在现代汉语中要说"会合九次"。不但用了动量词，而且词序也有了变动。

汉语的物量词最早出现于殷商时代，直到秦代还不发达。只是随着度量衡制度的建立，才较多地出现了表示度量衡单位的量词。动量词在先秦还没有，在两汉时期也还是罕见的，一般都是用数词直接加在动词之前表示动量，只有到南北朝时才出现动量词。

缅甸语中的量词也是后起的，它有一个发展历程。在 12 世纪初叶的古缅文碑铭中，常常不用量词。当然，并不是说当时没有量词，而是量词处于发展的初级阶段，数量不多，用法上也没有后来那样严格。常常在文中省略了名量词。比如：

ထိုမင်းကားကျွန်သုံးရာတေးပယ်မယားအားပေး၏။ 国王将三百奴隶赐予王后。

မုဆိုးရွာမြေ၃၀၀။ကျွန်၁၅ ။တလုပ်လယ်၃၀။ကျွန်၁၇။မင်းကွန်းလယ်၁၀၀။ ကျွန်၇လူ၊တော်မူ၏။
共布施牟索村田地三百，奴隶拾五。德娄水田三拾，奴隶拾柒，敏贡水田壹佰，奴隶柒。

在蒲甘时期建造的现世佛塔碑文中，提到"佛塔"，当时量词划分还未那样细致，对于人民十分崇敬的佛塔，量词还是用统称的量词"ခု(个)"来计量。后来人们对佛教的虔信程度愈来愈深，对佛塔的尊敬程度也越来越高，于是就采取一个专门用来表示极受尊敬的事物数量的量词（ဆူ / shu[22] / 尊）来表示。例如：

ဘုရားလေးသုံးခုပြ(ခဲ့)ဘူး။ 建造过三个 (《现世佛塔碑》，现代用 "ဆူ" 尊) 佛塔。

ကန်လေးတခုတူး။ 挖了一个池塘。(《现世佛塔碑》)

其实就在当时也有不少的量词出现在古碑文中。例如：

ညောင်ရှစ်ပင်စိုက်။ 种了八棵榕树。(《现世佛塔碑》)

缅汉两种语言中的名量词后来逐步发展起来，并且愈来愈多。大致可分成两类：① 定量词 ② 范词。

① 定量词：有一定系统与标准的量词，即度量衡单位，它是一种由政府法律所规定或民间所惯用的计算物体单位的词。所以在一定的时期是不变的。缅汉语中，相同的定量词有下列几种：

A. 长度：在古代没有标准的度量衡，缅甸语和汉语中往往将现成的人体部分或熟悉的事物名用来作度量单位。如：

汉语	缅语
节（一个手指头的宽度）	缅语常用"သစ်/tɕhĩ/ 指节"（义同汉语，表一个手指节的长度）
拃（张开的大拇指和中指（或小指）两端间的距离。）	缅甸语中用 "ထွာ/thwa^{22}/"拃（与汉语所指相同）
庹（成人两臂左右平伸时两手之间的距离。）	缅语用 "လံ/lã ^{22}/"庹（义同汉语）
瞬间（眼珠儿一动之间，表示时间极短暂）	မျက်စိတစ်မှိတ်လျှပ်တစ်ပြက်/mjɛʔ^{44}si^{53}tə hmeiʔ^{44} hljaʔ^{44}tə pjɛʔ^{44}/（义同汉语，眼一眨巴、闪电一闪）
一袋烟的功夫（时间很短）	ဆေးတစ်အိုးကျွမ်း /she^{55}tə ʊ^{55}tɕwã ^{55}/抽一锅烟的时间(义同汉语)

到了近代，缅甸受到英国殖民主义统治近百年，文化上受到很大的影响，就是长度单位也都采用英制，常用"英里"、"码"、"英尺"、"英寸"作长度单位。现代，缅甸也和中国一样，大多数情况下采用公制，常用"公里"、"米"、"厘米"等作长度单位。（有关缅甸的度量单位，详见拙著《缅甸语概论》北京大学出版社 1997 年版）

B. 重量：缅甸民间惯用的最小的秤衡重量单位是以一种红色的相思子的重量为基准的。缅甸语称作"ချင်ရွေး/tɕhĩ ^{22}jwe^{55} /"，一颗相思子的重量约 0.1 克重。ရွေးငြ်း/ jwe^{55} dzi^{55} /，两颗相思子的重量。在秤物体重量时，尤其是在缅甸古代秤衡金银时，就是用这种相思子为砝码。在古时缅甸铸造银币时也是用这种相思子的重量为标准的。当时用 144 颗相思子的重量制造一个银币。也就是说 144 颗相思子的重量等于"一盾"（缅甸古时的银币一元）。有些秤衡重量的单位名称可以用符号代替。

② 范词：没有一定系统或标准的量词。它有下列的几种情况：

A. 临时借来用作量词的。也称为兼类词。缅甸语与汉语中的这类量词十分相像，并且为数众多：例如：

缅甸语	汉语
ဆန်တစ်အိတ် 米一袋	一"口袋"米
စပါးတစ်တင်း 稻谷一斗	一"斗"稻谷
ဆီ တစ်ပုလင်း 油一瓶	一"瓶"油
ရေတစ်အိုး 水一壶	一"壶"水
ထမင်းတစ်ပန်းကန် 饭一碗	一"碗"饭
အရက်တစ်ခွက် 酒一杯	一"杯"酒
ဆေးလိပ်တစ်ဘူး 一盒烟	一"合"烟
ဆပ်ပြာတစ်သေတ္တာ 一箱肥皂	一"箱"肥皂
ရေတစ်ထမ်း 水一挑	一"担"水
ထင်းတစ်စည်း 柴一捆	一"捆"柴
ဆေးတစ်ထုပ် 药一包	一"包"药

上列的量词大部分是借用容器的名称来作量词,这些容器的名称都是由名词转来。还有一部分是动词转来,如：挑、包、捆等。

B. 缅汉语中特殊的量词,它们是根据事物的形象、形状或是实物的名称和集体单位等来计算物体数量的单位词。大都是从普通名词转来。例如：

缅甸语	汉 语
ကြိုးတစ်ချောင်း 绳一条	一条绳子
စက္ကူတစ်ရွက် 纸一张	一张纸
ပန်းကန်တစ်လုံး 碗一个	一只饭碗
သစ်ပင်တစ်ပင် 树一棵	一棵树
ကြယ်တစ်ပွင့် 星一颗	一颗星星
ပန်းတစ်ပွင့် 花一朵	一朵花
ပန်းချီတစ်ချပ် 画一幅	一幅画

还有的是借用跟事物有关的动作来作量词的。例如：

缅甸语	汉 语
ရေတစ်ထမ်း 水一挑	一担水
ထင်းတစ်စည်း 柴一捆	一捆柴
မြေပဲတစ်ထုပ် 花生一包	一包花生米
စက္ကူတစ်လိပ် 纸一卷	一卷纸
အိမ်တစ်နိုင် 家一能承担	一家能承担的

通过比较，这类特殊的量词，汉语要比缅甸语中的数量更多。因为，汉语中不同的事物，有着许多不同的量词来表示，而缅甸语中却用相同的量词（下面带画线者）来表示。尤其在表示动物的量词方面就是如此。例如：

缅甸语		汉语
မြင်း（马）	တစ်<u>ကောင်</u> /gaũ²²/（一只）	一<u>匹</u>马
နွား（牛）	တစ်<u>ကောင်</u>（一只）	一<u>头</u>牛
ဝက်（猪）	တစ်<u>ကောင်</u>（一只）	一<u>口</u>猪
ငါး（鱼）	တစ်<u>ကောင်</u>（一只）	一<u>尾</u>鱼
ခွေး（狗）	တစ်<u>ကောင်</u>（一只）	一<u>条</u>狗
ခြင်္သေ့（狮子）	တစ်<u>ကောင်</u>（一只）	一<u>头</u>狮子
ငှက်（鸟）	တစ်<u>ကောင်</u>（一只）	一<u>只</u>鸟

另外在表示立体的事物方面缅甸语的量词也没有汉语多。例如：

缅甸语		汉语
ပန်းသီး（苹果）	တစ်<u>လုံး</u>/loũ⁵⁵/（一只）	一<u>只</u> 苹果
ငှက်ပျောသီး（香蕉）	တစ်<u>လုံး</u>（一只）	一<u>支</u> 香蕉
ကုလားထိုင်（椅子）	တစ်<u>လုံး</u>（一只）	一<u>张</u> 椅子
စားပွဲ（桌子）	တစ်<u>လုံး</u>（一只）	一<u>张</u> 桌子
တိုက်（楼房）	တစ်<u>လုံး</u>（一只）	一<u>幢</u> 楼房
တောင်（山）	တစ်<u>လုံး</u>（一只）	一<u>座</u> 山
ကြယ်သီး（纽扣）	တစ်<u>လုံး</u>（一只）	一<u>颗</u> 纽扣
ခွက်（杯子）	တစ်<u>လုံး</u>（一只）	一<u>只</u> 杯子
ခြင်ထောင်（蚊帐）	တစ်<u>လုံး</u>（一只）	一<u>顶</u> 帐子
ဦးထုပ်（帽子）	တစ်<u>လုံး</u>（一只）	一<u>顶</u> 帽子
ဆေးလုံ（药丸）	တစ်<u>လုံး</u>（一只）	一<u>粒</u> 药丸

在动量词方面，缅甸语与汉语又很大的差别。汉语的动量词数量很多，缅甸语的动量词却比较简单。汉语中

①专用的动量词如：次、回、趟、遍、顿、阵、场、番、遭、下、交等。例如：

回了一次家。

去了一趟集市。

总算听了一回评弹。

《红楼梦》已经看了三遍。
他挨了一顿说。
刮了一阵风。
下了几场雨,天气凉爽了好多。
几番折腾,已经筋疲力尽。
白来了一遭。
摔了一交。
使劲敲几下就成。
② 借用跟动作有关的事物作动量词的。例如:

画一笔　　　　看一眼
咬一口　　　　踢一脚
打一巴掌　　　开一枪
砍一刀　　　　说一声

③ 借用表示时间的名词作动量词的。例如:
蹲了半天,腿都酸了。
等了他二十分钟,还没见他人影。
在医院躺了一个半月。
跟她谈了三个小时。
我回来一个星期了。
再坐一会儿。
④ 借用重复的动词作动量词的。例如:
笑<u>一笑</u>,十年少。
你去看<u>一看</u>,有什么可帮忙的。
洗<u>一洗</u>这件衣服。
你再好好的想<u>一想</u>。

缅甸语中的这类动量词中没有汉语②④类的量词,只有汉语的①③类动量词,而且这两类动量词中,数量也没有汉语丰富。常用的只有:ခါ (/kha^{22}/ 次、回)、ခေါက် (/khauʔ^4/ 趟、遍)、ကြိမ် (/tɕeĩ^{22}/ 次)、ချက် (/tɕɛʔ^4/ 下)、ချီ (/tɕhi^{22}/ 场、顿)等为数不多的几个。例如:

ကော်ဖီတစ်ခါသောက်သည်။　喝了一次咖啡。
မြန်မာပြည်သို့ တစ်ခေါက် သွားသည်။　去了一趟缅甸。

သူတစ်ခါလာသည်။ 他来了一回。
တစ်ခါသေဖူး ပျဉ်ဘိုးနားလည်။(成语) 吃一堑长一智。
（直译：死过一次，知道了木板（棺材）的价格）。
တစ်ချက်ခုတ် နှစ်ချက်ပြတ်။（成语）一举两得。
（直译：砍一下，断成两段）
ခြေထောက်နှင့်တစ်ချက်ကန်သည်။ 踢了一脚。
သေနတ်တစ်ချက်ပစ်သည်။开了一枪。
တစ်ချက်ဆွဲသည်။拉了一把。
တစ်ချက်ရယ်သည်။笑了一笑。

数量词的用法比较：

1. 缅汉两种语言中的数量词都有数词和量词的区别，他们之间具有不同的语法特点。因此各自成为一类词。但是在使用时往往又经常连在一起使用，结构又比较固定，常把它们统称为"数量词"，其实是数词和量词组成的词组。

2. 重叠形式：汉语的数词和量词都有重叠形式。如：三三两两、一一道来、人人、家家户户等等。缅甸语中没有类似的单纯的数词和量词的重叠。但是在不完全重叠方面，缅汉两种语言中却都有的。例如：

汉语	缅甸语
一个个	တစ်ယောက်ယောက်(一个个) 人/ တစ်ခုခု（东西）
一个一个	တစ်ယောက်တစ်ယောက်
一批批	တစ်သုပ်သုပ်
一批一批	တစ်သုပ်တစ်သုပ်
一本本	တစ်အုပ်အုပ်
一本一本	တစ်အုပ်တစ်အုပ်

从上列例子来看，两种语言中数量词重叠的形式完全一样，但是重叠后的词汇意义和语法作用却不相同。汉语的"一个个"，有人说是"一个一个"的省略形式（其实不完全是省略的结果）。指的是好多个中的"每一个"，而"一个一个"说的也是"每一个"，但是，它还能当作状语来修饰动词，表示"一个接着一个地"（说、进、等等）。

缅甸语中的"တစ်ယောက်ယောက်"一类的重叠形式，并不像汉语一样表示"每一个"意思，而是表示不确定的"某一个"的意思。而第二种重叠形式的

"တစ်ယောက်တစ်ယောက်"却表示"每一个"的意思。缅甸语中这类数量词重叠不能当作状语来修饰动词。

3. 缅汉两种语言的数量词都可以作定语，修饰名词。只是数量词与名词的位置不同。一般来说，古缅甸语的数量词与古汉语的数量词一样，在修饰名词时放在名词之后。如古汉语中：

子产以帏幕九张行。(《左传·昭十三年》)
我持白璧一双，欲献项王。(《史记·高祖本纪》)
军书十二卷，卷卷有爷名。(《乐府诗集·木兰辞》)

然而，到了现代汉语中却将数量词放在名词之前，现代缅甸语却仍放在名词之后。例如：

缅甸语	汉语
လူ（人）တစ်ယောက်（一个）	一个人
လေယာဉ်（飞机）ငါးစင်း（五架）	五架飞机
ဆင်（象）သုံးကောင်（三头）	三头象
လူဦးရေ（人口）သုံးသန်း（三百万）	三百万人口

有时，数量较大，又是整数时，两种语言中的量词可以省略(见上例中的后两例)

4. 有些情况下，两种语言的数量词又都可以与被修饰的名词倒置，即：汉语数量词放在被修饰的名词之后，缅甸语的数量词放在名词之前。这时古缅语与现代缅语一样，要在数量词后加助词"သော/dðo⁵⁵/的"。例如：

တစ်ယောက်သောသူ　　一个人
တစ်နေ့သောအခါ　　一天

在古汉语中数量词放到名词之前，则与缅语一样，后面要加"之"来连接。例如：

百亩之田，匹夫耕之。(《孟子·尽心上》)
毛先生以三寸之舌，强于百万之师。(《史记·平原君列传》)

但到了现代汉语时，可以说"来了一个人"，也可以说"来了人一个"；"看见了一辆车"、"看见了车一辆"、"买了白菜三斤、萝卜两个"、"死路一条"、"腰围两尺六寸"等等。

5. 汉语中，数量词修饰名词时一般不能用"的"字。但是当数量词重叠形式时，又可以加"的"字。例如：

一辆车	一辆辆的车	一辆一辆的车
一头牛	一头头的牛	一头一头的牛
一本书	一本本的书	一本一本的书
一个愿望	一个个的愿望	一个一个的愿望

从缅汉两种语言的数量词用法来看，数量词词组，不仅具有名词性质，也都有形容词的性质。

6. 缅汉两种语言的数量词尤其是名量词在句子中基本的语法功能是作定语，修饰名词。除此而外，也都可以充任主语、宾语、定语、谓语、状语等。例如：

	缅甸语	**汉语**
主语	တစ်ယောက်ကကျောင်းဆရာမ၊တစ်ယောက်ကအစိုးရဝန်ထမ်း	
		一个是教师，一个是公务员。
宾语	ငါတစ်လုံးယူမည်	我拿一个
	ဆယ့်ငါးယောက်ခေါ်ပါ	叫上十五个（人）。
	တစ်ယောက်မှမတွေ့လိုက်ရဘူး	一个人也没见到。
定语	例句见前	
状语	（一般由动量词组成的数量词词组作状语）	
	တစ်ချက်ကန်ထုတ်လိုက်တယ်	一脚踢了出去。
	တစ်အုပ်တစ်အုပ်ဖတ်ပြီးတော့……	一本一本地读完后……
	တစ်ချက်မျှော်ကြည့်လိုက်သတော……	一眼望去……
	တစ်ချက်ခုတ် နှစ်ချက်ပြတ်	一举两得。
谓语	ထောက်ခံသူက ၂၄ယောက်	支持者 24 人。
	သူ့အသက်က၄၅နှစ်	他四十五岁。

由此可见，缅汉两种语言，尤其在古汉语和古缅语中，数量词从结构、形态变化的方式以及语法作用等方面是相同的地方多，不同的地方少。

6.3.2 形容词、动词、助动词、副词的异同：

形容词：

缅甸语与汉语一样，过去没有把形容词单独看作为一类词，由于它的特性和用法与动词极为相似，缅甸语过去的语法书中将形容词归入动词之中，称其为"性状动词"。王力先生曾说过:"划分词类的标准在汉语语法中是个很严重的问题,就是因为语法学家们在划分词类的具体问题上有着很多争论。"有人认为汉语是没有词类的,形容词、名词、动词互相之间可以转化。例如名物化,就是形容词在一定的格式里丧失了本身的一些语法特点,同时取得了一些名词的一些特点。形容词还有转类的现象。例如:"快餐"中的"快"是形容词,"快走"中的"快"是"副词",也有说仍可算作形容词。"干干净净的过春节。""打扫得干干净净的",是副词,还是形容词?总之是不太好分。俞敏在《名词 动词 形容词》一书中,提出了划分名词、形容词、动词的格式:

1.

原词	重叠式	表示的范畴	意思	词类
豆腐	0	0	0	名词
老实	老老实实	全量	很	形容词
修理	修理修理	偏量	一下儿	动词

2. 有两种公式,只能填进形容词,不能填进名词或动词。

① 比＋名词＋………
   比 山 高
   比 海 深
   比 蜜 甜

② 多么 ＋ …… ＋ 语气助词
   多么 快 呀
   多么 美好 啊
   多么 高兴 啊

不管形容词多么复杂,随着缅甸语与汉语语法学家们的研究逐步深入,大家也都趋向于将形容词从动词中分离出来,单独成立一个词类。

形容词的构成:缅汉两种语言的形容词构成极为相似,都有单纯词和合成词之分。

4. 单纯词:有一个词素构成的单纯形容词。例如:

汉语	缅甸语
美	လှ / hla^{53} /
远	ဝေး / we^{55} /
近	နီး / ni^{55} /
长	ရှည် / çe^{22} /

短 ဒို / to²²/

也有两个词素构成的单纯形容词。例如：

汉语 　　　　　　　　　　　　缅甸语
幽雅 　　　　　　　　　　　　သာယာ/tθa²²ja²²/
遥远 　　　　　　　　　　　　ဝေးလံ/we⁵⁵la²²/
热爱 　　　　　　　　　　　　မြတ်နိုး/mjaʔ⁴no⁵⁵/

复合词：由两个词素或词组合起来构成的形容词，这种结构有两种类型：（1）联合式（2）附加式。在缅汉两种语言中是一样的。

① 由两个意义相同或相近的词或词素组成，它们的地位和重要性是相同的，这类词我们称之为"联合式"形容词。例如：

缅甸语　　　　　　　　　　　　　　　　　　　词义

သာယာ（优雅）　　လှပ（美丽）　　သော ရှုမျော်ခင်း　　优美的景色
ကောင်း（强）　　တင်း（紧）　　သောကိုယ်ခန္ဓာ　　强壮的身体
နီ（红）　　　　ရဲ（艳）　　　　သောအရောင်　　　艳红的色彩

汉语

美观 ＋ 华丽 　→　 美丽
方便 ＋ 相宜 　→　 便宜
尊贵 ＋ 威严 　→　 尊严
怯懦 ＋ 软弱 　→　 懦弱

② 形容词后面加上一些附加成分，使形容词的性质带上一些感情的色彩，在应用时显得更加生动、形象。

汉语中，在单音节形容词后加上相同的两个字，表示程度的变化，有程度减弱的，也有程度加深的。例如：

甜 ＋ 丝丝（表示'甜'的程度减弱，捎带一些甜味的）
凉 ＋ 丝丝（表示'冷'的程度减弱，捎带一些凉意的）
酸 ＋ 溜溜（表示'酸'的程度减弱，捎带一些酸味的）
光 ＋ 溜溜（表示'光滑'的程度加深，达到非常光滑的程度）
苦 ＋ 哈哈（表示脸上表情'难受、痛苦'的程度减弱，捎带一些'愁苦'样子的）
辣 ＋ 苏苏（表示'辣'的程度减弱，捎带一些辣味的）
红 ＋ 艳艳（表示'红'的程度加强，带有非常鲜艳的红色的）

黄 ＋ 澄澄（表示'黄'的程度加强，带有深黄色的）
蓝 ＋ 茵茵（表示'蓝'的程度减弱，捎带一些蓝色的）
白 ＋ 茫茫（表示'白'的程度扩大，到处一片白的）
黑 ＋ 呼呼（表示'黑'的程度减弱，捎带一些黑的）
黑 ＋ 黝黝（表示'黑'的程度加强，一片黑暗的）
圆 ＋ 滚滚（表示'圆'的程度加强，滚瓜溜圆之意）
香 ＋ 喷喷 （表示'香'的程度加深，味道很香的）
硬 ＋ 梆梆（表示'硬'的程度减弱，比一般要稍硬一些的）
笑 ＋ 嘻嘻 （表示"笑"的程度减弱，带着笑脸的）

缅甸语中有着同样结构和同样词义的带双音节后附词的形容词。例如：

缅甸语	/ 语音/ 意义 ＋ 后附音节		汉语义
ချို	(/tɕho^{22} /甜) + တိုတို (/to^{22}to^{22} /)	→	甜丝丝的
ချဉ်	(/tɕĩ ^{22}/酸) + တင်တင်(/fĩ ^{22} fĩ ^{22}/)	→	酸溜溜的
ခါး	(/kha^{55} /苦) + ကသက်(/tθɛʔ^{44} tθɛʔ^{44}/)	→	苦茵茵的
နီ	(/ni^{22} /红) + ရဲရဲ(/jɛ^{55} jɛ^{55} /)	→	红艳艳的
ဝါ	(/wa^{22} /黄) + တတ (/ta^{22} ta^{22}/)	→	黄澄澄的
စိမ်း	(/sẽĩ ^{55} /绿) + တိမ်းတိမ်း (/tẽĩ ^{55}tẽĩ ^{55}/)	→	绿茵茵的
စိမ်း	(/sẽĩ ^{55}/生) + ရွှေရွှေ(/ɕwe^{22} ɕwe^{22}/)	→	略带生腥味的
ပြာ	(/pja^{22}/蓝) + နမ်းနမ်း(/hnã ^{55} hnã ^{55}/)	→	蓝莹莹的
ဖြူ	(/phju^{22}/白) + တူတူ(/tu^{22} tu^{22}/)	→	白不拉几的
ဖြူ	(/phju^{22}/白) + ဖွေးဖွေး(/phwe^{55}phwe^{55}/)	→	白茫茫的
မာ	(/ma^{22}/硬) + တောင့်တောင့် (/taũ ^{53} taũ ^{53}/)	→	硬邦邦的
မွှေး	(/hmwe^{55}/香) + တေးတေး (/te^{55} te^{55}/)	→	香喷喷的

动词加后缀

ရယ်	(/ji^{22}/笑) + ပြုံးပြုံး（/pjoũ ^{55} pjoũ ^{55}/)	→	笑嘻嘻的
ငို	(/ŋo^{22}/哭) + မဲ့မဲ့ (/mɛ^{53}mɛ^{53}/)	→	哭丧着脸的

缅甸语中这类形容词的构成在语音上还具有自己的特点。那就是两个后缀音节的韵母与形容词的韵母是相同的，而声母大多数是舌尖音"ta"。例如：ni ti ti (红红的)、 wa ta ta (黄澄澄的)、tɕho to to (甜丝丝的) 等（这几个例词为了明显起见，省略了声调符号）。还有一些表示"略有些"意思的形容词后缀是没有规律

的、带习惯性的，有些是作家或文人特有的用词风格的。如：မဲတူးတူး(漆黑漆黑的)、ယဉ်စော (风韵十足的) ဘာကလိုတို့ ဘိုကလာတာတာ(难以言传的、有些那个的)等等。

附加式还有另一种形式，即在重叠的形容词前加上副词"ခပ် / khaʔ/ 较"。例如：

အရပ်ခပ်ပုပု　　　　个子比较矮小的。

မျက်လုံးခပ်ဝိုင်းဝိုင်း：　圆圆的眼睛。

形容词的形态变化：词的形态说的是词形的变化，曾经有很长时期，中国语法学家都认为汉语没有形态变化，西方的语言学家也常常认为汉语没有形态。把汉语作为孤立语的一个范例。对于缅甸语，许多语言学家也认为是一种孤立语。当然，按照西方语言的那些复杂的形态变化情况来看，缅甸语和汉语都可以说是"无形态语"。但是，缅汉两种语言也并不是完全没有形态变化的，无论是缅甸语还是汉语，都有一些词形的变化。例如，形容词、动词加上词头、后缀的名物化，通过重叠形式使形容词变成副词，通过声调的变化改变词性和词义等等。缅甸语中通过送气、不送气，语音的弱化与不弱化等方式改变词的性质，这些都是形态变化的手段。就是根据这些形态，我们可以将某些词的词类划分出来。例如汉语中某些词后面经常有"了、着、过"跟随，那么这类词往往是动词；有些词有嵌音现象，就归入形容词行列；如果常常可以重叠，这往往是动词或形容词，一般不会把它归入名词行列。

缅甸语也因为有这些词形的变化，人们也就不把它当成标准的"孤立语"，而认为是"准孤立语"了。那么，通过形容词的形态变化的比较，我们可以了解到缅汉两种语言在形容词方面有什么异同呢？

1. 汉语的形容词通过词序的变动改变词性。形容词放在名词前，是修饰名词的形容词。这样的形容词在形容词和名词之间一般都可以加上一个虚词"的"：

   好人　　——　好的人

   好事　　——　好的事情

   好消息　——　好的消息

   好心情　——　好的心情

   将"好"放到名词后面，形容词就变成作谓语的形容词。

   人美　　——　人长得漂亮

物美 —— 出产的东西好

心灵美 —— 思想、道德、人品很高尚

缅甸语中的形容词也可以放在名词的前面，修饰名词，它的后面一般要加定语助词"သော / dðɔ⁵⁵ / 的"。例如：

အရပ်ပုသောသူ 身材矮的人

လှပသောအကႌ 漂亮的衣服

လျှင်မြန်သောရထား 疾驰的火车

နီသောပန်းတစ်ပွင့်လိုသည်။需要一朵红的花。

将形容词放到名词后，它仍然是修饰名词的形容词，但是，放在前头是一般的修饰作用，放到名词后，往往与名词结合比较紧密，有时形成一个不可分割的专有名词。这方面与汉语的构词完全相同。例如：

汉语　　　红花（修饰作用，表示红颜色的花）

　　　　花红（合成固定名词，指的是一种入药的红色花）

缅甸语　ခြောက်(/ tɕhauʔ⁴/干的)သောပန်း(/pã⁵⁵/花)　→　干花

　　　　ပန်း(/pã⁵⁵/花) ခြောက် (/tɕhauʔ⁴/干的)　→　黄花菜

　　　　အို (/ o²²/年老的)သောလူ (/lu²²/人)　→　老人

　　　　လူ(/ lu²²/人)အို (/ o²²/年老的)　→　①老人

　　　　　　　　　　　　　　　　　　　　　　②已婚男子

2. 缅汉两种语言中的形容词可以重叠，重叠后的形容词有时保持形容词的性质，有时变成副词。例如汉语中：

形容词	重叠	作形容词	作副词
好	好好	好好的一张纸	好好学习，天天向上。
老实	老老实实	老老实实的山里人	老老实实地坐在这里。
弯曲	弯弯曲曲	弯弯曲曲的小道	弯弯曲曲地挂在树上。

缅甸语中：

形容词	重叠	作形容词	作副词
ကောင်း /kaũ⁵⁵/ 好	ကောင်းကောင်း / kaũ⁵⁵kaũ⁵⁵/	လက်ဆောင်ကောင်း /lɛʔshaũ⁵⁵/ 好的礼物	ကောင်းကောင်းလုပ် 好好地干。

လှ   လှလှ   အကျီုလှလှ   လှလှတွယ်ခဲ့သည်။
/hla⁵³/漂亮   /hla⁵³hla⁵³/   /ĩ⁵⁵dʑi²² hla⁵³   hla⁵³hla⁵³dwɛ
                            hla⁵³/漂亮的衣服/   gɛ⁵³ tθi²²/
                                                  狠狠地揍一顿。

ဝိုင်း   ဝိုင်းဝိုင်း   မျက်လုံးဝိုင်းဝိုင်း
/waĩ⁵⁵/   /waĩ⁵⁵waĩ⁵⁵/   /mjɛʔ loũ⁵⁵waĩ⁵⁵waĩ⁵⁵/
                              圆圆的眼睛

                              မြန်မာစာဝိုင်းဝိုင်းရေးရသည်
                              / mjã²² ma²² za²² waĩ⁵⁵ waĩ⁵⁵ je⁵⁵ja⁵³ dði²² /
                              缅文要写得圆些。

在缅甸语中重叠的形容词只能用在名词之后，不像一般形容词那样可以放在名词的前后。

3. 缅甸语和汉语的形容词都可以加上重叠的词缀，表示不同的修辞色彩。（具体例子见上文形容词复合式构词方式（2），此处从略）

4. 缅甸语中的形容词可以通过加上词头或词尾来改变词性。这一点上，缅甸语形容词与汉语形容词有差别。汉语中常常认为一个相同意义的形容词可以在不同的位置发挥不同的语法作用。例如汉语的"杰出的人"、"人杰"、"此人太杰出了"。这儿的"杰出"形态没有变化，但是起的作用不同。汉语中将这种情况看作是"兼类词"或词的转类。这方面缅甸语与汉语大不相同。缅甸语形容词却是采用形容词的附加成分来作区别的例如：

（1）缅甸语形容词可以加词头"A-"变成名词或副词，或仍作形容词用。例如：

形容词"မြန်"/mjã²²/快，加"A-"词头后，可作下列各种词用：

形容词	形容词+词头"A-"	词义	语法作用
မြန်"/mjã²²/	/a mjã²² jə tha⁵⁵/	快车	（形容词或名词）
快	/a mjã²²louʔ⁴/	快干	（副词）
	/a mjã²²laɪʔ⁴/	快追	（副词）
လှ/hla⁵³ pa⁵³/	/a hla⁵³ a pa⁵³ wuʔ⁴/		
漂亮	shĩ tha: dði/	穿得漂漂亮亮的	（副词）
	/pɪʔ⁴ si⁵⁵ a hla⁵³ a pa⁵³ /	漂亮的东西	（形容词）

(2) 缅甸语形容词可以加形态助词"ခြင်း / tɕhĩ⁵⁵ 或 dʑĩ⁵⁵ /"来改变词性。一般由形容词变成名词。例如：

形容词	形容词+词尾"ခြင်း"	词义	语法作用
ကောင်း	ကောင်းခြင်းငါးပါး	五大好处	（名词）
လျှင်မြန်	လျှင်မြန်ခြင်းသည်အရေးကြီးသည်။	速度很重要	（名词）

(3) 缅甸语形容词可以加上状语助词"စွာ / zwa²² /"，来修饰谓语动词或形容词。例如：

形容词	加状语助词	修饰谓语动词或形容词	
လျှင်မြန်	လျှင်မြန်စွာ	လျှင်မြန်စွာလုပ်ပါ	做得快一些吧。
ရိုးသား	ရိုးသားစွာ	ရိုးသားစွာပြောပြလိုက်ပါသည်။	老老实实地说了。

5. 关于缅汉两种语言形容词的"级"的表达方式。在我们熟悉的西方语言中，形容词往往有程度的差别（即'级'的语法范畴），通过形容词的词尾变化来表达。但是在缅汉两种语言中却没有这种形态变化形式。形容词的程度是通过形容词前加副词的方式来表示。例如：

（1）缅汉两种语言形容词的一般级，不带任何附加成分。例如：

汉语	缅甸语
好	ကောင်း / kaũ⁵⁵ /
远	ဝေး / we⁵⁵ /
努力	ကြိုးစား / tɕo⁵⁵ za⁵⁵ /

（2）形容词的更高级，缅汉两种语言的形容词是通过前加副词来表示。例如：

汉语（副词+形容词）	缅甸语（副词+形容词）
相当 + 好	တော်တော့်ကို (相当地) +ကောင်း（好）သည်။
很+好	သိပ် (很) +ကောင်း（好）သည်။
比较 + 好	တော်တော် (比较地) +ကောင်း（好）သည်။
挺+好	တော်တော် (挺) + ကောင်း（好）သည်။
更好+好	ပို၊ ပို၍ (更、更加) +ကောင်း（好）သည်။

（3）形容词的最高级，缅甸语是通过一个固定组词形式表示，就是将形容词插入"အ . . . ဆုံး"的中间，表示顶级的程度。例如：

| ဘဏ်တော်အမြင့်ဆုံးစေတီ | 最高的塔 |
| အများဆုံးရရှိခဲ့သူသည်ကိုကျော်ဝင်းဖြစ်သည်။ | 获得最多的是哥基温。 |

ဒါကအကောင်းဆုံးနည်းလမ်းဘဲ။ 　　　　这是最好的办法。

汉语是通过形容词前面加前缀"最"来表示。例如：

最快的是飞机。

孩子是最诚实的。

这是最不可思议的事情。

形容词的语法作用：缅汉两种语言的形容词在语法上的作用几乎是相同的。

（1）形容词可以作谓语。例如：

缅甸语　　　　　　　　　**汉语**

သူ့လက်ရေးကလှသည်။ 　　　　他写的字（字体）好看。

ဆရာများအားရိုသေကြသည်။ 　　　（大家）对老师很尊敬。

သူ့သဘောကကောင်းသည်။ 　　　他的脾气好。

ကျွန်တော်တို့အိမ်ကမြို့နှင့်ဝေးသည်။ 　　我们家离城市很远。

（2）形容词可作定语。缅汉两种语言的形容词主要的作用是作定语。只是修饰和被修饰的位置有时有不同。尤其是重叠的形容词，现代汉语一般放在名词前，而古汉语、古缅语及现代缅甸语一般放在名词后。例如：

缅甸语　　　　　　　　　**汉语**

ပန်းသီးကြီး 　　　　　　　（形容词在后）大苹果（在前）

ဖရဲသီးကောင်းကောင်းတစ်လုံးရွေးပေးပါ 　（形容词在后）给挑一个好西瓜。（在前）

ကြီးမားသောတောင်တစ်လုံးရှိသည်။ 　（形容词在前，有一座大山。

　　　　　　　　　　　　　（在前，无需助词）需加助词）

（3）形容词可以作宾语。缅甸语中形容词作宾语时，须将形容词名词化，也就是说需要加上前缀或后缀。而汉语中形式上是直接用形容词可作宾语，实际上该形容词也已经转成名词化。例如：

缅甸语　　　　　　　　　**汉语**

ကျွန်တော်တိတ်ဆိပ်ခြင်းကိုကြိုက်သည် 　我爱幽静。

အလှကိုလူတိုင်းကြိုက်သည် 　　　爱美之心人皆有之。

အပူကိုကြိုက်သည်၊အအေးကိုမကြိုက်ပါ။ 　喜欢热，不喜欢冷。

（4）也可以作状语。只是汉语中形容词可以直接放在动词前作状语，而缅甸语中形容词不能直接与动词连接，一般需要经过重叠或加上前缀或后缀后才能作状语。例如：

缅甸语	汉语
ဖြေးဖြေးသွား	慢走
	慢些走。
	慢慢走。
ကောင်းကောင်းပြော	好好地说。
အမြဲကြိုးပမ်းနေကြသည်	一向很努力。
များမြန်ကောင်းသက်သာစွာ တိုင်းပြည်ကို ထူထောင် ကြသည်။	多快好省地建设国家。
	多快好省地（助）国家建设（助词）

（5）也可以作主语。缅甸语形容词作主语时，一般要将形容词前后加上附加成分使之名词化。汉语却并没有这些附加成分。例如：

缅甸语	汉语
အနီကကောင်းသည်။	红的好。
ရဲရင့်ခြင်းသည်သူ၏သာလွန်ချက်ဖြစ်သည်။	勇敢是他的一大优点。
ဆင်းရဲခြင်းသည်ထိုနှစ်မှစ၍ပျောက်ကွယ်သွားတော့သည်။	贫困从那年开始就消失了。

（6）汉语的形容词可以作补语，用于动词之后。但是在缅甸语中，形容词一般可作为状语，用在动词之前，但是这些形容词常常要跟有状语助词或将形容词重叠后用在动词之前。例如：

汉语	缅甸语
洗干净	သန့်ရှင်း(干净)အောင်（状语助词）ဆေး(洗)ပါ။
写清楚	ရှင်းရှင်းလင်းလင်း(清楚地)ရေး（写）ပါ။
打扮得漂漂亮亮	လှလှပပ(漂漂亮亮)ဝတ်ဆင်(穿戴)ထားသည်။

（7）缅甸语形容词后可以加助词"ရန်/jã²²/၊ ဘို့/bo⁵³/(口语中用)目的是为了……的"、"စွာ/zwa²²/地"修饰名词或动词。例如：

缅甸语	汉语
ကစားရန်ပစ္စည်း	玩的东西
လုပ်ရန်တာဝန်	要干的任务
နိုင်ငံတော်ထူထောင်ရန်စီမံကိန်း	建设国家的计划

动词：

缅汉两种语言中的动词的构成、特点以及形态变化有相同的地方，也有许多不同的地方。相同之处有：

动词的构成：在古语中，两种语言的动词大部分是由单音节词构成。例如：

缅甸语	汉语
ကြည့် /tɕi⁵³/ 看	观
လုပ် /louʔ⁴/ 做、干	作
လာ / la²²/ 来	来
သွား /tθwa⁵⁵/ 去	去
အိပ် /eıʔ⁴/ 睡	眠
ထိုင် /thãi²²/ 坐	坐
ကျွေး /tɕwe⁵⁵/ 喂	饲
ရိုက် /jaiʔ⁴/ 打	打
စား /sa⁵⁵/ 吃	食
ပြေး /pje⁵⁵/ 跑	奔

后来，由两个语素组成的复合动词渐渐增多。组成复合动词的各个成分之间的关系有（一）并列、（二）偏正、（三）联合。

（一）并列关系：

① 由两个意义相同或意义相近的两个动词组成。例如：

缅甸语		汉语
ပြော（讲）+ ဆို（说）	→	讲述 讲述
စောင့်（等、守）+ ထိန်း（照看）	→	照看 照顾
လုပ်（做）+ ကိုင်（握）	→	工作 工作
ရပ်（停）+ ဆ（散）	→	停止 停止

② 由两个意义相反的动词组成。例如：

缅甸语		汉语
ပြန်（反）+ လှန်（翻）	→	反复 反复
သွား（去）+ လာ（来）	→	来往 来往
ရောင်း（卖）+ ဝယ်（买）	→	买卖 买卖
ဝင်（进）+ ထွက်（出）	→	进出 进出

(二)偏正关系：两个不同的词结合在一起组成复合动词，它们内部关系也有各种各样。有主谓结构、宾动结构等。

① 主谓结构的动词是由一个名词和动词结合，如果没有前面的名词，意义可以变成别的。例如：缅甸语中的

နား (/na^{55}/耳) ＋ ထောင် (/thaũ^{22}/竖起来) → နားထောင် (听)
လက် (/lɛʔ^4/手) ＋ မြှောက် (/hmjauʔ^4/举) → လက်မြှောက် (投降)
ခေါင်း (/gaũ^{55}/头) ＋ ကိုက် (/kaiʔ^4/疼) → ခေါင်းကိုက် (头疼)
နှုတ် (/hnouʔ^4/嘴) ＋ ဆက် (/shɛʔ^4/连接) → နှုတ်ဆက် (问候)

汉语中同样有类似的结构。例如：头疼、掌握、雀跃、

② 宾动结构的动词是由一个动词和名词结合而成，名词是动作的对象。由于语法结构的差异，缅甸语的宾动结构中的起宾语作用的词永远放在动词前，而汉语中的结构是动词加名词组成。例如：

缅甸语：

ထမင်း(/thə mĩ^{55}/饭) ＋ ချက်(/tɕɛʔ^{44}/煮) → ထမင်းချက် (做饭)
မိန့်ခွန်း(/mei^{53}khũ^{55}/讲演) ＋ ပြော(/pjɔ^{55}/说) → မိန့်ခွန်းပြော (演讲)
အမြင့်(/ə mjĩ^{53}/高) ＋ ခုန်(/khoũ^{22}/跳) → အမြင့်ခုန် (跳高)
ဆန်(/shã^{22}/米) ＋ ကြိတ်(/tɕeiʔ^4/碾) → ဆန်ကြိတ် (碾米)

汉语中的：放心、动心、加油、上课、读书、睡觉、看病等等。

缅汉两种语言中的复合动词结构比较松散，尤其是宾动结构的复合动词，中间可以插入其他词。例如：

汉语复合动词　放心 → 　放<u>宽</u>心　放<u>什么</u>心　放<u>不下</u>心
　　　　　　　睡觉 → 　睡<u>个好</u>觉　睡<u>什么</u>觉　睡<u>不着</u>觉

缅甸语复合动词

ထမင်းချက် → ထမင်းတစ်ခါချက် (做一顿饭)
　　　　　　ထမင်းမချက် (不做饭)
ထမင်းနဲနဲမှမချက်တတ် (一点也不会做饭)
ဆန်ကြိတ် → ဆန်တစ်ခါကြိတ်လျှင် (碾一次米……)
ဆန်မကြိတ်တော့ဘူး (不再碾米了)

(三)联合关系：缅甸语中有一类词是由两个或两个以上的动词结合成一个动词，这类词看似动词词组，但是它们的结合比较固定，常常形成一个新的意思，所以称它为"联合动词"。它与汉语的动词词组有别，汉语的动词词组是各个动词

的意思总和，虽然习惯上结构也比较固定，但从此意上来看，一般并不改变各个词的原义。例如：生老病死、吃喝嫖赌、吹拉弹唱、喜怒哀乐等等。缅甸语的联合动词却不一样。例如：

လုပ်(/lou $?^{44}$/做) +ကိုင်(/kaĩ ^{22}/掌)+စား(/sa^{55}/吃)+သောက်(/tθau$?^{44}$/喝)
→ လုပ်ကိုင်စားသောက် （生活）

စုံစမ်း(/soũ ^{22} zã ^{55}/打听)+မေးမြန်း(/me^{55}mjã ^{55}/询问)
→ စုံစမ်းမေးမြန်း （调查）

ဆည်းပူး(/shi^{55}pu^{55}/收集)+လေ့လာ(/le^{53} la^{22}/研究)
→ ဆည်းပူးလေ့လာ （研究）

缅甸语动词的连用也是缅甸语的一个特点，有些动词的连用实际上是省略助词的结果。例如：

လူဘဝသည်ပျော်ရွှင်（欢乐）ကစား（游戏）စားသောက် （吃喝）
အိပ်（睡觉）နေရန်သာမဟုတ်၊人生并不是仅仅为了吃喝玩乐睡。

这句话中的动词连用，实际上是省略助词的结果，如果将句子写完整，在每一个动词后都加上"နေရန်သာမဟုတ်"，句子就拉得很长，变得十分冗长。例如：

လူဘဝသည်ပျော်ရွှင်ရန်သာမဟုတ်၊ကစားရန်သာမဟုတ်၊စားသောက်ရန်သာမဟုတ်၊အိပ်နေရန်သာမဟုတ်၊

人生并不是仅仅为了欢乐、并不是仅仅为了游戏、并不是仅仅为了吃喝、并不是仅仅为了睡觉。因此，在实践语言中，就将几个相同的助词省略，形成了动词连用的形式。

又例如：

သွား၊ယူ၊လာ၊ခဲ့၊ချေ။ 去拿来！

实际上是句子中包含"去"，然后"拿"，然后"回来"的三个动作的连动，而在语法结构中将这些动作变成"连动"+"趋向"的结构形式来表达出来。

缅甸语中就成为"动词"+"连词"+"动词"+"连词""表时态的助词"+"句尾助词"而成。

သွား ၍ ယူ ပြီး လာ ခဲ့ ချေ ။
"动词""连词""动词""连词""动词""表时态的助词" +"表语气的句尾助词"

动词的分类：根据动词的意义和语法特点缅甸语中的动词分（一）动作动词、（二）存在动词、（三）表语动词三大类。汉语也基本相同

（一）动作动词：主要表达事物的动作、行为、变化和人的思维和感情的表

现。这类动词中又有两种，①不及物动词（有些汉语语法书中称"自动"）；②及物动词（也有称"他动"），缅甸语中也有不及物和及物动词之分。例如：

缅甸语（不及物动词） 汉语（不及物动词）
ကလေး：（孩子）ငို（哭）နေ（正在）သည်။（句尾助） 孩子在哭。
စွန်(老鹰)ကပျံ（盘旋）နေ（正在）သည်။（句尾助） 老鹰正在盘旋翱翔。
မနေ့က(昨天)မိုး:ရွာ（下雨）သည်။（句尾助） 昨天下了雨。
အနီရောင်（红色）သန်း:(泛出)လာ（来）သည်။（句尾助） 泛出红色来了。
သူ（他）မကြာခင်（不久前）ဆုံ：（死）သွား:ပြီ။（了，句尾） 他不久前去世了。

缅甸语（及物动词） 汉语（及物动词）
စာအုပ်（书）တစ်အုပ်（一本）ငှါး:လာ（借来）သည်။（句尾助） 借了一本书来。
ပန်း:သီး(苹果)စားနေ（正吃）သည်။（句尾助） 正在吃苹果。
မိဘ（父母）ကို(宾助)လွမ်：（想念）သည်။（句尾助） 想念父母。
ပုံပြင်（故事）တစ်ခု（一个）ပြော（讲）ပါ။（句尾助） 讲一个故事吧。

汉语中及物或不及物动词主要是看动词能不能带宾语。而缅甸语的及物或不及物的动词有些是通过动词的形态变化来表示。比如语音的送气或不送气、带不带前置送气音、声调的变化等方法等等。(详细情况见下面动词的语法范畴部分）。

另外，缅汉两种语言中都有双宾语及物动词。这种动词往往同时影响到两个相关的事物，只有把两个相关的事物说出来，才能表达完整的意思。一般涉及到人，称"间接宾语"。涉及到的物，称"直接宾语"例如：

缅甸语 汉语
သူသည်ကျွန်တော်အားသတင်းကောင်းတစ်ခု ပြောပြ လိုက်ပါသည်။ 他 告诉 我一个好消息。
（主）（间宾） （直宾） （谓） （主）（谓）（间宾）（直宾）
ဆရာတို့ကကျွန်တော်တို့အားပညာ သင်ပေးပါသည်။ 老师 教 我们 知识。
（主）（间宾） （直宾） （谓） （主）（谓）（间宾）（直宾）

（二）存在动词：表示在一个时间的点上有一个什么现象而用的。例如：有、存在、生存等意思。这类词一定要带上一个补足语才能完整地表达意思。例如：

缅甸语 汉语
ကျွန်တော့်တွင်စာအုပ်တစ်အုပ်ရှိ(/ɕi/有)သည်။ 我<u>有</u>一本书。
သူ့တွင်သား:သုံး:ယောက်ရှိသည်။ 他有三个儿子。
စား:ပွဲပေါ်တွင်ကြောင်တစ်ကောင်ရှိသည်။ 桌子上有只猫。

ရွာပတ်လည်တွင်တောင်ကြီးရှိသည်။　　　　村子周围有大山。

上列四句例句中，前两句表示某人"拥有××"，后两句表示什么地方"存在什么事物"。句子结构和意义来看，似乎两种语言都相同。但是，汉语中，说"谁"有什么东西，那个"人"是主语。说"哪儿"有什么，这个地方是"状语"，一定要加上"上"、"下"、"里""旁"等表示处所的词才行。而在缅甸语中，稍有不同。凡是带有"ရှိ"存在动词的句子中，无论是人或物，都作为状语来用，"人"在句子中不作主语而是作状语用。在它们后面都要加表示"处所"的状语助词"တွင်/dwĩ²²/"、"၌/hnaɪ⁴/"、"မှာ/hma²²/"等。

（三）表语动词：说明某个事物"是什么"或"不是什么"的时候，缅汉两种语言都用一个表语动词"是"来表示。²² 使用表语动词"是"时，都需要有个"补足语"来说明"是什么"。例如：

缅甸语	汉语

သူသည်ကျောင်းသားတစ်ယောက်ဖြစ်（/phjɪʔ⁴/是）သည်။ 　他<u>是</u>一个学生。
　他　 学生　一个　　 是 　 （句尾）

သူ့ မမက ကျောင်းဆရာမ ဖြစ်သည်။　　　　　他的姐姐<u>是</u>老师。
他姐姐 　老师　是（句尾）

缅汉两种语言的表语动词在表示"肯定"时是一样的，都用"是"（缅甸语中用"ဖြစ်/phjɪʔ⁴/"），但是在否定句中就不一样了。在否定句或疑问句，汉语中仍然用表语动词"是"，而在缅甸语中，却用另一个动词"ဟုတ်/houʔ⁴/是"。例如：

缅甸语	汉语

သူသည်ကျောင်းသားမဟုတ်(/mə houʔ⁴/不是)ပါ။ 　他<u>不是</u>学生。
သူ့မမကကျောင်းဆရာမ မဟုတ်ပါ။ 　　　　　他姐姐<u>不是</u>老师。
ခင်ဗျားလည်းသဘောတူတယ်မဟုတ်လား။　　　你也同意了，<u>不是</u>吗？

动词的语法范畴的比较：动词的语法范畴可以从（一）体、（二）量、（三）态、（四）能愿几个方面来比较。

（一）体：表示动作进行的程度，它并不理会动作是什么时候开始。比如汉语有表示进行体的助词"正"，"正在""着"。例如：

他<u>正</u>向我们走来。
我忙<u>着</u>呢！
昨天到他家时他<u>正</u>吃饭呢。
明天到他家，说不定他<u>正</u>喂猪呢。

缅甸语中同样有表示进行体的助词，那就是"နေ"、"နေလျက်ရှိ"、"ဆဲ"等。例如：

သူကကျွန်တော်တို့ဘက်ကိုလှမ်းကြည့်နေသည်။他正朝我们这边看呢。

သူတို့သည်ဆွေးနွေးနေလျက်ရှိ၏။他们正在讨论着呢。

汉语中有表示完成体的助词"了"。例如：

你看了没有？ 看了。

吃了两个苹果。

到了下午三点才回到营地。

缅甸语中也有表示完成体的助词"ခဲ့(/gɛ^{53}/)"。因为它只表示完成动作，并不表示动作在现在还是在将来的时间里完成。因此，它可以用在现在、过去、将来的时间里。例如：

မနေ့ကကျွန်တော်ရုပ်ရှင်သွားကြည့်ခဲ့သည်။昨天我去看了电影。

နက်ဖြန်မနက်၉နာရီမှာကျွန်တော့်ဆီကိုလာခဲ့ပါ။明天九点，你到我这儿来一下。

这里的"看了"、"来一下"缅甸语和汉语都只表示完成动作的意思，而不管是过去还是将来。

缅甸语的动词还有"已然体"和"未然体"之别。已然体表示动作已经发生。它不管这个动作是什么时候发生或什么时候结束，也不是强调动作正在进行。未然体表示动作尚未发生。已然体的助词有"ပြီ / bi^{22} /了"。在古缅语中，ပြီ与ပြီး不分，都可以表示"结束"之义，原为动词，与古汉语相同。 例如：

官事未易了也。(《晋书·傅毅传》)——"了"在此处是动词，有"完结"之义。

到了五代以来，"了"就变成时态词尾了。例如：

红了樱桃，绿了芭蕉。

更添了几声啼鴂。

缅甸语中的"ပြီ"在句尾作表示已然体的句尾助词用。例如：

缅甸语	汉语
မိုးရွာပြီ။	下雨了。
သူအိပ်ပျော်သွားပြီ။	他睡着了。
ကျွန်တော်ပြောပြီးပြီ ။	我讲完了。

未然体的助词有"သေး/tθe:/"一定要与否定副词以及表示否定句的句尾助词搭配使用。在汉语中，使用副词来表示。例如：

缅甸语	汉语
မိုးမရွာသေးဘူး။	<u>还没</u>下雨。（雨<u>还没</u>下）
သူအိပ်မပျော်သေးဘူး။	他<u>还没</u>睡着。
ကျွန်တော်ပြောမပြီးသေးဘူး။	我<u>还没</u>讲完。

缅汉两种语言中都采用各类助词来表示体的范畴。例如：

体 \ 语种	缅甸语 助词/例句	汉语 助词/例句
进行体	နေ /ne²²/ သူသတင်းစာဖတ်နေသည်။	在/他在看报。
	နေလျက်ရှိသည်/ne²² hlɛʔ⁴ ɕi⁵³tθi²²/ သူတို့ဆွေးနွေးနေလျက်ရှိသည်။	正在/他们正在讨论。
	ဆဲ / shɛ⁵⁵/ သူစဉ်းစားနေဆဲ	仍在/他仍然在思考着。
已然体	ပြီ /bi²²/ မိုးရွာပြီ။ ၁၂နာရီထိုးပြီ။	了/下雨了。12点了。
未然体	မ...သေး/ mə dðe⁵⁵/	还没有……
完成体	ပြီးပြီ /pji⁵⁵ bi²²/ လုပ်ပြီးပြီ။ ကျွန်တော်ပြောပြီးပြီ။ သွားခဲ့/gɛ⁵³/သည်။ ရန်ကုန်မြို့ကိုရောက်ဖူးပါတယ်။	了、完了/做完了。（完成了）我讲完了。 （或"讲过了"） 去了 到过上海。

（二）量：表示动作的数量，是单数还是多数。缅汉两种语言都不用动词的形态变化来表示，而是利用在动词前后附加助词或副词来表示。

缅甸语　　　　　　　　　　　　　　　　汉语
သူရုပ်ရှင်သွားကြည့်သည်။（单数，无助词）　　他去看电影。
သူတို့ရုပ်ရှင်သွားကြည့်ကြသည်။（复数，动词后加助词）他们<u>都</u>去看电影。（动词前加副词）

缅汉两种语言表示动作数量的附加东西常常可以省略。可见它的重要性并不大。

（三）态：从动词来说，还有一个主动发出动作还是被动发出动作，一般称之为"自动和他动"或"自动和使动"的区别。缅汉两种语言中表示"主动"和"使动"有两种方法：①分析型和②屈折型。

① 分析型：通过主要动词以外的其他词来表示。汉语中用附加成分"使"、"让"、"叫"、"令"等。缅甸语中同样用附加成分（စေ/ze²²/使)、ခိုင်း(/khãi⁵⁵/

叫)）例如：

缅甸语	汉语
သူ့အားနားလည်စေသည်။	使他明白。
သဘာဝဘေးဒုက္ခများသည်ပြည်သူလူထုအား	自然灾害使人民更加团结起来。
ပိုမိုစည်းလုံးညီညွတ်လာစေသည်။	

② 屈折型：缅汉两种语言的动词都有通过形态变化来改变词性和词义的相象。例如：

A.动词重叠：动词可以通过重叠的形式改变词义。在重叠方面，汉语动词的现象比较普遍，并且有各种重叠形式。例如：

完全重叠：（一般由单音节的动词重叠而成）看看、说说、笑笑、想想、去去、谈谈、坐坐、走走、学学、洗洗、量量等等。

不完全重叠：（多般由双音节动词构成）吹吹风（引申意义为"热闹热闹、说道说道（论论理）、 算算账等等。

动词的重叠在汉语中比比皆是，数量很多。但是，类似汉语的重叠形式，在缅甸语中却为数不多。即使有也是在少数场合出现，并且有特殊的用法。例如：

缅甸语	重叠动词的意义
ပြောပြောမနေနဲ့။（不要说个没完了。）	反复、老说个没完
သွားသွားမသွားသွားမင်းသဘောပေါ့။ (去不去由你了。)	正反问的一种特定形式
လုပ် လုပ် လုပ် လုပ်။ (不停地动着。)	修辞色彩，表示不停地

B. 缅汉两种语言中同样都有用变化声调的方式来表示动词"态"的不同。在古汉语中，同一个动词，变化不同的声调，使"主动"变成"使动"。例如：

自动	使动
上声的"饮" 表示"喝 "。	去声的"饮"表示"使牲口饮水"。
入声的"食" 表示"吃"。	去声的"饲"表示"使动物吃"。
去声的"顺" 表示"听话、服从"	平声的"驯"表示"使牲口顺从"。

在缅甸语中也有动词通过改变声调来改变词性的现象。例如：

缅甸语动词	变成名词	变化内容
သစ္စာဖောက်(/tθɪʔ⁴ sa²² phauʔ⁴/叛变) / tθɪʔ⁴ sə bauʔ⁴ /	叛徒	低平调变轻声调 送气清辅音变浊

စာရေး (/sa²² je⁵⁵ / 写字)　　　　/sə je⁵⁵ / 文书　　低平调变轻声调

C. 缅甸语中许多动词通过送气或不送气的语音屈折方法来改变动词的及物或不及物、主动或使动等的动词性质的。许多不送气辅音作声母的动词原为不及物动词，但是声母变成送气辅音就成为及物动词。例如：

不送气清辅音	→	送气清辅音	不及物变及物	
က / tɕa⁵³ /	→	ခ / tɕha⁵³ /	落 →	使落
ကြေ / tɕje²² /	→	ခြေ / tɕhe²² /	粉碎 →	弄碎
ကြောက် / tɕauʔ⁴ /	→	ခြောက် / tɕhauʔ⁴ /	害怕 →	恐吓
ပေါက် / pauʔ⁴ /	→	ဖေါက် / phauʔ⁴ /	破 →	挖洞
ပျောက် / pjauʔ⁴ /	→	ဖျောက် / phjauʔ⁴ /	失 →	弄丢
မြုပ် / mjouʔ⁴ /	→	မြှုပ် / hmjouʔ⁴ /	沉 →	弄沉
ပြဲ / pjɛ⁵⁵ /	→	ဖြဲ / phjɛ⁵⁵ /	有裂缝 →	撕裂
ပျက်စီး /pjɛʔ⁴ si⁵⁵ /	→	ဖျက်ဆီး/phjɛʔ⁴ shi⁵⁵ /	坏了 →	毁坏

D. 缅甸语中通过清音变浊音来改变词性。

送气音	→	浊音	动词变名词	
ခွ /khwa⁵³/	→	ဂွ / gwa⁵³/	跨 →	叉
ချိတ်/ tɕheɪʔ⁴/	→	ချိတ်/ dʑeɪʔ⁴ /	挂 →	钩
ထောက် /thauʔ⁴/	→	ထောက်/dauʔ⁴/	支撑 →	支架

E. 将带鼻辅音声母ŋ、n、m、ȵ、和边音 l 的不及物动词中加上前置送气辅音"h"，使不及物动词变成为及物动词。例如：

不及物动词	→	及物动词	词义变化	
နိုး /no⁵⁵ /	→	နှိုး /hno⁵⁵ /	醒 →	叫醒
လွတ် /luʔ⁴ /	→	လွှတ်/ hluʔ⁴ /	脱逃 →	释放
နစ် / nɪʔ⁴ /	→	နှစ်/ hnɪʔ⁴ /	沉 →	使沉
လျော့ / jɔ⁵³ /	→	လျှော့ / ɕɔ⁵³ /	松 →	放松

F. 汉语的动词中有些可以自己转类，就是说，一个字本身可以作动词，也可以作名词用。例如：

姐姐的<u>出嫁</u>，给我们带来了希望。（名词）

姐姐终于<u>出嫁</u>了。（动词）

<u>丰收</u>给大家带来了喜悦。（名词）

今年<u>丰收</u>了。（动词）

他的<u>付出</u>得到了回报。（名词）
他为事业<u>付出</u>了毕生的精力。（动词）

这种转类现象在缅甸语中是没有的。缅甸语中的动词一定要附加一些成分，例如加"a-"词头，或加后缀"ခြင်း""မှု""ရေး"等变成动名词后，才能在句子中当名词用。例如：

① "ခြင်း"是一个助词，本身并没有实在的意义，只是起改变词性的语法作用。例如：

动词（或形容词）	+	助词	→	动名词	词义
သွား（去、走）	+	ခြင်း		သွားခြင်း	去
လာ（来）	+	ခြင်း		လာခြင်း	来
လုပ်（做）	+	ခြင်း		လုပ်ခြင်း	做

② 还有一类动名词是由动词加上省略"A-"词头的名词组成。例如：

动词	+	အမှု(案件、事务)	→	动名词	词义
ကားတိုက်(撞车)	+မှု		→	ကားတိုက်မှု	车祸
လုယက်(抢劫)	+မှု		→	လုယက်မှု	抢劫案

动词	+	အရေး(事情、事务)	→	动名词	词义
ကြားနေ（中立）	+ရေး		→	ကြားနေရေး	中立
စစ်（战争）	+ရေး		→	စစ်ရေး	军事
ချစ်ကြည်(喜爱)	+ရေး		→	ချစ်ကြည်ရေး	友好
ဖလှယ်（交换）	+ရေး		→	ဖလှယ်ရေး	交流
သာ(高兴)နာ(痛苦)	+ရေး		→	သာရေးနာရေး	红白喜事
စိုက်ပျိုး（种植）	+ရေး		→	စိုက်ပျိုးရေး	农业

动词	+	အချက်(项目、要点)	→	动名词	词义
ဆုံးဖြတ်（决定）	+ချက်		→	ဆုံးဖြတ်ချက်	决议、决定
မျှော်မှန်း（期望）	+ချက်		→	မျှော်မှန်းချက်	目标
ရည်ရွယ်（心愿）	+ချက်		→	ရည်ရွယ်ချက်	打算

缅甸语中的动名词兼有名词和动词的特性，它可以作主语、宾语，可以受形容词或副词的修饰。而在汉语中，许多动词与名词同形，没有像缅甸语中的动名词那样，用附加词缀或不成词词素的方法来改变动词词性的现象。

动词的语法作用：

（一）缅汉两种语言的动词在句子中最主要的是作谓语用。例如：

缅甸语	汉语
မမ က သီချင်း ဆို သည်။ 姐姐（主助）歌 唱 （句尾助词）	姐姐唱歌。
လေ တိုက် နေ သည်။ 风 刮 正 （句尾助词）	风正在刮着。
သား အား ဖိနပ် ဝယ် ပေး သည်။ 儿子（宾助）鞋 买 给 （尾助）	给儿子买了鞋。
သူတို့ ၏ တရားသော တိုက်ပွဲ ကို ကျွန်တော်တို့ 他们 的 正义的 斗争（宾助）我们 ပြတ် ပြတ်သားသား ထောက်ခံ ပါသည်။ 坚决地 支持 （尾助）	我们坚决支持他们的正义斗争。

（二）缅汉两种语言的动词都能带宾语，及物动词还能带双宾语。例如：

缅甸语	汉语
မြန်မာစာကိုသင်နေကြသည်။	正在学习缅甸文。
ဆပ်ပြာတစ်တုံးကိုယ်လာတယ်။	买了一块肥皂来。
တိုင်းရင်းသားသီချင်းများကိုကြိုက်သည်။	喜欢少数民族歌曲。
သူ့အားစာအုပ်တစ်အုပ်ကိုငှါးပေးသည်။	给他借了一本书来。

（三）动词可以受形容词或副词修饰。例如：

缅甸语	汉语
ကောင်းကောင်းလေ့ကျင့်ထားသည်	经过很好的训练。
သူတို့အရပ်၌များစွာရှိသည်။	他们那儿有很多。
များ၊မြန်၊ကောင်း၊သက်သာစွာတိုင်းပြည်ထူထောင်ရမည်။	要多快好省地建设国家。
ကျွန်တော်တို့ရွာကိုအမြန်လာခဲ့ပါ။	尽快到我们村里来。

（四）动词可以加"助词"修饰名词。例如：

缅甸语	汉语
ရောင်းသည်ပစ္စည်း	卖<u>的</u>东西
ကပြသည်အဆိုအက	表演<u>的</u>歌舞
ကျွန်တော်ဖတ်နေသည်ဝတ္ထု	我正在读<u>的</u>小说
နံရံပေါ်တွင်ချိတ်ထားသောပန်းချီကား	挂在墙上<u>的</u>图画
ဝယ်ရန်ပစ္စည်းများပြားလှသည်။	要买<u>的</u>东西很多
ဆွေးနွေးရန်အကြောင်း	要讨论<u>的</u>内容

在汉语中，动词修饰名词时，一般都加"的"，但是在缅甸语中，可以加不同的定语助词。上列例句中就有"သည်/dði⁵³/"、"သော/tθɔ⁵⁵/"、"ရန်/jã²²/"等。"ရန်/jã/"表示将要发生的事物或者是为了某种目的而发生的事。

（五）动词可以通过重叠形式改变词性。例如：
汉语中动词重叠的现象很多，而缅甸语中动词重叠的情况就少得多。详情见本节中动词的重叠部分。

助动词：

有一类动词表示动作的可能和动作者的意愿的，汉语中将其归入动词之列，称之为"能愿动词"。它是由动词发展而来，放在主要动词前面，用来补充说明主要动词的可能性和意愿。在缅甸语中将此类词另归一类，称之为"助动词"。它绝大多数也是由动词或形容词意义虚化而成。经常用在动词之后，作为动词意义的补充。汉语中的能愿动词与缅甸语中的助动词并不完全相同。

（1）缅甸语助动词与汉语的能愿动词的区别：

① 汉语的能愿动词主要是动词，缅甸语的助动词有些是动词，也有些是形容词。例如：

缅甸语		汉语
动词作助动词：	သွားချင်(想)သည်။	<u>想</u>去。
	ပြောလို(需要)ပါသည်။	<u>想</u>说。
	တရုတ်စာရေးတတ်(会)ပါသည်။	<u>会</u>写中国字。
形容词作助动词：	ဒီလိုမလုပ်ရက်(忍心)ဘူး။	不<u>忍心</u>这么做。
	ဤသိုသောစာအုပ်မျိုးတွေရခဲသည်။	<u>难得</u>见到这类书。

နားလည်လွယ်(容易)သည်။　　　　　　易懂。

② 汉语的能愿动词用在主要动词之前，缅甸语的助动词都放在动词之后。

③ 汉语的能愿动词可以在否定副词之后，缅甸语的助动词一般不能放在否定副词之后。如果否定副词放到助动词之前，往往助动词就变成为主要动词。

④ 缅甸语中的表示动词趋向的助动词"လာ/la^{22}/来""သွား/tθwa^{55}/去"，汉语中将它们作动词的趋向补语。缅甸语中归入表示趋向的助动词。在缅甸语和汉语中"လာ/la^{22}/来""သွား/tθwa^{55}/去"都不仅表示动作的趋向，而且还带有说话人的一种感情色彩。一般表示意思好的，往往加上"起来"、如果表示贬义的，常常加"下去"。例如：缅汉两种语言中都说：

缅甸语　　　　　　　　　　　　　　**汉语**

ရောဂါသက်သာလာ（来）သည်။　　　　病好起来了（有所好转）。

သူတို့နှစ်ယောက်တစ်ဖြေးဖြေးချစ်ခင်လာ(来)သည်။　　他们两人渐渐亲密起来。

သူတို့သည်တစ်ဖြေးဖြေးပျက်စီးသွား（去）သည်။　　他们渐渐堕落下去。

သစ်ပင်တွေကအရိုးဖြိုင်ဖြိုင်ဖြစ်သွား（去）သည်။　　树木变成光秃秃的。

⑤ 缅汉两种语言中的能愿动词或助动词除了个别特例外，一般都不能重叠使用。

⑥ 汉语中的"能愿动词"完全属于动词范畴，具有动词的特性。因此可以单独回答问题。例如：

问　　　　　　　　　　　　　　　答
你想不想去？　　　　　　　　　　想。
他应不应该说？　　　　　　　　　应该。
你愿不愿意来？　　　　　　　　　愿意。

但是，在缅甸语中的助动词却没有独立性，不能单独回答问题。要回答类似上列汉语中的同样问题时，必须要和主要动词一起回答。例如：

问　　　　　　　　　　　　　　　　答
မင်းသွားချင်သလားမသွားချင်ဘူးလား။　　　သွားချင်（想去）ပါတယ်။
သူပြောသင့်သလားမပြောသင့်ဘူးလား။　　　ပြောသင့်（应该说）ပါတယ်။
မင်းလာချင်သလားမလာချင်ဘူးလား။　　　　လာချင်（想来）ပါတယ်။

（2）缅甸语的助动词分类：缅甸语的助动词可以表示各种意思。有表示意愿的；有表示可能的；有表示必须的；有表示趋向的；有表示估计、程度的等等。（这些助动词详细情况和具体例句可参阅拙著《缅甸语概论》。此处从略。下同）

① 表示可能的助动词（包括可能、事实、性状）常用的有：တတ်၊နိုင်၊အား၊ပိုင်၊လွယ်၊ခဲ၊ဖြစ် 等等。

② 表示意愿的。常用的有 ချင် (/tɕʰĩ²²、dʑ̃ĩ²²/想)、လို (/lo²²/需要)、ရက် (/jɛʔ⁴/舍得)、ရဲ (/jɛ⁵⁵/敢于)၊ ကြည့် (/tɕi⁵³/看)、 စမ်း (/sã⁵⁵/试) 等。

③ 表示情理上、习惯上或事实上的需要。常用的助动词有 သင် (/tθĩ⁵³/应该)、အပ်(/aʔ⁴/该)、ထိုက်(/thaiʔ⁴/值得)、တန် (/tã²²/该)、ကောင်း(/kaũ⁵⁵/好)、သာ(/tθa²²/优)、ရ (/ja⁵³/得) 等。

④ 表示估计、程度。常用的有 လောက်(/lauʔ⁴/够)、လွန် (/lũ²²/超越)、ကုန် (/koũ²²/) လှ(/hla⁵³/)等。

⑤ 其他。还有一些助动词表示说明和补充主要动词的。主要有 ပစ်(/pɪʔ⁴/扔)、ခိုင်း (/khaĩ⁵⁵/使唤)、ပေး (/pe⁵⁵/给)、မိ (/mi⁵³/抓住)、သွား (/tθwa⁵⁵/去)、လာ (/la²²/来)、နှင့်(/hnĩ⁵³/先)、ဦး (/oũ⁵⁵/再)、ထား(/tha⁵⁵/放)、ပေး(/pe⁵⁵/给) 等。ပစ် (/pɪʔ⁴/扔) 原动词义为"扔掉"、"发射"，作助动词时表示"大肆"。

总之，汉语的能愿动词完全是属于动词范畴，具有动词的性能。用在主要动词之前，并能单独回答问题。它也可以受否定副词修饰。缅甸语的助动词范围要比汉语的能愿动词广，可以由动词和形容词或其他词变化而来。它只能作为主要动词的附属成分，给主要动词以补充和说明。它不能独立运用，不能独立回答问题，也不能受否定副词修饰

副词：
缅汉两种语言中的副词比较相近。它的语法功能较窄，在句中只作状语用。
（1）副词的分类：按词义来分，缅汉两种语言的副词分类基本上是相同的。例如：
① 程度副词：表示谓语程度的词，常见的程度副词有：

缅甸语	汉语
သိပ် (/tθeɪʔ⁴/很)၊အလွန် (/ə lũ²²/非常)	很，非常
တော်တော်(/tɔ²² tɔ²²/ 相当)	相当、挺
ပို (/po²²/)၊ပိုမို (/po²² mo²² /更)၊သာ(/tθa²²/更)	更、更加
အလွန် (/ə lũ²²/ 很)	十分、很、
အထူး (/ə thu⁵⁵/特别)၊အထူးသဖြင့်(/ə thu⁵⁵ dθəphʃĩ⁵³/)	特、特别

② 范围副词：表示规模、范围大小的词。常用的有：

缅甸语	汉语
အားလုံး(/a⁵⁵ loũ ⁵⁵/都)	全部、所有、统统
အနည်းငယ်(/ə nɛ⁵⁵ ŋɛ²²/稍许)	稍许、稍微

③ 时间副词：表示动作的时间，它也可以作名词来用。

	缅甸语	汉语
具体的时间	ယခု (/jə khu⁵³/ 现在)	现在、当前
	လက်ရှိ (/lɛʔ⁴⁴ ɕi⁵³/)၊မျက်မှောက်(/mjɛʔ⁴⁴ hmauʔ⁴⁴/)	当前、目前
	ယနေ့(/jə ne⁵³/今天)၊သည်ကနေ့(/dði²² gə ne⁵³/)	今天
	နက်ဖြန်(/nɛʔ⁴ phã ²²/明天) ၊နောင် (/naũ ²²/以后) သန်ဘက်ခါ (/dðə̃ bɛʔ⁴ kha²²/后天)	明天、以后、后天

	缅甸语	汉语
抽象的时间	အရင်(/ə jĩ ²²/先)	先
	ချက်ချင်း (/tɕhɛʔ⁴ tɕhĩ ⁵⁵/立刻)	立刻、马上
	မူလက(/mu²² la⁵³ga⁵³/原先)	原先、原本
	နဂိုရက(/nə go²² ga⁵³/原来)	原来
	ခဏ(/khə na⁵³/一会儿)	一会儿、片刻
	ခဏခဏ(/ khə na⁵³khə na⁵³/常常)	经常、时时刻刻

④ 性状副词：表示谓语的性质和状态的。在缅甸语中这类词很多，构成也很复杂。有的原是副词，有些是由形容词或动词变化而来。例如：

缅甸语	汉语
ကတ်တီးကတ်သတ်(/kaʔ⁴ ti⁵⁵kaʔ⁴ tθaʔ⁴/别别扭扭)	别别扭扭地
ကတ်တီးကတ်ဖဲ့ (/kaʔ⁴ ti⁵⁵ kaʔ⁴ phe⁵³/强词夺理地)	强词夺理地
ပူပြင်း(/pu²² pjĩ ⁵⁵/着急)→အပူတပြင်း (急急忙忙)	急急忙忙地
ရဲ့(/jɛ̃ ⁵⁵wũ ⁵³/) → ရဲရဲ့ (勇敢地)	勇敢地
ဝမ်းသာ(/wũ ⁵⁵ tθa²²/高兴) →ဝမ်းပန်းတသာ(高兴地)	高高兴兴

ပြုံး(/pjoũ⁵⁵/微笑)→တပြုံးပြုံး(微笑地)　　　　　笑嘻嘻地

还有表示重复的副词，例如：

缅甸语	汉语
ထပ် (/thaʔ⁴/再)	再
ပြန် (/pjã²²/重新)	重、重新

⑤ 疑问副词：表示对谓语动词的性状有疑问的词。常见的有：

缅甸语	汉语
မည်မျှ(书面用/mi²² hmja⁵³/多少)	
ဘယ်လောက်(/bəlauʔ⁴口语用/多少)	多少
မည်သို့ (书面用/mi²² dðo⁵³/怎样)	
ဘယ်လို(/bɛ lo 口语用/怎样)	如何

⑥ 然否副词：缅汉两种语言中的然否副词都有表示肯定或强调肯定与表示否定的两类。

缅甸语		汉语
表肯定的	အမှန်စင်စစ်(/ə hmã²² sĩ²² sɪʔ⁴/其实)	其实，实际上
	ေကန်(/e²² kã²²/肯定)	肯定、必然
	မုချ(/mouʔ⁴ tɕha⁵³/一定)	必定
	မချွတ်မလွဲ(/mə tɕhuʔ⁴ mə lwɛ⁵⁵/肯定)	肯定、无疑
表否定的	မ(/mə/不)	不

在缅汉两种语言中，表示否定的副词"不"、"没（没有）"都有不同的用法。"不"在缅汉两种语言中都表示不发生动作。汉语中否定副词可以直接否定动词，而缅甸语中否定副词一定要与表示否定的句尾助词"ဘူး"搭配使用。如：

缅甸语	汉语
မသွားဘူး။	不去
မစားဘူး။	不吃
မထိုင်ဘူး။	不坐

"没有"在两种语言中都有两种意思。一种是否定动词，如汉语的"没有人"，是否定"有没有"的。缅甸语中的"မရှိဘူး"，否定副词"မ"是否定"ရှိ(有)"的。另一种意思是否定已然体的动词的，汉语中就是否定"动词（形容词）＋了"的。例如：

缅甸语已然体		汉语的"动词+了"	
肯定	否定	肯定	否定
သွားပြီ	မသွားသေးဘူး	去了	没去
ပြီးပြီ	မပြီးသေးဘူး	完了	没完

（2）副词的构成：构成副词的方法很多。比较起来缅甸语的副词构成比汉语副词构成的方法更多。缅汉两种语言的副词构词法相同的有：

① 原来就是副词。它不是由其他词变化而来，可以不加任何附加的成分而直接修饰谓语的。例如：

缅甸语	汉语
ရုတ်တရက်(/jouʔ⁴ tə jɛʔ⁴/突然)	突然
မုချ(/mouʔ⁴ tɕha⁵³/肯定)	肯定
ချက်ချင်း(/tɕhɛʔ⁴ tɕhĩ⁵⁵/立刻)	立刻、马上
မကြာခဏ(/mə tɕa²² khə na⁵³/经常)	经常、不时
သိပ်(/tθeɪʔ⁴/很)	很
အကြောက်တိုက်(/ə tɕhauʔ⁴ taɪʔ⁴/平白无故)	平白无故

② 重叠而成的。在缅汉两种语言中，形容词和动词都可以重叠成为副词。重叠的方式又有完全重叠和不完全重叠两种。例如：

缅甸语	汉语
形容词重叠	
လှ(漂亮)→လှလှ(漂漂亮亮)	漂亮→漂漂亮亮
မှန်(正确)→မှန်မှန်(正确地)	正确→正确地
ညီညာ(整齐)→ညီညီညာညာ(整整齐齐)	整齐→整整齐齐
လိမ်မာ(乖)→လိမ်လိမ်မာမာ(乖乖地)	乖→乖乖的
ထူးဆန်း(稀奇)→ထူးထူးဆန်းဆန်း(稀奇古怪)	稀奇→稀奇古怪
动词重叠：	
ပြောဆို(说)→ပြောပြောဆိုဆို(说着说着)	说→说着说着
ပြေး(跑)→ခွေးပြေးဝက်ပြေး (一溜烟)	跑→紧跑慢跑
ပြောက်(消失)→ကြက်ပြောက်ငှက်ပြောက်(如鸟兽散)	消失→消失得无踪影

③ 附加法构成。这种构成法在缅甸语中比较多见，在汉语中绝大部分是在动词或形容词之后加一后缀"地"，变成副词。例如：

a. 缅甸语动词或形容词加词头"a-"变成副词，汉语中则是加"地"变副词。例如：

缅甸语	汉语
တင်း(/tí⁵⁵/紧) + အ → အတင်း(强硬地)	强硬地
မြဲ (/mjɛ⁵⁵/牢固) + အ →အမြဲ (持久地)	持久地
ပြင်း (/pjĩ⁵⁵/强烈) + အ →အပြင်း(激烈地)	激烈地

缅甸语双音动词或形容词中加两个"a"。例如：

缅甸语	汉语
ညီညွတ်(/ɲi²² ɳuʔ⁴/团结) + အ →အညီအညွတ်(团结一致)	团结一致地
လျှင်မြန်(/hlĩ²²mjã²²/迅速) + အ→အလျှင်အမြန်(迅速地)	迅速地
သေချာ(/tθe²² tɕha²²/肯定) +အ →အသေအချာ(确切地)	肯定地、确切地

b. 缅甸语名词加မဲ့ (/mɛ⁵³/无、没)变副词。汉语仍然加"地"。例如：

缅甸语	汉语
အကြွင်း (/ə tɕwĩ⁵⁵/ 余数) + မဲ့ → အကြွင်းမဲ့(绝对)	无例外地
အခ (/ə kha⁵³/) + မဲ့ → အခမဲ့(无报酬地)	义务
အကြောင်းမဲ့(/ə tɕaũ⁵⁵/原因) + မဲ့ → အကြောင်းမဲ့(无故)	无缘无故

c. 缅甸语形容词重叠后加前缀"ခပ်(/khaʔ⁴/ 比较)"。汉语则在动词或形容词后加后缀"地"。例如：

缅甸语	汉语
နာ(/na²²/疼) + ခပ် → ခပ်နာနာ(使劲地)	使劲地
တည်(/ti²²/严肃) + ခပ် → ခပ်တည်တည်(严肃地)	严肃地
မြန် (/mjã²²/快) + ခပ် → ခပ်မြန်မြန်(稍快地)	比较快地

d. 缅甸语的动词或形容词加两个叠韵的后缀变副词。汉语同样有这类构词法。例如：

缅甸语	汉语
ပြုံး (/pjoũ⁵⁵/微笑) + တုံးတုံး →ပြုံးတုံးတုံး(微笑地)	笑眯眯地
ကြောင်(/tɕaũ²²/呆) +တောင်တောင်→ကြောင်တောင်တောင်(呆呆地)	傻呆呆的
ခါး(/kha⁵⁵/苦) +သက်သက် →ခါးသက်သက် (苦茵茵的)	苦哈哈的

④ 附加和重叠结合。缅甸语中有些量词或动词重叠后再加前缀可以构成副词。而在汉语中也有量词重叠后加前缀变成副词的。例如：

缅甸语量词或动词	重叠加前缀	汉语
ထပ်(/thaʔ⁴/层)	အထပ်ထပ်	一层（又一）层地
ခါ (/kha²²/次)	အခါခါ	一次次地
ပြော(/pjɔ⁵⁵/说)	တပြောပြော(不停地讲着)	（无此类构词法）
မြို့(/mjoũ⁵³¹/细嚼)	တမြို့မြို့ (津津有味地)	（无）

⑤ 插入法。这类构词法在缅甸语中比较繁杂，形式很多，相对来说汉语的这类构词法形式比较少，大部分还是加后缀"地"变成副词。例如：

a. 在双音节词中插入两个"အ"或两个"တ"构成副词。例如：

缅甸语		汉语
ပြင်းထန်(/pjĩ⁵⁵ thã²²/严厉) + အ အ → အပြင်းအထန်(严厉地)		严厉地
လျှင်မြန်(/hl̥ĩ²² mjã²²/迅速)+ အ အ → အလျှင်အမြန်(迅速地)		迅速地
ခိုင်မာ(/khãĩ²² ma²²/坚固) + အ အ → အခိုင်အမာ(牢固地)		牢固地
ပျော်ပါး(/pjɔ²² pa⁵⁵/欢乐) + တ တ → တပျော်တပါး(高高兴兴)		高兴地
ခမ်းနား(/khã⁵⁵ na⁵⁵/隆重) + တ တ → တခမ်းတနား(隆重地)		隆重地

b. 在双音节词中插入"အ"和"တ"构成副词。例如：

缅甸语		汉语
လွယ်ကူ(/lwɛ²² ku²²/容易)+ အ တ→အလွယ်တကူ(轻而易举地)		容易地
ပူပြင်း(/pu²² pjĩ⁵⁵/极热) + အ တ→အပူတပြင်း(急切地)		急切地
ကျယ်ဝင်း(/tɕɛ²² wĩ⁵³/广阔)+ အ တ→အကျယ်တဝင်း(广泛地)		详尽地、广泛地
ဆောလျင်(/shɔ⁵⁵ hl̥ĩ²²/迅速) + အ တ→အဆောတလျင်(尽早地)		尽早地

c. 在双音节词中插入一个或两个否定副词"မ"构成副词。这种构词法在汉语中同样存在。例如：

缅甸语	汉语
ရှင်းလင်း(/ʃĩ⁵⁵ lĩ⁵⁵/清楚)+ မ မ→	
မရှင်းမလင်း(不清不楚地)	明白＋不→不明不白
ကြေနပ် (/tɕe²² naʔ⁴⁴/ 满意) +မ မ→	
မကြေမနပ်(不满意地)	尴尬＋不→不尴不尬
သဲကွဲ (/tθɛ⁵⁵ kwɛ⁵⁵/清晰) + မ မ→	
မသဲမကွဲ (不清不楚)	清楚＋不→不清不楚

d. 在两个相同的动词或形容词中插入"မ"和"တ"构成副词。汉语中也有同样的构词法。例如：

缅甸语	汉语
ကျက်(/tɕɛʔ⁴/熟) + မ တ →မကျက်တကျက်(半生半熟)	半生不熟
ပြုံး(/pjoũ⁵⁵/微笑)+ မ တ→မပြုံးတပြုံး(似笑非笑)	似笑非笑
တတ်(/taʔ⁴⁴/会) + မတ → မတတ်တတတ်(二把刀似的)	
	又像会又像不会地

e. 在意义相近的单音节动词或形容词中加"တ",然后重叠第二个动词或形容词构成副词。例如：

缅甸语	汉语
ပျော်(/pjɔ²²/愉快) ပြုံး(/pjoũ⁵⁵/微笑) → ပျော်တပြုံးပြုံး	(眉开眼笑) （无）
ထပ်(/thaʔ⁴⁴/重叠)လဲ (/lɛ⁵⁵/换)→ ထပ်တလဲလဲ(再三地)	（无）

f. 在双音节的形容词或动词中插入"အ""မ"变成副词。例如：

缅甸语	汉语
မှတ်ထင်(/hmaʔ⁴⁴ thĩ²²/以为) →အမှတ်မထင် (无意间)	（无）

g. 在双音节的形容词或动词中插入"အ""တ"变成副词。例如：

缅甸语	汉语
လောကြီး(/lɔ⁵⁵ dʑi⁵⁵/性急)→အလောတကြီး(急急忙忙)	（无）
မြတ်နိုး(/mjaʔ⁴⁴ no⁵⁵/珍视)→အမြတ်တနိုး(珍贵地)	（无）

h. 在双音节的形容词或动词中插入"တ""တ"变成副词，这类构词在汉语中同样存在。例如：

缅甸语	汉语
ရိုသေ(/jo²² tθe²²/尊敬)→တရိုတသေ(毕恭毕敬地)	毕恭毕敬地
ယိမ်းယိုင်(/jeĩ⁵⁵ jaĩ²²/摇晃) →တယိမ်းတယိုင်(一摇一晃地)	
	一摇一晃地
ပင်ပန်း(/pĩ²² pã⁵⁵/辛苦)→တပင်တပန်း(千辛万苦地)	千辛万苦地

i. 在双音节形容词或动词中插入"က""က"变成副词。例如：

缅甸语   **汉语**

တုန်ရီ(/toũ^{22} ji^{22}/颤抖)→ကတုန်ကရီ(颤颤巍巍) （无）

ချော်ချွတ်(/tɕhɔ^{22} tɕhu?^{44}/差错)→ကချော်ကချွတ်(错误百出地) （无）

ထိပါး(/thi^{53}pa^{55}/侵犯) →ကထိကပါး(指桑骂槐地) （无）

j. 特殊形式。缅甸语的副词中有一类是由单音节动词或形容词加上原词的声母和"t"声母组成的两个"o"叠韵前缀和一个叠韵后缀构成副词，这类有四个音节的词中，前两个音节为叠韵，后两个音节也为叠韵。第一和第三音节声母相同。这类构词法在汉语中是罕见的。例如：

ဝါး(/wa^{55}/模糊) → <u>ဝိုး တိုး ဝါး တား</u>
                          (/wo^{55} to^{55} wa^{55} ta^{55}/模糊不清地)

ရွ(/jwa^{53}/骚动) → <u>ရိုး တိုး ရွ တ</u>
                          (/jo^{55} to^{55} jwa^{53}ta^{53}/心不平静地)

မတ်(/ma?^{44}/垂直) → <u>မိုး တိုး မတ် တတ်</u>
                          (/mo^{55}to^{55} ma?^{44} ta?^{44}/笔直向上地)

ကြ(/tɕɛ^{55}/稀疏) → <u>ကြိုး တိုး ကြ တဲ</u>
                          (/tɕo^{55}to^{55} tɕɛ^{55} tɛ^{55}/稀稀拉拉地)

ရှန်(/ɕã^{53}/羞涩) → <u>ရှိုးတိုး ရှန်တန်</u>
                          (/ɕo^{55}to^{55} ɕã^{53}ta^{53}/不好意思地)

（3）副词的特点和语法功能：

① 缅汉两种语言里，副词的语法功能主要是修饰谓语，因此它常与动词、形容词搭配使用。

② 缅汉两种语言的副词都不能单独回答问题。

③ 缅汉两种语言中有些副词可以与否定副词连用，修饰谓语。例如：

缅甸语   **汉语**

သိပ်မကောင်းဘူး၊(/θeɪ?^{44} mə kaũ^{55} bu^{55}/ 很不好) 不很好。

သိပ်မစားချင်ဘူး၊(/ θeɪ?^{44} mə sa^{55} dʑĩ^{22} bu^{55} /
        不是很想吃的)   不是很想吃的。

သိပ်မကြိုက်ဘူး၊(/θeɪ?^{44} mə tɕaɪ?^{44} bu^{55}/不十分喜欢) 不十分喜欢。

④ 在缅甸语中，副词往往与名词兼类，也就是说，名词与副词形式完全相同，而语法作用和词汇意义有别。在汉语中无此类副词。例如：

缅甸语	名词意义	副词意义
အပြီး(/ə pji⁵⁵/)	结尾	全部
အပြေး (/ə pje⁵⁵/)	奔跑	急急忙忙
အစောကြီး (/ə sɔ⁵⁵ dʑi⁵⁵/)	清早	很早
အစုံ(/ə soũ²²/)	一对	齐全
အပုံ(/ə poũ²²/)	堆	非常
အတုံ့အလှည့်(/ə toũ⁵³ ə hlɛ⁵³/)	回报	相互
အလွယ်(/ə lwɛ²²/)	易事	容易地
အစဉ်အလာ(/ə sĩ ə la²²/)	传统	世代
အဆန်းအကျယ်(/ə shã⁵⁵ ə tɕɛ²²/)	新奇事	别出心裁地
အလျှင် (/ə hʃĩ²²/)	速度	迅速地
အစုံအလင်(/ə soũ ə lĩ²²/)	详细内容	详尽地

⑤ 在汉语中有语气副词。例如：却、可、倒、竟、简直、究竟等等。但在缅甸语中没有此类副词。表示这种意思的词，由于用法和其他词的搭配关系，与汉语有别，在缅甸语中都归入助词之列。

⑥ 缅甸语中单音节形容词重叠后加上前缀 "ခပ်(/khaʔ/比较、稍)" 或双音节词重叠可以构成副词，而在汉语中一般是将单音节形容词或双音节词重叠后加后缀 "地" 来修饰谓语。例如：

缅甸语		汉语
ရှည်(/ɕe/长) ခပ်ရှည်ရှည် (较长的)		长长地
ဝေး(/we:/远) ခပ်ဝေးဝေး:(远远地)		远远地
ပြင်း(/pjĩ:/激烈) ခပ်ပြင်းပြင်း:(严重地)		激烈地
ကျယ်ပြန့်(/tɕɛ pjã˩/宽阔) ကျယ်ကျယ်ပြန့်ပြန့်.（广泛地)		广泛地

6.3.3 连接词、感叹词、拟声词的异同：

连接词是用来连接词、词组、句子的词。虽然它并不是句子中的主要成分，但是两个或两个以上的词、句子之间或者两个义段之间有什么关系，除了用助词之外就只有用连接词来表明。也只有用连接词之后才能使整段整篇文章融会贯通，表达连贯的思想。例如：

ကိုစန်းဝင်းနှင့်ကိုသောင်းသည်သူငယ်ချင်းဖြစ်သည်။ 哥盛温和哥当是朋友。

ကိုစန်းဝင်း和 ကိုသောင်း 都是名词，用连接词 နှင့် 连接，当作句子的主语。指明谁跟谁是朋友。

① မောင်ကြည်ဖြူသည်သဘောကောင်းသည်။ 貌基漂性情温和。

② ကျောင်းသားများသည်သူနှင့်ခင်ကြသည်။ 学生们都亲近他。

①＋②＋连接词——

မောင်ကြည်ဖြူသည်သဘောကောင်းသောကြောင့်ကျောင်းသားများကသူနှင့်ခင်ကြသည်။
<u>因为</u>貌基漂脾气好，（<u>所以</u>）学生们都跟他很亲近。

③ ယနေ့မိုးရွာသည်။ 今天下雨。

④ မောင်ဘသည်ကျောင်းသို့သွားသည်။ 貌巴到学校去。

③＋④＋连接词——

ယနေ့မိုးရွာသော်လည်း မောင်ဘသည်ကျောင်းသို့သွားသည်။
<u>虽然</u>今天下雨，貌巴<u>还是</u>到学校去了。

上列①、②和③、④两组句子分开来看，可以说是意义各不相干的四个句子，但是通过连接词 သောကြောင့်/dðɔ⁵⁵dʑaũ⁵³/、သော်လည်း/ dðɔ²²lɛ⁵⁵/ 将它们分别连起来，就成为融会贯通的两个意思。

（1）连接词分类：缅汉两种语言的连接词都可以按不同的标准划分成不同的类型：按连接词使用的方式来分，可分为单式连接词和复式连接词两种；按被连接的两个句子成分之间的关系来分，又可分为并列连接词和主从连接词等等。

按连接词使用的方式来分：

① 单式连接词：是指连接两个词或词组时，一般只有一个连接词。例如：（具体例句可参考《缅甸语概论》有关连接词章节，此处从略。下同）

缅甸语　　　　　　　　　　　　**汉语**

နှင့်(/hnĩ⁵³/ 和)　　　　　　　　　 和

လျှင်(/hʃĩ²²/如果)　　　　　　　　如果

သို့သော်(/dðɔ⁵³dðɔ²²/但是)　　　　但是

② 复式连接词：是指连接词是成双或配对结合使用，这种复式连接词不能拆开或单独使用。例如：

缅甸语　　　　　　　　　　　　**汉语**

ရော ... ပါ (/jɔ⁵⁵… ba²²/连…带)　　连……带

ြဖစ်စေ…ြဖစ်စေ (/ pjɪʔ⁴ ze²²…pjɪʔ⁴ ze²² /或者…或者) 或者……或者

လည်း…လည်း(/lɛ⁵⁵ … lɛ⁵⁵/也…也) 也……也

ေသာ်င္ွား…ေသာ်င္ွား(/dŏɔ²² lə gaũ⁵⁵ …
dŏɔ²² lə gaũ⁵⁵ /无论…还是) 无论……还是

သမင်ေမွးရင်း ကျားစားရင်း॥(成语)
鹿不断生，老虎不断吃。 ……且一边……一边

按连接词所连接的词语之间语义关系来分：两种语言中都有并列和主从两类。

并列关系：连接两个或两个以上的词、词组、句子时，被连接部分之间的关系，在句子中是处于平等地位。按被连接的部分内容的关系来分又可以分成：A、等列 B、反意 C、选择 D、递进。

A．等列关系：表示被连接的成分之间是等列地连接起来。例如：

缅甸语   **汉语**

ကျွန်တော်<u>နှင့်</u>(/hnĩ⁵³¹/ 和)သူသည်   我<u>和</u>他是好朋友。
ˋမိတ်ေဆွေကာင်းြဖစ်သည်။

မကြည်သည်ကြက်ဥနှင့် (/hnĩ⁵³¹/ 和)   玛基买来了鸡蛋<u>和</u>猪肉。
ဝက်သားဝယ်လာသည်။

在汉语中，连接两个短句时也用"和"。但在缅甸语中却不一定都用"hnĩ⁵³"。在用法上，缅甸语中的 နှင့် 和汉语中的"和"有不同的地方，汉语中的"和"可以直接联系两个动词或形容词，而缅语中的 နှင့် 不能直接连接两个动词或形容词。如果一定要表示这种意思时，必定先把动词变成动名词。例如：

ကျွန်တော်တို့အေရးတော်ပုံသည်ကမ္ဘာလုံးြပည်သူြပည်သားများ၏**စာနာမှုနှင့်ထောက်ခံမှု**ကိုခံခဲ့ရပါသည်။
我们的革命受到全世界人民的同情<u>和</u>支持。

ကိုဘနိုင်ဟာ**ေရကူးြခင်းနဲ့အမဲလိုက်ြခင်း**မှာဝါသနာပါပါတယ်။
哥巴开对游泳<u>和</u>打猎很感兴趣。

缅甸语中的 နှင့် 是一个兼类词,它除了作连接词以外，还能作状语助词、助动词，这能与 ပေ 连用，表示劝告语气等等。

② ၍ ၊ ြပီး ၊ ကာ 是缅甸语连接动词、形容词、短句的连接词。它的主语往往是一个，在汉语中很难找到一个词与它们相对应，所以要根据上下文的意义决定。这一组连接词的成分从意义上来分析有各种关系。有时纯粹表示联接两个成分，有时表示一个动作完成后又作另一动作，有时两个动作由同一个主语发出，有时

则由不同的主语发出不同的动作。例如：

မောင်မောင်သည်ပိန်၍အရပ်မြင့်သည်။
貌貌又瘦又高。（并列）

သူသည်စာအုပ်များကိုလက်ကားဝယ်ပြီးရောင်းသည်။
他趸书后出售。（连动）

ကျောင်းသားများသည်စာကြည့်တိုက်သွားပြီးစာဖတ်ကြသည်။
同学位都到图书馆去看书（连动）

ထိုအချိန်မှစ၍ကျွန်တော်တို့သည်မိမိတို့၏လက်နက်ကိုင်တပ်များရှိပြီးရန်သူများနှင့်တိုက်ပွဲဆင်ခဲ့ကြသည်။
从那时起，我们有了自己的武装，来跟敌人作斗争。（承接）

还有些等列关系的句子汉语中从上下文可以看出，并不用连接词。缅甸语中却常用连接词"၍(/jwe^{53}/)" "ပြီး(/pji^{55}/)" "က／ga^{22}/"来连接。例如：

缅甸语	汉语
မောင်ဘသည်သုံးနာရီကြာစာဖတ်ပြီး ၁ဝနာရီတွင်အိပ်ရာဝင်သည်။	他看了3个小时书，十点钟上床睡觉。
မောင်နိုင်သည်ကျောင်းသို့သွား၍ မလှကားဈေးသို့သွားသည်။	貌凯去了学校，玛拉去了市场。

要连接两个以上等列的词或词组时，汉语中为了避免重复，往往用不同的等列连接词"和"、"及"、"并"等。而缅甸语中，则常用并列连接词"၄င်း"来连接例如：

缅甸语	汉语
ကျွန်တော်သည်ကျွန်တော်တို့အစိုးရနှင့် ပြည်သူများ၏ ကိုယ်စား**၄င်း**၊ ကျွန်တော်တို့အဖွဲ့ဝင်များ၏ကိုယ်စား**၄င်း** ကျွန်တော်ကိုယ်တိုင်အနေနှင့်**၄င်း**၊ အာဇာနီများအားလေးစားသမှုပြုပါရစေ။	请允许我代表我国政府和人民以及我们代表团团员并以我个人名义向烈士们致敬。

③ သော်၄င်း：它可以连接两个或两个以上的名词或各种词组，与汉语的"无论"、"或者"相似。表示包括所提的内容都在内。一般还与其他许多助词或连接词结合。例如：ကိုသော်၄င်း၊ မှာသော်၄င်း ၊ အရသော်၄င်း၊ ရန်အတွက်၄င်း၊ 等等。在句子中只起连接作用。不管它连接多少内容，最后总要有一个总的句子结尾。例如：

ကျွန်တော်တို့အစိုးရကို**သော်၄င်း**၊ ကျွန်တော်တို့ကိုယ်စားလှယ်အဖွဲ့ဝင်များကို**သော်၄င်း**၊ ကျွန်တော်ကိုယ် ကျွန်တော်ကို **သော်၄င်း**ကိုယ်စားပြု၍မိတ်ဆွေများအားနှုတ်ခွန်းဆက်အလေးပြုပါရစေ ။
请允许我代表我国政府和我们代表团团员并以我个人名义向朋友致敬。

句子中有三个并列词组用"သော်၎င်း"连接起来。

နိုင်ငံရေး**အရသော်၎င်း**၊ စီးပွါးရေး**အရသော်၎င်း**မှန်ကန်သောပေါ်လစီများကိုချမှတ်ရပါသည်။

必须根据政治、经济情况,制定正确方针。

④ **သာမက၊ရုံသာမက** 等表示递进关系 **သာမက** "不仅……而且"。前面一定要放名词或名词性的词组和句子。例如:

သူ**သာမက**ကျွန်တော်လည်းသွားခဲ့ဘူးသည်။

不仅是他,连我也去过。

ခင်မောင်လွင်သည်ငှက်ပျောသီး**သာမက**မုန့်များကိုလည်းစားပစ်လိုက်သည်။

钦貌伦不仅将香蕉吃了,而且将点心也吃掉了。

သူကကျွန်တော့်အားကူညီ**ရုံသာမက**ခဏခဏအားပေးခဲ့ပါသည်။

他不仅帮助我,而且还经常鼓舞我。

经常与 လည်း /lɛ⁵⁵/ 搭配使用。

ရုံမက၊ရုံသာမက "不仅……而且"。前面是动词,意思是不仅做了前面的动作,而且也做了后面的动作。例如:

မေဒေးနေ့မှာသူကစီတန်းလှည့်လည်ပွဲတွင်ပါဝင်**ရုံသာမက**ညဖျော်ပွဲရွှင်ပွဲတွင်လည်းပါဝင်ခဲ့ပါသည်။

在"五一"节他不仅参加了游行,也参加了晚上的联欢。

⑤ **လည်း**: 也。表示同样要进行某一动作时用。与汉语的"也"一样,它可以放在不同的句子成分后面,表示强调不同。例如:

ကျွန်တော်**လည်း**ဤစာအုပ်ကိုဖတ်ခဲ့ဖူးသည်။

我也看过这本书。(强调主语)

ဤစာအုပ်ကို**လည်း**ဖတ်ဘူးပါသည်။

这本书也看过了。(强调宾语)

ဤစာအုပ်ကိုဖတ်**လည်း**ဖတ်ပြီးပြီ။

这本书看也看完了。(强调谓语动词)

ထိုစာအုပ်ကိုကျွန်တော်တို့ကျောင်းတွင်**လည်း**ရောင်းနေပါသည်။

我们学校里也在卖这本书。(强调状语)

上列四个例句中, လည်း 在不同的位置,表示四种不同的意思。虽然这四个句子的意义,并不完整,但是已经知道主要的意思了。

လည်း 不仅可以单用,也可以有好几个联用。这种用法与汉语不同。汉语要表达这种意思时,常用"而"、"既……且(又)"等连词。例如

သူသည်ရုပ်**လည်း**ချောသည်သူများအပေါ်**လည်း**နားလည်မှုရှိသည်။
他既漂亮又善解人意。

သူပြောတာမြန်လည်းမြန်ပီလည်းပီသပါတယ် ။
他既讲得快，咬字又清楚。

（2）反义关系：它表示前后成分，按内容来说是同样重要，但是意思却相反。一般有 သော်လည်း ၊ပေမဲ့ ၊ ပေမင့် ၊ဒါပေမဲ့ 等等。

① ပေမဲ့ "虽然……但是……"。

ပထမအကြိမ်အရေးနိမ့်ခဲ့ပေမဲ့သူကစိတ်မပျက်ခဲ့ချေ။
第一次虽然失败了，但是他并不灰心。

ထိုသူသည်ရုပ်ချောသော်လည်းစိတ်ရင်းစေတနာကတော့မရှိချေ။
那人徒有一副堂堂的外表，心地却并不善良。

သူကမည်သို့ပင်တောင်းပံသော်လည်းသူမိဘကမည်သို့မျှသဘောမတူပါ။
不管怎么请求，他父母坚决不同意。

在口语中用 ပေမဲ့ 起连接两个词组的作用。可直接跟着前一句的动词，将前面一分句的句尾助词省略。

② ဒါပေမဲ့ "但是"用在最后一个分句头上，表示转折的意思。有时也在复句中引出表示让步的分句，即表示承认某事为存在的事实，后面用转折的连接词，引出主句，表示另一事不因前一事的存在而不发生。例如：

သူမှာဘာအတွေ့အကြုံမရှိဘူး၊ဒါပေမဲ့ကြိုးစားလို့အောင်မြင်မှုရှိခဲ့ပါတယ်။
尽管他没有经验，但是因为努力所以取得了成功。

သူကလုပ်ရည်ကိုင်ရည်ရှိသည်။သို့သော်လည်းမာနကြီးလွန်း၍အလုပ်မဖြစ်ခဲ့ချေ
他虽然有工作能力，就是太骄傲了,事情没成功。

သူအလွန်ကြိုးစားသည်။သို့သော်လည်းနည်းမမှန်၍မအောင်မြင်ခဲ့ချေ။
他很努力，但是因为方法不对所以不能取得好的效果。

③ အစား ၊မည်အစား 意为"没有……反而……"，"以……为代替"等。表示取舍选择的意思。例如：

လူထုကိုလှုံ့ဆော်ရမည်အစားတစ်ယောက်တည်းသွားလုပ်လျှင်အရေးနိမ့်ရစမြဲပင်။
没有发动群众而只有一个人去干的话总是要失败的。

ရုပ်ရှင်ကြည့်မည်အစားပြဇာတ်သွားကြည့်သည် ။
没有去看电影而去看话剧了。

④ မည်အတူတူ 表示"于其……还不如……"。也是一种表示选择的连接词。前

一分句为舍的一面,后面接的分句为取的一面。从深层意思来讲,这两个选择都不够理想或不理想。只不过相比之下取其后者而已。汉语中的"与其……还不如"与缅语的连词无论是作用和词义完全相同。例如:

ရုပ်ရှင် ကြည့် မည့်အတူတူ၊ ပြဇာတ် ကို သွားကြည့်ပါ။
于其看电影不如去看话剧。
电影 看 与其 话剧 （宾助）去看吧

⑤ ဘဲ 表示所连接部分之间为转折关系,相当于汉语的"而","不是……而是……"。一般用在口语中,在它前面是否定形式,都带否定副词"မ"。例如:

မျက်ဦးထုပ်နှင့်လာသူသည်မောင်ဘမဟုတ်ဘဲမောင်ထွန်းဖြစ်ပါသည်။
戴着草帽来的那个人不是貌巴而是貌通。

သူအကျီ မ ချွတ် ဘဲ အိပ်သည်။
他不脱衣服就睡了。

⑥ လျက်နှင့်၊ လျက်သားနှင့် 用于动词后（口语中为 ရက်နဲ့၊ ရက်သားနဲ့ ）,与汉语中的"明明……却……"相同。例如: ကြိုးစားလျက်နှင့်ဆုမရခဲ့ပေ ။
尽管作了努力还是没有获奖。

မင်းကအကြောင်းရင်းများကိုသိရက်သားနဲ့ ဘာဖြစ်လို့မပြောသလဲ ။
你明明知道原因,为什么不讲呢？

（3）选择关系:① သော်ငှင်း/dðɔ²²lə gaũ⁵⁵/表示不能选择全部,只能选择其中之一。与汉语连词"无论……还是"相同。例如:

缅甸语　　　　　　　　　　　　汉语

မောင်ဘသော်ငှင်းမောင်ထင်သော်ငှင်းတစ်ယောက်
ယောက်သွားရမည်။　　　　　　无论貌巴还是貌廷反正得去一个。

သွားသည်ဖြစ်စေ၊မသွားသည်ဖြစ်စေအကြောင်းကိုမူ
ပြန်လည်ကြားသိစေရမည်။　　　不管去与不去,都得告诉对方。

မြန်မြန်သွား၊သို့မဟုတ်နောက်ကျလိမ့်မည်။　　　快走,不然要迟到了。

ဒီတစ်ခါသွားရင်ကျွန်တော့်အတွက်စာအုပ်ဖြစ်ဖြစ်၊ခဲတံဘဲ
ဖြစ်ဖြစ်ဝယ်ခဲ့ရမယ် ။　　　　　这次去一定要给我买书或铅笔来。

口语为 ဖြစ်ဖြစ်/ phjɪʔ⁴ phjɪʔ⁴/,在这些句子中可以用 ဖြစ်ဖြစ် 来代替。

② ဖြစ်စေ ... ဖြစ်စေ/phjɪʔ⁴ze²²phjɪʔ⁴ze²²/ 与汉语的"无论……无论……"相同。一般放在名词或句子后面表示条件关系,常用于复句中,在后面的词语都表示无条件的。例如:

သွားသည်ဖြစ်စေ၊မသွားသည်ဖြစ်စေအကြောင်းတော့ပြန်ကြားရမည်။
不管去还是不去都得答复。

③ သည်တိုင်အောင်/dði⁵³taĩ²²aũ²²/ 与汉语的"尽管……"相同，表示让步关系的连接词，先承认某事为存在的事实，后面表示转折，说明另一事不会受前面存在的事实而有所改变。例如：

သူကျွန်တော်တို့အပေါ်အထင်လွဲနေသည်တိုင်အောင်၊ကျွန်တော်တို့အနေနှင့်စီမံကိန်းအတိုင်းလုပ်ကြရအောင်။
尽管他对我们有所误会，我们还是按计划做吧！

အိမ်မှာပစ္စည်းများသည်တိုင်အောင် နေ့တိုင်းသန့်ရှင်းရေးလုပ်လို့သပ်သပ်ယပ်ယပ်ရှိပါသည်။
尽管屋里的东西很多，但是因为每天打扫，显得很整洁。

④ မရွေး/mə jwe⁵⁵/၊မည်သည် ….မဆို/mi²²dði⁵³mə sho²²/表示统指。与汉语的"无论怎样……都……"相似。例如：

မည်သည်အချိန်မဆိုလာနိုင်ပါသည်။
不管什么时候都可以来。

ခင်ဗျားအချိန်မရွေးလာနိုင်ပါသည်။
你随时都可以来。

⑤ သို့မဟုတ် 在句子中起连接作用时，相当于汉语的"或者"讲。在连接一句子时后面加 လျှင် 意思为"否则，不然"。例如：

ခဲတံသို့မဟုတ်ဖောင်တိန်တစ်ချောင်းယူလာပါ။
你拿一枝铅笔或者是钢笔来。

မြန်မြန်သွားရအောင်၊နို့မဟုတ်ရင်နောက်ကျလိမ့်မယ် ။
快走，要不就迟到了。

（4）递进关系：表示连接接连发生的动作。例如：

缅甸语   **汉语**

တံခါးဖွင့်ပြီးအခန်းထဲဝင်ကာဆိုဖါပေါ်တွင်ခြေပစ်လက်ပစ်ထိုင်ချလိုက်ပါသည်။
　　　　　　　开了门，进了房间，一屁股瘫坐到沙发上。

主从关系：

被连接的成分之间关系是一个成分说明或限制另一成分的，这种句子中起连接作用的词称为主从连接词。缅汉两种语言都一样，一般分为下列几种：

（1）表示时间关系的主从连接词：它是一种用来表示动作发生的时间先后或关系的词。常用的有：

① ရာ / ja²² / "在……过程中……"。例如：
သူဘူတာရုံသို့သွားရာမောင်ဘနှင့်တွေ့လိုက်ရပါသည်။
他到火车站去时，遇到了貌巴。

② ရာ / ja²² / "在……时候"，相当于 သောအခါ 。例如：
ကျွန်တော်သည်ဘူတာရုံသို့သွားရာမမျှော်လင့်ဘဲနှင့်မောင်ဘနှင့်တွေ့လိုက်ရပါသည်။
我到火车站时正巧碰到了貌巴。

③ ကတည်းက /gə de⁵⁵ga⁵³/ 表示从某一个时间开始发出动作，并保持动作一直延续到说话时为止。例如：
သူကမနက်အစောကြီးကတည်းကဤနေရာသို့လာစောင့်ပါသည်။
他一清早就到这儿等着了。

④ ...လျှင် /hlĩ²²/ ...ချင်း /dʑĩ⁵⁵/ "一……就（发生了什么）"。中间放入两个相同的动词或形容词，表示动作一开始就怎样了。相当于汉语中"一……就""每当……便"。例如：
ကုန်စည်ပြပွဲထဲသို့ဝင်လျှင်ဝင်ချင်းမီးအိမ်ကြီးများကိုမြင်ရပါသည်။
一走进商品贸易展览会就见到了很多大灯笼。
သတင်းရလျှင်ရချင်းခင်ဗျားကိုပြောပြလိမ့်မယ်။
一得到消息就会告诉你。

在口语中，把动词重复，加上 ချင်း /dʑĩ⁵⁵/ 即可。例如：
သတင်းရ ရချင်းခင်ဗျားကိုပြောပြမယ်။ 一得到消息就会告诉你。

⑤ မ...မီ ၊ မ...ခင် "未到……之前"。例如：
မကြာမီဤနေရာကလူထုနေထိုင်စားသောက်မှုအလွန်ဆင်းရဲခက်ခဲလှပါသည်။
不久前，这里的人民生活非常贫困。

မ...မီ 可以表示不久之前，也可以表示不久的将来，主要是决定于后面的句尾助词。例如：
မကြာမီကကျွန်တော်တို့သည်စက်ယန္တယားထုတ်လုပ်ရေးစက်ရုံသို့အလုပ်ဝင်လုပ်ခဲ့ပါသည်။
不久前我们到机械厂去劳动过。
မကြာမီမှာကျွန်တော်တို့ဇာတိအရပ်မှာစက်ရုံကြီးတစ်ရုံတည်ဆောက်ပါမည်။
不久（的将来）在我们家乡将建造一座大工厂。

（2）表示目的的主从连接词：汉语中用介词"为""为了"等。而缅甸语中用连接词ရန် ၊ ရန်အလို့ငှါ ၊ ဘို့ ，表示动作的目的。例如：

ပြည်သူလူထု၏ဘဝအဆင့်အတန်းမြင့်တင်စေရန်ကုန်ထုတ်လုပ်မှုကိုအကြီးအကျယ်လုပ်ကိုင်ကြမည်။
为了提高人民的生活水平，必须大力发展生产。

သူမသွား**ရန်** အားလုံးကဝိုင်းတားကြပါသည်။
大家都阻止他去。

နေ့ကြီးရက်ကြီးအခမ်းအနားသို့တက်ရောက်ပါ**ရန်** ဘိတ်ကြားအပ်ပါသည်။
请您参加节日的典礼。

这种形式在以后词组中还将提到。

（3）表示原因和因果关系的主从句，常用下列几种连接词：

① ၍ /jwe⁵³/，သောကြောင့် /dðo⁵⁵dʑaũ ⁵³/，လို့ /lou⁵³/，သဖြင့် /dðə phjĩ ⁵³/，တာနဲ့ /da²² nɛ⁵³/等，都表示原因，并且与动词连用。在汉语中往往省去连词。例如：

သူကထမင်းစားနေ**သောကြောင့်**သူ့ကိုသွားမခေါ်ပါနဲ့။
他正在吃饭，别去叫他。

ကျောင်းသားပိုျ၊၊၊သယ်လိုဖြေရမှန်းမသိ**၍** ဆရာအားမေးကြပါတော့သည်။
学生因为不知道如何回答，便去问老师。

သူကနေတိုင်းလမ်းလျှောက်**သဖြင့်** ကျန်းမာရေးအခြေအနေအလွန်ကောင်းမွန်ပါသည်။
他每天散步，所以很健康。

② ထိုကြောင့်，သို့ကြောင့်，ထိုအတွက်ကြောင့်
"因此"，它放在第二分句之前表示结果。例如：

ဒီနေ့မိုးရွာတော့မည်။**ထိုကြောင့်**မြို့ထဲမသွားတော့ဘူး။
今天将下雨，（故而）不去城里了。

（4）对比或相应关系。在汉语中表示对比的句子，常用介词"比""如""似"。缅语中表示对比的有：ထက်/thɛʔ⁴/，လောက် /lauʔ⁴/ 表示相应意义的有：သလောက် / tθə lauʔ⁴/ 。 现分别加以说明。

① ထက် /thɛʔ⁴/ 表示比较关系的连接词。例如

ကျွန်တော်သိတာကသူသိတာ**ထက်**များတယ်။ （ကျွန်တော်ကသူထက်ပိုသိတယ် ）
我知道得比他多。

一般后面往往加上比较级的副词 ပို 。

如果表示主语与对象对比时并不超过，但也并不差时还用 ထက်。例如：

ကျွန်တော်ကသူထက်ပိုမသိပါဘူး။
我知道得并不比他多。

如果主语比对象差时或最多差不多时用 လောက် /lauʔ⁴/。例如：

ကျွန်တော်ကသူလောက်အရပ်မမြင့်ပေ။
我没他那么高。

② သည်နှင့်အညီ/ə ɲi²²/ "和……一致"。前面接名词或名词性的词组、句子。
例如：
လူထုတို့၏ဘဝအဆင့်အတန်းမြင့်တက်လာ<u>သည်နှင့်အညီ</u>ယဉ်ကျေးမှုအဆင့်အတန်းလည်းတစ်နေ့ထက်
တစ်နေ့မြင့်တက်လာသည်။
群众的生活水平提高后，文化水平也将相应地日益提高。

（5）表示假设或条件，汉语一般常用的有，"如""的话""若"，如要表示与事实相反的假设古汉语则常用"苟""令""使"等。例如：
苟子之不欲，虽赏之不窃。（《论语•颜渊》）
——如果你不贪，虽然奖励他们，他们也不盗窃。
使其中有可欲，虽锢南山犹有郄。（《史记•张释之列传》）
——假如那里面有可贪（的东西），即使封闭了南山还有缝可钻。

缅语中常用：လျှင်/ hɲi²²/，က/ ka⁵³/，ရင်/ ʃi²²/，အကယ်၍ ． ． လျှင်/ ə kɛ²²jwe⁵³/ 等等作连词。例如：
မိုးရွာလျှင်ကျွန်တော်မလာတော့ချေ ။
如果下雨，我就不来了。
ခင်ဗျားဤသို့လုပ်ပါကဆရာသဘောတူမည်လော ။
你这样做的话，老师会同意吗？
အကယ်၍နောက်ကျပါကမီးရထားမှီတော့မည်မဟုတ်ပါ ။
要是迟到了，就赶不上火车。
表示条件的有：မှ /hma⁵³/ "……才……"。"才" 意思是要求条件。例如：
သူရှင်းပြပြီးမှအားလုံးနားလည်ကြတော့သည်။
他作了解释之后，大家才理解了。
ပေလို့သာ/be²²lo⁵³tθa²²/ "全亏……"。例如：
သူလာပေလို့သာသူတို့ကရဲပြည်မှလွတ်မြောက်နိုင်တော့သည်။
全亏他来，才使他们从地狱中解脱出来。

（6）表示让步：
သည်တိုင်အောင် /dði⁵³tãi²²aũ²²/ "即使是……"。例如：
သူဖျားနေသည်တိုင်အောင်ဤတာဝန်ကိုမမေ့ခဲ့ချေ ။
尽管他病了，还是没忘记这项任务。

သူကကျွန်တော်တို့အပေါ်အထင်လွဲမှုရှိသည်တိုင်အောင်ကျွန်တော်ကသူအားဆက်လက်ကူညီမြှုကူညီသွား ပါမည် ။

即使他对我有误解，我也要继续帮助他。

连接词的特点和语法功能：

① 汉语的并立连接词"与"，可以直接连接形容词和动词。例如：富与贵，是人之所欲也。(《论语·里仁》)——富和贵，这是人所喜欢的。怀与安，实败名。(《左传·僖二十三年》)——留恋人家的宠爱，安居而不思离家，实在是败坏功名之道。

但是，缅语中形容词、动词必须变成动名词才能用"နှင့်/hnĩ^{53}/和"连接。

② 缅甸语中的连接词不少都是由动词转化而来。因此理解时可以从组成这词的成分意义去考虑。例如：အလိုက် ၊ အရ ၊ သို့ဖြစ်လျှင် 等等。

③ 连接词经常和助词 သာ ၊ ပင် ၊တောင် 等结合。表达的意思很易理解，只要在原有的意义上加上这些助词的强调语气就行。例如：

လွတ်လပ်ရေးမရရှိမီသာဆိုလျှင်ဤဒေသတွင်စာသင်ကျောင်းမရှိခဲ့ပေ။

要是独立前，这里连学校都没有。

④ 有些连接词是直接与动词结合。有些一定在分句句首出现；有些连接词一定要放在名词之后。例如：

သူ သွားချင် ပေမဲ့ ကျွန်တော် ကတော့ မသွားချင် ဘူး ။虽然他想去，我<u>可</u>不想去。
他 想去 但 我 却 不想去（句尾助）

သူကသွားချင်သည်၊ သို့သော် ကျွန်တော်က မသွားချင်ပေ။
他 想去。 但是 我 不想去。
他想去，<u>可是</u>我不想去。

သူတို့ က ညီရင်းအစ်ကို ကဲ့သို့ ပင် ချစ်ခင် ကြသည် ။
他们（主助） 亲兄弟 像 （语助） 亲密 （句尾助）
他们像亲兄弟一样亲密。

⑤ 连词连接句子和句子时有两种情况：①中间只用一个连词，②两个连词在前后句中相呼应。缅甸语用一个连词连接两个句子时，常常将第一个句子的句尾助词省略。例如：

ဤသို့သောစာအုပ်မျိုးကိုသူကဖတ်ချင်သော်လည်းကျွန်တော်ကမဖတ်ချင်ပါ။

虽然他想读这一类的书，我可不想读。

用两个连词的句子，缅语跟汉语相同。例如：

汉语：王如知此，则无望民之多于邻国也。(《孟子·梁惠王上》)——王如果懂得这一点，那就不要奢望百姓会比邻国多。

缅语：ဤအကြောင်းများကိုသူသိခဲ့<u>သော်</u>၊သူတို့ဆီသွားတော့မည်မဟုတ်ပါ။

<u>如果</u>他知道这情况，<u>就</u>不会<u>再</u>到他们那儿去了。

⑥ 缅汉两种语言中都有些连接词与助词（汉语中的介词）很难区别。古汉语中，连词大多数是由介词转来的。所以在缅汉两种语言中，都将它们看作兼类词。这些词，可以从连接词的角度分析，也可以从助词（介词）的角度来分析。例如：古汉语中的

吾与回言终日。(《论语·为政》)（句中作介词）

唯我与尔有是夫。(《论语·述而》)（句中作连词）

在缅甸语中也有不少连词与助词不易分清。例如：ရန်အတွက် 可以看成一个整体，作连接词用，与 ရန် 作用相同。连接两个分句，表示强调目的性。例如：

a．အထွက်တိုး<u>ရန်အတွက်</u>စိုက်ပျိုးသောဧရိယာများကိုတိုးချဲ့ရမည် ။

<u>为了</u>增加生产，必须扩大耕种面积。

b．စက်မှုနိုင်ငံထူထောင်နိုင်<u>ရန်အတွက်</u>၊နိုင်ငံခြားသို့ပညာတော်သင်တော်တော်များများစေလွှတ်ခဲ့ပါသည် ။

<u>为了</u>建设一个工业国家，曾向国外派遣许多留学生。

例句 a 中也可将ရန်အတွက် /jã²² ə twɛʔ⁴/ 看作助词，与其前面部分组成名词性词组。如果将 ရန်အတွက် 看作为目的状语助词，这一个句子便可不作为复句，而作为单句来分析。

又如：သလောက် /dðə lauʔ⁴/可以作为状语助词用。例如：

ခင်ဗျားရေးချင်<u>သလောက်</u>ရေးပေတော့ ။

你想写多少就写多少好了。

也可作连接词，连接两个互为相反对比的分句。例如：

ကျွန်တော်တို့သွေးကြွပြီးတက်တက်ကြွကြွလုပ်ရှားနေ<u>သလောက်</u>သခင်တင်မောင်တို့ကတော့အေးတိအေးစက်နှင့်မည်သို့မျှမလုပ်ရှားချေ ။

我们热血沸腾，正在积极行动，<u>可</u>德钦丁貌却是那样的冷漠、无动于衷。

缅甸语中还有 ကဲ့သို့ ၊ ပမာ ၊ သမျှ ၊ အရ ၊ အလျှောက် ၊ အညီ 等等。也都可以归入助词类，或归入连接词中。尤其是它们前面是句子时，变成 သကဲ့သို့ ၊ သည်အလျှောက် ၊ သည်ပမာ ၊ သည်အတိုင်း ၊သလောက် ၊သည်ထက်(သထက်) 等等，则常被看作是连接词。在它们前面不是句子时则常常被看作助词。

感叹词的异同：

感叹词是表示强烈的感情或者用意表示应答的词。缅汉两种语言的感叹词的特点和语法作用几乎相同。

（一）感叹词的分类：缅汉两种语言中的感叹词相似，数量并不太多，根据其反映的不同感情一般都分下列几种：

① 表示惊讶、惊叹或醒悟的：例如：

缅甸语	汉语
ဟေ / ɦe²¹⁵ / -တကယ်လား။	啊？真的吗？
အလို / ə lo²² / -တယ်လှပါလား။	唷，真漂亮！
ဪ / ɔ²¹⁵ / - ဒီလိုကို ။	噢，原来如此！
လား - လား / la⁵⁵ la⁵⁵ /-လက်စသတ်တော့သူ့ကို၊	呀，原来是他！
ဟ / ha⁵³ /- မနဲ့အကောင်ပါလား။	嘿，好大的家伙！
အာပါး/ a pa⁵⁵ / တယ်မြင့်ပါလား။	哟，真高呀！

② 表示丧感、痛苦、惋惜或焦急。例如：

缅甸语	汉语
ကျွတ်-ကျွတ် /tɕuʔ⁴ tɕuʔ/ -သူကသနားစရာဘဲနော်။	啧！啧！他真可怜，是吧。
အမယ်လေး/ə mə le⁵⁵/-နာလိုက်တာ။	我的妈呀，疼死了。
ဖြစ်မှဖြစ်ရလေ.. /phjɪʔ⁴ hma⁵³ phjɪʔ⁴⁴ ja⁵³ le²²/	唉，真是！（表示惋惜、同情、无可奈何、啼笑皆非的感情）
တကတဲ့/də gə dɛ⁵⁵/- နေးလိုက်တာ။	哎呀，真慢！

③ 表示愤怒、鄙视、厌恶、讥讽或命令。例如：

缅甸语	汉语
ထွိ/thwi²²/ -ပြောဘဲမပြောချင်ဘူး။	呸！我都不愿提他。
အောင်မာ-/aũ²² ma²²/- တယ်လှပါးဝပါလား။	哼！真滑头。
သယ်/ tθɛ²² / - ငါရိုက်လိုက်ရ။	哼！我揍你啦！
ဟဲ့ / hɛ' / - ကောင်လေး မြန်မြန်စား။	嗨！小家伙快吃！

④ 表示呼唤、应答。在呼唤别人时,缅汉两种语言中都有文雅和粗鲁之分。例如:

缅甸语	汉语
အစ်ကိုကြီးခင်ဗျား– မသိလို့မေးပါရစေ။	大哥,请问您一个问题。
ဟေ့ – မင်းမသိဘူးလား။	喂,你不知道吗?
ဟဲ့– ကောင်လေး ဒီကိုလာခဲ့။	喂,小孩,过来!
ဟေ့ကောင်၊မင်းဘာပြောတယ်။	嗯,你这家伙,说什么呢?

在应答方面,缅汉语有着很多区别。因为缅甸语中人称代词有男用、女用、尊称、鄙称、谦称的差别,所以应答时有各种不同的方法,而在汉语中就没有这种复杂的区别。例如:

缅甸语		汉语	
မောင်အေးရေ–	ဟေ (/he/一般应答)	貌埃。	嗳。
ဦးလှတင်ခင်ဗျား–	ဗျာ (/bja/ 男用表尊敬)	吴拉丁!	嗳。
မလှမေရေ–	ရှင် (/ɕĩ /女用表尊敬)	玛拉!	嗳。

⑤ 表示赞同、同意之意的。例如:

缅甸语	汉语
အိမ်း–အိမ်း/eĩ^{55}/ ဒီလိုလုပ်မှပေါ့ကွဲ။	嗯,就得这么做。(长辈对小辈表示赞同)
အေး–အေး/e^{55} e^{55}/ သွားတော့သွားတော့ ။	好,好,去吧,去吧!
အဲ–အဲ ဟုတ်ပြီ ၊ဟုတ်ပြီ ။	嗯,嗯,对了!对了!

⑥ 表示得意、高兴、欢乐的。例如:

缅甸语	汉语
ဟား–ဟား/ha^{55} ha^{55}/	哈,哈!
ဟီး–ဟီး/hi^{55}hi^{55}/	嘻,嘻!
ဟဲ–ဟဲ/hɛ^{55}hɛ^{55}/	嘿,嘿!

⑦ 表示其他感情的。例如:

缅甸语	汉语
ရော့–ရော့ /jɔ^{53} jɔ^{53} /– ယူသွား။	喏,喏,拿去!
အို / o^{215} /–မောင်တက်တိုးလား။	哦,是貌德多呀!
သာဓု–သာဓု / tθa^{22} du^{53}tθa^{22} du^{53} /။	善哉!善哉!

在缅汉两种语言中，实际上感叹词因场合的不同，感情的变化，有着更多的数量。有些还需要根据上下文的语言环境来确定一个感叹词所表达的意义。

（2）感叹词的特点和语法作用：

① 缅汉两种语言中的感叹词都是句子中的独立成分，它和其他词不发生句法关系。无论是在句子前边还是在后边出现，它的前后一定有停顿。例如：

缅甸语	汉语
အမယ်လေး/ə mə le⁵⁵/-လန့်လိုက်တာ။	哎呀，吓我一跳。
အလို/ə lo²²/-မမပါလား။	唷，是姐呀！
အောင်မယ်/au²² mɛ²²/-နင်းလုပ်ကြည့်စမ်း။	哼，你试试看！

② 感叹词一般都用在句子前边，只有个别的才插入句子中间或句子后边。

③ 感叹词没有确切的词汇意义，只是用来表示某种感情。同一个感叹词，由于感情不同，发出来的声音也不相同，它会发生语音的高低、轻重、清浊等变化。

④ 在缅甸语中，感叹词经常与表示感情的句尾助词塔配使用。

⑤ 缅汉两种语言中的感叹词又都可以单独用，表示一种完整的意思。例如：

缅甸语	汉语
က။ နက်ဖြန်ကားနဲ့သွားကြားလား။	甲：明天乘车去，听见没有？
ə။ အေ /e²²/	乙：噢！

⑥ 在句子中可充当句子成分。缅汉两种语言中的感叹词在句子中同样可以充任谓语和状语。例如：

缅甸语　　　　　　　　　　　　　　　　汉语

作谓语：

အိမ်း မနေနဲ့၊ သဘောတူရင်ပိုက်ဆံထုတ်ရမယ်　　别"嗯嗯"的，同意的话要出钱的。

ဟားမနေနဲ့၊　　　　　　　　　　　　　　　　　别笑了。

作状语：

သူကအမယ်လေးအမယ်လေး နဲ့ အော်တယ်။　　他哎哟哎哟地叫着（疼）。

သူမက ဟီ ဟီဟီ နဲ့ ငိုနေတယ်။　　　　　　　　她嘤嘤地哭着。

拟声词的异同：

拟声词是用语言来模拟事物或自然界的声音,描写事物情态的词。主要作用是用语音来模拟事物的声音,以增添事物的实感和语言的生动性。但是，缅汉两种语言中的拟声词有时用声音对事物情态进行描绘,并不都是模拟事物或自然界的声音。有些情景并不能发出什么声音,不过是形容事物出现的突然和迅速。这样描述使过程平添了声音的效果,因此,拟声词的修辞作用比其他词更加生动、突出。

（1）拟声词的分类：从缅汉两种语言拟声词的运用来看,可以分为定型的和非定型的两种。

① 定型的拟声词大都从古代沿用下来,而且大多数为双声叠韵词,它代表的声音比较固定,无需语言环境就能知道它代表什么声音。例如：

缅甸语	汉语
လေဟူးဟူးတိုက်နေသည်။	风在呼呼地刮着。
ချောင်းရေသည်တဝေါဝေါစီးဆင်းနေသည်။	溪水哗哗地流着。
ဆည်းလည်းသည်ချွင်ချွင်မြည်လျက်ရှိသည်။	风铃在叮当作响。

② 非定型的拟声词大多是由说话人模拟声音而写成。往往书写形式与语音不太固定,适用范围也广。有时离开语言环境就无法理解它代表什么声音。如：

	缅甸语	汉语
枪声：	ဒိုင်းဒိုင်း	砰、砰
雷声、机器声：	ဂျုန်းဂျုန်း	轰隆隆

拟声词代表的声音尽管是客观事物和自然界的声音,但是,这些声音传到不同民族的耳中,然后反映到语言和拟声词中,有些相差甚远,甚至无法理解。缅汉两种语言中就有一些拟声词区别很大。例如：

缅甸语	汉语
အူဝဲ /u^{22} wɛ^{55}/	哇/wa/（婴儿哭声）
အုံအဲ /oũ^{22} ã^{22}/	呱/gua/（蛙鸣声）
ကတော်ကတော်/ gə tɔ^{22} gə tɔ^{22}/	咯/ke/（母鸡下蛋后的叫声）
ညောင်ညောင်/ ɲaũ^{22} ɲaũ^{22}/	喵/mjauŋ/（猫叫声）
ဝက်ထရန် / wɛʔ^{44} thə rẽĩ^{22}/	哞/mou/（牛叫声）
ဥသြ /ouʔ^5 ɔ^{55}/	快快布谷（布谷鸟叫声）
ယောက်ဖခွေးခေါ် /jauʔ^4 pha^{53} kwe^{55} kɔ^{22}/	光棍好苦（谑,布谷鸟叫声）
တက်ဒက်တဒိုင်းဒိုင်း/ də dɛʔ^{4}dɛʔ^4 də dãĩ^{5}dãĩ^{55}/	哒哒/ta ta/（机枪扫射声）
တဝုတ်ဝုတ်/ də wouʔ^4 wouʔ^4/	汪汪/waŋ waŋ/（狗叫声）

可见，每个民族对同一的声音有着不同的模拟方法，与其文化、风俗习惯、语音特点等多种因素有关。

（2）拟声词的特点和语法作用：在缅汉两种语言中，拟声词的作用主要是作句子的状语和定语。

A. 在作状语时两种语言有共同的特点：

① 拟声词作状语时常常加后缀。汉语常加"的"、"地"，缅甸语常加"ကနဲ/kə nɛ⁵⁵/"或"ခနဲ/khə nɛ⁵⁵/"。加了后缀往往表示动作的急促和突然。例如：

缅甸语	汉语
ဒိုင်းခနဲသေနတ်သံကြားရသည်။	听到了"砰"的一声枪响。
ဝုန်းခနဲလဲသွားသည်။	轰隆的一声倒了下来。
ဝေါခနဲအော့အံ့လာသည်။	哇地吐了出来。
ချာခနဲလှည့်ထွက်သွားသည်။	猛地回过身子走了出去。

② 拟声词往往重叠使用，表示动作的重复。不过缅甸语中拟声词重叠后一般都要加上前缀"တ/ta/"。例如：

缅甸语	汉语
ကြောင်ကတမြောင်မြောင်အော်နေသည်။	猫在"妙妙"地叫。
ခွေးကတဝုတ်ဝုတ်ဟောင်နေသည်။	狗在"汪汪"地叫。
စက်ကတဂျုန်းဂျုန်းမြည်နေသည်။	机器轰隆隆地响着。
သံပြားကိုတဒေါင်ဒေါင်ခေါက်လျက်။	正在当当地敲着铁板。

有时为了修辞的需要往往还重叠成四个音节词，表示动作和声响更加生动、形象。例如：

缅甸语	汉语
မဲ့-မဲ့ / mɛ⁵⁵mɛ⁵⁵mɛ⁵⁵mɛ⁵⁵/	嘟嘟嘟嘟（轮船的鸣笛声）
ရျူးရျူးရဲ့ရဲ့/ɕu⁵⁵ɕu⁵⁵ɕɛ⁵⁵ ɕɛ⁵⁵/	咝咝咝咝（因太辣而发出的吸气声）
ချက်ချက်ချက်ချက်/tɕhɛʔ⁴⁴ tɕhɛʔ⁴⁴ tɕhɛʔ⁴⁴ tɕhɛʔ⁴⁴/	滴答滴答（钟表声）
ရုတ် ရုတ် ရုတ် ရုတ်/jouʔ⁴⁴ jouʔ⁴⁴ jouʔ⁴⁴ jouʔ⁴⁴/	闹哄哄的（人多嘈杂貌）

B. 作定语用：缅汉两种语言的拟声词都可以作定语用，这时也需要加上后缀。缅甸语中加"သို့"，汉语中加"的"。例如：

缅甸语	汉语
ဒိုင်းဆိုသေနတ်သံကြားလိုက်ရ၏။	听到了"砰"的一声枪响。
တဒက်ဒက်ဆိုက်သေနတ်သံရပ်တရပ်ထွက်ပေါ်လာသည်။	突然响起了哒哒哒哒的机枪声。

6.3.4 助词的异同:

在缅汉两种语言中都有这样一类词,它本身既没有什么实在的意义,又不能独立存在,但是却起着重要的语法作用。这些词称之为"助词",属于虚词之列。

(1) 助词的分类:按使用方法来说,两种语言的助词都可分成两类,即:①用在动词后面的称"动词助词"②用在名词后面的称"名词助词"。但是,缅甸语中的助词比汉语要多,因此实际分类时按语法功能来分更能反映语言的特点。汉语中按其特点主要分成两类:一类有人称之为"动态助词"如"了、着、过"等,用在动词或形容词后,表示状态的情况;另一类称作"结构助词",如"的、得、地、似的"。而缅甸语中的助词较多,按其语法作用来说,可分以下几类:①有些可以作为句子成分的标志,称为"成分助词"。②有些可以作为组成词或词组的语法关系的标志,称之为"结构助词"(或称"形态助词")。③还有些可以表达各种不同的感情色彩和语气称之为"语气助词"。这些词我们统称为助词。

(2) 助词的特点与语法功能:缅汉两种语言中的助词,情况比较复杂。

1. 有些助词的特点和语法功能缅甸语和汉语是相同的,如:汉语中的动态助词"了、着、过"和缅甸语中的"ပြီ၊ နေ၊ ခဲ့၊ ဖူး等"表示动作时态的谓语助词。例如:

缅甸语	汉语
သူတို့သွားကြပြီ။(已然体)	他们走<u>了</u>。
ကျောင်းသားတို့သည်စာဖတ်<u>နေ</u>ကြသည်။(进行式)	学生们<u>正</u>看<u>着</u>书。
ရွှေတိဂုံဘုရားကိုသွားဖူး<u>ခဲ့</u>ပါသည်။(过去式)	朝拜<u>过</u>仰光大金塔。
ကျွန်တော်သည်ဥရောပနိုင်ငံများသို့ရောက်<u>ခဲ့ဖူး</u>သည်။	我<u>到过</u>欧洲许多国家。

但是,我们在这里提"这两种语言的助词是相同的",只是一个比较笼统的提法。实际上,还是有许多的差别。即使是同一个词,如"了",在汉语中也是有不同的意思。例如:

①"他来了。"("了"可以理解为已然体,作"来了没有?"的回答)
②"你看他来了。"("了"表示进行体)

③"他来了两趟了。"(前后两个"了"表示不同的意思,前一个表示完成体,后一个表示已然体)。

同样的句子在缅甸语中有的与汉语一样,如上列例句①中,汉语的"了"对应的缅甸语就要用"ပြီ"。上列例句②中,汉语中表示进行体的"了",在缅甸语中用"နေ"来表示。上列例句汉③,汉语中由两个"了",第二个"了"表示已然体,与第一例句相同,第一个"了"汉语中表示"完成体",而在缅甸语中就要将第一个"了"字前的一部分变成名词词组,形成一个相对固定的语义团,用结构助词"တ/da²²/"来联结。可见,每种语言、每个民族都有不同的思维方法,反映在语言的结构上就有千变万化的差别。

2. 缅甸语中有"成分助词",成分助词是句子中每个句子成分后加上的助词。在缅甸语中,每个句子成分后都要加上一个助词,表示该句子成分的身份。一般来说,句子中的主语、宾语、定语、状语、谓语等都要有助词跟随。这种表示句子成分的助词就是"成分助词"。这种助词在汉语中有些有,并且与缅甸语中的相似。例如:谓语助词"了、着、过"。但是有些是汉语中没有的,例如缅甸语中的主语助词、宾语助词等。例如:

缅甸语(有成分助词)	汉语(无成分助词)
ကျွန်တော် သည် ဆရာဝန် ဖြစ် သည်။ 我　(主助)　医　生　是（谓助）	我是医生。(无成分助词)
ဤစာအုပ် ကို မောင် ဘ အား ပေး လိုက်ပါ။ 这本书　(宾助)　貌　巴（宾助）给（谓助）	请把这本书给貌巴。(同上)
သူလာ မည် မှာ သေချာ သည်။ 他来　(谓助)（主助）肯　定（谓助）	他肯定会来。(同上)

从上列例句中,我们可以看到名词、代词、动词等,分别作句子中的主语、宾语、谓语成分。在这些句子成分后,缅甸语都有一个识别标志:例如:သည်、ကို、အား、မှာ等。有了这些标志就很容易确定其前面的词或词组在句子中的地位或起的语法作用,也可以知道说话人所表达的语气。汉语中有些句子成分后面有助词,有些句子成分后没有助词。例如,汉语中就没有主语助词和宾语助词。汉语句子中决定主语、宾语的方式主要词序,汉语句子的主要词序是:"主—谓—宾"。如:"我告诉他",动词前头的"我"是主语,动词后头的"他"是宾语。

主语和宾语的位置不能颠倒。如果颠倒，说成"他告诉我"，"他"就变成主语，"我"变成宾语，因此汉语的词序起着重要的语法作用。由于有了词序的作用，汉语中主语和宾语就不用助词来表示了。缅甸语中却不一样，主语放在哪儿，都要跟上成分助词以表示它的身份。正是因为有了这些助词来确定句子成分，缅甸语就不像汉语那么特别强调词序的问题。

另外，缅甸语的口语与书面语有较大的差别，除了用词有所不同外，主要的也就是体现在助词的不同上。而且，助词还有口语体和文章体（书面语体）的差别。口语体中的助词形式与文章体中的助词有些可以找到对应的，有些却找不到对应的。文章体的一个助词，在口语中可能要用不同的形式来表示。有时文章体中的不同形式在口语体中却用同一形式表示。因此，需要对文章体和口语体中的助词有个全面的了解。例如：文章体中的 သည်，有时是主语助词放在主语之后；有时作谓语助词，放在句子结尾。但是口语体中，主语助词则用 က၊တာ，谓语助词用 တယ်。

文章体：

သူ သည် ကျွန်တော် ၏ အစ်ကို ဖြစ် သည် ။
他（主助）我 （的，定助）哥哥 是（谓助）
他是我的哥哥。

口语体：

သူ ဟာ ကျွန်တော် ရဲ့ အစ်ကို ဖြစ် တယ် ။
他（主助）我 的哥哥 是（谓语助词）

相反，有时文章体中不同的两个助词在口语用同一个助词形式表示。例如：

口语体：

မင်း ဒီလို ပြော တာ(က) မှန် တယ် ။
你 这样 讲（主语助词） 正确 （谓语助词）
你 这么讲是对的。（作主语助词）

မင်း ဒီလို ပြော တာ (ကို) ကျွန်တော် မ ကြိုက် ဘူး ။
你 这样 说 （宾助） 我 不 喜欢 （谓助）
我不喜欢你这么说。（宾语助词）

文章体：

ခင်ဗျားဤကဲ့သို့ ပြော သည်မှာ မှန် ၏ ။
你 这样 讲 （主语助词） 正确 （谓助）

你这样讲是对的。

ခင်ဗျားဤကဲ့သို့ပြော သည်ကို ကျွန်တော် မ ကြိုက် ပါ ။
你　这样　讲　（宾助）　我　不　喜欢　（谓助）

我不喜欢你这样讲。

A. 缅甸语中常见的主语助词有下列几个：（括号中为口语体）

သည် (ဟာ ၊ က)၊ မှာ (ဟာ)၊ က (က)၊ အနေနှင့် /အနေဖြင့် (အနေနဲ့)၊ မှာ (မှာ)

在一般陈述句中，尤其是说明主语是什么或不是什么时，主语助词常用 သည်(ဟာ)。例如：

ရန်ကုန်တက္ကသိုလ်သည်နာမည်ကျော်ကြားသောတက္ကသိုလ်ဖြစ်သည် ။
仰光大学是一座有名的大学。

ဘေကျင်းမြို့သည်တရုတ်ပြည်၏မြို့တော်ဖြစ်သည် ။
北京是中国的首都。

一般在叙述主语发出某种动作或者句子中有直接宾语时用 က。例如：

ကျွန်တော်ကသူကိုမေးသည် ။
我问他。

သူတို့ကဘောလုံးကန်နေကြသည် ။
他们正在踢足球。

并列句子分别叙述不同的主语或列举几个主语发出不同的动作时用 က。例如：

သူကကျောင်းသူ ၊ကျွန်တော်ကကျောင်းသားပါ ။
她是女学生，我是男学生。

သူကသွားချင်ပေမဲ့ကျွန်တော်ကတော့မသွားချင်ဘူး ။
他想去，我却不想去。

မောင်သိန်းကလည်းသဘောမတူပါ ။
貌登也不同意。

叙述某人说了、想了某件事时用 က。例如：

နောင်ဒီလိုမလုပ်နဲ့လို့ကိုထိုက်ကပြောတယ် ။
哥泰说："今后不要这么干了。"

စားပြီးပြီလားဟုသူတို့ကအချင်းချင်းနှုတ်ဆက်ကြလေသည် ။
他们互相问候说："你吃了没有？"

ခင်ဗျားနက်ဖြန်မှလာမည်ဟုသူကထင်သည် ။
他以为你要明天才来。

B. 宾语助词：宾语是承受动作或动和涉及的对象。在汉语中一般是用词序决定主宾关系，动词前是主语，动词后为宾语。例如：

主语　　　　动词　　　　宾语
我　　　　　叫　　　　　他
他　　　　　叫　　　　　我

在缅语中，主语后叫主语助词，宾语后叫宾语助词。宾语还有直接宾语和间接宾语两种。缅甸语中常用的宾语助词有：

	文章体	口语体
直接宾语	ကို/go^{22}/	ကို/go^{22}/
间接宾语	အား/a^{55}/	ကို/go^{22}/

表示动作涉及的对象或承受者叫做"直接宾语"，一般在直接宾语后用"ကို"。例如：

ကျွန်တော်ကသူကိုမြင်သည်။
我看见他了。

ခွေးကကြောင်ကိုကိုက်သည် ။
狗咬了猫。

ခြင်္သေ့နှင့်ခွေးကလေးတို့ကအတူတူကစားနေသည်ကိုအံ့ဩမိသည် ။
大家对狮子跟小狗在一起玩耍感到很惊奇。

从上列例子可以看出，在句子中当宾语的可以是一个词。也可以是一个词组或句子。

အား 是间接宾语助词，动作行为涉及的人作为宾语时，称其为"间接宾语"。例如：

ကိုလူအေးကသူအားစာအုပ်တစ်အုပ်ပေးသည် ။
哥鲁埃给了他一本书。

ယနေ့ည ဆွေးနွေးပွဲရှိကြောင်း သူအားပြောလိုက်ပြီ ။
今晚有讨论会已经告诉他了。

在既有直接宾语又有间接宾语的双宾语句子中，直接宾语助词常常被省略，而间接宾语助词则用"ကို"来代替，尤其是在口语中更是如此。

C. 定语助词：修饰名词或名词性词组的句子成分叫定语，定语后面的助词称定语助词。在缅汉两种语言中都有定语助词，并且作用也相似。例如：

缅汉两种语言中的定语与被修饰语之间的关系有两种：①从属关系②修饰关系。

① 从属关系，表示一个事物属于另一事物所有，或者是表示事物从属于另一事物，是某一个整体中的一个组成部分，或是包含在某事物中的部分内容。缅甸语中常用的定语助词有好几个，而汉语中却只有一个"的"。请见下表：

缅甸语		汉语
文章体	口语体	
၏ / i^{53}	ရဲ့ / je^{53}	的
က / ka^{53}	က / ka^{53}	的
မှ / hma^{53}	က / ka^{53}	的
နှင့် / $hnĩ^{53}$	နဲ့ / ne^{53}	的
ရှိ / $ɕi^{53}$	ရှိ / $ɕi^{53}$	的

例如：**缅甸语（文章体）**　　　**缅甸语（口语）**　　　**汉语**

ကျွန်တော်၏ညီလေး　　　ကျနော် ရဲ့ ညီလေး　　　我的弟弟
我的弟弟　　　　　　　我的弟弟

မောင်အေး၏ဖခင်　　　　မောင်အေး ရဲ့ အဖေ　　　貌埃的父亲
貌埃的父亲　　　　　　貌埃的父亲

ဤသို့လုပ်ခြင်း၏အကျိုးဆက်　　　　　　　　　　　这样做的后果
这样做的结果

ရေကန်ထဲ က ငါး　　　ရေကန်ထဲ က ငါး　　　池中的鱼
池中的鱼　　　　　　池中的鱼

နိုင်ငံအသီးသီးမှပြည်သူများ　　နိုင်ငံအသီးသီးကပြည်သူများ　　各国人民
各国人民　　　　　　　　　各国人民

ကျောင်းဝန်းထဲ မှ　　　ကျောင်းဝန်းထဲ က　　　校院内的茶馆
လက်ဘက်ရည်ဆိုင်　　　လက်ဘက်ရည်ဆိုင်
校院内的茶馆　　　　　校院内的茶馆

ကန်ဘောင်ပေါ် ရှိ　　　ကန်ဘောင်ပေါ် ရှိ သစ်ပင်များ　　　湖岸上的树木

သစ်ပင်များ:
湖岸上的树木　　　湖岸上的树木

ကျစ်ဆံမြီး နှင့် လုံမပျို　　ကျစ်ဆံမြီး နဲ့ လုံမပျို　　梳着辫子的姑娘
梳着辫子的姑娘　　梳着辫子的姑娘

စက်ဘီးနှင့်သူ　　　စက်ဘီးနှင့်သူ　　　骑着自行车的人
骑着自行车的人　　骑着自行车的人

② 修饰关系：一个成分说明或修饰另一个成分性状的关系称修饰关系。在缅汉两种语言中，修饰名词或名词性词组的东西很多。有的不一定要加定语助词，如名词修饰名词时，一般不加助词。但是，大部分说明事物性状的都用定语助词。常用的表示修饰关系的定语助词有：

缅甸语		汉语
书面语体	口语体	
သော / dðɔ⁵⁵ /	တဲ့ / dɛ⁵³ /	的
သည် / dði⁵³ /	တဲ့ / dɛ⁵³ /	的
ရ / ja²² /	ရ / ja²² /	的
ရန် / jã²² /	ဘို့ / bo⁵³ /pho⁵³	的
ကဲ့သို့သော/ gɛ⁵³dðo⁵³ dðɔ⁵⁵ /	လို / lo²² /	的

သော /dðɔ⁵⁵/ (တဲ့ /dɛ⁵³/) 一般在形容词修饰名词时用。例如：

缅文章体	缅口语体	汉语
လှပသောပန်	လှတဲ့ပန်	美丽的花朵
ဝိုင်းသောစာလုံး	ဝိုင်းတဲ့စာလုံး	圆圆的字
မြင့်မားသောတောင်တန်	မြင့်မားတဲ့တောင်တန်	耸高的山岭
ထူးချွန်သောပုဂ္ဂိုလ်	ထူးချွန်တဲ့ပုဂ္ဂိုလ်	优秀的人物

သည် / dði⁵³/ 一般在动词修饰名词时用。例如：

缅文章体	缅口语体	汉语
ဖတ်နေသည်စာအုပ်	ဖတ်နေတဲ့စာအုပ်	正在看的书。
ဘွားဘွားပြောသည်ပုံပြင်	ဘွားဘွားပြောတဲ့ပုံပြင်	奶奶讲的故事

ရာ / ja²² / 表示动词或形容词所指的事物或地方：例如：

缅文章体	缅口语体	汉语
သွားချင်ရာနေရာ	သွားချင်တဲ့နေရာ	想去的地方
ဝယ်လိုရာပစ္စည်း	ဝယ်လိုတဲ့ပစ္စည်း	想买的东西

ရန် / jã ²² / 表示修饰成分是说明某种事物是为了某种作用或目的而用的。例如：

缅文章体	缅口语体	汉语
အနားယူရန်အခန်း	အနားယူဖို့အခန်း	休息室
ကျန်းမာရေးလေ့ကျင့်ရန်ပစ္စည်း	ကျန်းမာရေးလေ့ကျင့်ဖို့ပစ္စည်း	锻炼身体用的器材
	ထိုင်ဖို့နေရာမရှိတော့ဘူး။	没有坐的地方了。

ကဲ့သို့သော /gɛ⁵³ðð̥o⁵³ðð̥o⁵⁵/、လို /lo²²/ 表示修饰成分是被比拟的对象。例如：

缅文章体	缅口语体	汉语
သူကဲ့သို့သောသူ	သူလိုသူ	像他那样的人
မောင်လွင်ကဲ့သို့သောကျောင်းသား	မောင်လွင်လိုကျောင်းသား	像貌伦那样的学生

从比较中可以看出，缅甸语的定语助词比汉语的定语助词数量上要多得多。

D. 状语助词：状语是说明和修饰动词或形容词的词或词组。表示某个句子成分是状语的助词称为状语助词。在缅汉两种语言中，说明或修饰动词或形容词的方式很多，可以说明动作的性状、时间、地点、方式、原因、从由等等。

① 表性状的状语助词。缅汉两种语言有相同之处，那就是在形容词或副词后加助词。缅甸语主要有："စွာ/zwa²²/"，汉语中用 "地"：例如：

缅甸语		汉语
文章体	口语体	
စွာ	形容词重叠	地，形容词重叠
နှင့်	နဲ့	地

例如：

缅文章体	缅口语体	汉语
ရှင်းလင်းစွာပြောပါ။	ရှင်းရှင်းလင်းလင်းပြောပါ။	讲清楚些。
စိတ်အားထက်သန်စွာလုပ်နေသည်။	စိတ်အားထက်ထက်သန်သန်လုပ်နေသည်။	正在热情地工作。

当词组作状语时，助词往往用 နှင့်(နဲ့)。汉语中仍然用"地"或者什么助词也不用。例如：

缅甸语	汉语
ခုန်လိုက်ကလိုက်နှင့်အလွန်တရာဝမ်းသာလှပါသည်။	蹦蹦跳跳（的、地）高兴得很。
စာရေးမယ်ရေးမယ်နဲ့ ကနေ့ထက်ထိမရေးဖြစ်သေးဘူး။	总打算写信,可直到今天仍没有写成。
ဝင်လိုက်ထွက်လိုက်မလုပ်နှင့် ။	别进进出出的。

② 表示时间、地点的状语助词：缅甸语中有表示时间地点的状语助词。但在汉语中就用其他词表示。例如：

缅甸语		汉语
文章体	口语体	不用助词而用介词"在"
时间、地点 တွင် /dwĩ²²/	မှာ /hma²²/	在
时间、地点 ၌ /hnai?⁴/	မှာ /hma²²/	在
地点 မယ် /mɛ²²/	မှာ /hma²²/	在
时间、地点 ဝယ် /wɛ²²/	မှာ /hma²²/	在
时间 က /ka⁵³/	က / ka⁵³/	在
时间 တုန်းက//	က / ka⁵³/	在
时间 မ...မှီ/mə hmĩ²²/	မ ခင် /mə khĩ²²/	不久前
时间 လျှင် ခြင်း/hlĩ²² dʑĩ⁵⁵/	V＋Vခြင်း/ dʑĩ⁵⁵/	一当……

缅文章体	缅口语体	汉语
အမေသည်အိမ်၌ ရှိသည် ။	အမေကအိမ်မှာ ရှိတယ်။	母亲在家里。（用动词表示）
စားပွဲပေါ်တွင်ထားသည် ။	စားပွဲပေါ်မှာထားတယ်။	书放在桌子上。（用补语表示）

缅甸语中用助词 က 表示在过去时间中发出动作。汉语中就没有助词。例如：

缅文章体	缅口语体	汉语
မနှစ်ကလာသည် ။	မနှစ်ကလာတယ်။	去年来了。
ညကဘာလုပ်ခဲ့သနည်း။	ညကဘာလုပ်ခဲ့သလဲ။	昨晚干什么了？
မကြာမီကသူပြောသည် ။	မကြာခင်ကသူပြောတယ်။	不久之前他说的。

缅甸语中用助词 မှာ 表示将来的时间中发出动作。汉语中同样不用助词。例如：

| 缅文章体 | 缅口语体 | 汉语 |

နက်ဖြန်(မှာ)သူလာမည် ။   နက်ဖန်သူလာမယ်။   他明天来。
မကြာမီပြီးမြောက်မည် ။   မကြာခင်မှာပြီးမြောက်မယ် ။   不久将完成。
ရေလ ၁၅ ရက်နေ့ သွားမည် ။   ရေလ ၁၅ ရက်နေ့မှာသွားမယ်။   下月 15 日去。

缅甸语中还有助词 ကတည်းက 表示动作在过去的某一个时间便发生了，着重表示"早在……时怎么样"。或表示"动作自某一时间发生一直延续到现在"。在汉语中也不用助词而用副词或介词表示。例如：

| 缅甸语 | 汉语 |

အစောကြီးကတည်းကအိပ်ရာမှထလာသည် ။   一清早就起床了。
၁၉၄၉ခုနှစ်ကတည်းကမူးယစ်ဆေးဝါးများပိတ်ပင်တားမြစ်ခဲ့ပါသည် ။   早在 1949 年就禁毒了。
သူရှမ်းပြည်သွားကတည်းကအဆက်ပြတ်ခဲ့ရပါသည်။   自从他去掸邦后，便一直断了来往。
သူကထမင်းစားပြီးကတည်းကဝတ္ထုဖတ်သည်။   他从吃完饭起，一直在看小说。

③ 表示原因的状语助词。缅甸语中表示原因的状语助词有 ကြောင့် /dʑaũ⁵³/、နှင့် /hnĩ⁵³/、၍ /jwe⁵³/ 等。汉语中常常用连词来表示因果关系。例如：

| 缅甸语 | 汉语 |

သူကြောင့်ကျွန်တော်အဝေဖန်ခံရသည် ။   因为他我挨了批评。
မိတ်ဆွေပေါင်းသင်းရာမှာသတိမထားမိ၍ပျက်စီးသွားတတ်သည် ။   往往因为交友不慎而学坏。
ပုသိမ်မြို့သည်ဖီးထီးကြောင့်နာမည်ကျော်ကြားသည် ။   勃生市因绸伞而遐迩闻名。
မီးဘေးကြောင့်ပစ္စည်းဥစ္စာတော်တော်များ များ မီးထဲပါသွားသည် ။   由于火灾，大批财物毁于一旦。
သူသည်ကင်ဆာရောဂါနှင့်ဆေးရုံတက်ခဲ့ရပါသည်။   他因患癌症而住院了。
သူကအစိုးရအလုပ်စွန့်ကိစ္စနှင့်ကျေးရွာသို့သွားနေပြီ ။   他们因公下乡了。

④ 缅甸语中表示目的的状语助词有不少，而在汉语中却用介词来表示：

缅甸语		汉语
文章体	口语体	介词
အတွက်/ a twɛʔ⁴ /	အတွက်/ a twɛʔ⁴ /	为
အဖို့/ ə pho⁵³/	ဖို့ pho⁵³/	对于，为了

ရန် / jã²² /	ဘို့/ bo⁵³/	为了
၇ါ /hŋa²²/		为了
ခြင်း၇ါ / dʑĩ⁵⁵ hŋa²² /	အတွက်/ a twɛʔ⁴ /	为了
ရန်အလို၇ါ / jã² ə lo⁵³ hŋa²² /	ဖို့/ pho⁵³/	为了

助词 အတွက် / a twɛʔ⁴/在缅甸语中表示某个动作是为了某种目的而发出。汉语中用介词"为"。例如：

缅甸语   汉语

အမိနိုင်ငံတော်အတွက်စာကြိုးစားသည် ။ 为祖国努力学习。

ဤသို့လုပ်ခြင်းသည်ကိုယ့်အကျိုးအတွက်မဟုတ်ပါ။ 这样做不是为了私利。

ဒုက္ခသည်များအတွက်အလှူခံနေသည် ။ 正在为难民募捐。

အဘို့ /ə pho⁵³/ 表示某个动作是为了某个人而发出，或是某件事对于某人某事物来说怎么样。例如：

缅甸语   汉语

မမြင့်သည်ဆရာအဘို့ရေနွေးတစ်ခွက်တည်လာသည် ။ 玛敏给老师倒了一杯水来。

ခင်ဗျားအဘို့လွယ်နေပေမဲ့ ကျွန်တော်အဘို့ဆိုလျှင်အလွန်ခက်ပေသည်။ 对您来说很容易，对我来说却很难。

ဒီနေ့အဘို့အလွန်အရေးကြီးသည် ။ 对于今天来说很重要。

ရန် (ဖို့) ရန်အတွက် /jã²² (pho⁵³) jã²² a twɛʔ⁴/ 用于形容词、动词之后，表示一种目的。例如：

缅甸语   汉语

ခွင့်လွှတ်ရန်တောင်းပန်ပါသည် ။ 请求原谅。

မီးဘေးတားမြစ်ရန် လူတိုင်းတာဝန်ရှိသည် ။ 防止火灾，人人有责。

ဧည့်သည်တော်များအားကြိုဆိုရန်ပြင်ဆင်နေကြသည် ။ 正在为欢迎贵宾而作着准备。

ဘယ်သွားဘို့ပြင်နေသလဲ ။ 正准备去哪儿呀？

အများသိကြရန်အတွက်ရုပ်မြင်သံကြားမှသတင်းထုတ်လွှင့်ပါသည်။ 通过电视广播新闻使大家都知道。

ထောက်ပံ့ကြေးများကိုဆက်လက်ပေးရန်အတွက်မတတ်နိုင်တော့ချေ။ 再也无力继续给予资助。

စာမေးပွဲအောင်မြင်ရန်အတွက်စာများကိုကြိုးစားဖတ်နေ   为了考试及格大家正努力看书。
ကြသည် ။

⑤ 缅甸语中表示动作凭借的工具或用什么方式发出动作，要用状语助词表示。汉语中常用介词或动词表示。例如：

နှင့် /hnĩ^{53}/ 表示动作凭借工具或方式。

| 缅甸语 | 汉语 |

ကားနှင့်ကျောင်းသို့လာသည် ။ (用助词)　　乘车到学校里来。(用动词)
သစ်တုံးများကိုလွှနှင့်ဖြတ်သည် ။ (用助词)　　用锯末截断木材。(用介词)
မြွေကိုဒုတ်နှင့်ရိုက်သတ်သည် ။ (用助词)　　用棍子将蛇打死。(用介词)
ခဲတံနှင့်ရေးသည် ။ (用助词)　　用铅笔写字。(用介词)

⑥ 表示从由的助词。缅甸语中在表示动作从某时某地出发向某时某地去，或者从某一时间、地点起，到某一时间或地点为止，常用状语助词，而汉语则用介词。缅甸语　助词有：မှ (က)、သို့ (ကို)。例如：

缅甸语文章体	缅甸语口语体	汉语
မှ /hma^{53}/	က /ka^{53}/	从
သို့ /dðo^{53}/	ကို /go^{22}/	到
အထိ /ə thi^{53}/	အထိ /ə thi^{53}/	到、至
တိုင် / taĩ^{22}/	တိုင် / taĩ^{22}/	到

| 缅甸语 | 汉语 |

ကျောင်းကပြန်လာသည် ။　　从学校回来。
ဒါအိမ်ကယူလာတာပါ ။　　这是从家里拿来的。
ပုသိမ်သို့သွားမည့်သင်္ဘောသည်သင်္ဘောဆိပ်မှထွက်ခွါသွားပြီ ။　　去勃生的轮船已经离开码头。

အလုပ်များနေတဲ့ကြားမှကျွန်တော်တို့အားလာကူညီကြသည် ။　　在百忙中来帮助我们。
ဧရာဝတီမြစ်ရေသည်မြောက်ဘက်မှတောင်ဘက်သို့စီးဆင်းလေ　　伊洛瓦底江水自北向南流着。
သည် ။

ဘေကျင်းမှရန်ဟံသို့လေယာဉ်နှင့်သွားသည် ။　　从北京乘飞机到上海。
ညနေ ၅ နာရီအထိစောင့်ရသည် ။　　要等到下午 5 点钟。

ညသန်းကောင်အထိစာရေးသည်။	写信<u>一直</u>写<u>到</u>半夜。
နေမင်းကြီးထွက်ချိန်မှနေဝင်သည်အထိအနားယူချိန်မရှိပါ။	<u>从</u>日出<u>到</u>日落，没有休息的时间。
နားလည်ကြသည်အထိရှင်းပြရမည်။	必须解释<u>到</u>明白为止。
ခုထက်ထိနားမလည်သေးချေ။	<u>至今</u>尚未明白。

⑦ 表示关联的状语助词有 လောက် /lauʔ⁴/、ထက် /thɛʔ⁴/。汉语中用介词。缅甸语的状语助词 ထက် 表示比前者有过之而无不及。လောက် 表示比前者不如或接近前者。缅甸语中被比的对象在助词之前，汉语中被比的对象则放在介词后。例如：

缅甸语	汉语
သူ့ထက်အသက်ကြီးသည်။	<u>比</u>他年龄大。
ဒီထက်ပိုကောင်းတာရှိလား။	还有<u>比</u>这个更好的吗？
ညီလေးကကျွန်တော့်ထက်အသက် ၁၂ နှစ်ငယ်သည်။	弟弟<u>比</u>我小 12 岁。
လုပ်တာကပြောတာထက်ခက်သည်။	做要<u>比</u>说更难。
ကိုဘဖေကိုထိုက်လောက်ဝသည်။	哥巴佩<u>差不多</u>与哥泰一样胖。
ကျွန်တော်ရေးတာသူ့လောက်မဝိုင်းဘူး	我写得<u>没</u>他那样圆。

⑧ 表示方式或身份时，缅甸语常用状语助词 စီ /si²²/ 等，汉语则用助词"地"或不用任何助词。例如：

缅甸语	汉语
တစ်ယောက်စီတစ်ယောက်စီပြောပါ။	一个一个<u>地</u>讲。
ညီအစ်ကိုမောင်နှမတို့သည်တစ်နေရာစီသွားကြပါသည်။	兄弟姐妹们各去一个地方。（朝着不同的方向上路了）
တစ်အိမ်လျှင်သကြား၅ပိဿာစီဝယ်နိုင်ပါသည်။	每户可买五斤糖。

ကျစီ /tɕa⁵³zi²²/ 表示分配到每一单位的量时用。例如：

缅甸语	汉语
သရက်သီး၁၂လုံးကိုတစ်ယောက်ကို၄လုံးကျစီဝေပေးသည်။	将 12 个芒果一人分四个。
လူဆယ်ယောက်လျှင်ရေဒီယိုတစ်လုံးကျစီခွဲဝေပေးသည်။	每十个人分给一台收音机。

缅甸语中用助词 ကဲ့သို့（လို）/gɛ⁵³dðo⁵³（lo²²）/ 表示像什么一样地。汉语中也用介词。例如：

缅甸语	汉语
သူသည်သူ့မမကဲ့သို့ပင်ကိုယ်ချင်းစာစိတ်ရှိပါသည် ။	他也<u>跟</u>他的姐姐<u>一样</u>富有同情心。
ချက်ချင်းသွားရတော့မည်ကဲ့သို့ရှိသည် ။	<u>好像</u>立即要走<u>似的</u>。
ကျွန်တော်ကဲ့သို့အသောသူရှိဦးမည်လောမသိ ။	不知道还有没有<u>像</u>我<u>这样</u>傻的人了。

⑨ 表依据的状语助词有： အရ ၊ အလိုက် ၊ အတိုင်း 等。

缅甸语中的状语助词 အရ / ə ja⁵³/ 表示照某种模式动作或依照某一种依据动作，汉语中用介词表示。例如：

缅甸语	汉语
ဥပဒေအရအရေးယူမည် ။	将依法追究。
ပြည်ထောင်စုမြန်မာနိုင်ငံအစိုးရ၏ဘိတ်ကြီးချက်အရ၊တရုတ် ပြည် နိုင်ငံခြားရေးဝန်ကြီးသည်များမကြာမီတွင်မြန်မာပြည်သို့ လာရောက် လည်ပတ်ကြည့်ရှုလိမ့်မည် ။	应缅甸联邦政府的邀请，中国外交部长将在不久的将来访问缅甸。
အထက်ကညွှန်ကြားချက်အရရက်ဆီများကိုဈေးသက်သာစွာ ရောင်း ချပါမည် ။	根据上级指示，将廉价出售汽油。

⑩ 表示动作的程度、结果和趋向的状语助词。缅甸语中这类助词数量较少，常用的只有 အောင် ၊ လုမတတ် 等少数几个。在汉语中，表示动作的程度、结果、趋向的都归入补语中。

缅甸语中却没有"程度补语"。

အောင် / aũ²² / 表示动作或性状达到某一程度或结果。例如：

缅甸语	汉语
အားလုံးကြားအောင်အသံကျယ်ကျယ်ပြောပါ ။	说大声点，（以便）让大家都能听到。（程度）
ကုန်ဈေးနှုန်းကတော့ခေါင်ခိုက်အောင်တက်သည် ။	物价飞涨。（表示程度）
အားလုံးနားလည်အောင်ရှင်းပြရမည် ။	必须讲得让大家都懂。（结果）
ထခုန်ရလောက်အောင်ဝမ်းသာပါသည် ။	高兴得差点儿跳了起来。
သေအောင်ရိုက်ကြ ။	（将它）打死（结果）
အားလုံးခေါင်းကိုက်ရလောက်အောင်ရှုပ်ထွေးလှပါသည် ။	复杂得几乎让所有的人都感到头疼。

လုမတတ် / lu⁵³ mə taʔ⁴/　表示动作或性状的程度达到了某个程度。例如：

缅甸语	汉语
နားကွဲလုမတတ်ဆူညံသည်။	吵死人了！
သေလုမတတ်နာသည်။	疼死人。
ထခုန်လုမတတ်ဝမ်းသာပါသည်။	高兴得差点跳了起来。

E. 引语助词：在缅甸语中，有一种句子形式，专门表示引用别人的话、文章等或表示一种命名和称呼，这就是"引语句"。引语句都需要有引语助词来表示引用或命名的部分。这种表达方式是缅甸语中特有的表达方式。汉语中没有"引语助词"，在汉语的文章体中使用"冒号"、"引号"等标点符号来表示。缅甸语中常用的引语助词有：

文章体	口语体
ဟု / hu⁵³/	လို့ / lo⁵³ /
ဟူ၍ / hu²²jwe⁵³ /	လို့ရယ်လို့ / lo⁵³ / jɛ²² lo⁵⁵ /
တဲ့ /dɛ⁵³/	တဲ့ /dɛ⁵³/
	ဆိုဘဲ/sho²²bɛ⁵⁵/

ဟု / hu⁵³/ 表示引用某一内容或思想活动等时用的引语助词。有时相当于中文中的冒号或引号。例如：

缅甸语	汉语
အားလုံးကအဲဒီရေကန်ကို နတ်ရေကန်လို့ခေါ်ကြတယ်။	大家将这湖称为"神湖"。
ဘယ်သွားမလဲလို့သူကမေးသည်။	他问：到哪儿去？
ပထမဆုကိုအယူမည်ဟုသူကသန္နိဋ္ဌာန်ချထားပါသည်။	他下决心一定争取获得一等奖。

ဟူ၍ / hu²²jwe⁵³ / ①直接引语助词，作用与用法与 ဟု 相同。例如：

缅甸语	汉语
ဒီနေ့အားကစားပြိုင်ပွဲကျင်းပနေသည်ဟူ၍သူကပြောသည်။	他说今天举行运动会。

② 表示名称时用。口语中用 ရယ်လို့ 。例如：

缅甸语	汉语
မီးမရှိယင်မီးခိုးရယ်လို့မရှိနိုင်။	没有火就不可能有什么"烟"。
တရားသောစစ်ပွဲနှင့်မတရားသောစစ်ပွဲဟူ၍ဖြစ်သည်။	有正义的战争和非正义的战争。
ဤတက္ကသိုလ်တွင်အရှေ့တိုင်းဘာသာစကားဌာန၊အနောက်တိုင်း ဘာသာစကားဌာနနှင့်ရုရှားဘာသာစကား	这所大学有东语、西语、俄语三个语言系。

ဌာနဟူ၍ဘာသာစကား ဌာနသုံးခုရှိပါသည်။
③ ဟူ၍ 还表示一种情况、想法。例如：

缅甸语	汉语
သူသဘောသိပ်ကောင်းတယ် ၊စိတ်ဆိုးတယ်ဟူ၍မရှိပါ ။	他的脾气很好，从来不生气。
ကိုယ့်မှာအပြစ်ရှိတယ်ရယ်လို့သူကမယူဆပါ ။	他不认为自己有什么错。

တဲ့ /dɛ⁵³/ 表示转告别人的话，仅限在口语中用。例如：

缅甸语	汉语
ဆရာကဘာပြုလို့မောင်ဘမလားသလဲ တဲ့	教师问为什么貌巴不来。
ဘိုးဘိုးကဆုတောင်းတယ်မြေးကလိုရာပြည်ဝစေလို့တဲ့ ။	老爷爷祈祷说愿你一切如愿。
မေမေကငိုကိုထမင်းလာစားကြပါတဲ့ ။	妈妈在叫咱们吃饭了。
ကိုကိုကငါ့ကိုမေးခိုင်းတယ်၊နက်ဖြန်ငါတို့နဲ့လိုက်မလားတဲ့ ။	哥哥让我问你，明天跟我们去吗？

ဆိုဘဲ /sho²²bɛ⁵⁵/ 转告听来的消息时用。例如：

缅甸语	汉语
မောင်ဘကတက္ကသိုလ်စာမေးပွဲအောင်ပြီလို့ဆိုဘဲ ။	听说貌巴考上大学了。
သူ့အဒေါ်ကဒီနေ့ရောက်မယ်ဆိုပဲ ။	据说他的婶婶今天到。

F. 谓语助词：谓语是说明主语的行为、性质、状态的成分，是句子中最重要的部分。在缅甸语中，谓语部分必须在句子最后。句子中的其他成分往往可以省略，谓语却不能省。在汉语句子中谓语部分可以是一个单独的动词或形容词组成。但是，在缅甸语中，一个句子里仅仅有动词或形容词还不能构成谓语，还必须加上适当的助词才行。

缅甸语动词本身不像印欧语系或某些语言那样有许多形态变化，要说明动作的时间、状态等都需要通过动词后面跟随着的助词来表示。因此，有时动词后出现一连串的助词或其他词，我们称之为"动词后附词"。"动词后附词"成分比较复杂（参见拙文"缅甸语动词后附词的研究"），其中有：①对动词的补充和说明的助动词，②表示动作的时态的助词，③表示各种语气的语气助词，④表示句子是陈述、疑问、命令、感叹等句子类型的句尾助词等等。其中①属于助动词之列，可参见有关"助动词"章节。②关于动词的时态等助词，可参见有关"动词"章节中的"动词形态"部分。③有关语气助词，可参见"语气助词"部分。

在这里主要比较缅甸语与汉语中不同类型的句子有不同的谓语助词。缅甸语中这类助词位于句子最后，实际上，这是一种语气助词，由于它们都是处在句子的结尾部位，所以我们也称之为"句尾助词"。例如陈述句、祈使句、疑问句和感叹句等不同的句子，就是用不同的句尾助词来表示。

陈述句谓语助词：陈述句所表达的内容可以是过去的事情，也可能是正在发生或将要发生的事情。其动作的时间和状态，用不同的谓语助词（其中包括句尾助词）来表达。一般情况，句尾助词表达时间。其他的谓语助词表示动作的状态。

သည် (တယ်)陈述句的句尾助词，一般表示主语怎么样或表示真理时用。例如：

缅甸语	汉语
လယ်ယာစိုက်ပျိုးရေးသည်အလွန်အရေးကြီးသည် ။	农业很重要。
သူသည်အလုပ်သမားဖြစ်သည် ။	他是一位工人。
သူသည်သားသမီးငါးယောက်မွေးခဲ့သည် ။	她生了5个子女。
ဓာတ်ဆီသည်လောင်တတ်သည် ။	汽油易燃。
မောင်ထင်သည်ကျောင်းသို့သွားလေပြီ။	貌廷去学校了。

陈述句句尾助词 တယ်/dɛ²²/(口语体用) ၏/i⁵³/（文章体用）。它们不仅能表达一般情况，也能表达过去情况。只是 ၏ 结尾的句子，表示意义更加肯定。၏ 与 တယ် 的另一个区别是在复句的分句结尾，一般不用"၏"而用"တယ်"。例如：

缅甸语	汉语
ညကရုပ်ရှင်သွားကြည့်တယ် ။	昨天我去看电影了。
ခုနကဘဲကိုသိန်းဟန်အိမ်ကိုသွားတယ်။	就是刚才，去了登汉家。
မသွားနဲ့လို့ပြောတယ်၊ဒါပေမဲ့သူကနားမထောင်ဘူး။	我说了别去，可她不听。
ရန်ကုန်မြို့သည်မြန်မာနိုင်ငံ၏မြို့တော်ဟောင်းဖြစ်၏ ။	仰光市是原缅甸首都。（过去是）
ခဲသည်ဒန်ထက်လေး၏။	铅比铝重。
သူတို့နေ့တိုင်းကျန်းမာရေးလေ့ကျင့်ကြ၏ ။	他们每天锻炼身体。

ပြီ/bi²²/句尾助词，表示现在或某一时刻处于某种状况时用。相当于汉语的"了"。例如：

缅甸语	汉语
မိုးရွာပြီ ။	下雨了。
ဗမာစကားပြောတတ်ပြီ။	会讲缅甸语了。
သူကျောင်းသွား ပြီ ။	他到学校里去了。
ကျွန်တော်တို့ရောက်သောအခါ အစည်းအဝေးစနေပြီ ။	我们到达时，会议已经开始了。

"ပြီ"还表示肯定动作发生了，它不管现在这个动作是否结束，因此有时称作表示"已然体"的助词；例如：

缅甸语	汉语
ကျွန်တော်တို့အောင်မြင်ပြီ ။	我们成功了。
မိုးလည်းလင်းလုနီးပြီ ။	天也(已经)即将黎明。
သွားပြီ သွားပြီ ။	糟了！坏了！

ခဲ့ /gɛ⁵³/ 谓语助词：① 表示动作在过去时间发生。例如：

缅甸语	汉语
နိုင်ငံတော်အကျိုးစီးပွားအတွက်သူကအသက်အန္တရာယ်ကို ပဓာနမထားပဲကြိုးကြိုးစားစားအလုပ်လုပ်ခဲ့ပါတယ် ။	为了国家利益，他曾冒着生命危险，努力工作。
လွန်ခဲ့သောအနှစ်ငါးဆယ်အတွင်းတွင်သူကနိုင်ငံတော်လွတ် လပ်ရေးအတွက်တိုက်ပွဲဆင်နွှဲခဲ့ပါတယ် ။	在过去的半个世纪中，为祖国的独立而战斗过。
တနေ့ကသူနှင့်ဆွေးနွေးခဲ့ပါသည် ။	前天跟他讨论过。

② 表示动作肯定发生。既可以表示动作肯定发生过，也可以表示现在肯定发生或将来肯定发生。同样还可以表示说话人一定做某件事情。例如：

缅甸语	汉语
သူနှင့်ပြောခဲ့ပြီ ။	已经（跟她）讲过了。
ကိုယ်နားနှင့်ဆတ်ဆတ်ကြားခဲ့ရသည် ။	亲耳所闻。
ဇောရီမှာခြောက်နာရီအရောက်လာခဲ့မယ် ။	六点一定到您那儿。

နေ/ ne²²/ 表示动作正在进行的谓语助词。例如：

缅甸语	汉语
သူတို့အကကနေသည် ။	他们<u>正在</u>跳舞。
ထမင်းစားနေတယ် ။	<u>正在</u>吃饭。
လယ်သမားများကလယ်ထွန်နေကြတယ် ။	农民<u>正在</u>耕地。

လိုက်/ laɪʔ⁴/ 表示完成动作的谓语助词。有时相当于汉语"一下"。

缅甸语	汉语
သူ့ကိုပြောပြလိုက်ပါ ။	跟他说<u>一下</u>。
သူ့ကိုပြောလိုက်ပါ ။	<u>一定</u>跟他说。（强调完成动作）
တစ်ချက်ရယ်လိုက်သည် ။	笑<u>了</u>一笑。
ခင်ဗျားသဘောအတိုင်းကျွန်တော်လုပ်လိုက်ပြီ။	我已经按你的主意办<u>了</u>。
ညကရုပ်ရှင်သိပ်ကောင်းတယ်ဆိုပဲ	昨晚的电影很好，可是我没看<u>着</u>。
ဒါပေမဲ့ကျွန်တော်မကြည့်လိုက်ရပါ ။	

两个或几个 လိုက် 连用时，表示动作间歇地发生或交替发生。例如：

缅甸语	汉语
ဝင်လိုက်ထွက်လိုက်နှင့်အလုပ်သိပ်များနေပေသည် ။	<u>进进出出</u>的很忙。
သူလက်ကိုကွေးလိုက်ဆန့်လိုက်နှင့်စမ်းနေသည်။	正在将手试着<u>一会儿弯起来，一会儿伸直</u>。

ဖူး/phu⁵⁵/　表示动作曾经发生过。它与汉语中的助词"过"相似。例如：

缅甸语	汉语
မော်လမြိုင်သို့ရောက်ဖူးသည် ။	<u>去过</u>毛淡棉。
မြင်ဖူးပါသည် ။	<u>看见过</u>。
သူ့ဖေဖေသည်ရှန်ဟဲမြို့တွင်အလုပ်လုပ်ခဲ့ဖူးတယ် ။	他父亲<u>曾</u>在上海工作<u>过</u>。

ဖူး 不仅用于叙述过去经历的事情，有时也可用于叙述将要发生的事情，表示某种事情将成为经历过的事情。例如：

缅甸语	汉语
မြင်ဖူးအောင်သွားကြည့်လိုက်မယ် ။	要去看一看，也算是见<u>过</u>一次吧。
စားဖူးအောင်မြည်းကြည့်ကြပါအုံး ။	请尝一尝，也算是吃<u>过</u>了吧。

လျက်ရှိသည်၊ နေတုန်းဘဲ / hlɛʔ⁴⁴ɕi⁵³ðdi²²，ne²²doũ⁵⁵bɛ⁵⁵/　表示动作仍在进行之中。书面语体常与 နေ 等搭配使用。例如：

缅甸语	汉语
ဒဏ်ရာတွင်သွေးယိုစီးနေ<u>လျက်ရှိသည်</u> ။	伤口<u>仍</u>流着血。
တစ်ဘက်တွင်ဆရာတာဝန်ထမ်းဆောင်လျက်၊တစ်ဘက်တွင်စာပေရေးသားရေးအလုပ်ဆက်လက်လုပ်ကိုင်လျက်ရှိပါသည်။	一方面担任教师职务，另一方面<u>仍</u>继续从事文学创作活动。

表示将来式的句尾助词 မည်/ mji²²/（文章体），"မယ်/mɛ²²/"（口语体），相当于汉语的"将"或"将要"。

① 将来时的句尾助词。表示动作将在未来的时间里发生。例如：

缅甸语	汉语
နက်ဖြန်မိုးရွာ<u>မည်</u> ။	明天<u>将</u>下雨。
ညနေရေသွားကူး<u>မည်</u> ။	下午<u>将</u>去游泳。
၉ နာရီမှာရုပ်ရှင်ပြ<u>မည်</u> ။	9点钟<u>将</u>要放映电影。

② 缅甸语中的句尾助词 မည် (မယ်) 还表示说话人的心愿与决心，它与汉语中的"要"相同。例如：

缅甸语	汉语
ပထမရအောင်ကြိုးစားမယ်	我要努力争取第一。
နောင်ဆိုရင်ကျွန်တော်ခင်ဗျားဆီခဏခဏလာမယ် ။	今后我将常到你这儿来。

③ 缅甸语中的"မည် (မယ်)"还表示猜测或估计，汉语中就不用助词表达而用"约"来表示。例如：

缅甸语	汉语
ဟိုလူဟာအသက်၅၀ရှိမယ်ထင်တယ် ။	那人<u>大约</u> 50 岁。
ဤအခန်းသည်လူ၄၀ခန့်ဆန့်မည် ။	这间房间<u>大约</u>容纳 40 人。
ဤနေရာနှင့်ဆိုလျှင်ကီလိုမီတာ၂၀ခန့်ပေးမည် ။	<u>大概</u>离这里有 20 公里远。

④ 表示规定与限制。常与助动词" ရ /ja⁵³/ "连用。汉语中用副词"必须"、"要"等。例如：

缅甸语	汉语
အချင်းချင်းကူညီကြရည် ။	<u>要</u>互相帮助。
အဘယ်မျှပေးရမည်နည်း။ （文章体）	<u>要</u>给多少？
ပျော်ပွဲ ရှင်ပွဲတွင်သီချင်းဆိုရမည် ။	<u>要</u>在联欢会上唱歌。
ပါဝင်လိုသောသူများသည်လျှောက်လွှာတင်သွင်းရမည် ။	愿参加者<u>须</u>提交申请书。

နေလျက် （文章体）နေဆဲ၊ နေတုန်း（口语体）/ne²²hljɛ?⁴ ne²²zɛ⁵⁵ ne²²dõ⁵⁵/ 表示动作发生在过去的时间而目前仍然在继续。强调动作的延续性，从过去一直到现在动作仍然在进行中。例如：

缅甸语	汉语
မိုးသည်မရပ်မနား့ရွာနေလျက်ရှိသည် ။	雨<u>仍</u>下个不停。
ဒီအလုပ်ကိုလုပ် နေတုန်းဘဲ （口）	<u>仍然</u>在干这工作。

汉语的否定句中只要有否定副词"不"或"没"就行，而缅甸语陈述句的否定形式中，必须要有句尾助词。缅甸语中否定句中常用的句尾助词有：

文章体	口语体
ပါ / ba²² /	ဘူး / bu²² /
ပေ / pe²² /	ဘူး / bu²² /
ချေ / tɕhe²² /	ဘူး / bu²² /

例如：

缅甸语	汉语
သူသဘောမတူချေ ။	他不同意。
မနေ့ကသူရုပ်ရှင်မကြည့်ခဲ့ပေ ။	昨天他没看电影。
နက်ဖြန်သူသွားမှာမဟုတ်ဘူး ။	明天他不会去。
မနှစ်ကကောက်ပဲသီးနှံအထွက်ဟာသိပ်မကောင်းပါ ။	去年的农作物欠佳。

（2）疑问句句尾助词：缅汉两种语言中，表示疑问的句尾助词并不多。

缅甸语文章体	缅甸语口语体	汉语
လော /lɔ⁵⁵/	လား /la⁵⁵/	吗？
နည်း /ni⁵⁵/	လဲ /lɛ⁵⁵/	呢？
ကော /kɔ⁵⁵/	ကော /kɔ⁵⁵/	呢？
သည်လော၊၏လော / dði²²lɔ⁵⁵, i⁵³lɔ⁵⁵/	သလား /dðə la⁵⁵/	吗？
မည်လော /mi²² lɔ⁵⁵/	မလား /mə la⁵⁵/	吗？
သည်နည်း / dði²²ni⁵⁵/	သလဲ / dðə lɛ⁵⁵/	呢？
မည်နည်း / mi²² ni⁵⁵/	မလဲ / mə lɛ⁵⁵/	呢？
အံ့နည်း / ã⁵³ ni⁵⁵/	မလဲ / mə lɛ⁵⁵/	呢？
ပြီလော / bi²²lɔ⁵⁵/	ပလော / pə lɔ⁵⁵/	了吗？
ပြီနည်း / bi²² ni⁵⁵/	ပလဲ / pə lɛ⁵⁵/	了呢？
စ /sa⁵³/ /tsa/	သလား / dðə la⁵⁵/	吗？/ 哉？(古)

从上表可以看出，缅甸语中基本的疑问句句尾助词只有两个：一个是一般疑问句的句尾助词"လော(လား)/lɔ⁵⁵ (la⁵⁵)/吗"，另一个是特殊疑问句句尾助词"နည်း(လဲ)/ ni: (lɛ:)/呢"。"လော(လား)"相当于汉语中的"吗"，可以放在名词、代词、数量词后。也可以放在各种时态的句子后。疑问句助词用在句子后，往往与句子的句尾助词结合，使语音也发生变化，绝大多数原来的句尾助词变成轻声调。即"သည်လော၊၏လော 变成 သလား:""ပြီလော 变成 ပလား:""မည်လော 变成 မလား:"等等。例如：

缅甸语	汉语
ဒါလေယာဉ်ပျံလား ။	这是飞机吗？
ခင်ဗျားတွေ့ချင်တာသူလား ။	你想见的是他吗？
သူဖြေနိုင်သလား ။	他能回答吗？

သူဖြစ်နိုင်၏လော ။（文章体）   下雨了吗？
မိုးရွာပြီလား
မိုးရွာပြီလော ။ （文章体）
ကိုချစ်လဲသွားမလား ။   哥漆也去吗？
ကိုချစ်လည်းသွားမည်လော ။ （文章体）

另一个是特指疑问句的句尾助词"နည်း"。口语体中用 လဲ。相当于汉语中的"呢"特殊疑问句中，总有一个不定代词"ဘယ်"或"အဘာ"与句尾助词搭配使用，对句子中的主语、宾语、谓语等各种句子成分提出疑问。同样，汉语中特殊疑问句的句尾"呢"也总是和"哪"、"什么""谁"等疑问代词搭配使用。例如：

缅甸语	汉语
မည်သူနည်း ။	谁？（问主语）
ဘယ်သူလဲ ။（口语体）	
မည်သူအားပေးရမည်နည်း ။	要给谁？（问宾语）
(ဘယ်သူကိုပေးရမလဲ ။)	
အဘယ်နှစ်ကဖြစ်ပွါးခဲ့သနည်း ။	发生在哪一年？（问状语）
(ဘယ်နှစ်ကဖြစ်ပေါ်ခဲ့သလဲ ။)	
မည်သည့်အချိန်မှာပြီးမြောက်နိုင်ပါမည်နည်း ။	什么时候能完成？（问时间状语）
(ဘယ်အချိန်မှာပြီးနိုင်ပါ့မလဲ ။)	
သူကဘာလုပ်နေသနည်း။	他在干什么？ （问谓语）
(သူဘာလုပ်နေလဲ)	

缅甸语中句尾助词 ။ /za˥/ 是表示疑问的句尾助词。古缅语中就有，当时读作/tsa/。相当于古汉语中表示疑问的语气词"哉"。例如：

① 表示疑问的语气：君子于役，不知其期。曷至哉？（《诗经·君子于役》）
若寡人者，可以保民乎哉？（《孟子·齐桓晋文之事》）
② 表示反问的语气 以此为治，岂不悲哉？（《吕氏春秋·察今》）
相如虽驽，独畏廉将军哉？（《史记·廉颇蔺相如列传》）

缅甸语	汉语
ဟုတ်ပါ၏ /za˥˧/ ။	是吗？
ကျန်းမာပါ၏ /za˥˧/ ။	身体可安康？
ယခုတလောဘယ်နယ်ရှိပါ၏ /za˥˧/ ။	现在怎么样？

缅甸语中的"ဇ/zaˈ/"与汉语中的"哉",不排除同源词的可能。许多汉语的句尾的语气词与缅甸语的句尾助词应该是有同一个源头的。

လဲ့ /lẽ⁵³/ 用于疑问句句尾,一般多用于自问或表示猜测。例如:

缅甸语	汉语
ဘယ်သူပါလဲ့။	会是谁呢?
ကျွန်တော့်စာအုပ်ဘယ်ပျောက်နေပါလဲ့။	我的书哪里去了呢?
ဟာ-ကိုကိုလတ်ဘာလျှောက်ပြောနေပါလဲ့။	哎呀,哥哥腊你在胡说什么呀?

(3)祈使句句尾助词:常用的祈使句句尾助词有:ပါ /pa²²/ 表示请人做某件事的句尾助词。与汉语的"吧"相同。例如:

缅甸语	汉语
ထိုင်ပါ။	请坐(吧)!
သုံးဆောင်ပါခင်ဗျား။	请用(食物)(吧)!
နက်ဖြန်ဆက်ဆက်ကြခဲ့ပါ။	请明天一定来。

စမ်းပါ /zã⁵⁵ba²²/ 表示请人做什么事,语气比较委婉。例如:

缅甸语	汉语
ဒီအကျႌကိုသိမ်းလိုက်စမ်းပါ။	将这衣服收起来。
ခင်ဗျားမြည်းကြည့်စမ်းပါ။	您尝一尝!

တော့ /dɔ⁵³/ 表示允许、命令、祈使。例如:

缅甸语	汉语
သွားတော့၊ သွားတော့။	去吧,去吧!
တိတ်တော့။	住口!

မ 与带 တော့ 的祈使句联用时,表示劝导别人"不要再……"的意思。例如:

缅甸语	汉语
မသွားနဲ့တော့။	<u>别再去了</u>。
ကျွန်တော်တို့မရေးရပါစေနဲ့တော့။	<u>别再让我们写了吧</u>!

လော့ /lɔ⁵³/ 书面语体,表示号召的句尾助词。例如:

缅甸语	汉语
အောင်ပွဲအတွက်ချီတက်ကြလော့။	为了胜利,前进!
ရေကိုချွေတာစွာသုံးလော့။	节约用水!

ပါရစေ /bə ja⁵³ ze²²/ 请求对方允许自己做某动作时用。例如：

缅甸语	汉语
ကျွန်တော်ရေးပါရစေ ။	请允许我写。
ခင်ဗျာ့ဖောင်တိန်ကိုခဏလောက်သုံးပါရစေ ။	请允许我借你的钢笔用一会儿。
မေးစရာတစ်ခုမေးပါရစေ ။	请允许我问个问题。

စို့ရအောင် /zo⁵³ ja⁵³ aũ²²/ 表示号召对方与自己一起行动。常与表示动词复数的助词 ကြ 连用。例如：

缅甸语	汉语
သွားကြစို့ ။	咱们走吧！
အစည်းအဝေးစကြရအောင် ။	咱们开会吧！
ကိုထိုက် ဒါတွေကိုမပြောကြစို့နဲ့,မကောင်းဘူးလား ။	貌泰，咱们不谈这些了好吗！

ရအောင် 作用与 "စို့" 相同。表示号召，建议别人与自己一起发出某种动作。例如：

缅甸语	汉语
လိုင်းကား၈ကိုစီးကြရအောင် ။	咱们一起乘 8 路汽车吧！
ကျွန်တော်တို့သံပြိုင်ဆိုကြရအောင် ။	让咱们合唱吧。
ညနေရေသွားကူးကြရအောင် ။	下午咱们游泳去吧！

စေ /ze²²/ 表示命令、祈祷语气的助词。例如：

缅甸语	汉语
ဒဏ်ငွေ ၃၀၀ ခတ်စေ ။	处以 300 元罚款。
သေစားသေစေ။	杀人者处死！（杀人偿命）

ပါစေ ၊ ပါစေသော် /ba²²ze²², ba²²ze²²dɔ⁵⁵/ ①祈祷时用的句尾助词。例如：

缅甸语	汉语
ကျန်းမာပါစေ ၊ ချမ်းသာပါစေ ။	祝健康、幸福！
ကြိုတိုင်းအောင်၍ဆောင်တိုင်းမြောက်ပါစေ ။	万事如意！
တရုတ်မြန်မာချစ်ကြည်ရေးအဓွန့်ရှည်ပါစေ ။	中缅友谊万岁！

② 表示劝告语气的助词，有时表示第三者替人请求让事情任其自然发展。例如：

缅甸语	汉语
သူသွားချင်ယင်သွားပါစေ ။	他想去就让他去吧！
ဒီတိုင်းဘဲနေပါစေ ။	就让它这样好了！

နေပါစေ ဒုက္ခမရှာပါနဲ့တော့ ။　　　　　算了，别麻烦了。

③ 诅咒时也用 ပါစေ 。例如：

缅甸语　　　　　　　　　　　　　　汉语

မြွေပွေးကိုက်လို့သေပါစေ ။　　　　　　但愿被毒蛇咬死！

ညာပြောယင်မိုးကြိုးပစ်သေပါစေ ။　　　要是说假话，天打五雷轰。

ဖူးစားဘက်ဖြစ်ပါစေသော် ။　　　　　祝愿俩人结为连理！

ဤကုသိုရ်များဖျက်ဆီးပါကရေပြည်သို့လားပါစေသော် ။　谁破坏此善行，愿他下地狱！

မ..နှင့်(နဲ့)/ma⁵³hnĩ⁵³/ 劝告或禁止对方不要发出动作时用。例如：

缅甸语　　　　　　　　　　　　　　汉语

မသွားနဲ့ ။　　　　　　　　　　　　別去！

မလုပ်နဲ့ ။　　　　　　　　　　　　別动！

တွေ့ကရာနေရာအမိုက်မပစ်နဲ့ ။　　　　不要到处扔垃圾！

သားရဲတိရစ္ဆာန်များအားမလှုန့်ကြနှင့် ။　请勿惊吓动物！

ရ/ ja⁵³/禁止干什么事情时，用否定副词"မ"和句尾助词搭配使用。例如：

缅甸语　　　　　　　　　　　　　　汉语

လမ်းပေါ်မှာအမိုက်မပစ်ရ ။　　　　　不准在路上扔垃圾。

ပန်းများကိုမဆွတ်ခူးရ ။　　　　　　不得采摘花朵！

ဝမ်းသွားတော့နှမ်းဆီမစားရ။　　　　泻肚时不能吃香油。

缅甸语的句尾助词 ပါလား 是劝人干某事时用。例如：

缅甸语　　　　　　　　　　　　　　汉语

ငါ့စက်ဘီးစီးသွားပါလား။　　　　　　你骑我的自行车去吧！

နေမကောင်းရင်အိမ်မှာဘဲနားပါလား ။　身体不舒服就在家里休息吧！

（4）感叹句句尾助词：常用的感叹句句尾助词有：ပါလား၊ ပါကလား၊ 等等。

ပါလား/ba²²la⁵⁵/ 表示惊讶，多见于否定语气中。例如：

缅甸语　　　　　　　　　　　　　　汉语

မရှိပါလား ။။　　　　　　　　　　　没有啊！

ကျွန်တော်မပြောခဲ့ပါလား ။　　　　　我没说过呀！

မင်းတို့နှစ်ယောက်စကားပြောတာပုလံပတ်သင့်လှပါလား:　你们谈得真投机呀！

ပါလား: 有时与副词"သိပ်""တယ်"搭配使用。例如：

缅甸语	汉语
တယ်မြန်ပါလား။	真快呀！
တယ်လှပါလား။	真漂亮！

ပါလား၊ ပါကလား/ ba²²gə la⁵⁵/ 有时表示惊奇恍然大悟：例如：

ဩော်- ဆရာပါလား။	噢，是老师呀！
မောင်တက်တင်ပါလား- ဘယ်အချိန်ပြန်လာတာလဲ။	是貌德丁呀！什么时候回来的？
ဩော်- မကြည်တစ်ယောက်ထဲပါလား။	噢，就你（玛基）一个人哪！

ပါကော/ba²²gɔ⁵⁵/ 表示惊讶之意。例如：

缅甸语	汉语
ကိုလှချိုပါကော။	是哥拉雀呀！
ကားပေါ်မှာလူတွေကြိတ်ကြိတ်တိုးနေပါကော။	车上真是挤满了人哪！

ပြီကော 实际上这是"ပြီပါကောလား"的省略形式。在对已经发生的事情表示惊讶或肯定时用。例如：

缅甸语	汉语
ကျွန်တော်ပြောပြီပကော ။	我不是说了吗！
ကျွန်တော်ရေးပြီပကော ။	我已经写完了！
နောင်ကြီးရာ-ခင်ဗျားကတကယ်ဗိုလ်ချုပ်ကြီးတစ်ယောက်ဖြစ်နေပကော	我的老兄，你还真成了一位将军啦！
အလို-၁၂နာရီတောင်ထိုးပါပကော။	哟，都12点啦！
မတွေ့ရတာကြာလှပပကော ။	好久没见啦！

ဘိ /bi⁵³/၊ ပါဘိ /ba²²bi⁵³/၊ ပါဘိ၏/ ba²²bi⁵³i⁵³/ 用于形容词、动词后，表示肯定。例如：

缅甸语	汉语
လှပါဘိ။	多么美！
မလှကလဲခက်ပါဘိ။	玛拉也真叫人难办！
မိဘ၏ကျေးဇူးကားအတိုင်းအဆမရှိကြီးမားလှပါဘိ။	父母的恩情重如泰山。
ညည်သည်များကားစုံလှပါဘိ။	客人中有各种各样的人。

二、形态助词：有人认为形态是指词法范围内的语法形式，实际上这个定义太窄。我们要研究词类，不仅要从词本身的特点和变化、词的含义变化和发展来研究，也必须研究这个词在句子中的作用及它与其他词的搭配关系。这样才能更清楚地了解词的本质和特点。因此，我们这里讲的"形态"不仅包括词法范围内

的语法形式，也包括句法范围内的语法形式。从这个意义上来讲，缅甸语中的形态助词可以包括两类：一类是改变词的形式和词性的形态助词；另一类是在句子中表示词组或句子在整个句子中的语法关系的助词。而在汉语中没有形态助词，因此，这类形态助词就是缅甸语的特点。

第一类：缅甸语中改变词的形式和词性的形态助词，常见的有：ခြင်း၊ ရာ၊ ရ၊ ဖွယ် 等等。能将动词变成名词的形态助词。例如：

| 动词 | + ခြင်း /tɕhĩ⁵⁵//dʑĩ⁵⁵/ | → | 动名词 |

စီး /si⁵⁵/ 骑、乘　　　　　　+ခြင်း　→　　စီးခြင်း
လုပ် /louʔ⁴/ 做、干　　　　　+ခြင်း　→　　လုပ်ခြင်း
ယူ /ju²²/ 拿　　　　　　　　+ခြင်း　→　　ယူခြင်း
ဆွေးနွေး /shwe⁵⁵nwe⁵⁵/ 讨论　+ခြင်း　→　　ဆွေးနွေးခြင်း
တွေ့ဆုံ /twe⁵³shoũ²²/ 会见　　+ခြင်း　→　　တွေ့ဆုံခြင်း
လည်ပတ်ကြည့်ရှု/lɛ²²paʔ⁴tɕi⁵³ɕu⁵³/ 参观 +ခြင်း → လည်ပတ်ကြည့်ရှုခြင်း

有些前缀、后缀附在动词上，也可以改变词性，比如表示"……的东西"。例如：

| 动词 | + စရာ /zə ja/ | → | 动名词 |

စား 吃　　　　+ စရာ　→　　စားစရာ 食品
ပြော 说　　　+ စရာ　→　　ပြောစရာ 要说的话
စဉ်းစား 想　　+ စရာ　→　　စဉ်းစားစရာ 要思考的问题
ပျော် 快乐　　+ စရာ　→　　ပျော်စရာ 令人快乐的

ဘွယ်ရာ/bwɛ²²ja²²/ 用于书面语体，意义同 စရာ 放在动词后，表示"令人……的事物"。例如：

| 动词 | + ဘွယ်ရာ /bwɛ²²ja²²/ | → | 动名词 |

စား 吃　　+ ဘွယ်ရာ　→　　စားဘွယ်ရာ 吃的东西
ပြော 说　　+ ဘွယ်ရာ　→　　ပြောဘွယ်ရာ 话题

还有一些构词成分，如前缀、中缀、后缀 အ၊ တ၊ ရေး၊ မှု 等。也都有改变动词词性的功能，具体参见动名词部分。

第二类：这类形态助词是在句子中起作用，它常放在动词、形容词或词组后面，使该词组或词变成名词性质，在句子中充当主语或宾语。在缅甸语中，常见的有：တာ၊ မှု 等，这类助词我们将结合名词词组的构成作比较（请参看后面名词词组部分）。

三、语气助词：语气助词是放在其他词后面，表达一种语气或表示某种感情色彩的词。在缅甸语中，这类词比较复杂。它的复杂性在于有许多助词常兼有多种作用。在不同场合含有不同的意义，在汉语中没有完全对应的词。要理解其基本含义及作用，必须从上下文的语言环境、说话人的各种不同感情，以及词本身的语法意义方面考虑，才能正确理解和运用。

在前面谓语助词部分，我们介绍了表示句子类型的助词。如陈述句、疑问句、祈使句、感叹句等都是由句尾助词来作标志。这些句尾助词反映了说话人的语气，从广义上来说，也应属于语气助词之列。汉语中就是将它们算作"语气词"，实际上作用都是相同，不过是分类不同而已。

在缅汉两种语言中除了用在句子最后的语气助词外，还有用在句子中间的语气助词。例如：ကလဲ /ga⁵³lɛ⁵⁵/ 用在名词、代词后，表示厌烦、埋怨的语气。

缅甸语	汉语
မင်းကလဲ၊ ကယ်နရန်ကော။	你也真是不开窍！
ဒီလေကလဲ တိုက်ဘဲတိုက်နိုင်ရန်ကော။	这风呀！真能刮！

ကား /ga⁵⁵/ 用于名词、代词、动词或 ကို၊ တွင်၊ မှာ 等许多助词后，表示加强语气。例如：

缅甸语	汉语
ဟိုလူကားငါ့ညီဘဲ။	那个人啊，就是我弟弟。
စားကားစား၏မဝ	吃倒是吃了，但没吃饱。
သူကိုကားမမေးမိချေ။	他呀，我可没问。
သူတို့ရပ်ရွာမှာကားပို၍ပင်လှပသာယာပါသည်။	他们村子哦，风景更美丽。

ကော /kɔ⁵⁵/ ①用于名词、代词、名词性词组后，表示进一步询问的语气。例如：

缅甸语	汉语
သူကော သူလည်းသဘောတူသလား။	他呢？他也同意吗？
ကိုထွန်းဝေကော၊ ဘယ်သွားသဝေထိုးနေပြီလဲ။	哥吞威呢？到哪里闲逛去了？
ကျွန်တော်သွားရင်ကောမရဘူးလား။	我去呢，不行吗？
လုပ်ကောဘာဖြစ်လဲ။	做了又怎么样？

② 用在句子后，表示肯定已经发生了。或加强语气。例如：

缅甸语	汉语
စာအုပ်တွေပြန်ယူသွားပကော။	书已经拿回去了呀！

缅甸语	汉语
ငါ့အိမ်ကိုမလာတာကြာပါပကော ။	有好久不到我家来了。
တကယ်ကိုသနားကျင်နာစိတ်စိုးစီးမျှမရှိပါပကော ။	真是一点也没有怜悯之心！

③ 用于两个相同的单音节动词中，表示强调。例如：

缅甸语	汉语
လေ့ကျင့်ခန်းများကိုလုပ်ကောလုပ်ပြီးပြီလား ။	这练习做完没有（做没做完）？
ငါပြောတာကိုမင်းကြားကောကြားရဲ့လား ။	我说的你听没听见？

ကို (ကိုး)/go⁵⁵/①用于两个相同的动词、形容词中，表示强调和决心，或表示故意跟客观要求或客观情况相左，汉语中常用副词表示。例如：

缅甸语	汉语
မှားကိုမှားတယ် ။	<u>就</u>是错了！
မေးကိုမေးမယ် ။	<u>偏</u>要问。
ဒီတစ်ခါဘေကျင်းကိုသွားကိုသွားမယ် ။	这一次<u>非</u>去北京不可！
အားကိုမအားဘူး။/အားတယ်လို့ကိုမရှိဘူး ။	<u>根本</u>没空。

② 有时放在动词名词、副词后，表示加重语气。例如：

缅甸语	汉语
နားကိုမလည်ဘူး ။	<u>根本</u>不懂。
ကောင်းကိုကောင်းတယ် ။	<u>就</u>是好！
ဒီလောက်များများပြောကိုမပြောခဲ့ဖူးဘူး ။	<u>从未</u>讲过这么多！

③ 用于其他助词或词组后表示强调。例如：

缅甸语	汉语
အခန်းထဲကကိုမထွက်ဘူး ။	<u>根本</u>不从房间出来。
အိပ်လို့ကိုမပျော်ဘူး ။	<u>根本</u>就睡不着。
မင်းကလွန်ကိုလွန်လွန်းတယ် ။	你<u>也太</u>过分啦！

ကိုး/go⁵⁵/①用在名词、代词、词组或句子之后，表示惊叹、恍然大悟。相当于汉语中的"原来（是）……呀"。例如：

缅甸语	汉语
ညော်-ခင်ဗျားရေးတဲ့စာအုပ်ထုတ်နေပြီကိုး ။	噢！<u>原来</u>你写的书出版啦！
သူတို့ကအဲဒီအကြောင်းများကိုဆွေးနွေးနေကြတာကိုး ။	<u>原来</u>他们就是讨论<u>这个</u>内容呀！
ညော်-ဒီလိုကိုး ။	噢，<u>原来</u>如此！
ညော် -ခင်ဗျားပါကိုး ။	噢，<u>原来</u>是你呀！

② 用在句子后，表示强调语气。例如：

缅甸语	汉语
မင်းပြေးလို့ကိုး။	就是因为你跑嘛！（所以才落得这样下场！）

在缅甸语的否定形式的句中，常用"ဘဲကိုး"的形式。例如：

စောစောကမပြောဘဲကိုး အခုလိုဖြစ်နေတာ	正因为不早说所以才落得现在的结局。
မင်းကိုပြောမပြတာ ကျွန်တော်တောင်မသိသေးဘဲကိုး။	（之所以不告诉你）<u>因为</u>连我<u>都还不知道</u>。

ကြီး /dʑi⁵⁵/ 用于名词或副词后，表示加重语气。例如：

缅甸语	汉语
ညကြီးသန်ကောင်ဘာသွားလုပ်မလို့လဲ။	<u>深更半夜</u>的，要去干什么？
ပြောင်ပြောင်ကြီးဆန့်ကျင်သည်။	<u>公开</u>的反对。
ရဲရဲကြီးလက်ခံလိုက်ပါသည်။	<u>大胆</u>地答应下来。
ဝမ်းနည်းစရာကြီးဗျာ။	<u>真</u>令人遗憾。
ကားစုပ်ကြီး။	<u>这破</u>车！
ဒီကောင်ကြီး။	<u>这家伙</u>！

缅甸语中还有一种语气助词 用于名词、动词或句子后，表示说话亲切随便。如：ကွာ၊ ကွ၊ ကွယ် /kwa²², kwa⁵³, kwɛ²²/等。ကွာ 一般用于长辈对晚辈或同辈男性之间，ကွ 语气更强一些，ကွယ် 表示语气比较亲切。这些语气助词在汉语中没有。例如：

缅甸语	汉语
မောင်ကျော်စိန် ၊ ခဏလာခဲ့ကွာ။	貌觉盛，你来一会儿！
မနက်မှာစောစောအိပ်ရာကထကွ။	早上早些起床！
အထူးသတိထားရမယ်ကွ။	要特别注意。
စကားမပြောနဲ့ကွယ်။	别讲话啦！
ညီလေး၊ ညီမလေးတို့ရယ် ပုံပြင်ကိုပြောပြီးပြီကွယ်။	小弟弟小妹妹们，故事讲完了。
ဟေ့-မခင်သစ် ငွေတစ်ကျပ်ယူခဲ့ကွယ်။	喂！玛钦娣，拿一元钱来。

缅甸语中语气助词 ခမျာ / khə mja²²/用在名词或代词后，表示对所指人物的同情。这种感情和语气在汉语中一般是通过感叹词表示，或者是通过直接在被同情的对象前加上形容词来表达。例如：

| 缅甸语 | 汉语 |

အဘိုးကြီးခများတစ်ညလုံးချောင်းဆိုးနေရှာတယ်။ 可怜的老头儿一整夜都咳个不停。
သူခများကွယ်လွန်သွားရှာပြီ။ 咳,他呀已经死了。
မမြင့်ခများအိပ်ရာထုန်ဘုန်းလဲနေတာကြာလှပြီ။ 可怜的玛敏卧床不起已很久了。

ခင်ဗျား/ khə mja⁵⁵ /表示文雅、敬意语气的助词,汉语中也有这种语气助词,尤其是常见于老北京人的口语中,就是"您哪"。和汉语一样,缅甸语也是借用第二人称代词的敬语形式,缅甸语中有男用和女用两种,本词只限男性用,常简化为 ဗျာ,女性用 ရှင်/ɕĭ²² 。例如:

| 缅甸语 | 汉语 |

ထိုင်ပါခင်ဗျား။ 请坐吧,您哪。
ည်သည်တော်များခင်ဗျား။ 各位来宾:
ကျေးဇူးတင်ပါတယ်ခင်ဗျား။ 谢谢!您哪。

ချေ /tɕhe²²/ 汉语中无此类语气助词。在缅甸语中 ①用于动词后加强语气或起和谐语气的作用。在书面语中用。例如:

ကျေနပ်စရာရှိချေသည်။ 令人满意。

② 用于句尾,表示祈使、命令的语气。一般用来表示朝远离自己的那边去。汉语中用连动形式表示。例如:

| 缅甸语 | 汉语 |

မင်းမမကိုသွားခေါ်ချေ။ 你去叫姐姐来!
နက်ဖြန်သူတို့ဆီကိုသွားပြီးအကူအညီပေးချေ။ 明天(你)去他们那儿帮个忙!
လွတ်လွတ်လပ်လပ်သွားနေချေတော့ဆိုပြီးနွားကိုဘေးမဲ့ "自由自在地去生活吧"说完
လွှတ်လိုက်တယ်။ 将牛放了。

ချည်း/dzi⁵⁵/ 用于名词、代词或词组之后,表示强调,相当于汉语的"尽……"。例如:

| 缅甸语 | 汉语 |

သူချည်းပြောနေသည်။ 尽是他一个人讲。
ဒီလိုချည်းလုပ်နေလို့ဘယ်ဖြစ်မလဲ။ 尽这么干,怎么行呢?
မသိဘူးလို့ချည်းပြောနေသည်။ 老是回答"不知道"。
လူချည်းအားကိုးနေလို့မရပါ။ 不能光靠人,也要靠技术。
အတတ်ပညာကိုလည်းအားကိုးရပါသည်။

စွ /swa⁵³/ 书面语体多用在形容词后,表示惊叹的语气,汉语中也常用副词来表示,或者用语气词"啊"、"哇"等。例如:

缅甸语	汉语
ကောင်းစွ မင်းသားက။	你的儿子<u>真</u>棒!(真棒啊!你的儿子。)
သာစွဤနေရာကရှခင်းတွေ ။	这里的风景<u>真</u>优美!(多么优美啊!)
ကောင်းစွ ဒီနေရာကကျေးရွာများကိုလူလောကနိဗ္ဗာန်လို့ခေါ်ထိုက်ပါပေတယ် ။	好<u>啊</u>!(好哇!)这儿的农村真称得上"人间天堂"!

တော့ /dɔ⁵³/ ① 用于名词、代词、数量词、词组或句子后,表示转折的语气,汉语中同样有这种表达方式,常用"倒是"、"倒""可"等。例如:

缅甸语	汉语
ကျွန်တော်က<u>တော့</u>သဘောတူပါတယ် ။	我<u>倒</u>是同意的。(不知别人怎么样)
လွတ်လပ်ရေးကို<u>တော့</u>အရယူခဲ့ပြီ၊သို့သော် ဆင်းရဲခြင်းမှ<u>တော့</u>လုံး၀မလွတ်မြောက်သေးချေ ။	"独立"<u>倒</u>是争取到了,可是完全没有摆脱贫穷。
ဒါ<u>တော့</u>ဒါပေ့ါဗျာ ။	这<u>倒</u>也是!
နောက်<u>တော့</u>ဘယ်လိုနေသလဲ ဆက်ပြောပါ ။	后来呢?怎么样,请说下去。
မီးရထားနဲ့<u>တော့</u>မရောက်နိုင်ပါဘူး ။	乘火车<u>可</u>到不了。
သူတို့ဘာလုပ်မလို့လဲ<u>တော့</u>မသိဘူး ။	(我)<u>可</u>不知道他们要干什么。

② တော့ 与形容词、动词连用时,常用"动(形)+ တော့ 动(形)"的形式,表示转折语气。而且前后的动词或形容词相同,这在汉语中也有同样的表达方法。例如:

缅甸语	汉语
ကောင်း<u>တော့</u>ကောင်းပါတယ်၊ဒါပေမဲ့	好<u>倒</u>是好,但是……
လှ<u>တော့</u>လှပါတယ် ၊ဈေးနန်းကြီးတယ်	漂亮<u>倒</u>是漂亮的,就是价钱有些贵。
အား<u>တော့</u>မအားဘူး၊ဒါပေမဲ့မင်းလာနိုင်ပါတယ် ။	空<u>倒</u>是没空,但是你可以来。
ဖတ်<u>တော့</u>ဖတ်ပြီးပြီ၊ ဒါပေမဲ့နားမလည်သေးဘူး ။	看<u>倒</u>是看完了,就是不懂。

③ 表示允许、祈使、命令,汉语中用语气助词"吧"、"了"等。例如:

缅甸语	汉语
သွား<u>တော့</u> ။	走<u>吧</u>!
အိပ်<u>တော့</u>၊ အိပ်<u>တော့</u>	睡<u>吧</u>,睡<u>吧</u>。
နေပါစေ<u>တော့</u> ။	算<u>了</u>!

မလုပ်ပါနဲ့တော့။ 别干了！

④ တော့ 与将来时的句尾助词 မည် (မယ်) 等连用时，表示"即将"之意。汉语中则用副词来表示。例如：

| 缅甸语 | 汉语 |

ကားလာတော့မယ်။ 车快来了。
ကျွန်တော်သွားရတော့မယ်။ 我要走了。
နက်ဖြန်သူတို့နှင့်ခွဲခွါရတော့မည်၊ အင်မတန် 明天即将与他分别，心中很不好受。
စိတ်မကောင်းဖြစ်မိပါသည်။
များမကြာမီမှာတော့နေမင်းကြီးထွက်လာပါတော့မည်။ 不久太阳即将升起。

⑤ တော့ 在否定句中，用于动词后，表示动作不会再发生的意思。汉语中同样有这种表达方式。例如：

| 缅甸语 | 汉语 |

ထိုနေ့မှစ၍သူသည်မသွားတော့ချေ။ 从那天开始，他不再去了。
မဝေသည်သူ့အမေကိုခဏခဏမလွမ်းတော့ချေ။ 玛薇不再老惦念着她的母亲了。
သက်သက်သည်ကျွန်တော့်ကိုမကြည့်တော့ချေ။ 岱岱不再看我一眼，也不再吭声了。
ဘာမှလည်းမပြောတော့ချေ။

⑥ တော့ 与句尾助词 သည် 等联用时，表示"就……""于是就……"。例如：

| 缅甸语 | 汉语 |

အနှစ်များစွာအတွင်းတွင်းမဆုပ်မနစ်တိုက်ပွဲဆင်နွှဲခဲ့၍ 经过多年的不屈不挠的斗争，终
နောက်ဆုံးတွင်လွတ်လပ်ရေးရရှိတော့သည်။ 于获得了独立。
ယခုမှနားလည်လာတော့သည်။ 到现在才懂得了。
အဓိကရုဏ်းများသည်တဖြေးဖြေးငြိမ်ကျသွားပါတော့ 冲突逐渐平息下去。
သည်။

⑦ တော့ 女性互相之间谈话时用于句尾，表示亲切、敬重的语气。汉语中没有这种表达方式。例如：

| 缅甸语 | 汉语 |

ကျွန်မလည်းမသိဘူးတော့။ 我也不知道。
ရော့တော့ရော့စိန်နားကပ်။ 给你，给你这钻石耳坠。

တော် 女性谈话时表示敬重或应答时用的语气助词,汉语中无此类助词。例如:

缅甸语	汉语
ဟုတ်သားဘဲတော် ။	可不是吗。
မသွားပါနဲ့တော် ။	别去了。
ကျွန်မမသိဘူးတော်၊သူတို့အရှုပ်အရှက်ထဲကိုလည်း	我不知道,也不想介入他们这个
မပတ်သက်ချင်ဘူးတော် ။	混乱中去。

တောင် / taũ ^{22}/口语体,表示强调的语气助词,书面语体中用 ပင်/pĩ ^{22}/。它可以放在任何句子成分的后面。汉语中同样有这种形式。汉语中用 "连……"、"甚至"。例如:

缅甸语	汉语
ခင်ဗျား<u>တောင်</u>မသိဘူးလား ။	<u>连</u>你都不知道吗?
ဒါကို<u>တောင်</u>နားမလည်ဘူးလား ။	<u>连</u>这个都不懂呀?!
အလကားပေး<u>တောင်</u>မလိုချင်ဘူး ။	就是白给<u>也</u>不要!
၂၅ ကျပ်<u>တောင်</u>ပေးရတယ် ။	<u>都</u>要25元钱呢!
ပြောပြဖို့<u>တောင်</u>ရှက်သည် ။	<u>真</u>是难以启齿。
စကားလက်ဆုံကျနေလို့ထမင်းစားဘို့<u>တောင်</u>မေ့သွားတယ် ။	谈得十分投机,<u>连</u>吃饭都忘了。

如果强调动作时,往往用 " ... ပင် / pĩ ^{22}/ ... (.. တောင် ...) "的形式来表示,而前后两个动词相同。(形容词也类似)。例如:

缅甸语	汉语
မေးပင်မေးခဲ့သေးသည် ။	(我)<u>还</u>问了<u>一下</u>呢。
ကြည့်ပင်မကြည့်ရသေးပေ ။	<u>连</u>看<u>都</u>没看呢!
ဤသည်မြင်ပင်မမြင်ဖူးသေးချေ ။	这个<u>连</u>看<u>都</u>没看见过。

在缅甸语中,如果动词是主谓结构或宾动结构的合成词,则 ပင်(တောင်) 放在这个动词中间。例如:

缅甸语	汉语
နားပင်နားမလည်ပါ။	连懂都不懂。
ဂရုပင်မစိုက်နိုင်တော့ပေ ။	连顾都顾不上了。
မျက်နှာပင်မဆေးသေးပေ ။	连脸都没洗呢!

နော် / nɔ ^{22}/用在名词、代词、动词、词组或句子后,表示征询、嘱咐、恳求、责怪或威胁等口气。汉语中常用 "啊" 或用反问句形式表示。例如:

缅甸语	汉语
ဒီနေရာကရှုခင်းတွေတော်တော်လှတယ်နော်	这儿挺优美的，<u>是不是</u>？
အိမ်-သူလည်းသူတော်ကောင်းတစ်ယောက်ဘဲနော်	嗯,他也是一个大好人,<u>你说是不是</u>。
ငါအခုအဲပြန်လာခဲ့မယ်နော်	我马上就回来。知道吗！
လုပ်ပြီးမှပြန်လာရမယ်နော် ။	只能做完了再回来，<u>知道了吗</u>？
ကျွန်တော်တို့ပြောထားပြီနော် ။	咱们说好了，<u>是吧</u>？
သတိထားနော် ။/dðə di' tha: nɔ/	你要小心啊！

နဲ့ /hnɛ²²/用于名词、代词后，表示埋怨、指责的语气。口语体中用。汉语中用"呀""哪"或其他形容词来表示。例如：

缅甸语	汉语
မင်းနဲ့ ၊ဆူလိုက်တာ ။	你呀，真吵人！
သန်းသန်းနဲ့ ၊မင်းမလာနိုင်ယင်လည်းဖုန်းဆက်ရောပေါ့ ။	丹丹呀，你来不了也该打个电话给我呀！
ဒီဖောင်တိန်နဲ့ဘာဖြစ်လို့မှန်းမသိရေးလို့ကိုမရဘူး ။	这破钢笔！也不知怎么啦，字都写不出来。

ပ /pa⁵³/用于句尾，表示强调，肯定。例如：

缅甸语	汉语
ဟုတ်ပ။	是的！
အလုပ်တော်တော်များထင်ပ။	想来你工作<u>一定</u>很忙。

ပ 也是 ပေါ့ 的简化形式，详见 ပေါ့ 条。

ပါ /pa²²/作为祈使句的句尾助词的"吧"在缅甸语和汉语中完全相同。但在缅甸语中，还有一种语气助词用在动词后面，表示语气的委婉、文雅，有礼貌。在汉语中却没有同样的助词。例如：

缅甸语	汉语
တော်ပါပြီ ဗျာ ။	够了。
တိုးတိုးဗျာ၊ကလေးတွေကအိပ်နေပါတယ် ။	请不要大声讲话，孩子们在睡觉呢！
ကျွန်တော်နက်ဖြန်လာပါဦးမယ် ။	我明天还要来。
ဟုတ်ပါတယ်ဗျာ ။	是的，您哪！
ကျေးဇူးတင်ပါတယ် ။	谢谢！

ပါလေရော /ba²²le²²jɔ⁵⁵/ 用于动词后，强调说明动作发展到了某种地步。一般不用在否定形式中。例如：

缅甸语	汉语
သူဆယ်နှစ်အရွယ်မှာသူ့မေမေကွယ်လွန်သွားပါလေရော။	当他 10 岁时，他妈妈<u>便</u>去世<u>了</u>。
သူတို့ဆီရောက်တော့ သူတို့လည်းအလုပ်ကိုလုပ်ပြီးပါလေရော။	到达那儿，他们已经把工作干完<u>了</u>。
ကျွန်တော်တလိုက်တယ်ဆိုယင်ဘဲဟိုလိုတရဇဘလုံးကြီးပေါ်ပေါက်လာပါလေရော။	我一想，那聚宝盆<u>就</u>出现<u>了</u>。

ေပ/be²²/用在动词后，表示加强语气和表示肯定语气，汉语中无此类助词。例如：

ဘေးကျင်မြို့လာတာ၃လရှိပေပြီ။	到北京<u>已经</u>有 3 个月了。
ကံကိုပြိုင်၍မရပေဘူး။	无法与命运抗争。
အချိန်ကြာတော့မေ့သွားပေလိမ့်မည်။	时间一久就会忘了的。

ပေါ့/pɔ⁵³/口语体，用于名词、代词、动词、词组或句子后面，表示肯定、理所当然之意。例如：

缅甸语	汉语
ငါပြောတာသူပေါ့။	我讲的<u>当然</u>就是他<u>罗</u>！
ဒါတွေအားလုံးမိဘရဲ့ကျေးဇူးဘဲပေါ့။	<u>这当然</u>都是父母之恩<u>罗</u>。
ဟုတ်တော့ဟုတ်တာပေါ့။	这倒<u>真</u>是这么一回事。
စားတော့စားတယ်နဲ့တာပေါ့။	吃倒是吃了，<u>当然</u>是很少<u>罗</u>！
ငါ့ကိုလာခေါ်ရင်လိုက်မှာပေါ့။	你来叫我的话，我当然<u>会</u>跟你们去<u>罗</u>！
မင်းလုပ်တတ်ရင်လုပ်လိုက်ပေါ့။	要是你会做，做<u>就</u>是了！

ပင်/pĩ²²/①书面语体，与口语体 တဲ့ 相同。例如：

缅甸语	汉语
မေးသောသူသည်ကိုတက်တင်ပင်ဖြစ်သည်။	问的人<u>就</u>是哥德丁。
သူကအေးတိအေးစက်နှင့်ပင်ဖြေလေသည်။	他<u>就</u>慢条斯理地回答着。
သူချက်ချင်းပင်မျက်နှာထားပြောင်းပစ်လိုက်ပါသည်။	他马上<u>就</u>变了一副脸色。
သူ့အားဆုံးမရန်ပင်ဦးကျောက်ခြောက်အာခြောက်လုပ်ပါသည်။	<u>就</u>为教育他，不知费了多少心思和口舌。

② 表示强调，与口语体中的 "တောင်" 相同。例如：

缅甸语	汉语
ဘေကျင်းရောက်တာသုံးလတောင်ရှိနေပြီ။	到北京<u>都</u>已经有三个月之久了。

缅甸语	汉语
လမ်းမီးတောင်ခါတိုင်လိုမလင်းတော့ဘူး ။	连路灯也不如平时那么亮。
ခေါင်းမော်ပြီးတစ်ချက်ပင်မကြည့်ဝံ့ချေ ။	连抬起头看一眼都不敢。

ဖြင့် /phĩ⁵³/ 表示感叹、强调。相当于汉语的"呀!"。例如:

缅甸语	汉语
ကျွန်တော်ဖြင့်အလွန့်အလွန်စိတ်ပျက်သွားပေသည် ။	我呀,真的太灰心了。
ကျွန်တော်ဖြင့်ပြောလိုက်ဆိုလိုက်ရတာမောလို့ ။	我呀又得说他,还得跟他讲道理,真累人。
ခင်ဗျားတို့အကူအညီမရရင်ဖြင့်အောင်နိုင်မှာမဟုတ် ။	要是没有你们的帮助,不可能获胜。

ဗျို့ /bjo⁵³/ 用在句尾,告诉别人或向人表示招呼之意,汉语中也有此类助词。例如:

缅甸语	汉语
ရပြီဗျို့ ။	得到了呲!
ကြားကြားသမျှဗျို့ ။	大家听着喽!
အားလုံးလာကြပါဗျို့ ။	大家快来呀!

ဘဲ /bɛ⁵⁵/ ①用于名词、代词、词组后,作句尾助词,表示肯定,相当于汉语中的"是……"、"就是……"之意。例如:

缅甸语	汉语
သူဘဲ ။	就是他。
ကိုနကလူအေးဘဲ ။	哥努是个文静的人。
ဒုက္ခဘဲ၊စာအုပ်ကိုဟိုမှာကျွန်ကျွန်ရစ်ခဲ့တယ် ။	坏了!把书落在那儿了。

② 用在任何一个句子成分后表示专指或限制,书面语体用 သာ 相当于汉语的"就是……""只……""仅仅……"。例如:

缅甸语	汉语
ဒီနေ့ညဒီမှာဘဲနားရတော့တယ် ။	今晚只能在这儿休息了。
အခန်းထဲမှာလူနှစ်ယောက်ဘဲရှိတယ် ။	房间里只有两个人。
အခုဘဲသွားယူပါ ။	就现在马上去拿。
ဒါဘဲယူရသလား ။	就拿这个吗?

③ ဘဲ 用在动词后,表示强调语气时,动词要重复。这类句子中不能用 သာ。例如:

缅甸语	汉语
ရှိဘဲရှိသေးရဲ့လား ။	还有没有呀?

| ဒါကိုပြောဘဲမပြောချင်ဘူး။ | 根本就不想提它。 |
| ဆော့ဘဲဆော့နိုင်လွန်းတယ် ။ | 真能淘气。 |

များ /mja⁵⁵/用于名词、代词、副词、助词、词组和句子之后，加强疑问色彩，表示估计、猜测、疑问之意。例如：

缅甸语	汉语
ဘယ်များရောက်နေမှန်းမသိဘူး ။	不知究竟到哪里去了？
လမ်းမှာများကျနေသလားမသိဘူး ။	不知道是否掉在路上了？
သူဘာဖြစ်လို့များမလာသလဲ	他为什么不来呢？
ကျွန်တော်များလာတာလိမ့်မယ်လို့အောက်မေ့နေသလား။	你以为我会来阻拦你？

များ 也可以用在两个相同的动词中间，表示怀疑：例如：

| သူလာများလာမလားမသိဘူး | 不知道他来不来？ |
| ကျွန်တော်ကိုမှတ်များမှတ်မိသေးသလားမသိ ။ | 不知道还记不记得我？ |

မှ /hma⁵³/用于名词、代词、副词或词组之后，表示强调语气，汉语中同样有"才""也"等。例如：

缅甸语	汉语
အခုမှပေါ်လာတော့တယ် ။	现在才出现。
ဘာမှလည်းမပြောသေးဘူး။	什么也还没有讲呢。
ဒါတောင်မှမကြိုက်ဘူးဆိုရင်ကျွန်တော်မတတ်နိုင်တော့ဘူး။	连这个都不喜欢，我就没办法了。
ခင်ဗျားမှမပြောဘဲ	你又不说！（说的话当然就会知道罗）

မှာ /hma²²/用在动词后，常与 သ 联用，表示强调、肯定的语气，也表示坚定的决心。例如：

缅甸语	汉语
ငါလာမှာပါ ။	我一定会来的。
ဒီလိုလုပ်ရင်ဘယ်ရမှာလဲ ။	这么做怎么能行呢？
မလုပ်နဲ့မောဟိုက်မှာ ။	别动了，要不然会气喘的！
ဘယ်လိုလုပ်ရမှာလဲ ။	该怎么办呢？

မှတ်လို့ /hmaʔ⁴⁴lo⁵³/口语体中用于词组或句子后，从反面强调语气。近似于汉语的"别以为是……"。例如：

缅甸语	汉语
ကျွန်တော်တို့လိုင်စင်ရတာများလွယ်တယ်မှတ်လို့ ။	你以为我们得到一个执照容易哪！

| ဒါများခက်တာမှတ်လို့ ။ | 这有什么难哪？ |
| ကျွန်တော်မသိဘူးမှတ်လို့လား ။ | 你以为我不知道？ |

ရာ /ja²²/ 用在名词后，表示招呼或亲热的语气。例如：

缅甸语	汉语
မိတ်ဆွေရာ ငါ့ဘို့လဲနဲနဲလေးချန်ထားပါ ။	朋友啊，也给我留点儿吧。
မောင်ဘရာ စိတ်မဆိုးပါနဲ့တော့ ။	貌巴呀，你别生气了。
အစ်ကိုကြီးရာ ဒီလိုဆို ကျွန်တော်တို့လည်း စမ်းကြည့်ကြတာပေါ့ ။	大哥啊，这么说咱们当然也去试一试看。

ရေ့ /jɔ⁵³/ 用于动词后，表示推测、预测、估计等。例如：

缅甸语	汉语
ပင်ပန်းလှရော့ပေါ့။	想必累极了吧？
ကျွန်တော့်ကိုညည်သည်အဖြစ်သဘောထားရော့သလားမသိ ။	不知道他们是否把我们当客人了。
မေမေမေမေ ကျွန်တော် ကိုပြန်လာမယ်ပြန်လာမယ်လို့ မျှော်တော်ဇောနင့်နေရော့မယ်ထင်တယ် ။	妈妈，您一定焦急地盼着我回来吧？
အခုသူရောက်နေရော့သလားမသိဘူး ။	不知道现在他是否已经到了？

ရော /jɔ⁵⁵/ ① 表示动作完成状态。相当于汉语的语气助词"了"、"了呗"例如：

缅甸语	汉语
သူ့နဲ့ပြောပြီးယင်ပြီးရော ။	跟他讲了就行了呗。
ညာ၂ နာရီလဲထိုးရော	晚上十二点；我也就进入了梦乡。
ကျွန်တော်လဲအိပ်ပျော်သွားပါလေရော ။	
ငွေ ၂၀ နဲ့ပြီးရောလား ။	花二十元钱就了结了吗？
ငွေ၂၀နဲ့တော်ရောပေါ့ ။	20 元钱也就该行了呗！

② 表示进一步的询问，与 ကော 的①相似。例如：

缅甸语	汉语
ကိုကြိုင်ကိုရောတွေ့ခဲ့ရဲ့လား။	哥姜呢？你见到没有？
မင်းနေ့တိုင်းဖတ်စာကိုဖတ်ရောဖတ်ရဲ့လား။	课文呢，你是不是每天早上读？

ရောပေါ့ /jɔ⁵⁵pɔ⁵³/ 表示责怪或不耐烦。例如：

缅甸语	汉语
မင်းဒါလောက်တောင်ရနေပြီဘဲ တော်ရော့ပေါ့ ။	你得了这些也该满足了！
မင်းမလာခင်စာလေးဘာလေးရေးရော့ပေါ့ ။	你也该在来之前写封信来呀！
ဒါလောက်တောင်ပြောပြီးပြီဘဲ နားလည်လောက်ရော့ပေါ့ ။	讲了这些也该懂了吧。

ရယ် /jɛ²²/ ① 用于名词后，表示招呼人。例如：

缅甸语	汉语
မောင်ဘရယ်–ငါ့စကားကိုနားထောင်စမ်းပါ။	貌巴呀，你听听我的话吧！
တော်တော်ရှုပ်ပါတယ်ပေါ်ဦးရယ်။	波乌呀，太复杂了。
ဘွားဘွားရယ်–ကျွန်မကျောင်းသွားတော့မယ်။	奶奶，我要上学啦！

② 强调主语或其他带助词的句子成分时用。例如：

缅甸语	汉语
လူကလေးရယ်ငိုခိုဖမ်းလိုပေး။	孩子呀哭了,(我)去抓只鸽子给你玩。
အရေးအသားရယ်ကလဲမဆိုးလှဘူး၊ အရင်ကရေးဖူးသလား။	文笔呐倒还不错，从前写过吗？

ရာ /ɕa²²/ 用于动词后，表示同情的语气。汉语中常用副词或形容词来表示。例如：

缅甸语	汉语
အရိုက်ခံရလို့ငိုနေရှာတယ် ။	挨了打，正在伤心地（或委屈地）哭着。
သူ့ဘိုးဘိုးသည်လွန်ခဲ့တဲ့နှစ်ကကွယ်လွန်သွားရှာပြီ ။	可怜他爷爷去年过世了。
ကားတိုက်ခံရလို့ဒဏ်ရာရသွားရှာတယ် ။	因为出了车祸，不幸受了伤。

ရှင် /ɕɪ̃²²/ 女用，表示对对方的尊敬和客气时用在句尾。ရှင် 与 ရှင် /ɕɪ̃⁵³/ 只是在语气强弱上稍有差别。汉语中只有男用的"您哪"，无此类女用的助词。例如：

缅甸语	汉语
သောတရှင်များရှင် အခုဆက်လက်ပြီးပြည်တွင်း သတင်းများကိုလွှင့်ပါတော့မယ် ။	听众们，现在继续播送国内新闻。
အမကြီးရှင် ကျွန်မနားမလည်တာတစ်ခုရှိတယ် ။	大姐，我有一个地方弄不懂。
စိတ်ချပါရှင် ။	您放心吧！

လေ /le²²/ ① 放在动词后，无特殊意义只作和谐语气用，汉语中无此类助词。例如：

缅甸语	汉语
ပျားကောင်က ပန်းများအပေါ်မှ ပျံဝဲနေကြလေသည် ။	蜜蜂在花朵上空飞舞。

မောင်လှမြင့်ကသူ့အဖေနောက်လိုက်သွားလေသည် ။   貌拉敏跟着他父亲走了。
ပီးခဲ့သောဆယ်နှစ်အတွင်းတွင် ဘေကျင်းမြို့သည်   近十年北京起了很大变化。
အကြီးအကျယ်ပြောင်းလဲလာခဲ့လေသည် ။

② 用在句子后面，表示提醒对方或肯定语气。含有"你知道吗？就是……嘛"的意思。以下③④⑤⑥中的缅甸语中的语气助词，在汉语中都有对应的词如"呀"、"嘛"、"不是……吗"等。例如：

缅甸语   汉语
ဟိုအမျိုးသမီးဟာသူ့မလေ ။   那位妇女就是他的姐姐呀！
မေ့သွားမှာပေါ့ ၊တူမှတူမတူဘဲလေ ။   当然会忘记罗，根本不一样嘛！
ပညာရွှေအိုးလူမခိုးပြောကြတယ်လေ ။   不是说"知识是个偷不走的金坛子"吗？

③ 用于句子后，表示不耐烦或无可奈何的语气。例如：

缅甸语   汉语
ခင်ဗျားသဘောပေါ့လေ ။   随你的便好了。
မတတ်နိုင်ဘူးလေ ။   我有什么办法？（我可无能为力呀）
သွားခိုင်း နေလေတော့ သွားရတာပေါ့လေ ။   既然让去就只能去呗！

④ 用于动词后，表示督促对方的语气。例如：

缅甸语   汉语
ထိုင်လေ ။   坐呀！
မလောနဲ့လေ ။   别着急嘛！
ပြောလေ မင်းဘာကြိုက်သလဲ ။   你说呀，你喜欢什么？

⑤ 用在各个句子成分后面，无特殊意义，只表示讲话中的间歇。

缅甸语   汉语
ဟိုဟာလေ . . . . ပြောပြောနေကြတဲ့ဟိုအတန်းကလေ   那个……就是说那个班。
ကျွန်တော်လေ   我呀，明天会议结束后进城。
နက်ဖြန်စည်းဝေးပြီးယင်မြို့ထဲသွားမလို့ ။

⑥ 表示同意。例如：

缅甸语   汉语
ဒါယူမလား ။ယူလေ ။   拿这个吗？拿吧。
ဟုတ်တယ်လေ ဒီလိုဘဲဖြစ်ရမှာဘဲမဟုတ်လား ။   是啊，肯定会这样的，是吧！

လေခြင်း /le²²dʑĩ⁵⁵/ 用于动词、形容词后，表示感叹、悔悟的语气。例如：

缅甸语	汉语
ဖြစ်မှဖြစ်ရလေခြင်း ။	唉呀，怎么会这样呢！
မှားလေခြင်း။	错啦。

လေစွ /le²²zwa⁵³/ 书面语体，表示赞叹语气。例如：

缅甸语	汉语
သာယာလေစွ၊နွေဦးရာသီနံနက်ချိန်ခါ	太美了，这春天的早晨！
တစ်လောကတွင်ငါတို့နှစ်ယောက်တည်းသာရှိလျှင်ကောင်းလေစွဟုတောင်တမိ၏။	心里想过："整个世界就我们俩那该多好啊！"

လို့ /lo⁵³/ 与疑问句尾词 လား၊ လဲ 结合，常常有反问或责问的意思。汉语中用"难道……"例如：

缅甸语	汉语
ဒီနေ့ဘောလုံးပွဲရှိလို့လား။	难道是因为今天有足球赛？
ငါအဒီလိုပြောခဲ့လို့လား။	难道我这么说过吗？
မင်းဘာပြောစရာရှိလို့လဲ။	你有什么可说的？

သတည်း /dðə di⁵⁵/ 书面语体用于动词后，表示强调语气。往往用于文章的段落最后或全文的最后。汉语中无此类助词。例如：

缅甸语	汉语
ဆွေးနွေးပွဲတခုလုံးချစ်ကြည်ရင်းနှီးမှုဖြင့်ပြန်းတီးနေသတည်း။	整个讨论会充满了友好的气氛。
လိုရာပြည့် စိတ်တိုင်းကျပါစေသတည်း။	祝你万事如意！
သူဝမ်းနည်းစွာဖြင့်ထွက်သွားပါသတည်း ။	他伤心地走了出去。
ကျောင်းသားများကဤသိုပင်ကကြဆိုကြနှင့်နေကြပါသတည်း ။	学生们就这样唱歌跳舞。

သာ /dðɑ²²/ ① 可以用于句子中各个成分后，表示强调、限定、排除等意思。口语中用"ဘဲ /bɛ⁵⁵/"。汉语中有"只"、"就"、"仅仅"等。例如：

缅甸语	汉语
သူသာအကောင်းဆုံး ။	只有他最棒。
ကျွန်တော်ကဒီဝတ္ထုကိုသာကြိုက်သည် ။	我就喜欢看这本小说。
မြန်မြန်သာသွားပါ ။	（你就）快去吧！
အများအားဖြင့်စက္ကူနှင့်သာထုပ်သည် ။	大部分仅有纸包裹。

缅甸语	汉语
ကျွန်တော်ကိုယ်တွေ့မျက်မြင်ဖြစ်နေလို့သာ မယုံဘဲ မနေနိုင်တော့ပါ ။	只因为是亲眼目睹的事情,所以不得不信。

② 加在两个相同的动词中间,表示强调。与汉语的副词"尽管"、"只管"相当。例如:

缅甸语	汉语
အားမနာပါနဲ့ပြောသာပြောပါ ။	别客气,尽管说吧!
စာအုပ်ကိုတော့ဖတ်လို့သာဖတ်တယ် ၊	书倒是看了,可惜一点儿也没有看懂。
ဒါပေမဲ့နည်းနည်းမှနားမလည်ဘူး ။	

သားဘဲ /tθa⁵⁵bɛ⁵⁵/用于动词或形容词后,表示完全肯定的语气。汉语中用"啊"、"呀"等。例如:

缅甸语	汉语
ကောင်းသားဘဲ ။	好啊!
ခင်ဗျားပြောတာမှန်သားဘဲ ။	你讲的对呀!
သတ္တိရှိတယ်လို့သာပြောသည် ၊ရင်းခုန်တာကမြန်သားဘဲ ။	说是胆子大,心可跳得挺厉害呢。

ဟ /ha⁵³/用于语尾,长辈对晚辈或同辈之间的提醒督促时用。例如:

缅甸语	汉语
နေပါအုန်းဟ။	喂,等一会儿!
လိုက်ဟ၊လိုက်ဟ ။	追呀!追呀!
သူ့ကိုမြန်မြန်သွားခေါ်ပါဟ။	快去叫他呀!

ဟာ /ha²²/①加强语气,表示更加肯定。例如:

缅甸语	汉语
ဘယ်ခေမလဲ၊ဇာတ်လိုက်ဘဲဟာ။	怎么会差呢?人家可是演员。
အစောကြီးရှိပါသေးတယ်ဟာ။	哎呀,还早着呢!
သိမှမသိဘဲဟာ ၊ဘယ်ပြောပြနိုင်မှာလဲ	我又不知道呀,怎么告诉你呢?

ဟေ့ /he⁵³/用在句子最后,告诉别人某事时用的语气助词,汉语中却用呼语形式用在句子前。例如:

缅甸语	汉语
ခါတိုင်းလက်ရာမျိုးမဟုတ်ပါကလားဟေ့။	喂,这不像你平时的作品呀!
နက်ဖြန်ကျုပ်တို့အိမ်ကိုလာပါအုန်းဟေ့။	喂,明天到我家里来!

ဟင်း /hĩ⁵⁵/用于疑问句后,表示反问或探询的语气。汉语中常用"嗯"来表示。例如:

缅甸语	汉语
မင်းနားလည်ပြီလားဟင်း။	你懂了吗？嗯？
မြင်၊အိပ်ပျော်ပြီလားဟင်း။	绵，你睡着了没有？嗯？
သူကဘာပြောတယ်ဟင်း။	他说什么了？嗯？

ဟင် /hɛ²²/ ① 用在句尾，同辈之间或长辈跟晚辈讲话时用。表示亲切的语气。类似 ကွယ်၊ကွာ 等。汉语中无此类助词。例如：

缅甸语	汉语
မနက်စောစောထဟယ်။	早晨早点儿起！
နင်သိချင်ရင်စာအုပ်တွေဖတ်ပါလားဟယ်။	你想弄懂这些，就去看书吧！
မိဗြူ-ငါ့ကိုခွင့်လွှတ်ပါဟယ်။	米漂，请你原谅我吧！

② 用在句尾，表示斥责，不满的语气。例如：

缅甸语	汉语
သွားကောဟယ်။	去你的吧！
သေပေရော့ဟယ်။	你去死吧！
ဒီလိုဘယ်ပြောကောင်းမလဲဟယ်။	嗨！怎么能这么说呢？

အေ / e²² /用在句尾，妇女之间说话亲切的语气。汉语中无此类助词。例如：

缅甸语	汉语
မမကလဲအေ၊မီမီကိုခေါ်လဲမခေါ်ဘူး။	姐姐也真是，也不叫我一下。
ဒီလိုစကားမျိုးပြောမနေစမ်းပါနဲ့အေ။	别说这种话！

ဥစ္စာ / ouʔ⁴sa²² /用于句子之后，表示不满或不耐烦的语气。例如：

缅甸语	汉语
ရှိမှမရှိဘ ဥစ္စာ ။	我又没有！（叫我怎么拿出来？）
နင်နဲ့ငါဟာတာဝန်အတူတူဘ ဥစ္စာ။	你跟我任务一样嘛（有什么可不满的）。
ငါဘာသာငါအေးအေးဆေးဆေးထိုင်နေတဲ့ ဥစ္စာ ။	我自己老老实实地坐在这儿（你为什么要来挑衅呢？）

缅汉两种语言中的"助词"，按语法作用总的可分成三类，即：①形态助词②结构助词③语气助词。两种语言的助词通过上文列举许多例子比较，可以发现它们有相同的地方，也有不同的地方，通过归纳可以从下列表中一目了然：

缅甸语	汉语
（一）结构助词多： ① 有主语助词：သည်၊က၊ဟာ၊မှာ၊အနေနှင့် 等 ② 宾语助词：ကို၊အား ③ 定语助词较多：၏(ရဲ့)၊မှ(က)၊ရှိ၊သော(တဲ့)、သည်(တဲ့) 等 ④ 状语助词较多： ⑤ 谓语助词多 ⑥ 无"补语"。按语法作用和语法意义以及词义和用法来看，归入"状语助词"中。	（一）只有少量的结构助词。 ①无主语助词 ②无宾语助词 ③ 有少量的定语助词。如："的" ④ 有少量的状语助词。如："地"，许多表示时间、原因等都用介词 ⑤ 有少量的谓语助词。如："着、了、过" 有些缅甸语中的助词汉语中用连词、副词 ⑥ 有"补语"，但无"补语助词"
（二）有形态助词：如ခြင်း၊ရေး၊တာ မှာ၊ကြောင်း等	（二）无形态助词
（三）语气助词 ① 表示句子类型（语气）的 如： 陈述句：有句尾助词 သည်(တယ်)၊မည်(မယ်)၊ပြီ၊ခဲ့၊ဘူး 等 疑问句：有句尾助词如：လော(လား)၊နည်း(လဲ) 祈使句：有句尾助词如：ပါစေ၊ခဲ့၊ပါ၊ရစေ 等。 感叹句等用语气助词。 ② 表示强调、限制等各种语气的虚词都用"语气助词"	（三）感叹词或语气词 ① 表示句子类型（语气）的 如： 陈述句:有少量的谓语助词,如：了、着、过等。 疑问句：有语气词：呢、吗等。 祈使句：有句尾助词，如：表命令、请求的"吧"等。有些无助词，通过标点符号"！"表示。 感叹句等用语气词。 ② 表示强调、限制等各种语气有些用"介词"、有些用"副词"。

注：缅甸语助词有口语体和文章体的差别，上表中缅甸语助词带括号者为口语体。

缅甸语助词数量不少，在句子中出现的频率很高，其重要性是可想而知的。缅甸语和汉语中的助词有下列几个方面的特点与功能：

（1）缅汉语中的助词是一种虚词，不能单独充任句子成分。它必须与名词、代词、动词等其他词或词组结合在一起，才能充任句子成分。助词虽然不能独立发挥作用，但是当它一旦与某个成分结合，在句子中起一定作用时，它们便结合成一整体，不能轻易分开。因此，说话时的间隙，朗读时的停顿，写文章或印刷中的间隔，都需要放在助词后面。（如果有语气助词，则在语气助词后面停顿）。

（2）缅汉语的助词不能单独回答问题。

（3）缅汉两种语言的语助词往往具有兼类性，这是缅汉两种语言助词的共同特点。缅甸语一个助词可以表达不同的语法意义。因此，要分别该词的语法意义和语法作用，必须联系上下文意思才行。例如：

缅甸语中助词 က /ka'/ 可以作：主语助词、状语助词、谓语助词。还可作连接词，作用与连接词 "လျှင်/hlĩ ^{22}/" 相同。例如：

（主语助词） ကျွန်တော် က ဆရာ၊ သူ က ကျောင်းသား။ပါ။
我是老师，他是学生。
tɕə nɔ^{22} ga^{53} shə ja^{22} tθu^{22}ga^{53} tɕaũ^{55} dðə^{55} ba^{22}

（状语助词） မန္တလေး က လာ တာ ပါ။
是从曼德勒来的。
mã^{55}tə le^{55} ga^{53} la^{22} da^{22} ba^{22}

（谓语助词） နံ က နံ သနဲ့။
真臭！
nã^{22} ga^{53} nã^{22} dðə nɛ^{53}

（表过去时间的状语助词） မ နှစ် က ထုတ် လုပ် တာ ပါ။
去年的产品。
mə hnɪʔ^{44}ka^{53}thouʔ^{44}louʔ^{44}da^{44}ba^{22}

（连词） သူ မ လာ က တော့ ဘဲ မ ဟုတ် လား။
他要不来，不就糟了？
tθu^{22}mə la^{22}ga^{53}douʔ^{44}kha^{53}bɛ^{55}mə houʔ^{44}la^{55}

又如：ကို/go^{22}/，它既可作宾语助词，也可作状语助词、语气助词等。例如：

（宾语助词） သူ ကို ပေး ပါ။
给他吧。
tθu^{53}go^{22} pe^{55} ba^{22}

（状语助词）အဲဒီနေရာကိုမသွားနဲ့။   别到这个地方去！
ɛ⁵⁵di²²ne²²ja²²go²²mə tθwa⁵⁵nɛ⁵³

（语气助词）နားကိုမလည်ဘူး   根本听不懂。
na⁵⁵go²²mə lɛ²² bu⁴⁴

（状语助词）တစ်လကို ၅၀ ကျပ်ပေးရတယ်။   一个月要给 50 元。
tə la⁵³go²²ŋa⁵⁵shɛ²²tɕaʔ⁴⁴pe⁵⁵ja⁵³ dɛ²²

可见，助词只有与它前面的词语结合，在特定的句子环境中才能发挥作用。同样，汉语中的助词也有兼类现象，例如汉语的"的"

我的书，你的姐姐　　（表示领属的定语助词）
好看的电影　　　　　（表示修饰关系的助词）
躲得远远的　　　　　（补语助词）
老老实实的坐着　　　（状语助词）
真是的　　　　　　　（语气助词）

（4）汉语中的介词很多与缅语中的助词作用相同。如古汉语中最为常用的介词"以""为""于""自"等来说，其语法意义、语法作用都与缅语的助词"နှင့်""သို့""တွင်""မှ"相同。但因两种语言的这类词的含意很广，还有意义交叉的现象，所以也不能一一对等使用。如汉语"于"有表"所在"之义，还能表"在""到""向"之义。表所从，有"自""由"两字。"以"可表"所因"之义，有"因""缘"外，还能表所用，有"拿""用"等义。"为"表所为之义外，还有"为了""替"之义。缅文的"နှင့်"可用作连词"和"也可作助词，表"拿""用""以""带着"等等。

（5）缅甸语中的语气助词更加自由，它可以放在任何需要强调的成分后面。如果强调主语则可以放在主语后面；要强调宾语，则可放在宾语后面等等。汉语中也有类似情况。

例如：
ဒါကို①ကျွန်တော်က②နာရီဝက်③ဘတ်တယ်၊ဒါပေမဲ့တချို့နေရာကို④နား⑤မလည်သေးဘူး။
我②把它①读了半个小时③，但是有些地方④还没有读懂⑤。
把语气助词 ပင်（တောင်）（汉语中用'甚至'、'连……'等强调语气）分别放到上述例句的①②③④⑤处，可以产生不同的强调效果。

放在①处：强调宾语，表示甚至连这个我都看了半小时，而且还有不懂的地方。言下之意，如果看比这个更难的东西则更糟糕，花的时间要更多。

ဒါ ကို <u>တောင်</u> ကျွန်တော် က နာ ရီ ဝက် ဘတ် ရ တယ်၊ 连这个都读了半小时，但是……。

da^{22} go^{22} <u>tau͂</u>^{22} tɕə nɔ^{22} ga^{53} na^{22} ji^{22} wɛʔ^{44} phaʔ^{44} ja^{53} dɛ^{22}

ဒါ ပေ မဲ့ တ ချို့ နေ ရာ ကို နား မ လည် သေး ဘူး။

da^{22}be^{22} mɛ^{53} də tɕho^{53} ne^{22}ja^{22} go^{22} na^{55} mə lɛ^{22} ðe^{55} bu^{55}（以下例句同，调号省略）

放在②处：强调主语，表示我都看了半小时，还有不懂的地方。言下之意，如果水平比我更差的别人来看，不懂的地方一定还要多。

ဒါ ကိုကျွန်တော်က<u>တောင်</u>နာရီဝက်ဘတ်တယ်၊ဒါပေမဲ့တချို့နေရာကိုနားမလည်သေးဘူး။ 连我都要读半小时……。

da go tɕə nɔ ga <u>tau͂</u> na ji wɛʔ phaʔ ja dɛ dabe mɛ də tɕho neja go na mə lɛ d ðe bu

放在③处：强调时间，表示看了半小时都不成。言下之意，如果只看10分钟的话，那更不成了。

ဒါကိုကျွန်တော်ကနာရီဝက်<u>တောင်</u>ဘတ်တယ်၊ဒါပေမဲ့တချို့နေရာကိုနားမလည်သေးဘူး။ 我甚至看了半小时还没看懂。

da go tɕə nɔ ga na ji wɛʔ <u>tau͂</u> phaʔ ja dɛ da be mɛ də tɕho neja go na mə lɛ ðe bu

放在④处：强调一部分，言下之意，要全部理解不太容易。

ဒါကိုကျွန်တော်က နာရီဝက် ဘတ်ရတယ်၊ဒါပေမဲ့တချို့နေရာကို<u>တောင်</u>နားမလည်သေးဘူး။ 读了半小时，有些还没看懂。

da gotɕə nɔ ga na ji wɛʔ phaʔ ja dɛ dabe mɛ də tɕho neja go <u>tau͂</u> na mə lɛ d ðe bu

放在⑤处：强调弄懂。言下之意，有些意思尚且不懂，要想更高要求更是不可能。

ဒါကိုကျွန်တော်ကနာရီဝက်ဘတ်တယ်၊ဒါပေမဲ့တချို့နေရာကိုနား<u>တောင်</u>မလည်သေးဘူး။ 花半个小时硬没读懂。

da go tɕə nɔ ga na ji wɛʔ phaʔ ja dɛ dabe mɛ də tɕho neja go na <u>tau͂</u> mə lɛ d ðe bu

（6）语气助词用在动词后面，强调动作时，缅汉两种语言的句子中往往要重复动词。例如：

缅甸语	汉义
ကျွန်တော်သွားတောင်မသွားချင်ဘူး။	我<u>去</u>都不愿意<u>去</u>。
ဟုတ်မှဟုတ်ရဲ့လား။	<u>真</u>的吗？
လုပ်ကိုမလုပ်ချင်ဘူး။	根本<u>做</u>都不想<u>做</u>。
ပြောတော့ပြောပြီးပြီ။	<u>说</u>倒是<u>说</u>了。
ရေးသာရေးပါ။	你<u>写</u>就<u>写</u>吧。
ရောက်ကောရောက်ပြီလားမသိ။	不知<u>到</u>没<u>到</u>了？

（7）缅甸语有文章体和口语体之分，它们之间除了用词、联句（文章体中句子较长，用词较正规、典雅等）不同而外，最大的区别在于助词的不同。有些助词书面体与口语体有对应的形式，一转换即可。有些助词却无对应的形式，文章体变成口语体有很大的变动。

（8）在缅甸语中，助词虽然很重要，但在口语中，它们几乎都需要变音。一般变音为清音变浊。没有变成轻读的现象。

（9）在缅甸语中，助词虽然有重要的作用，但在语言中往往为了简练，在不影响相互了解、交流思想的条件下，可以省略。例如：在下列几种情况下往往可以省略主语助词。

① 当主语与谓语紧接在一起时。例如：

သူတို့ဆီကိုကျွန်တော်တို့သွားမလို့ဘဲ။　　我们正在准备到他们那儿去。

② 主语非常明显时。例如：

ကျွန်တော်တို့ကားနဲ့လာတာပါ။　　我们是乘车来的。

③ 主语后面有其他助词时。例如：

သူတောင်နားမလည်ဘူး၊ကျွန်တော်တော့ပိုတောင်မပြောနဲ့တော့။

连他都不懂，我就更不用提了。

随着历史的发展，缅甸文学由宫廷文学逐渐走向民间，走向生活，更加反映现实，语言也同样在不断发生变化。尽管变化是缓慢的，但整个趋势是向更精练、更简洁的方向发展。汉语从文言文转变成白话文经历了一场革命，缅语也同样经历了这样一场变革，而变革的转折便是缅甸的"试验文学"运动。这个运动的积极支持者和创导人之一德班貌瓦的作品中，我们可以明显地看到今古语言的巨大差别。其中助词的省略也是一个明显的标志。

一般说来，在缅语中，省略助词最常见的是报纸上的文章，消息报道的题目。有时不看底下文章内容甚至很难理解题目的意思。例如：

标题：ကြိုဆိုစပါးရောင်း (缅文字面直译为：迎接稻谷出售)

全文意思：农民集体出售稻谷以迎接联邦节的到来。

标题：ခရီးစရိတ်ကြ (缅文字面直译为：路费滞迟)

全文意思：中考改卷老师的旅差费至今仍未到手。

另外，在缅汉两种语言语中，助词省略最明显的地方是在成语中。成语是以短小精悍、言简意赅、结构严谨为其特点的。汉语的成语中就很少出现助词，缅甸语许多成语中，助词也往往都被省略。例如：(括号内为省略的助词)

汉语成语	缅甸语成语	缅成语组成词直译
刻舟求剑	လှေနံ(တွင်)ဓား(နှင့်)ထစ်(သည်)။	船帮（上）刀（用）刻（句尾助）。
班门弄斧	တရုတ်ပြည်(သို့) အပ် (ကို) သွားရောင်း(သည်)	中国（到）针（宾助）去卖（尾助）
南辕北辙	ယုန် (က) တောင် (ဘက်သို့) ပြေး (သော်လည်း) ခွေး (က) မြောက် (ဘက်သို့) လိုက် (သည်)။	兔(主助) 南 （向）逃（但）狗（主助）北（向）追（尾助）

（10）缅汉两种语言中，表示句子的语气的句尾，如汉语的"啊、呢、吗、哇、罗"，都归入语气词范围内，而缅甸语中，将这类词归入语气助词。实际上两种语言中的这些词按其词汇意义、语法意义和语法功能来看都是相同的，不过是语法学家们在归类时出现了不同的分歧。排除人为的隔阂和分歧，我们可以将两种语言的这类词都算作是是相同的一类。由于这类词不能单独使用，常常是与前面的词或词组结合成一个整体，表达一种说话的语气，我们还是赞成归入助词，称其为"语气助词"更为妥当。

第七章　缅甸语汉语句法的比较

　　语法是研究词的变化（包括构形和构词）规律及连词成句的规律的科学。一般包括词法和句法两大组成部分。句法就是以研究"连词成句"的规律为内容的。我们知道，缅甸语和汉语一样，虽然词和词组不是句子，但是在一定的环境中，词和词组都可以成为句子。在两种语言的词典中，我们可以找到"火"和"မီး"这样两个意思相同的词。同样在汉语中，惊呼"火！火！（着火了）"时，缅甸语中也出现"မီး၊ မီး"。这两种不同场合出现的"火"或"မီး"并不相同。第一种场合出现的是词，第二种场合是句子，通常我们称之谓"独词句"。可见，词和句子的区别不在形式上，而在它们的性质不同。我们理解一个句子，不但要懂得每个词所表示的意思，还要了解词和词之间所发生的关系。

　　表达词和词之间的关系，可以用各种不同的语法手段。汉语中主要靠词序来表示。缅语中因为有众多的助词来表明句子成分的语法作用，因此词序就并不重要。但是也不能说在缅甸语中词序就一点作用都没有了。有时词序还能决定意义的。例如缅语中：

　　　　ကြည့်ပြောနော် ။
　　　（你讲话要看场合。）
　　　　ပြောကြည့်မယ် ။
　　　（我讲讲试试看。）

　　ကြည့်（看）ပြော（说）、ပြော（说）ကြည့်（看）　两个词由于位置的颠倒，两个词之间的关系就发生了变化。前面的是连动关系，后一个为动词和助动词的关系。从意义上来看，上句是说"要看了情况，然后再说话"，下句则是"我尝试着来讲讲"。意义完全不一样。

　　不过，缅甸语中虽然有词序的问题，但主要是靠虚词来表示。例如：

　　　　သူကဒီလိုလုပ်တယ်။　　（他这样做。）
　　　　သူမှဒီလိုလုပ်တယ် ။　　（只有他才这么干。）

　　上列两句句子，由于"က"和"မှ"两个助词的不同，产生了不同的意义。可见，词和词组结合，可以有各种不同关系，而各种关系又可以用不同的手段来表达。

7.1 词、词组：

所谓词组，是指两个或两个以上的词，按照一定的方式组合而成的句法单位。它与词或句子不同，可以作句子中的某一组成部分。词和词的组合都可以叫词组。可以是实词和实词的组合，也可以是实词和虚词结合。在缅甸语和汉语的词组中，实词与实词依靠一定的语法规则结合，在结合时又常常有虚词在词组中起着语法的作用。这样组成的语言单位就是词组，这一方面缅甸语与汉语是完全一样的。

（1）词组的分类：缅甸语与汉语的词组都可以按照不同的标准来分类。第一种分类方法是按照句法结构关系来分类，就是根据词与词之间不同的结构分类，可以分成：A. 并列结构 B. 偏正结构 C. 主谓结构 D. 宾动结构 E. 同位语结构 F. 复杂结构等几类。例如：

A. 并列结构：缅汉两种语言中的并列结构词组是相同的。都是由几个成分并列在一起，地位平等，不分主次，它们之间有时不需要任何连接词连接，有时也可用连接词或副词联接。例如：

缅甸语	汉语
များ：（多）၊မြန်（快）၊ကောင်း（好）၊သက်သာ（省）	多、快、好、省（形容词词组）
အားပေးထောက်ခံ 鼓励、支持	鼓励和支持（动词词组）
မောင်ဘနှင့်မောင်ခွေး 貌巴和貌魁	貌巴和貌魁（名词词组）
ညကသွားခဲ့ပြီ၊နက်ဖြန်သွားအုန်းမှာလို့ သူကတစ်ခါမကပြောခဲ့သည်။ "昨晚去过了，明日还将去"	他不止一次地说过："昨晚已经去过了，明天还要去呢"。（由两个词组组成的词组）

B. 偏正结构：这类词组中，各成分之间的关系不是平等而是一个附属另一个，或是一个修饰另一个成分。例如：

中心语在后的：这类词组缅汉两种语言的结构是相同的，都是前一部分修饰后一部分。但是仔细分析也还有不少区别。光看汉语词组，中间常用助词"的"，实际上前后关系不同，由于缅甸语中的助词比较多，比较容易看出（斜线前后）它们的关系。例如：

缅甸语	汉语
① ပါတီ / စည်းမျဉ်း	党 / 章
② သစ်သား / ကုလားထိုင်	木头 / 椅子
③ ရေကန်ထဲက / ငါး	池中的 / 鱼(池 / 鱼)

④မမ၏（的，领属）/ စာအုပ်　　　　　　姐姐的/书
⑤ရုပ်ချောသော（的，修饰）/ လုံမပျို　　漂亮的/小姑娘
⑥ထမင်းစားနေသော / ကိုကို　　　　　　正在吃饭的/哥哥
⑦အသေးစိပ် / ရှင်းပြခြင်း　　　　　　　详细/解释

①②虽然都是由两个名词组成，斜线前面的修饰后面的。但是，它们之间的关系也还不一样。① 是领属关系，中间可以加上表示领属关系的助词"၏"、"的"。②是修饰关系，汉语词组中间可以加"的"，成为"木头的椅子"，缅语词组中却不能加助词，只能是名词直接修饰名词。

③④⑤虽然都是偏正结构的词组，但斜线前后的关系也各不相同。③是说明地点的；④是说明领属的；⑤是说明性状的。汉语中都用一个助词"的"，而缅甸语中却用不同的助词"၏ | က | သော"。

⑥是一个宾动（动宾）结构的词组修饰一个名词，缅汉语都用助词"သော"或"的"连接。

⑦是一个形容词修饰动名词的偏正结构的词组。可见一个偏正结构的词组有着各种关系，缅甸语因有各种助词可以分别将不同的关系表达出来，汉语中因为助词较少，无法用不同的助词表达互相之间的关系。当然我们也可以反过来说，汉语的助词"的"集多种功能于一身。

中心语位置不同的：这类词组结构缅汉两种语言不同，汉语中心词在后，缅甸语却在前。例如：

缅甸语	汉语
မြင်း（/mjĩ ^{55}/ 马）ဖြူ（/phju^{22}/白）	白马
လူ（/lu^{22}/人）ဆိုး（/sho^{55}/歹、坏）	歹徒
လမ်း(/lã ^{55} /路）ကြမ်း(/tɕã ^{55}/粗糙的)	崎岖的道路

C. 主谓结构：词组本身由主语和谓语两个部分组成，这样的结构缅汉语是相同的。例如：

缅甸语	汉语
①သူ/သွားရန်တိုက်တွန်းသည် ။	建议他/去。
②ကျွန်တော်တို့/ ဤသို့ပြောခြင်းသည် ဘာမျှအပြစ်ဆိုစရာမရှိပါ ။	我们/这么说是无可指责的。
③ဆောင်းတွင်း၌သစ်ရွက်တွေ/ ကြွေကျသည်မှာသဘာဝကျပါသည်။	冬天树叶/凋落是很自然的。

例句①中，主谓结构的词组在句子中充当不同的角色，缅甸语中是作状语，汉语中作为包孕句中的宾语。

例句②中的主谓结构词组在句子中做主语。

例句③中的主谓结构词组在句子中也做主语。

D. 宾动结构：组合中的前一部分表示动作行为、判断等所涉及的对象。后一部分则表示动作行为或判断等。这类词组的组合位置，缅甸语与汉语正好相反，汉语词组的前半部分是动作行为，后半部分是行为涉及的对象。例如：

缅甸语	汉语
ဂျပန်ဖက်ဆစ်（日本法西斯）/ ခံတိုက်ခိုက်ရေး（反对）	反对/日本法西斯
အပြစ်（错误）/ ကျူးလွန်ခြင်း（犯）	犯 / 错误
ဒီအသံ（音）မှန်မှန်ထွက်（发）ဖို့ / မလွယ်ပါ။	要发准确 / 这个音不容易。

E. 同位语结构：两个或多个词语并列，同指一个事物。这类词组缅甸语与汉语的构成也是相同的。例如：

缅甸语	汉语
မြို့တော်（首都）ဘေကျင်း（北京）	首都北京
သူတို့（他们）နှစ်ယောက်（二人）	他们俩
အင်္ဂလိပ်ပြန်（留英海归）ဒေါက်တာ（博士）မောင်ထင်	留学英国归来的博士貌廷
ကျွန်တော်၊ချို့ယွင်းချက်ရှိသောသူ၊မရင့်ကျက်သေးသောသူ၊ဒီလိုဟိုလိုဖြစ်သောသူသည်မျက်မှောက်ပြုနေရသောခေတ်က...	我，一个有缺陷的我，一个不成熟的我，一个这样或那样的我，要面临的时代……。

F. 复杂结构：有时一个词组内，可以包含另外一个或几个词组，这就构成复杂的词组。例如：

ကိုတင်ထွန်းနှင့်မောင်ကျော်ဝင်းတို့၏　ကြိုးပမ်းအားထုတ်မှုသည်အားလုံး ပင်အလဟဿဖြစ်သွားလေသည်

貌丁吞 和貌觉温　他们的　努力奋斗　　全都　　白费了。
　└──────┘（并列）　└──────┘（并列）
　　　　└────────────┘（偏正）

句子中的主语部分是一个复杂的结构，包含有两个并列结构词组和由它们组成的偏正结构。

又例如下列几个词组可以结合成一个复杂的词组：
① 听音乐（动宾结构）
② 听音乐、看小说（联合结构）
③ 喜欢听音乐、看小说（动宾结构）
④ 他喜欢听音乐、看小说（主谓结构）
⑤ 知道他喜欢听音乐、看小说（动宾结构）
⑥ 我们都知道他喜欢听音乐、看小说（主谓结构）

按照汉语的关系，这个句子的内部构造如下：

我们知道他　喜欢听音乐、看小说。

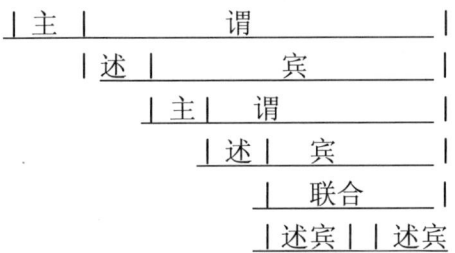

但是，按照缅甸语的结构来分析，却又有些不同。例如：

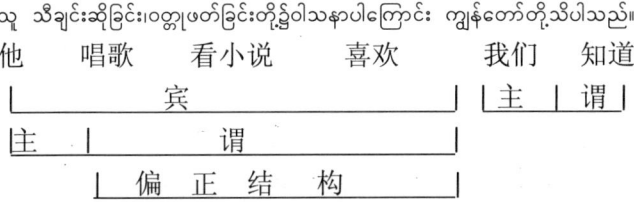

宾语是一个名词词组，名词词组是由主谓结构组成。谓语部分"喜欢唱歌、看小说"，缅甸语只能说"在唱歌、看小说方面有兴趣"，是一个偏正结构词组。

（2）第二种词组的分类方法是根据词组在整个句子中所起的作用和性质来分。可以分成：名词词组、定语词组、状语词组等，这些词组往往由助词和别的词组成，助词就表明整个词组在句子中的语法地位，因此这些助词在缅甸语中就显得特别重要。

7.1.1 名词词组：

它在句子中的作用，相当于一个名词，可以作句子的主语，也可以作句子的宾语或表语。一般名词词组的组成，可以是简单的名词结合。例如：

ကျွန်တော်တို့၏ထင်မြင်ယူဆချက်နှင့် သူတို့ ၏ ထင်မြင်ယူဆချက်သည်အတူတူပင်ဖြစ်၏။

<u>我们</u> 的意见 跟 <u>他们</u>的 <u>意 见</u> 是一样的。
|　偏正　|　　　　　|　偏正　　　|
|　　　 并列的名词词组　　　　|

在缅甸语中，有一类名词词组是名词和名词或名词、动词与名词后缀或助词组成。这些后缀有 ပုံ， နည်း ，助词有ခြင်း၊သည်မှာ 等等。例如：

① အဒေါ်ကအလွန်ပင်ပန်းနေပုံရသည် ။
　姊子看起来好像非常疲倦。

② သူတို့ကနားမလည်သေးပုံရသည် ။
　看来他们并没理解。

③ ရေထမ်းခြင်းကအစလုပ်သည်မှာကျွန်တော့်အဘို့အလွန်အကျိုးရှိသည်ဟုယူဆပါသည် ။
　我认为从挑水开始做起，对我有很多好处。(句子名词化)

④ ကျွန်ကောင်သည်ခရီးလှည်လည်ခြင်း၊ရေကူးခြင်း၊သီချင်းဆိုခြင်းဟိုမှာပါသနာပါသည် ။
　我喜欢旅游，游泳和唱歌。(整个词组名词化)

⑤ အားနည်းသူများအားကူညီခြင်းနှင့်အလှူပေးခြင်းတို့သည်ကောင်းသောအမှုတစ်မျိုးပင်ဖြစ်သ
　ည်ဟုဆရာတော်ကြီးက မိန့်တော်မူသည်။ 法师说，帮助弱者和做布施都是一种积德
　的行为。

例句⑤中"အလှူပေးခြင်း"、"အားနည်းသူအားကူညီခြင်း"等都是宾动结构的词组，在句子中起着名词的作用。这两个名词词组并列，加上主语助词后，成为"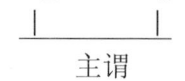"谓语动词的修饰语，前面的两个并列名词词组和谓语动词结合，又成为一个更大的词组，这个词组在整个叙述句的引语中作为主语。

整个句子的主谓语部分：<u>ဆရာတော်ကြီးက</u><u>မိန့်တော်မူသည်</u>။
　　　　　　　　　　　　|　　　　|
　　　　　　　　　　　主谓

引语中的主语部分：

အားနည်းသူများအားကူညီခြင်း 　 အလှူပေးခြင်း 　 ကောင်းမှုတစ်မျိုးပင်ဖြစ်သည်
　宾动词组　　　　　　　 宾动词组（ သည် ）表语成份 |
　　　　　　|_____|
　　　　　　　　并列词组

引语部分

引语中的谓语部分：

在缅语中，名词词组在句子中所起的作用与一般名词相同，既可充任句子中的主语，也可作宾语，有的加上助词后，还可以作状语等。

加 ကြောင်း/tɕaũ⁵⁵/ 变成名词词组，表示所叙述的一个内容。作为一个整体，在句子中可作主语、宾语、状语等成分。例如：

သူကဒီအလုပ်မျိုးကိုလုပ်ခဲ့ဘူးကြောင်းထင်ရှားပါသည် ။
很明显，他做过这个工作。（名词词组作主语）

ကျွန်တော်တို့နှင့်အတူခရီးသွားရာတွင် မသိန်းသိန်းခေါ်အဖော်တစ်ယောက်ရှိသေးကြောင်း စောစောကပင်ပြောထားသည် ။
早就说好，跟我们一起去的旅伴，有一位名叫玛登登。（名词词组作宾语）

ကျွန်တော်တို့သည်မိတ်ဆွေကောင်းဖြစ်နေကြောင်း၊ ဖျက်ဆီး၍မရနိုင်သောချစ်ကြည်ရေးတည်ဆောက်ပြီးဤချစ်ကြည်ရေးရှေ့တစ်ဆင့် ခိုင်မြဲစေရန်နှင့်တိုးတက်ဖွံ့ဖြိုးစေရန်အားပြုထားကြောင်းစသဖြင့်သူကပြောကြားသွားပါသည် ။
他说，我们已经成为好朋友，结下了牢不可破的友谊，并且决心要为进一步巩固和发展这个友谊而努力。（在缅甸语中，这个句子是名词性词组作状语。汉语中一般认为作宾语）

加 ရန်/jã²²/ 表示将发生的事情或为了某个目的。例如：

ဤကိစ္စအတွက်ရှင်းပြရန်လိုအပ်ပါသည် ။
有必要就此事作一说明。（作主语）

ခက်ခက်ခဲခဲမစူးစမ်းမလေ့လာပါကနားလည်အောင်လုပ်ရန်မလွယ်ပါ ။
如果不去艰苦钻研，要想弄懂是不容易的。（作主语）

နက်ဖြန်စထွက်ရန်အားလုံးသဘောတူလိုက်သည် ။
大家都同意明天起程。（作宾语）

加 မှန်/hmã⁵⁵/ 常与后面动词相连用，表示强调该事物的确切性。例如：

ဘယ်သူယူသွားမှန်းမသိ ။
不知道是谁拿去的。

ဇာတ်လိုက်မင်းသမီးသည်ယောကျ်ားဇာတ်ဆောင်မှန်းပရိသတ်တို့ကလည်းသိပါသည် ။
观众也知道女主角是男扮女装的。

ကောင်းမှန်းဆိုးမှန်းမသိလိုက်သောကောင် ။
真是一个<u>不知好歹的家伙</u>。

缅甸语中有一个结构助词 တာ，在句子中有两种不同的作用：一个作用是在动词和形容词后，代替该动词或形容词所修饰的中心语。相当于汉语中的"的"字结构。例如：

ငါရေးတာမှန်တယ် ။
<u>我写的</u>是对的。（作主语）

ဝယ်လာတာပါ ။
<u>是买来的</u>。（东西，作代词）

ဒါငါရေးတာပါ ။
<u>这是我写的</u>（文章、作品等，作代词）。

မကျေနပ်တာတွေပြောပြပါ ။
请将你<u>不满的事情</u>讲出来。（作宾语）

လိုတာမရ၊ရတာမလို
<u>想得到</u>的 得不到，<u>得到的</u>却是不想要的。（作代词）

တာ 另一个作用是使动词和形容词或词组名词化，常表示一件事物或已经过去的事。例如：

မောင်ကိုကိုကဘာပြုလို့ဝေဝေကိုမစောင့်တာလဲ ။
貌哥哥为什么不等薇薇呢？

မင်းသေတ္တာကိုဘာလုပ်ဘို့ယူလာတာလဲ ။
你拿箱子来干什么？

သူဒီလိုပြောတာမမှန်ဘူး ။
你这么说不对。

သူတို့ကြိုးကြိုးစားစားအလုပ်လုပ်တာကိုအတုယူရမယ် ။
要学习<u>他们这样努力工作</u>。

သူတို့ဒီလောက်ကြိုးကြိုးစားစားအလုပ်လုပ်တာဟာအကြောင်းမဲ့သက်သက်မဟုတ်ပါ ။
<u>他们这样努力</u>并非无缘无故。

在动词后面加 သမျှ /dðə hmja^{53}/组成的名词词组 表示"所有的一切"。例如：

ငါပြောသမျှဟာကိုယ်တွေ့မျက်မြင်တွေချည်းပါ ။
我讲的都是亲眼所见的。

လိုသမျှဝေပေးပါ ။
要多少就分给多少吧。

နေ့ရှိသမျှကြားနေရပါသည် ။
每天都能听到。

သင်ခဲ့ရသောပညာမှန်သမျှနှင့်ပြည်သူလူထုအတွက်အလုပ်အကြွေးပြုရမည် ။
要用学到的一切知识为人民服务。

加 မှာ/hma²²/ 组成名词性词组，表示将来发生的事情。在汉语中也是由"的"字结构表示，它与"က"在语法作用是类似的，只不过表示将来的事、物。例如：

ကျွန်တော်သွားမှာပါ ။
我会去的。

ဤသို့ပြောလိုက်လျှင်သူနားလည်မှာပါ ။
这么说他会理解的。

အမျိုးသမီးတစ်ယောက်အနေနှင့်လူအုပ်ထဲသို့တိုးရှကားတက်ရမှာအလွန်တရာအရဲစွန့်ရပါကလား ။
一个妇女，要挤进人群去上车，真要冒很大的险呢！

ဤတစ်ခါသူအောင်မြင်မှာပါ ။
他这次一定会成功。

၁၂ရက်နေ့သူပြန်မလာနိုင်ယင်သူတို့ဒီလအတွင်းပြန်လာနိုင်မှာမဟုတ်တော့ဘူး ။
如果 12 号不回来，他们这个月就不可能回来了。

加 လို့/lo⁵³/ 相当于汉语"……起来"的意思。只在口语体中用，文章体中用"၍/jwe⁵³/"。例如：

စား၍ကောင်းသည်။ (စားလို့ကောင်းတယ်၊စားကောင်းတယ်) 　　　好吃。

ဖတ်၍ကောင်းသည် ။ 　　　（书、报等）好看。

လုပ်၍မလွယ်ပေ ။ 　　　做起来不容易。

从以上例句来看，名词词组作为一个整体，在句子中可作主语，也可作宾语，也可作定语和状语。在缅甸语中，名词词组大多数带有助词，这样句子的层次和关系比较汉语要清楚一些，理解起来也显得容易。

7.1.2 形容词词组（限定性定语）:

这类词组在句子中起修饰和限定名词的作用。组成这类词组有下列几种方法：

① 动词、形容词后加助词 သော，汉语中加"的"等。例如：

ခင်ဗျားကကျွန်တော့်ကိုမေးသော(တဲ့) မေးခွန်းအမြောက်အမြားကိုကျွန်တော်ဖြေပြီးပါပြီ ။
你问我的很多问题，我已经作了回答。

သူတို့ဒီနေ့နေ့လည်ရောက်မှာသေချာသောအကြောင်းသူ့အားပြောပြလိုက်ပါပြီ ။
今天中午他们一定能到达的情况已经跟他讲过了。

② 加领属关系的助词 ၏（ရဲ့） 这类词组可以是并列结构的名词词组，也可是其他结构的词组，在句子中起定语的作用。例如：

မောင်ကျော်ဝင်းနှင့်မောင်တက်တိုးတို့၏အကြံသည်အလွန်ကောင်းသောအကြံများဖြစ်သည် ။
貌觉温和貌德多的意见很好。

သူပြောပြီးသည်၏အဆုံး၌ပင်ရှိုက်ကြီးတငင်ငိုပြန်ပါ၏။
他讲完后又抽泣起来。

③ 加 ရန်၊အတွက်/jã²²，ə twɛʔ⁴/等助词表示"为了……目的的……""作……用的"。例如：

စာအုပ်ငှါးရန်ကပ်ပြား
借书卡

သောက်သုံးရန်ရေတွင်း
饮水井

ကလေးများအတွက်သူတို့ကြိုက်တတ်သောကစားစရာများကိုဝယ်ပေးလိုက်ပါသည် ။
给孩子们买了他们喜爱的玩具。

ကျွန်တော်တို့ထိုင်ရန်နေရာမရှိပါ ။
没有我们坐的地方。

ရွာထဲ၌သောက်သုံးရန်ရေတွင်းနှစ်တွင်းသာရှိသည် ။
村子里只有两口饮用井。

တောင်ထိပ်သို့တက်ရန်ကျောက်လှေကားထစ်များရှိပါသည် ။
有许多石梯可供登上山顶。

④ 不加任何其他助词，一个词组直接与名词相接，起修饰作用，在汉语中类似情况都要加助词"的"。例如：

အရပ်တစ်ပါးသို့မသွားဖူးသူဖြစ်၍တစ်ယောက်ထည်းခရီးမထွက်ရဲပေ။
<u>他从未出过门</u>(直译为：他是一个从未去过别处<u>的</u>人)，所以不敢一个人去旅行。

7.1.3 状语词组：

这类词组在句子中起的作用与副词起的作用相同。例如：

ဒီနေရာသို့သွားလိုက်ဟိုနေရာသို့သွားလိုက်**နှင့်**အလုပ်တော်တော်များပါသည်။
<u>一会儿要到这儿，一会儿要到那儿</u>，忙得很。

သူဖတ်ယင်းဖတ်ယင်း**နှင့်**အိပ်ပျော်သွားလေသည်။
他<u>读着读着</u>就进入了梦乡。

စာရေးမယ်ရေးမယ်**နဲ့**ခုထက်ထိမရေးဖြစ်သေးပါဘူး။
<u>老说要写信要写信</u>，到现在还没写成。

这类词组，往往在后面加上状语助词 "ဖြင့်"、"နှင့်"（နဲ့）、"လျက်" 表明整个词组在句子中起修饰和说明谓语的作用。而汉语中不需加助词。

7.1.4 谓语词组：

这类词组在句子中作谓语，大部分是由动词或形容词组合而成，有些组合中没有任何联接的助词，有些则有固定的组合形式。

① 中间不加任何助词的谓语词组。例如：

သူတို့စက်ရုံသို့သွားရောက် လည်ပတ် ကြည့်ရှုခဲ့သည်။　　曾到他们工厂<u>去参观访问</u>过。
သတင်းစာတွင်တက္ကသိုလ်မဂ္ဂဇင်းထွက်ပြီဟူ၍ရေးသားလိုက်သည်ကို　တွေ့မြင် ဖတ်ရှုသဖြင့် ထို မဂ္ဂဇင်းကိုအမြန် ဝယ်ယူဖတ်ရှုပါတော့သည်။　　在报上看到大学杂志已经出版的消息，立即去<u>买了一本来看</u>。

有些谓语词组由单音节动词与其他动词或形容词组成。例如：

သူသည်ထမင်း<u>သွား</u>စား၏။(သွားပြီးစား၏)　　他<u>去 吃</u>饭。
သူထမင်းစားပြီး(မှ)သွား၏။　　他吃<u>了 去</u>的。
ငါ့ကိုကား<u>နဲ့လာ ခေါ်ပါ</u>။　　你开车 <u>来 接</u>我。
ငါ့ကိုကားနဲ့ခေါ် လာသည်။　　用车<u>接 我 来</u>。
အကြာကြီး ထိုင် ရေး နေ ၍မဖြစ်ပါ။　　不能老<u>坐 着 写</u>字。
မခံချင်၍ <u>ထ ပြော</u> လိုက်သည်။　　忍不住地<u>站起来 说</u>了。

လယ်သမားတို့၏ဘဝကိုဆင်း ကြည့်ပါ။   请你<u>下去</u> <u>看看</u>农民的生活。
ဆရာက ဦး မေးသည်။   老师<u>先</u>问。

② 缅汉两种语言中，都有一种固定的形式组成谓语词组。这类词组是由一个形容词或副词或助词联接两个相同的动词或形容词组成。在汉语中也常用副词加动词组成。例如：

လုပ်မြဲလုပ်နေပါသည်။   <u>仍然</u>在做<u>着</u>。
မိုးရွာမြဲရွာနေလျက်ရှိသည် ။   雨<u>仍</u>在下<u>着</u>。
ဝယ်မဲ့ဝယ်အကောင်းဝယ်မယ်ပေါ့ ။   （要）<u>买就买</u>好的。
လုပ်မဲ့လုပ်တော့ဒီအလုပ်ကိုလုပ်မပေါ့ ။   要<u>干就干</u>这个工作。
သူလာကောင်းလာလိမ့်မယ် ။   他<u>可能来</u>。
သူလာချင်မှလာမယ် ။   他<u>可能不来</u>。
ရှာတော့ရှာတယ်မတွေ့ဘူး ။   <u>找是找了</u>，但是没找到。
ဆရာကရှင်းတော့ရှင်းပြပြီး၊ဒါပေမဲ့ကျွန်တော်ကနားမလည်သေးဘူး။   老师<u>讲倒是讲过了</u>，可我还是不懂。
သူတို့ရောက်တောင်ရောက်နေပြီ ။   他们<u>都</u>到了。
ကျွန်တော်အိမ်ကိုပြန်တောင်ပြန်ချင်လှပါသည်။   我<u>都</u>想回家了。
ဒီတစ်ခါစာပေးပွဲအောင်မအောင်မသိဘူး။   不知道他这次考试<u>及格没有</u>（<u>及没及格</u>）？
မေးသာမေး ။   <u>只管</u>问。
မကြောက်နဲ့လုပ်သာလုပ် ။   别怕，你<u>尽管</u>去做就是了。

7.2 单句的比较：

句子可以从不同的角度进行分析、比较。按照句子的结构和格局，可以分成单句和复句(一般称之为句型)；按照句子的语气，可以将句子分成：陈述句、疑问句、祈使句以及感叹句四类 (我们称之为句类)。句型和句类是不同的概念。同一个句型的句子可以是不同的句类。例如：

ကျွန်တော်ကကျောင်းသားပါ ။
（陈述句）我是学生。
သူကအလယ်တန်းကျောင်းကကျောင်းသားလား ။
（疑问句）他中学生吗？

ခင်ဗျားအရင်ပြောပါ ။

（祈使句）你先说吧。

ဒီကဗျာကဘယ်လောက်ကောင်းလိုက်သလဲနော် ။

（感叹句）这诗多好啊！

同样，同一个句类中也可以有不同的句型。例如，陈述句中有单句和复句等句型。

7.2.1 句子成分的比较：

缅汉两种语言中的单句，就是指能表达一个相对完整的意思，（缅甸语的单句一定要有句尾助词）有一定句调的语言单位。

缅甸语与汉语单句的特点：① 缅甸语句子的基本词序为主－宾－谓，句子的重心在后面谓语部分。汉语的基本词序为主－谓－宾。

② 缅甸语句子中，每个成分后面通常都有助词相随。助词是句子成分的语法标志，它表明前面的部分在句子中的地位、作用及与其他成分之间的关系，由于句子成分一般都有助词作标志，所以词序就不像汉语那样严格。汉语中虽然也有少量的助词，如表示修饰语和中心语的关系的定语助词，表示谓语动词或形容词的时态等，但是，词序还是表示语法关系的重要手段。

③ 缅甸语句子中，谓语一定要在句子的最后，并加上助词表示动作的时、态或体的范畴。汉语的谓语不一定要放在最后，而且表示时态的语法手段除了加少量的助词外，还有用副词等其他词来表示。

④ 缅甸语句子的语气，如直陈语气、疑问语气、祈使语气等都由句尾的语气助词表示。汉语中用语气词来表示。

⑤ 缅汉两种语言中的定语中心语和修饰语之间，一般来说，修饰语在前，中心语在后，修饰语和中心语之间一般需加定语助词。缅甸语的定语可以后置，即中心语在前，修饰语在后，不需定语助词。

主语的比较

主语：它是表明说话人所要陈述的对象，从语义上来说，主语是叙述的话题。例如：

缅甸语	汉语
ဒေါ်ဒေါ် က ဈေးသွား တယ်။ 婶婶（主助）市场去（尾助）	婶婶去市场了。
သူ သည် စံပြအလုပ်သမား တစ်ဦးဖြစ် သည်။ 他（主助）劳动模范 一位是（尾助）	他是一位劳动模范。
ကိုလှမြင့် က ရေကူး နေ သည်။ 哥拉绵（主助） 游泳 正 （尾助）	哥拉绵在游泳。
ဒီ ဘော်တွင်း ဟာ ပြီးခဲ့တဲ့အနှစ်၃၀ကစတူးတာဖြစ် တယ်။ 这白银矿井（主）三十年前 开挖的是（尾助）	这座白银矿井是三十年前开挖的。

（一）在缅汉两种语言中，几乎所有的实词都可以充当主语，而名词和代词充当主语是最常见的（见上例）。此外，数词或数量词组也可当主语。例如：（下列例句，除了缅甸语的助词和谓语一定要放在最后以外，两种语言的句子成分和句子意思完全一样。下列其他例句也相同。）

缅甸语	汉语
သုညလည်းဂဏန်းတစ်ခု ဖြစ်သည်။ 零 也 数字一个 是	零也是一个数目字。
တစ်မီတာဟာဘယ်လောက်ရှည် သလဲ။ 一米 多少 长 呢	一米有多长？
၁၆ ကေသည် ကျယ်သည်ဟု မထင်ပါ။ 16 英亩 宽广 不以为	16英亩不算大。

有时数量词所修饰的中心语，因有语言环境帮助，无需说出，缅汉两种语言的数量词便作句子的主语。例如：

ဒီမှာလက်မှတ်နှစ်စောင်ရှိတယ်၊တစ်စောင်（一张） က ပြတိုက်ကြည့်ဘို့ပါ၊ ကျန်တစ်စောင် （另一张） ကရုပ်ရှင်လက်မှတ်ပါ။	这儿有两张票，一张是展览会的，另一张是电影票。
တစ်ပုလင်း（一瓶）ကုန်ပြီကျန်တစ်ပုလင်း（另一瓶）လည်းတစ်ဝက်ဘဲကျန်တော့တယ်။	一瓶完了，另一瓶也只剩一半了。

（二）缅汉两种语言中名词词组可作主语。例如：

缅甸语	汉语
သူတို့ကိုကူညီတာဟာကျွန်တော်တို့ရဲ့တာဝန်ဝတ္တရားပါ ။	帮助他们是我们的职责。
တိုင်းပြည်ထူထောင်ရေးသည်လွယ်ကူသောကိစ္စမဟုတ်ပါ ။	建设国家不是一件容易的事。
ကျန်းမာရေးလေ့ကျင့်ခြင်းသည်အလွန်အရေးကြီးသည် ။	锻炼身体很重要。
နီရဲသောနုတ်ခမ်း၊ဖြူဖွေးညီညာသောသွားနှင့်၊ပီနာရလှသော မေးစေ့တို့သည်မျက်စေ့နှင့်အလှပြိုင်နေကြသကဲ့သို့ရှိသည် ။	鲜红的嘴唇，洁白齐整的牙齿和长得十分和谐的下巴好像都与眼睛在媲美。

（三）缅汉两种语言中主谓结构也可作为主语。这类句子在缅甸语口语中常被看成为名词词组作主语。例如：

缅甸语	汉语
သူပြေးတာမြန်တယ် ။	他跑得很快。
ကားစောင့်တာဘယ်လောက်ကြာပြီလဲ။	等车等了多久了？
ကျွန်တော်သည်မြန်မာစာသင်တာသုံးနှစ်ရှိပြီ ။	我学习缅甸语有三年了。
ခင်ဗျားသွားသည်မှာသူသွားသည်ထက်ကောင်းသည်။	你去比他去好。

缅甸语中一个名词词组作主语的句子在口语中往往产生歧义。例如：

ခင်ဗျားပြောတာမှန်တယ် ။

这句句子可以理解为"你所讲的（内容）是对的"，也可以理解为"你讲（发出动作）是对的"。前者指讲的内容，后者指动作本身。这就需要看具体语言环境而定。而在文章体中就不同，如果是指所讲内容则句子中主语是偏正结构的名词词组。"你讲的话" ခင်ဗျားပြောသောစကားများသည် မှန်ပါသည် ။ ，如果是指动作本身，则主语是偏正结构的动名词，"你的讲话（指动作）"。缅文即：ခင်ဗျား ၏ပြောခြင်းသည်မှန်၏ ။ 。

（四）汉语中动词和形容词性的词语可以做主语，缅甸语则不能。缅甸语中一定要将动词或形容词变成名词性的"动名词"才成。例如：

缅甸语	汉语
စာဖတ်ခြင်း（动名词）သည်ပညာသင်ခြင်းဖြစ်သည်၊ လက်တွေ့လုပ်ဆောင်ခြင်း（动名词）လည်းပညာသင်ခြင်းဖြစ်သည်။	读书是学习，使用也是学习。
မာနကြီးခြင်းသည်မကောင်းပါ။	骄傲不好。

实际上，汉语的动词可以兼类，有时动词与名词同形，就像上列汉语例句中，都可以将"读书"、"学习"、"骄傲"看成是名词，这样缅汉两种语言中就不存在"动词作主语"一说了。

谓语的比较

在句子中对主语的陈述部分称谓语，它说明主语是什么或是怎么样。

（一）在缅汉两种语言中可作谓语的成分也很多。动词、形容词、词组等都能作谓语。例如：

缅甸语	汉语
ကျွန်တော်နားလည်ပါသည်။	我懂。
မေမေပြန်လာပြီ။	妈妈回来了。
ကမ္ဘာကျော်စာရေးဆရာလူရွှင်ကို ၁၈၈၁ခုနှစ်က ဆော်ရှင်းမြို့ကလေးတွင်မွေးဘွားခဲ့သည်။	世界闻名的大文豪鲁迅，1881年出生于绍兴小镇。
ဒီဆောင်းပါးဟာကျွန်တော်ဖတ်ပြီးသားပါ။	这文章是我看过了的。
ဟိုလူသည်သီချင်းဆိုယင်းနှင့်လာနေသည်။	那人唱着歌来了。
မြောက်ပိုင်းမှာခြောက်သွေ့၍တောင်ပိုင်တွင်စိုစွတ်သည်။	北方干燥，南方潮湿。

（二）缅汉两种语言的一般句子中，谓语是由一个动词或一个形容词组成。但是，也有时谓语是由几个动词词组或形容词组组成，词与词之间还有各种不同的关系，这就是复杂谓语。有些复杂谓语是由动词和动词或动词和形容词连用，中间没有任何关联的词语。它们之间的关系有两种：一种称为谓语的连续，一种为谓语的延伸。

① 谓语的连续关系是指组成复杂谓语的成分都是动词，并且都说明主语。一般是后一个动词表示前一动词的目的。在一定的上下文中，前一个动作可以为后一个动作的方式。例如：

缅甸语	汉语
သူမြို့ထဲသွားလည်သည်။	他<u>进城玩</u>了。
ရုပ်စုံမဂ္ဂဇင်းကို<u>လှန်လှော်ကြည့်</u>နေသည်။	正在<u>翻阅</u>画报。
မိုးပေါ်ကကြယ်များကို<u>မော်ကြည့်</u>နေသည်။	正<u>抬头看</u>天上的星星。
ငြိမ်းချမ်းရေးကိုတိုက်ယူရမည်၊အသနား တောင်းခံ၍ရမှာမဟုတ်ပါ။	和平是要用<u>斗争去争取</u>，<u>乞求</u>是得不到和平的。

② 谓语的延伸是指前一个动词带宾语，后一个动词对前一个动词有所补充、说明，或者两个动词都对宾语起作用。例如：

缅甸语	汉语
သူကိုရေးခိုင်းပါ။ (သူ့အားရေးဘို့ခိုင်းပါ။)	叫他写吧。
သူကရေနွေးဖွင့်သောက်သည်။	他倒开水喝。

复杂谓语中还有许多情况是由几个动词或形容词联用而成。例如：

缅甸语	汉语
ဖက်ဆစ်တို့၏ကြမ်းကြုတ်ရက်စက်မှုကိုသူကိုယ်တိုင် မြင်တွေ့ကြား သိ ကြုံကြိုက်ခံစားခဲ့ရပါသည်။	对法西斯的残暴他是亲眼目睹、亲身经历并有所体会的。
ရှုမဝဦးကျော်သည်ရှုမဝကိုမွှေးဖွယ်သန်စင်ပြုစုစောင့် ရှောက်ကြီးပြင်းသက်ရှင်စေခဲ့လေသည်။	秀玛瓦吴觉创办了"秀玛瓦"杂志，并精心维护，使杂志得以健康成长，不断发展。

（三）缅汉两种语言中，状态词可以作谓语。例如：

缅甸语	汉语
အရပ်ကခပ်ပုပု၊မျက်လုံးကပြူးပြူး။	个子<u>矮矮</u>的，眼睛<u>大大</u>的。
အခန်းတွင်းခပ်မှောင်မှောင်နှင့်၊ဘာမျှသဲကွဲမမြင်ရ။	房间里黑黑的，什么也看不清楚。

（四）缅汉两种语言中，数量词可作谓语。例如：

缅甸语	汉语
ဒီလူကအသက်သုံးဆယ်ကျော်၊လူပျိုကြီး	此人三十多岁，王老五
အရပ်က၆ပေ ၅ လက်မ	身高 6 英尺 5。
ရရှိသောလက်ဖွဲ့ပစ္စည်းမှာ စောင် ၅ထည် ၊ ဓာတ်ဘူးက ၇ လုံး ၊	得到的结婚礼品：毯子 5 条，暖壶 7 个。

（五）缅汉两种语言中，主谓结构的词组也可以作谓语：例如：

缅甸语	汉语
မြို့ထဲကဖက်ဆစ်ဂျပန်စစ်သားသည်သေသူကသေ၍ ထွက်ပြေးသူကထွက်ပြေးသွားလေသည်။	镇上的日本兵<u>死的死了，逃的逃了</u>。
နံရံပေါ်ကကျူပင်သည်ခေါင်းကလေး၍အမြစ်ကတိန် အောက်ခြေကမခိုင်ပါ။	墙上芦苇，<u>头重脚轻根底浅</u>。

宾语的比较

宾语是动作或行为涉及的对象。

（一）宾语与谓语的关系：在缅汉两种语言中，宾语与谓语之间的关系基本上都相同。

① 宾语是动作或行为的对象。例如：

缅甸语	汉语
အက်ႌဖွပ်နေသည် ။	正在洗<u>衣服</u>。
သတင်းစာဖတ်ပြီးပြီ ။	看完<u>报纸</u>了。
ကိုကိုကညီလေးအားကူညီသည် ။	哥哥帮助<u>弟弟</u>。

② 宾语是动作行为的结果。例如：

缅甸语	汉语
သူကပန်းချီဆွဲနေသည် ။	正在画<u>画</u>。
အိမ်ဆောက်သည် ။	建造<u>房屋</u>。
ထမင်းချက်သည် ။	做<u>饭</u>。

③ 宾语是动作行为所凭借的工具。例如：

缅甸语	汉语
သော့ခတ်ထားပါ။	上<u>锁</u>。
ကားမောင်းနေသည် ။	正在驾驶<u>汽车</u>。
သူ့သမီးကတယောထိုးနေသည် ။	他女儿正在拉<u>小提琴</u>。

④ 有些句子中，谓语动词所涉及的对象不止一个，即句子中有两个宾语，往往是一个宾语指人（或集体、单位），另一个指物。指事物的宾语称"直接宾语"。指人的宾语称"间接宾语"。在缅甸语的书面语中，直接宾语与间接宾语后有不同的助词，直接宾语后用"ကို"，间接宾语后用"အား"。但在口语体中，均用 ကို。有时为了避免重复，往往省略一个助词，将助词"ကို"加在间接宾语后，而直接宾语紧靠动词而将助词省略。例如：

缅甸语	汉语
ဒီလက်ဆောင်ကလေးဆရာ့ကိုပေးစေချင်ပါတယ် ။	我想请您把这个小礼物送给老师。
ကိုချစ်မြင့်ကိုဒီစာပေးလိုက်ပါ ။	请把这封信给哥添绵。
ကျောင်းသားများကိုသင်ခန်းစာ ၇ ဖတ်ခိုင်းသည် ။	让学生们阅读第七课课文。

谓语动词与宾语之间的关系是很复杂的。除了上述的宾语是行为的对象、结果、凭借工具等之外，还有其他许多关系。以上列双宾语句中最后一句为例，句中主语没有出现，主要动词是 နိုင်း（汉语句中就是"使唤、让"），而"ဖတ်"（汉语句中的"阅读"）虽出现在句子中的主要动词位置上，实际上这个动作不是主语发出的行为，而是宾语 ကျောင်းသား（汉语句中的"学生"）的行为动作。宾语"သင်ခန်းစာ ၇"（汉语句中的"第七课"）也不是主要动词"ဖတ်"（汉语句中的"阅读"）的涉及对象，而是宾语 ကျောင်းသား（汉语句中的"学生"）的行为所涉及的对象。这样错综复杂的关系往往令人不易理解，汉语中称这种句子为"包孕句"。

⑤ 宾语是动作或行为的施事。这只有在汉语句中才有的句子，缅甸语中并无这种情况。例如：晒太阳、来客人（了）、住人

（二）能作宾语的成分：
在缅汉两种语言的句子中，能够作宾语的词或词组有很多。
① 名词、代词可以作宾语。例如：

缅甸语	汉语
ကားကိုဝယ်သည် ။	买了车（名词作宾语）
မေမေ့ကိုမေးသလား ။	问了母亲吗？（名词作宾语）
သူ့ကိုပြောပါ ။	告诉他。（代词）
ငါ့ကိုမမေ့နဲ့နော် ။	你别忘了我。（代词）

② 数量词也可以作宾语，例如：

စာအုပ်တချို့ယူလာတယ်
တစ်အုပ်ကိုစားပွဲပေါ်မှာထားပြီး
ကျန်နှစ်အုပ်ကိုတော့စာအုပ်စင်မှာထားလိုက်တယ် ။　拿了一些书来，<u>一本</u>放在桌子上，另外<u>两本</u>放在书架上。（数量词）

သုံးလုံးစားသည်၊ကျန်လေးလုံးကိုတော့
ညီလေးအတွက်
ချန်ထားသည်။　吃了<u>三个</u>，另外留了<u>四个</u>给弟弟。

③ 除此而外，词组、句子也可作宾语。例如：

缅甸语	汉语
သူတို့မနေ့ကပြန်လာမှန်းငါမသိသေးပါ။	我还不知道<u>他们昨天已经回来了</u>。（词组）

ကလေးများကစားနေကြတာကိုသူကဘေးမှာမတ်တတ်ရပ်၍ကြည့်နေသည်။	他站着看孩子玩。（词组）
မည်သို့လုပ်ရမည်ဆိုသည်ကိုကျွန်တော်မသိတော့ပါ။	我也不知道这工作要怎么干。（句子）
ဆရာရဲ့စာအုပ်ကိုကိုကျော်စိုးယူသွားတယ်ဆိုတာကျွန်တော်မြင်တယ်။	我看见哥梭把老师的书拿去了。（句子）
ဦးလေးတို့ရောက်ပြီလားမသိဘူး။	不知道舅舅他们到了没有？（句子）
ငါ့စာအုပ်ကိုလည်းသူယူသွားပြီထင်တယ်။	说不定我的书也被他拿走了。（句子）

定语的比较

在句子中，定语是一种修饰语，专门修饰和限定名词的部分叫定语。它可以是词，也可以是词组或句子。

定语可以从各个方面修饰中心语。定语与中心语之间的语义关系很复杂，为了简单明了，我们基本上将它们分成两类：限制性定语和修饰性定语。

（一）限制性定语具有区别作用。当定语修饰某事物时，一定还有其他同类事物存在，限制性定语强调被修饰物与其他事物的区别。一般来说，表示时间、住所、领属关系的定语往往是限制性的。汉语中用"的"，缅语中用 ၏၊ ရဲ့၊ က 等定语助词。例如：

缅甸语	汉语
စားပွဲပေါ်ရှိစာအုပ်များ	桌子上的书。
ရေကန်ထဲကငါး	池里的鱼。
သူ၏ဖခင်သည်ရှေ့နေဖြစ်ပါသည်။	他的父亲是律师。
သူရေးသည့်ဆောင်းပါး	他写的文章。
ငါ့အကြိုက်ဆုံးဟာမမကပေးတဲ့လက်ဆောင်ပါ။	我最喜欢的是姐姐送我的礼物。

（二）修饰性定语着重在于描写。说话者主要是着眼于事物本身的描写。虽然，描写可以有比较，但主要并不关心是否还有其它同类事物存在。而只是指明中心语是"什么样的"。汉语中也是用"的"，而缅语中常用的定语助词有 သော၊ တဲ့၊ မည်၊ မဲ့ 等等。例如：

缅甸语	汉语
ဆန်းကျယ်သောကမ္ဘာ	奇妙的世界
အဆုံးအစမရှိသောမြက်ခင်းပြင်	无垠的草原
ဖဲစနှင့်ထုပ်ထားသောလက်စွပ်	用绸包着的戒指

缅汉两种语言的定语与中心语之间常用助词连接，但也有少数情况下，可以不用助词连接。

① 名词修饰名词：这类情况在缅甸语与汉语都可以直接连。例如：

缅甸语	汉语
ထမင်းဆိုင်	饭店
လက်ဖက်ရည်ဆိုင်	茶馆
သစ်သားကုလားထိုင်	木头凳子
သံဈေး	五金市场
ရွှေတိဂုံဘုရား	大金塔

② 有些动词或形容词修饰名词，也可以直接连接在一起。例如：

缅甸语	汉语
စားသောက်ဆိုင်	饮食店
လုပ်သေနတ်	土枪
စာရေးစက္ကူ	信纸

但是，汉语中，形容词或动词修饰名词时，绝大多数情况要加上"的"，缅甸语中则加上定语助词。在缅甸语的书面语体中，形容词作定语时，用定语助词 သော/dðo⁵⁵/ 。动词作定语时，用定语助词 သည်/dði⁵³/也可以用 သော/ dðo⁵⁵/ 。例如：

缅甸语	汉语
ကောင်းသောအကြံ	好的建议
ဝေးလံသောခရီး	遥远的旅程
လှပသောအကျီ	漂亮的衣服
သာယာသောရှုခင်း	秀丽的景色
ဖတ်နေသည်သတင်းစာ	正在看的报纸
ဝယ်နေသည်ပစ္စည်း	正在买的东西

③ 缅汉两种语言中，词组或句子也都可以作定语。这时，除了很少情况外，大部分情况下一定要加表示性状或是领属关系的"小品词（汉语）"或"定

语助词（缅语）" သော ၊ တဲ့ ၊ ၏ ၊ ရဲ့ 等。例如：

缅甸语	汉语
မခင်ခင်နှင့်မလှမေတို့၏အခန်း	玛钦钦和玛拉梅她们<u>的</u>房间。
မြင့်မားသောအဆောက်အဦများနေရာအနံ့ပင်တွေ့မြင်နိုင်ပါသည်။	到处都可见到雄伟<u>的</u>建筑物。
သူက၁၉၅၀ပြည့်နှစ်ကရေးသောဝတ္ထုကိုလက်ဆောင်အဖြစ်ကျွန်တော်အားပေးသည်။	他将 1950 年写<u>的</u>小说，作为礼物赠送给我。

在缅甸语中，如果定语是个句子，则句尾的助词 သည်၊မည် /dði²², mi²²/ 等要变成高降调 သည်၊ မည် / dði⁵³，mi⁵³/ 。例如：

ဦးမြကရန်ကုန်သွားမည်သူကိုရှာနေသည်။	吴妙正在寻找要去仰光的人。
လေ့ကျင့်ခန်းလုပ်ပြီးသောကျောင်းသားအိမ်ပြန်လို့ရပြီ။	做完练习的学生可以回去了。
ကျွန်တော်တို့ငှါးမည်အိမ်က ၁၃ လမ်းမှာရှိပါသည်။	我们将租借的房屋在 13 条街上。
သူဖတ်နေသည်စာအုပ်ကိုသွားလှန်ကြည့်ပါ။	你去翻翻他正在看的书。

④ 在缅汉两种语言的形容词或数量词作定语时，定语与中心语的位置可以互换，换位后的结构和词义略有不同。形容词放在名词前作定语时缅汉两种语言都需要加定语助词"သော"（汉语中称小品词"的"）。数量词在名词前作定语时，缅甸语中需要加定语助词，汉语中数量词不用加助词，可以直接放于名词前。例如：

缅甸语	汉语
နှစ်ယောက်(两位)သော（的）သူ（人）	两个人
လူ（人）နှစ်ယောက်（两个）	人两个
နီ（红）သော（的）ပန်း（花）	红的花
ပန်း（花）နီ（红）	花红(专有名词,可入药) 红花（普通名词）
ဝေးလံ（遥远）သော（的）ခရီး（旅程）	遥远的旅途
ခရီး(旅途)ဝေး(远)	长途
ကောင်း(好)သော(的)ရုပ်ရှင်(电影)	好的电影
ရုပ်ရှင်(电影)ကောင်း(好)	好电影

缅汉两种语言中的修饰语与中心语虽然可以互换，但是它们表达的意义并不完全相同。修饰语在后面组成的词，结构比较严紧，所指事物比较狭窄，有限定

的作用。例如汉语中的"红的花"指的是所有红色的花，而修饰语和中心语倒置后的"花红"，已经变成特定的一种红色的花，就是能入药的"花红"。而中心语在后，修饰语在前，中间有助词 သော（或有"的"字的汉语）的词组，结构比较松散，所指范围比较广。

⑤ 一个中心语可以有几个修饰语来修饰，这时的定语的次序就比较复杂。

汉语中，一般的次序是：A+B+C+D+E（A、表领属的名词或代词 B、数量词 C、形容词 D、表性质的名词 E、中心语）。例如：

我的（A）一把（B）大（C）铜（D）茶壶（E）

他的（A）两只（B）破（C）玻璃（D）花瓶（E）

姐姐的（A）一件（B）新（C）狐皮（D）大衣（E）

同样的词组结构，在缅甸语中就有不同的次序。缅甸语中的（B）、（C）两个修饰语就一定要放到主要中心语的后面。变成（A）+（D）+（E）+（C）+（B）。例如：

ကျွန်တော်၏（A）ကြေး（D）ခရား（E）ကြီး（C）တစ်လုံး（B）

我的（A）一把（B）大（C）铜（D）茶壶（E）

သူ၏（A）မှန်（D）ပန်းအိုး（E）ကွဲ（C）နှစ်လုံး（B）

他的（A）两只（B）破（C）玻璃（D）花瓶（E）

可见，在缅甸语中表示领属关系的修饰语和表示性质的修饰语一定在中心语之前，而表示数量的、性状的修饰语一般都在中心语之后。

状语的比较：状语是修饰和说明形容词或动词的，在句子里它是谓语部分的修饰成分。

在缅汉两种语言中，状语一定在句子中主要谓语动词（或形容词）之前。例如：

     缅甸语   汉语

သူကအမြဲလာမေးသည်။   他<u>老</u>来问。

မဝေဝေကကြိုးကြိုးစားစားစာဖတ်သည်။ 玛薇薇<u>努力</u>读书。

သူ့အကြောင်းကိုကျွန်တော်နည်းနည်းပါးပါးသိသည်။ 他的情况我<u>稍微</u>知道些。

သူကထိတ်လန့်တကြားအော်ဟစ်လာသည်။ 他<u>惊</u>叫了起来。

（1）状语的分类：缅汉两种语言中的状语可以从许多方面对动词、形容词等加以修饰。同样，有很多词、词组或句子可以作状语。根据状语的功能，可以将状语分成①限制性的状语②修饰性的状语两大类。

① 限制性的状语没有描写作用，只是从时间、场所、范围、对象、目的等方面对句子中的谓动动词或形容词加以限制。限止性状语按其意义可分成下列几类：（参见本书状语助词部分）

A. 表示时间：汉语中常用介词、副词、形容词"将"（表未来）"方"（表正在）"既"（表过去）"曾"（表曾经）"在""从……到""时""没……之前（或不久之后）"。

缅甸语中，则带有状语助词或词组。例如：နှင့် /hnaiʔ⁴/、တွင် (မှာ) /dwĩ²² (hma²²)/、ဝယ် /wɛ²²/、က /ga⁵⁵/、ကတည်းက /gə de⁵⁵ga⁵³/、အထိ/ə thi⁵³/、တိုင်အောင်/ taĩ²²aũ²²/、တော့ /dɔ⁵³/、ခိုက် /khaiʔ⁴/、စဉ် /zĩ²²/、သမျှ/dðə hmja⁵³/、ရာ /ja²²/、မ…မီ/mə hmi²²/。

B. 表示场所、范围：汉语中常用介词、副词"皆"（表示全范围的）"独""惟"（表范围的一部分）"在""当中"等。

缅甸语中则常带状语助词：တွင်/ dwĩ²²/、နှင့်(မှာ) / hnaiʔ⁴(hma²²)/、ဝယ်/wɛ²²/、က /ka⁵³/、အနက်/a⁵³ nɛʔ⁴/。

C. 原因：汉语中常用介词、连词"为""因""因…之故""以""以此"等。

缅甸语中则常带有状语助词：ကြောင့် /dʑaũ⁵³/、လို့/lo⁵³/、မို့ /mo⁵³/、အတွက်/ə twɛʔ⁴/。

D. 表目的：汉语中常用介词、副词"为""以便"等。

缅甸语中则常带有状语助词：ရန်(ဘို့) /jã²² (bo⁵³)/、အတွက် /ə twɛʔ⁴/、ခြင်းငှာ/dʑĩ⁵⁵hŋa²²/等。

E. 表工具、对象：汉语中常用介词、副词"于""以""为"等。

缅甸语中则常带有状语助词：ဖြင့်/phjĩ⁵³/、နှင့်(နဲ့) /hnĩ⁵³ (nɛ⁵³) /、အဘို့ /ə pho⁵³/等。

F. 表从由：汉语中常用介词、动词"从""由""到"等词。

缅甸语中则常带有状语助词：မှ(က) /hma⁵³ (ka⁵³)/、သို့ (ကို)/ dðo⁵³ (go²²) /、အထိ/ə thi⁵³/等。

G. 表关联：汉语中常用介词"比""如"。

缅甸语中则常带有状语助词：ထက် /thɛʔ⁴/、လောက် /lauʔ⁴/等。

H. 表程度：汉语中常用介词、副词"竟"、"甚至"。

缅甸语中则常带有状语助词：လောက် / lauʔ⁴/、အောင်/aũ²²/、လုမတတ်/lu⁵³mə taʔ⁴/ 等。

I. 表示方式：汉语中常用介词、副词"按""作为"。
缅甸语中则常带有状语助词：ဆိ /si²² zi²²/、ကျ /tɕa⁵³/、လိုလို /lo²²lo²²/、အဖြစ် / ə phjɪʔ⁴/、အနေနှင့် / ə ne²²hnɪʔ⁴/ 等。

J. 表依据：汉语中常用介词、副词"依据""按""正如"等。
缅甸语中则常带有状语助词：အရ/ə ja⁵³/、အတိုင်း/ə tãi⁵⁵/、အလျှောက်/ə hljauʔ⁴/、အလိုက်/ə laiʔ⁴/等。

K. 表否定：汉语中常用的有"不""弗""未""没"等。
缅甸语中则常带有否定副词的否定形式"မ...ချေ/mə...tɕhe²² /""မ...ဘူး/ mə...bu⁵⁵ /""မ...ပေ/ mə...be²² /"等。

② 修饰性状语往往由下列各种词语充任：

形容词：在缅汉两种语言中单独的形容词虽然能当状语用，但是比较少。汉语中有些单音节形容词可以单独作状语用。例如：高喊、臭骂、轻放、红烧、快走等等。在缅甸语中却不能像汉语一样直接连用，而一定要加上状语助词"စွာ/zwa²²/"。

还有一些形容词在汉语中可以直接当状语用，而在缅甸语中却一定要重叠后才能当状语。例如：

缅甸语	汉语
များများလုပ်၊ နည်းနည်းပြော	<u>多</u>干活，<u>少</u>讲话。
စောစောသွား၊ စောစောပြန်	<u>早</u>去，<u>早</u>回。

形容词通过两种方法可以作状语用。一是加状语助词，二是通过重叠方法。例如：汉语的"努力、迅速、敏捷"作状语时一般要加"地"，缅甸语的"မြန်၊ ကောင်း၊ သေချာ၊ ကြိုးစား"等，可以加状语助词"地""စွာ"。缅汉两种语言中的大量单音节形容词重叠后作状语用，而不必加状语助词。例如：

加助词法：

缅甸语	汉语
ကောင်းစွာနားလည်ပါသည်။	很好<u>地</u>理解
သေချာစွာလုပ်။	仔细<u>地</u>做
ကြိုးစားစွာလုပ်ကိုင်နေသည်	努力<u>地</u>工作

重叠法：

缅甸语	汉语
ကောင်းကောင်းလုပ်	好好干
မြန်မြန်လျှောက်	快快走
ဖြေးဖြေးပြော	慢慢讲
ဝိဝိသသကြားရသည်	清清楚楚地听见
ကြိုးကြိုးစားစားလုပ်ကိုင်နေသည်	努力地工作。

象声词：缅汉两种语言中，象声词可作状语。象声词作状语时，常在后面加后缀，汉语中加"的、地"，缅甸语中加"ခနဲ"，表示动作的突然出现。例如：

缅甸语	汉语
ဒိုင်းခနဲ သေနတ်သံကြားရသည်။	听到了"砰"的一声枪响。
ဝေါခနဲ အံထွက်လာသည်။	"哇"地吐了起来。
ဝုန်းခနဲ လဲသွားသည်။	"嘭"地倒了下来

象声词常常重叠后加后缀"地"或"နဲ"，表示动作的情状激烈或重复出现。例如：

缅甸语	汉语
မိုးတဝေါဝေါဖြာချနေသည် ။	雨哗哗地下着。
သေနတ်သံတဒိုင်းဒိုင်းနဲ့မပြတ်ပါ ။	枪声"砰砰"的不断。
ခွေးကတဝုတ်ဝုတ်နှင့်မပြတ်ဟောင်နေ၏ ။	狗汪汪地叫个不停。
လှည်းဘီးသံတအီအီနှင့် ။	只听见车轮吱吱嘎嘎地响。

动词：在缅汉两种语言中，动词也可作状语。动词作状语时有下列各种情况：
① 直接连在一起，中间不加任何其他附加成分，前一个动词为修饰性的（我们也可以将其视为复杂谓语）。例如：

缅甸语	汉语
ထိုင်ပြောပါ ။	坐着说。
အခြေအနေကြည့်လုပ်ကွာ ။	看情况办。
လှန်လှော်ကြည့်နေသည် ။	翻看。
လက်တွေ့လုပ်ကိုင်သင်ယူရသည်။	要到实践中去学习。
အညောင်းပြေလမ်းလျှောက်လေသည်။	散步解除疲劳。
မျက်နှာချင်းဆိုင်တည်ဆောက်သည် ။	相向而建。

② 缅语加助词"လျက်",汉语加"着",表示正在某种姿态发生动作。例如:

缅甸语	汉语
ထိုင်လျက်စကားပြောနေသည်။	正坐<u>着</u>讲话。
အားလုံးကပြုံးလျက်ကြည့်ကြသည်။	大家正笑眯眯地看<u>着</u>。
သူတို့အချို့ကအထုပ်များထမ်းလျက်၊အချို့ကကလေး များချီလျက်၊	
အချို့ကခေါင်းပေါ်ကြေးဇလုံရွက်လျက်အအုပ်လိုက် အအုပ်လိုက်	
သွားနေကြသည်။	他们有的挑<u>着</u>行李,有的抱<u>着</u>孩子,有的顶<u>着</u>铜盆,成群结队地走<u>着</u>。

③ 缅甸语中动词或形容词加前缀 "အ" 后作状语用,汉语中形容词可以直接作状语。例如:

缅甸语	汉语
အရမ်းပြောသည်။	乱说。
အကုန်ဝယ်သည်။	全买。
အသာရိုက်သည်။	轻打。
အတင်းလုပ်ခိုင်းသည်။	逼着做。
အပြတ်အသတ်ကွာသည်။	相差悬殊。

副词:在缅汉两种语言中,副词本身的功能就是修饰和限制动词或形容词的,因此在句子中理所当然起状语作用。构成副词有多种形式,(见副词条)这些形式组成后的副词在句子中均可作为状语。

名词:在缅汉两种语言中,表示时间和处所的名词也可以作状语用。例如:

缅甸语	汉语
ကျွန်တော်တို့<u>အခုပဲ</u>သွားမည်။	我们<u>现在</u>就走。
သစ်ပင်ပေါ်မှာဗျိုင်းနှစ်ကောင်နားနေသည်။	<u>树上</u>歇着两只鹭鸶鸟。
တံခါးရှေ့တွင်တံတားလေးတစ်စင်းရှိ၏။	<u>门前</u>有一座小桥。

在缅甸语中,部分名词或动词(形容词)加词头 "အ" 而形成的动名词,在句子中也可作状语。但是,它们后面要加 လျက်၊ အလျက် 等后缀。例如:

缅甸语	汉义
အစိမ်းလိုက်ဝါးမျိုပစ်လိုက်ချင်သည်။	真想生吞了它。

缅甸语	汉语
ဆန်ကို(အ)အိတ်လိုက်ရောင်းသည်။	米是成袋出售的。
သူကသေတ္တာလိုက်နဲ့ဆီဖူးကိုယ်သွားသည်။	他成箱成箱地将炼乳买去。
ပြည်နယ်အလိုက်ရောင်းချပါသည်။	按省发售。
ရနာရီမှာအရောက်လာမည်။	将七点到达。
အဝစား	吃个饱。
အသေရိုက်	打死。

动名词作状语往往表示动作的结果或程度。

数量词：在缅汉两种语言中，数量词也可作状语。例如：

缅甸语	汉语
တစ်ခါလျှင်၅ကျပ်စီပေးသည်။	一次给 5 元
သုံးခေါက်တိုင်တိုင်ရှင်းပြသည်။	整整解释了三遍。
သူကတစ်ခါတည်းအကုန်မပေးဘူးတစ်အုပ်တစ်အုပ်စီပေးတယ်။	他不一下子都给，而是一本一本地给。
ဒီကောင်ကိုတစ်ချက်ပိတ်ကန်လိုက်တယ်။	狠狠地给了这家伙一脚！

并列结构、宾动结构和主谓结构的词组可作状语。例如：

缅甸语	汉语
ကြက်တူရွှေးစကားသင်ပေးသလိုသင်ပေးသည်။	<u>像教鹦鹉学舌一样地</u>教。
ဘယ်ပြန်ညာပြန်ရိုက်သည်။	<u>左右</u>开弓地打。
တစ်နေကုန်ဟိုပြေးဒီပြေးအလုပ်ရှာရသည်။	整天得奔东奔西去找工作。
ဂျပန်ဖက်ဆစ်တို့ကဖမ်းမိသူများကိုရေပူလောင်း၊လက်သည်းခွံနှင့်ညှင်းပန်းနိုပ်စက်ကြသည်။	日本法西斯用开水浇、剥指甲等酷刑来折磨他们抓到的人。

句子也可作状语。例如：

缅甸语	汉语
စာရေးမယ်စာရေးမယ်နဲ့အခုထက်ထိမရေးဖြစ်သေးဘူး။ မင်းမီးခြစ်ခြစ်လိုက်လေဟုကိုနှုတ်အိပ်ရာကထယင်ရယ်ပြောလိုက်သည်။	要写信要写信的直到现在还没写成。（哥努）从床上爬起来大笑，说："你划一根火柴！"

补语和补足语的比较：

补语是补充说明的成分。补语在缅汉两种语言中不同。汉语中一般认为是对动词或形容词补充的成分，可分为：结果、趋向、程度等，一般都放在动词或形容词后面。而在缅语中，则没有汉语中的那种补语。一般采用两种方式来表示汉语中所指的补语;一种是用表示结果、趋向、程度的状语来表示(缅语中无补语,而算作状语),用在动词或形容词前面。另一种用助动词的形式来表示,也放在动词或形容词的后面。例如:

缅甸语	汉语
ရောဂါသက်သာလာပြီ ။	病好<u>起来了</u>。(助动词表示趋向)
သူတို့၏တိုက်ခိုက်ရေးစိတ်ဓာတ်ကျဆင်း<u>သွားပါ</u>သည် ။	他们的士气<u>低落</u>(下去)。(助动词表示趋向)
ရေးမှားသွားသည် ။	<u>写错了</u>。(形容词作结果补语)
စားပွဲကိုပြောင်အောင်တိုက်သည် ။	把桌子擦得锃亮。(形容词加助词作状语)
သူတို့နားလည်အောင်ရှင်းပြသည် ။	讲到他们懂得为止。(动词加助词表示结果)
သေလုမတတ်နာသည်။	疼死了。(状语表示程度)

缅语中由助动词(或形容词)充当的补语在谓语之后,由动词、形容词加补语助词充当的状语(汉语中为补语)在谓语之前。例如:

缅甸语	汉语
မီအောင်လိုက် ။	追上他。
ဝိုင်းအောင်ရေး ။	写得圆些。
အားလုံးမြင်ရအောင်ရေးပါ ။	写得让大家都能看见。

补足语:缅汉两种语言中,还有一种补充说明主语与宾语的成分,我们称它为"主语补足语"、"宾语补足语",这种补足语一般是名词组成。如果没有主语补足语或宾语补足语,往往使句子显得不完整。此类内容在汉语中往往算作表语、状语或补语。例如:

缅甸语	汉语
ထိုတောင်ကြီးသည်ပေ ၅၄၀၀မြင့်သည် ။	那座高山 5400 英尺高。
ဒါမြွေပွေးဘဲ ။	这就是眼镜蛇。
ဦးလှသည်ဆရာဖြစ်သည် ။	吴拉是老师。
သေတ္တာကကီလို၅၀လေးသည် ။	箱子有 50 公斤重。
လူထုကဦးလှအားဥက္ကဋ္ဌအဖြစ်ရွေးသည် ။	群众推选吴拉为主席。
သူကိုကိုကရွှေကိုလက်ကောက်လုပ်လိုက်သည် ။	他哥哥将金子打成手镯。
အိမ်နီးနားချင်းတို့ကသူ့အားဆရာဝန်တစ်ယောက်	左邻右舍都以为他是一位医生。

မှတ်သည် ။

သူတို့ကဆားငံရေကိုဆားအဖြစ်ချက်ကြသည် ။　　他们将咸水煮成盐。

သူမိဘကသူ့အားမောင်မောင်ဟုနာမည်မှည့်သည် ။　　他父母给他起了个名字叫"貌貌"。

说明：① 缅汉两种语言中都有些动词或形容词需要主语或宾语补足语。例如在带有表语动词"是"的句子、带有存在动词"有"的句子和有些需要主语补足语的动词（形容词）有表示度量衡的 "重（缅甸语的 'လေး/le^{55}/重'）"、"装（缅甸语的 'ဆံ့/sha^{53}/容纳'）"、"长（缅甸语的 'ရှည်/ɕe^{22}/长'）"等等。表示范围的 "ကျယ်/ tɕɛ^{22}/宽"、"မြင့် / mjɪ̃^{53} / 高"、"နက်/nɛʔ^{24}/深"等等。

② 有些动词必需带宾语补充语的。例如： ၊ ရွေးကောက်တင်မြှောက်/ jwe^{55} kauʔ^4 tɪ̃ ^{22} hmjauʔ^4/选举 ၊ ခန့် / khã ^{53}/任命等等。

7.2.2 几种特殊成分的比较:

缅甸语与汉语的句子中，除了有主语、宾语、谓语、定语、状语、补语（缅甸语中补语归入状语中）外，还有几种共同的特殊成分：1.复说，2.插说，3.呼语。

（1）复说：这是句子中一种特殊成分，在句子中有两个或两个以上的词或词组，都是指同一人，同一事物，并在句法结构中具有同等地位，属同一语法成分。这种句子成分就是复指成分。

缅汉两种语言中，句子的各种成分都可以用复说法来表示。主要用处是进一步说明补充或强调句子中的某一成分。例如：

① 主语用复说法表示：

<u>အလုပ်သမား</u> <u>ကိုဆင်</u>သည်နေ့တိုင်းမနက်၆နာရီရုံးတက်ပြီး ညနေ၉နာရီမှအလုပ်ဆင်းသည် ။

<u>工人</u> <u>哥新</u>每天早上 6 点上班，下午 9 点才能下班。

တောင်ပေါ်တက်ပြီးဟီးကျင်နေကြသောကျောက်တောရွာကရွှာသူရွာသားတို့သည်မိမိတို့ရွေးခြယ်သောမြေယာကိုတူးနေကြပါသည် ။

<u>上山开荒的</u>叫<u>多村的村民们</u>正在<u>自己</u>选中的地方垦荒。

ယောက္ခထီးယောက္ခမဆရာခန့်နှင့်အဒေါ်ကြီးစုံတို့သည်မောင်ညိုအားကိုယ့်သားအရင်းလိုသဘောထားကြသည် ။

<u>老丈人、丈母娘</u> <u>萨耶康和宋婶</u>对貌纽就像对待自己亲生儿子一样。

② 宾语复说：

ပြည်သူလူထုတို့သည်မြန်မာနိုင်ငံကို<u>တည်ထောင်သူ</u> <u>ဗိုလ်ချုပ်အောင်ဆန်း</u>အားချစ်မြတ်နိုးကြပါသည် ။

人民都热爱缅甸联邦的<u>谛造者</u> <u>昂山将军</u>。

③ 谓语复说：

စက်မှုလုပ်ငန်းသည်တစ်နေ့ထက်တစ်နေ့တိုးတက် <u>ဖွံ့ဖြိုး</u> <u>ကြီးထွား</u>လာနေပါသည် ။

工业在日益<u>发展</u>和<u>壮大</u>。

④ 汉语的补语复说（缅甸语的状语复说）：

အခန်းကို<u>သန့်ရှင်း</u> <u>စင်ကြယ်အောင်</u>သုတ်သင်ရှင်းလင်းရမည် ။

要把房间打扫得<u>又干净</u> <u>又漂亮</u>。

⑤ 定语复说：

<u>သတ္တိလည်းရှိလုံ့လဝီရိယလည်းရှိသော</u>တရုတ်ပြည်သူလူထုသည်မိမိတို့အမိနိုင်ငံတော်ကိုကိုယ့်အား

ကိုယ်ကိုးပြီးထူထောင် နေကြပါသည် ။

<u>勤劳</u> <u>勇敢</u>的中国人民正在自力更生地建设自己的祖国。

⑥ 状语复说：

ကျွန်တော်တို့သည်<u>တာဝန်သိသိ</u> <u>သစ္စာရှိရှိ</u>အလုပ်လုပ်နေကြပါသည် ။

我们都在<u>认真负责</u>、<u>忠心耿耿</u>地工作。

စာသင်ခန်းတွင်ကျောင်းသားတို့က<u>ဝင်လိုက်ထွက်လိုက်</u>၊<u>ဆူဆူညံနှင့်</u>ကျောင်းနှင့်မတူအပြင်ကဈေး

တန်းနှင့်တူပေတော့သည်။

教室里学生们<u>进进出出</u>、<u>熙熙攘攘</u>，简直不像学校倒像外面的市场一样。

（2）插说：在缅汉两种语言中，有完全相同的"插说"现象。即在句子中加上一个词或词组，它不起整个句子的主语、谓语等作用。也不起联接作用。它可以放在句子的开头，中间或最后，不与另一个成分发生结构关系。这是一种插说的表示法。这种成分叫独立成分。

常见的插说有：

① 引起对方注意：

缅甸语   **汉语**

<u>ဒီမှာကြည့်</u>၊ ဒီနှစ်စပါးကဘယ်လောက်ကောင်းလိုက်မလဲလို့ ။   <u>你看</u>，今年的庄稼多好呀！

<u>ခင်ဗျားစဉ်းစားကြည့်</u>၊ဟိုတုန်းကဘယ်လောက်ဆင်းရဲခက်ခဲသလဲလို့ ။   <u>你想想看</u>，那时候有多艰苦。

② 表示对情况的推测：
　　ကြည့်ရပုံက၊သူအသက် ၂၀လောက်ရှိမည်ထင်သည် ။　　看样子，他有 20 岁了。
③ 表示对事物的肯定，目的是使对方对自己的话坚信不疑：
　　တကယ်ပါ၊မယုံခင်ဗျားကိုယ်တိုင်သွားကြည့်ပေတော့ ။　　真的，你要不信自己去看看。
　　ဘုရားစူးရစေ၊ ငါပြောတာအဟုတ်ပါ ။　　天打五雷轰，我说的是实话。
　　အမှန်စင်စစ်　ကျွန်တော်တို့လည်းသိပ်နားမလည်ဘူး ။　　其实，我们也不太懂。
④ 表示对程度的估计：
　　ယုတ်စွအဆုံး(အောက်ထပ်) ၃ မိုင်လောက်တော့ကွာလိမ့်မည် ။　　至少，也得相距 3 英里。
　　မတကာသူ့အဆဲခံရရုံဘဲ။　　最多给他骂一顿就是了。
⑤ 表示说话人的感情：
　　ဝမ်းနည်းစရာဘဲ　ငါနက်ဖြန်သွားရတော့မယ် ။　　可惜，我明天要走了。
　　သူတို့ကသေချာပေါက်အောင်နိုင်လိမ့်မယ်လို့မှတ်သလား၊
　　ဝေးလိုက်လေ၊သူတို့အနိုင်မရနိုင်အောင်တို့ကြိုးစားကြဟေ့ ။　　他们以为一定胜的吗？差远着呢！咱们努把力让他们赢不了。
⑥ 表示事物的理由或次序：
　　ဤပန်းသည်အရောင်အမျိုးမျိုးရှိသည် ၊ ၁. အနီရောင်
　　၂. အဝါရောင် ၃ . အပြာရောင်　　这种花有各种颜色，A.红的，B.黄的，　C.蓝的。
⑦ 表示包括、排除或突出：
　　တစ်ပြည်လုံးပြည်သူပြည်သားအထူးသဖြင့်လူငယ်အလုပ်သမား
　　များဟာအတတ်ပညာပြုပြင်ရေးလှုပ်ရှားမှုတွင်တက်တက်ကြွကြွ
　　ပါဝင်ကြပါသည် ။　　全国人民，特别是青年工人都积极参加了技术革新运动。
⑧ 表示解释或更正的：
　　ဟိုအကန်း(ဩော် ဆောရီ ဗျာ)ဟိုမျက်မှန်နဲ့သူဘဲ ။　　就是那个瞎子，（噢，不对）那个戴眼镜的人。
⑨ 表示补充：
　　အိမ်သူအိမ်သားကလည်းများ၊ရှာရတဲ့ပိုက်ဆံကလဲများ၊
　　နားဖျားလူမကျန်းသူကလဲတို့ပြန် ၊အဲဒါကြောင့်နေ့တိုင်း

လိုလိုပင်အတတ်ခံလိုက်ရပါတယ် ။   他家里人很多，<u>再加上</u>赚的钱又不多，又有生病的，所以几乎每天都挨饿。

⑩ 表示举例：

ဒုတိယကမ္ဘာစစ်ပြီးသည့်နောက်လွတ်လပ်သောနိုင်ငံတော်   第二次世界大战后出现了许多独立国家。<u>如</u>缅甸、印度等。
များများပေါ်ပေါက်လာပါသည် ။ <u>ဥပမာ မြန်မာပြည်၊အိန္ဒိယပြည်</u>
<u>စသည့်နိုင်ငံများဖြစ်ပါသည်</u> ။

⑪ 表示总结：

ကဲ၊ <u>ကုန်ကုန်ပြောမယ်</u> ငါမသွားဆိုသွားမှာမဟုတ်နိုင်ပါ ။   好了，<u>总而言之</u>，我说不去，就不会去的。

（3）呼语：呼语是说话人称呼人物的语辞，离开句子的组织而独立存在。也可以在句首、句中或句尾出现，不过无论在哪儿出现都要在语音上停顿。例如：

     缅甸语   **汉语**

<u>ချစ်လှစွာသောမိတ်ဆွေအပေါင်းတို့ခင်ဗျား</u>：   亲爱的朋友们！

<u>မောင်ဘရေ၊</u>ခဏလာပါအုန်း ။   <u>貌巴</u>，你来一会儿。

မလုပ်ပါနဲ့ဗျာ <u>မောင်ရွှေရာ</u>   你别这样，<u>貌瑞</u>。

7.2.3 单句的词序和形式的比较

（1）词序是句子中词的排列顺序。每种语言由于结构规律不同，句子中词的排列顺序也有所不同。在汉语中词序要求较严格。例如："我叫他"、"他叫我"。词的位置决定了谁是主语，谁是宾语。如果词的顺序颠倒，意思便完全改变。在缅甸语中，因为每个句子成分后面几乎都跟着助词，一看就明白这个词在句子中的语法作用和地位。因此主语与宾语，主语、宾语与状语位置互相倒换，并不影响句子意思。例如：

ကျွန်တော် က သူ့ ကို စာအုပ်တစ်အုပ် ပေး သည် ။   我给他一本书。
我 （主助）他 （宾助） 一本书   给（句尾助）

其中主语与宾语位置如果互相颠倒，写成

သူ့ ကို ကျွန်တော် က စာအုပ်တစ်အုပ် ပေး သည် ။
他 （宾助） 我 （主助）   一本书   给（句尾助）

也不会产生别的意思。又如：

| သူက | အခန်းထဲမှာ | စက္ကူရုပ် | ညှပ်နေတယ် ။ | 他在房间里剪纸。 |
| 主语 | 状语 | 宾语 | 谓语 | |

| အခန်းထဲမှာ | သူက | စက္ကူရုပ် | ညှပ်နေတယ် ။ | 他在房间里剪纸。 |
| 状语 | 主语 | 宾语 | 谓语 | |

但是，也不能说缅甸语就没有词序，可以随便乱放了。按照缅甸语句子组成规则，谓语必须放在最后，并带有句尾助词。定语和状语尽靠近被修饰的词语。

缅甸语和汉语的词序之间，除了缅甸语句子的谓语一定要放在句子最后、基本词序为：汉语："主－谓－宾"。缅甸语："主－宾－谓"外，其他句子成分的习惯排列一般有下列几种。当然，这些并不是固定的，有时为了强调往往将强调部分放在最前面，有时也要看具体语言环境才能决定。

① 主语——宾语——谓语。例如：

缅甸语	汉语
မောင်ညိုကဆေးကျမ်းကိုလေ့လာနေတယ် ။	貌纽正在学习药物学。
နေလူမျိုးတို့ဟာအာလူးကိုစိုက်ကြယ် ။	德努人都种植马铃薯。

② 时间状语可以放在主语前，也可以放在主语后。例如：

| ဦးမာလာသည်မနက်တိုင်းသံတူကြီးနှင့်ထုရသည် ။ | 吴玛拉每天早晨都得用大铁锤打铁。 |
| ညတိုင်းညတိုင်းမောင်သန်းမြင့်ကလပြည့်ဝန်းကို ကြည့်နေပေသည် ။ | 每天晚上貌丹敏看着那玉盘似的月亮。 |

③ 时间、地点、原因——主语——谓语。例如：

| ဒီနှစ်နှစ်အတွင်းမှာသူကဒီတိုက်ကြီးထဲရှိလှေကားများကို တက်လိုက်ဆင်းလိုက်နှင့်ယခုဆိုလျှင်လက်ရှိအလုပ်ကိုပင် ငြီးစီစီဖြစ်လာသည် ။ | 这两年来，他在大楼里上上下下地爬楼梯，开始对现有的工作产生了厌倦情绪。 |
| ယခုနှစ်တွင်ထိုအဖွဲ့အစည်းမှာအမှုဆောင်တစ်ယောက် လိုနေသဖြင့်ကိုထွန်းလင်းလာလုပ်ရန်ဘိတ်ကြသည်။ | 今年该组织缺一名理事，大家都请哥通林来担任。 |

④ 原因、时间——主语——宾语——谓语。例如：

ဒီနေ့စနေနေ့မို့ ညနေ၅ နာရီမထိုးခင်ကဘဲဘီယာ
လာသောက်ကြတဲ့လူလာနေကြပါပြီ ။

因为是星期六，下午不到5点就有人喝啤酒了。

မီးမရှိလို့သူတို့ညီအစ်ကိုတို့ (၇)နာရီထိုးသည်ဆို
လျှင်ပင်ဖယောင်းတိုင်ထွန်းပြီးစာဖတ်ကြလေသည် ။

因为没有电灯，他们兄弟俩一到七点钟就点起蜡烛看书。

（2）缅汉两种语言的单句形式都有下列几种类型：

A. 主谓句： { 完全主谓句
             不完全主谓句 }

B. 非主谓句： { 无主句
               独词句 }

A. 主谓句：句子中包括主语和谓语两个组成部分，这类句子叫主谓句。主谓句包括完全主谓句和不完全主谓句两种。

完全主谓句：句子中主语和谓语都有，这类句子有下列各种形式。

动词谓语句：这类句子以动词为谓语，主要是用来叙述人或事物的行为动作和心理活动，发展变化等。例如：

缅甸语	汉语
ငှက်ပျံနေသည် ။	鸟在飞。
ကလေးငိုသည် ။	孩子哭。
မောင်ခွေးကစားနေသည် ။	貌魁正在玩。（说明行为动作）
သူကသိပ်နောင်တရနေပြီ ။	他已经很后悔了。（说明心理活动）
စားနပ်ရိက္ခာအထွက်တိုးလာသည် ။	粮食生产提高了。（说明变化）

动词谓语句有各种形式。

① 包括主谓语的句子：例如：

缅甸语	汉语
ကျွန်တော်ကသွားမည် ။	我将去。
ကိုကျော်မောင်ငိုလေပြီ ။	哥觉貌哭了。

② 包括主、宾、谓的句子：例如：

缅甸语	汉语
အရှေ့လေကအနောက်လေကိုဖိတိုက်သည် ။	东风压倒西风。
ကျောင်းသားများကမြန်မာစာသင်နေကြသည်။	学生们正在学习缅文。
အနိုင်နိုင်ငံကလာကြတဲ့ကိုယ်စားလှယ်အဖွဲ့သည်ဘေကျင်းရှေးဟောင်းနန်းတော်သို့သွားရောက်လည်ပတ်ကြည့်ရှုကြသည်။	来自各国的代表团参观了北京故宫。

③ 包括主、谓、宾、定、状语的句子：例如：

缅甸语	汉语
ထိုမျက်မှန်နှင့်ဆရာသည်စာသင်ခန်းထဲသို့ခပ်သွက်သွက်ဝင်သွားလေသည်။	那位戴眼镜的先生迅速地走进了教室。
နားကွဲလုမတတ်မြည်ဟီးနေသောသြဘာသံကြားမှာသူကပထမဦးဆုံးအမှုဆောင်အဖွဲ့ဝင်အဖြစ်အရွေးခံလိုက်ရပါသည်။	在震耳欲聋的掌声中他首先被选为执行委员。
ပင်လယ်ရပ်ခြားတရုတ်အမျိုးသားတို့သည်မိမိတို့အမိနိုင်ငံကိုချစ်မြတ်နိုးကြသည် ။	海外华侨都热爱自己的祖国。

形容词谓语句：是以形容词为谓语的句子。在缅甸语和汉语中，形容词的语法作用和性质与动词很相似。所以也有人认为缅甸语和汉语中不存在形容词，只有表示性状的动词。但是形容词与动词终究还是有不少不同的特点。形容词作谓语的句子主要是对人或物的性状加以描写，有时说明事物的变化。例如：

缅甸语	汉语
ဤကလေးကသိပ်လိမ္မာပါသည် ။	这孩子<u>真乖</u>。
ရာသီဥတုအလွန်ချမ်းအေးလှပါသည် ။	天气<u>十分寒冷</u>。
မင်းမင်းကအလွန်ချောမောပါသည် ။	明明长得很漂亮。
ဒီစာအုပ်ကသိပ်ကောင်းတယ် ။	这本书很好。
ခရမ်းချဉ်သီးကနီလာပြီ ။	西红柿变红了。

主谓谓语句：由主谓结构的词组作谓语的句子叫主谓谓语句。这种句子是汉藏语系许多语言的一种特殊句子类型。这类主谓谓语句的谓语主要是说明或者描写主语的。

缅甸语	汉语
သူအာခေါင်နာသည် ။	他<u>嗓子痛</u>。
ကျွန်တော်တို့ရွာ၏ရှုခင်းသည်သာယာလှပေသည် ။	我们的村子<u>景色秀丽</u>。
ဤကား သည်သတ္တိကောင်း၏ ။	这汽车<u>质量很好</u>。
ကိုဘမောင်စာတော်သည် ။	哥巴貌<u>学习很好</u>。

名词谓语句：名词、名词性词组、代词、数量词作谓语的句子。这类句子在缅甸语中常用句尾助词 ပါ、 သ 连接。（有时没有句尾助词）。例如：

缅甸语	汉语
မနေ့ကတနင်္ဂနွေနေ့ပါ	昨天是星期天。
နက်ဖြန်တနင်္ဂနွေနေ့ပါ	明天是星期天。
မင်းဘယ်သူလဲ ။	你是谁。
သူကပျော်တတ်သောသူဖြစ်သည် ။	他是一个乐天派。

名词谓语句的用途：

① 说明时间、年龄、长度、重量等。例如：

缅甸语	汉语
သားအကြီးက၁၅ နှစ် ၊ အလတ်က၁၄နှစ် ။	大儿子 15 岁，二儿子 14 岁。
နွားတစ်ကောင်၁၅၀ကျပ် ၊ဆိတ်တစ်ကောင်၂၀ကျပ် ။	一头牛 150 块，一只羊 20 块。

② 说明等价关系，这类句子的主语、谓语都包含数量词，而且在缅汉两种语言中前后位置都可以互换。例如：

缅甸语	汉语
တစ်လုံးငါးကျပ်	一个 5 元。
ငါးကျပ်တစ်လုံး	5 元一个。
တစ်ပိဿာ၁၅ကျပ်	每斤 15 元。
၁၅ကျပ်တစ်ပိဿာ	15 元一斤。

③ 描写主语状况、特征或属性。谓语多为名词性词组。例如：

缅甸语	汉语
သူကငါခေါ်လာတာ	他是我叫来的（人）。
ဒါကငါဖတ်ဖူးတာ	这是我看过的。（小说等读物）
မောင်ဌေးသည်ဦးလှရှင်၏သား၊ဒေါ်မြ၏သားမက်	貌泰是吴鲁信的儿子，杜妙的女婿。

名词谓语句的形式大量用于口语中，是一种口语常用形式，它很简洁。但是在书面语体或正式场合中用得较少。

不完全主谓句：在句子中，主语由于语言环境，或上下文中都已指明，常常被省略。这种句子称不完全主谓句。例如：

缅甸语	汉语
ဒီနေ့ဝင်ပြိုင်မဲ့အသင်းကနာမည်ကျော်အသင်းချည်းဘဲ၊ သွားကြည့်မလား ။	今天参赛的都是有名的球队，去看吗？
အလုပ်ကများနေလို့မသွားချင်ဘူး ။	（我）工作很忙，不想去了。
ဒီနေ့လယ်လုပ်ခွင့်ရပြန်တော့ဝမ်းမသာဘဲနေပါ့မလား ။	今天又有机会参加农业劳动，能不高兴吗？

非主谓句：缅汉两种语言中都有非主谓句，这类句子没有主语，它的主语并不是省略，而是句子本身并不需要，所以不能把主语加上去，如果要人为地补上一个主语，这个主语也是不确定的。有的无主句则根本无法补出主语来。这类句子中有：

（1）无主句：只有谓语部分，没有主语的句子叫无主句，常见的有下列几种：

① 说明情况的，例如：

缅甸语	汉语
ကျောင်းဖွင့်ပြီ ။	开学了。
ရောက်ပြီ ။	到了。
အစည်းအဝေးလုပ်နေသည် ။	正在开会。

② 打招呼，例如：

缅甸语	汉语
နေကောင်းရဲ့နော် ။	你好啊！
စားပြီးပြီလား ။	吃过了没有？
မင်္ဂလာပါ။	吉祥！（您好！）

③ 说明事物的存在，出现或消失。例如：

缅甸语	汉语
အခန်းထဲမှာစားပွဲတော်တော်များများရှိပါသည် ။	房子里有许多桌子。
အားကစားကွင်းတွင်လူရှင်းသွားပြီ ။	操场上的人都走光了。

④ 成语、格言、谚语中，常常没有主语。例如：

缅甸语	汉语
မီးလောင်ရာလေပင့် ။	火上加油
တစ်ချက်ခုတ်နှစ်ချက်ပြတ် ။	一举两得
ရေနစ်ရာဝါးကူထိုး ။	落井下石

⑤ 表示祈使或禁止。例如：

缅甸语	汉语
တံတွေးမထွေးရ ။	不准吐痰！
ဟိုအခန်းကိုမသွားနဲ့ ။	别到那个房间去！
ပြောပါ ။	说吧！

⑥ 表示祝愿。例如：

缅甸语	汉语
ကျန်းမာချမ်းသာပါစေ ။	祝（你）健康、幸福。
တရုတ်မြန်မာနှစ်နိုင်ငံပြည်သူများချစ်ကြည်ရေးအတွက် ဆုတောင်းပဌနာပြုကြပါစို့ ။	为中缅两国人民的友谊干杯！

（3）独词句。是由一个词组成的句子。（详见本书第 283 页 7.4.1 节）

7.3 缅甸语汉语句子类型的比较：

缅汉两种语言的句子可以从结构上来分析，划分成单句和复句等。但是单从结构上来分析是不够的。因为结构相同的句子，可以有不同的意思。例如：下列几句都是单句，可是却表达不同的意思。例如：

缅甸语	汉语
သူဉာဏ်သိပ်ကောင်းတယ် ။	他很聪明。
သူဉာဏ်သိပ်ကောင်းတယ် ？	他很聪明？
သူဉာဏ်သိပ်ကောင်းတယ် လို့မပြောနဲ့ ။	你别说"他很聪明"！
သူဉာဏ်သိပ်ကောင်းပါကလား ။	他真聪明呀！

上列四个例句，都是单句形式，但是从意义、语气、语调上来说却大不相同。因此仅仅分析句子结构还不能很好地理解句子，还需要从句子本身意义来分析。这就是我们在前面提到的，句子从语气来划分。缅汉两种语言的句子一般都可分成：陈述句、疑问句、祈使句、感叹句等四类。

7.3.1 陈述句：

（1） 陈述句是把事情告诉别人的句子，它是用来叙述和说明事物的运动、性状、类属关系的句子。是思维最一般的表现形式，也是使用最广泛的句子类型。在缅甸语的书面语中，这类句子后一定要加句尾助词。而汉语中一定要加句号。例如：

缅甸语	汉语
ဒီနေ့နေသာတယ် ။	今天天晴。
သူကစာဖတ်နေတယ် ။	他正在看书。
၁၂ နာရီထိုးပြီ ။	十二点了。
သူ့မမကနေတာပြည်ကိုသွားမယ် ။	他姐姐将去加拿大。
ကောင်းကင်ပေါ်ကကြယ်ကလေးများအရောင်တလက်လက်တောက်ပနေတယ် ။	天上的星星闪闪发光。

在上古汉语中，有一个表示动态的语气词"矣"，它放在句子的煞尾，意味着事物的变化和发展。一般情况下，它把事物发展的现阶段作为新的情况告诉别人时，现代汉语中常用"了"字来翻译古文"矣"。例如：

吾知所过矣。（《左传·宣公二年》）
（原先不知道，现在知道了）
寝门关矣。（同上）
王无亲臣矣。（《孟子·梁惠王下》）

这与缅甸语中的"ပြီ"的作用相同。

"矣"还有表示某一情况还没出现，但是预料会出现时用，或者是表示假设时用。例如：

孔子曰："诺，吾将士矣。"（《论语·阳货》）
虞不腊矣。（《左传·僖公五年》）
使梁睹秦称帝之害，则必助赵矣。（《战国策·赵策》）
君能补过，衮不废矣。（《左传·宣公二年》）

在缅甸语中用表示将来式的句尾助词"မယ်"与古汉语中的这类"矣"相似。例如：古汉语中还有一个"焉"字，既是代词又是语气词。当它作句尾语气词时表示叙述句已结束。一般在后面不再加其他的语气词。这与缅甸语的句尾助词"၏ /eʔ/"相同。例如：

缅甸语	古汉语
သင်ချင်ပါ၏ ။	非曰能之，愿学焉。（《论语·先进》）

缅甸语	汉语
သူစကားကြားရ၍သက်ရှည်ပညာရ၏။	吾闻庖丁之言，得养生焉。(《庄子·养生主》)

（2）肯定、否定、双重否定：陈述句是表示说话人对客观事实的描述，所以陈述句有肯定形式和否定形式的分别。在缅语中，一般的肯定句的特点与带"ဖြစ်"、"ဟုတ်"的单句相同。但要强调肯定的语气，缅汉两种语言往往都要通过多种方式表示：

A. 加语气助词。例如：

缅甸语	汉语
မောင်ဘလိုခေါ်တဲ့လူဟာသူဘဲ။	叫做貌巴的人<u>就</u>是他。
ကျွန်တော်ပြောကိုမပြောချင်ဘူး။	我<u>根本</u>不想说了。
ဒီတစ်ခါတော့ကျွန်တော်သွားကိုသွားမယ်။	这次我<u>非</u>去<u>不可</u>。
ဒါတွေအားလုံးသတိကိုမရတော့ဘူး။	所有这一切<u>根本</u>记不起来了。

B. 汉语句子中加表示肯定的动词或形容词，而缅甸语句子（尤其是文章体）中则加助词，组成较固定的句型，表示对事物的肯定。例如：

缅甸语	汉语
သူနက်ဖြန်ဒီနေရာကိုလာမယ်။	他明天将来这儿。（一般陈述）
သူနက်ဖြန်လာမှာဘဲ။	他明天<u>肯定</u>会来。（强调）
အလာကောင်းသော်လည်းအချိန်းနှောင်းသွားပြီ။	来了虽然好，可惜为时已晚。（一般）
အလာကောင်းသော်လည်းအချိန်းနှောင်းသွားပါတကား။	来了故然好，可惜为时晚<u>矣</u>！（强调）

C. 加表示肯定语气的副词，这在缅汉两种语言中是一样的。例如：

缅甸语	汉语
ကိုကိုက ၇ နာရီမှာလာမယ်။（一般）	哥哥7点来。
၇နာရီမှာကိုကိုက<u>ကန်မှချ</u>လာမယ်။（强调肯定）	7点哥哥<u>一定</u>来。
ဒါသူလုပ်တာဘဲ။（一般）	这是他做的。
ဒါ<u>ကန်မှချ</u>သူလုပ်တာဘဲ။（肯定）	这<u>肯定</u>是他做的。

在缅甸语中，否定句（မဟုတ်ပါက）与汉语有着许多不同的地方。例如汉语中表示否定的词有"不、弗、莫、勿、毋、未、没、无"等。在缅甸语中，却只有一个"မ"来表示。然而，要表示"不、没、没有"等意思，缅甸语中还要靠与 မ 搭配运用的各种助词来表示。例如：

缅甸语	汉语
သူမသိဘူး။	他不知道。

သူမသိသေးဘူး ။	他还没知道呢。
သူသဘောမတူဘူး ။	他不同意。
သူသဘောမတူခဲ့ဘူး	他没同意。
သူသဘောမတူသေးဘူး ။	他还没同意呢。
သူမဖတ်ဘူး ။	他不看（书）
သူမဖတ်ခဲ့ဘူး ။	他没看。
သူမဖတ်သေးဘူး ။	他还不看呢。
သူကမဖတ်လိုက်ရသေးဘူး ။	他还没看呢。
သူကမမြင်လိုက်ရသေးဘူး ။	他还没看到呢！
သူကမဖတ်ချင်ဘူး ။	他不想看。

从上列例句可以看出，否定形式还有各种区别。"不"表示说话者或叙述对象不发出动作，或是否定一种性质，汉语中常用"不、没、还不"等副词。而缅甸语的否定形式不仅要有否定副词"မ"、而且句尾助词还要与"မ"相配，要用"ဘူး"（书面语中还用 ချေ ၊ ပေ ၊ သေး ၊ ခဲ့ 等）。

其次，缅语中根据否定对象的不同，否定词"မ"的位置有变化。

① 当否定谓语动词时，否定词放在动词前面。可是如果动词是宾动、主谓结构，则"မ"应在主要动词词根之前。例如：

听	နားထောင်	不听	နားမထောင်ဘူး
插秧	ကောက်စိုက်	不插秧	ကောက်မစိုက်ဘူး
写信	စာရေး	不写信	စာမရေးဘူး
懂	နားလည်	不懂	နားမလည်

② 当谓语是两个或两个以上的动词结合而成时，否定词必须放在最后一个动词之前。而汉语的否定词一般都放在动词前。例如：

缅甸语	汉语
ကျွန်တော်စာအုပ်သွားငှါးသည် ။	我去借书。
ကျွန်တော်စာအုပ်သွားမငှါးဘူး ။	我不去借书。
မင်းမုန့်ကိုသွားဝယ်စားပါ ။	你去买糕点吃吧。
မင်းမုန့်သွားဝယ်မစားနဲ့ ။	你别去买糕点吃。

③ 缅汉两种语言中，当谓语动词前后有助动词时，汉语中否定副词一般都放在助动词前。而缅甸语中否定词必须放在动词前，只有动词后面有表示趋向的助动词"သွား ၊ လာ"时，否定词才能而且也必须放在助动词前。例如：

缅甸语	汉语
ဂျပန်စကားမပြောတတ်ပါဘူး။	不会讲日语。
ဒီအလုပ်ငါမလုပ်နိုင်ပါဘူး။	我不能做这事。
အလုပ်ကများနေလို့သူဆီခုထက်ထိမသွားဖြစ်သေးဘူး။	因为忙，一直没能去他那儿。
ဈေးတက်ပြီ။	涨价了。
ဈေးမတက်ခဲ့ဘူး။	没涨价。
ပန်းသီးနီလာပြီ။	苹果红了。
ပန်းသီးကနီမလာသေးဘူး။	苹果还没有红。
စီးပွားရေးအခြေအနေကောင်းမွန်လာပါပြီ။	经济形势好转了。
စီးပွားရေးအခြေအနေကောင်းမွန်မလာသေးဘူး။	经济形势尚未好转。

④ 动词前有副词时，汉语中否定词必须放在副词前，而缅甸语中不能像汉语那样放在副词前，必须放在动词前（亦即放在副词后）。例如：

缅甸语	汉语
ဂရုတစိုက်နားမထောင်ခဲ့ဘူး။	没有认真地听。
မြန်မြန်မပြင်ယင်မရတော့ဘူး။	要不赶快修理就不行了。
ကြိုးစားပြီးလုပ်မှအောင်မြင်မှုရနိုင်မည်။	只有努力干才能获取胜利。
ကြိုးစားပြီးမလုပ်ယင်အောင်မြင်မှုရနိုင်ပါ။	如果不努力干就不可能取得成功。

⑤ 要否定过去发生的事情或将来发生的事情时，放在句子或名词性词组后面，否定整个句子或词组。例如：

缅甸语	汉语
သူလာလိမ့်မယ်မထင်ဘူး။	我想他不会来了。
ဒီလိုဖြစ်လိမ့်မယ်မဟုတ်။	不可能会这样。
ကျွန်တော်တို့တပါးနိုင်ငံကိုဝင်ရောက်ကျူးကျော်လိမ့်မည်မဟုတ်ပါ။	我们不会侵略别的国家。
သူတို့ကအတွေ့ကိုနားလည်လိမ့်မယ်မဟုတ်ပါ။	他们是不会懂得这些的。

⑥ 要否定正在进行的动作时，缅甸语中的否定副词"မ"不能像汉语一样直接放在动词之前。只能放在表示正在进行的全句之后。例如：

缅甸语	汉语
ခုသူတို့စာဖတ်နေတယ်။	现在他们正在看书。
ခုသူတို့စာဖတ်နေတာမဟုတ်ဘူး။	现在他们不是在看书。
ကျောင်းသားတို့ကရုပ်ရှင်ကြည့်နေကြတယ်။	学生们正在看电影。

ကျောင်းသားတို့ကရုပ်ရှင်ကြည့်နေကြတာ
မဟုတ်ဘူး ။　　　　　　　　　　　　　学生们<u>不是在</u>看电影。
သူမိမိဘာသာမိမိကြည့်နူးနေတယ် ။　　　　他正在自我陶醉。
သူဘာသာကြည့်နူးနေတာမဟုတ်ဘူး။　　　他并不是在自我欣赏。

⑦ 缅甸语否定句和带否定副词的句子中，一般情况下一定有搭配使用的否定句句尾 "ဘူး"，在祈使句中用 နှင့် (နဲ့)　例如：

　　缅甸语　　　　　　　　　　　　　汉语
ကျွန်တော်နားမလည်ဘူး။　　　　　　　我不懂。
သူ့အသံမကြားဘူး။　　　　　　　　　听不见他的声音。
တံတွေးမထွေးရ ။　　　　　　　　　　不准吐痰！
သူပြောတာကိုမယုံနဲ့။　　　　　　　　你别相信他说的。

但是，有些否定句中的句尾助词不是通常的 ပါ ၊ ဘူး ၊ ချေ 等，而是仍然用肯定句句尾 တယ်၊ ပြီ 等。不过这种情况比较少。例如：

တစ်ခုခုတော့တစ်ခုခုဘဲ၊ဘာတစ်ခုခုသာမသိတယ် ။　肯定发生了一件事，只不过不知道是什么事罢了。

ဘာဆွေမျိုးမှမတော်တာ၊သို့သော်လည်းဆွေမျိုးလိုဘဲ
ခင်ကြတယ် ။　　　　　　　　　　　　虽然毫无亲戚关系，但就像亲戚一样亲热。

အခုမသွားတော့ပြီ။　　　　　　　　　　现在已经不去了。
မိုးမရွာတော့ပြီ။　　　　　　　　　　　雨不下了。
သူကကလေးမှမဟုတ်တော့တာ။　　　　　他也不是孩子了。

⑧ 缅甸语要否定现在完成体的句子时，有固定的形式，由 "မ" 与句尾助词 "သေးဘူး" 或 "လိုက်ရသေးဘူး" 构成。前者表示"动作根本未进行"、后者表示"动作已进行，尚未结束"。例如：

　　缅甸语　　　　　　　　　　　　　汉语
မေး။။ မင်းစာရေးပြီးပြီလား။　　　　　　问：你的信写完了吗？
ဖြေ။ ရေးမပြီးသေးဘူး။　　　　　　　答：信还没写完（已经开始写，尚未完）
မရေးလိုက်ရသေးဘူး။　　　　　　　　还没写呢！（动作尚未开始）
မေး။ ဒီဝတ္ထုကိုခင်ဗျားဖတ်ပြီးပြီလား။။　　　问：这部小说你看完了吗？
ဖြေ။ ဖတ်လို့မပြီးသေးပါဘူး ။　　　　　答：还没看完。
မဖတ်လိုက်ရသေးဘူး။　　　　　　　　还没（开始）看呢！

双重否定：双重否定是指在一句话内，有两个相互呼应（或抵消）的否定词套在一起，表示肯定的意思。汉语中常用句子形式为"不……不……"、"别……不……"。缅甸语中常用的句子形式有"မ...မ..."、"မ...မရှိ..."、"မ...မဖြစ်..."例如：

缅甸语	汉语
မတီးမမြည် ၊ မပြောမပြီး	（钟）不敲不响，（话）不讲不明。
မယုံမရှိနဲ့။	别不信。
ကျွန်တော်ကသူအားကျေးဇူးမတင်ဘဲမနေနိုင်ပါ။	我不能不向他表示感谢。
ငြိမ်းချမ်းရေးကိုအသနားခံလို့ရလိမ့်မယ်မဟုတ်မှန်း မသိလို့မဟုတ်ပါ။	并不是不知道，和平是不能乞求的。
မသင်မနေရဘာသာသုံးမျိုးရှိသည်။	有三门必修课。
လူတွေကသူ့အပေါ်အထင်လွဲမှာစိုးလို့မပြောလို့ မဖြစ်တော့ဘူး။	为了怕别人对他产生误会，不得不说了。

在缅汉两种语言中，有些句子，在特定的语言环境里，原来是肯定句，带上语调和感情却都能表示讥讽，实际上表示否定的意思。例如：

缅甸语	汉语
တော်တော်လိမ္မာတဲ့ကလေးပေဘဲ။ 原义：真是个好孩子。	真是个好孩子。 转义：好一个好孩子！(贬义)
ကျေနပ်လိမ့်မယ်၊ကျေနပ်လိမ့်မယ်။ 原义：是的，会满意的。	会满意的。 转义：哪儿会满意？（休想！）
တယ်ကောင်း 原义：真好！	真好。 转义：好啊！(真有你的。)
ဟုတ်လိမ့်မယ်။ 原义：可能是对的。	可能是对的。 转义：你别以为对了。（谁相信？）

有些特殊疑问句，从句子形式来看是疑问句，但其含义却是肯定的意思。这类句子实际上是用反问的句子形式表达强烈的肯定作用。例如：

缅甸语	汉语
အခန်းထဲမှာလူငါးယောက်ဘယ်ကမလဲ။	房间里何止五个人？（不止五人）
ကျွန်တော်ဘယ်လိုလုပ်သိနိုင်ပါ့မလဲ ။	我怎么知道呢？（我不知道）
ဘာတတ်နိုင်မလဲ။	有什么办法呢？（没办法了）

ကျွန်တော်ရေငုံနှုတ်ပိတ်လို့ဘယ်ရမလဲ ။ 我怎么能缄口不言呢？（我不能不说）
စာမကျက်ယင်စာမေးပွဲဘယ်အောင်နိုင်ပါ့မလဲ။ 不复习考试怎能通过？（不复习肯定不及格）

7.3.2 疑问句

（1）缅汉两种语言中疑问句都是向人家提出疑问或对自己提出疑问的句子。两种语音中的疑问句一般需要有表示疑问的句尾助词来表示疑问语气。

我们可以对任何事物提出疑问。但是对不同的内容提出疑问时需要有不同的疑问代词或疑问副词。对句子中的各个成分：主语、宾语、谓语等等提出疑问就需用不同的疑问词，缅甸语中就要有与句尾助词 လား၊ လဲ 搭配构成疑问句句型，汉语中就用"吗、呢"。例如：我们对下列句子的各个成分提出疑问。

ကျွန်တော်က①နက်ဖြန်ခါ②ဦးလေး⑥နှင့် တိုင်ပင် ရန်⑦မန္တလေး ③သို့ ရထား④⑤နှင့်သွား မည် ။
我（主助）明天　舅舅（状助）商量（状助）曼德勒（状助）火车（状助）去（尾助）
为了跟舅舅商量，我明天将乘火车到曼德勒去。

对①主语提问：　　谁明天到曼德勒去（呢）？
　　　　　　　　　　　　　　　ဘယ်သူကနက်ဖြန်ခါမန္တလေးကိုသွားမလဲ ။
对②时间状语提问：您什么时候去曼德勒（呢）？
　　　　　　　　　　　　　　　ခင်ဗျားကမန္တလေးကိုဘယ်အချိန်မှာသွားမလဲ ။
对③趋向状语提问：你明天要到哪儿去（呢）？
　　　　　　　　　　　　　　　ခင်ဗျားနက်ဖြန်ဘယ်သွားမလို့လဲ ။
对④状语提问：　　你乘什么去曼德勒（呢）？
　　　　　　　　　　　　　　　ခင်ဗျားမန္တလေးကိုဘာနဲ့သွားမလဲ ။
对⑤谓语提问：　　明天是乘飞机去吗？
　　　　　　　　　　　　　　　ခင်ဗျားနက်ဖြန်လေယာဉ်နဲ့သွားမလား။
对⑥状语提问：　　到曼德勒去跟谁商量（呢）？
　　　　　　　　　　　　　　　ဘယ်သူနဲ့တိုင်ပင်ဘို့မန္တလေးကိုသွားရမှာလဲ။
对⑦目的状语提问：为什么要去曼德勒（呢）？
　　　　　　　　　　　　　　　ဘာဖြစ်လို့မန္တလေးကိုသွားရမှာလဲ။
对⑧整句提问：你明天早上将乘飞机去曼德勒跟您舅舅商量，是吗？
ခင်ဗျားနက်ဖြန်မနက်ခင်ဗျားဦးလေးနဲ့တိုင်ပင်ရန်မန္တလေးသို့ လေယာဉ်နှင့်သွားမည်ဟုတ်လား။

上列例句中，①是对主语提出问题；⑤是对谓语提出问题；⑧是对整个句子提出问题。除此而外，都是对状语提出问题，例如②是表时间；③表示趋向；④表示凭借的工具；⑥表示说话的对象，这些在句子中，都作为状语出现。这些都是从结构上，也就是对句子每个成分提出问题。

（2）疑问句的类型：提出疑问的情况有各种各样。

有的是真不知道某一事物，用疑惑的语气提出问题。例如：

缅甸语	汉语
ဒါဂန္တမာပန်းလား။	这是菊花吗？
သူမသွားဘူးလား။	他不去吗？
နက်ဖြန်သူကိုကိုပြန်လာမလား။	明天哥哥回来吗？
ဘေကျင်းမြို့နဲ့ရန်ကုန်မြို့ဟာဘယ်လောက်ဝေးသလဲ။	北京离仰光多远？

有的是自己不能肯定，用估计、猜想的语气提问。例如：

သူလဲသွားမှာဘဲထင်ပါရဲ့။	我想他也会去吧？
အသက်၅၀လောက်ရှိလိမ့်မယ်ထင်တယ်။	大约有50岁了吧？

有的则是提问人自己明明知道，但为了某种效果而故意提问。例如：

ခင်ဗျားလည်းသိတယ်မဟုတ်လား။	你不是也知道吗？

根据提问的方式，缅汉两种语言的疑问句有下列几种类型：

A. 是非问　B. 特指问　C. 选择问　D. 正反问
E. 猜想问　F. 反　问　G. 自　问　H. 强调问。

A. 是非问句：

缅语与汉语的是非问的句尾都要用语气助词。汉语用"吗"还要加上标点符号"？"。缅甸语中就要加表示语气的句尾助词"လား""လေ"（口语中都用）"လား"并有明显的上升语调。缅甸语汉语中最简单的是非问句，只要在名词或代词后加"吗？"或"လေ"（လား）即成。回答这类句子，只要用"ဟုတ်ကဲ့"（是）或"ဟုတ်ပါတယ်"（是的）即可。例如：

缅甸语	汉语
သူဘဲလား။	是他吗？
သူကတရုတ်လား။	他是中国人吗？

在动词或形容词、词组后面则要加"တာ"

ဒါသူရေးတာလား။	这是他写的吗？
ဒီကားကြီးကသူမောင်းလာတာလား။	这大汽车是他开来的吗？

这类疑问句，一般是提问人对一件事情提出。认为有可能是事实，又不肯定，故而提问。

在汉语的句子后加"吗？"例如："他来了吗？""他们正在看书吗？"而在缅甸语疑问句中并不是完整的句子后加上表示疑问语气的句尾助词"လား"就成，而是在疑问句中，须将完整句最后的句尾助词简化后，再加"လား"表示疑问。例如：

现在或过去	သူ့လက်ပတ်နာရီကမှန်တယ်။
	他的手表走得准。
	သူ့လက်ပတ်နာရီမှန်သလား။
	他的手表准吗？
一般时	ကြောင်ကငါးစားတယ်။
	猫吃鱼。
	ကြောင်ကငါးစားသလား။
	猫吃鱼吗？
将来时	ကျွန်တော်တို့နက်ဖြန်ခရီးထွက်တော့မည်။
	我将于明天动身。
	ခင်ဗျားတို့နက်ဖြန်မှာခရီးထွက်တော့မည်လော။
	（文章体中，句子加表疑问的助词即可）
	ခင်ဗျားတို့နက်ဖြန် ခရီးထွတ်တော့မှာလား။
	（口语体中，句尾助词要变）
	你明天去吗？
将来时	ရုပ်ရှင်ကိုရ နာရီမှပြမည်။
	电影要七点才开映。
	ရုပ်ရှင်ကိုနောရီခွဲပြမည်လော။
	（文章体中，句子加表疑问的助词即可）
	电影六点半放映吗？
	ရုပ်ရှင်ကိုနောရီခွဲပြမှာလား။
	（口语体中，句尾助词要变）
已然态	ထမင်းစားပြီပြီ။
	吃完饭了。
	ထမင်းစားပြီပြီလော။

（文章体中，句子加表疑问的助词即可）

ထမင်းစားပြီးပလား။ （口语体中，句尾助词要变）
吃过饭了吗？

已然态　　ဦးဘသောင်းလာပြီ။
吴巴东来了。

ဦးဘသောင်းလာပြီလား။
吴巴东来了吗？

从上列例句可以看出，缅语的句尾助词还是一种时态的标志。汉语句中则用"已经""过""将""了"等副词或助词来表示。

在回答上列问句时，不论是肯定形式或否定形式，只要是答话人同意问话人的意思，缅甸语中就用"တယ်"、"မယ်"来回答。如不同意则用"မ . . ဘူး"（不）来回答。例如：

① သူ့လက်ပတ်နာရီမှန်သလား။
他的表准吗？

သူ့လက်ပတ်နာရီကမှန်တယ်။
他的表走得准。

▲ဟုတ်ကဲ့-မှန်ပါတယ်။
是的，很准。

ဟင့်အင်း-သူ့လက်ပတ်နာရီကမမှန်ဘူး။
不，他的表不对。

▲ဟင့်အင်း-မမှန်ဘူး။
不，不对。

② ခင်ဗျားနက်ဖြန်ပဲခူးသွားမလား။
你明天去勃固吗？

▲ဟုတ်ကဲ့-ကျွန်တော်နက်ဖြန်ပဲခူးသွားမယ်။
是的，我明天去勃固。

ဟုတ်ကဲ့-သွားမယ်။
是的，去。

ဟင့်အင်း-ကျွန်တော်နက်ဖြန်ပဲခူးမသွားဘူး။
不，我明天不去勃固。

▲ဟင့်အင်း-မသွားဘူး။

不，不去。
③ စာကြည့်တိုက်မဖွင့်သေးဘူးလား။
图书馆还没开吗？
ဟုတ်ပါတယ်-စာကြည့်တိုက်မဖွင့်သေးပါဘူး။
是的，图书馆还没开。
▲ဟုတ်ပါတယ်-မဖွင့်သေးပါဘူး။
是的，还没开。
▲ဟင့်အင်း-ဖွင့်လိုက်ပြီ။
不，开了。

从上面例句可以看出，会话时的答句中，ဟုတ်ကဲ့ 或 ဟင့်အင်း 不一定要与后面句子的肯定与否定相一致，并且在有语言环境的情况下，往往只要回答主要谓语部分，而不需重复前面的其他句子成分。如上列带"▲"的例句。

在古汉语中，有些动宾结构的组成的疑问句子，动宾位置与缅甸语句子相同，也将动词放到句子的最后。例如：

臣实不才，又<u>谁敢怨</u>？（《左传·成公三年》）
当察乱<u>何自起</u>？起不相爱。（《墨子·兼爱上》）
大王<u>来何操</u>？（《史记·项羽本纪》）

在古汉语中，介词"以"、"有"、"拿"、"把"等组成的介宾结构，也常常倒置。例如：

其有不合者，仰而思之，<u>夜以继日</u>。（《孟子·离娄下》）

在缅汉两种语言的疑问句中，都有一类句子是说话人先提出自己的意见、估计、要求等，征求对方意见的疑问句。汉语中是在句子后面加"好吗？、可以吗？"等。而缅甸语中一般不用"ကောင်းသလား(好吗？)"，而是用反问的形式"မကောင်းဘူးလား"（不好吗？）。例如：

缅甸语	汉语
ဒီနေရာကိုနက်ဖြန်သွားမယ်<u>မကောင်းဘူးလား</u>။	这个地方明天去，好吗？
ယိုဟိုယွမ်းခေါ်ငွေရာသီနန်းတော်ကိုအတူတူသွားကြရအောင်<u>မကောင်းဘူးလား</u>။	咱们一起去颐和园，好吗？

这类疑问句与汉语的句子结构有差别。汉语的提问部分，常是正面问说"好吗？""行吗？" 而缅甸语句部分则常用反问形式："မကောင်းဘူးလား။不好吗？""မရဘူးလား။不行吗？"

另外，缅汉两种语言都可以用语调来表示疑问意思：在口语中，有时用一般陈述句的形式来作是非问句。主要是将陈述句的句尾部分语调提高，表示疑问。例如：

缅甸语	汉语
သူလဲသွားမယ်။ ↗	他也去？
အခုမှ၅နာရီရှိသေးတယ်၊ခင်ဗျားထမင်းစားပြီးပြီ။ ↗	现在才五点，你就吃完饭了？

B. 特指问：就是用疑问代词（或疑问副词）代替未知部分的疑问句。说话者希望对方就不知道的部分作答复。疑问代词或疑问副词有很多，这类特指疑问句在缅甸语中不仅需要疑问代词，而且在句尾语气助词也要用"နည်း(လဲ)"等搭配使用，这种疑问句的词序与陈述句相同，对句子哪个部分都可以提问，而疑问代词（或副词）就放在那个成分的位置上。例如：

缅甸语	汉语
သူကဘယ်သူလဲ။（主语补足语位置）	他是<u>谁</u>？
<u>ဘယ်သူ</u>ကဒီလိုပြောသလဲ။（主语位置）	<u>谁</u>这么说？
သူက<u>ဘယ်လို</u>ပြောသလဲ။（状语位置）	他<u>怎么</u>说？
မခင်အေးက<u>ဘယ်အတန်း</u>ကလဲ။（定语）	玛钦埃是<u>哪一班</u>的？
ဒီကြိုးက<u>ဘယ်လောက်</u>ရှည်သလဲ။（状语）	这绳子<u>有多长</u>？
သူရေးတာ<u>ဘယ်နယ်</u>နေသလဲ။（状语）	他写得<u>怎么样</u>？
ခင်ဗျားတို့<u>ဘယ်နယ်</u>ရက်နေ့မှာသွားမလဲ။（状语）	你们<u>几号</u>去？
ကိုအောင်မြင့်<u>ဘယ်</u>သွားမလဲ။（宾语）	哥昂敏去<u>哪儿</u>？
သူ<u>ဘယ်လောက်</u>ကြိုးစားသလဲ။（状语）	他有<u>多么努力</u>？

这类句子有时缅甸语中用语气助词"ကော"，汉语中用"呢？"来表示特指问。例如：

缅甸语	汉语
မင်းတို့ကပြန်ကုန်ကြတော့သူ<u>ကော</u>။	你们全都回去了，<u>他呢</u>？（到哪儿去了？）
သူတို့အားလုံးကျောင်းသားဖြစ်တယ်<u>မင်းကော</u>။	他们都是学生，<u>你呢</u>？

ငါတို့စာအုပ်ဒီမှာရှိတယ်၊ခင်ဗျားဟာကော။	我们的书在这里，<u>你的呢</u>？
သူတို့တစ်တွေကောဘယ်လိုနေထိုင်ကြတာလဲ။	他们<u>一伙呢</u>，是怎样生活的呢？
မြို့ထဲသွားတော့စက်ဘီးကောမစီးဘူးလား။	进城时<u>不骑自行车吗</u>？

C. 选择问：提问人对事物有两种（或几种）看法，但不敢肯定哪一种看法正确。于是在提问题，把两种看法都说出来，希望对方选择其中一种来回答。汉语中常用句子形式"……还是……"。缅甸语中，常用两个并列的疑问句来表示选择问。例如：

缅甸语	汉语
ခင်ဗျားကထမင်းစား<u>မလား</u>၊ခေါက်ဆွဲစား<u>မလား</u>။	（你）是吃饭<u>还是</u>吃面条？
နတ်ကိုကိုးကွယ်<u>မလား</u>၊လူ့အင်အားကိုအားကိုး<u>မလား</u>။	<u>信神呢</u>？<u>还是</u>依靠人的力量？
သွားရကောင်း<u>မလား</u>၊မသွားဘဲနေရကောင်း<u>မလား</u>။	<u>是去好呢</u>？<u>还是不去好</u>？
မင်းကိုသွားစေချင်တာ<u>လား</u>၊ငါ့ကိုသွားစေချင်တာ<u>လား</u>။	<u>是要你去</u>？<u>还是要我去</u>？

这类疑问句，在汉语里是用"呢"来表示疑问。而缅语中却用两个"လား：吗"（书面体中用 လော），而不用"လဲ 呢"。

D. 正反问：说话人将事物可能有的正反两个方面都列出来，让听的人选择。例如：

缅甸语	汉语
တော်ကြာမင်း<u>သွားမလား</u>မသွား<u>ဘူးလား</u>။	等一会儿你<u>去（还是）不去</u>？
ဒီထိုင်ခုံက<u>ခိုင်သလား</u>မ<u>ခိုင်ဘူးလား</u>။	这凳子<u>结实不结实</u>？
ဒီလိုပြောယင်<u>ကောင်းသလား</u>မ<u>ကောင်းဘူးလား</u>။	这么说<u>好不好</u>？
ခင်ဗျား<u>ကြည့်ချင်သလား</u> မ<u>ကြည့်ချင်ဘူးလား</u>။	你<u>想不想看</u>？
သူသွားပြီလား၊ မသွားသေးဘူးလား။	他是去了？还是没去？

这类句子有一个比较固定的形式，那就是同时列出两个问句，让对方选择。缅甸语就是如此，上列例句中表示问句的不同时态就用不同的句尾助词如："သလား：မ . . . ဘူးလား"、"မလား：မ . . . ဘူးလား"。汉语中同样有这种句型。如上列例句的最后一句"去了？还是没去？"，但是汉语中往往可以将两句问句合并成一个问句。例如上列例句的头四句：

你去呢？还是不去？	→	你去不去？
凳子结实？（还是）不结实	→	凳子结不结实？
你想看？还是不想看	→	你想不想看？
这么说好呢？还是不好	→	这么说好不好？

当这类正反问疑问作为另一个句子的句子成分时,缅甸语有时也可以缩略成"V+ﻪ+V"形式。例如:

缅甸语	汉语
သူသွားမသွားတော့မသိဘူး။	不知道他<u>去</u>(还是)<u>不去</u>。
ဒီထိုင်ခုံခိုင်မခိုင်တော့မသိဘူး	不知道这凳子<u>结</u>(实)<u>不结实</u>?
သူသဘောတူမတူအရေးမကြီးဘူး။	他<u>同</u>(意)<u>不同意</u>无所谓。

还有一类正反疑问句,是提问人对某一事物或情况已有比较肯定的估计,为了进一步得到证实,汉语就用"是不是?"或"对不对"。缅甸语用"ဟုတ်သလားမဟုတ်ဘူးလား:是不是"作疑问句的疑问部分。例如:

缅甸语	汉语
မနှစ်ကလဲခင်ဗျားဒီလိုပြောတာဘဲ၊ဟုတ်သလား<u>မဟုတ်ဘူးလား</u>။	去年你也这么说的,<u>是不是</u>?
ခင်ဗျားပြောတာဘဲ၊<u>ဟုတ်သလားမဟုတ်ဘူးလား</u>။	这是你说的,<u>对不对</u>?

E. 猜想问:这种问句表示问的人对事情已有初步看法,但是还不能肯定。如果用陈述句说出来,恐怕太武断;如果用一般疑问句,又嫌不能表达略有所知的语气。因此就宜于用猜想的语气说出来,希望对方证实自己的看法。在缅语中这类句子的结构是一个陈述句再加上"ထင်ပါရဲ့"表面来看并不是问别人,只是表明有这种想法。实际上,它还是希望对方作进一步证实。汉语中这类句子用一个疑问词"吧"放在句子最后即成。例如:

缅甸语	汉语
အခန်းမှာလူရှိပါတယ်ထင်ပါရဲ့။	屋子里有人<u>吧</u>?
ပြတင်းပေါက်ပိတ်မထားလို့ထင်ပါရဲ့။	<u>大概</u>是因为没关窗<u>吧</u>?
အဖွဲ့ခေါင်းဆောင်ဦးဘဖေထင်ပါရဲ့။	我想您就是吴巴佩团长<u>吧</u>?

F. 反问句:有一种疑问句是明知故问,无疑而问。从效果来看,反问语气更加肯定、坚决。因此,反问句表面上是提问,实际上是一种加强肯定的陈述说法,并不需要人家答复。因而反问句表示的意思复杂,有表示质问、责难的,有表示怀疑不信的。例如:

缅甸语	汉语
မင်းလဲသွားတာဘဲမဟုတ်လား။	你<u>不是</u>也去的<u>吗</u>?(质问)
အလို-လူနှစ်ယောက်သွားတယ်၊ဘယ်နှယ့်ဒီလောက်နဲနဲဘဲယူလာတာလဲ။	哟,去了两个人<u>怎么</u>就拿这么点儿

回来呀？（责怪）

သူကအစောကြီးကထည်းကထွက်သွားတယ်။
ကျောင်းကိုမရောက်သေးဘူးလား။ 　　他一早就出去了，<u>还没</u>到学校<u>吗</u>？（疑问）

သူကငါ့ကိုဘယ်နှယ်မမြင်ဘဲနေပါ့မလဲ။ 　　他<u>怎能没</u>看见我？（不信）

一般用的反问句有下列几种形式：

① 汉语在整个陈述后面加上 "不是……嘛？"变成反问句，缅甸语中则在陈述句后加 " မဟုတ်လား: 不是吗？"变成反问句。例如：

　　　　缅甸语　　　　　　　　　　　　汉语

ခင်ဗျားသွားတယ်မဟုတ်လား။ 　　他<u>不是</u>去了<u>嘛</u>？

သူလဲသဘောတူတယ် မဟုတ်လား။ 　　他<u>不是</u>也同意了<u>嘛</u>？

ခင်ဗျားတို့ကိုယ့်ဘာသာကိုယ်လဲ " သိပ်အတာဘဲ "၊
" သနားစရာသိပ်ကောင်းပါတယ် " လို့ယူဆကြတယ်
မဟုတ်လား။ 　　你们<u>不是</u>已经觉得自己"太愚蠢"，"太可悲"了<u>吗</u>？

② 汉语句在动词后面用 "行吗？、成吗？"，缅甸语后加 "နေမလား၊ရမလား: 可能吗、行吗" 表示反问。例如：

　　　　缅甸语　　　　　　　　　　　　汉语

ဒီအကြောင်းသူတို့မပြောဘဲနေမလား။ 　　这情况他们<u>能不</u>讲<u>吗</u>？（不可能不讲）

ငါမလာယင်ရမလား။ 　　我要不来<u>行吗</u>？（不行）

အားလုံးတိုးတက်နေတယ်မင်းတစ်ယောက်ထဲ
ကျန်ရစ်ခဲ့ယင်ရပါ့မလား။ 　　大家都在前进剩下你一个人，<u>成吗</u>？

သူမသွားဘဲနေနိုင်ပါ့မလား။ 　　他不去行吗？

这类句子也可以变成特指问形式来表示反问。例如：

ဒီကိစ္စမျိုးကိုသူတို့မပြောဘဲဘယ်နေနိုင်ကြမလဲ။ 　　这种事情他们<u>怎么能不</u>说呢？

ကျွန်တော်မလာယင်ဘယ်ရမလဲ ။ 　　我要是不来的话，<u>怎么成呢</u>？

မင်းတစ်ယောက်ထဲနောက်ကနေကျကျန်ရစ်ခဲ့ရင်
ဘယ်ဖြစ်မလဲ။ 　　你一个人落在后头<u>怎么成呢</u>？

③ 为了表示已经肯定的事情，有时也利用否定其它现象来反证说话者所说的必然性。又例如：

တခြားဟုတ်ပါ့ရိုးလား။ 　　会是别的吗？

例句意思肯定表明不可能是别的事情。但是表达形式却又是疑问句的形式。又例如：

တခြားလူဟုတ်ပါ့ရဲးလား၊ ကိုထွန်းမြပေါ့။　　会是别人吗？还不就是哥吞妙吗？

အားလုံးကဝိုင်းကန်ကွက်ကြယင်သူ့နေနိုင်ရဲးလား။　　全都起来抗议，<u>他还能坐得住吗</u>？

④ 利用疑问词来表示。它的语气比一般疑问句强烈。例如：

……ဘယ်ရှိနိုင်အုံးမလဲ။　　（他的事迹还不算稀奇的话，那世界上）还有什么稀奇的呢？（意即"不可能有了"）

ဘယ်ရမလဲ။　　怎么能行呢？（意即"不行"）

ဘယ်ဖြစ်မလဲ။　　怎么行呢？（意即"不行"）

⑤ 在汉语句子前面加"不是说"，缅甸语句子后面加" ဆို "，表示原来本要发生（或以为要发生）的事，后来没有发生，因而用反问的形式提出质疑。例如：

缅甸语	汉语
သူက နာရီဒီကိုပြန်လာမယ်ဆို။	<u>不是说他 9 点会回到这里吗</u>？（怎么没来呢？）
မင်းနေမကောင်းလို့မလာနိုင်တော့ဘူးတဲ့ဆို။	<u>不是说你身体不好，不能来了吗</u>？（怎么你又来了呢？）
မင်းကသူ့ကိုသိပ်ခင်တယ်ဆို။	<u>不是说你跟他很要好的吗</u>？（怎么现在说不认识他了呢？）

缅语中，在主要谓语动词（或形容词）后加上 လို့လား： 或 မှတ်လို့ 表示较强烈的反问语气。汉语句中就常加："难道"或者在疑问词上加强语气力度。例如：

缅甸语	汉语
ကျောင်းစည်းကမ်းရှိသေရမယ်လို့မင်းမသိလို့လား။	<u>难道你不知道要遵守校纪校规吗</u>？（应该知道）
မင်းကိုဘယ်သူကခေါ်လို့လဲ။	<u>谁叫你来着</u>。（根本没有人叫）
ငါမသိတာမှတ်လို့။	<u>你难道以为我不知道吗</u>？

从上述许多例句的句子形式来看，都是一般疑问句。可是说话人本人的意思并不是发出疑问，因此，我们就不能单从形式来理解意义，还要联系上下文及讲话的语言环境来确定这句话是疑问句还是反问句。

反问是一种特殊的修辞手段，在一定的语言环境中，采用反问句要比采用陈述句表述有力得多。

在上古汉语的反问句中有个反问句煞尾词"哉"字，与缅甸语中的句尾助词"စ"（上古音应是 / tsa / 音）应是一脉相承的。汉语的"哉"字表示反问，略等于现代汉语的"呢、吗"字，它经常要与疑问代词和"岂、何"等搭配使用。例如：

　　　　大车无輗，小车无軏，其何以行之哉？（《论语·为政》）
　　　　何有于我哉？（《论语·述而》）
　　　　晋，吾宗也，岂害我哉？（《左传僖公·五年》）

缅甸语中带有疑问句句尾助词"စ"的疑问句，在现代缅语中已不常用，只是在比较郑重和加强语气、带有古典韵味的句子中才用。例如：

သောတရှင်များရှင့်ကိုယ်စိတ်နှစ်ဖြာကျန်းမာချမ်းသာပါစေရှင့်　　敬爱的听众，您好（吗？）！
အဘယ်သို့လုပ်နိုင်ပါစ။　　　　　　　　　　　　　　　　　（我）怎能干呢？

G. 自问：自己弄不明白，或自言自语时表示疑问的。在汉语中就是用一般疑问句就可以用在自问的语境中，缅语中则一般在句尾加"ပါလိမ့်"来表示自问。汉语中常用一般疑问句表示。例如：

　　　　缅甸语　　　　　　　　　　　　　　　汉语
ဘယ်သူပါလိမ့်။　　　　　　　　　　　　　　　会是谁呢？
ဒါကဘာအဆောက်အဦးပါလိမ့်။　　　　　　　　　这建筑是什么？
ငါကဘာလုပ်နေပါလိမ့်။　　　　　　　　　　　　我在干什么呢？

有时这种自问疑问句，也可以要求别人回答。

H. 强调问：这类句子在汉语中一般在强调部分加上"呢"。缅甸语中则在强调部分加"ကော ၊ တဲ့ ၊ များ"等助词，表示疑问语气更强烈。例如：

　　　　缅甸语　　　　　　　　　　　　　　　汉语
သူကော။　　　　　　　　　　　　　　　　　　他呢？
ဒါကောယူသွားရသလား။　　　　　　　　　　　这东西（呢）也要拿去吗？
လုပ်ကောဘာဖြစ်လဲ။　　　　　　　　　　　　做了（呢）又怎么样？
သူနားများလေးနေရော့သလားဟုထင်မိလေသည်။　　我想是不是他的耳朵聋了？
အစ်ကိုကြီးကများစိတ်ဆိုးနေလားမသိဘူး။　　　　　　不知道待一会儿大哥是不是会生气。
ခြေစစ်ဘက်ကျိုး၍သာတော်တော့သည်၊　　　　　　瞧他那样子要不是瘸了一条腿，说不
မကျိုးများမကျိုးလျှင်
မိုးကိုပင်တက်မယ့်ပုံတည်း။　　　　　　　　　　　定还上了天呢？

7.3.3 祈使句：

祈使句是表示要人家做什么或不做什么的句子。在缅汉两种语言中，祈使句可分为两类：一类是要别人发出某种动作的，这类包括命令和请求等；另一类是要别人停止或不发出某种动作，这类包括禁止、劝阻。一般说来前一类不用否定词，后一类要用否定词。

（1）命令、请示：表示命令的祈使句，一般带有强制性，言词肯定，坚决。这种结构缅甸语与汉语一样，经常不用主语，结构简短，缅甸语的句子后面还可以省略句尾助词。例如：

缅甸语	汉语
ဒီမှာဘဲထိုင်။	就坐在这儿！
ယူသွားးယူသွား။	拿去，拿去！
ထွက်သွား။	滚！
သားငါးကိုပေး၊ငါကိုလွှတ်	给你鱼肉，放我走！

命令句中还有一类表示号召别人做什么或号召别人与自己一起作某些动作。汉语中常用惊叹号和"让咱们……吧"来表示。在缅甸语中一般用表示号召的句尾助词"ကြစို့၊ရအောင်၊လော့"等。例如：

缅甸语	汉语
သူ့ကိုမြန်မြန်ပေးလော့။	快给他！
ထလော့–အဖိနှိပ်ခံရသောလူတုံ့အပေါင်းတိုလေ–	起来，受压迫的人民！
ဟေ့–ခဏစောင့်အုန်း၊ငါ့ဒို့အတူတူသွားကြအောင်	喂，等一下，（让）咱们一块儿走。

表示请求的祈使句，包括请求、敦促、商请、建议等。这种句子语调缓和。汉语中常用"吧、请、请允许"等来表示，缅甸语中常用的助词有："ပါ 吧、ပါစေ၊ပါ 请……吧၊ပါရစေ 请允许……"等。例如：

缅甸语	汉语
ထိုင်ပါ။	请坐。
တံခါးပိတ်လိုက်ပါ။	请你把门关上。
ကျွန်တော်ကြည့်ပါရစေ။	请允许我看一看。
ဒီကိစ္စကိုမပြောပါရစေနဲ့။	请允许我不讲这件事情。

表示请求的句子中，汉语中常常使用语气词"吧"作句尾。缅甸语中常用助词"ပါ"，用法与词义与汉语的"吧"完全相同，此外有"ပါစေ"表示语气委婉、恳切、有请求或敦促之意或表示，问题有商量的余地。例如：

缅甸语	汉语
အခြေအနေပြောစမ်းပါ။	你讲讲情况怎么样。
ခင်ဗျားလုပ်စမ်းပါ ။	你做一下吧。

祈使句还有表示祝愿、发誓、诅咒的。例如：

缅甸语	汉语
ကျန်းမာချမ်းသာပါစေ	祝你健康、幸福。
သူမြန်မြန်လာပါစေ။	但愿他快来。
ချောချောမောမောရှိပါစေ။	愿你一切顺利。
ဆုတောင်းပြည့်ပါစေ	祝你能如愿以偿。
ဒီတစ်ခါစာမေးပွဲအောင်ပါစေ။	但愿这次考试能及格。
အမြဲမကွာ၊အိုအောင်မင်းအောင်ပေါင်းရပါစေ။	愿作比翼鸟，永世不分离。
တကယ်လို့...ဘုရားစူးရပါစေ။	如若……则五雷轰顶。
မြွေပွေးကိုက်သေပါစေ။	但愿你被蛇咬死！
သေခြင်းဆိုးသေပါစေ။	不得好死！

这些句子都有表示祈使语气的句尾助词"ပါစေ"。汉语中都有"祝愿"。

（2）禁止、劝阻：命令别人或请求对方不作某动作或禁止作某动作，就是禁止和劝阻句。这类句子与上面所说的命令句不同，主要区别在有没有否定副词"မ"上。禁止与劝阻别人时，缅语常用固定的句型"မ..နှင့်"或"မ...ရ"。汉语则常用"别""勿""不得"。例如：

缅甸语	汉语
မပြောနဲ့။	别说！
လမ်းပေါ်မှာအမှိုက်မပစ်ရ။	别（不得，不准）在路上乱扔垃圾。
ခရီးတော်တော်ဝေးတယ်၊စက်ဘီးနဲ့မသွားနဲ့။	路较远，别骑自行车去。
ဆေးလိပ်မသောက်ရ	不准抽烟。
ဆေးလိပ်သောက် သည်းခံပါ။	请勿吸烟。
တိတ်တိတ်နေ	请安静。
တိုင်းတစ်ပါး၏ပြည်တွင်းရေးကိုဝင်မစွက်ရ။	不许干涉别国内政。

在某种场合下，会出现兼有劝阻和请求的祈使句。例如：

① 先劝阻，后请求。例如：

| မပြောနဲ့တော့၊မြန်မြန်ပြန်ပါ။ | 别说了，快回去吧！ |

② 先请求，后劝阻。例如：

သွားပါ၊မင်းဒီမှာတစ်နေ့လုံးထိုင်ပြီးရလိမ့်မယ်လို့ မအောက်မေ့နဲ့။   走吧！你甭想在这儿坐一天就能得到。

7.3.4 感叹句：

缅汉两种语言都有表示人们的喜、怒、哀、乐、厌恶、恐惧等各种思想感情句子，表示这种感情的句子称为感叹句。在缅汉两种语言中感叹句有几类：第一类常见的是在句子中加上副词（汉语中加"真"；缅甸语中加"တယ်"）或句子结尾加上语气助词来表示。例如：

缅甸语	汉语
တယ်များပါလား။	真多啊！
အရန်ကော။	真笨（哪）!
ဒီကလေးကချစ်စရာကောင်းလိုက်တာ။	这小孩真惹人喜爱啊！
တယ်လှပါလား။	真美啊！

在上古汉语中，有一个表示感叹语气的词"哉"字（它也表示疑问语气的意思，参见有关反问句比较部分），与缅甸语中的"ခွ/tswa^{53}/"类似。

沽之哉！沽之哉！（《论语·子罕》）

舍其路而弗由，放其心而不知求，哀哉！（《孟子·告子上》）

"哉"字和它前面的形容词也可以提到句首，变成倒装句，表示强烈的感叹语气。例如：贤哉回也！（《论语·雍也》）

野哉由也！（《论语·子路》）

缅甸语中就用 ခွ

有的感叹句由叹词构成。当人们激动的时候，往往不可抑制地发出一些表示情绪的声音。表示这种声音的词称感叹词。缅甸语中用 ထွိ（呸）表示鄙夷，တော်（啧、哼）表示忿怒，အမယ်လေး（哎哟，我的妈呀）表示惋惜、惊叹或疼痛难忍。例如：

缅甸语	汉语
ထွိ-ထွက်သွား။	呸，你给我滚！（表示忿怒、鄙视）
အသွိ-တယ်ရက်စက်ပါကလား။	哼（唉唷），这些家伙真残忍呀！
အမယ်လေး၊လန့်လိုက်တာ။	妈呀，吓死我了！（表示惊叹）

独词句往往也归入感叹句中。因为人们在惊慌或兴奋时，常把心中最紧要的一两个词说出来。实际上的内容要比这一两个词丰富得多。例如："小偷……小偷"，包含着说"他是小偷，抓小偷啊！"的意思。又如 "救命！"不仅是喊大家都来救命，而是喊："大家都来救（谁的）命呀！"缅汉两种语言中，独词句的形式和含意都是相同的。例如：

缅甸语	汉语
သူခိုး၊သူခိုး	小偷！小偷！
ဓါးပြ၊ဓါးပြ	强盗！强盗！
ကယ်ကြပါအုန်း၊ကယ်ကြပါအုန်း	救命！

缅汉两种语言中还有一种感叹句，它只是一句口号。在游行、宴会等场合高呼口号时，总带有强调的感情。例如：

缅甸语	汉语
တရုတ်မြန်မာချစ်ကြည်ရေးတည်မြဲပါစေ။	中缅友谊万岁！
ကမ္ဘာငြိမ်းချမ်းရေးအစွန်ရှည်ပါစေ။	世界和平万岁！

在缅汉两种语言中，有时感叹句只有一个名词，这个名词往往已经失去了原义，而表示特定的意义。例如：

缅甸语	汉语
ဘုရား၊ဘုရား။ （原词义为"佛"）	天哪！
အမျှ - အမျှ （原词义为"平均"）	愿（芸芸众生）与我同享善果。
သာဓု - သာဓု （原词义为"好事"）	善哉！善哉！
အနိစ္စ-အနိစ္စ （原词义为"无常"）	真是世事无常啊！

在缅汉两种语言中，有时感叹句是用疑问句的形式出现，但它并不是疑问，而是表示一种感叹。例如：

缅甸语	汉语
ကြည့်စမ်း၊ဘယ်လောက်ချစ်စရာကောင်းလိုက်မလဲ။	你瞧瞧，有<u>多么</u>可爱啊！
ကျွန်တော်တို့လဲသွားနိုင်မယ်ဆိုရင်ဘယ်လောက် ကောင်းလိုက်မလဲ။	要是我们也能去的话，那有<u>多好</u>啊！
တယ်များပါလား။	真<u>多</u>啊！

7.4 缅甸语汉语特殊句型的比较：

缅汉两种语言中，都有一些结构比较特殊的句子，它们与别的句子不一样，这些句子包括：独词句、引语句、倒装句及其他一些结构特殊的句子。
7.4.1 独词句：

  缅汉两种语言中都有一类句子称"独词句"，它只有一个词或一个词组构成。它是在一定的环境里，我们可以用一个词来表达完整的意思。不完全主谓句，如果离开了上下文或特定的语言环境，则往往不能表达完整的意思。而独词句则不依赖于上下文或问答等语言环境就可以表达完整、确定的意思。

  独词句与无主句一样，并不是省略了什么，也补不出确定的主语或谓语。所表达的意思比较单一，只出现在一定场合。这种句子可以在以下情况下出现：

  A. 以事物为物件的：

① 咏叹事物的性状的。例如：

缅甸语	汉语
ကောင်းလိုက်တဲ့အကြံ ။	多么好的主意！
လူဆိုးကြီး	坏家伙！
တယ်လှတဲ့ပန်း	多么漂亮的花呀！

② 表示事物的呈现，发现和提醒对方出现某种情况。例如：

缅甸语	汉语
မီး ၊ မီး	火！火！
လေယာဉ်ပျံ	飞机！
သူခိုး၊သူခိုး	小偷！小偷！
လိုက်၊ လိုက်	追！追！

这类句子表达强烈的感情色彩，表示人们对呈现出来的事物的惊叹和注意。

③ 说明事情发生的时间、地点，往往用在剧本或叙事的开头。例如：

缅甸语	汉语
တစ်ခုသောည	一天夜里。
၁၉၅၄ခုနှစ်စက်တင်ဘာလကနေ့တစ်နေ့	1954年9月的一天。

  B. 不以事物为说明对象的。

① 称呼语：例如：

缅甸语	汉语
ဖိုးတုတ်၊မင်းသွားပါလား ။	<u>老窦</u>，你去吧！
ကိုလှမြင့် ၊ ခဏလာပါဦးဘုန် ။	<u>哥拉绵</u>，你来一会儿。
ဦးလေး၊နေကောင်းရဲ့နော် ။	舅舅，您身体好吗？

② 应对语：表示同意，反对或疑问的。例如：

缅甸语	汉语
ဟုတ်ကဲ့	是。
မှန်ပါတယ်	对。
တော်ပြီ ။	够了。
ဘာ ။	什么？
ဟုတ်လား ။	是吗？
ဘာပြောတယ် ။ (ခင်ဗျား)	（您）说什么？
ရပါတယ် ။	行，可以。

③ 感叹语：表示感情和感叹：

缅甸语	汉语
ဘုရား၊ဘုရား	天哪！
ကောင်းစွ	好哇！
ဒါဖြင့်သွားစို့	那么好，走吧！
အမယ်လေး	哎哟！
အလို	呀！哟！

④ 敬语。例如：

缅甸语	汉语
ကြွပါ ၊ ကြွပါ ။	请！（动身）
သုံးဆောင်ပါ ၊သုံးဆောင်ပါ ။	请！请！（动嘴）
အလေးပြု	敬礼！
ကျေးဇူးဘဲ ။	谢谢！

⑤ 用名词来表示祈使语气。例如：

缅甸语	汉语
ရေ့-လက်မှတ်	给你，票！
စာ ၊ စာ	信！信！

⑥ 斥责、诅咒语。例如：

缅甸语	汉语
သေခြင်းဆိုးလေး	不得好死的家伙！
ထွက်သွား	滚！
ခွေးမသား	狗崽子！

7.4.2 引语句：引语句主要是对事物冠以名称，或引用别人的说话，或表述某一种思想、概念、打算的句子，这种句子在汉语句中都用引号来表示，而缅甸语中则用引语助词 ဟု၊ လို့၊ ဟူ၍ 等。从句子结构来看，有些应归入单句中，有些则应归入复句中。例如：

缅甸语	汉语
ဒါကိုစပယ်ပန်းလို့ခေါ်တယ် ။	这叫"茉莉花"。
အားလုံးကသူ့ကိုကိုသောင်းကျော်ဟုခေါ်သည် ။	大家都叫他哥当乔。
ဘေးပတ်လည်တွင်ရေခြင်ဝိုင်းထားသောကုန်းကိုကျွန်းလို့ခေါ်ပါတယ်	四周有水围绕的陆地称为"岛屿"。

上列例句，都是一种命名，一般表示"把××称作××"这类句子往往是无主句，而被称谓的"名称"在句子中常作宾语补足语。

直接引语：直接引语是表示直接引用某人的话。缅甸语的直接引语句子结构形式是"（话）+ ဟု +主+谓语"，这里的"话"可以是说的话，也可以是一种想法、念头，抱着某种目的、期望等思想活动。直接引语句常常是一种复句形式，常用引语助词"ဟု၊ ဟူ၍"等连接。句子形成为"分句+ ဟု(လို့)၊ ဟူ၍ +分句"组成。前面的分句可以是简单句，也可能是复句或复合句。例如：

缅甸语	汉语
① အိမ်ပြန်ပြီးမှမှတ်စုများကိုပြန်ကျက်ကြပါဟုဆရာကမှာလိုက်သည် ။	老师吩咐：回家后复习一下笔记。
② မင်းခဏလာခဲ့ဟုဖေဖေကခေါ်လေသည် ။	爸爸叫道：你来一下。
③ ရုပ်ရှင်ရုံသို့သွားသောအခါသူ့အိမ်သို့ခဏဝင်နားပါလို့မပုကမှာလိုက်သည် ။	玛布说道：去电影院时请到她家休息会儿。
④ နံရံပေါ်၍ဆေးလိပ်မသောက်ရဟုရေးထားသည် ။	墙上写着："不准吸烟"。
⑤ ဦးလေးအိမ်သွားလည်ဘို့ခွင့်ပြုပါဟူ၍စိုးစိုးကပူဆာနေသည် ။	梭梭吵着要（大人）答应她到舅舅家去玩。
⑥ မင်းထမင်းစားပြီးမှပြန်မယ်မဟုတ်လားလို့မေမေကမေးတယ် ။	妈妈问，你不是要吃完饭才回来吗？
⑦ ပထမနေရာယူမယ်လို့သူသန္နိဋ္ဌာန်ချထားပါတယ် ။	他下决心一定要争取当第一名。
⑧ ဟိုအခန်းကိုဝင်သွားလျှင်မိမိကပြတိုက်ကြီးထဲရောက်နေပြီလားလို့အောက်မေ့ရလိမ့်မည် ။	进入那个房间你将会想到自己仿佛走进一座博物馆。

⑨ မိမိမှာအမှားရှိတယ်လို့မယူဆပါဘူး ။ 　　他不认为自己有错。
⑩ အကြီးအကျယ်တိုက်ပွဲဝင်မယ်လို့လာတာဘဲ ။ 　　他一心想着来大打一场的。

上列例句中，例④中的引语是一条标语；例⑦中的引语是表示一种决心、愿望；例⑩中的引语表示带着某种心情、目的的意思，其他的例子中，引语有陈述句、有疑问句，只是表示援引的句子。还有时援引报刊文章、经典语录等也都用引语句的形式。例如：

တက်ညီလက်ညီလုပ်ကြသည်ဟုရေးယင်ပိုကောင်းလိမ်မည် ။
如果写成"齐心协力干工作"。可能更好些。

သူကပါရစ်သို့ကျန်းမာရေးစစ်ဆေးမည်ဟုသတင်းစာများတွင်ထည့်သွင်းဖော်ပြထားသည် ။
各报纸都刊登了"他将去巴黎检查身体"。

အရှေ့လေကအနောက်လေကိုဖိရင်ဖိ၊သို့တည်းမဟုတ် အနောက်လေကအရှေ့လေကိုဖိမည်ဟု တရုတ်ရေး ဟောင်း ဂန္တဝင်ဝတ္ထု "ခန်းဆောင်နီအိမ်မက်" ထဲတွင်ရေးထားပါသည် ။
中国古典小说《红楼梦》中写道："不是东风压倒西风，就是西风压倒东风。"

可见引语在平时用语中还是使用频率较高的一种形式。

间接引语：缅甸语中还有一类引语句称为间接引语句，它表示转述别人的话，它只是转述别人的话，而不关心原话是谁说的，因此这类句子常常没有主语，当然这类句子也能添上主语。它的构成方式有下列几种：1.由原话加引语助词"တဲ့"组成。原话可以是各种形式与的句子。也可以是一个词、一个词组组成。例如：

缅甸语 　　　　　　　　　　　　　　　　　　　　**汉语**

ကိုငွေကပြန်လာပြီတဲ့ ။ 　　据说哥泰已经回来了。
သူလဲဒီနေရာကိုလာမယ်လို့တဲ့ 　　（他）说他也将来这儿。
ဟိုးရေးရေးတုန်းကယုန်တစ်ကောင်ရှိသတဲ့...... 　　从前哪，说是有一只兔子……。
ကောင်းပြီ၊ကျမကငွေရင်းကိုထုပ်ပြီတဲ့၊မင်းဘာတွေလုပ်မလိုလဲ ။ 　　好，那么就算我拿出资金，你将搞什么呢？

ဒါကတက္ကသိုလ်မှာဘွဲ့ယူနေတဲ့မောင်တင်ထွန်းတဲ့ 　　这就是在大学读学位的貌丁吞。
မြို့သစ်ကဒီနဲ့မဝေးဘူးတဲ့ ။ 　　说是新城离这儿不远。
ပြောတာကတော့ဘာညာကိစ္စရှိတယ်တဲ့၊

အမှန်ကတော့ညာတာဘဲ။ 说是有这事情，那事情的，其实是骗人。

သူကမေးတယ်။သူနဲ့အတူမန္တလေးကိုသွားမလားတဲ့။ 他问（你）是否跟他一起去曼德勒。

2. 如果要指明是谁说的话，一般要在前面加上主谓句，直接说明"××说了。""××这么想道"等等，然后再说出转达的句子，这样的句子结构在缅甸语汉语两种语言中完全一样。例如：

    缅甸语   汉语

ဆရာကပြောတယ်၊လေ့ကျင့်ခန်းတစ်ကိုလုပ်ကြပါတဲ့။ 老师说了，请大家作练习一。
ဘိုးဘိုးကဆုတောင်းတယ်မြေးကအားလုံးစိတ်တိုင်းကျပါစေတဲ့။ 爷爷祝福说，愿你一切如意。
ဖေဖေကပြောပြီးပြီ၊နက်ဖြန်အပြင်သွားထမင်းစားကြစို့တဲ့။ 爸爸说了，明天出去吃饭。
မမကမေးခိုင်းတယ်၊ မေမေဘယ်အချိန်မှာရန်ကုန်လာမလဲတဲ့။ 姐姐让（我）问一下，妈什么时候到仰光来。

မင်းကိုကိုကမေးနေတယ်။မင်းပန်းတွေကိုရေလောင်းပြီးပြီလားတဲ့။ 你哥哥在问，你浇完花没有？

အတန်းမှူးကလာအကြောင်းကြားတယ်၊ညနေအစည်းအဝေးရှိတယ်တဲ့ 班长来通知下午有会。
မင်းဦးလေးကပြောတယ် ၊မင်းရေးတာမမှန်ဘူးတဲ့။ 你舅舅说了，你写得不对。

上述例句可以看出，将直接引语句中的引语部分与引语后面的句子部分倒置，则就形成上列的间接引语句。例如：

老师嘱咐大家做练习一。

ဆရာကပြောတယ်၊လေ့ကျင့်ခန်းတစ်ကိုလုပ်ကြပါတဲ့။
老师说了，让大家做一下练习一。(间接引语)

လေ့ကျင့်ခန်းတစ်ကိုလုပ်ကြပါလို့ဆရာကပြောတယ်။
老师说："大家做一下练习一。"（直接引语）

ဘိုးဘိုးကဆုတောင်းတယ်မြေးကအားလုံးစိတ်တိုင်းကျပါစေတဲ့။
爷爷作了祈祷，愿孙子万事如意。（间接引语）

ငါ့မြေးအားလုံးစိတ်တိုင်းကျပါစေလို့ဘိုးဘိုးကဆုတောင်းတယ်။
爷爷祝福道："愿孙子万事如意！"（直接引语）

3. 另一种间接引语句是在句子（引语）后加上"ဆိုသ"。它表示向听话对象转告某一听说的情况。汉语中一般是在句首加"据说""听说"等。例如：

缅甸语	汉语
ဆရာတို့ကမရောက်သေးဘူးဆိုဘဲ ။	据说老师们尚未到达。
ဦးခိုင်ကွယ်လွန်သွားပြီဆိုဘဲ ။	听说吴开已经去世。
အဒီနေရာမှာရှင်ပြုလှည့်လည်ပွဲမှာလဲလှေ၊အရောင်းအဝယ်မှာလဲလှေနဲ့ဆိုဘဲ ။	据说该地举行剃度前游行仪式时乘的是船,而卖东西时也乘船。
ကျွန်တော်တို့အတန်းမှာလဲကျောင်းသားဦးရေလည်း၅၀အထိတိုးလာမည်ဆိုဘဲ ။	听说咱们班的人数也将增加到 50 人。
အဒီကျောင်းကမြို့နဲ့သိပ်မဝေးလှဘူးဆိုဘဲ။	据说这座学校离开城市不很远。

这一类引语句,主要强调消息的本身,并不关心这条消息的来源。因此无主语,而且也无法加添主语。

7.4.3 倒装句

现代汉语的基本词序是"主－谓－宾"。但是,在古汉语中并非如此。许多情况下,宾语在谓语之前,尤其是在否定句、疑问句、感叹句中,这种结构与缅甸句子结构相同。按现代汉语的标准,这些都算作倒装句。

（1）否定句的倒装:

① 代词作宾语时,宾语位置在动词之前。例如:

居则曰:"不吾知也。"（《论语·先进》）
以国之多难,未汝恤也。（《左传·哀二十七年》）
未之思也,夫何远之有?（《论语·子罕》）
不知我者,谓我何求。（《诗·王风·黍离》）

② 名词作宾语,如在否定句中往往倒装在动词前。例如:

危邦不入,乱邦不居。（《论语·泰伯》）
非礼勿视,非礼勿听,非礼勿言,非礼勿动。（《论语·颜渊》）

（2）疑问句的倒装:

① 代词作谓语,往往将代词倒置在主语前。例如:

何哉尔所谓达?（《论语·颜渊》）
谁与哭者?（《礼记·檀弓上》）

② 疑问代词作宾语，必将代词放在动词前。例如：

吾谁欺，欺天乎？（《论语·子罕》）

孟尝君曰：客何好？（《战国策·齐策》）

项王曰：沛公安在？（《史记·项羽本纪》）

乡人长于伯兄一岁；则谁敬？曰：敬兄。（《孟子·告子上》）

臣实不才，又谁敢怨？（《左传·成公三年》）

二国有好，臣不与及，有谁敢德？（同上）

（3）感叹句的倒装：古代汉语中感叹句倒装较普遍。表感叹的语气词一般用"哉"。在缅甸语中则用语气助词"ဒွ/古音 tswa /"例如：

贤哉回也！（《论语·雍也》）

野哉由也！（《论语·子路》）

快哉此风！（《文选·风赋》）

君子哉若人！（《论语·公冶长》）

这些古汉语的句子，按现代汉语来说，都是倒装句。但是，它们的词序与缅甸语却相同。应该说这是古汉语原来正常的词序。只是古汉语经过了几千年的变化，变成了像现在这样的词序（主－谓－宾）。把原本正常的古汉语词序，反而说成是"倒装句"，实在是有些"本末倒置"。

7.4.4 其他特殊句型：

（1）带判断词"是"（汉语）或"ဖြစ်/phjɪʔ⁴/（是）"（缅语）的动词谓语句：在现代的缅汉两种语言中，"是"或"ဖြစ်"都是一个动词，基本意思有表示"肯定"的。然而，在古汉语中，"是"是代词。例如：

是鲁孔丘之徒与？（《论语·微子》）

王之不王，是折枝之类也。（《孟子·梁惠王上》）

在古汉语中，一般所用的判断词表示肯定的有："为""乃""即"等。"是"是后起的，是现代汉语中的"判断词"。

缅甸语中的"ဖြစ်"表示"肯定"，起判断作用时，与汉语的带"是"字的判断句不同。有下列几个特点：

① 汉语中判断句由"是"和"不是"来表示肯定和否定。但是缅甸语中的"ဖြစ်"一般只用在肯定的句子中。它不能用否定副词"မ"（不）直接来否定。缅甸语中"是"的否定形式是"မဟုတ်/mə houʔ⁴/"，而不是

"မဖြစ်"。例如：

缅甸语	汉语
သူကဆရာဖြစ်သည် ။	他<u>是</u>老师。
သူကဆရာမဟုတ်ဘူး။	他<u>不是</u>老师。
နက်ဖြန်သောကြာနေ့ဖြစ်ပါတယ် ။	明天<u>是</u>星期五。
နက်ဖြန်သောကြာနေ့မဟုတ်ဘူး ။	明天<u>不是</u>星期五。
ဦးလွင်ကအင်ဂျင်နီယာဖြစ်ပါတယ် ။	吴伦<u>是</u>工程师。
ဦးလွင်ကအင်ဂျင်နီယာမဟုတ်ဘူး ။	吴伦<u>不是</u>工程师。

② 带"ဖြစ်"的判断句中，"ဖြစ်"虽然是谓语动词，但在语义上不是句子的重点，重点是在"ဖြစ်"所肯定的那部分上。而这部分句子成分，我们叫它为"主语补足语"（见本书 7.2.1 最后部分的补足语部分）。其他绝大多数动词都可单独充当谓语，而"ဖြစ်"如果没有补足语时，则句子不能成立。例如："သူဟာဖြစ်တယ် ။""သူကမဖြစ်ဘူး。"都不能算句子。因为它不能表示一个完整的意思。在汉语中有人将"是"作为及物动词看待，因此，"是"的后面认为是动词"是"的宾语。这样的分析，实在有些让人费解。倒不如将它看成"表语"或"主语补足语"为好。

正因为"ဖြစ်"在语义上不是句子的重点，所以在缅甸语的口语中常常被省略。尤其是问句中更是如此。例如：

缅甸语	汉义
သူသည်ကျောင်းသူတစ်ဦးဖြစ်သည် ။	她是一个大学生。（书面语体）
သူကကျောင်းသူပါ ။	她是一个大学生。（口语体，一般说明）
သူကကျောင်းသူဘဲ ။	她是一个大学生。（口语体，强调说明）
သူကဆရာဝန်လား ။	他是医生吗？
ဒါမင်းဝယ်လာတာလား ။	这是你买来的吗？

带"ဖြစ်"句子的主语和补足语是多种多样的，几乎一切实词和短语都可以。例如：

① 名词及名词短语：

缅甸语	汉语
လူရှင်သည်နာမည်ကျော်စာရေးဆရာတစ်ဦးဖြစ်ပါသည်။	鲁迅是一位著名作家。
စာအတော်ဆုံးကျောင်းသားကကိုငွေဖြစ်ပါတယ်။	学习最好的学生是哥泰。

表示说明、解释，有时有申辩的意味。名词补足语大多是动名词和名词性词组。

သူမြို့ထဲသွားတာစာအုပ်ဝယ်ဘို့ပါ။	他到城里去是为了<u>买书</u>。
ဒါငါဝယ်လာတာပါ။	这是<u>我买来的</u>。
ကျွန်တော်တို့ရန်ကုန်ကိုရောက်လာတာကျောက်မျက်ရတနာပြပွဲဝင်ဘို့ဘဲ။	我们到仰光来是来<u>参加珠宝展销的</u>。

② 代词：

သူသည်ကျွန်တော်၏ဆရာဖြစ်ပါသည်။	他是<u>我</u>的老师。
ကျွန်တော်၏ဆရာသည်သူဖြစ်၏။	我的老师就是<u>他</u>。

③ 数词或数量词：

၁၅သည်၃၏၅ဆဖြစ်သည်။	15 是 <u>3</u> 的 <u>5</u> 倍。
ငါ့ကိုကိုနေတာက ၃၁၅ ပါ။	我的哥哥住在<u>315</u>。
ဒီတိုင်နှစ်လုံး၏အကွာဟာ၃ဝမီတာဖြစ်ပါသည်။	这两棵柱子之间的距离是<u>30 米</u>。

④ 主谓结构，宾动结构的词组。

သူတို့ဒီလိုပြောတာဟာစေတနာနဲ့ဖြစ်ပါတယ်။	<u>他们这样说</u>全是出于好意。
သူမလာနိုင်သည်အကြောင်းရင်းကားသူကိုကိုလိုက်ပို့ရမည်ဖြစ်၏။	<u>他不能来的原因</u>是他要去送他哥哥。

⑤ 句子：在缅甸语中，句子本身就能表示独立的意思，如果在句子后边加"ဖြစ်"，表示判断更加肯定的意思。在汉语中"是"不能加在完整的句子后面表示更加肯定之义。例如：

缅甸语	汉语
သူလည်းမုချလာမည်ဖြစ်၏။	他也<u>一定会来的</u>。
သူတို့ကအလုပ်ကိုလုပ်ပြီးဖြစ်၏။	他们<u>把工作全干完了</u>。
ကျွန်တော်ကကြောင်သွားသည်ဖြစ်၏။	我一下子愣了，不知道怎么接下去。
မည်သို့ဆက်သွားရမည်မှန်းမသိတော့ချေ။	

မီးရထားသည်နံပတ် ၁ ။ 火车已经停在第一站台上了。
စကြောတွင်ကပ်ဆိုက်နေပြီဖြစ်၏ ။
ဒီတစ်ခါကျွန်တော်တို့ကပုဂံကိုသွားမည်ဖြစ်သည် ။ 这次我们将去蒲甘。

缅甸语中带"ဖြစ်"的谓语句和汉语中带"是"的判断句中，主语与补足语之间的语义关系上有几种类型是相同的：

① 表示等同关系。例如：

缅甸语 　　　　　　　　　　　　　　　汉语

ဇာတ်ညွှန်းရေးသူသည်ကိုသိန်းဖြစ်သည် ။ 写剧本的人<u>是</u>哥登。
သမိုင်းကိုပြသောဆရာသည်ဆရာဦးလူအေးဖြစ်သည် ။ 教历史的老师<u>是</u>吴鲁埃先生。
ဒီဘုရားသည်ကျောက်စိမ်းနှင့်ထွင်းထားတာဖြစ်သည်။ 这座佛像<u>是</u>用翡翠雕成的。

在名词性词组当补足语时，有时表示说明质地、来源、用途等。

② 补足语从某个方面对主语说明。例如：

缅甸语 　　　　　　　　　　　　　　　汉语

ကိုဘမြင့်သည်အရပ်မြင့်သူဖြစ်သည် ။ 哥巴绵<u>是</u>个高个子。
နက်ဖြန်သူတို့က ၇ နာရီခွဲလာမည်ဖြစ်၏ ။ 明天他们<u>是</u> 7 点半来。

③ 表示说明、解释，有时包含有申辩的意味。一般补足语多由动名词或词组充任。例如：

缅甸语 　　　　　　　　　　　　　　　汉语

ဤစက်ကြီးသည်သံမဏိပိုက်လုံးများဖြတ်ရန်ဖြစ်သည် ။ 这台大机器是<u>为了切割钢管用的</u>。
သူဒီလိုလုပ်တာဟာသူမတတ်နိုင်တော့ပြီဖြစ်၏ ။ 他这么做一定是<u>因为他没办法了</u>。
လေကပြင်းပြင်းထန်ထန်တိုက်နေလို့တံခါးလည်း
ပွင့်သွားသည်ဖြစ်၏။ 是风刮得很大，<u>把门也刮开了</u>。

缅甸语的"ဖြစ်"作为动词谓语句中的主要动词用时，除表示"肯定"外，还有时在状语后出现，单纯为了语法的需要，意义上只表示某种情况的存在与出现，汉语中没有这种情况。例如：

缅甸语 　　　　　　　　　　　　　　　汉语

ပွဲတော်နေ့တွင်<u>အလွန်ပင်</u>စည်ကားလှ၍ဆူညံသံပင်ဖြစ် 节日（是）<u>十分</u>热闹，熙熙攘攘的。
သည် ။
သူကနေထိုင်<u>ထိုင်မထ</u>ဖြစ်နေပါသည် ။ 他（真是）<u>坐立不安</u>。
သူစိတ်ထဲတွင်<u>တထိတ်ထိတ်</u>ဖြစ်နေသည် ။ 他心中（真是）<u>忐忑不安</u>。
<u>အံ့သြ</u>လို့မဆုံးဖြစ်နေပါသည် ။ （真是）感到<u>惊诧不已</u>。

ဒီသတင်းကြားရတော့**ဝမ်းသာလို့မဆုံး**ဖြစ်မိခဲ့ပါသည် ။　　听到这消息，(真是)<u>高兴得不得了</u>。

在缅甸语中，"ဖြစ်"还有另外一个词义，那是表示"允许、可能"的意思，它与表示"是"的动词完全不一样。例如：

缅甸语	汉语
ကျွန်တော်ကရုပ်ရှင်သိပ်မကြိုက်ဘူး၊	我不太爱看电影，不去<u>行</u>不行。
မသွားယင်မဖြစ်ဘူးလား ။	
မသွားယင်မဖြစ်ဘူး ။	不去不<u>成</u>!
ဒီလိုလုပ်ယင်ဘယ်ဖြစ်မလဲ ။	这么干怎么<u>行</u>呢？
ဘာလို့မဖြစ်ရတာတုံး ။	为什么不<u>成</u>呢？！

在这类句子中，"ဖြစ်"包含"成、可以、行"的意思，这时否定副词"မ"可以直接与"ဖြစ်"连用而不用"ဟုတ်"。

B. 带"ရှိ"（缅语）、"有"（汉语）的动词谓语句。

缅语的"ရှိ（有）"和汉语的"有"都是非动作动词，它不表示动作行为，基本意思是表示"领有"和"存在"，其形式和用法缅甸语和汉语完全一样。例如：

缅甸语	汉语
ကျွန်တော်မှာဖောင်တိန်တစ်ချောင်း **ရှိ**ပါတယ် ။	我<u>有</u>一枝钢笔。
စားပွဲပေါ်တွင်ပန်းအိုးတစ်လုံး**ရှိ**သည် ။	桌子上<u>有</u>一只花盆。
ကိုဘမြင့် **ရှိ**ပါသလား ။	哥巴绵<u>在</u>吗？

"ရှိ"的意义和用法：

（1）"ရှိ"作为"有"的意思，表示"领有"关系时，动词谓语句中，一般要带补足语表示"谁有什么"或"那儿有什么"。在汉语中"有"被有些语法学家看作是及物动词，后面跟着的是宾语。缅甸语中补足语不是宾语，所以不能带宾语助词"ကို""အား"等。例如：

缅甸语	汉语
သူ့မှာစာအုပ်အများကြီး ရှိတယ် ။（补足语）	他有很多书。（宾语）
သူ့မှာသာလွန်တဲ့အချက်များ ရှိတယ် ။（补足语）	他有优势。（宾语）
ဓာတ်ဘူးထဲမှာရေမ ရှိတော့ဘူး ။	暖壶中已经没水了。
ကျွန်တော်တို့ရွာမှာလူဦးရေ သုံးထောင်လောက် ရှိပါတယ် ။	我们村子里有三千多人。

（2）缅甸语中，带"ရှိ"的动词谓语句一般要求固定搭配条件，就是带"ရှိ"的句子中，都要有表示主语的助词"မှာ"或表示处所的状语助词"တွင်（မှာ）"。有些句子变成无主句，在语义上的逻辑主语，往往也都变成状语。所以缅甸语中带

"ရှိ"的句子与汉语的"我有一双手"、"北京有许多外国朋友"等的语法构造并不相同。汉语中的"我"、"北京"都以主语身分出现句子中,"外国朋友"、"一双手"等成为"宾语"。而缅语中"我、北京"可算是主语也可算作表示处所的状语,"外国朋友"、"一双手"就成为"补足语"。

（3）在带"ရှိ"的句中的补足语可以表示一种"属性",这种大多为抽象名词。例如:

缅甸语	汉语
ဒီလိုလုပ်တာဘာမှအဓိပ္ပါယ်မ ရှိ ။	这么做毫无（没有任何）意义。
ဒီအလုပ်မျိုးလုပ်ယင်သတ္တိနဲ့လုံ့လဝီရိယ ရှိရမယ် ။	干这种事,要有勇气和毅力。

（4）在带"ရှိ"的缅语或带"有"的汉语句中,"ရှိ""有"都有"存在"的意思。例如:

缅甸语	汉语
ကိုသောင်းအိမ်မှာ ရှိလား ။	哥当在家吗？
သူတို့ရွာနားမှာဘုရားကျောင်း ရှိတယ် ။	他们村旁有寺庙。
ရေကန်ထဲမှာအဘေးမဲ့လွှတ်ထားတဲ့လိပ်တော်တော်များများ ရှိတယ် ။	池中有许多放生的乌龟。
ကောင်းကင်မှာတိမ်မ ရှိပါ	天空无云。
လမ်းအကွေ့တွင်ဓာတ်တိုင်တစ်တိုင် ရှိသည် ။	拐弯处有一电杆。

（5）缅甸语和汉语中的"ရှိ"和"有"都有另一个意思,就是表示达到一定的程度。一般补足语为数词或数量词。例如:

缅甸语	汉语
သူသည်အသက်၅၀ရှိပြီ ။	他有 50 岁了。
အခန်းထဲမှာရေဒီယိုတစ်လုံးရှိသည် ။	房间里有一台收音机。
ဒီသေတ္တာဟာ ၇၅ ပိဿရှိတယ် ။	这箱大约有 75 缅斤重。

（6）"ရှိ"和"有"还可用在"表示比较"的场合中。例如:

缅甸语	汉语
ကျွန်တော်တို့စိုက်ခဲ့တဲ့သစ်ပင်ဟာလူတစ်ရပ်လောက်ရှိနေပြီ	我们种的树快有一人高了。
နွားမျက်စေ့ဟာစည်လောက်ရှိတယ်	牛的眼睛大如铃。（有铃铛那么大）
အဒီကျောက်တုံးကြီးဟာတိုက်တစ်လုံးလောက်ရှိတယ် ။	那块大石头有一幢楼房那么大。

(7) 缅甸语的"ရှိ"还可以表示现状或状态的持续存在。在这个意义上，与"ဖြစ်"表示"存在情况"有相近之处。它也可以直接跟在副词后面。而汉语的"有"就没有这种作用。例如：

缅甸语	汉语
ဆူဆူညံညံရှိလေသည် ။	吵吵嚷嚷的。
အရင်ကလိုစည်းစည်းလုံးလုံးမရှိတော့ချေ ။	再也不像从前那样团结一致了。
သူတို့နှစ်ယောက်ချစ်ချစ်ခင်ခင်ရှိကြပေသည် ။	他们俩十分亲密友好。

当"ရှိ"在带 လျက် 的词组后，表示一种现状和持续存在的情况。例如：

ပင်လယ်ရေလှိုင်းကြီးသည်မြည်ဟိန်းလျက်ရှိသည် ။	海浪<u>正在</u>咆哮。
သူကချွေးတဒီးဒီးနှင့်တစ်ကိုယ်လုံးရွှဲလျက်ရှိသည် ။	他汗淋淋的，全身<u>都</u>湿透了。
မြို့၏အနောက်ဘက်တွင်တောင်ကြီးနှစ်လုံးမားမား မတ်မတ်ရပ်လျက်ရှိ၏။	城市的西边<u>矗立着</u>两座大山。

7.5 缅甸语汉语复句的比较：

缅汉两种语言中的复句构成极为相似。都由两个或两个以上的单句或词组联合起来构成的，比较复杂的句子。但决不是说，任何两个单句只要放在一起就能成为复句的。

构成复句必须具备的条件：

(1) 单句和单句之间，在意义上有一定的联系。例如：

缅甸语	汉语
ကျွန်တော်ထမင်းစားသည် ။	我吃饭。
ကျွန်တော်မြို့ထဲသွားမည် ။	我将去城里。

本来，上面这两句句子之间没有必然联系，是分别表示一个独立的完整意思的单句。一般将这两句放在一起，也很难成为复句。但是，把这两个句子用连接词（或副词）ပြီး联起来，使这两个句子的意思串连成一个意思比较复杂的长句，这就成复句。组成这个复句的两个单句叫分句。这两个分句经过不同的词连接后，产生不同的意思。例如：

ကျွန်တော်ထမင်းစားပြီးမြို့ထဲသွားမည် ။	我吃完饭将去城里。
ကျွန်တော်ထမင်းသွားစားရမှာန်မြို့ထဲသွားရမှာန် အချိန်မလောက်တော့ဘူး ။	我又要去吃饭，又要去城里，时间就不够了。

（2）一般情况下，分句与分句之间往往有连接词、副词或助词连接。也有不用虚词连接的。例如：

缅甸语	汉语
ကျွန်တော်ကကျောင်းသား၊သူကဆရာ ။	我是学生，他是教师。（缅汉复句都无虚词）
ဒီနေ့ကျွန်တော်နေမကောင်းလို့သင်တန်းသွားမတက်နိုင်တော့ဘူး ။	今天我不舒服，所以上不了课了。（都用表示因果的连词）

（3）在缅汉两种语言的复句中，各分句之间，一般有停顿。缅甸语书面中就用分号"၊"，汉语中就用分号"，"隔开。在口语中就要停顿。如果连接词是在第一分句句尾，则停顿在连接词后，连接词在第二分句头上，则在第一分句结束时停顿。例如：

缅甸语	汉语
သူသဘောတူသော်လည်း၊ကျွန်တော်ကမူသဘောမတူပါ ။	<u>虽然</u>他同意，我可不同意。
သူကသဘောတူသည်၊သို့သော်လည်းကျွန်တော်ကသဘောမတူပါ ။	他同意，我<u>可</u>不同意。
မမကခေါင်းကိုက်နေသည်၊ထို့ကြောင့်အိပ်နေလျက်ရှိသည် ။	姐姐头疼，<u>所以</u>正睡着呢。
မမကခေါင်းကိုက်နေ၍အိပ်နေလျက်ရှိသည် ။	姐姐<u>因为</u>头疼，正睡着呢？

（4）有些连接词和助词不易划分，有的词是兼类词，也就是说它既能作连接词，又能作助词用。如果用连接词把两个分句或几个分句连接起来，那么这个长句可称为复句。有些句子不是用连接词，而是用助词将句子或词组与句子中的成分连接起来，这种句子虽然也可能很长，它仍是一种单句。例如：

缅甸语	汉语
သူကဖျားနေပြီ၊<u>ထို့ကြောင့်</u>မလာနိုင်တော့ပြီ ။	他病了，所以来不了了。（复句）
သူကယနေ့ထိဆရာဝန်ပင်ကု၍မရနိုင်သောကင်ဆာရောဂါဖြင့်ကွယ်လွန်သွားပါပြီ ။	他<u>因</u>为染上至今医生都无法治愈的癌症<u>而</u>去世了。（单句）

缅汉两种语言的复句中的特点：

由于复句表达的意义比较复杂，各分句中间从内容或结构上有相同的，也有不同的。例如在主语方面，缅汉两种语言的复句中，有的写出来，有的不写出来。这些都决定于说话人的感情或者强调的重点不同。

(1) 主语的异同：
① 各分句之间主语不同。例如：

缅甸语	汉语
သူတို့ကကျွန်တော်တို့ကိုထောက်ပံ့ကူညီခဲ့သလို ကျွန်တော်တို့ကလည်းသူတို့ကိုကူညီထောက်ပံ့ခဲ့ပါတယ်။	他们援助了我们，同样我们也援助了他们。

② 分句之间主语相同，有下列几种情况：
每句中都出现相同的主语。例如：

缅甸语	汉语
<u>ကျွန်တော်တို့ပါတီသည်</u> အမျိုးသားစီးပွားအတွက်၎င်း၊ ပြည်သူလူထုတို့၏ အကျိုးစီးပွားအတွက်၎င်း၊ ကြိုးပမ်းအားထုတ်သော ပါတီဖြစ်၍ <u>ကျွန်တော်တို့ပါတီသည်</u> မိမိတို့အကျိုးစီးပွား အတွက်မရှိပါ။	<u>我们的党</u>是为人民利益而奋斗的政党，<u>我们的党</u>本身决无利可图。

主语出现在第一分句里。例如：

缅甸语	汉语
<u>ကိုဘဖေသည်</u>ပက်လက်ကုလားထိုင်တွင်ထိုင်လျက်၊ ဆေးပေါ့လိပ်တစ်လိပ်ဖြင့်ဇိမ်ယူလျက်ရှိသည်။	<u>哥巴佩</u>正坐在躺椅上，叼着一枝土雪茄在体验着舒适的感觉。
<u>သောင်းဖေနှင့်ညိုထွန်းသည်</u>ကျောင်းနေဘက်ဖြစ်ရာအလွန်ခင်ကြသောမိတ်ဆွေဖြစ်သည်။ မနှစ်ကမန္တလေးတက္ကသိုလ်မှကျောင်းအောင်ပြီးသည်နောက်ရန်ကုန်သွား၍မဟာဝိဇ္ဇာဘွဲ့ယူကြပေပြီ။	当佩和纽通是同学，是一对很要好的朋友。去年从曼德勒大学毕业后都到仰光读硕士学位了。
<u>ကျွန်တော်တို့သည်</u>နေ့တိုင်းမြန်မာစာလေ့လာသည့်အပြင်နေ့တိုင်းလည်းကျန်းမာရေးလေ့ကျင့်ကြပါသည်။	<u>我们</u>除了每天学习缅语，每天还参加体育锻炼。
<u>ညိုထွန်းက</u>ခြေထောက်နှင့်လှေကားကိုစမ်းကာ၊ လက်ရမ်းကိုတင်းတင်းကျပ်ကျပ်ကိုင်ပြီးအပေါ်ဆုံးထပ်သို့တက်သွားလေသည်။	<u>纽通</u>用脚试探着楼梯，手紧紧地握着扶手，登上了楼的最高层。

主语出现在中间分句。例如：

缅甸语	汉语
နယ်ချဲ့သမားတို့၏ကျူးကျော်မှုဆန့်ကျင်မှ<u>ကျွန်တော်တို့သည်</u>စစ်မှန်သောလွတ်လပ်ရေးကိုရရှိနိုင်ကာကမ္ဘာငြိမ်းချမ်းရေးကိုလည်းကာကွယ်ထိန်းသိမ်းနိုင်မည်။	只有反对帝国主义侵略，<u>我们</u>才能获得真正的独立，才能维护世界和平。

第七章　缅甸语汉语句法的比较　399

主语在最后分句中出现。例如：

缅甸语	汉语
စာကောင်းကောင်းကြိုးစားရမည်၊ကျန်းမာရေးကိုလည်းကောင်း ကောင်း လေ့ကျင့်ကြရမည်၊ သို့မှသာ ကျွန်တော်တို့သည် အမိနိုင်ငံတော်အတွက်ကောင်း ကောင်းအလုပ်အကျွေး ပြုနိုင်မည် ။	必须努力学习，好好锻炼身体，<u>我们</u>才能为祖国更好地服务。

前一分句的宾语，正好是后一分句的主语。例如：

缅甸语	汉语
နာမည်အကျော်ဆုံးဆရာဝန်များပင် ၍သူ့ကိုကုပေးသော်လည်း ဘာမျှသက်သာမလာပါ ဆဋ္ဌမနေ့တွင်ကွယ်လွန်သွားရှာသည် ။	虽然请了最有名的医生来给<u>他</u>治，但是没见起色，第六天就去世了。
အားလုံးကသူ့အားပြင်းပြင်းထန်ထန်ဝေဖန်လိုက်ကြသော်လည်း ဇွတ်အတင်းပေတေကာမပြင်ချေ ။	大家严厉地批评了他，（可他）却一味耍赖不去改正。

（2）在缅汉两种语言中复句的主语都可以省略，有下列几种情况：

① 各分句都无主语，有时看上下文就可以知道主语是谁，所以就不必指出了。例如：

缅甸语	汉语
အမှန်တရားကိုယုံယင်အောင်မြင်မှုရနိုင်လိမ်မည်မဟုတ်ပါ ။	如果（谁）不相信真理，（谁）就不会取得成功。
နားလည်ပြီဆိုယင်လက်ညှိုးထောင်ပြပါ ။	（谁）懂了就请举手！

另外在紧缩句中，主语全部省略。例如：

缅甸语	汉语
မေးသော်လည်းမဖြေပေ ။	虽然问了(他)可是(他)不回答。

全句应该是

| သူ့အားမေးသော်လည်းသူကမဖြေချေ ။ | 虽然问了他，但他不回答。 |

② 省略一个主语。例如：

缅甸语	汉语
（မင်းက） ဘယ်နေရာကိုပဲပြေးပြေး၊（မင်းကို）ရအောင်ဖမ်းမယ် ။	不管（你）跑到那儿，一定要抓住（你）。

缅汉两种语言的复句中主语的省略都是使语言更加简练、避免繁冗的办法之一。但是省略必须顾及句子表意的明确，否则会让人不知所云或造成误解。

(3) 句子结构上的异同:

缅甸语中，连接两个分句的连接词有两类：一类是放在第二分句头上，第一分句为完整的句子;第二类是前头的分句句尾助词省略（实际上已不是完整意义的句子，可以看成是词组），由动词直接接上连接词，与后面的分句结合构成复句。在这一点上，汉语与缅甸语就不一样。汉语因为没有句尾助词，不会产生前一分句的完整不完整的问题。例如：

缅甸语	汉语
ဒီနေ့ကျွန်တော်နေမကောင်းလို့သင်တန်းသွားမတက်နိုင်တော့ဘူး ။	今天我身体不舒服，所以上不了课了。

（上列例句的第一分句无句尾助词）

လူချင်းမတွေ့ရပေမဲ့အချိန်မရွေးလွမ်းဆွတ်တသနေလျက်ရှိတယ် ။	虽然见不着面,但却无时无刻不在想念着。

（上列例句的第一分句无句尾助词）

မတွေ့ရသည်မှာကြာပြီ ၊သို့သော်လည်းခင်ဗျားကိုတော့အမြဲမပြတ်သတိရနေလျက်ရှိသည် ။	好久没见了，不过无时无刻不在想念着你。

（上列例句第一分句有句尾助词，是完整句）

复句的分类：缅汉两种语言的复句，都可以按句子之间的关系来分成几种类型不同的复句。例如：可分为：(1) 并列复句 (2) 主从复句

(1) 并列复句中又有下列几种关系。A 联合；B 对比；C 连锁。

A. 联合复句：这类复合句中各分句之间主要表示以下各种关系。

① 并列关系：句子中每个分句，各表示一件事情，它们之间没有什么特殊的关系，只是几层意思的并列。有时不用连词，有时在缅语中用 လည်း 等连接词来连接，汉语中用连词或副词连接。例如：

缅甸语	汉语
သူကပုလွေလဲမှုတ်တတ်၊လက်ဆွဲဘာဂျာလည်းဆွဲတတ်၊သိပ်တော်တဲ့လူဘဲ ။	他又会吹笛，又会拉手风琴，真是能干的人。
စက်များကိုပိုမိုထုတ်လုပ်၍လယ်ယာစိုက်ပျိုးရေးကိုထောက်ခံပါသည် ။	生产更多的机器，支持农业。

缅甸语	汉语
ကိုအောင်မြင့်ကသီချင်းညည်းယင်းအကျီဖွပ်နေသည်။	哥昂敏一边哼着歌，一边在洗衣服。
လုံမပျိုတို့၏လက်ထဲလက်ဆတ်သောပန်းများကိုင်ပြီး ကြွရောက်လာကြသောဧည့်သည်တော်များအား ကြိုဆိုနေကြပါသည်။	姑娘们手里捧着鲜花，在欢迎贵宾。

还有一些并列复句，分句之间不是用连接词连接，而是用各种助词来衔接。例如：

缅甸语	汉语
ကိုကျော်ဝင်းကအလုပ်သမား၊ ကိုဘကတော့ဆရာ။	哥觉温是学生，哥巴却是老师。
ကျောင်းသားအချို့ကလမ်းလျှောက်၊အချို့ကရေကူး၊အချို့ကလေလော့၊ တင်းနစ်ရိုက်၊ဘောလုံးကန်သူကန်၊အချို့ကမူကျောင်း ဘော်ဒါနား ခြင်းလုံးခတ်သည်၊ အချို့ကမြို့ထဲသွားလည်ကြသည်၊အချို့ကမူကား အင်းယားထမင်းဆိုင်သို့သွားကြလေသည်။	有的学生散步，有的游泳、划船、打网球、踢足球，有的学生在宿舍旁踢藤球，有的进城玩了，有的则去茵雅食堂了。

② 选择关系：表示"或此或彼"或是"非此即彼"的意思。缅语中通常用 ဖြစ်စေ--ဖြစ်စေ၊သို့မဟုတ် 等连接词，汉语中则用"不管……还是……"、"不然"等。例如：

缅甸语	汉语
ယူနီဖောင်းဝတ်သည်ဖြစ်စေ၊အမျိုးသားဝတ်စုံဝတ် သည်ဖြစ်စေ မည်သူကမျှလာတားမြစ်လိမ့်မည်မဟုတ်ပါ။	不管你是穿制服，还是穿民族服装谁也不会来拦你。
သူနိုးသည်ဖြစ်စေ၊အိပ်သည်ဖြစ်စေသွားမခေါ်နှင့်။	不管他是醒着，还是睡着，都不要去叫他。
မြန်မြန်လျှောက်၊သို့မဟုတ်လျှင်နောက်ကျသွားမည်။	快走，不然要迟到了。

③ 递进：这类复句中的分句间有一层进一层的意思。一般来说总是后面一个分句的意义，比前句意义进了一层。缅语中常用"အပြင်၊မည်အ.စား"等联接，汉语中则常用"非但……而且……"、"不仅……还……"等。例如：

缅甸语	汉语
သူတို့ကကျွန်တော့်အားစာနာရမည့်အစားကဲ့ရဲ့ကြသေးသည်။	他们<u>非但不</u>同情我,<u>反而</u>嘲笑我。
ကျွန်တော်တို့သည်မြန်မာစာ<u>အပြင်</u>နိုင်ငံရေးဘောဂဗေဒလည်းသင်ရသေးသည်။	我们<u>不但</u>学习缅文,<u>也</u>要学习政治经济学。
ထမင်းစားပွဲကိုပါဝင်ကြသူများတွင်ယဉ်ကျေးမှုဝန်ကြီးဌာနဝန်ကြီး၊ဒုဝန်ကြီး<u>အပြင်</u>၊ယဉ်ကျေးမှုလောကမှသက်ဆိုင်ရာပုဂ္ဂိုလ်များနှင့်အစိုးရအရာရှိများလည်းပါဝင်ကြပါသည်။	参加宴会的有文化部长和副部长,<u>此外</u>还有文化界有关人士及政府官员。
သူကအင်္ဂလိပ်စကား<u>အပြင်</u>အရှေ့တိုင်းဘာသာစကား၂မျိုး၃မျိုးကိုပင်ပြောတတ်ပါသေးသည်။	他<u>不仅</u>会讲英语,还会讲2－3种东方语言。

④ 连贯:表示连贯发生一系列的事情。这类句子缅语通常用 ပြီး 等联接,汉语常用"之后"联接。例如:

缅甸语	汉语
ကျွန်တော်တို့ယီဟိုရွှေနန်းခေါ်နွေရာသီဉယျာဉ်လည်ပတ်ကြည့်ရှု<u>ပြီး</u>တရုတ်ပြည်သူတို့၏ဉာဏ်ပညာနှင့်လက်စွမ်းရည်များကိုပိုသိကြပါသည်။	我们参观过颐和园<u>后</u>,进一步了解到中国人民的智慧和技能。
စက်ရုံအခြေအနေကိုမိတ်ဆက်ပြော<u>ပြီး</u>စက်ခန်းအသီးသီးသို့ကြည့်ရှုရန်ခေါ်သွားကြလေသည်။	介绍了工厂的情况<u>之后</u>,就又领着我们去参观了车间。

⑤ 分合:先总括,后分述,或先分述后总结。例如:

缅甸语	汉语
သူမှာသားသမီးနှစ်ယောက်ရှိရာတစ်ယောက်ကတက္ကသိုလ်ကျောင်းသားဖြစ်၍ကျန်တစ်ယောက်ကတော့သမီး၊အလယ်တန်းကျောင်းသူတစ်ယောက်ဖြစ်သည်။	他有两个子女,一个是大学生,另一个是女儿,是中学生。
စိတ်ဝါဒနှစ်မျိုးနှစ်စားရှိရာတစ်မျိုးကမေးရိုးမကျိုဝါဒဖြစ်ပြီးနောက်တစ်မျိုးကတော့အတွေ့အကြုံဝါဒဖြစ်ပါသည်။	有两种唯心主义:一种是教条主义,另一种是经验主义。
ကျားကြီးကိုသတ်ယင်သတ်၊<u>သို့မဟုတ်</u>ကျားစာဖြစ်ယင်ဖြစ်၊နှစ်ခုထဲကတစ်ခုခုဖြစ်နေရမည်။	<u>或者</u>是把老虎杀死,<u>或者</u>是被老虎吃掉,二者必居其一。

B. 对比复句。各分句之间的关系是对比的关系。它还可以分下列几种情况:

① 对待关系：各个分句之间的意义相反，互相对比形成对照或表示一种转折关系。缅甸语中用 တော့、သည်တိုင်、သလောက် 等连接，汉语中用"而、尽管、却"。例如：

缅甸语	汉语
ကျွန်တော်တို့သိကျွမ်းသောဗဟုသုတများဘေးမှာ ချော်ထားရ<u>လောက်</u> ကျွန်တော်တို့မသိကျွမ်း သောဗဟုသုတများကိုအသုံးချသွားရမည် ။	我们熟悉的知识不得不搁起来，<u>而</u>我们不熟悉的知识<u>却</u>不得不去运用。
သူကြိုးစားခဲ့<u>သည့်တိုင်</u>အောင်မှတ်မရခဲ့ပါ ။	<u>尽管</u>他作了努力，却没有及格。
မောင်ဖေကျောင်းသွားရမည့်<u>အစား</u>ရုပ်ရှင်သွားကြည့်သည် ။	貌当<u>没</u>去学校，<u>而</u>去看电影了。
ဒေါ်မြကနေမကောင်း<u>သော်လည်း</u>ရုံးတက်မြဲတိုင်းတက်သည် ။	<u>虽然</u>杜妙身体不好，她<u>还是</u>照常去上班了。
သူမသွားချင်ပေမဲ့ကျွန်တော်တို့ကတော့သွားချင်ကြပါတယ် ။	他不想去，我们可想去呢！
ကျွန်တော်တို့တစ်နေ့တစ်ခြားကောင်းလာ<u>သလောက်</u>ရန်သူတို့က တော့တစ်နေ့ထက်တစ်နေ့ဆုတ်ယုတ်ကျဆင်းသွားပါသည် ။	我们一天天好起来，敌人<u>则</u>一天天烂下去。

② 衬托关系。分句之间，意义上有所侧重。例如：

缅甸语	汉语
အပြောလွယ်<u>သလောက်</u>လုပ်ဘို့ခက်သည် ။	说<u>倒</u>容易，做起来<u>可</u>不易。
နီးတကျက်ကျက်၊ဝေးတသက်သက်	在一起老吵架，一远离又想念。

一般主要意义在后，前面句子衬托后面的意义，这种句子主要是使主句有个对比，更显得有力。

③ 比较关系：缅甸语中常用连接词有：သလောက်၊လည်း。汉语中用"也"。例如：

缅甸语	汉语
ဒီနှစ်ရာသီဥတုကောင်း<u>သလောက်</u>ကောက်ပဲသီးနှံ<u>လည်း</u> အောင်ပါသည် ။	今年气候好，庄稼<u>也</u>丰收了。
တစ်တက်စား<u>လည်း</u>ကြက်သွန်၊နှစ်တက်စား<u>လည်း</u>ကြက်သွန် ။	吃一头蒜<u>也</u>是吃，吃两头蒜<u>也</u>是吃了。

还有一种表示得失关系。

ရုပ်ရှင်သွားကြည့်မည်အတူတူဝတ္ထုကိုသာဖတ်မည် ။ 于其去电影还不如看小说。
ကျွန်တော်ပြဇာတ်သွားကြည့်မဲ့အစားဂီဝင်းအော်ပရာကိုဘဲ 我不去看话剧，而将去看京戏。
သွားကြည့်မယ် ။

这类句子中有些有比较得失，让人取舍之意。例如：

缅甸语	汉语
တဲ့အိမ်မှာဘဲနေရနေရဖွဲ့ကိုဘဲစားရစားရ မြေရှင့်အရင်း ရှင်တို့ကိုတော့သွားမဖေါ်ချင်ဘူး။	我宁愿住茅屋，吃糠皮，也不愿向地主、资本家去讨好。

④ 比例关系：有时两件事都在变化，而又互相影响。缅语中一般用 "လေ.. လေ" 等连接词，汉语中常用 "越……越……" 等。例如：

缅甸语	汉语
ကြာလေကောင်းလေဘဲ ။	越久越好。
ပြောလေလေသူကဒေါ်ပွလေလေဘဲ ။	越说他的气越大。

⑤ 比拟关系：表示事物之间的类似关系。缅甸语中常用的连接词有 "ကဲ့သို့（လို）၊ အတိုင်း" 等，汉语中常用 "好像、正如、随着、按" 等。例如：

缅甸语	汉语
သူကမြွေပွေးအကိုက်ခံရသလိုလန့်အော်လိုက်တယ် ။	他好像被毒蛇咬了似的惊叫了起来。
ငါ့ကိုသူလွမ်းသလို့သူကိုလဲငါလွမ်းနေတယ် ။	正如他想念我一样，我也在想念着他。
သူကကျွန်တော်ကိုသိလို့ကျွန်တော်နဲ့နှုတ်ဆက်လိုက်တယ်။	他好象认识我似的和我打招呼。
သူတို့ကပရွက်ဆိပ်လိုဘဲအစားအစာများကိုသွားရှာရတယ်။	他们像蚂蚁一样要去寻找食物。
ဆရာမှာထားသည်အတိုင်းသွားလုပ်ကြပါ ။	请按老师吩咐的那样去做。
တိုင်းပြည်ပြဋ္ဌာန်းဒေအရပြုမူဆောင်ရွက်ရမည် ။	必须按宪法规定行事。
သူကဘာမှမသိယောင်ဆောင်နေတယ် ။	他装得好像什么也不知道似的。
ကောင်းကင်တွင်လျှပ်ပြက်မိုးချုန်းလိုက်သည်မှာ မိုးတစ်ခုလုံးပြိုကျတော့မလိုဖြစ်နေသည် ။	天空中电闪雷鸣，就好像天要崩塌一样。
စီးပွါးရေးတိုးတက်လာသည်နှင့်အညီပညာရေးလည်း	

တိုးတက်လာမည်ဖြစ်၏။   随着经济的发展，教育也将会
                                              发展。

"လို" 表示 "像" 某一个实际情况，"ယောင်" 则表示 "似乎" 像一个虚假的情况。

C 连锁关系：这类复句特点在于两个分句都有共同的词语。例如：

缅甸语   汉语

အချိန်ရှိယင်ရှိသလောက်လာကူညီမယ်။   我有<u>多少时间</u>，就来帮助你<u>多少时间</u>。
အချိန်ဘယ်လောက်ဘဲ<u>ကုန်ကုန်</u> <u>ကုန်ရကျိုးနပ်</u>
ပါယ်လို့ဆိုရမှာဘဲ။   不管<u>花</u>多少时间，应该说是<u>花</u>得值得。

（2）主从复句：分句之间有主有次。缅汉两种语言的主从复句主要有下列几种关系。

A. 转折：主句与从句意义相反，缅语中通常用 "သော်လည်း၊ဘဲ၊တော့" 等连接，汉语中常用 "虽然、不过" 等。例如：

缅甸语   汉语

ဒီနေ့ညနေ့ကျွန်တော်အား<u>သော်လည်း</u>သူကမအားချေ။   今天下午<u>虽然</u>我有空，他<u>却</u>没有
                                                   空。

အလွတ်တော်ရနေပြီ၊သဘောပေါက်မပေါက်<u>တော့</u>မသိဘူး။   <u>背</u>倒是<u>背</u>出来了，明不明白我<u>可</u>
                                                   不知道。

မင်းအလကားထိုင်နေ<u>မဲ့</u><u>အစား</u>အလုပ်တစ်ခုခုကိုသွားလုပ်ရင်
ပိုကောင်းလိမ့်မယ်ထင်တယ်။   我想你<u>于其</u>闲坐着，倒不如去干
                                                   一件事情好。

သူကကျွန်တော်ကိုဘာမှမပြော<u>ဘဲ</u>ကိုယ့်ဘာသာတစ်ယောက်
တည်းကြိတ်လုပ်နေတယ်။   他<u>也</u>不跟我说一下，自己一个人
                                                   闷着头在干。

သူတို့ကကြိုတင်သိလျက်နှင့်ကျွန်တော်ကိုမပြောဘူး။   他们事先<u>明明</u>知道，<u>就是</u>不告诉
                                                   我。

ခင်ဗျားဆရာဝန်လုပ်မဲ့<u>အတူတူ</u>စာရေးဆရာလုပ်ပါ။   你于其当医生，不如当一名作
                                                   家。

B. 因果：说明一件事物的前因后果，缅甸语中通常用 "လို့၊သည်အတွက်" 等连接词，汉语中常用 "因为、所以" 等连接。例如：

缅甸语	汉语
ညကသူတစ်ညလုံးအိပ်မပျော်ခဲ့လို့ ဒီနေ့ခေါင်းနဲ့နဲ့မူးနေတယ် ။	他昨天晚上没睡着，<u>所以</u>今天有点头晕。
ဦးစိန်နေ့တိုင်းလမ်းလျှောက်<u>သည့်အတွက်</u>ကျန်းမာရေးအခြေအနေသိပ်ကောင်းပါသည် ။	吴盛每天散步，<u>所以</u>很健康。
ကိုမောင်မောင်ကလုံ့လရှိရှိကြိုးစားအားထုတ်<u>၍</u>ထူးချွန်သူအ ဖြစ်အရွေးခံရသည် ။	哥貌貌<u>因为</u>勤奋而被选为优秀生。

C. 假设：它表明在复句中的从句是主句的条件和假设，缅语中一般用"လျှင်/hlĩ²²/"（口语中用 ရင် ၊ ယင်）来连接。汉语中常用"如果、假如……的话"等连词连接。例如：

缅甸语	汉语
ဒီလိုလုပ်ရင်အောင်မြင်မှာပါ ။	这样做<u>的话</u>一定会成功。
ဤကဲ့သို့ပြောခဲ့<u>လျှင်</u>သူဒေါသထွက်လိမ့်မည်သေချာသည် ။	<u>如果</u>这样讲<u>的话</u>，他一定会生气的。
မိုးမရွာယင်လာခဲ့မယ် ။	<u>如果</u>不下雨就来。

假设句在时态上有两种：一种如上例表示事态没有发生前的估计、假设。另一种是主句表示肯定，从句是主句的条件。例如：

ဒီတစ်ခါမသွားယင်သူနင့်တွေ့မှာမဟုတ်ပါ ။

如果这次不去<u>的话</u>，就见不着他了。

还有一种情况是，假设句结构相似，但却表达的意思不同。例如：

နက်ဖြန်မိုးမရွာရင်ပွဲသွားကြည့်မယ် ။

① <u>要是</u>明天不下雨，将去看戏。

ညကမိုးမရွာခဲ့ရင်ကျွန်တော်တို့ပွဲသွားကြည့်ခဲ့ပြီ ။

② <u>要不是</u>昨天下雨，我们就去看戏了。

例句①是可能实现的假设，例句②则是不可能实现的假设。第二句的意思是强调原来准备去看戏的，只是因为下雨了才没去。可见，假设条件有时用于推断事物的发展，举出假设的情况，推断结果；有时是用已知的结果来证明事情不像假设的那样。这方面复句的组成在缅汉语两种语言中是极为相似的。

D. 目的：说明采取行动的目的，缅语中常用"ရန် (ဘို့)၊ ရအောင်"等，汉语中常用"为了……"等。例如：

缅甸语	汉语
အထိမ်းအမှတ်ပွဲတော်နေ့အစည်းအဝေးနှင့်ပတ်သက်၍ တိုင်ပင်ရန် သူတို့ကစည်းဝေးနေကြသည်။	他们正在开会，(为了)商量开纪念会事宜。
သိပ္ပံပညာများသင်ယူရန် နိုင်ငံခြားသို့ပညာတော်သင် တော်တော်များများစေလွှတ်ခဲ့ပါတယ်။	为了学习科学，曾派了很多留学生出国。
ဆွေမျိုးအားလုံးနှင့်တွေ့ရအောင်သူ့အားရွာသို့ခေါ်ခဲ့သည်။	为了让（她）见到所有的亲戚，所以把（她）领回村里。
လူသားကိုသည်အစားအစာများရရန် အလုပ်လုပ်ရန်ကိရိယာ များကိုတီထွင်လိုက်ခဲ့ကြပါသည်။	人类为了得到食物，就创造了劳动工具。
နတ်ပူဇော်ရန်အတွက်တိရစ္ဆာန်များကိုသတ်ကြသည်။	为了敬神而宰杀牲口。

E. 时间：在单句中，表示时间是用名词或时间状语，表示动作发生的时间。在复句中，则往往用一个句子或词组来表示时间，在缅语中常用"ပြီးနောက်၊ တိုင်အောင်၊ ကတည်းက"等连接词。还有一些用固定的词组形式来表示。常见的有"မ...ခင်၊ ခြင်း၊ ...လျှင်...ခြင်း"等等。例如：

缅甸语	汉语
အစည်းအဝေးပြီးတော့သူကဆိုင်ကိုတခေါက်သွားခဲ့သေးတယ်။	会开完后他还去了一趟商店。
မိုးရပ်တယ်ဆိုင်ဘဲသူအိမ်ပြန်ဘို့ပြင်နေပါတယ်။	雨一停，他们就准备回家。
ကိုကျော်မြင့်ကကြေးနန်းရရချင်းဘူတာရုံသို့သွားလေသည်။	哥觉敏一接到电报便到火车站去了。
သူတို့ပြန်လာဘို့ကျွန်တော်တို့စောင့်နေတယ်။	我们正等他们回来。
သူတို့မပြန်မချင်း ကျွန်တော်တို့မသွားဘူး။	他们要是不回来，我们决不走。
ကျွန်တော်တို့စာဖတ်နေတုန်းသူကအခန်းထဲပြန်ပြီးအော် ကြီးဟစ်ကျယ်လုပ်သည်။	正当我们在看书时，他回到房间里大喊大叫。
သူတို့လမ်းလျှောက်ယင်းတတူတူစိတ်ဝင်စားကြတဲ့ ပြဿနာများကိုဆွေးနွေးနေကြတယ်။	他们一边散步，一边讨论着共同感兴趣的问题。
ရန်ကုန်ရောက်တိုင်းရွှေတိဂုံဘုရားသွားဖူးလေသည်။	每当他到仰光，就去朝拜大金塔。
အသက်ရှိသမျှကာလပတ်လုံးကြိုးပမ်းအားထုတ်ပြီး တိုက်ပွဲဝင်ရမည်။	只要生命尚存，还需奋力拼搏。

မိဘတို့အားကန်တော့ပြီးလှည်းပေါ်တက်ထိုင်လိုက်သည်။
ကျွန်တော်တို့ရဟပ်လေယာဉ်သည်ကောင်းကင်တွင်ပျံဝဲ
သောအခါမီးပုံသုံးပုံမြင်ရပါသည်။
ကျီးကန်းပါးစပ်ကဟလိုက်တယ်ဆိုယင်ဘဲချိထားသော
အသားကမြေကြီးသို့ကျသွားလေသည်။
သူကအိမ်ရောက်တယ်ဆိုယင်ဘဲမိုးရွာချတော့တယ်။

朝父母叩了头后，坐上了牛车。
当我们的直升飞机在上空飞行时，见到了三个火堆。
乌鸦张嘴一叫，叼着的肉便掉到地上。
他一回到家，雨就下起来了。

F. 条件：表示条件与结果的关系。缅语中常用"လျှင်၊မှ၊အကယ်၍..."等连接，汉语中常用"如果、才、只有"等连接。例如：

缅甸语	汉语
ကိုယ်စိတ်နှစ်ဖြာပျော်ရွှင်ချမ်းသာမှုအမြဲနုပျိုပါလိမ့်မည်။	身心愉快，才能永葆青春。
ခင်ဗျားသိချင်ရင်ပြောပြမယ်လေ။	你如果想知道，我就告诉你。
ကြိုးစားပါကဘုရားတောင်ဖြစ်နိုင်တယ်။	只要你努力，连佛都能修成。
သူသဘောတူမှကျွန်တော်တို့လုပ်နိုင်မယ်။	只有他同意，咱们才能干。
သမီးပေးမှသမက်ရ။	嫁了女儿才能得到女婿。
မိုးမရွာပါကလာခဲ့မယ်။	如果天不下雨，我就来。
ညကျတော့ပိုကြည့်ကောင်းမယ်။	一到晚上就更好看了。
သူလာကယ်ပေလို့သာကျွန်တော်တို့ရေနစ်ပြီးမသေတာ။	亏得他来救了我们，我们才不致被淹死。

还有一种条件句，表示"无条件"的，生主句所说的结果。常用一种句型表示

这种复句表示在任何条件下，都会产例如：

缅甸语	汉语
ကိုကျော်လာခဲ့ရင်အောက်ထစ်အရိုက်ခံရပါလိမ့်မယ်။	要是哥觉来的话，最少也得挨一顿揍。
အဖိုးကြီးငွေရရမရ သူကဆက်လက်ပြီးလုပ်သွားမှာပါ။	无论他能不能得到报酬，他一定会继续干他的事情。
မည်သို့ပင်ရေးရေး၊ စကားလုံး၏အနက်ကပြောင်းမှာမဟုတ်ပါ။	不管怎么写，词汇的意义是改变不了的。

缅甸语和汉语的条件句与假设句之间都有相通的地方，条件句的从句包含的条件往往与假设句中的从句包含的假设近似。不同的是，一个侧重条件，不管这种条件是否真实存在。而另一个是侧重强调假设。这就肯定这种条件并不是事实，而是一种假设。例如：

缅甸语	汉语
ပင်လယ်ရေခမ်းသွားပါကလူသားတို့ကဆက်လက် တည်မြဲနိုင်အုံးမည်လော ။	如果海水枯竭，人类还可能生存吗？
အကယ်၍မိုးပြိုပါကမခက်ပေဘူးလား ။	要是天塌下来，不就糟了吗？
မင်းကနေမင်းကြီးကိုလိုချင်တောင် ကျွန်တော်က ကောင်းကင်ယံတက်ပြီးခူးပေးမယ် ။	要是你要太阳，我也上天摘下来给你。
ခင်ဗျားသဘောတူပါက ကျွန်တော်သွားလုပ်လိုက်မည် ။	你同意的话，我就去做。

G. 让步句：缅汉两种语言中都有让步句，它们的主句与从句处于相反的地位，从句先作让步，主句转入正题。它分事实的让步和假定的让步两种。

① 表示事实的让步时，从句是事实，先承认，然后转入正题。缅甸语中通常用"သည်တိုင်အောင်၊အုံးတော့"等连接，汉语中常用"尽管、即使"等来连接。例如：

缅甸语	汉语
လူချင်းကွဲကွာနေတာဆယ်နှစ်တောင်ရှိသည်တိုင် သူ့အသံကိုတော့ကျွမ်းတုန်းပင်ဖြစ်၏ ။	尽管离别已达十年，对他的声音还是很熟悉的。
ကျွန်တော်တို့မှာအခက်အခဲတော်တော်များများရှိသည်တိုင် တော်လှန်ရေးလုပ်စကတွေ့ကြုံရသောအခက်အခဲနှင့်စာ ကြည့်လျှင်အများကြီးကွာခြားသေးသည် ။	尽管说我们有不少困难，可是跟革命初期所遇到的困难相比还差得很远。

② 假定的让步：从句是一个假设。先承认这个假设，然后转入正题。缅甸语中常用的连接词或句型有"တိုင်အောင်၊ သည်တိုင်၊ တောင်"等，汉语中常用"即使、那怕"例如：

缅甸语	汉语
ပြည်သူလူထုတို့၏အကျိုးစီးပွါးအတွက်ဒီလိုလုပ်ရပါမယ်၊ ကျွန်တော်တို့အသက်စတေးပေးရသည်တိုင်အောင်တွန့် တိုလိမ့်မည်မဟုတ်ပါ ။	为了人民的利益我一定要这么做，那怕因此而牺牲（我）也在所不惜。
ကျွန်တော်တစ်ယောက်တည်းကျန်သည်တိုင်ဤကြီးလေး သောတာဝန်ကိုထမ်းဆောင်မြဲထမ်းဆောင်သွားပါလိမ့်မည် ။	即使只剩下我一个人，我也要一如既往地担负起这个重任。
တပါးသူက ကျွန်တော်တို့အားမဝေဖန်တောင် ကျွန်တော် တို့ကိုယ့်ဘာသာကိုယ်ကိုဝေဖန်သွားရပါမည် ။	别人不批评我们，我们自己也要作自我批评。

主从复句的主句与从句之间有时表示因果关系，有时表示条件关系，有时也表示转折关系，这种关系包含退一步着想的意思。它们之间各有区别，但也有一定的联系。这种区别和联系，可以用下表来说明。我们用一种情况，就是对"他"到"北京""认识路"这一情况用不同的复句形式来说明"他"的情况，就有不同的说法和产生不同的语义。

与预期相合

因果	条件
① သူကဘောကျင်းသိုရောက်ခဲ့ဖူး ၍ လမ်းသိသည် ။ 他到过北京，<u>所以</u>认识路。	② သူကဘောကျင်းသိုရောက်ခဲ့ဖူး လျှင်လမ်းသိမည် ။ 如果他到过北京，他将认识路。
让步	纵予（让步）
③ သူကဘောကျင်းသိုရောက်ခဲ့ဖူး သော်လည်းလမ်းမသိပါ ။ <u>虽然</u>他到过北京，<u>但是</u>不认识路。	④ သူကဘောကျင်းသိုရောက်ခဲ့ဖူး သည်တိုင်လမ်းသိမည်မဟုတ်ပါ ။ <u>即使</u>他到过北京，<u>也</u>不会认识路。

与预期不合

H. 取舍复句：两个分句表示不同的事物，说话者决定取舍其中之一。缅甸语中常用连接词或句型有"မဲ့အတူတူ၊ မဲ့အစား။ Ｖ Ｖ＋မ＋Ｖ Ｖ ――"等，汉语中常用"既然……不如……、 没有……反而……"。例如：

缅甸语	汉语
စကားများများပြောရမဲ့အတူတူ အသုံးကျတဲ့ စကားကိုဘဲများများပြောမှာပေါ့ ။	<u>既然</u>话要说得多，<u>倒不如</u>多说一些有用的。
ကျောက်စရစ်ခဲ့ထဲ့ထားသောအိတ်ကိုရေထဲပစ်ချ ရမည့်အစားပိုက်ဆံအိတ်ကိုမှားပြီးရေထဲသို့ပစ်ချ လိုက်သည် ။	没有将装着石头的口袋扔进河里，<u>反而</u>错把钱袋扔进了水里。
အားကစားကွင်း၌လူတွေကများနေလို့ ကျွန်တော်တို့ ဘတ်စကက်ဘောကစားတာမဲ့အစားတာရှည်သွားပြေး ကြရတော့တယ် ။	运动场上人很多，我们就只能不打篮球<u>而</u>去长跑了。
လုပ်လုပ်မလုပ်လုပ်အသင့်တော်ပြင်ဆင်ထားရမယ် ။	<u>不管干不干</u>，都要作好准备。

上列例句中，大多数只有两个分句，可分为联合与主从复句。但是在缅汉两种语言中，还有些复句是由两个以上的分句组成，它们之间的关系，又有联合，

又有主从的关系。我们把这类复句称为多重复句。例如：

လက်ဘက်ရည်ဆိုင်မှာလူအမျိုးမျိုးအစားစားရှိသည် ၊ ကုန်သည်ကများ<u>သလောက်</u> သက်ကြီးသူလဲမနည်း ၊အားလုံးလည်း မိမိအမြင်ကိုပြောပြနေကြသည်၊ <u>သို့သော်လည်း</u>ဘယ်သူကမှန်တယ် ဘယ်သူကမှားတယ်ဆိုတာကိုတော့ အပ်တပ်ပြော နိုင်မဲ့သူကတစ်ယောက်မှမရှိဘူး ။

在茶馆里有各色各样的人，商人很多，老人也不少，都在谈论着自己的看法，可是对这事情，却没有一个人能够肯定地说谁对谁错。

ထိုရပ်ကွက်သည်မြို့၏အစွန်းတွင်တည်ရှိနေ၍ဓာတ်တိုင်တော်တော်များများထောင်ထားသော်လည်းပြီးခဲ့တဲ့သုံးရက်က မီးပျက်သွားသည်၊ကြည့်ရပုံတော့၊သက်ဆိုင်ရာဌာနကိုအကြောင်းကြားမဲ့သူမရှိပါ ။ဤသို့လုပ်မည့်အသိလည်းရှိမည်မထင်၊ဘဖြစ် လို့တုန်းဆိုရင် သူတို့က နေ့ရှိသရွေ့ မိမိတို့အသက်မွေးဝမ်းကျောင်းရသည်ဖြင့် ထမင်းစားရေးအတွက် ဟိုသွားရ ဒီသွားရနှင့် အခြားသောကိစ္စများကိုဂရှုမစိုက်အားတော့ချေ ။

（这个地区）座落在城市的边缘，尽管竖有许多电线杆，但是三天前就断电了，看样子没有人去通知有关部门，也没有人有这种觉悟去这么干，因为他们整天要为糊口而疲于奔命，除了吃饭问题外他们也无暇顾及其他了。

4. 复句的变化：在缅汉两种语言中，复句从结构来看都有倒置、紧缩、重复等变化。

（1）倒置。通常，主从复句的结构总是从句在前，主句在后。但是，有时也可以将其颠倒过来。例如：

缅甸语	汉语
ကျွန်တော်တို့ကသူတို့ကိုကောင်းကောင်းကူညီရမယ်၊ဘာဖြစ်လို့လဲဆိုတော့သူနေမကောင်းလို့ပါ ။	我们应该好好地帮助他，因为他身体不好。
မင်းကကောင်းကောင်းစဉ်းစားကြည့်စမ်းပါ၊ဒါဘယ်လောက်အရေးကြီးသလဲလို့ ။	你好好地考虑一下吧，这有多么重要。

复句倒置的主要原因：一是说话比较急促，一句话说完，又想起一些什么要补充说明，只好搁在后头；二是为了某种修辞的目的，强调某一事物。就把要强调的内容搬到头上，表达较强的语气。

（2）复句的紧缩：用类似单句的形式，表示复句的内容，这种句子很像单句，实际上是复句的紧缩。例如：

| 缅甸语 | 汉语 |

① သွားကိုသွားရမယ်။（အဒီနေရာကိုမရောက်နိုင်ဘဲ） လမ်းခုလပ်မှာသေချင်သေပါစေ။ 那个地方（我是）去定了，那怕（到不了那儿）死在半路上，我也在所不惜。

② သွားချင်သွား မသွားချင်နေ။ 要去就去，不去就算了。

③ လာမစနဲ့ဦးပွင့်သွားမယ်။ 别来惹我，不然要你好看！

上列例句①中缅甸语的前一分句就省略了主语，如果要说完整，应该是"（ကျွန်တော်သွားချင်တဲ့နေရာကို）သွားကိုသွားမယ်။（အဒီနေရာကိုမရောက်နိုင်ဘဲ）လမ်းခုလပ်မှာသေချင်သေပါစေ။"句子中带括号的部分全部省略。同样又如例句③中，缅甸语省略了主语和宾语，如果要说完整则应该说成："မင်းကငါ့ကိုလာမစနဲ့"。而汉语句中保留了宾语，省略了主语。如果要说完整应说成"你别来惹我，"。可见，大多数的紧缩句都可以将省略部分恢复，形成完整的复句。

（3）重复句：在缅汉两种语言的还有一种相同的句子形式，即"重复句"。它是在句子中，完全相同地重复某一部分，这是一种内部重复，就是在句子中有相同的词语，充当着相同的成分。如果句子成分形式上并不相同，可是所指的是同一事物，那么这不能称"重复"而只能称句子中的"复指"成分。重复句往往是修辞的需要，这种形式，表达的感情色彩比较浓厚和强烈。例如：

နယ်တွေမှာပေါ့ခင်ဗျား–နယ်တွေမှာပေါ့။နယ်ကနေပေးလိုက်တဲ့စာတွေကိုဖတ်လိုက်ရ ဖတ်လိုက်ရ၊ရန်ကုန်တက်လာတဲ့လူတွေကိုဘဲ မေးကြည့် မေးကြည့် ဒါမှမဟုတ်နယ်တွေကိုဘဲကိုယ်တိုင်ရောက်သွားရောက်သွားအဖြစ်တွေကတော့ ဒီ အတိုင်းချည်းထေရာထဲလိုလိုပါဘဲ။

就是在地方上，这些地方上，这种情况无论翻阅那个地方的来信，还是访问那儿来仰光的人或者是亲自到该地方去调查，都会得到同样的印象。

မလိုလားအပ်သောဤအဖြစ်မျိုးမှတစ်မျိုးတစ်ဖုံအဆင်ပြေအောင်ဖန်တီးနိုင်သူမှာ မြို့တော်သန့်ရှင်းရေးပါရဂူများ လေလား။ ကုန်သွယ်စီးပွါးရေးပါရဂူများလေလား။

အမြတ်ကြီးစားကာကွယ်ရေးစသုံးလုံးပါရဂူများလေလား။ လေလား။လေလား။

不知道要改变这种令人厌恶的现象，应该由谁来负责？是由首都环保专家？商业经济专家？还是消除高利贷的"三s"委员会成员？抑或是其它的专家、学者们……？

总之，在缅甸语和汉语复句的组织结构和用词方面跟语音、词汇、单句一样有着许多相同之处。这不仅反映了缅汉两种语言之间的密切关系，同样也反映了使用这两种语言的民族有着相同的思维方法和共同的对逻辑关系的认知。

第八章　缅汉同源词

在作缅甸语汉语比较研究时，一个很重要的任务就是寻找同源词。但是，同源词的寻找是个复杂的工作。因为语言是随着时间地点的变化而不断地变化着的。许多语言学家过去也从各自的特长，依据不同的路子，做过很多努力。例如，很多人根据西方的历史语音学理论，着重在活的语言材料利用方言、亲属语言的比较，探讨早期语音的产生和词的语音演变规律。经过语言学家的共同努力，取得了丰硕的成果。也有很多人是从汉语的书面文献出发，用汉字为线索，在上古音系、中古音系等前人的研究成果的基础上，来探讨共同的词源关系。也都取得不少优异的成绩。在探讨词的同源关系时大家都认为：一是要语音的相近，二是要词义相近。而实际上这两方面的"相近"，十分模糊。因为，一、"相近"有个程度的考虑，近到什么程度才可以纳入同源词探讨的范围呢？很难说清。二、语音相近的依据是什么？到目前为止，我们对上古汉语的语音系统的界定，还是个"构拟"，不可避免的带有各自主观臆测成分。不确定性较大，以此来比较，得出的"相近"，伸缩性就更大了。三、就缅汉两种语言来说，前后几千年的语音变化很大，我们从本书的上古汉语和缅甸语有关章节中就可以看到，无论是元音还是辅音，从送气到不送气，塞擦音到擦音，复辅音的后置辅音到介音，音节的合并和分立、声调的产生和衍变等等，变化很多，错综复杂。从汉语传统音韵学的角度来看，声母和韵母部分也有了很多变化，例如声母清浊变化、复辅音声母的分化和消失、韵母部分的韵头的产生、变化，韵腹的单元音、复元音的变化、韵尾的变化以及声调的产生和发展等等，都给我们寻找同源词带来了麻烦和困惑。但是，比较研究有困难、易犯错总比见到困难，躲避三舍，无所作为要好。至少有错误，再改正，科学是在前进。因此，我想，不妨采用混合中外研究理论，加上利用方言的材料，尝试着尽可能地从语音和词义两个相近的范围内，再根据各自语音变化规律，综合这三个方面的情况找出缅汉同源词来，也许更可靠些。有些现在以为是同源词的，经过以后证明是借词或偶然的同音同义，那么将这些词排除了，不就剩下真正的同源词吗？有些可能今天认为是"疑似同源词"的，说不定却是变异后的真正的同源词。当然，在本书中列出的同源词只是一己之见，仅供作参考，除了明显的同源词外，有些可以算是"疑似同源词"，是否是同源词还有较大的推敲余地。敬请读者一起斟酌。

我们对汉字本义的认识主要靠《说文解字》一书以及后来许多人对《说文解字》的注释。(《说文解字》是我国第一部按汉字的偏旁部首编排的字典,也是世界上最早的字典之一。编著者是东汉汝南召陵(今河南偃城县)人许慎,字叔重。《说文解字》成书于汉和帝永元十二年(公元100年),书中的语料基本上是公元1世纪以前的东西。汉语词汇的发生和积累经历了三个阶段:元生阶段、派生阶段、合成阶段。许慎是东汉人,东汉以前是以派生为主的时期,大量的同源词是在此以前就存在的。)

上古汉语以单音词为主,因此,字和词几乎是相同的。后来复音词逐渐增加,增加的方式有三:一是换了完全不同的词,如"与"变成"参加","师"变成"军队"。二是加上了词尾,如:""石"变成"石头","杯"变成"杯子"。三是利用两个同义词作词素,构成一个复音词。例如"儿"和"子"合成为"儿子"等。值得注意的是许多单音词在现代汉语中已经不是词了,但是作为词素仍然留在现代汉语中。例如:"虑",现代汉语中只有在某些合成词中作为词素出现。例如"顾虑"、"考虑"、"深思熟虑"中可以见到"虑"字,但是"虑"已不能作为一个单独的词自由运用了。王力的《古代汉语》一书中指出:"汉语大部分的双音词都是经过同义词临时组合的阶段的。"本书的有关缅甸语音历史变化规律部分也是基于这个观点,将缅甸语历史上的双音节词与组成双音节的单音节同义词看成是语音变化的可靠依据。(详情可参见本书有关章节)

我们在这里列出的缅汉同源词表中,汉语部分参考[美]李珍华、周长楫编撰的《汉字古今音表》(实际上属于王力的体系)和郑张尚芳的《上古音系》并列出汉语中保留较多古音的吴、粤、闽南方言音。缅甸语部分则依据缅甸蒲甘王朝时期的碑文(也包括少数蒲甘以后的碑文)、四译馆译语、缅甸现代标准音(仰光话)以及作者亲自到缅甸进行田野调查的缅甸语几个主要方言,抽出保留古音较多的三种方言(即土瓦方言、东友方言、茵达方言)放在一起,便于对照比较。这样,可以让读者了解到缅甸语和汉语的历史发展线索和两种语言的方言发展的大致面貌。这样从中外两种语言历史和方言两个范围内,用历时和共时的纵横座标结合,可以更加清楚看到汉语和缅甸语的历时异同和共时异同,再将两种语言的历时演变和在各个方言中的变化情况作比较研究,无疑将对研究两种语言的共性和特性、发展规律有所裨益。

在本表中列出的同源词(或"拟似同源词")后面大部分都有:汉字和缅文

字注释。汉字包括：

① 《说文解字》的释义（简称《说文》）或《说文》以外的字典的释义。
② 上古音的构拟（左上方有"*"标志，构拟以王力的上古音体系为主，有些词在上古音的构拟后面也列出郑张尚方的上古音的构拟，以作补充或参考。由于缅甸语的出现比汉语要晚得多，上古缅甸语的材料（缅文碑文）也不过相当于汉语的广韵时期的语音）因此，大部分语音接近汉语中古时期的语音，有些缅甸语音可能与郑张尚芳构拟的上古汉语语音相近，可能就是缅甸语中保留上古汉语时期的那一部分，对研究汉语更有价值。
③ 后面带圈的数字①②③④等表示声调类型。上古汉语中有无声调?有几个声调？尚有不同意见，此处暂按《汉字古今音》标注。
④ 中古音（简称"中"）。
⑤ 现代音（以汉语普通话为准，简称"现"）。
⑥ 汉语方言音，选择保留上古音较多的吴方言（简称"W"）、粤方言（简称"Y"）、闽南方言（简称"Mn"）。

缅文字包括：

① 缅文字的汉文释义及释义的来源。
② 缅语上古音构拟，以11世纪的碑文字为主的构拟音，个别语音构拟未定，暂用国际音标转写替代，简称"碑*"。
③ 缅语中古音，以《四译馆译语》注音为主，简称"四"。
④ 缅语现代音，以仰光话为标准音，简称"仰光"。
⑤ 缅甸语方言音，选择保留上古缅甸语音较多的土瓦方言（简称"T"）、茵达方言（简称"I"）、东友方言（简称"D"）。由于古今、方言中的声调变化较大，词条中不注声调。

许多同源词的后面还附有[美]P. K. 本尼迪克特、J. A. 马提索夫编的《汉藏语言概论》中的藏—缅—汉语词根的构拟和说明的摘录，以作参考。

通摄

1. 篷*boŋ①　（中）buŋ①　（现）phəŋ②　（方言音）W. boŋ② Y. phuŋ② Mn. phɔŋ②

缅字 ပေါင်:车、船上用的篷（《缅汉词典》527）碑*pɔŋ（仰光）paũ　（方言

音）T. pɔŋ /põ   D. pø̃   I. pɔŋ /põ

2. 芃《说文》：草盛也。*bəm①　（中）buŋ①　（现）phuŋ②　（方言音）Mn. phɔŋ②

   缅字 ဖွံ့ 兴旺、发达、丰满（《缅汉词典》606 页）碑*phwam?（仰光）phũ　（方言音）T. phũ   D. phũ   I. phwẽ

3. 朦 月色下不明；模糊、不清楚：*mɔŋ①moon?　（中）muŋ①　（现）məŋ②（方言音）W. mɔŋ②   Y. muŋ②   Mn. bɔŋ②

   缅字 မှုန် 模糊不清（《缅汉词典》741 页）မှောင် 昏暗（《缅汉词典》736 页）碑*hmun hmɔŋ（四）（仰光）hmoũ hmaũ　（方言音）T. hmoũ   D. moũ   I. hmoũ

4. 蒙 形容细雨。* mɔŋ①　（中）muŋ①　（现）məŋ②　（方言音）W. mɔŋ②、Y. muŋ②   Mn. bɔŋ②

   缅字 မှုန် 细雨绵绵（《缅汉词典》741 页）碑*hmun（四）（仰光）hmoũ　（方言音）T. hmoũ   D. moũ   I. hmoũ

5. 幪《说文》：盛器满貌。* mɔŋ①　（中）muŋ①　（现）məŋ②　（方言音）Y. muŋ②   Mn. bɔŋ②

   缅字 မို့မော့ 隆起（《缅汉词典》671 页）碑*miu mɔk（四）（仰光）mo mau?

6. 幪 古代称覆盖用的东西。* mɔŋ①　（中）muŋ①　（现）məŋ②　（方言音）Y. muŋ②   Mn. bɔŋ②

   缅字 အဖုံး 覆盖物（《缅汉词典》1122 页）碑*a phuum（四）（仰光）ə phoũ　（方言音）T. ə phaũ   D. ə phoũ   I. ə phoũ

7. 蒙《说文》：童蒙也。一曰：不明也。*mɔŋ①　（中）muŋ①　（现）məŋ②　（方言音）W. mɔŋ②   Mn. bɔŋ②

   缅字 မှုန် 模糊不清，（《缅汉词典》741 页）碑*hmun（四）（仰光）hmoũ　（方言音）T. hmoũ   D. moũ   I. hmoũ

8. 通《说文》：达也。*thɔŋ①　（中）thuŋ①　（现）thuŋ①　（方言音）W. thoŋ①, Y. thuŋ①, Mn. thɔŋ① thaŋ①

   缅字 ထွန်း 发达，ထွန်းပေါ် 产生（《缅汉词典》417 页）碑*thwan（四）（仰光）thũ　（方言音）T. thũ   D. thwẽ   I. thũ

9. 鬃 *tsɔŋ①*dzuuŋ（中）tsuŋ①　（现）tsuŋ①　（方言音）W. tsoŋ① Y. tsuŋ① Mn. tsɔŋ①

   缅字 ဆောင်းမွေ: 鬃毛（《缅汉词典》301 页）碑*zuuŋ mwii（四）（仰光）zaũ : mwe:

（方言音）T. zaũ　D. sõ　I. sɔ̃

10. 公《说文》：平分也。亦有美好之义。*koŋ①　（中）kuŋ①　（现）kuŋ①（方言音）W. koŋ①，Y. kuŋ①，Mn. kɔŋ① kaŋ①①

　　缅字 ကောင်း:好；多（《缅汉词典》30页）碑*kɔɔŋ（四）岗（仰光）kaũ：（方言音）T. kɔ̃　D. kõ　I. kɔ̃

11. 蚣《说文》：蚣蝑，以股鸣者。徐铉："今俗作古红切。以为蜈蚣虫名。"* koŋ①　（中）kuŋ①　（现）kuŋ①　（方言音）W. koŋ①，Y. kuŋ①，Mn. kɔŋ①kaŋ①

　　缅字 မင်း:蜈蚣（《缅汉词典》29页）碑*kaaŋ（四）梗器玛（仰光）kĩ：（方言音）T. kɛ̃　D. kaŋ　I. kɛ̃

12. 工《说文》：巧饰也。* kɔŋ①* klooŋ　（中）kuŋ①　（现）kuŋ①　（方言音）W. koŋ①Y. kuŋ①Mn. kɔŋ①kaŋ①

　　缅字 ကောင်း:（《缅汉词典》30页）碑*kɔɔŋ（四）岗拽（仰光）kaũ：（方言音）T. kɔ̃　D. kõ　I. kɔ̃

　　甲骨文中有"工"/* klooŋ/字，用法同"贡"/* klooŋs/，《尔雅·释诂》："贡，赐也。"同"赣"。见下条。

13. 赣《说文》：赐也。* kɔŋ①* klooms　（中）kuŋ①（现）kuŋ①　（方言音）W. koŋ①　Y. kuŋ①　Mn. kɔŋ①　kaŋ①

　　缅字 ခမ်း:分发（《缅汉词典》42页）碑*kaam（四）（仰光）kã　（方言音）T. kã　D. kõ　I. kã：

14. 贡《说文》：赐也。* kɔŋ①* klooŋs　（中）kuŋ①　（现）kuŋ①　（方言音）W. koŋ①　Y. kuŋ①　Mn. kɔŋ①　kaŋ①

　　缅字 ခမ်း:（《缅汉词典》42页）碑*kaam（四）（仰光）kã　（方言音）T. kã　D. kõ　I. kã

15. 空《说文》：窍也，孔也。* khɔŋ① * khlooŋ * khlooŋs（中）khuŋ①（现）khuŋ①　（方言音）W. khoŋ①Y. khuŋ① Mn. khɔŋ① khaŋ①

　　缅字 ခေါင်း:洞（《缅汉词典》110页）/အခေါင်းပွ/ 空心物（《缅汉词典》1055页）碑*khooŋ（四）（仰光）khaũ：（方言音）T. khɔ̃　D. khõ　I. khɔ̃

16. 烘《说文》：燎也。从火，共声。*hɔŋ①*qhooŋ　（中）huŋ①　（现）huŋ①（方言音）W. hoŋ①　Y. huŋ①　Mn. hɔŋ①　haŋ①

　　缅字 မင်း 烘（《缅汉词典》28页）碑*kaŋ（四）（仰光）kĩ　（方言音）T. kã　D.

kɛ̃　I. kɛ̃

白保罗构拟的藏缅语"烧、烤"的词根为长元音：*ka. ŋ（白保罗1972《汉藏语言概论》330节）

17. 鸿《说文》：鸿鹄。即天鹅。*ɣɔŋ① *ŋaal *graans　（中）ɣuŋ①　（现）huŋ②（方言音）W. fioŋ②　Y. huŋ②　Mn. hɔŋ②

缅字 ငန်း:天鹅（《缅汉词典》180页）碑*ŋaam（四）奄（仰光）ŋã　（方言音）T. ŋã　D. ŋɑĩ　I. ŋã

白保罗构拟的藏缅语"鹅"的词根为：*ka. ŋ，并认为是由*ŋa变化而来。（白保罗1972《汉藏语言概论》注284和注428）

18. 丰《说文》：豆之丰满者也。*phiuŋ①*phwam?　（中）phiuŋ①　（现）fəŋ①（方言音）W. foŋ①、Y. fum①Mn. hɔŋ①

缅字 ဖူ:丰满（《缅汉词典》606页）碑*phwam?（四）（仰光）phũ　（方言音）T. phũ　D. phuẽ　I. phwẽ

19. 梦《说文》：不明也。*miwəŋ①*mŭ ŋ*mŭ ŋs　（中）miuŋ①　（现）məŋ②（方言音）Mn. bɔŋ⑤baŋ⑤/bɔŋ②

缅字 မှိုင်:朦胧, 昏暗（《缅汉词典》737页）碑*miiuŋ（四）（仰光）hmaĩ:（方言音）T. hmaĩ　D. muɯŋ　I. hmeĩ

白保罗构拟的藏缅语"黑、暗"的词根为：*mu. ŋ，（白保罗1972《汉藏语言概论》362节），并指出它是muïk的一个同源异形词（白保罗1972《汉藏语言概论》357节）

20. 瞢《说文》：目不明也。*miwəŋ①*mŭ ŋ*mŭ ŋs　（中）miuŋ①　（现）məŋ②　（方言音）Mn. bɔŋ⑤baŋ⑤/bɔŋ②

缅字 မှိုင်:朦胧（《缅汉词典》737页）碑*miiuŋ（四）（仰光）hmaĩ:（方言音）T. hmaĩ　D. hmaĩ　muɯŋ　I. hmeĩ

21. 梦　做梦。*miwəŋ①*mŭ ŋs　（中）miuŋ①　（现）məŋ②　（方言音）Mn. bɔŋ⑤baŋ⑤/bɔŋ②

缅字 မက် 做梦（《缅汉词典》675页）碑*mak（四）（仰光）mɛʔ　（方言音）
白保罗构拟的藏缅语"梦"的词根为：*maŋ,（白保罗1972《汉藏语言概论》82节），

22. 忡《说文》：迟重。*thiuŋ①　（中）thiuŋ①　（现）tʂuŋ①　（方言音）Y. tʃhuŋ①　Mn. thiɔŋ①

缅字 ထိုင်း:迟钝/တုံး:钝，迟钝（《缅汉词典》29/358 页）碑*thiuŋ /tum（四）（仰光）thaĩ /toũ （方言音）T. thaĩ D. thuŋ I. theĩ

23. 终 *ȶiuŋ① kljuŋ（中）tɕiuŋ①（现）tʂuŋ①（方言音）W. tsoŋ① Y. tʃu① Mn. tsiɔŋ①

  缅字 တစ်စုံးဆုံး:碑*tum / tshum（四）（仰光）toũ / shoũ （方言音）T. shaũ D. shoũ I. shoũ

24. 螽 *ȶiuŋ①*kljǔ ŋ （中）tɕiuŋ①（现）tʂuŋ①（方言音）Y. tʃuŋ① Mn. tsiɔ①

  缅字 ကျိုင်း:蝗虫（《缅汉词典》58 页）碑*kliuŋ（四）（仰光）tɕaĩ （方言音）T. tɕeĩ D. kluŋ I. tɕeĩ

25. 弓《说文》：以近穷远（的武器）。象形。*kiwən①*kwǔ ŋ（中）kiuŋ①（现）kuŋ①（方言音）W. koŋ① Y. kuŋ① Mn. kiɔŋ①

  缅字 ကိုင်း:弯形物；弯曲（《缅汉词典》32 页）碑*kiiuŋ（四）（仰光）kaĩ （方言音）T. kaĩ D. kuŋ I. keĩ

26. 躬《说文》：身也。从身，或从弓。*kiuŋ①*kǔ ŋ （中）kiuŋ①（现）kuŋ①（方言音）W. koŋ①，Y. kuŋ①，Mn. kiɔŋ①

  缅字 ကောင်:动物的躯体（《缅汉词典》30 页）/အကောင် 尸体（《缅汉词典》1038 页）碑*koŋ（四）（仰光）kaũ / ə kaũ （方言音）T. kõ D. kɒ̃ I. kõ

  "躬" 还有 "弯曲身子" 之义，与缅语的 "ကိုင်း/kiiuŋ/" 对应。

27. 宫《说文》：室也。*kiuŋ①*kǔ ŋ （中）kiuŋ①（现）kuŋ①（方言音）W. koŋ① Y. kuŋ① Mn. kiɔŋ① kiŋ①

  缅字 ကွန်း:行宫、神龛（《缅汉词典》84 页）碑*kwaan（四）（仰光）kũ

28. 穷《说文》：穷也。穷：极。*khiwən① （中）khiuŋ①（现）tɕhyŋ② （方言音）W. tɕhioŋ① Y. khuŋ② Mn. kiɔŋ①

  缅字 ကုန် 穷尽，终结（《缅汉词典》37 页）碑*kun（四）（仰光）koũ （方言音）T. kaũ D. kuẽ I. koũ

29. 熊《说文》：兽。似豕，山居，冬蛰。*ɣiwən①* ɢǔ m （中）ɣiuŋ①（现）ɕyŋ② （方言音）W. jioŋ② Y. huŋ② Mn. hiɔŋ② him②

  缅字 ဝံ 熊（《缅汉词典》934 页）碑*wam（四）弯（仰光）wũ （方言音）T. wũ D. wɒ̃ I. wũ

30. 冬《说文》：四时尽也。*tuŋ①*ktuuŋ （中）tuoŋ① （现）tuŋ① （方言音）W. toŋ① Y. tuŋ① Mn. tɔŋ①
    缅字 ဆောင်း冬季（《缅汉词典》282页）碑*tshuŋ（四）昌（仰光）shaũ （方言音）T. shɔ̃ D. shɔ̃ I. shɔ̃
    《白狼歌》中有"冬多霜雪"句，注上古缅音时用汉字"综邪流藩"。郑张尚芳认为此处的"综"/*tsuŋh/就是缅语的"ဆောင်း"/*tshɔɔŋ/音，与汉语的"冬"/*ktuuŋ/相对应。

31. 侬 *nuŋ① （中）nuoŋ① （现）nuŋ② （方言音）W. noŋ② Y. nuŋ② Mn. lɔŋ②
    缅字 နင် 你（《缅汉词典》460页）碑*naŋ（四）曩（仰光）nĩ （方言音）T. nã D. nẽ I. nẽ

32. 封《周礼·封人》注：聚土曰封。*pĭ woŋ①*pŏ m>*pŏ ŋ （中）pĭ woŋ① （现）fəŋ① （方言音）W. foŋ① Y. fuŋ① Mn. hɔŋ①
    缅字 ပုံ 堆、堆积（《缅汉词典》514页）碑*pum（四）（仰光）poũ （方言音）T. paũ D. poũ I. poũ

33. 松 *zĭ woŋ① （中）zĭ woŋ① （现）suŋ①（方言音）W. soŋ① Y. tʃhuŋ② Mn. siɔŋ②tsiŋ②
    缅字 ချောင်း 宽敞；松动（《缅汉词典》127页）碑*khlɔŋ（四）（仰光）tɕhaũ （方言音）T. khlɔ̃ D. khrɔ̃ I. khlɔ̃

34. 春《说文》：捣粟也。*ɕĭ woŋ① （中）ɕĭ woŋ① （现）tʂhuŋ① （方言音）W. soŋ① Y. tʃuŋ① Mn. tsiɔŋ① tsiŋ①
    缅字 ဆောင်း春米（《缅汉词典》405页）碑*thɔch（四）（仰光）thaũ （方言音）T. thɔ̃ /thɔŋ D. thɔ̃ I. thɔ̃

35. 拥《说文》：肿也。 （现）yŋ① （方言音）W. ioŋ③ Y. juŋ③ Mn. iɔŋ③
    缅字 ရံ 簇拥、包围（《缅汉词典》793页）碑*ram（四）（仰光）jã （方言音）T. jã D. jɔ̃ I. jã

36. 臃肿 *iwoŋ① （中）iwoŋ① （现）yŋ① （方言音）W. ioŋ① Y. juŋ③ Mn. iɔŋ①
    缅字 ရောင် 肿（《缅汉词典》803页）碑*rɔŋ（四）（仰）jaũ （方言音）T. jɔ̃ D. jɔ̃ I. jɔ̃

37. 痛《说文》：病也。*thoŋ③（中）thuŋ③ （现）thuŋ④（方言音）W. thoŋ④,

Y. thuŋ⑤　Mn. thɔŋ④　thaŋ④

缅字 ထောင်း:折磨（《缅汉词典》405 页）碑*thɔŋ（四）（仰光）thaũ　（方言音）T. thɔ̃　D. thɔ̃　I. thɔ̃

"痛"还有"疼痛"之义。与缅语的"ထုံကျင် 麻木、疼痛/thumˌklaŋ/"（《缅汉词典》399/57 页）相对应。

38. 洞 *dɔŋ③　（中）duŋ③　（现）tuŋ④　（方言音）W. doŋ④　Y. tuŋ⑥　Mn. tɔŋ⑤　taŋ⑤

    缅字 တွင်း:洞（《缅汉词典》386 页）碑*twaŋ（仰光）twĩ　（方言音）T. twã　D. twẽ　I. twẽ

39. 桶《说文》：木方器也，受十六升。*thoŋ②*khïlooŋʔ　（中）thuŋ②　（现）thuŋ③　（方言音）W. doŋ⑤　Y. thuŋ③　Mn. thɔŋ③

    缅字 ခေါင်း/ချောင်း 铁桶（《缅汉词典》127 页）碑*khɔŋ / khlɔŋ（四）（仰光）khaũ /tɕhaũ　（方言音）T. khɔ̃ /khlɔ̃　D. khɔ̃　I. khɔ̃ / khlɔ̃

40. 孔《说文》：通也。* khɔŋ②* khooŋʔ　（中）khuŋ②　（现）khuŋ③　（方言音）W. khoŋ③　Y. huŋ③　Mn. khɔŋ③

    缅字 ခေါင်း:树洞（《缅汉词典》110 页）碑*khɔŋ（四）（仰光）khaũ　（方言音）T. khɔ̃　D. khɔ̃　I. khɔ̃

41. 孔 美好之义：* khɔŋ②* khooŋʔ　（中）khuŋ②　（现）khuŋ③　（方言音）W. khoŋ③　Y. huŋ③　Mn. khɔŋ③

    缅字 ကောင်း:（《缅汉词典》30 页）碑*kɔŋ（四）（仰光）kaũ　（方言音）T. kɔ̃　D. kɔ̃　I. kɔ̃

42. 空《说文》：窍也。* khɔŋ②* khlooŋ* khlooŋs　（中）khuŋ②　（现）khuŋ③　（方言音）W. khoŋ③　Y. huŋ　③　Mn. khɔŋ③

    缅字 ခေါင်း:树洞（《缅汉词典》110 页）碑*khooŋ（仰光）khaũ　（方言音）T. khɔ̃　D. khɔ̃　I. khɔ̃

43. 众《说文》：多也。*tɕ̓i uŋ③　（中）tɕi uŋ③　（现）tʂuŋ④　（方言音）W. tsoŋ④　Y. tʃuŋ⑤　Mn. tsiɔŋ④　tsiŋ④

    缅字 စု（《缅汉词典》223 页）碑*tsum（四）（仰光）soũ　（方言音）T. sɑu　D. soũ　I. soũ

44. 统《说文》：纪也。指丝的头绪。*thuŋ③　（中）thuoŋ③　（现）thuŋ③　（方言音）W. thoŋ③　Y. thuŋ③　Mn. thɔŋ③　thaŋ③

缅字 ဢွင် 捋（《缅汉词典》416 页）碑*thwaŋ（四）（仰光）thwĩ　（方言音）T. thwaŋ　D. thwẽ　I. thwẽ

45. 恐《说文》：惧也。*kʰĭ woŋ③　（中）kʰĭ woŋ③　（现）　（方言音）Mn. khiɔŋ

缅字 ကြောက်（《缅汉词典》73 页）碑*krɔk（四）（仰光）tɕauʔ　（方言音）T. tɕɔʔ　D. krøʔ　I. tɕɔʔ

46. 簇《说文》：利也。《段注》："今用为矢锋之族。"*tshɔk④　（中）tshuk④　（现）tshu④　（方言音）Y. tʃhuk⑦　Mn. tshɔk

缅字 ဆောက် 凿子（《缅汉词典》274 页）碑*tshɔk（四）（仰光）shauʔ　（方言音）T. shɔʔ　D. shøʔ　I. shɔʔ

47. 族《说文》：矢锋也。束之族族也。*dzɔk④　（中）dzuk④　（现）tsu②　（方言音）W. zoh⑦　Y. tʃuk⑨　Mn. tsɔk⑦

缅字 ဆောက် 凿子（《缅汉词典》274 页）碑*tshɔk（四）（仰光）shauʔ　（方言音）T. shøʔ　D. shɔʔ　I. shɔʔ

48. 谷《说文》：续也。百谷之总称。*kɔk④　（中）kuk④　（现）ku③　（方言音）W. koh⑥　Y. kuk⑦　Mn. kɔk⑥　kak⑥

缅字 ကောက်（《缅汉词典》26 页）碑*kɔk（四）乍把（仰光）kauʔ　（方言音）T. kɔʔ　D. køʔ　I. kɔʔ

49. 谷《说文》：泉出通川为谷。*kɔk④ *kirook　（中）kuk④　（现）ku③　（方言音）W. koh⑥　Y. kuk⑦　Mn. kɔk⑥

缅字 ချောက် 山谷、深渊/ချောက် 山谷、陷阱（《缅汉词典》125/126 页）碑*khlɔk（四）（仰光）dʑauʔ　（方言音）T. khlɔʔ　D. khrøʔ　I. khlɔʔ

白保罗构拟的藏缅语"谷"的词根为：*grok（白保罗 1972《汉藏语言概论》122 节），与缅字 ချောက် 山谷、深渊/ချောက် 山谷、陷阱对应的汉语的同族词还有"渎"*gilook、"沟"*koo、"浍"*kloops 潘悟云《汉藏语历史比较中的几个声母问题》1987 及"窦"*gilooks 黄树先《汉缅语比较研究》P.P212

50. 哭《说文》：哀声也。*khok④ *ŋook　（中）khuk④　（现）khu①　（方言音）W. khoh⑥　Y. huk⑦　Mn. khɔk⑥　khau④

缅字 ငို 哭（《缅汉词典》117 页）碑*ŋo（转写 ŋuiw）（四）偶（仰光）ŋo　（方言音）T. ŋo　D. ŋɯ　I. ŋo

缅语的"ငို"还可与汉语的"嗷/*ŋoow/"对应,都是"o"元音，并都有"w"

尾。

51. 腹 有三个主要意思：一、腹，二、抱，三、生育。*pĭuk④*pŭk （中）pĭuk④ （现）fu④ （方言音）W. foh⑥ Y. puk⑦ Mn. hɔk⑥ pak⑥
缅字ဗိုက် 腹；抱（《缅汉词典》521 页）/နို့ 腹部；怀孕（《缅汉词典》615 页）碑*piuk（四）（仰光）baɪʔ （方言音）T. paɪʔ D. pɒuʔ I. paɪʔ
白保罗构拟的藏缅语"肚子"的词根为：*puĭk～buk（白保罗 1972《汉藏语言概论》358 节）

52. 伏《说文》：司也。今伺字。伺候。*biwək④ （中）biuk④ （现）fu② （方言音）W. voh⑦ Y. fuk⑦ puk⑦ Mn. hɔk⑦
缅字ဝပ် 伏（《缅汉词典》943 页）碑*wap（四）（仰光）wuʔ （方言音）T. wuʔ D. wuʔ I. wuʔ

53. 目《说文》：人眼也。*miuk④*mŭk （中）miuk④ （现）mu④ （方言音）W. moh⑦ Y. muk⑨ Mn. bɔk⑦ bak⑦
缅字မျက် 目（合），眼；（竹、木等的）节子、节疤（《缅汉词典》698 页）碑*mlak（四）（仰光）mjɛʔ （方言音）T. mjaʔ D. mjaʔ I. mjɛˀʔ

54. 六 *liuk④*gilŭs （中）liuk④ （现）liəu④lu④ （方言音）W. loh⑦ Y. luk⑨ Mn. liɔk⑦ lak⑦
缅字ခြောက် 六（《缅汉词典》142 页）碑*khrɔk（四）克老（仰光）tɕhauʔ （方言音）T. khløʔ D. tɕhɔʔ I. tɕhɔʔ
白保罗构拟的藏缅语"六"的词根为：*d-rug（白保罗 1972《汉藏语言概论》42 节）

55. 筑《说文》：*ȶiuk④*ktŭk （中）ȶiuk④ （现）tʂu④ （方言音）W. tsoh⑥ Y. tʃuk⑦ Mn. tiɔk⑥
缅字ဆောက် 建造、筑（《缅汉词典》页）碑*tshuk（四）（仰光）shauʔ （方言音）T. shøʔ D. shøʔ I. shɔʔ

56. 蹙*tʃiuk④ （中）tʃiuk④ （现）tshu④ （方言音）Y. tʃhuk⑦ Mn. tsiɔk⑥
缅字ကြုတ် 皱眉（《缅汉词典》78 页）碑*krut（四）（仰光）tɕouʔ

57. 夙《古汉语常用辞典》：早晨。*siuk④*sŭk （中）siuk④ （现）su④ （方言音）W. soh⑥ Y. ʃuk⑦ Mn. siɔk⑥
缅字သောက် 天亮（《缅汉词典》995 页）碑*sɔk/suk（四）某骚（仰光）tθauʔ （方言音）T. tθɔʔ D. shøʔ I. tθɔʔ

在缅语碑文时期，元音符号"ေ◌ာ"有两种发音，一为"u"，一为"ɔ"，什么条件下读"u"什么条件下读"ɔ"现在很难一言以蔽之。根据上古汉语的有关语音，倒是可以作一些参考。有些学者得出的结论，可能是受到转写的误导。如：认为缅文的"ခြောက် 六/khlɔk/"是由古音"*khruk"演变而来。其实，这两个字都是"ခြောက်"的不同转写。khrauk<*khruk（见黄树先《缅汉语比较研究》199页），可能"khrauk"为笔误，或者是个别学者的一种转写，一般的转写成"khrawk"（用国际音标转写为khrɔk 或khruk），还有一些学者写成另一种转写"khruk"。因此，应该是 khrauk ＝ *khruk，而不应该是：khrauk<*khruk。

58. 菽/朮《说文》：朮,豆也。*ɕiuk④hnjuiwk （中）ɕiuk④ （现）ʂu① （方言音）Y. ʃuk⑨ Mn. siɔk⑥
    缅字 တိုနောက် 大豆。词义（《缅汉词典》354 页）碑*to nɔk（四）（仰光）to nauʔ

59. 熟《简明古汉语常用字字典》：1. 食物加热到可吃的程度。2. 熟练。*ʑĭuk④ （中）ʑĭuk④ （现） ʂu② ʂəu② （方言音）W. zoh⑦ Y. ʃuk⑨ Mn. siɔk⑦ sik⑦
    缅字 ကျက် 词义（饭、菜、食物等）熟；熟悉、熟记（《缅汉词典》53 页）碑*klak（四）假必（仰光）tɕɛʔ （方言音）T. sɪ D. tɕaʔ I. tɕɛʔ
    白保罗构拟的藏缅语"熟"的词根为：*klak（白保罗1972《汉藏语言概论》134 节）

60. 塾《简明古汉语常用字字典》：门外两侧的房屋。*ʑĭuk④*djŭ wk （中）ʑĭuk④ （现） ʂu② （方言音）W. zoh⑦ Y. ʃuk⑨ Mn. siɔk⑦
    缅字 တိုက် 砖房、楼房、建筑物（《缅汉词典》362 页）碑*tiuk（四）搭（仰光）taɪʔ （方言音）T. taɪʔ D. tɒʊʔ I. taɪʔ

61. 蹴 踢 *tsĭuk④ （中）kĭuk④ （现）tshu④ （方言音）*tsãuk⑥
    缅字 ကျောက် 踢《缅汉词典》53 页）碑*kluk（四）缴（仰光）tɕauʔ （方言音）T. tɕɔʔ D. tɕøʔ I. tɕɔʔ

62. 督《说文》：察也。*tăuk④ （中古）tuok④ （现）tu④ （方言音）W. toʔ⑥ Y. tuk⑦ Mn. tɔk⑥
    缅字 ကျောက် 监督（《缅汉词典》78页）碑*krap（仰光）tɕaʔ （方言音）T. klaʔ D. kraʔ I. klaʔ

63. 仆《说文》：给事者。即供役使的人。*bɔk④ （中）buok④ （现）phu②

（方言音）W. Y. puk⑨　Mn. phɔk⑥phɔk⑦

缅字 သားပေါ် 奴仆（《缅汉词典》967 页）碑*saa pok（四）涩保（仰光）tθa pauʔ

64. 笃《说文》：马行顿迟。*tuk④*ktuuk　（中）tuok④　（现）tu③　（方言音）W. toh⑥　Y. tuk⑦　Mn. tɔk⑥

缅字 ထု 厚度（《缅汉词典》393 页）碑*thuʔ（四）（仰光）duꞌ　（方言音）T. thu　D. thu　I. thu

白保罗构拟的藏缅语"厚"的词根为：*tow（白保罗 1972《汉藏语言概论》319 节）和*tuïk（白保罗 1972《汉藏语言概论》356 节）

65. 毒《简明古汉语常用字字典》：毒物；毒害*duk④*duug˂l' uug　（中）duok④　（现）tu②（方言音）W. doh⑦　Y. tuk⑨　Mn. tɔk⑦　tak⑦

缅字 ေတာက် 中毒（《缅汉词典》360 页）碑*tuk（四）（仰光）tauʔ　（方言音）T. tɔʔ　D. tø?　I. tɔꞌʔ

白保罗构拟的藏缅语"毒"的词根为：*tuk ～*duk（白保罗 1972《汉藏语言概论》472 节）

66. 梏《说文》：手械也。束缚手的刑具。*kuk④　（中）kuok④　（现）ku④　（方言音）Y. kuk⑦　Mn. kɔk⑥

缅字 လက်ေကာက် 手镯、象腿上的饰物（《缅汉词典》869 页）碑*lak kuk（四）（仰光）lɛʔ kauʔ　（方言音）T. laʔ kɔʔ　D. laʔ kø　I. lɛʔ kɔʔ

67. 促《说文》：迫也。*tshĭ wok④　（中）tshĭ wok④　（现）tshu④　（方言音）W. tshoh⑥　Y. tʃhuk⑦　Mn. tshiɔk⑥　tshik⑥

缅字 ေဆာ် 激起，促使（《缅汉词典》269 页）碑*tshɔɔ（四）（仰光）shɔ　（方言音）T. shɔ　D. shɔ　I. shɔ

68. 粟《简明古汉语常用字字典》：谷子，去壳后称小米。*siwok④　（中）siwok④　（现）su④　（方言音）W. soh⑥　Y. ʃuk⑦　Mn. siɔk⑥

缅字 ဆန် 小米、粟（《缅汉词典》289 页）碑*tshap（四）（仰光）shaʔ　（方言音）T. shaʔ　D. shɔʔ　I. shaʔ

69. 栗《说文》：*siwok④　（中）siwok④　（现）su④　（方言音）W. soh⑥　Y. ʃuk⑦　Mn. siɔk⑥

缅字 ဆတ် 颤栗、颤栗（《缅汉词典》285 页）碑*tshat（四）（仰光）shaʔ　（方言音）T. shai?　D. shɔʔ　I. shaʔ

70. 续《说文》：连也。*ziwok④　（中）ziwok④　（现）çy④　（方言音）

W. zoh⑦　Y. tʃuk⑨　Mn. siɔk⑦

缅字 ဆက် 接、续（《缅汉词典》274 页）碑*tshɑk（四）（仰光）shɛʔ　（方言音）T. shɑʔ　D. shɒʔ　I. shɛʔ

71. 触《说文》：抵也。*tʰiwɔk④　（中）tshiwok④　（现）tʂhu④　（方言音）W. tshoh⑥　Y. tʃuʃ⑦　tʃuk⑦　Mn. tshiɔk⑥

    缅字 ထိပ်နှင့် 触，顶（《缅汉词典》947/147 页）碑*hwiʔ/ khwiʔ（四）（仰光）hwe/khwe

72. 束《说文》：缚也。*ɕiwɔk④　（中）ɕiwok④　（现）ʂu④　（方言音）W. soh⑥　Y. tʃhuk⑦　Mn. sɔk⑥

    缅字 စု 集中，聚集（《缅汉词典》214 页）碑*tsuʔ（四）（仰光）su　（方言音）T. su　D. su　I. su

73. 曲《说文》：象器曲受物之形。《段注》："引申之为凡委曲之称。"*khiwɔk④ *khŏ k　（中）khiwok④　（现）tɕhy①tɕhy③　（方言音）W. tɕhiok⑥　Y. khuk⑦　Mn. khiɔk⑥　khik⑥

    缅字 ကောက် 弯，弯曲（《缅汉词典》26 页）碑*kɔk（四）各（仰光）kauʔ　（方言音）T. kɔʔ　D. kø?　I. kɔʔ

74. 谷《说文》：泉出通川为谷。*ɣiwɔk④*ɣiwok　（中）ji wok④（现）y④　（方言音）Y. juk⑨　Mn. iɔk⑦

    缅字 ချောက် 山谷，深渊（《缅汉词典》125 页）碑*khlɔk（四）（仰光）dʑauʔ　（方言音）T. khlɔʔ　D. khlø?　I. khlɔʔ

江摄

75. 邦《说文》：国也。*peoŋ① *prooŋ　（中）pɔŋ①　（现）paŋ①　（方言音）W. pɒŋ①　Y. pɔŋ①　Mn. paŋ①

    缅字 ပြည် 国（《缅汉词典》564 页）碑*praŋ（四）(仰光) pji　（方言音）T. pje　D. pjɛ　I. pje

76. 撞《说文》：疾捣也。迅捷而捣。* deoŋ①　（中）dɔŋ①　（现）tsuaŋ④　（方言音）Mn. taŋ②　taŋ⑤

    缅字 ထောင်း 捣（《缅汉词典》405 页）碑*thoŋ（四）（仰光）thaũ　（方言音）T. thoŋ　D. thø　I. thoŋ

77. 双《说文》：隹二枚也。徐灏《段注笺》："从又持二隹会意，引申为凡物两两相对之称。"*ʃeoŋ①　（中）ʃɔŋ①　（现）ʂuaŋ①　（方言音）W. sɒŋ①　Y.

ʃœŋ① Mn. sɔŋ①

缅字 ္ 双、对（《缅汉词典》128 页）碑*tsum（四）（仰光）soũ　（方言音）T. soũ　D. soũ　I. soũ

78. 江*keɔŋ①*krooŋ　（中）kɔŋ①　（现）tɕiaŋ①　（方言音）W. kɒŋ①　Y. kɔŋ①　Mn. kaŋ①

缅字 ေချာင်း:小溪、河（《缅汉词典》127 页）碑*khlɔɔŋ（四）腔（仰光）tɕhaũ：（方言音）T. khlɔ̃　D. khlø̃　I. khrɔ̃

白保罗构拟的藏缅语"江、河谷"的词根为：*kluïŋ（白保罗 1972《汉藏语言概论》127 节）

79. 肛*keɔŋ①　（中）kɔŋ①　（现）kaŋ①　（方言音）W. kɒŋ①　Y. kɔŋ①　Mn. kaŋ①

缅字 ပင်ခေါင်း:肛门（《缅汉词典》页）碑*phaŋ khɔɔŋ（仰光）phjĩ gaũ：（方言音）T. khɔŋ:　D. khɔ̃　I. khɔŋ:

80. 缸《说文》：瓦也。（现）kaŋ①klaaŋ　（方言音）W. kɒŋ①　Y. kɔŋ①　Mn. kaŋ①kŋ①

缅字 အိုး 一种陶盒（《缅汉词典》1200 页）碑*aŋ（四）谙（仰光）ĩ　（方言音）T. aŋ　D. ã　I. ã

81. 盎《说文》：*aaŋs　（现）aŋ①　（方言音）W. ɒŋ①　Y. ɔŋ①　Mn. aŋ①

缅字 အင်း:陶盆（《缅汉词典》1201 页）碑*aŋ kii（四）谙几（仰光）ĩ tɕi:（方言音）T. aŋ　D. ã　I. ã

82. 姅《说文》：女人污也。*ban*paans

缅字 ပန်း:月经（《缅汉词典》537 页）碑*pan（四）（仰光）pã　（方言音）T. pã　D. paĩ　I. pã

83. 胖　古无以胖为肥胖字者……，古无轻唇音，读肪为滂，即胖音也。后人失其义，乃借胖为之。（现）phaŋ④　（方言音）W. phɔŋ④　Y. pun⑥　Mn. phaŋ④

缅字 ေပါင်း:鼓起、隆起（《缅汉词典》589 页）碑*phuuŋ（仰光）phaũ：（方言音）T. phɔŋ　D. phøŋ　I. phɔŋ

84. 降《说文》：下也。*keuŋ③*gruum*kruums　（中）kɔŋ③　（现）tɕiaŋ④　（方言音）W. kɒŋ④　Y. kɔŋ⑤　Mn. kaŋ④

缅字 ကျ 陷下、陷（《缅汉词典》86 页）碑*kjwam（仰光）tɕũ　（方言音）

T. tɕũ D. tɕwẽ I. tɕwũ

85. 巷《说文》：里中道也。方言中也用"弄"。*ɣeoŋ③ *grooŋs （中）ɣoŋ③ （现）ɕiaŋ④ （方言音） W. ɦʋŋ⑤ Y. hoŋ⑥ Mn. haŋ⑤
缅字 ကြောင်း：(合) 路、路途（《缅汉词典》76 页）碑 *krɔŋ（仰光）tɕaũ （方言音） T. tɕɔ̃ D. tɕøŋ I. tɕɔ̃

86. 驳《说文》：毛色不纯。*peauk④ *praawk （中）pok① （现）po② （方言音） W. poh⑥ Y. pok⑧ Mn. haŋ⑤
缅字 ပြောက် 斑点（《缅汉词典》559 页）碑 *prɔk（仰光）pjauʔ （方言音） T. pjɔʔ D. pjøʔ I. pjɔʔ

87. 啄《说文》：鸟食也。*teok④ （中）ʈɔk④ （现）tʂuo② （方言音） W. tsoh⑥ Y. tœk⑧ Mn. tok⑥ teh⑥
缅字 ထောက် 啄食（《缅汉词典》360 页）碑 *tɔk（四）（仰光）tauʔ （方言音） T. tɔʔ D. tøʔ I. tɔʔ

88. 涿《说文》：流下滴也。*teok④ （中）ʈɔk④ （现）tʂuo① （方言音） W. tsoh⑥ Y. tœk⑧ Mn. tok⑥
缅字 ထောက် 滴（《缅汉词典》350 页）碑 *tɔk（仰光）tauʔ④ （方言音）T. tɔʔ D. tøʔ I. tɔʔ

89. 浊 *deok④ （中）ɖɔk④ （现）tʂuo② （方言音） W. zoh ⑦Y. tʃuk⑨ Mn. tsɔk⑦ tak⑦
缅字 နောက် 浑浊（《缅汉词典》457 页）碑 *nɔk（四）（仰光）nauʔ （方言音） T. nɔʔ D. nøʔ I. nɔʔ

90. 角《说文》：兽角也。*keok④ （中）kɔk④ （现）tɕye② tɕiau③ （方言音） W. koh⑥ tɕioh⑥ Y. kɔk⑧ Mn. kak⑥
缅字 ချို 角（《缅汉词典》122 页）碑 *khliu（四）克路（仰光）dʑo （方言音） T. tɕo D. khro tɕo I. ɕo

91. 岳 王筠《释例》："凹其上者，岳为大山，大则丘壑必多。" *ŋeok④ （中）ŋɔk④ （现）ye④ （方言音） W. ŋoh⑦ Y. ŋok⑨ Mn. ŋak⑦
缅字 ငေါက် 矗立（《缅汉词典》179 页）碑 *ŋɔk（仰光）ŋauʔ （方言音）T. ŋɔʔ D. ŋøʔ I. ŋɔʔ

止摄

92. 裨《说文》：接益也。*bie① *pě （中）bie① （现）phi② （方言音）

Y. phei②　Mn. phi②　pi②

缅字 ေး:给（《缅汉词典》594 页）碑*pii（四）（仰光）pe:　（方言音）T. pe　D. pe　I. pe

93. 俾《尔雅·释诂》："俾，使也。" *bie①*pě　（中）bie①　（现）phi②　（方言音）Y. phei②　Mn. phi②　pi②

缅字 ေး:使之（《缅汉词典》594 页）碑*pii（四）（仰光）pe:　（方言音）T. pe　D. pe　I. pe

94. 疲《说文》：劳也。*biai①*brǎ l　（中）bie①　（现）phi②　（方言音）bi②　Y. phei②　Mn. phi②

缅字 ပန်း:/ပါ:疲乏；疲倦（《缅汉词典》537,578 页）碑*paan/phaa（四）（仰光）pã: /pha:　（方言音）T. pɑ̃　pha　D. pɑ̃　pha　I. pɑ̃　pha

白保罗构拟的藏缅语"疲劳"的词根为：*bal（白保罗 1972《汉藏语言概论》29 节）

95. 糜《说文》：糁也。《尔雅·释言》："粥之稠者曰糜。" *miai①　（中）mie①　（现）mi②　（方言音）W. mi②　Y. mei②　Mn. bi②　be②

缅字 မြည်း烂熟（《缅汉词典》727 页）碑*mre?（仰光）mjiˈ　（方言音）T. mle　D. mle　I. mle

96. 知《说文》：词也。词，当以《玉篇》作"识"。*ȶi e①　（中）ȶi e①　（现）tʂʅ①　（方言音）W. tsʅ①　Y. tʃi①　Mn. ti①

缅字 သိ 知道、认识（《缅汉词典》969 页）碑*si?（仰光）tθi　（方言音）T. tθi　D. shi　I. shiˈ

97. 驰《说文》：大驱也。《段注》："驰亦驱也。较大而疾。" *ȡi ai①　（中）ȡi e①　（现）tʂʰʅ②　（方言音）W. zʅ　Y. tʃhi②　Mn. ti②

缅字 နှင်:驰骋（《缅汉词典》232 页）碑*tsooŋ（仰光）sãi:　（方言音）T. sãi　D. sɯŋ　I. sẽi

98. 疵《说文》：病也。*dzie①　（中）dzie①　（现）tshʅ①　（方言音）W. tshʅ①　Y. tʃhy①　Mn. tshu①

缅字 အဆာအနာ 瑕疵（《缅汉词典》1079 页）碑*a tshaa（四）（仰光）ə sha　（方言音）T. a sha　D. a sha　I. a sha

99. 澌《说文》：水索也。引申凡物竭尽曰澌。*sie①*sqě　（中）sie①　（现）sʅ①　（方言音）W. sʅ①

缅字 ေ 消除（《缅汉词典》49 页）碑*klii（四）（仰光）tɕe　（方言音）T. kle　D. kle　I. kre

100. 嘶《说文》：*sie①*sqě　（中）sie①　（现）sɿ①　（方言音）W. sɿ①

缅字 ြေ：（《缅汉词典》89 页）碑*krwii（四）（仰光）tɕwe　（方言音）T. klw　D. klwe　I. krwe

白保罗构拟的藏缅语"叫"的词根为：*d-kiy（白保罗 1972《汉藏语言概论》54 节）

101. 差《说文》：贰也。差不相值也。*tʃhiai①　（中）tʃhie①　（现）tshɿ①　（方言音）W. tshɿ①　Y. tʃhi①　Mn. tshu①

缅字 ချ（《缅汉词典》118 页）碑*khlɑ（四）(仰光)tɕhɑ　（方言音）T. khlɑ　D. khlɑ　I. khrɑ

102. 支《说文》：去竹之枝也。*ȶie①　（中）tɕie①　（现）tʂɿ①　（方言音）W. tsɿ①　Y. tʃi①　Mn. tsi①　ki①

缅字 အခက် 树枝（《缅汉词典》1054 页）碑*a khak（四）(仰光)akhɛʔ　（方言音）T. a khaʔ　D. a khaʔ　I. a khaʔ

103. 支 汉语中支与债同族。*ȶie①*kjě　（中）tɕie①　（现）tʂɿ①　（方言音）Y. tʃi①　Mn. tsi①

缅字 ချေ 支付（《缅汉词典》119 页）ချေး 借（《缅汉词典》120 页）碑*khle*khlee（四）（仰光）tɕhi / tɕhi:　（方言音）T. khle　D. khle　I. khle

白保罗构拟的藏缅语词根*kaïk（白保罗 1972《汉藏语言概论》30 节）：塞音组重要的对立是清、浊的对立。缅甸语同藏语不一样，在原始的前缀 s- 和 r- 后面有送气的清塞音。如：藏语skyi - ba，缅语khye/tɕhe: /(都指不能归还原物的借)

104. 枝 *ȶie①*kjě　（中）tɕie①　（现）tʂɿ①　（方言音）W. tsɿ①　Y. tʃi①　Mn. tsi①

缅字 အကိုင်းအခက် 树枝、树杈（《缅汉词典》1039 页）碑* a khak（四）阿柯（仰光）akhɛʔ　（方言音）T. a khaʔ　D. a khaʔ　I. a khɛʔ

白保罗构拟的藏缅语词根*kaïk（白保罗 1972《汉藏语言概论》327 节。原始缅－倮倮语还有一个喉化音的词根：ʔkak＜ʔəkak因此缅语的a-是一个最初的前缀同词根融合后再加上去的前缀（JAM））

105. 肢《说文》：体四肢也。*ɬie①　（中）tɕie①　（现）tʂɿ①　（方言音）W. tsʮ①　Y. tʃi①　Mn. tsi ①

    缅字 ခြေလက် 四肢（《缅汉词典》140 页）碑*khri lak（四）（仰光）tɕhe lɛʔ（方言音）T. khi laʔ　D. khri laʔ　I. khri laʔ

106. 奇《说文》：异也。*g̊iai①　（中）g̊ie①　（现）tɕhi②　（方言音）W. tɕi②　Y. khei②　Mn. ki②

    缅字 အံ့ခ：赞叹（《缅汉词典》1196 页）碑*amʔ khi（四）（仰光）ã tɕhi（方言音）T. ã　khi　D. ð̃　khli　I. ã　khri

107. 移《说文》：禾相倚移也。*ʎiai①　（中）jie①　（现）i②　（方言音）W. ji②　ɦi②　Y. ji②　Mn. i②

    缅字 ရွှေ 移动（《缅汉词典》834 页）碑*rwiʔ（仰光）jwe　（方言音）T. jwi　D. jwi　I. jwi

108. 垂《说文》：远边也。*ʐiwai①*gljŏ 1　（中）ziwe①　（现）tʂhuei②　（方言音）W. zɛ②　Y. ʃøy②　Mn. sui②　se②

    缅字 တွဲ 垂、悬（《缅汉词典》384 页）碑*twai（四）（仰光）twɛ　（方言音）T. twɛ　D. twa　I. twɛ

    白保罗构拟的藏缅语"悬、垂"的词根为：*dzywal（白保罗1972《汉藏语言概论》242 节）。

109. 窥《说文》：小视也。*khiwe①　（中）khiwe①　（现）khuei①　（方言音）W. khuɛ①　Y. kuɐi①　Mn. khui①

    缅字 ချောင်း 窥视（《缅汉词典》128 页）碑*kluuŋ（仰光）tɕhaũ　（方言音）T. khlɔ̃　D. khløŋ　I. khlɔ̃

110. 篦*piei*b̌i s　（中）bi　（现）bi　（方言音）Mn. pi

    缅字 ဘီ：梳（《缅汉词典》597 页）ဘီ：梳子。送气清音为动词，浊音为名词。
    碑*（四）篦　（方言音）T. phiː pi:　D. phi: bi:　I. phi: pi:

111. 比《说文》：密也。二人为从，反从为比。*biei①　（中）bi①　（方言音）Mn. pi②

    缅字 ပြိုင် 比赛、较量（《缅汉词典》562 页）碑*pruiŋ（四）（仰光）pjaĩ　（方言音）T. plen　D. pluŋ　I. preĩ

112. 眉《说文》：目上毛也。*mĭ ei①*mri 1　（中）mi①　（现）mei②　（方言音）W. mɛ②mi ②Y. mei②　Mn. bi②　bai②

缅字 မွေး：(合)毛(《缅汉词典》730 页)碑*mwii(四)美(仰光)mwe: （方言音）T. mwi　D. mwi　I. hmwe

白保罗构拟的藏缅语"毛"的词根为：*(s)mul～*(s)mil～*(r)mul，认为缅语的mwe（မွေး:）<*mwii<*mul。并将它与汉语的 "眉" 作比较。(白保罗 1972《汉藏语言概论》注 55)

113. 呢*niei①　（中）ni①　（现）ni②　（方言音）W. ɲi②　Y. nei②　Mn. li ②

缅字 နည်：(疑问句尾)呢(《缅汉词典》463 页)碑*nee(仰光)ni: （方言音）T. ni　D. ni　I. ni

114. 迟《说文》：徐徐而进。*ɖi ei①*g・li l　（中）ɖi①　（现）tʂʅ②　（方言音）W. zʅ②　Y. tʃhi②　Mn. ti②

缅字 လေး:迟缓(《缅汉词典》858 页)碑*lii(仰光)le　（方言音）T. li　D. li　I. le

115. 狮*ʃi ei①　（中）ʃi①　（现）sʅ①　（方言音）W. sʅ①　Y. ʃi①　Mn. su①

缅字 ခြင်္သေ့ 狮子(《缅汉词典》143 页)碑*khraŋ si?(仰光)tɕhĩ tθe （方言音）T. tɕhĩ tθe　D. shĩ she　I. çẽ she

116. 脂《说文》：戴角者脂，无角者膏。*tiei①*tɕi<*kji　（中）tɕi①　（现）tsʅ①　（方言音）W. tsʅ①　Y. tʃi①　Mn. tsi①

缅字 အဆီ 油脂、脂肪(《缅汉词典》1079 页)碑*a tshii(四)赤(仰光)ə shi （方言音）T. a shi　D. a shi　I. a shi

白保罗构拟的藏缅语"油脂"的词根为：*tsil，并与汉语脂字比较。(白保罗 1972《汉藏语言概论》注 461。)

117. 肌《说文》：肉也。*kiei①*kril　（中）ki①　（现）tɕi①　（方言音）W. tɕi①　Y. kei①　Mn. ki①

缅字 ကြွက်သား:肌肉(《缅汉词典》90 页)碑*krwak(四)(仰光)tɕwe? tθa （方言音）T. kwa? tθa　D. tɕwa? sha　I. tɕwɛ? sha

118. 耆《说文》：老也。*ği ei①*gri　（中）gi①　（现）tɕhi②　（方言音）W. dzi②　Y. khei ②　Mn. ki②

缅字 ကြီး:长者(《缅汉词典》65 页)/အကြီး:老年人、元老(《缅汉词典》845 页)碑*kikri(四)革里(仰光)tɕi　（方言音）T. ki　D. kwi　I. tɕi / ki

119. 祁《毛传》：祁，大也。*ği ei①*gri l　（中）gi①　（现）tɕhi②　（方言音）W. dzi②　Y. khei ②Mn. ki②

缅字 ၍:大（《缅汉词典》65 页）碑*kikri（四）革里（仰光）tɕi　（方言音）T. ki　D. kwi　I. tɕi　/ ki

120. 屎/矢《说文》：粪也。*hĭ ei①屎*qhjiˀ /矢*qhl̆i ?　（中）hi①　（现）ၡ①（方言音）

　　 缅字 ေ:粪（《缅汉词典》120 页）碑*khrii/*khii（四）（仰光）tɕhi:　（方言音）T. khle　D. khle　I. khle

　　 白保罗构拟的藏缅语"屎"的词根为：*kliy（白保罗 1972《汉藏语言概论》125 节）

121. 姨《说文》：妻之女弟，同出为姨。*iei①　（中）i①　（现）i②　（方言音）W. ji②　Y. ji②　Mn. i②

　　 缅字 ား:姨、姑（《缅汉词典》1144 页）碑*a rii（四）米退（仰光）ə ji:　（方言音）T. mi gi　me gi a ri:　/　ma kwi:　D. me gi a ri / ma kwi　I. mweŋe

122. 锤 *ɖi wəi①　（中）ɖwi①　（现）tʂhuei②　（方言音）W. zE②　Mn. tui②

　　 缅字 ၁ 铁锤、榔头（《缅汉词典》346 页）碑*tu（四）（仰光）tu　（方言音）T. tu　D. tu　I. tu

123. 绥 安定，平定 *siwəi①*snŭ l　（中）swi①　（现）suei①　（方言音）W. sE①　Y. ʃøy①　Mn. sui①。汉语中还有"妥/*nool /"义同"绥"作"止"讲。可与缅语"နား"比较。

　　 缅字 နား:停止（《缅汉词典》441 页）碑*na（四）（仰光）na　（方言音）T. na　D. na　I. na

　　 白保罗构拟的藏缅语"逗留、休息"的词根为：*na（白保罗 1972《汉藏语言概论》414 节）

124. 推《说文》：排也。用手排物（使移动）。*tʰiwəi①　（中）t̪hwi①　（现）（方言音）Mn. tshui①

　　 缅字 ၹ:推（《缅汉词典》387 页）碑*twɑn（四）（仰光）tũ　（方言音）T. tũ　D. twẽ　I. tũ

125. 慈《说文》：爱也。*dziə①　（中）dziə①　（现）tshŋ②　（方言音）W. zŋ②　Y. tʃhi②　Mn. tsu②

　　 缅字 ၁ 同情（《缅汉词典》203 页）碑*tsa（仰光）sa　（方言音）T. sa　D. sa　I. sa

126. 思 *siə①*snŭ （中）siə① （现）sŋ① （方言音）W. sŋ① Y. ʃi① Mn. su①

 缅字 ၀ၭႈ:以为（《缅汉词典》198 页）碑*tsə nui（四）（仰光）sə no

127. 司《说文》：臣司事于外者。* siə①* slŭ （中）siə① （现）sŋ① （方言音）W. sŋ① Y. ʃi① Mn. su① si①

 司的同族字有 "史 /* srŭ /吏/* rŭ s/》"。

 缅字 ః:统治、统治者（《缅汉词典》221 页）碑*tsiu（四）（仰光）so （方言音）T. so D. sɯ I. so

128. 丝《说文》：蚕所吐也。* siə①* slɯ （中）siə① （现）sŋ① （方言音）W. sŋ① Y. ʃi① Mn. si①

 缅字 ေဟ:绕线于（纺锤上）(《模范缅华大辞典》490 页）碑*sii（四）（仰光）tθe: （方言音）T. tθe D. shi I. shi

129. 辞《说文》：讼也。徐灝《段注笺》："凡有说以告于人者谓之辞。"/词《说文》：意内而言外也。《段注》："司者，主也。意主于内而言发于外。故从司、言。""意者，文字之义也；言者，文字之声也。"*zǐ ə①*zljŭ （中）zi ə① （现）tshŋ② （方言音）W. zŋ② Y. tʃhi② Mn. su②

 缅字 ః 说、讲；责备、斥责（《缅汉词典》27 页）碑*tshui（四）（仰光）sho （方言音）T. sho D. shɯ I. sho

130. 时《说文》：四时也。段注："引申为凡岁月日刻之用。"*ziə①*gljŭ （中）ziə① （现）sŋ② （方言音）W. sŋ②Y. ʃi②Mn. si②。汉语词族有"期" /*kŭ *gŭ /。

 缅字 ః(古）当…时候（《缅汉词典》220 页）碑*tsui（四）（仰光）so （方言音）T. so D. sɯ I. so

131. 基《说文》：墙始也。*kiə① （中）kiə① （现）tɕi① （方言音）W. tɕi① Y. kei① Mn. ki①

 缅字 ၀၌ 根基（《缅汉词典》136 页）碑*khri /*khi（四）（仰光）tɕhe （方言音）T. khle D. khre I. khre

132. 期《说文》：会也。从月，其声。《段注》："月犹时也。要约必有其时。" *giə① （中）giə① （现）tɕhi② （方言音）W. dʑi② Y. khei② Mn. ki② ki②

 缅字 ః:约会（《缅汉词典》132 页）碑*khlin（四）（仰光）tɕheĩ （方言

音）T. khlẽĭ   D. khlẽĭ   I. tchẽĭ

133. 棋* giə①　（中）giə①　（现）tchi②　（方言音）W. dʑi② Y. khei② Mn. ki②
    缅字 ဣပ္: 棋子（《缅汉词典》46 页）碑*klaa（四）革喇（仰光）tça　（方言音）T. kla   D. kla   I. tça

134. 噫/餩《说文》：饱食息也。*iə①*qrɯɯks/*qɯɯk　（中）iə①　（现）i①（方言音）W. i①   Y. ji①   Mn. i①
    缅字 အို့: 打嗝儿（《缅汉词典》68 页）碑*kroʔ（仰光）tçoʼ　（方言音）T. klo   D. kɯ   I. klo

135. 颐　腮颊、下巴。《方言》卷十："颔、颐、颌也。南楚谓之颔，秦晋谓之颌。"*ʎiə①　（中）jiə①　（现）i②　（方言音）W. ji② Y. ji② Mn. i②
    缅字 အံ 白齿（《缅汉词典》667 页）碑*am（四）（仰光）ã　（方言音）T. ã   D. ɑ̃   I. ã
    白保罗构拟的藏缅语"白齿"词根为：*gam，通常与牙齿连用。基本意义是"腭"。（白保罗 1972《汉藏语言概论》50 节）

136. 机《说文》：主发谓之机。本义为织布机。*kiəi①　（中）kiəi①　（现）tçi①　（方言音）W. tçi①   Y. kei①   Mn. ki①   kui①
    缅字 စက် 机器（《缅汉词典》224 页）碑*tsak（四）（仰光）sɛʔ　（方言音）T. sɛʔ   D. saʔ   I. saʔ

137. 讥《说文》：诽也。用隐含的语言从旁指责过失。*kĭ əi①　（中）kĭ əi①　（现）tçi①　（方言音）W. tçi①   Y. kei①   Mn. ki①   khi①
    缅字 ရယ်စရာ（《缅汉词典》224 页）碑*rai（仰光）kɛʼ ji　（方言音）T. kɛ je   D. ka je   I. kɛ je

138. 饥《说文》：谷不熟谓饥。*kĭ əi①　（中）kĭ əi①　（现）tçi　（方言音）W. tçi①   Y. kei①   Mn. ki①
    缅字 ဆာ 饿（《缅汉词典》259 页）碑*tsha（仰光）sha　（方言音）T. sha   D. shɒ   I.、sha

139. 蚤《说文》：虱子也。*kĭ əi①*klŭ 1　（中）kĭ əi①　（现）tçi　（方言音）W. tçi①   Y. kei①   Mn. ki①
    缅字 လေး: 小虫、跳蚤（《缅汉词典》912 页）碑*hli（仰光）hle　（方言音）T. hle   D. le   I. le

140. 祈《说文》：求福也。*gĭəi①*gǔ l （中）gĭəi① （现）tɕhi② （方言音）W. dʑi② Y. khei② Mn. ki

缅字 ကိုး 依赖、信仰（《缅汉词典》24 页）碑*kui（仰光）ko （方言音）T. ko D. kɯ I. ko

白保罗构拟的藏缅语词根*kaïk （白保罗 1972《汉藏语言概论》327 节注 222：）

141. 稀《说文》：疏也。*hiəi①qhlǔ l （中）hiəi① （现）ɕi① （方言音）W. ɕi① Y. hei① Mn. hi

缅字 ကျဲ 稀、疏（《缅汉词典》50 页）碑*klɑi（四）（仰光）tɕɛ （方言音）T. tɕɛ D. klɛ I. tɕɛ

142. 非《说文》：违也。*pĭwəi①*pǔ l （中）pĭəw① （现）fei① （方言音）W. fi① Y. fei① Mn. hui①

缅字 ဖီ 违抗（《缅汉词典》580 页）碑*phi（四）（仰光）phi （方言音）T. phi D. phi I. phi

143. 诽 汉语的同族词有"诽、非、排"。都含有诋毁、否定、排除之意。*piwəi② *pǔ l? （中）piwəi② （现）fei③ （方言音）W. fi① Y. fei③ Mn. hui③

缅字 ပယ် 排除（《缅汉词典》页）碑*pai（四）（仰光）pɛ （方言音）T. pɛ D. pe I. pɛ

144. 飞《说文》：鸟翥也。*piwəi① （中）piwəi① （现）fei① （方言音）W. fi① Y. fei① Mn. hui①

缅字 ပျံ 飞（《缅汉词典》548 页）碑*plɑm（四）（仰光）pjã （方言音）T. plã D. plõ I. prã

145. 肥《说文》：多肉也。*biwəi① （中）biwəi① （现）fei② （方言音）W. vi② Y. fei② Mn. hui② pui②

缅字 ဖီ 肥、极胖（《缅汉词典》581 页）碑*phi（仰光）phi （方言音）T. phi D. phi I. phẽ

146. 煋《说文》：火也。*hĭwəi①*hmǔ l? （中）hiwəi① （现）wei② （方言音）W. vi② Y. fei② Mn. hui② pui②

缅字 မီး 火（《缅汉词典》658 页）碑*mi（四）米（仰光）mi （方言音）T. mi D. mi I. mi

白保罗构拟"火"的藏缅语词根*mey （白保罗 1972《汉藏语言概论》290

节

147. 毁 义通火尾 *qhwră l?*qhwră l? （中）hiwe② （现）huei③ （方言音）W. huɛ③ Y. wɐi③ Mn. hui③

148. 微《说文》：*mĭ wəi① （中）mĭ wəi① （现）uei① （方言音）W. vi② Y. mei② Mn. bi② bui①
    缅字 ဗွဲ။ 细小之物（《缅汉词典》747页）碑*mwɑ/mru（仰光）hmwa/mju （方言音）T. mwa D. mwa I. hmwa

149. 尾《说文》：微也。*mĭ wəi①*mŭ l? （中）mĭ wəi① （现）uei① （方言音）W. vi② Y. mei② Mn. bi② bui①
    缅字 ြ:尾巴（《缅汉词典》713页）碑*mlwi:(仰光)mji: （方言音）T. ɑ bwi D. ɑ mi I. ɑ mi / ɑ hmi

150. 尾《说文》：微也。*mĭ wəi①*mŭ l? （中）mĭ wəi① （现）uei① （方言音）W. vi② Y. mei② Mn. bi② bui①
    缅字 ဗွ။细小之物（《缅汉词典》747页）碑*mwa（仰光）hmwa （方言音）T. mwa D. mwa I. hmwa:

151. 浼《说文》：少饮也。*mĭ wəi①*mŭ l? （中）mĭ wəi① （现）uei① （方言音）W. vi② Y. mei② Mn. bi② bui①
    缅字ြ:尝尝（《缅汉词典》713页）碑*mree（仰光）mji: （方言音）T. bjɛ D. mre I. mji

152. 巍《说文》：高也。*ŋĭ wəi① （中）ŋĭ wəi① （现）uei② （方言音）W. ɦuɛ Y. ŋɐi Mn. gui
    缅字 ငွ:高耸（《缅汉词典》185页）碑*ŋwa（仰光）ŋwa （方言音）T. ŋwa: D. ŋwɒ I. mwa:

153. 灰《说文》：死火余烬也。*huə①*mqhwɯɯ （现）uei② （方言音）W. ɦuɛY. ŋɐi Mn. gui
    缅字 ခွ:烟、烟雾（《缅汉词典》103页）碑*khiɯ（四）叩（仰光）mi: kho （方言音）T. kho D. khɯ I. kho

154. 挥《说文》：奋心，奋振去之也。*hiwəi① （中）hiwəi① （现）huei① （方言音）W. huɛ② Y. fɐi ② Mn. hui②
    缅字 ဝွ挥动、摇动（《缅汉词典》947页）碑*hui?（仰光）hwe （方言音）T. hmwi we' D. we I. hwe

155. 围《说文》：守也。*ɣiwəi① （中）ɣiwəi① （现）uei② （方言音）
W. ɦuɛ② Y. wɐi② Mn. ui②
缅字 ဝိုင်း围成圆圈（《缅汉词典》938页）碑*wuuiŋ（仰光）wãĩ （方言音）
T. wãĩ D. wũ I. wẽĩ

156. 疕、疕《说文》：头疡也。也指伤口上结的痂。 *phiei②*pĭ *phrĭ （中）
phie② （现）phi① （方言音）Mn. phi③
缅字 ဖေး:痂；结痂（《缅汉词典》582页）碑*phi（仰光）phe （方言音）
T. phe D. phe I. phi

157. 玼《说文》：玉色鲜也。*tshie （中）tshie （现）tshɿ③ （方言音）
Y. tʃhi③ Mn. tshu③
缅字 သ 词义（《缅汉词典》259页）碑*tshɑ（仰光）sha （方言音）T. sha D. shɒ I.、sha

158. 舐《说文》：*ɖie② （中）dʐie② （现）ʂɿ （方言音）Mn. si⑤ tsi⑤
缅字 လျက် 舔（《缅汉词典》页）碑*ljak（仰光）jɛʔ （方言音）T. jɪʔ D. ljaʔ I. jɛʔ

159. 迡《说文》：近也。*n̪iei②*n̪jě l?<*mljě l? （中）ɻie② （现）ɚ （方言音）Y. ji④ Mn. lĭ③
缅字 နီး:近, 靠近（《缅汉词典》447页）碑*ni（四）泥（仰光）ni: （方言音）T. ni: D. ni: I. ni:
白保罗构拟的藏缅语"附近"的词根为：*ney（白保罗1972《汉藏语言概论》291节）

160. 尔《简明古汉语常用字字典》：这，那。*n̪iei②*n̪jě l?<*mljě l? （中）ɻie② （现）ɚ （方言音）Y. ji④ Mn. lĭ③
缅字 အနီ 这、此（《缅汉词典》1108页）碑*a nii（四）阿泥（仰光）əhni （方言音）T. ɛ D. ɛ I. e hɑ

161. 妓《说文》：妇人小物也。*gie② （中）gie② （现）tɕi④ （方言音）
W. dʑi⑤ Y. kei⑥ Mn. ki⑤ ki①
缅字 ကွိတ် 妓女（《缅古语词典》129页）碑*kwit（四）（仰光）kwɛʔ （方言音）T. kwaɪʔ D. kwi I、kwi

162. 捶《说文》：以杖击也。*ʈiwəi② （中）ʈiwəi② （现） （方言音）Mn. tsui③

缅字 ကွတ်（《缅汉词典》385 页）碑*twɑt（仰光）twɛʔ （方言音）T. twɛʔ D. twɑʔ I. twɑʔ

163. 死《说文》：澌也，人所离也。*sĭ ei②*sĭʔ （中）si② （现）sɿ③ （方言音）W. si③ Y. ʃi③ ʃei③ Mn. su③ si③
     缅字 သေ 死（《缅汉词典》976 页）碑*si（四）晒（仰光）tθe （方言音）T. tθe D. she I. she
     白保罗构拟的藏缅语"死"的词根*siy（白保罗1972《汉藏语言概论》232节）白的构拟是根据缅甸碑文的转写而来，碑文中 သိဝ် 字（转写为siy）就是后来的 သေ(死)字，碑文时期的语音应该是 si 。最后的y 可能是原始藏缅语的韵尾。

164. 旨《说文》：美也。味美。*ʨĭ ei②*kyĭʔ （中）tɕi② （现）tsɿ˧ （方言音）W. tsɿ③ Y. tʃi③ Mn. tsi③
     缅字 ချို 甜；鲜美（《缅汉词典》122 页）碑*khlui（仰光）tɕho （方言音）T. ɕo D. khlɯ I. tɕho
     白保罗构拟的藏缅语"甜"的词根为：*kyuw＝khyəw（白保罗 1972《汉藏语言概论》345 页。）

165. 矢《说文》：弓弩矢也。*ɕĭ ei② （中）ɕi② （现）ʂɿ （方言音）W. sɿ③ Y. tʃhi③ Mn. si③
     缅字 သစ် (箭)头（《缅汉词典》411 页）碑*thip（仰光）theɪʔ （方言音）T. thiʔ D. thɑɪʔ I. thiʔ

166. 矢《说文》：粪也。*ɕĭ ei②*qhl̥iʔ （中）ɕi② （现）ʂɿ① （方言音）W. sɿ③ Y. tʃhi③ Mn. si③
     缅字 ချေး:屎、粪（《缅汉词典》120 页）碑*khli（仰光）tɕhi: （方言音）T. khle D. khle I. khle
     白保罗构拟的藏缅语"屎"的词根为：*kliy（白保罗1972《汉藏语言概论》125 节）

167. 屎《说文》：*ɕĭ ei② （中）ɕi② （现）ʂɿ③ （方言音）W. sɿ③ Y. ʃi③ Mn. si③ sai③
     缅字 ချေး:屎（《缅汉词典》120 页）碑*khlii（仰光）tɕi: （方言音）T. khle D. khle I. khle

168. 视《说文》：瞻也。*ʑiei②*gljils （中）ʑi② （现）ʂɿ④ （方言音）

W. zɿ⑤　Y. ʃi⑥　Mn. si⑤

缅字 ကြည့် 看（《缅汉词典》77 页）碑*kreʔ（仰光）tɕiˈ（方言音）T. klekre　D. kre　I. kle

169. 水 *ɕiwei②*qhljǔ　（中）ɕwi②　（现）ʂuei　（方言音）W. sᴇ③　sɿ③　Y. ʃøy③　Mn. sui③　tsui③

缅字 ရေ 水（《缅汉词典》773 页）碑*ri（四）锐（仰光）je　（方言音）T. je　D. je　I. je

白保罗构拟的藏缅语"水"的词根为：*ti（y）（白保罗 1972《汉藏语言概论》55 节）

170. 你 见"侬"条。(中) niə②　（现）ni③　（方言音）W. ni①　ni⑤　Y. nei④　Mn. lĩ ③

缅字 နင်/ည်း:你（《缅汉词典》460 页）碑*naŋ ȵee（四）（仰光）ɲĩ　ȵi（方言音）T. nã　D. nẽ　I. nẽ

171. 理 参见黄树先《汉缅语比较研究》398 条：*liə②*mirǔ？（中）liə②　（现）li③　（方言音）W. li③　Y. lei④　Mn. li③

缅字 ရေး写（《缅汉词典》787 页）碑*ri（仰光）je:　（方言音）T. je　D. re　I. je

172. 漻《说文》：顺流也。*qhruɯ, 黄树先认为：它有三个意思都与缅语" ရေ /je/"有关。(详见黄树先《汉缅语比较研究》164 页（406）条说明。)

173. 嫠《说文》：微画也。*mïrǔ？ 郑张尚芳拿汉语的"理"和"嫠"和缅语的" ရေး:书写、画/je:/"作比较。

174. 子《说文》：十一月阳气动，万物滋，人以为称。朱骏声《通训定声》："孺子为儿，襁褓为子，方生顺出为育，未生在腹为巳。"*tsiə②* ʔsluɯʔ　（中）tsiə②　（现）tsɿ③　（方言音）W. tsɿ③　Y. tʃi③　Mn. tsu③　tsi③

缅字 သား:儿子、孩子（《缅汉词典》965 页）碑*tsɑɑ（四）撒（仰光）tθaː （方言音）T. tθɑ　D. ʃɑ　I. ʃɑ

白保罗构拟的藏缅语"子"的词根为：*za（白保罗 1972《汉藏语言概论》59 节）

《白狼歌》中有"父子同赐"句，用汉字来注古缅音时用"捕苴菌毗"等字。郑张尚芳认为此处的"苴"*dzraa 正是古缅字" သား:/saa /"的古音。

175. 似*zǐə②*lǔ <*sɢlǔ　（中）zǐə②　（现）sɿ④　（方言音）W. zɿ⑤　Y.

tʃhi④　Mn. su ⑤sai⑤

缅字 လို(口语中为 လို/lo /)像……一样，如同……（《缅汉词典》页）碑*soʔ（lo）（四）（仰光）dðoˈ（口语为 lo）（方言音）T. sho　D. shɯ　I. sho

176. 使《说文》：伶也。桂馥《义证》："通作令"*ʒǐə②　*srŭʔ　（中）ʃiə②　（现）ʂɿ③　（方言音）W. sʂɿ③　　Y. ʃi ʃɐi　Mn. su ⑤　sai⑤

　　缅字 စေ 使、指使（《缅汉词典》216 页）碑*sii（四）只（仰光）se　（方言音）T. se　D. se　I. se

177. 驶　*ʒǐə②　（中）ʃiə②　（现）ʂɿ③　（方言音）W. sʂɿ③　Y. ʃi ʃɐi　Mn. su ⑤　sai⑤

　　缅字 စိုင်း:驰骋（《缅汉词典》232 页）碑*tsuiŋ（四）（仰光）sãi：（方言音）T. sei　D. sɯŋ　I. sãi

178. 止/趾《说文》：下基也。象草木出有址，故以止为足。段注："古书无趾字，止即趾也。"*tǐə②　（中）tɕiə②　（现）tsɿ③　（方言音）W. tsʅ③　Y. tʃi③　Mn. tsi③

　　缅字 ခြေ 脚；根基（《缅汉词典》136 页）碑*khri（四）克里（仰光）tɕhe（方言音）T. kle　D. khe　I. khe。汉语的同族词有"基"，《说文》："基，墙始也"本义指墙脚，引申有开始、根本等义。缅文的 ခြေ 也有脚、基础、开始、根本的意义。与汉语的"荄"字也可对应。

　　白保罗构拟的藏缅语"脚"的词根为：*khriy（白保罗 1972《汉藏语言概论》38 节）

179. 荄《说文》：*kə①*kɯɯ *krɯɯ　（中）kɒi①　（现）kai①　（方言音）W. kε①　Y. kɔ①　Mn. kai①

　　缅字 ခြေသည်း:足趾（《缅汉词典》136 页）碑*khri（四）克里（仰光）tɕhe（方言音）T. kle　D. khe　I. khe

180. 始《说文》：女之初也。桂馥《义证》："言初生也。《释名》：'始，息也。'言滋息也"*ɕǐə②　（中）ɕiə②　（现）ʂɿ③　（方言音）W. sʅ③　Y. tʃhi③　Mn. si⑤

　　缅字 စ 开始（《缅汉词典》118 页）碑*khi（四）（仰光）tɕhi（方言音）T. khli　D. khi　I. khi

181. 市《说文》：买卖所之也。*zǐə②　（中）zǐə②　（现）ʂɿ④　（方言音）W. zʅ⑤　Y. ʃi④　Mn. si⑤　tshi⑤

缅字 ေစ:市场、集市；价格（《缅汉词典》305 页）碑*tshii（四）斜（仰光）ze:（方言音）T. ze　D. she　I. she

182. 耳《说文》：主听也。主管听觉的器官。*nǐ ə②*niuǔ　（中）ȵǐ ə②　（现）ə③　（方言音）W. n̪i⑤　Y. ji④　Mn. ĩ　hi
缅字 နား:耳朵（《缅汉词典》441 页）碑*naa（仰光）na:（方言音）T. na　D. na　I. na 缅文的 na 汉语的"耳"都可以兼作名词和动词。
白保罗构拟的藏缅语"耳"的词根为：*g-na（白保罗 1972《汉藏语言概论》453 节）

183. 诽《说文》：谤也。*phǐ wəi②　（中）phǐ wəi②　（现）fei③　（方言音）W. fi①　Y. fei③　Mn. hui③
缅字 ပယ် 排除、排斥（《缅汉词典》543 页）碑* pai（仰光）pɛ（方言音）T. pɛ　D. pe　I. pɛ

184. 矣 *ɣǐ ə②　（中）ɣǐ ə②　（现）ji③　（方言音）W. ji③　Y. ji④　Mn. i③
缅字 ဧ 陈述句语尾助词（《缅汉词典》1219 页）碑*eʔ（仰光）i'（方言音）T. i　D. e　I. i

185. 积《说文》：聚也。*tsǐ e③*sklě k　（中）tsǐ e③　（现）ji①　（方言音）Mn. tsik⑥
缅字 စုစည်：集中、积蓄（《缅汉词典》214 页）碑*tsuʔ tsee（仰光）su' si:（方言音）T. su　D. su　I. su

186. 刺《说文》：直伤也。* tshi e③　（中）tshǐ e③　（现）tshɿ④　（方言音）W. tshɿ ④　Y. tʃ ⑤　Mn. tshu④　tshi④
缅字 ဆူး:刺（《缅汉词典》页）碑*tshuu（四）（仰光）shu:（方言音）T. shu　D. su　I. su
缅语中还有一个动词 "စူ" /su: /刺，与名词的 "ဆူး:刺/shu:/" 相对应，这是缅语形态变化的一种：不送气的为动词；送气的为名词。

187. 渍《说文》：沤也。浸泡。*dzǐ e③　（中）dzǐ e③　（现）tsɿ④　（方言音）Y. tʃi　⑤Mn. tsu　⑤tsi　⑤
缅字 စိမ် 浸泡（《缅汉词典》252 页）碑*tsim（四）（仰光）seĩ（方言音）T. seĩ　D. sɛ　I. si

188. 澌《说文》：水索也。徐锴《系传》："索，尽也。"*sǐ e③*sqě（中）sǐ e③（现）sɿ①　（方言音）W. sɿ①　Y. ʃi①　Mn. su④

缅字 ေကျ 消除（《缅汉词典》49 页）碑*kli（仰光）tɕe（方言音）T. kle   D. kle   I. kre

189. 议《说文》：论事之宜。*ŋĭ ai③*ŋră ls （中）ŋi e③ （现）i④ （方言音）W. n̠i⑤   Y. ji④   Mn. gi⑤

   缅字 ညှိ 议、协商、商量（《缅汉词典》316 页）碑*ŋi?（仰光）hn̠i'（方言音）T. hn̠i   D. n̠i   I. n̠i

190. 裨《说文》：相付与之。*pĭ ei③*pĕ （中）pi③ （现）pi④ （方言音）Y. pei③   Mn. pi④

   缅字 ေပး 给、给予（《缅汉词典》504 页）碑*pii（仰光）pe:（方言音）T. pe   D. pe   I. pe

   白保罗构拟的藏缅语"给"的词根为：*biy（白保罗1972《汉藏语言概论》427 节）

191. 畀《说文》：相付与之。*pĭ ei③*pĭ ts （中）pi③ （现）pi④ （方言音）Y. pei③   Mn. pi④

   缅字 ေပး 给、给予（《缅汉词典》504 页）碑*pii（四）（仰光）pe:（方言音）T. pe   D. pe   I. pe

192. 俾《尔雅·训诂》："俾，使也。"*pĭ ei③*pĭ ts （中）pi③ （现）pi④ （方言音）Y. pei③   Mn. pi④

   缅字 ေပး 使之……（《缅汉词典》504 页）碑*pii（四）（仰光）pe:（方言音）T. pe   D. pe   I. pe

193. 易*ʎi e③ （中）jĭ e③ （现）i④ （方言音）W. ji⑤ Y. ji⑥ Mn. ni⑤ ĩ⑤

   缅字 လဲ 换，替换（《缅汉词典》861 页）碑*lɑɑi（仰光）lɛ:（方言音）T. lɛ   D. lɑ   I. lɛ

   白保罗构拟的藏缅语"易"的词根为：*lay（白保罗1972《汉藏语言概论》283 节）

194. 秘《说文》：神也。神秘不可宣泄。*pĭ ei③ （中）pi③ （现）pi④ （方言音）W. pi④   Y. pei⑤   Mn. pi④

   缅字 ၈ 严密（《缅汉词典》496 页）碑*pi?（四）（仰光）pi'（方言音）T. pi   D. pi   I. pi

195. 密/蔤《说文》：芙蕖本。水生植物的茎没入泥中者。*mrĭ k （中）mi③ （现）

mi④　（方言音）W. mi④　Y. mei⑤　Mn. mi④
缅字 မြစ်（合）植物的根（《缅汉词典》726 页）碑*mrak（四）瓦几（仰光）mjɪʔ（方言音）T. mliʔ　D. a mleɪʔ　I. mjɪʔ

196. 寐《说文》：卧也。《段注》："俗所谓睡着也。"朱骏声《通训定声》："在床曰寐，病寐曰寝，隐几曰卧。合目曰眠，眠而无知曰寐，坐寐曰睡，不脱冠带而眠曰假寐。"*mĭəi③　（中）mi③　（现）mei④　（方言音）W. mɛ⑤　Y. mei④　Mn. bi⑤
缅字 မှေး:打盹、瞌睡（《缅汉词典》734 页）碑*hmii（四）（仰光）hme:（方言音）
白保罗构拟的藏缅语"睡"的词根为：*mwiy *(r-,s-)mwəy（白保罗 1972《汉藏语言概论》196,463 节）

197. 地《说文》："元气初分，轻清阳为天，重浊阴为地。万物所陈列也。*dĭai③ *mĭĕi ls　（中）di③　（现）ti④　（方言音）W. di⑤　Y. tei⑥　Mn. ti⑤
缅字 မြေ 土地、泥土；国土（《缅汉词典》714 页）碑*mli（四）麦类/乜（仰光）mje（方言音）T. mle　D. mle　I. mle
白保罗构拟的藏缅语"地"的词根为：*mliy（白保罗 1972《汉藏语言概论》152 节）

198. 腻《说文》：上肥也。王筠《句读》："肥之发于外者曰腻。"*nĭəi③　（中）ni③　（现）ni④　（方言音）W. ɳi⑤　Y. nei⑥　Mn. li⑤
缅字 ငြီး:ညည်း腻、厌烦（《缅汉词典》183 页）碑*ŋrii（仰光）ɳi:（方言音）T. ŋri　D. ŋri　I. ŋri

199. 致《说文》：密也。*dĭəi③　（中）ɖi③　（现）tʂɿ④　（方言音）Y. tʃi⑤　Mn. ti④
缅字 စေ့密、仔细（《缅汉词典》216 页）碑*tsiʔ（仰光）si（方言音）T. se　D. se　I. se

200. 四 *sĭəi③ *sblĭ ts　（中）si③　（现）sɿ④　（方言音）W. sɿ④ Y. ʃi⑤ ʃei⑤　Mn. su④　si④
缅字 လေး:四（《缅汉词典》858 页）碑*lii（四）力（仰光）lei:（方言音）T. le:　D. liɛ　I. le:
白保罗构拟的藏缅语"四"的词根为：*b-liy（白保罗 1972《汉藏语言概论》16 节）

201. 肆《说文》：*sǐ əi③ （中）si③ （现）sɿ④ （方言音）W. sɿ④ Y. ʃi⑤ ʃei⑤ Mn. su④ si④

缅字 လေး:四（《缅汉词典》858 页）碑*lii（四）力（仰光）lei:（方言音）T. le: D. liɛ I. le:

202. 至《说文》：*tǐ ei③ （中）tɕi③ （现）tʂɿ④ （方言音）W. tsɿ④ Y. tʃi⑤ Mn. tsi④

缅字 စေ 满期、到期（《缅汉词典》216 页）碑*siʔ（仰光）siʔ（方言音）T. se D. se I. se

《白狼歌》中有"百宿到洛"，汉字注音为"理历髭雒"郑张尚芳认为此处的"髭"是上古缅语的"စ"音。စtshii 有处所、所在之义。和汉语的"至"读音更近。

203. 挚《说文》：握持也。*tiəp④ （中）tɕi③ （现）tʂɿ④ （方言音）W. tsɿ Y. tʃi⑤ Mn. tsi④

缅字 ဆုပ် 握（《缅汉词典》290 页）碑*tshup（仰光）shouʔ（方言音）T. shauʔ D. shouʔ I. shauʔ

204. 二《说文》：地之数也。*nǐ ei③*njǐ s （中）ɻi③ （现）ɚ④ （方言音）W. ɳi⑤ Y. ji⑥ Mn. li⑤

缅字 နှစ် 二（《缅汉词典》476 页）碑*hnak（四）捏（仰光）hniʔ（方言音）T. hne D. hnɛɪʔ I. hnɛɪʔ

205. 坠 *dǐ wəi③ （中）ɖwi③ （现）tʂuei④ （方言音）W. zɛ⑤ zɿ⑤ Y. tʃøy⑥ Mn. tui⑤ thui④

缅字 တွဲ 垂下、坠（《缅汉词典》385 页）碑*twaai（仰光）twɛ:（方言音）T. tã lã kla D. twa I. twɛ

206. 悴《说文》：忧也。*dzǐ wəi③ （中）dzwi③ （现）tshuei④ （方言音）Y. ʃøy⑥ Mn. tsui⑤ tshui④

缅字 ဆွေ:忧伤（《缅汉词典》293 页）碑*tshwi（仰光）shwe:（方言音）T. shwi D. shwe I. shwe

207. 率 *ʃǐ wəi③ （中）ʃwi③ （现）ʂuai④ （方言音）W. sɛ④ Mn. sue④

缅字 ဆောင် 带领（《缅汉词典》281 页）碑*tshɔŋ （仰光）shaũ （方言音）T. shɔ̃ D. shøŋ I. shɔ̃

208. 字 文字 *dzǐ ə③*dzuă s<*sglɯă s （中）dzi ə③ （现）tsɿ④ （方言音）

W. zɿ⑤　Y. tʃi⑥　Mn. tsu⑤li⑤

缅字 ∞ 文字（《缅汉词典》203 页）碑*tsaa（四）乍（仰光）sa（方言音）T. sɒ　D. sa　I. sa

209. 思《说文》：容也。从心，囟声。凡思之属皆从思。思索*sĭə③*snŭ　（中）sĭə③　（现）sʅ④　（方言音）Mn. su④

缅字 စဉ်:想、思考（《缅甸古文词典》174 页）碑*tsaŋ（仰光）sĩ

210. 食*zĭə③　（中）zĭə③　（现）sʅ④　（方言音）Y. tʃi④Mn. su⑤

缅字 ∞ 食、吃（《缅汉词典》208 页）碑*tsa（四）（仰光）（方言音）T. sa　D. sɒ　I. sa

211. 使《说文》：伶也。桂馥《义证》："通作令。"*ʃiə③　（中）ʃiə③　（现）ʂʅ④　（方言音）W. ʂʅ③Y. ʃi⑤Mn. su④sai④

缅字 ∞ 派遣、指使；使、令（《缅汉词典》216 页）碑*tsii（四）（仰光）ze（方言音）T. se　D. se　I. se

212. 志《说文》：意也。意念。*tĭə③　（中）tɕiə③　（现）tʂʅ④　（方言音）W. tsɿ④Y. tʃi⑤Mn. tsi④

缅字 စိတ် 心愿（《缅汉词典》240 页）碑*tsit（仰光）seɪʔ（方言音）T. siʔ　D. si　I. saɪʔ

213. 识《说文》：知也。*tĭə③　（中）tɕiə③　（现）tʂʅ④　（方言音）Y. tʃi⑤Mn. tsi④

缅字 သိ 认识、知道（《缅汉词典》969 页）碑*siʔ（四）洗（仰光）tθiˈ（方言音）T. tθi　D. shi　I. shi

214. 试《说文》：用也。*ɕĭə③　（中）ɕiə③　（现）ʂʅ④　（方言音）W. sɿ④，Y. ʃi⑤，Mn. si④ tshi④

缅字 သုံး（《缅汉词典》990 页）碑*suum（四）(仰光)tθoũ:(方言音)T. tθoũ　D. shuẽ　I. shɑu

215. 试 尝试。*ɕĭə③　（中）ɕiə③　（现）ʂʅ④　（方言音）W. sɿ④　Y. ʃi⑤　Mn. si④ tshi④

缅字 စမ်း 试，试探（《缅汉词典》251 页）碑*tsaam（仰光）sã:（方言音）T. sã　D. sɒ̃　I. sã

216. 衣《说文》：依也。上曰衣，下曰裳。*ĭəi③　（中）ĭəi③　（现）i④　（方言音）Mn. i④

缅字 အက္ၤို 衣服，上衣（《缅汉词典》1200 页）碑*aaŋkii（四）昂基（仰光）ĩ: dʑi（方言音）T. aŋ gi D. ẽ kli I. ɛ̃: ki

217. 沸 《说文》：潷沸。（连绵词）*pĭ wəi③*phŭ t　（中）pĭ wəi③　（现）fei④（方言音）W. fi④ Y. fɐi⑤ Mn. hui④

缅字 ပွက် 沸、冒气泡（《缅汉词典》573 页）碑*pwɑk（仰光）pwɛʔ（方言音）T. pwaʔ D. pwɑʔ I. pwɛʔ

白保罗构拟的藏缅语"煮"的词根为：*prut（白保罗 1972《汉藏语言概论》131 节）

遇摄

218. 驴 《说文》：似马，长耳。*lĭ a①*ră <*g •ră　（中）lĭ a①　（现）ly②　（方言音）W. lĭ a① Y. løy⊘① Mn. lu② 汉语中有驴、骡之分。缅语中也分驴（မြည်း/mji: /)、骡（လား/la: /)，《四译馆译语》中将"骡"称为"大的驴"（麦列革里），将"驴"称为"小驴"（麦列爱）

缅字 လား 驴(实为骡) 碑*laa（四）麦列革里（仰光）la:（方言音）T. la D. lɒ I. la

219. 除 一个数去分另一个数。*dĭ a①　（中）ɖĭ o①　（现）tʂhu②　（方言音）W. zɿ② Y. tʃhy② Mn. tu②ti②

缅字 စား 除（《缅汉词典》208 页）碑*tsaa（仰光）sa（方言音）T. sa D. sɒ I. sa

220. 储 储物以备用。*dĭ a①　（中）ɖĭ o①　（现）tʂhu③　（方言音）W. zɿ② Y. tʃhy④ Mn. thu③

缅字 စု 储藏（《缅汉词典》214 页）碑*tsuʔ（仰光）su　（方言音）T. su D. su I. su

221. 初 《说文》：始也。*tʃhĭ a①　（中）tʃhĭ o①　（现）tʂhu①　（方言音）W. tshəu① Y. tʃhɔ① Mn. tshɔ①

缅字 စ 开始（《缅汉词典》190 页）碑*tsaʔ（仰光）saʔ（方言音）T. sɑ D. sɒ I. sɑʔ

222. 疋 《说文》：足也。*ʃĭ a①　（中）ʃĭ o①（方言音）Mn. sɔ①

缅字 ခြေ 足（《缅汉词典》136 页）碑*khri（四）克类（仰光）tɕhe / tɕhi（方言音）T. khi D. khri I. khri

223. 鱼 《说文》：水虫也。*ŋĭ a①　（中）ŋĭ o①　（现）y②　（方言音）W. ŋ② Y. jy② Mn. gu② hi②

缅字 ငါး:鱼（《缅汉词典》168 页）碑*ŋaa（四）阿（仰光）ŋa:（方言音）T. ŋa　D. ŋɔ　I. ŋa

白保罗构拟的藏缅语"鱼"的词根为：*ŋya（白保罗 1972《汉藏语言概论》189 节）

224. 虚《说文》：大丘也。昆仑丘谓之昆仑虚。《段注》："虚本为大丘，大则空旷，故引伸之为空虚。"*hĭa①　（中）hĭo①　（现）ɕy①　（方言音）W. ɕy① Y. høy①，Mn. hu①

   缅字 ဟ 空着，空虚（《缅汉词典》1025 页）碑*haa（仰光）ha（方言音）T. ha　D. hɔ　I. ha

225. 嘘《说文》：吹也。*hĭa①　（中）hĭo①　（现）ɕy①　（方言音）W. ɕy①　Y. høy①　Mn. hu①

   缅字 ချူ 呼出（《缅汉词典》823 页）碑*hruu（仰光）ɕu（方言音）T. ɕu　D. tɕhu　I. tɕhu

226. 麸《说文》：小麦屑皮也。*phĭwa①　（中）phĭu①　（现）fu①　（方言音）W. fu① Y. fu① Mn. hu① phɔ①

   缅字 ဖွဲ 稻壳，糠（《缅汉词典》606 页）碑*phwai（仰光）phwɛ:（方言音）T. phwɛ　D. phwa　I. phwɛ

227. 扶《说文》：左也。《段注》："'左'下曰：'手相助也。'"*bĭwa①*bă　（中）bĭu①　（现）fu②　（方言音）W. vu②　Y. fu② Mn. hu② phɔ②;

   缅字 ေဖ:扶助、帮助（《缅汉词典》582 页）碑*phii（仰光）phe:（方言音）T. phe　D. phe　I. phe

228. 扶 "扶"还有"绕、环绕""攀缘"之义。*bĭwa①*bă　（中）bĭu①　（现）fu②　（方言音）W. vu②Y. fu②Mn. hu②phɔ②;

   缅字 ပတ် 绕（《缅汉词典》532 页）碑*pat（四）（仰光）paʔ（方言音）T. paʔ　D. paɪʔ　I.、paʔ

229. 无《说文》：丰也。*mĭwa①　（中）mĭu①　（现）u②　（方言音）W. vu② Y. mou② Mn. bu② bo②

   缅字 မြိုင် 丰富、多彩（《缅汉词典》726 页）碑*mruiŋ（四）（仰光）mjãi（方言音）T. mjãi　D. mjuɲ　I. mjẽi

230. 无《说文》：亡也。*mă?　（中）mĭu①　（现）u②　（方言音）W. vu② Y. mou② Mn. bu② bo②

缅字 ့ 表示否定的副词。(《缅汉词典》641 页)碑*（四）（仰光）（方言音）T. mu wa　D. ma　I. ma《白狼歌》中有"不从我来",汉字注音为"旁莫支流"。郑张尚芳认为此处"莫"就是记录上古缅语的" ့ 不"字。

231. 巫《说文》：祝也。女能事无形，以舞降神者也。* mǐ wɔ①* mǎ　（中）mǐ u①　（现）u①　（方言音）W. vu② Y. mou② Mn. bu②

缅字 ေဆာ် 魔法、巫术（《缅汉词典》735 页）碑*mɔ（仰光）mɔ（方言音）T. mɔ　D. mɔ　I. mɔ

白保罗构拟的藏缅语"巫"的词根为：*（a-）ba （白保罗 1972《汉藏语言概论》189 节）

232. 输《说文》：（？）委输也。王筠《句读》："《后汉·张纯传》注：'委输，转运也。'"*çǐ wɔ①　（中）çǐ u①　（现）ʂu①　（方言音）W. sʅ① Y. ʃy① Mn. su①　su②

缅字 ေရွှ 移动（《缅汉词典》834 页）碑*hrweʔ（仰光）çweˈ（方言音）T. çwe　D. shwe　I. shwe

233. 殊《说文》：死也。《段注》："凡汉诏云殊死者，皆为死罪也。死罪者首身分离，故曰殊死。引申为殊异。"*zǐ wɔ①　（中）zǐ u①　（现）ʂu①　（方言音）W. zʅ②　Y. ʃy②

缅字 သူ:殊（《缅汉词典》395 页）碑*thu（仰光）thu（方言音）T. thu　D. thu　I. thu

234. 孺《说文》：乳子也。*nǐ wɔ①*njǒ　（中）ɲǐ u①　（现）zu①　（方言音）W. zʅ② Y. jy② Mn. lu

缅字 နု 幼小，嫩（《缅汉词典》447 页）碑*nuʔ（仰光）nuˈ（方言音）T. nu　D. nu　I. nu

白保罗构拟的藏缅语"柔软、幼小"的词根为：*now （白保罗 1972《汉藏语言概论》274 节）

235. 蠕《说文》：*nǐ wɔ①　（中）ɲǐ u①　（现）zu②　（方言音）W. zʅ②，Y. jy②　Mn. lu②

缅字 လူ:翻滚（《缅汉词典》852 页）碑*lu（仰光）lu（方言音）T. lu　D. lũ　I. lu

236. 躯《说文》：体也。*khǐ wɔ①　（中）khǐ u①　（现）tɕhy①　（方言音）W. tɕhy①　Y. khøy①　Mn. khu①

缅字 ကိုယ် 躯干、躯体、身躯（《缅汉词典》43 页）碑*kuig（四）垢（仰光）ko（方言音）T. ko D. kɯ I. ko

237. 岖 *khĭ wɔ① （中）khĭ u①（现）tɕhy①（方言音）W. tɕhy① Y. khøy① Mn. khu①

缅字 ေကာက် 崎岖（《缅汉词典》26 页）碑*kɔk（仰光）kauʔ（方言音）T. kɔʔ D. køʔ I. kɔʔ

238. 隅《说文》：陬也。山角。*ŋĭ wɔ① （中）ŋĭ u① （现）y② （方言音）W. ny② Y. jy② Mn. gu②

缅字 ငူ 岬角（《缅汉词典》176 页）碑*ŋuu（仰光）ŋu（方言音）T. ŋu D. ŋu I. ŋu

239. 于 *ɣĭ wa①*Gwă （中）ɣĭ u① （现）y（方言音）W. jy② Y. jy② Mn. u②

缅字 ကြွ(雅)请进、请走（《缅汉词典》88 页）碑*krwa（仰光）tɕwaˈ（方言音）T. tɕwa D. tɕwa / klwa I. klwa

240. 逾 超越前进。*ʎĭ wɔ① （中）jĭ u① （现）y② （方言音）W. jy② Y. jy② Mn. u②

缅字 ကျော် 超越（《缅汉词典》51 页）碑*klɔ（仰光）tɕɔ（方言音）T. tɕɔ D. krɔ I. tɕɔ

241. 踰《说文》：越也。*ʎĭ wɔ① （中）jĭ u① （现）y② （方言音）Mn. u② lu②

缅字 ကျော် 超越（《缅汉词典》51 页）碑*klɔ（仰光）tɕɔ（方言音）T. tɕɔ D. krɔ I. tɕɔ

242. 蒲《说文》：水草也。可以作席。*bua① （中）bu① （现）phu② （方言音）W. bu② Y. phou② Mn. pɔ② phɔ②

缅字 ဗူ 蒲草（《缅汉词典》583 页）碑*phɔʔ（仰光）phɔ（方言音）T. phɔ D. phɔ I. phɔ

243. 蒲庐《礼记·中庸》夫政也者，蒲庐也。郑玄注"蒲庐，蜾蠃也。谓土蜂也。"：水草也。可以作席。*bua①*gĭraa （中）bu① （现）phu② （方言音）W. bu② Y. phou② Mn. pɔ② phɔ②

缅字 ပျား 蜂（《缅汉词典》545 页）碑*plaa（四）必牙（仰光）pja:（方言音）T. pja D. pjɒpja I. pja

白保罗构拟的藏缅语"蜜蜂"的词根为：*pya（白保罗1972《汉藏语言概论》177节）

244. 模《说文》：法也。徐锴《系传》："以木为规模也。"*muɑ① （中）mu① （现）mo② （方言音）W. mo② Y. mou② Mn. bɔ②
    缅字 ၄ 原则、准则（《缅汉词典》665页）碑*muu（仰光）mu（方言音）T. mu D. mu I. mu

245. 膜《说文》：肉间胘膜也。* （中）mu① （现）mo② （方言音）Mn. bɔ②
    缅字 မေး/မြေး:膜（《缅汉词典》734/745页）碑*hmiihmrii（仰光）hme:（方言音）T. ɑ mji D. ɑ mj i I. ɑ mje

246. 卢《说文》：饭器也。*lɑ① （中）lu① （现）lu② （方言音）W. ləu② Y. lou② Mn. lɔ②
    缅字 ဖလား:ဖလာ:钵，大杯子（《缅汉词典》577/297页）碑*pha laa（仰光）phə la（方言音）T. pha la D. pha la I. pha la

247. 涂 *da① （中）du① （现）thu② （方言音）W. dəu② Y. thou② Mn. tɔ②
    缅字 လူ:涂（《缅汉词典》852页）碑*lu（四）（仰光）lu（方言音）T. lu D. lu I. lu

248. 芦《说文》：芦服也。朱骏声《通训定声》："今又谓之萝卜、莱菔，皆语之转。"
    *lɑ① （中）lu① （现）lu② （方言音）W. ləu② Y. lou② Mn. lɔ②
    缅字 မုန်လာ 萝卜（《缅汉词典》694页）碑*mum lau?（仰光）muẽ lɒ u（方言音）T. maũ la u D. moũ la u I. moũ la u

249. 租《说文》：田赋也。*tsa① （中）tsu① （现）tsu① （方言音）W. tsəu① Y. tʃou① Mn. tsɔ①
    缅字 စား:替代物，替代者（《缅汉词典》208页）碑*tsaa（四）（仰光）sa:（方言音）T. sa D. sɒ I. sa

250. 罟《说文》：鱼罟也。渔网。*ka① （中）ku① （现）ku① （方言音）Mn. kɔ①
    缅字 ကွန် 鱼网（《缅汉词典》83页）碑*kwan（仰光）kũ（方言音）T. kũ D. kwan I. kũ

白保罗构拟的藏缅语"鸟网、鱼网"的词根为：*kwan（白保罗 1972《汉藏语言概论》158 节）

251. 齬《说文》：齿不相值也。*ŋa① （中）ŋu① （现）u② （方言音）Mn. gɔ②

    缅字 ငေါ် 支棱着、向前突出着（《缅汉词典》177 页）碑*ŋu（仰光）ŋɔ（方言音）T. ŋɔ D. ŋɔ I. ŋɔ

252. 吾《说文》：我，自称也。*ŋa①*ŋaa （中）ŋu① （现）u② （方言音）W. ŋəu② Y. ŋ② Mn. gɔ②

    缅字 ငါ 我（《缅汉词典》168 页）碑*ŋa（仰光）ŋa（方言音）T. ŋa D. ŋɑ I. ŋɑ

    白保罗构拟的藏缅语"我"的词根为：*ŋay（白保罗 1972《汉藏语言概论》285 节）

253. 呼《说文》：外息也。向外吐气。*ha① （中）hu① （现）hu② （方言音）W. həu① Y. fu① Mn. hɔ① khɔ①

    缅字 ရှု 呼（《缅汉词典》823 页）碑*hru（仰光）çu（方言音）T. çu D. shu I. çu

254. 壶《说文》：昆吾，圜器也。王筠《句读》："昆吾者，壶之别名也。昆读如浑，与壶双声；吾与壶迭韵。"*ɣa① （中）ɣu① （现）hu② （方言音）W. ɦəu② Y. wu② Mn. hɔ② ɔ②

    缅字 ကရားအေား 壶（《缅汉词典》8 页）碑*ka ra（仰光）khə ja（方言音）T. khə ja D. khə jɑ I. khə ja:

255. 鸣《说文》：鸟声。《段注》："引申之凡出声皆曰鸣。"*a① （中）u① （现）u① （方言音）Y. wu① Mn. ɔ①

    缅字 နား မြ 耳鸣（《缅汉词典》445 页）碑*na u（四）（仰光）na u（方言音）T. na u D. nɒ u I. na u

256. 女《说文》：妇人也。朱骏声《通训定声》："对文则处子曰女，适人曰妇。"*nǐ a② （中）nǐ o② （现）ny③ （方言音）W. ny⑤ Y. nøy④ Mn. lu③ li③

    缅字 နှ（《缅汉词典》311 页）碑*naai（仰光）nɛ:（方言音）T. ɲɛ D. ɲɛ I. ɲɛ

257. 绪《说文》：丝耑也。《段注》："耑者，草木初生之题也。因为凡首之称。

抽丝者得绪而可引。" * zǐ a② （中）zǐ o② （现）ɕy④ （方言音）W. zi⑤ Y. ʃøy④ Mn. su⑤

缅字。开始，端（《缅汉词典》190 页）碑*tsɑʔ（四）乍（仰光）sa（方言音）T. sa D. sɒ I. sa

258. 楚《说文》：丛木。*tʃhǐ a② （中）tʃhǐ o② （现）tʂhu③ （方言音）Wtshəu③ Y. tʃhɔ③ Mn. \tshɔ③

缅字 ခြုံ 灌木丛（《缅汉词典》124 页）碑*khlum（仰光）tɕhoũ （方言音）T. ɕaũ D. khluẽ I. ɕoũ

259. 煮《说文》：孚也。*tǐ a② （中）tɕǐ o② （现）tʂu③ （方言音）W. tsɿ③ Y. tʃhy③ Mn. tsu③

缅字 ကျို 熬、煎（《缅汉词典》52 页）碑*klui（仰光）tɕo（方言音）T. klo D. kluɯ I. klo

260. 煮 做（饭菜等）*kijǎʔ （中）tɕǐ o② （现）tʂu③ （方言音）W. tsɿ③ Y. tʃhy③ Mn. tsu③

缅字 ချက် （饭菜等）煮、炒、做（《缅汉词典》124 页）碑*khlak（四）恰（仰光）tɕhɛʔ（方言音）T. tɕɛʔ D. klaʔ I. ɕɛʔ

261. 煮《说文》：烹也。加水煮*tǐ a②（中）tɕǐ o②（现）tʂu③ （方言音）W. tsɿ③ Y. tʃy③ Mn. tsu③

缅字 ပြုတ် 煮（《缅汉词典》567 页）碑*prut（仰光）（方言音）T. prauʔ D. plwi I. pluʔ 此字亦可与缅字 ကျို 煎熬 *klui （仰光）tɕo比较

白保罗构拟的藏缅语 "煮" 的词根为：*prut（白保罗1972《汉藏语言概论》131节）

262. 杵《说文》：舂杵也。*thǐ a② （中）tɕhǐ o② （现）tʂhu③ （方言音）Y. tʃhy④ Mn. tshu③

缅字 ကျည် 柱，棍（《缅汉词典》59 页）碑*kle（四）（仰光）（方言音）T. shɔ̃ thɔ̃ D. shoũ pøʔ I. tã pwe

263. 纾《说文》：缓也。*dǐ a② （中）dʑǐ o② （现）ʂu③（方言音）W. sɿ① Mn. su⑤

缅字 ချောင် 松、舒适（《缅汉词典》127 页）碑*khlɔŋ（仰光）tɕhaũ （方言音）

第八章　缅汉同源词　455

264. 暑《说文》：热也。*ɕǐa② （中）ɕǐo② （现）ʂu③ （方言音）W. sy③ Y. ʃy③ Mn. su③

缅字 ချစ်ချစ် 极热（《缅汉词典》129页）碑*khlakkhlak （仰光）tɕhɛʔ tɕhɛʔ （方言音）T. klaʔ klaʔ　D. klaʔ klaʔ　I. tɕhɛʔ tɕhɛʔ

265. 巨《说文》：规巨也。巨同矩。后巨又借为巨细之巨。*gǐa② （中）tɕy④ （现）jy（方言音）W. dʑy⑤ Y. køy⑥ Mn. ku⑤

缅字 ကြီ: 大（《缅汉词典》129页）碑*ki（四）革里（仰光）tɕi（方言音）T. kwi　D. kwi　I. ki

266. 御　御者御之使不至，禁者禁之使不行。*ŋǐa② （中）ŋǐo② （现）y④ （方言音）W. jy⑤ Y. jy⑥ Mn. gu⑤

缅字 က 阻拦，挡住（《缅汉词典》13页）碑*kaa（仰光）ka（方言音）T. ka　D. kɔ　I. ka

267. 甫《说文》：男子美称也。*pǐwa② （中）pǐu② （现）fu③ （方言音）W. fu③ Y. fu③ Mn. hu③

缅字 ဖ 对长者的尊称（《缅汉词典》622页）碑*phaʔ（四）阿帕（仰光）（方言音）T. pha　D. pha　I. tɔ pha

268. 父《说文》：矩也，家长，率教者。*pǐwa②*pǎwa （中）pǐu② （现）fu③ （方言音）W. vu⑤ Y. fu⑥ Mn. hu⑤

缅字 ဘ/ဖ/ဖေ 父亲（《缅汉词典》622, 576, 582页）碑*pha（四）阿帕（仰光）ə phe（方言音）T. pha　D. pha　I. tɔ pha

在《白狼歌》中有"父子同赐"句，上古缅音用汉字注就是"捕苴菌毗"。郑张尚芳认为其中"捕"即缅语的"父"音。

白保罗构拟的藏缅语"父"的词根为：*pa（白保罗1972《汉藏语言概论》24节）

269. 抚《说文》：安也。安抚。一曰：揗。抚摩之意。*phǐwa② （中）phǐu② （现）fu③ （方言音）W. fu③ Y. fu③ Mn. hu③

缅字 ပွတ် 磨、蹭（《缅汉词典》574页）碑*pwat（四）（仰光）puʔ（方言音）T. puʔ　D. pueʔ　I. puʔ

270. 辅《说文》：人颊车也。*bǐwa②*bǎʔ （中）bǐu② （现）fu④ （方言音）W. fu③ Y. fu⑥ Mn. hu③

缅字 ပါ 脸颊（《缅汉词典》494页）碑*pa（仰光）pa（方言音）T. pa　D. pɔ　I.

pɑ:

271. 腐《说文》烂也。：*bǐ wɔ②　（中）bǐ u②　（现）fu③　（方言音）W. vu⑤ Y. fu⑥　Mn. hu③　hu⑤

　　缅字ပုပ် 烂，腐烂（《缅汉词典》543 页）碑*pup（仰光）pouʔ（方言音）T. pu　D. pou　I. pouʔ

272. 舞《说文》：乐也。* mǐ wa②　（中）mǐ u②　（现）u③　（方言音）W. vu⑤　Y. mou④　Mn. bu③

　　缅字မြူ 欢跃，欢腾（《缅汉词典》714 页）碑*（仰光）（方言音）T. mlu　D. mlu　I. mru

273. 缕《说文》：线也。* lǐ wɔ②* gǐrǒ　（中）lǐ u②　（现）ly③　（方言音）W. ly②　Y. løy④　Mn. lɯ③

　　缅字ကြိုး 绳，索（《缅汉词典》68 页）碑*kriu（仰光）tɕo（方言音）T. klo　D. klɯ　I. kro

274. 拄《简明古汉语常用字字典》支撑：* tǐ wɔ②　（中）tǐ u②　（现）tʂu③　（方言音）Y. tʃy③　Mn. tu③

　　缅字ထောက် 支撑（《缅汉词典》401 页）碑*thɔk（四）（仰光）thauʔ（方言音）T. thɔʔ　D. thøʔ　I. thɔʔ

275. 柱《说文》：楹也。楹，屋柱。* ɖǐ wɔ②　（中）ɖǐ u②　（现）tʂu④　（方言音）W. zɿ⑤　Y. tʃhy④　Mn. tsu⑤thiau⑤

　　缅字တိုင် 柱子（《缅汉词典》370 页）碑*toŋ（四）息（仰光）tãĩ（方言音）T. tɯŋ　D. tãĩ　I. tẽĩ

276. 取《说文》：* tshǐ wɔ②* skhǒ？　（中）tshǐ u②　（现）tɕhy③　（方言音）W. tshi③　Y. tʃhøy③　Mn. tshu③

　　缅字ခြွေ/ခူး/ဆွတ် 摘取（《缅汉词典》153/100/294 页）碑*khrwe/khuu/tshwat（仰光）tɕhwe /kuː /shuʔ（方言音）T. khu　D. khu　I. khu

　　白保罗构拟的藏缅语"拿走、取走"的词根为：*ku（-s）（白保罗 1976）

277. 聚《说文》：* dzǐ wɔ②　（中）dzǐ u②　（现）tɕy④　（方言音）W. zi⑤　Y. tʃøy⑥　Mn. tsu④

　　缅字စု 集中，积蓄，聚集（《缅汉词典》214 页）碑*tsuʔ（仰光）suʼ（方言音）T. su　D. su　I. su

278. 乳《说文》：人及鸟生子曰乳。* nǐ wɔ②　（中）n̠ǐ u②　（现）ʐu③　（方

言音）W. zɿ⑤　Y. jy④　Mn. lu③

缅字 နို့ 奶、乳（《缅汉词典》453 页）碑*niuʔ（仰光）noʹ（方言音）T. no　D. nɯ　I. no

279. 雨《说文》：水从云下也。*ɣĭwa②*Gwǎʔ *Gwǎs （中）ɣĭu② （现）y③ （方言音）W. ju⑤　Y. jy④　Mn. u③hɔ⑤

缅字 မိုး 下雨（《缅汉词典》815 页）碑*rwaa某唰（仰光）jwa（方言音）T. wɑ　D. jɒ　I. jwa，wa

280. 补《说文》：完衣也。*pua②*paaʔ （中）pu② （现）pu③ （方言音）W. pu③ Y. pou③ Mn. pɔ③

*缅字 ဖာ 缝补（《缅汉词典》578 页）碑*pha（仰光）pha（方言音）T. pha　D. pha　I. pha

281. 薄《说文》：林薄也。《段注》："林木相迫不可入曰薄。" *bua② （中）bu② （现）pu④ （方言音）W. bu⑤ Y. pou⑥ Mn. phɔ⑤

缅字 ပွါ:增长、增多（《缅汉词典》570 页）碑*pwaa（四）（仰光）pwa（方言音）T. pwɑ　D. pwɒ　I. pwa

282. 部*buə② （中）pu② （现）pu④ （方言音）W. bu⑤ Y. pou⑥ Mn. phɔ⑤

缅字 ပိုင်: 部分（《缅汉词典》529 页）碑*puiŋ（仰光）paĩ:（方言音）T. paĩ　D. pɯŋ　I. peĩ

283. 堵《说文》：垣也。垣，墙也。堵塞。*ta② （中）tu② （现）tu③ （方言音）W. təu③ Y. tou③ Mn. tɔ③

缅字 တာ:阻止（《缅汉词典》344 页）碑*taa（仰光）ta:（方言音）T. tɑ　D. tɒ　I. ta

284. 掳《说文》：获也。*la② （中）lu② （现）lu③ （方言音）W. ləu③ Y. lou④ Mn. lɔ③

缅字 လု 抢劫、抢夺（《缅汉词典》843 页）碑*luʔ（四）（仰光）lu（方言音）T. lu　D. lu　I. lu

285. 组 *tsa② （中）tsu② （现）tsu③ （方言音）W. tsəu③　Y. tʃou③　Mn. tsɔ③

缅字 စု 群，伙（《缅汉词典》214 页）碑*tsu（四）（仰光）su（方言音）T. su　D. su　I. su

286. 盐《说文》：*kĭărm （中）jĭam①（现）ian②（方言音）W. jiI② Y. jim② Mn. iam②（文）sĭ②（口）

缅字 ωδ:火药（《缅汉词典》760 页）碑*jam（仰光）jã:

白保罗构拟的藏缅语"火药"的词根为：*g-ryum（白保罗 1972《汉藏语言概论》472 节）

287. 贾《说文》：贾市也。《段注》："市，买卖所之也。因之凡买凡卖皆曰市。贾者凡买卖之称也。""引申之，凡卖者之所得，买者之所出，皆曰贾。" *ka② *kaaʔ （中）ku② （现）ku③ （方言音）W. kəu③ Y. ku③ Mn. kɔ③

缅字 ကာ：（罕）贸易、交易（《缅汉词典》16 页）碑*ka（仰光）ka:（方言音）T. kɑ D. kɒ I. kɑ

288. 苦 *kha② *khaaʔ （中）khu② （现）khu③ （方言音）W. khəu③ Y. khu③ fu③ Mn.~ khɔ③

缅字 ခါး苦（《缅汉词典》97 页）碑*khaa（四）苛（仰光）kha:（方言音）T. khɑ D. khɒ I. khɑ

白保罗构拟的藏缅语"苦"的词根为：*ka（白保罗 1972《汉藏语言概论》8 节，并在第 40 节中，用汉语的"苦"和"肝"与原始藏缅语的*ka 作比较。）

289. 五《说文》：五行也。*ŋa② （中）ŋu② （现）u③ （方言音）W. ŋ⑤ Y. ŋ④ Mn. gõ ③gɔ⑤

缅字 ငါ：五（《缅汉词典》168 页）碑*ŋa（四）阿（仰光）ŋa（方言音）T. ŋɑ D. ŋɒ I. ŋɑ

白保罗构拟的藏缅语"五"的词根为：*l-ŋa /*b-ŋa（白保罗 1972《汉藏语言概论》42 节）

290. 虎《说文》：山兽之君。*ha② *qhlaaʔ （中）hu② （现）hu③ （方言音）W. həu③ Y. fu③ Mn. hɔ③

缅字 ကျား：虎（《缅汉词典》46 页）碑*kla（四）贾（仰光）tça（方言音）T. klɑ D. klɒ I. tça

白保罗构拟的藏缅语"虎"的词根时认为"原始彝缅语的'虎'（kla）是来自孟高棉语的借词。"：（白保罗 1972《汉藏语言概论》83 节）。同时他又认为缅文的"虎"与汉语的"虎"有关。（白保罗 1972《汉藏语言概论》301

节）。关于此词与汉语的关系，黄树先有较详细的论述，请见 2003 年《汉缅语比较研究》第 64 页。

291. 户《说文》：半门曰户。*ɣa②*glaa? （中）ɣu② （现）hu④ （方言音）W. fiəu⑤ Y. wu⑥ Mn. hɔ⑤

    缅字 ဝင်္ဂ 门（《缅汉词典》356 页）碑*tam khaa（四）丹卡（仰光）də ga （方言音）T. khɔ pɔʔ D. tõ khɔ I. tã kha

292. 互《周礼·牛人》："凡祭祀共其牛牲之互。"注"玄谓互，若今屠家县肉格。" *ɣa②*Gaas （中）ɣu② （现）hu④ （方言音）W. fiəu⑤ Y. wu⑥ Mn. hɔ⑤

    缅字 ဝက်က 三脚支架（《缅汉词典》934 页）碑*wak kaʔ（仰光）wɛʔ ka（方言音）I. shoũ tɕhɔŋ thɔʔ

293. 箸《说文》：筷子。*ťi a③*tas （中）ťi o③ （现）tṣu④ （方言音）W. tṣʮ④ Y. tʃy⑤ Mn. tu④

    缅字 တု 筷（《缅汉词典》346 页）碑*tu（仰光）tu（方言音）T. tu D. tu I. tu

    原先，人们总以为"tu"是缅语中的借词，缅甸人是从福建籍的华侨那儿借来的。现究其根源，原来缅语的"tu"与汉语的"箸"是同源词。

294. 觑《说文》拘觑，未致密也。*tshi a③ （中）tshi o③ （现）tɕhy④ （方言音） Y. tʃhøy⑤ Mn. tshu④

    缅字 ချောင်း 偷看，窥探（《缅汉词典》128 页）碑*khluuŋ（仰光）tɕhaũ （方言音）T. khlõ D. khluɯŋ I. khlɔŋ:

295. 薯 *źi a③ （中）źi o③ （现）ṣu③ （方言音）W. zʮ⑤, Y. ʃy② Mn. su② tsu②

    缅字 ကန်စွန်း 薯（《缅汉词典》35 页）碑*kam tswanuʔ（仰光）kə zũ u

296. 去《说文》：人相违也。《段注》违，离也。*khǐ a③ （中）khǐ o③ （现）tɕhy④ （方言音）W. tɕhy④tɕhi④, Y. høy⑤ Mn. khu④ khi④

    缅字 ခွါ 分开（《缅汉词典》146 页）碑*kwa（仰光）khwa（方言音）T. khwa D. khwɒ I. khwa

297. 付《说文》：与也。*pǐ wɔ③ （中）pǐ u③ （现）fu④ （方言音）W. fu④ Y. fu⑤ fu⑥ Mn. hu④

    缅字 ပို့ 送（《缅汉词典》510 页）碑*poʔ（四）（仰光）po'（方言音）T. po D.

pɯ I. po

298. 附 《说文》：附娄，小土山也。《段注》："土部：'坿，益也.'增之意宜用之相近之义亦宜用之。今则尽用附，而附之本意废矣。" *bĭ wɔ③　（中）bĭ u③　（现）fu④　（方言音）W. vu⑤ Y. fu⑥ Mn. hu⑤

缅字 ပူ: 粘连、（鬼神）俯身、紧贴（《缅汉词典》502页）碑*pu（仰光）pu（方言音）T. pu D. pu I. pu

299. 务 《说文》：帽之义。或借"冒、鍪" mǔ s 为之。*mĭ wɔ③ *mŭ s　（中）mĭ u③　（现）u④　（方言音）W. vu⑤ Y. mou⑥ Mn. bu⑤

缅字 မောက် 冠、冠状物（《缅汉词典》676页）碑*mɔk（仰光）mauʔ（方言音）T. mɔʔ D. mø? I. mɔʔ

300. 雾 *mĭ wɔ③ *mŏ ks　（中）mĭ u③　（现）u④　（方言音）W. vu⑤　Y. mou⑥　Mn. bu⑤

缅字 မြူ 雾（《缅汉词典》714页）碑*mru（四）蒙蒙（仰光）mju（方言音）T. mju D. mju I. mju

301. 铸 《说文》：销金也。桂馥《义证》："《玉篇》：'铸，熔铸也.'颜注《急就篇》：'凡金铁销冶而成者谓之铸.'" *tĭ u③　（中）tɕi u③　（现）tʂu④　（方言音）W. tsʐ④ Y. tʃy⑤ Mn. tsu④

缅字 ချို 熔化、炼（《缅汉词典》52页）碑* kliu（四）骨路（仰光）tɕo（方言音）T. tɕo D. krɯ I. tɕo

302. 句 《说文》：曲也。*kĭ wɔ③ *koo *koos　（中）kĭ u③　（现）tɕy④　（方言音）W. tɕy④　Y. køy⑤　Mn. ku④

缅字 ကောက် 弯，弯曲（《缅汉词典》26页）碑*kɔk（仰光）mju（方言音）T. kɔʔ D. kø? I. kɔʔ

303. 惧 《说文》：恐也。*gĭ wa③ *gwă s　（中）gĭ u③　（现）tɕy④　（方言音）W. dzy⑤　Y. køy⑥　Mn. ku⑤

缅字 ကြောက် 怕（《缅汉词典》73页）碑*klɔk（四）（仰光）tɕauʔ（方言音）T. tɕɔʔ klø? D. klø? I. tɕɔʔ

白保罗构拟的藏缅语"害怕"的词根为：*grok /*krok（白保罗 1972《汉藏语言概论》473节）白保罗还在注430中提到：但在同一汉藏语词根的范围有一个例子在语音上和形态上都可能直接对应：参见 glâ k/lâ k"雒"（害怕），k' lâ k/kâ k"恪"（谨慎而恭敬）。缅语中的 *krɔk 害怕/*khrɔk 使恐怖，动词的送气与否决定了动词主动与使动。在这里送气的动词为使动动词。

304. 裕《说文》：衣物饶也。*ʎĩ wɔ③*kilŏ ks （中）jĭu③ （现）y④ （方言音）W. jy⑤ Y. jy④ Mn. u⑤ lu⑤

    缅字 လောက် 足够、充足（《缅汉词典》886 页）碑*lɔk（四）（仰光）lauʔ（方言音）T. lɔʔ D. løʔ I. lɔʔ

305. 吁《说文》：呼也。*ʎĩ au③ （中）jĭu③ （现）y④ （方言音）Mn. u⑤

    缅字 ဟော် 大声叫、吼（《缅汉词典》1192 页）碑*ɔ（四）（仰光）ɔ（方言音）T. ɔ D. ɔ I. ɔ

306. 布《说文》：枲织也。《段注》："古者无今之木棉布，但有麻布及葛布而已。引申之，凡散之曰布。"*pua③ （中）pu③ （现）pu④ （方言音）W. pu④ Y. pou④ Mn. pɔ④

    缅字 ပုဝါ 披巾（《缅汉词典》491 页）碑*puʔ wɑ 骗（仰光）pə wa（方言音）T. pa wa D. pa wɒ I. pa wa

307. 补《说文》：完衣也。*bua③ （中）bu③ （现）pu③ （方言音）W. bu⑤ Y. pou⑥ Mn. pɔ⑤ pɔ③

    缅字 ဖာ 缝补（《缅汉词典》578 页）碑*pha（仰光）pha（方言音）T. pha D. phɒ I. pha

308. 捕《说文》：取也。《广韵·暮韵》："捕，捉也。"*bua③ （中）bu③ （现）pu③ （方言音）W. bu⑤ Y. pou⑥ Mn. pɔ⑤ pɔ③

    缅字 ဖမ်း 抓、捕（《缅汉词典》593 页）碑*pham（四）潘（仰光）phã（方言音）T. phã: D. phõ I. phã:

309. 蠹《说文》：木中虫。*ta③ （中）tu③ （现）tu④ （方言音）Y. tou⑤, Mn. tɔ④

    缅字 ထောက် （衣服等）虫蛀（《缅汉词典》360 页）碑*tuk（仰光）tauʔ（方言音）T. tɔʔ D. tøʔ I. tɔʔ

310. 度《说文》：法制也。从又，庶省声。《段注》："周制：寸尺、咫、寻、常、仞、皆以人之体为法。寸法人手之寸口，咫法中妇人手长八寸，仞法伸臂一寻，皆于手取法，故从又。"*ta③ （中）tu③ （现）tu④ （方言音）W. dəu⑤ Y. tou⑥ Mn. tɔ⑤

    缅字 တာ 丈量（《缅汉词典》342 页）碑*ta（四）（仰光）ta（方言音）T. ta D.

tɒ I. tɑ

311. 路《说文》：道也。*la③ （中）lu③ （现）lu④ （方言音）W. ləu⑤ Y. lou⑥ Mn. lɔ⑤

    缅字 လမ်း:路，道（《缅汉词典》900 页）碑*laam（四）懒（仰光）lã（方言音）T. lã   D. lɔ̃   I. lã

312. 赂《说文》：遗也。*la③ （中）lu③ （现）lu④ （方言音）W. ləu⑤ Y. lou⑥ Mn. lɔ⑤

    缅字 လဘ် 贿赂（《缅汉词典》900 页）碑*labh（仰光）laʔ

313. 遡《说文》：逆流而上。*sa③ （中）su③ （现）su④ （方言音）Mn. sɔ④

    缅字 ဆန် 逆流（《缅汉词典》287 页）碑*tshan（仰光）shã（方言音）T. shã   D. shãĩ   I. shã

314. 故《说文》：使为之也。*ka③ （中）ku③ （现）ku④ （方言音）W. kəu④   Y. ku⑤   Mn. kɔ④

    缅字 ခိုင်း 使唤、指使（《缅汉词典》113 页）碑*khiuŋ（仰光）khãĩ（方言音）T. khãĩ   D. khɯŋ   I. khẽĩ

315. 固《说文》：四塞也。*ka③ （中）ku③ （现）ku④ （方言音）W. kəu④ Y. ku⑤ Mn. kɔ④

    缅字 ခိုင်/ကာ 坚固/围住（《缅汉词典》13/113 页）碑*khuiŋ/kaa（仰光）khãĩ /ka（方言音）T. khɯŋ / kɒ   D. khɯŋ / kɒ   I. khẽĩ / kɑ

316. 胯/股《说文》：股也。*kha③ *khwraas/kaa? （中）khu③ （现）khu④ （方言音）Mn. kɔ④

    缅字 ခါး 腰（《缅汉词典》97 页）碑*ka（四）噶（仰光）kha（方言音）T. kha   D. khɒ   I. kha

317. 胯《说文》：股也。《段注》引《广韵》说："胯，两股之间也。"*khwa① *khwraas （中）khu③   （现）khua①   （方言音）W. kho①   Y. khua⑤ Mn. khua④

    缅字 ခွ 分叉处（《缅汉词典》145 页）碑*khwɑʔ（仰光）khwaʼ（方言音）T. khwa   D. khwɒ   I. khwa

318. 跨《说文》：渡也。《段注》："谓大（拉大）其两股（两腿的距离），以有所越也。"（中）khu③（方言音）Mn. kha①

    缅字 ခွ 跨（《缅汉词典》145 页）碑*khwɑʔ（仰光）khwaʼ（方言音）T. khwa   D.

khwɒ　I. khwɑ

319. 误《说文》：谬也。*ŋa③　（中）ŋu③　（现）u④　（方言音）W. ŋəu⑤　Y. ŋ⑥　Mn. gɔ̃ ⑤　gɔ⑤
缅字 မှား:错误（《缅汉词典》733 页）碑*mɑ（仰光）hma（方言音）T. mɑ　D. mɑ　I. hmɑ 蟹摄

320. 篦《说文》：*piei①　（中）piei①　（现）pi④　（方言音）Mn. pe① 缅字 ဘီး:（动）梳头；（《缅汉词典》597 页）；ဘီး:（名）梳子、刷子（《缅汉词典》627 页）。缅语中，清送气音为动词，浊音为名词。碑*phli / bi（四）篦（仰光）phji / bi　（方言音）T. phji / pi　D. phji / bi　I. phji / pi /
白保罗构拟的藏缅语词根为:*kwi（y）(1972《汉藏语言概论》480 节）

321. 膍《说文》：*biei①　（中）biei①　（现）phi②　（方言音）Mn. pi②
缅字 ဘို:（古）众多、丰满。（《缅汉词典》597 页）碑*phli（仰光）phji:（方言音）T. phi　D. phi　I. phi

322. 脐/齐《说文》：凡居中曰脐。*dziei①　（中）dziei①　（现）tɕhi②　（方言音）W. zi② Y. tʃhi②　Mn. tse②　tsai②
缅字 လည် 中间，中心（《缅汉词典》904 页）碑*lɑj（四）赖（仰光）lɛ（方言音）T. lɛ　D. le　I. lɛ
白保罗构拟的藏缅语"脐"的词根为:*laï y (1972《汉藏语言概论》287 节）

323. 迷《说文》：或也。迷惑。*miei①　（中）miei①　（现）mi②　（方言音）W. mi② Y. mɐi②　Mn. be ②
缅字 မှိုင်း/မေ့ 朦胧/昏迷（《缅汉词典》737/667 页）碑*muiiŋ /miʔ（仰光）hmãĩ /meʼ（方言音）T. hmãĩ /me D. mɯŋ:/mi　I. mẽĩ /me

324. 堤《说文》：滞也。* tiei①中）tiei①　（现）ti②　（方言音）W. di②　Y. thɐi②　Mn. the ②
缅字 ထိုင်း:迟钝（《缅汉词典》406 页）碑*thuiŋ（仰光）thãĩ（方言音）T. thãĩ　D. thuŋ　I. thẽĩ

325. 齐《说文》：禾麦吐穗上平也。*dziei①　（中）dziei①　（现）tɕhi②　（方言音）W. zi② Y. tʃhɐi②　Mn. tse ② tsue②
缅字 တီ 齐、平（《缅汉词典》344 页）碑*tiʔ（仰光）tiʼ（方言音）T. tiʼ　D. tiʼ　I. tiʼ

326. 脐 肚脐。*dziei① （中）dziei① （现）tɕhi② （方言音）W. zi② Y. tʃhi② Mn. tse ②tsai②
缅字 ချ肚脐（《缅汉词典》124 页）碑*khlak（四）恰（仰光）tɕhɛʔ（方言音）T. khlaʔ D. khlaʔ I. khraʔ

327. 嘶 *siei①*sqě （中）siei① （现）si① （方言音）②Y. ʃi① Mn. si①
缅字 ကြွေး:高呼、喊（《缅汉词典》89 页）碑*krwi（仰光）tɕwe（方言音）T. klwe D. klwe I. tɕwe
白保罗构拟的藏缅语"叫"的词根为:*d-kiy（1972《汉藏语言概论》54 节）

328. 鸡《说文》：知时畜也。*kie① （中）kiei① （现）tɕi① （方言音）W. tɕi①Y. kɐi① Mn. ke①kue①
缅字 ကြက်鸡（《缅汉词典》71 页）碑*krak（四）革刺（仰光）tɕɛʔ（方言音）T. tɕiʔ D. kraʔ I. tɕɛʔ

329. 溪《说文》：*khie① （中）khiei① （现）tɕhi① （方言音）W. tɕhi① Y. khɐi① Mn. \khe① khue①
缅字 ချောင်း溪（《缅汉词典》128 页）碑*khluŋ（仰光）tɕhaũ（方言音）T. khlɔ̃ D. khrøŋ I. khrɔŋ

330. 儿《说文》：孺子也。即婴儿。*ŋie① （中）ŋiei① （现）ni② （方言音）W. ɲi② Y. ŋɐi② Mn. ge②
缅字 ငယ် 年幼（《缅汉词典》182 页）碑*ŋaj（四）爱（仰光）ŋɛ（方言音）T. ŋe D. ŋe I. ŋe

331. 酰《说文》：酸也。即醋。*hie① （中）hiei① （现）ɕi② （方言音）Mn. he①
缅字 ချဉ်酸（《缅汉词典》130 页）碑*khlaŋ（四）遣（仰光）tɕhĩ（方言音）T. khlaŋ D. shẽ I. khʃĩ
白保罗构拟的藏缅语"酸"的词根为:*kri（y）（1972《汉藏语言概论》413 节）

332. 差《说文》：贰也。差不相值也。*tʃheai① （中）tʃhei① （现）tʂhai① （方言音）W. tsho①Y. tʃhai①Mn. tshai①tshe①
缅字 ချာ差、劣（《缅汉词典》118 页）碑*khla（四）（仰光）tɕha（方言音）T. khla D. tɕhɒ I. khla

333. 蜗 蜗牛。*koai①*klool? （中）kwai （现）uo① （方言音）Mn. ua① o①
缅字 ᠊᠊ 软体动物（《缅汉词典》94 页）碑*khru（仰光）kha ju
白保罗构拟的藏缅语"蜗"的词根为:*kroy（1972《汉藏语言概论》311 节）

334. 埋《古汉语常用字字典》埋藏。*mea① （中）mɐi① （现）mai② （方言音）W. mɒ②Y. mai② Mn. bai②
缅字 ᠊᠊ 埋（《缅汉词典》746 页）碑*mrup(仰光)hmjou?(方言音)T. mjou? D. mrui? I. mjau?

335. 霾《说文》：风雨土也。《尔雅·释天》："风而雨土为霾。"*mea① （中）mɐi① （现)mai② （方言音）Y. mai② Mn. bai②
缅字 ᠊᠊ 阴沉沉（《缅汉词典》737 页）碑*muiiŋ（四）（仰光）hmãi：（方言音）T. hmãi D. mɯŋ I. mẽi

336. 骸《说文》：胫骨也。*ɣea① *gruɯɯ （中）ɣei① （现）hai② （方言音）Y. hai② Mn. hai②
缅字 ᠊᠊:骨头、骨骼（《缅汉词典》792 页）碑*rui（四）阿肉（仰光）a jo（方言音）T. a jo D. a jɯ I. a jo
白保罗构拟的藏缅语"骨"的词根为:*k（h）rut<*g-rus（1972《汉藏语言概论》61 节和注 401）

337. 陪《说文》：重土也。徐灏《段注笺》："重土为陪。引申为凡相重之称。"*bea① *blɯɯ （中）bueɪ① （现）phai② （方言音）W. bɛ② Y. phui② Mn. pue②
缅字 ᠊᠊ 陪；堆积；补赏、增添（《缅汉词典》510 页）碑*po?（四）补（仰光）po'（方言音）T. po D. pɯ I. po

338. 推《说文》：排也。*thuei① （中）thuɐi① （现）thuei① （方言音）W. thɛ① Y. thøy① Mn. thuei① the① tu①
缅字 ᠊᠊:推（《缅汉词典》387 页）碑* twaan（四）（仰光）tũ：（方言音）T. tũ D. tuẽ I. tũ

339. 催《说文》：相捣也。徐锴《系传》："捣，相迫蹙也。"* tshuei① （中）tshuɐi① （现）tshuei① （方言音）W. tshɛ①Y. tʃhøy① Mn. tshui①
缅字 ᠊᠊ 敲击（《缅汉词典》269 页）碑*tshɔ（仰光）shɔ（方言音）T. shɔ D. chɔ I. shɔ

340. 灰《说文》：死火余烬也。*huə① （中）huɒi① （现）huei① （方言音）W. huE① Y. fuiy① Mn. hue① he① hu①

缅字 ခဲး烟，烟雾（《缅汉词典》103 页）碑*khoo（四）阿叩（仰光）khoː（方言音）T. kho D. khɯ I. kho

白保罗构拟的藏缅语词根*kuw （白保罗 1972《汉藏语言概论》256 节

341. 炱《说文》：灰，炱煤也。《段注》："炱煤，烟尘也。"* də① * gilɯɯ （中）dɒi① （现）thai② （方言音）W. dE① Y. thɔi② Mn. thai②

缅字 ခဲး烟、烟雾（《缅汉词典》103 页）碑*khoo（四）阿叩（仰光）khoː（方言音）T. kho D. khɯ I. kho

342. 来《说文》：天所来也。故为行来之来。*lə① *m·rɯɯ （中）lɒi① （现）lai② （方言音）W. lE② Y. lɒi② lɐi② Mn. lai②

缅字 လာ 来（《缅汉词典》842 页）碑*laa（仰光）la（方言音）T. la D. lɒ I. la

343. 载《说文》：*tsə① （中）tsɒi① （现）tsai① （方言音）W. tsE② Y. tʃɔi① Mn. tsai①

缅字 တင် 载（《缅汉词典》362 页）碑*tiuk（四）敦（仰光）taɪʔ（方言音）T. taɪʔ D. tɒʊʔ I. taɪʔ

344. 栽 植之谓之栽。*tsə① （中）tsɒi① （现）tsai① （方言音）W. tsE② Y. tʃɔi① Mn. tsai①

缅字 စိုက် 栽、种植（《缅汉词典》页）碑*tsok（四）（仰光）saɪʔ（方言音）T. suʔ D. sɒʊʔ I. saɪʔ

345. 哉《说文》：言之闲也。*tsə① （中）tsɒi① （现）tsai① （方言音）W. tsE② Y. tʃɔi① Mn. tsai①

缅字 。表示疑问语气（《缅汉词典》190 页）碑*tsa（四）（仰光）sa

346. 腮《说文》：*sə① （中）sɒi① （现）sai① （方言音）W. sE① Y. ʃɔi① Mn. sai①

缅字 ပါးတက် 腮（《缅汉词典》496 页）碑*pa hak（仰光）pə hɛʔ（方言音）T. paː D. paː I. paː

347. 鳃《说文》：*sə① （中）sɒi① （现）sai① （方言音）W. sE① Y. ʃɔi① Mn. sai①

缅字 ပါးတက် 鳃（《缅汉词典》496 页）碑*pa hak（仰光）pə hɛʔ（方言音）

T. pa: hɑʔ　D. pa haʔ　I. pa hɛʔ

348. 荄 草根。字或作"核"、"荄"*kə①*kɯɯ　（中）kɒi①　（现）kai①　（方言音）Y. kɔi①　Mn. kai①

缅字 အြေ 根基，底（《缅汉词典》136页）碑*khri（四）（仰光）tɕhe

349. 赅/该 备也。*kɯɯ　（现）kai①

缅字 ရှိ(古)有，具备（《缅汉词典》1027页）碑*hɑjʔ（仰光）hɛˋ

350. 孩 *ɣɤ①　*glɯɯ　（中）ɣɒi①　（现）hai②　（方言音）W. ɦɪ②　Y. hai②　hɔi②　Mn. hai②

缅字 ြေး:(古)小孩（《缅汉词典》142页）碑* khri（四）（仰光）tɕhe:（方言音）T. tθa kã　D. khle　I. lusha ŋɛ

351. 地 *tiei②*m•li ls　（中）tiei②　（现）ti④　（方言音）W. di⑤Y. tɐi④　Mn. te⑤　ti⑤

缅字 ြေ 土地（《缅汉词典》415页）碑*mrij（四）麦类、乇（仰光）mje（方言音）T. mle　D. mle　I. mle、mje

352. 弟《说文》：韦束之次弟也。*diei②*diils< gï liils　（中）diei②　（现）ti④（方言音）W. di⑤Y. tɐi④　Mn. te⑤　ti⑤

缅字 ြေး:幼小的（《缅汉词典》415页）碑*thwii（仰光）thwe（方言音）T. thwi　D. thwi ŋi le /thwi　I. thwe

白保罗构拟的藏缅语"弟"的词根为：*doy~ *toy（白保罗1972《汉藏语言概论》309节）

353. 洗《说文》：洒足也。《段注》："洗读如跣足之跣，自后人以洗代洒涤字，读先礼切。"*siən②*sɯɯlʔ　（中）siei②　（现）ɕi③　（方言音）W. si③　Y. ʃɐi③　Mn. se③ẓsue③

缅字 ေ:洗（《缅汉词典》265页）碑*tshi（四）（仰光）she（方言音）T. she　D. she　I. she

白保罗构拟的藏缅语"洗"的词根为：*shi（缅语中的洗 早期语音）<原始藏缅语（m-）syil（白保罗1972《汉藏语言概论》注54）

354. 启《说文》：教也。以手启户为本意。*khiei②*khɯɯlʔ　（中）khiei②　（现）tɕhi③　（方言音）W. tɕhi③Y. khɐi③　Mn. khe③

缅字 ှိ 开始（《缅汉词典》118页）碑*khi（四）（仰光）tɕhi（方言音）T. khi　D. tɕhi　I

355. 奶《说文》：奶也*nai②*rnɯɯʔ/*nreelʔ （中）nai③ （现）nai③ （方言音）Mn. lã i③ lẽ ③
缅字 ၀ငႇ/ႏို့（婉）乳房/奶（《缅汉词典》198/453 页）碑*tsɑ nii /noʔ（四）奴（仰光）sə ne / no'（方言音）T. no D. nẽi je I. no

356. 絯《说文》：*ɣeə②*klɯɯ/grɯɯʔ （中）ɣɐi② （现） （方言音）Mn. hai⑤
缅字 ကြိုး:绳索（《缅汉词典》68 页）碑*krui（仰光）tɕo:（方言音）T. tɕo D. tɕo I. tɕo

357. 采《说文》：捋取也。摘取。*tshə② （中）tshɒi② （现）tshai③ （方言音）W. tshE③ Y. tʃhɔi③ Mn. tshai③
缅字 ဆွတ် 采摘（《缅汉词典》294 页）碑*tswɑt(仰光)shuʔ(方言音)T. shuʔ D. shweʔ shuʔ I. shuʔ

358. 铠《说文》：甲也。* khəi②* khlɯɯlʔ （中）khɒi② （现）khai③ （方言音）③ Y. hɔi③ Mn. kai③
缅字 ခြပ် 铠甲，甲胄（《缅汉词典》133 页）碑*khlɑp（四）克剌（仰光）tɕhaʔ

359. 闭《说文》：关门。*piei③*piits （中）piei③ （现）pi④ （方言音）W. pi④ Y. pɐi⑤ Mn. te ptpe④
缅字 ပိတ် 关闭（《缅汉词典》534 页）碑*pit（四）卑（仰光）peɪʔ（方言音）T. pi D. pi I. paɪʔ

360. 帝《说文》：谛也。王天下之号也。*tie③*tiis<*kïliiks （中）tiei③ （现）ti④ （方言音）W. ti④ Y. tɐi④ Mn. te ④
缅字 ထီး 伞（《缅汉词典》392 页）碑*thi（四）替（仰光）thi（方言音）T. thi D. thi I. thi
《白狼歌》中有"大汉是治"句，用汉字注缅音时是用"堤官傀构"。郑张尚芳认为：此处"堤"字就是注的缅音"ထီး/thi: /象征王权的伞"，与汉语的"帝"是对应的。

361. 霁《说文》：雨止也。*tsiei③ （中）tsiei③ （现）tɕi④ （方言音）Y. tʃɐi③ Mn. tse④
缅字 စဲ 停止，结束（《缅汉词典》219 页）碑*tsaj（仰光）sɛ

362. 挤《说文》：排也。推排（使坠落）。*tsiei③ （中）tsiei③ （现）tɕi④ （方言音）W. tsi③ Y. tʃɐi③ Mn. tse④

缅字 usdwf 背地干、暗中使劲（《缅汉词典》60 页）碑*klit（仰光）tɕeɪʔ

363. 切《说文》：刌也。切断。* tshiei③ * tshiit （中）tshiei③ （现）tɕhi④ （方言音）W. tshi④ Y. tʃʜei④ Mn. tshe④

缅字 ခတ် 切开（《缅汉词典》240 页）碑*tsit（仰光）seɪʔ（方言音）T. sɪʔ D. sɪʔ I. saɪʔ

364. 细《说文》：微也。*siei③ （中）siei③ （现）ɕi④ （方言音）W. si④ Y. ʃei⑤ Mn. se ④ sue④

缅字 သေး:细、小（《缅汉词典》979 页）碑*si（四）（仰光）tθe（方言音）T. tθe D. shi I. shi

白保罗构拟的藏缅语"细小"的词根为：*ziy（白保罗 1972《汉藏语言概论》注 60）

365. 契《说文》：大约也。《易》曰："后（代）圣人易之以书契。"*khiat④ （中）khiei③ （现）tɕhi④ （方言音）W. tɕhi④ Y. khei⑤ Mn. khe④

缅字 ချုပ် 签约（《缅汉词典》134 页）碑*khlup（仰光）tɕhouʔ（方言音）T. tɕhouʔ D. khrouʔ I. khrouʔ

366. 繫《说文》：粗劣的丝。*tie③ （中）tiei③ （现）tɕi④ （方言音）W. tɕi④ Y. hei⑥ Mn. ke ④

缅字 တည်:系、捆、绑（《缅汉词典》374 页）碑*taŋ（仰光）tɛ（方言音）T. tɛ D. te I. te

367. 繐 *ɣwei③ （中）ɣiwei③ （现）huei④（方言音）Mn. hui③

缅字 မြစ်（《缅汉词典》728 页）碑*mrit（仰光）mjeɪʔ（方言音）T. mriʔ D. mriʔ I. mraɪʔ

368. 帗《说文》：帔也。《段注》："帔，一幅巾也。"*bĭ at④ （中）bi ɛi③ （现）pi④ （方言音）W. bi⑤ Y. pei⑥ Mn. pe⑤

缅字 ပိတ် 棉布（《缅汉词典》534 页）碑*pit（四）（仰光）peɪʔ（方言音）T. piʔ D. piʔ I. paɪʔ

369. 滞《说文》：凝也。徐锴《系传》："本为水之凝聚不流通，因引申为凡不流通之称。"*ɖi at④ （中）ɖi ɛi③ （现）tʂʅ④ （方言音）W. zɿ⑤ Y. tʃei⑥ Mn. te⑤

缅字 တိတ် 停、止（《缅汉词典》374 页）碑*tit（仰光）teɪʔ（方言音）T. tɪʔ D. tɪʔ I. taɪʔ

370. 柵《说文》：薄也。又有薄木片义。*ɕi at④ *lĕ p （中）ji ɛi③ （现）i④ （方言音）Mn. e⑤

    缅字 ပါး 薄（《缅汉词典》906 页）碑*ljaʔ（仰光）lja

    白保罗构拟的藏缅语"薄、压平"的词根为：*lyap（白保罗1972《汉藏语言概论》212 节

371. 岁《说文》：木星也。年岁之岁。*s̃i wat④ （中）s̃i wɛi③ （现）suei④ （方言音）W. sE④ Y. ʃøy⑤ Mn. sue④ he④

    缅字 နှစ် 年、年龄（《缅汉词典》991 页）碑*tsak（四）撒（仰光）tθɛʔ（方言音）T. shaʔ D. shaʔ I. tθɛʔ

372. 太/大 *that④ *kthaat （中）thai③ （现）thai④ （方言音）W. thE④ Y. thai⑤ Mn. thai④

    缅字 တယ် 极、真（《缅汉词典》382 页）碑*taj（仰光）tɛ（方言音）T. tɛ D. tɛ I. tɛ

    白保罗构拟的藏缅语"大"的词根为：*tay 并与汉语的 ̔太 ̕作比较。（白保罗1972《汉藏语言概论》298 节、注 208）

373. 蜕《说文》：蛇蝉所解皮也。*thuat④ *kʰĭŏ t *qljŏ t *kʰĭloots （中）thuɑi③ （现）thuei④ （方言音）W. thE④ thəu④ Y. tøy⑤ Mn. thue④

    缅字 ချွတ် 脱、卸下（《缅汉词典》152－153 页）碑*khlwt（四）出（仰光）tɕhuʔ（方言音）T. khluʔ khrweʔ D. khrweʔ I. khruʔ

    缅语中还有一个不送气的声母组成的词"ကျွတ်/tɕuʔ/解脱、脱落"与"ချွတ်"互为主动与使动关系。

    白保罗构拟的藏缅语"脱"的词根为：*g-lwat （白保罗 1972《汉藏语言概论》209 节）

374. 债 犹借也。*tʃe③ （中）tʃe③ （现）tsai④ （方言音）W. tsɒ④ Y. tʃai⑤ Mn. tsai④

    缅字 ချေး 债（《缅汉词典》89 页）碑*krwii（仰光）tɕwe（方言音）T. tɕwi D. klwe I. klwe

    缅语中"ချေး:/tɕhi:/"为借债，"ချေ/tɕhe /"为还债、清帐。元音与声调的改变，成为词义变化的条件。

375. 隘/厄《说文》：困难、窘迫。*e③ *qreeks /*qreek （中）ai③ （现）ai④ （方言音）W. E④ Y. ai⑤ Mn. ai④

缅字 ခက် 困难（《缅汉词典》106 页）碑*khak（四）刻（仰光）kɛʔ（方言音）T. khi? D. khɑ? I. khɛ?

376. 搤《说文》：捉也。《汉书·扬雄传》："搤熊罴。"颜师古注："搤，捉持之也。"*e③ （中）ai③ （现） （方言音）Mn. ai④
缅字 ခင် 掐住脖子（《缅汉词典》1206 页）碑*ak（仰光）ɪʔ（方言音）T. eʔai? D. ɑi? I. ɪ?

377. 悖/誖《说文》：乱也。*buəi③*buds （中）buɒi③ （现）pei④ （方言音）W. bɛ⑤ Y. pui⑥ Mn. pue⑤
缅字 ပွေ 乱、胡作非为（《缅汉词典》570 页）碑*pwe（仰光）pwe（方言音）T. pwe D. pwi I. pwi

378. 退《古汉语常用字字典》：向后走。*thuəi③*thuups （中）thuɒi③ （现）thuei④ （方言音）W. thɛ④ Y. thøy⑤ Mn. thue④ the④
缅字 ဆုတ် 退（《缅汉词典》287 页）碑*tshut（四）出（仰光）shou?（方言音）T. shu? D. shui? I. shou?

379. 能《说文》：熊属。徐灏《段注笺》："能，古熊字。假借为贤能之能，后为借义所专，遂以火光之熊为兽名之能。"* （中）nɒi③ （现）nen （方言音）Mn. lã î
缅字 နိုင် 胜任（《缅汉词典》461 页）碑*nuiŋ（仰光）nɑĩ（方言音）T. nɑĩ D. nɯŋ I. nɑĩ
在《白狼歌》中已有出现。如："屈伸悉备"汉字注缅语音时用"局后乃离"。乃，正是"နိုင်/nɯŋ/"的注音。

380. 载《说文》：乘也。*dzə③ （中）dzɒi③ （现）tsai④ （方言音）W. tsɛ④ Y. tʃɔi⑤ Mn. tsaĩ④
缅字 သယ် 运载（《缅汉词典》1015 页）碑*tsai（仰光）tθɛ

381. 爱*əi③ *qɯɯds （中）ɒi③ （现）ai④ （方言音）W. ɛ④ Y. ɔi⑤ Mn. ai④
缅字 ချစ် 爱（《缅汉词典》129 页）碑*khlak（四）茄（仰光）tɕɪ?（方言音）T. ɕɪ? D. khle? I. tɕhɪ? ɕɪ?

382. 肺《说文》：金藏也。*pʰi wat④ （中）pʰi wɐi④ （现）fei④ （方言音）W. fi④ Y. fɐi⑤ Mn. hui④
缅字 အဆုတ် 肺（《缅汉词典》1083 页）碑*a tshup（四）阿楚（仰光）a shou?

（方言音）T. a shauʔa shuiʔ D. a shuiʔ I. a shauʔ

臻摄

383. 贫《说文》：财分少也。*bĭ ən①　（中）bĭ en①　（现）phin②　（方言音）W. bin② Y. phɛn② Mn. pin②

    缅字 ဆင်း 瘦;稀少（《缅汉词典》541 页）碑*pin（仰光）peĩ（方言音）T. pi D. peĩ I. peĩ

384. 民《说文》：众萌也。萌,《段注》："犹懵懵无知儿。" *mĭ en①　（中）mĭ en①　（现）min②　（方言音）W. min② Y. mɛn② Mn. bin② 此处用"萌"来释义"民"字，说明读音和词义相近。古文中还有"岷""甿"均有民众之意。

    缅字 ဝိန်း/ပြိန်း:蠢人；愚笨、迟钝（《缅汉词典》542/569 页）လယ်သမား:农民（《缅汉词典》841 页）碑*pin /lə muin（仰光）peĩ　lə maĩ（方言音）T. peĩ pi D. pi /priŋ I. peĩ

385. 闽《说文》：东南越，蛇种。越：《段注》引《释名》："越，夷蛮之国也。"居住在今天福建和浙江南部。*mĭ ən①　（中）mĭ en①　（现）min③　（方言音）W. min③Y. mɛn④ Mn. bin②ban②

    缅字 မြွေ 蛇（《缅汉词典》742 页）碑*mrwe（四）麦类（仰光）mwe（方言音）T. bwi mlwi D. mlwi I. hmwe

386. 鸣《说文》：鸟声也。《段注》："引申之凡出声皆曰鸣。"*mreŋ　（中）　（现）miŋ③　（方言音）W. min③Y. mɪŋ Mn. bbiŋ

    缅字 မြည် 叫、鸣（《缅汉词典》727 页）碑*mri（四）（仰光）mji（方言音）T. bjɛ D. mle I. hmje hmi

387. 薪《说文》：荛也。柴草。*sĭ en①　（中）sĭ ĕ n①　（现）ɕin①　（方言音）W. sin① Y. ʃɛn① Mn. sin①

    缅字 ထင်း:柴（《缅汉词典》403 页）碑*thaŋ（仰光）thĩ（方言音）T. thaŋ D. thẽ I. thẽ

    白保罗构拟的藏缅语"树"的词根为：*siŋ（白保罗1972《汉藏语言概论》233 节）

388. 银《说文》：白金也。* ŋĭ ən①* ŋrŭ n　（中）ŋĭ ĕ n①　（现）in②　（方言音）W. n̩in② Y. ŋɛn② Mn. gun②

    缅字 ငွေ 银（《缅汉词典》185 页）碑*ŋwi（四）位（仰光）ŋwe（方言音）

T. ŋwi D. ŋwe I. ŋwe

白保罗构拟的藏缅语"银"的词根为：*（d-）ŋul（白保罗 1972《汉藏语言概论》注 54）

389. 沦《说文》：小波为沦。*liwən①　（中）lǐ uǎ n①　（现）luən②　（方言音）W. lən② Y. løn② Mn. lun②

缅字 လှိုင်း:波、浪（《缅汉词典》914 页）碑*luiŋ（四）（仰光）hlãĩ：（方言音）T. hlãĩ D. luɯŋ I. lẽĩ

390. 均《说文》：平，徧也。*kǐ wen①*kwǐi n　（中）kǐ uě n①　（现）tɕyn① （方言音）W. tɕyn① Y. kuən① Mn. kun①

缅字 ကုန် 都（表多数）（《缅汉词典》37 页）碑*kun（仰光）koũ （方言音）T. kɑu D. kue I. koũ

391. 桱《说文》：桱桯也。徐锴《系传》：桱，劲挺之貌也。*keeŋs　（中）　（现）

缅字 ကျည်:棍（《缅汉词典》59 页）碑*kli（仰光）tɕi

392. 芬《说文》：草初生，其香分布。*phǐ wən①　（中）phǐ uən①　（现）fən①（方言音）W. fən① Y. fən① Mn. hun① pun①

缅字 ပ္လ 香气扑鼻（《缅古文字典》288 页）碑* plam?（仰光） pjã （方言音）T. plã D. plɒ I. plã

393. 敦《说文》：怒也；诋也。一曰：谁何也《段注》："皆责问之意。"*tuən①　（中）tuən①　（现）tuən①　（方言音）W. tən①Y. tøn① Mn. tun①

缅字 တုံ:表责问的语气助词（《缅汉词典》747 页）碑*tun（仰光）doũ

394. 臀《说文》：*duən①　（中）duən①　（现）thuən②　（方言音）W. dən② Y. thyn② Mn. thun②

缅字 တင် 臀部（《缅汉词典》364 页）碑*taŋ（仰光）fĩ（方言音）T. phã D. tẽ I. phẽ

395. 昏《说文》：日冥也。从日、氐省。氐者，下也。一曰：民声。*huən① *hmɯɯn　（中）huən①（现） huən①　（方言音）W. huən①Y. fəŋ① Mn. hun① hŋ①

缅字 မှုန် 模糊不清（《缅汉词典》741 页）碑*mun（四）买（仰光）hmoũ （方言音）T. hmɑu D. muẽ I. hmoũ

白保罗构拟的藏缅语"昏"的词根为：*mun～ s-mun（白保罗1972《汉藏语言概论》注 419）

396. 敏《说文》：疾也。*mĭən② （中）mĭěn② （现）min③（方言音）
W. min③ Y. mən④ Mn. bin③
缅字မြန်迅速、敏捷（《缅汉词典》729 页）碑*mran（四）麦滥（仰光）mjã
（方言音）T. mlã D. mlaĩ I. mlã mrã

397. 尽《说文》：器中空也。*tsĭen② （中）tsĭěn② （现）ʝɪn④（方言音）
W. zin⑤ Mn. tsin⑤
缅字ဆံ့尽、光（《缅汉词典》229 页）碑*tsaŋ（四）张（仰光）sĩ （方言
音）T. saŋ D. sẽ I. sẽ

398. 尽 罗振玉《增订殷墟书契考释》："食尽，器斯涤矣。故有终尽之意。"
*dʑĭen② （中）dʑĭěn② （现）tɕin④ （方言音）W. zin⑤ Y. tʃøn⑥ Mn.
tsin⑤
缅字ဆုံး完、结束（《缅汉词典》273 页）碑*tshuum（仰光）shoũ：（方言音）
T. shau D. shuẽ shau I. shoũ：

399. 忍《说文》：能也。忍，王筠《句读》："能读为耐。皇侃《论语》疏：'忍
犹容耐也。'" *ɲĭən② （中）ȵĭěn② （现）zan③ （方言音）
W. zən⑤ ɲin⑤ Y. jən③ jən④ Mn. lim③ lun③
缅字အောင့်忍（《缅汉词典》1203 页）碑*ŋ（仰光）aũ（方言音）T. ɔŋ D.
ɔ̃ I. ɔ̃

400. 紧《说文》：缠丝急也。引申为紧、缩*kĭən② （中）kĭěn② （现）tɕin③
（方言音）W. tɕin③ Y. kən③ Mn. kin③
缅字ကျဉ်း狭窄、窄（《缅汉词典》59 页）碑*kliŋ（仰光）tɕĩ（方言音）T. tɕĩ D.
krẽ I. tɕaŋ，tɕĩ

401. 引《说文》：开弓也。一曰：长、久远也。*ʎien② （中）jĭěn② （现）
in③ （方言音）W. jin⑤ Y. jən④ Mn. in③
缅字ရှည်（时间）久、（身材）高、（长度）长（《缅汉词典》831 页）碑*hriŋ～
*hre（四）舍（仰光）ɕe（方言音）T. ɕe D. she I. ɕe
白保罗构拟的藏缅语"引"的词根为：*（s-）riŋ（白保罗1972《汉藏语言
概论》注 433）

402. 盾 *ɖiwən② （中）dʑĭuĕn② （现）tun④ （方言音）W. dən⑤ Y.
thøn④ Mn. tun③
缅字ဒိုင်း盾（《缅汉词典》428 页）碑*diuŋ（仰光）daĩ （方言音）

403. 吮《说文》：欶也。用口含吸。*ɖiwən② （中）dʑiuěn② （现）ʂuan③ （方言音）Mn. sun⑤

    缅字 စုပ် 吸（《缅汉词典》251 页）碑*tsup（四）(仰光) souʔ(方言音)T. sauʔ D. souʔ I. sauʔ

404. 吻《说文》：口边也。*miwən② （中）miuən② （现）uən③ （方言音）W. vən③ Y. mɛn④ Mn. bun③

    缅字 မွေ:吻（《缅汉词典》747 页）碑*mwee(仰光)hmwe(方言音)T. hmwe D. mwe I. hmwe

405. 蕴 包含储藏 *ʔiwən② （中）jiuən② （现）yn④ （方言音）Y. wɛn ⑤ Mn. un④

    缅字 အောင်း:躲藏、蕴藏（《缅汉词典》1205 页）碑*ɔŋ（仰光）aũ（方言音）T. ɔŋ D. ɔ̃ I. ɔ̃

406. 汛《说文》：洒也。*sĭen③ （中）sĭěn③ （现）ɕyn④ （方言音）W. sin④ Y. ʃøn⑤ Mn. sin④

    缅字 စဉ် 溅（《缅汉词典》237 页）碑*tsaɲ（仰光）sĩ （方言音）T. saŋ D. sẽ I. sẽ

407. 震《说文》：劈历。霹雳。*tĭən③ （中）tɕĭěn③ （现）tʂən④ （方言音）W. tsən④ Y. tʃən⑤ Mn. tsin③

    缅字 ချုန်း/ခြိမ်း:打雷（《缅汉词典》133/145 页）碑*khlun khrim（仰光）tɕhoũ /tɕheĩ （方言音）T. mo dzo tɕo D. mo khri I. mo khloũ

408. 峻《说文》：高也。*siwən③ （中）siuěn③ （现）tɕyn④ （方言音）W. tsin④ Y. tʃøn⑤ Mn. tsun④

    缅字 ဇွန်း 高耸（《缅汉词典》254 页）碑*tswaŋʔ（仰光）swĩ

409. 顺/驯《说文》：驯，马顺也。*ɖiwən③ *ɡljwŭns （中）dʑiuěn③ （现）ʂuən④ （方言音）W. zən⑤ Y. ʃøn⑥ Mn. sun⑤

    缅字 စုန် 顺（风、水）（《缅汉词典》249 页）碑*tsun（仰光）soũ （方言音）T. sau D. suẽ I. soũ

410. 问《说文》：讯也。*mĭwən③ （中）mĭuən③ （现）uən④ （方言音）W. vən⑤ mən⑤ Y. mɛn⑥ Mn. bun⑤ bŋ⑤

    缅字 မေး:မြန်း:问（《缅汉词典》668 页）碑*memran（仰光）memjã （方言音）

411. 近《说文》：附也。附近。*ɡiən③ *ɡŭn （中）ɡiən③ （现）tɕin④ （方

言音）W. dzin⑤ Y. kɛn⑥ Mn. kun⑤

缅字 ကျဉ်းချဉ်:狭窄/走近（《缅汉词典》59/130 页）碑*klaŋ /khlaŋ（仰光）tɕʰĩ（方言音）T. klaŋ D. klɛ̃ I. tɕĩ :

412. 闷 *muən③*mɯɯns （中）muən③ （现）mən④ （方言音）W. mən① Y. mun⑥ Mn. bun⑤

缅字 မွန်း:憋气、窒息（《缅汉词典》732 页）碑*mwan（仰光）mũ （方言音）T. mũ D. muẽ I. mũ

413. 钝《说文》：錭也。（刀剑）不锋利。* duən③ （中）duən③ （现）duən④ （方言音）W. dən⑤ Y. tøn⑥ Mn. dun⑤ dun①

缅字 တုံး:钝、不锋利（《缅汉词典》358 页）碑*tum（仰光）toũ （方言音）T. tau D. toũ I. toũ

414. 嫩 *nuən③*nuuns （中）nuən③ （现）nən④ （方言音）W. nən⑤ Y. nyn⑥ Mn. lun⑤

缅字 ညွှန့်:幼芽（《缅汉词典》315 页）碑*ṇwan?（仰光）ṇũ（方言音）T. ṇũ D. ṇuẽ ṇũ' I. ṇũ

白保罗构拟的藏缅语"幼小"的词根为*now（白保罗 1972《汉藏语言概论》274 节）

415. 毕《说文》作"縪"。縪，止也。*pĭ et④ （中）pĭ ĕ t④ （现）pi④ （方言音）W. piɹh⑥ Y. pɛt⑦ Mn. pit⑥

缅字 ပစ် 最后、关（《缅汉词典》534 页）碑*pit（仰光）peɪʔ（方言音）T. pi D. pi I. paɪʔ

416. 笔 * pĭ ət④* prŭ t （中）pĭ ĕ t④ （现）pi③ （方言音）W. piɹh⑥ Y. pɛt⑦ Mn. pit⑥

缅字 တံဆိပ် (古)画刷（《缅汉词典》357 页）（仰光）tã puʔ

417. 七 阳之正也。*tshĭ et④ （中）tshĭ ĕ t④ （现）tɕhi① （方言音）W. tshiɹh⑥ Y. tʃhɛt⑦ Mn. tshit⑥

缅字 ခုနစ် 七（《缅汉词典》99 页）碑*khu naʔ（四）库涅（仰光）khu hnɪʔ（方言音）T. khu ne D. khu neiʔ khũ I. khu nɪʔ

白保罗构拟的藏缅语"七"的词根为：*s-nis（白保罗 1972《汉藏语言概论》5 节）

418. 漆《说文》：* tshĭ et④* tshĭ k （中）tshĭ ĕ t④ （现）tɕhi① （方言音）

W. tshiɪh⑥　Y. tʃhɐt⑦　Mn. tshit⑥

缅字 ေဆး:烟叶（《缅汉词典》265 页）碑*tshii（仰光）she:（方言音）T. she　D. she　I. she

白保罗构拟的藏缅语"颜料、油漆"的词根为：*tsiy（白保罗 1972《汉藏语言概论》65 节）

419. 悉《说文》：详、尽也。*sĭ et④　（中）sĭ ĕ t④　（现）ɕi①　（方言音）W. siɪh⑥　Y. ʃik⑦　Mn. sit⑥　sik⑥

缅字 သိ 知道、熟悉（《缅汉词典》969 页）碑*si（四）洗（仰光）tθi'（方言音）T. tθi　D. shi　I. shi

白保罗构拟的藏缅语"知道、悉"的词根为：*syey（白保罗 1972《汉藏语言概论》182 节）

420. 蛭《说文》：蟣也。《段注》："水蛭者今之蚂蟥。" *ʨĭ et④　（中）tɕĭ ĕ t④　（现）tʂʅ④　（方言音）Y. tʃɐt⑨　Mn. sit⑥

缅字 ကျွတ် 水蛭（《缅汉词典》87 页）碑*klwat（仰光）tɕu ʔ（方言音）D. tɕoʔ

421. 实《说文》：富也。桂馥《义证》引《六书故》："贯盈于内，实之义也。" *ʥĭ et②　（中）dʑĭ ĕ t④　（现）ʂʅ②　（方言音）W. zɤh⑦　Y. ʃɐt⑨　Mn. sit⑦　tsat⑦

缅字 ကျစ် 结实（《缅汉词典》58 页）碑*klak（仰光）tɕɪʔ（方言音）T. tɕeɪʔ　D. kleɪʔ　I. tɕɪʔ

422. 日《说文》：实也。太阳之精不亏。* nĭ et④* njit＜*miljĭ t　（中）n̠ĭ ĕ t④　（现）ʐʅ④　（方言音）W. zɤh⑦　Y. jet⑨　Mn. lit⑦

缅字 နေ 太阳（《缅汉词典》449 页）/ နေ့ 白天、天、日（《缅汉词典》448 页）碑*ni / niʔ（四）腻/腻（仰光）ne /neʾ（方言音）T. ne　D. ne　I. ne

白保罗构拟的藏缅语"日"的词根为：*niy（白保罗 1972《汉藏语言概论》81 节）

423. 诘《说文》：问也。*khĭ et④*khĭ t　（中）khĭ ĕ t④　（现）tɕi②　（方言音）W. tɕiɪh⑥Y. khit⑧　Mn. khit⑥

缅字 စစ် 盘问、诘问（《缅汉词典》284 页）碑*tsak（仰光）shiʔ（方言音）T. sheʔ　D. shaiʔ　I. shiʔ

424. 一 *iet④　（中）ĭ ĕ t④　（现）i①　（方言音）W. iɪh⑥Y. jɐt⑦　Mn. it⑥　tsit⑦

缅字 တက် 词义碑 *tak（四）爹（仰光）tɪʔ（方言音）T. teɪʔ   D. teɪʔ   I. tɪʔ
白保罗构拟的藏缅语"一"的词根为：*tyak（白保罗 1972《汉藏语言概论》注 271）汉语的"只"来自*tyak。

425. 逸《说文》：失也。*ɲĭ et④   （中）ɲĭ ĕ t④   （现）i①   （方言音）W. jiɪh⑥   Y. jɐt⑨   Mn. it⑥   tsit⑦   ik⑦   （中）

缅字 လက် 逃、溜（《缅汉词典》892 页）碑*lak（仰光）lɪʔ（方言音）T. leɪʔ   D. leɪʔ   I. lɪʔ

426. 出《说文》：进也。象草木益滋，上出达也。*thĭ wŏ t④   （中）tɕhĭ uŏ t④   （现）tṣhu①   （方言音）W. tshɤh⑥ Y. tʃhɵt⑦ Mn. tshut⑥

缅字 ထွက် 出（《缅汉词典》415 页）碑*thwak（四）托（仰光）thwɛʔ（方言音）T. thwaʔ   D. thw aʔ   I. thwɛʔ

427. 拂《说文》：过击也。徐锴《系传》："击而过之也。"*phĭ wət④   （中）phĭ uət④   （现）fu②   （方言音）W. fɤh⑥ Y. fet⑦ Mnhut⑥

缅字 ပုတ် 拍（《缅汉词典》535 页）碑*put（仰光）pouʔ（方言音）T. pu   D. puɪ   I. pouʔ

428. 沸/燸*phĭ wət ④*pɯt   （中）phĭ uət④   （现）fu②   （方言音）W. fɤh⑥   Y. fɐt⑦ Mn. hut⑥

缅字ပြုတ် 煮（《缅汉词典》页）အပြုတ် 煮的食物（《缅汉词典》1120 页）碑*plut/aprut（四）（仰光）pjouʔ /a pjouʔ（方言音）T. plau   D. plwiʔ   I. pjouʔ

429. 屈《说文》：无尾也。《段注》引《淮南》："屈奇之服。"许慎注："屈，短也；奇，长也。凡短尾曰屈"*kĭ wət④   （中）kĭ uət④   （现）tɕhy①   （方言音）Y. wɐt⑦ Mn. khut⑥

缅字 ကျွတ် 掉、脱落（《缅汉词典》87 页）碑* klwat（仰光）tɕuʔ（方言音）T. kluʔ   D. klueʔ   Ikluʔ   kruʔ

430. 屈 *khĭ wət④   （中）khĭ uət④   （现）tɕhy①   （方言音）Y. wɐt⑦ Mn. khut⑥

缅字 ချွတ် 脱（《缅汉词典》152 页）碑*khlwat（四）（仰光）tɕhuʔ（方言音）T. khluʔ   D. khrueʔ   Ikhluʔ   khruʔ

431. 没《说文》：沈也。《段注》："没者，全入于水。"*muət④*mɯɯt   （中）muət④   （现）mo④   （方言音）W. mɤh⑦   Y. mut⑦ Mn. but⑥

缅字မြုပ် 沉没（《缅汉词典》729 页）碑*mrup（仰光）mjouʔ（方言音）T.

mluʔ mlouʔ D. mlouʔ I. mlouʔ

白保罗构拟的藏缅语"没"的词根为：*brup～ *prup（白保罗1972《汉藏语言概论》151 节）

432. 突《说文》：犬从穴中暂出也。徐锴《系传》："犬匿于穴中伺人，人不意之，突然而出也。" *duət④ （中）duət④ （现）thu① （方言音）W. dɤh⑦ Y. tet⑨ Mn. tut⑦

    缅字 ထွက် 露出、支出（《缅汉词典》408 页）碑*thut（四）（仰光）thouʔ（方言音）T. thuʔ D. thuiʔ I. thouʔ

山摄

433. 掀《说文》：举出也。*hĭən① （中）hĭɐn① （现）ɕiən① （方言音）W. ɕii① Y. hin① Mn. hian①

    缅字 လှန် （《缅汉词典》917 页）碑*hlan（仰光）hlã（方言音）T. hlã D. lɑ̃i I. hlɛ̃

434. 蔫 *ĭan① （中）ĭɐn① （现）nian① （方言音）W. ii① Y. jin① Mn. ian①

    缅字 ညှိုး 蔫、枯萎（《缅汉词典》471 页）碑*nwam（仰光）nũ：（方言音）T. nwã D. nunwã： I. nũ

435. 翻 *pʰĭwan① *pʰăn （中）pʰĭwɐn① （现）fan① （方言音）W. fɛ① Y. fan① Mn. huan①

    缅字 ပြန် 颠倒、翻译（《缅汉词典》568 页）碑*pran（四）白滥（仰光）pjã（方言音）T. plã D. plɑ̃i I、plɑ̃i

436. 番 量词，次、回。* pʰĭwan①*pʰăn （中）pʰĭwɐn① （现）fan① （方言音）W. fɛ① Y. fan① Mn. huan①

    缅字 ပန် 次数（《缅汉词典》591 页）碑*pʰan（仰光）plã（方言音）T. plã D. pʰɑ̃i I. plã

437. 蕃《周礼·大行人》："九州岛岛之外谓之藩国。"藩国，即蕃国。* pĭwan① *păn （中）pĭwɐn① （现）fan① （方言音）W. fɛ① Y. fan① Mn. huan①

    缅字 ဗိုလ် 洋人（《缅汉词典》617 页）碑*bol（仰光）bo

438. 返《说文》：返回。*pʰĭwan①*păn? （中）pʰĭwɐn① （现）fan① （方言音）Mn. huan①

缅字ြန် 回（《缅汉词典》568 页）碑*pran（仰光）pjã（方言音）T. plã D. plãĩ I、plãĩ

439. 反《说文》：覆也。*pʰĭ wan①*pă nʔ （中）pʰĭ wɐn① （现）fan① （方言音）Mn. huan①

缅字ြန် 颠倒（《缅汉词典》568 页）碑*pran（仰光）pjã（方言音）T. plã D. plãĩ I、plãĩ

440. 燔《说文》：焚烧。*bĭ wan①*bă n～*bŭn （中）bĭ wɐn① （现）fan② （方言音）Mn. huan②

缅字ပ。发光、发亮（《缅汉词典》482 页）碑*pɑ（仰光）pɑ（方言音）T. pɑ D. pɒ I. pɑ

白保罗构拟的藏缅语"烧"的词根为:*bar～ *par（白保罗 1972《汉藏语言概论》220 节

441. 繁 *bĭ wan① （中）bĭ wɐn① （现）fan② （方言音）W. vɛ② Y. fan② Mn. huan②

缅字ြန်：多、充满（《缅汉词典》576 页）碑*plwan（仰光）pjũ

442. 元《说文》：始也。人头是元的本义，始是元的引伸义。* ŋĭ wan①* ŋŏ n （中）ŋĭ wɐn① （现）yan② （方言音）W. n̻iø② jiø② Y. jyn② Mn. guan②

缅字ငြ头、嫩芽（《缅汉词典》315/483 页）碑*ŋwanʔ（四）（仰光）n̻ũ

443. 原《说文》：水泉本也。*ŋĭ wan① （中）ŋĭ wɐn① （现）yan② （方言音）W. n̻iø② jiø② Y. jyn② Mn. guan②

缅字ရင်:根源（《缅汉词典》802 页）碑*raŋ（仰光）jĩ

444. 猿 *yĭ wan① （中）yĭ wɐn① （现）yan② （方言音）W. jiø② Y. jyn② Mn. guan② uan②

缅字လူဝံ 猿（《缅汉词典》851 页）碑*lu wam（仰光）lu wũ

445. 园/院《说文》：所以果实也。用来种植果木的地方。*yĭ wan① （中）yĭ wɐn① （现）yan② （方言音）W. jiø② Y. jyn② Mn. uan② hŋ②

缅字ဝင်း:院、园（《缅汉词典》937 页）碑*waŋ（仰光）wĩ（方言音）T. waŋ D. wɛ̃ I. wɛ̃

446. 圆/员《说文》：员有圆之义。*yĭ wan①*gŏ n （中）yĭ wɐn① （现）yan② （方言音）W. jiø② Y. jyn② Mn. uan②hŋ②

缅字 ဝန်:环绕、圆（《缅汉词典》943页）碑*wan（四）（仰光）wĩ / wũ（方言音）T. wũ D. wãi I. wũ

447. 滩《说文》：水濡而干也。《段注》：“后人用为沙滩”*than①*thaan<*nqhlaan （中）than① （现）than① （方言音）W. thɛ① Y. than① Mn. than①
缅字 သန့် 不软不硬、半干（《缅汉词典》408页）（仰光）thã
白保罗在1972《汉藏语言概论》注488中提到：汉—藏语在舌尖音前的长的词中元音*aï在汉语中以本质上是长元音的 â 体现出来（中古汉语中短元音的"空子"都由来自上古汉语ə的ậ 填补）这种交替令人信服地以韵母*a-（=aï）而带有名物化后缀 －n=/·n/的这样一些词根表现出来，……，还可参见汉-藏语*taïn；藏-缅语*tan：藏语than -pa"旱天，暑热，干旱季节"，缅语than than "快要干旱"，汉语thâ n "滩"（不是GSR中的"河流干涸"或被曲解为"海河滩"）。

448. 难 原为鸟也。《段注》：“今为'难易'字，而本义隐矣。”*nan①* naan<* mɢlaan （中）nan① （现）nan② （方言音）W. nɛ② Y. nan② Mn. lan②
缅字 နာ 病的，难过（《缅汉词典》439页）碑*nɑ（四）纳（仰光）na（方言音）T. nɑ D. nɒ I. nɑ
白保罗构拟的藏缅语"病"的词根为:*na（白保罗 1972《汉藏语言概论》80节）

449. 拦 * lan①* raan < * gïraan （中）lan① （现）lan② （方言音）W. lɛ② Y. lan② Mn. lan②
缅字ရန်:围、挡：围绕着/လက်ရန်:栏杆、扶手（《缅汉词典》809/882页）碑*rɑn（仰光）lɛʔ jã

450. 餐《说文》：吞也。* tshan①* tshaan （中）tshan① （现）tshan① （方言音）W. tshø① Y. tʃhan① Mn. tshan①
缅字 စာ:词义（《缅汉词典》208页）碑*tsɑɑ（四）乍（仰光）sa:（方言音）T. sɑ D. sɒ I. sɑ
白保罗构拟的藏缅语"吃"的词根为:*dza。（白保罗 1972《汉藏语言概论》66节）

451. 肝《说文》：木藏也。*kan① （中）kan① （现）kan① （方言音）W. kø① Y. kɔn① Mn. kan①
缅字 ကာ:味苦（《缅汉词典》97页）အသည်:肝（《缅汉词典》1177页）碑*ka/a se

（四）苛/阿谢（仰光）kha /a tθɛː（方言音）T. khɑː / ɑ tθɛː khɒː / ɑ sheː D. khɒ / ɑ she I. khɑ / ɑ shɛ

白保罗构拟的藏缅语"肝"的词根为*kan（参见白保罗 1972《汉藏语言概论》40 节、a 和 an 之间的关系，可见《汉藏语言概论》注 488）

452. 干 水分少的。*kan① （中）kan① （现）kan① （方言音）W. kø① Y. kɔn① Mn. kan①

缅字 ခန်း:干涸（《缅汉词典》116 页）碑*khaan（四）热坎（仰光）khãː（方言音）T. khã D. khɒ̃ khãː I. khã 干 也有"盾"义和"阻止"义。对应缅文的 ကာ 盾；阻拦（《缅汉词典》13 页）

453. 鞍 *an①*qaan （中）an① （现）an① （方言音）W. ø① Y. ɔn① Mn. an①ũ ã ①

缅字 ကa 套车、备马（《缅汉词典》1 页）碑*kɑ（四）（仰光）ka'（方言音）T. kɑ D. kɒ I. kɑ

454. 潘《说文》：淅米汁也。*phuan①*phaan （中）phuan① （现）phan① （方言音）W. phø① Y. phun① Mn. phuan① phũ ã ①

缅字 ဖန် 消毒水（《缅汉词典》591 页）碑*phan（仰光）phan 民间常用淘米水发酵后洗发，传说有消毒、护发之良效。

455. 盘《说文》：承盘也。*buan① （中）buan① （现）phan② （方言音）W. bø② Y. phun② Mn. phuan② pũ ã ②

缅字 ပန်း/လင်ပန်း:盘、承盘（《缅汉词典》617/889 页）碑*bɑn（仰光）ban /lĩ ban

456. 般《说文》：辟也。像舟之旋。本以为船行走，引申为盘桓。另有返回义（邢公畹 1999b:53）。*buan①*praan*baan （中）buan① （现） （方言音）W. bø② Mn. phuan②

缅字 ပြန် 返回（《缅汉词典》568 页）碑*prɑn（四）（仰光）（方言音）T. plã D. prãĩ I. plã prã

白保罗构拟的藏缅语"回转"的词根为:*bran。（白保罗 1972《汉藏语言概论》133 节）

457. 弁《说文》：冕也。*buan① *brŏ ns （中）buan① （方言音）Mn. phuan②

缅字 ပေါင်း:包头巾（《缅汉词典》527 页）碑*puŋ（仰光） paũ

458. 曼《古汉语常用字字典》：美。*muan①*moon （中）muan① （现） （方

言音）Y. man②

缅字 ᨀ 好、优良；崇高、高尚（《缅汉词典》732 页）碑*mwɑn（仰光）mũ

459. 蔓《说文》：葛属。朱骏声《通训定声》："许云葛属者，谓如葛之类引藤曼长者，凡皆谓之蔓也。"*muan①*mŏ ns （中）muan① （现） （方言音）Y. man②

缅字 ᨀ:块根植物和寄生植物的总称（《缅汉词典》155 页）碑*kə mun（仰光）gə moũ

460. 端《说文》：直也。张舜徽《约注》："端之言耑也，谓人立于地，如草木初生之直也。"本书耑部："耑，物初生之题也。"*tuan① （中）tuan① （现）tuan① （方言音）W. tø① Y. tyn① Mn. tuan①tũ ã ①

缅字 ᨀ 竖立（《缅汉词典》404 页）碑*thuaŋ（仰光）thaũ （方言音）T. thɔ̃ D. thø̃ I. thɔ̃

461. 端 物体的顶端。*tuan① （中）tuan① （现）tuan① （方言音）W. tø① Y. tyn① Mn. tuan①tũ ã ①

缅字 ᨀ:端、尖端（《缅汉词典》256 页）碑*tsuan（仰光）sũ

462. 钻《说文》：所以穿也。用来穿透物体的金属工具。 *tsuan① （中）tsuan① （现）tsuan① （方言音）W. tsø①Y. tʃyn①tʃyn⑤ Mn. tsuan①

缅字 ᨀ:钻、锥（《缅汉词典》215 页）碑*tsu（仰光）su（方言音）T. su D. su I. su

463. 宽《说文》：屋宽大也。*khuan① （中）khuan① （现）khuan① （方言音）W. khuø① Y. fun① Mn. khuan①khũ ã ①

缅字 ᨀ 宽松（《缅汉词典》127 页）碑*khluŋ（仰光）tɕhaũ （方言音）T. khlɔ̃ D. khlø̃ I. khlɔŋ

464. 官、《说文》：吏，事君也。臣也。*kuan① （中）kuan① （现）kuan① （方言音）W. kuø①Y. kun①Mn. kuan①kũ ã ①《白狼歌》中有"大汉是治"之句，汉字注音为："堤官傀构"。郑张尚芳在注释中说："官"有可能对缅语的 ᨀ 和 ᨀ 的连用，表示朝廷。黄树先认为可能缅语像汉语一样，馆舍义引申为办公的官员。因此可与""ᨀ(官员)"对应。郑张尚芳之见似更贴切些。

缅字 ᨀ:行宫（《缅汉词典》84 页）ᨀ 官员（《缅汉词典》942 页）碑*kwɑn（仰光）kũ

465. 倌/官《说文》：小臣也。*kuan①　（中）kuan①　（现）kuan①　（方言音）W. kuø①　Y. kun①　Mn. kuan①kũ ã ①

   缅字 ကျွန်：奴隶，奴仆（《缅汉词典》87 页）碑*klwan（仰光）tɕũ

466. 棺*kuan①　（中）kuan①　（现）kuan①　（方言音）W. kuø①Y. kun① Mn. kuan①kũ ã ①

   缅字 ခေါင်း：棺材（《缅汉词典》110 页）碑*khɔŋ（仰光）khaũ（方言音）T. khɔ̃　D. khɔ̃　I. khɔ̃

467. 观*koon　*koons/馆*koon?/官*koon 这几个汉字都有"房屋"之义。*kuan①　（中）kuan①（现）kuan①（方言音）W. kuø①Y. kun① Mn. kuan①

   缅字 ကွန်း：行宫（《缅汉词典》84 页）碑*kwan（仰光）kũ

468. 观《说文》：谛视也。仔细看之义。*kuan①　（中）kuan①　（现）kuan①（方言音）W. kuø①　Y. kun①　Mn. kuan①

   缅字 ချောင်း：窥视（《缅汉词典》128 页）碑*khluŋ:（仰光）tɕhaũ:（方言音）T. khlɔ̃　D. khlɔ̃　I. khlɔŋ

469. 虺《说文》：*ŋuan①*ngoon　（中）ŋuan①　（现）uan②　（方言音）Mn. guan②

   缅字 ငန်း：大毒蛇（《缅汉词典》180 页）碑*ŋan（仰光）ŋã:（方言音）T. ŋã　D. ŋãĩ　I. ŋã

470. 完　*ɣuan① *qoon　（中）ɣuan①　（现）uan②　（方言音）W. ɦuø②　Y. jyn②　Mn. uan②

   缅字 ကုန်　光、尽（《缅汉词典》37 页）碑*kun（仰光）koũ

471. 丸《说文》：圜，倾侧而转者。*ɣuan①　（中）ɣuan①　（现）uan②　（方言音）W. ɦuø②　Y. jyn②　Mn. uan②

   缅字 လုံး：圆形物、球形物（《缅汉词典》866 页）碑*luum（仰光）loũ:（方言音）T. lɔ̃　D. lɔ̃　I. loũ

472. 班　*pean① *praan　（中）pan①　（现）pan①　（方言音）W. pɛ①　Y. pan①　Mn. pan①　"班"字又作"颁"/*praan/，音义相同。·

   缅字 ဝိဖြန့်：散发、分发（《缅汉词典》932 页）碑*wiphlan?（仰光）wephjã（方言音）T. phjã　D. phrãĩ　I. phjã

473. 弯　*ɣoan①　*qroon　（中）wan①　（现）uan②　（方言音）W. uɛ②Y. jyn②　Mn. uan②

缅字 ကွန်း:拱、弯（《缅汉词典》38 页）碑*kun（仰光）koũ：（方言音）T. kɑu   D. kuẽ   I. koũ

474. 潺 *dʃean①   （中）dʒæn①   （现）tʂhan   （方言音）Y. ʃan②   Mn. tshan②

缅字 သွင်ဆင်း 不断地流淌（《缅汉词典》1022 页）碑*swaŋ（仰光）tθwĩ

475. 间 间隔。*kean①*kreen   （中）kæn①   （现）tɕian②   （方言音）W. tɕiɪ① kɛ① Y. kan①   Mn. kan①   kiŋ①

缅字 ကန့် 隔开（《缅汉词典》34 页）碑*kanʔ（四）（仰光）kã

476. 间*kean①*kreen   （中）kæn①   （现）tɕian②   （方言音）W. tɕiɪ① kɛ① Y. kan①   Mn. kan①   kiŋ①

缅字 ခန်：房间、段落（《缅汉词典》116 页）碑*khɑɑn（四）（仰光）khã：（方言音）T. khã   D. khɑĩ   I. khã

477. 艰《说文》：土难治也。*kean①   （中）kæn①   （现）tɕian①   （方言音）W. tɕiɪ① Y. kan① Mn. kan①

缅字 ကြမ်：粗糙（《缅汉词典》29 页）碑*krɑm（仰光）tɕã（方言音）T̃. tɕã： D. krɪ̃   I. tɕã

478. 边《古汉语常用字字典》旁边：*pian①   （中）pien①   （现）pian①   （方言音）W. piɪ①   Y. pin①   Mn. pian①pĩ①

缅字 ပန်：迂回（《缅汉词典》537 页）碑*pan（仰光）pã

479. 眠 *mien①*miin   （中）mien①   （现）mian①   （方言音）W. miɪ②   Y. min①   Mn. bien②   bin②

缅字 မှိန်း:闭目养神/မှုံ:打瞌睡（《缅汉词典》741/711 页）碑*min/mlaŋ（仰光）hmeĩ

480. 田《说文》：陈也。树谷曰田。《段注》："取其陈列之整齐，谓之田。"*dien① *gïliiŋ   （中）dien①   （现）thian②   （方言音）W. diɪ①Y. thin②Mn. tian②

缅字 ကြည်：大陆（《缅汉词典》77 页）碑*krɑn（仰光）tɕi

白保罗构拟的藏缅语"岛、陆地"的词根为：*gliŋ。藏语的ziŋ"田、地、耕地"可能来自于 lyiŋ。于是"陆地"与"田地"联系了起来。（白保罗 1972《汉藏语言概论》128 节，注 246）因此，缅甸语中的 lɛ（田）与 kriŋ（大陆）看似毫无关系的两个词，实际上由于语音的变化，也就有了密切的联系。

481. 怜《说文》：哀也。*lien① （中）lien① （现）lian② （方言音）W. liɪ② Y. lin② Mn. lian② lin②《白狼歌》中"慕义向化"的缅音注字时用"绳动随旅"。郑张尚芳认为这里的"绳"即古缅语的"ရည်ႏ"音。它与汉语的"怜"对应。

缅字ရည်ႏ：(古) 渴望 (《缅汉词典》807 页) 碑*raɲ (仰光) ji:

482. 溅 （中）tsien① （现）tɕian④ （方言音）W. tsiɪ④ Y. tʃin① Mn. tsian①

缅字ဆင့် 溅 (《缅汉词典》237 页) 碑*tsaŋ (仰光) sĩ

483. 千《说文》：十百也。*tshien① （中）tshien① （现）tɕhian① （方言音）W. tshiɪ① Y. tʃhin① Mn. tshian① tshiŋ①

缅字ထောင် 千 (《缅汉词典》404 页) 碑*thɔŋ (四) 淌 (仰光) thaũ (方言音) I. thõ

在我们方言调查中，发现有些地方对"千"的概念比较生疏。《白狼歌》中有"与人富厚"句，中文字注古缅音时用"魏菌度洗"。郑张尚芳认为此处的"洗"即缅古音"sinh"和汉语的"千"*siin字有关。而按照*siin字的对应缅文应是"သိန်း"《缅汉字典》中释义为"十万"。数量的相差悬殊，也许是古时对大数量不习惯，所以产生混乱。值得进一步研究。

484. 键《说文》：铉也。一曰：车辖。*kien①*grăn （中）kien① （现）tɕian① （方言音）W. tɕiɪ① Y. kin① Mn. kian①

缅字ကန့်လန့် 闩、插销 (《缅汉词典》34 页) 碑*kanʔ lanʔ (仰光) kã lã

汉语的"关"《说文》："以木横持门户也。"*kroon亦与缅语的"ကန့်လန့်"（门闩）同源。

485. 坚《说文》：刚也。*kien①*kiin （中）kien① （现）tɕian① （方言音）W. tɕiɪ① Y. kin① Mn. kian①

缅字အကြည် (古)坚硬 (《模范缅华大词典》45 页) 碑*a klaɲ (仰光) a tɕi

486. 扁 *phien① （中）phĭɛn①（现）pian① （方言音）W. phiɪ① Y. phin① Mn. pian①

缅字ပြား 扁 (《缅汉大词典》612 页) 碑*praa (四) (仰光) pja: (方言音) T. pla D. prɔ I. a pra

487. 缠《说文》：绕也。*ɖian①*dăn （中）ɖiɛn① （现）tʂhan② （方

言音）W. zø② zø⑤　Y. tʃin②　Mn. tian②fi ①

缅字 ၣ်ႈ 卷曲、弯曲（《缅汉词典》387 页）碑*tuɑn（仰光）tũ 黄树先《汉缅语比较研究》95 页上还写到："缅文的'ၣ်ႈ'还有'轻微的抖动'及'发怵之义'分别可与汉语的'颤'*tjăns、弹*daan、惮*daans 对应。"

488. 鲜《简明古汉语常用字字典》：新鲜。*sĭan①　*sĕn　（中）sĭɛn①　（现）ɕian①　（方言音）W. sii①　Y. ʃin①　Mn. sian①

缅字 ဆန်း:特殊、新奇（《缅汉词典》289 页）碑*tshan（仰光）shã （方言音）T. shã　D. shaĩ　I. shã

《白狼歌》中有"所见奇异"句，注古缅音的汉字为"知唐桑艾"。郑张尚芳认为此处"桑"字是缅语"ဆန်း/tshan / 新奇"之音。与汉语的"鲜*sĕn　*sĕns"相当。

489. 燃　燃烧 *n̈ian①　*njen　（中）ȵiɛn①　（现）zan②　（方言音）W. zø②　Y. jin②　Mn. lian②　hĩã②

缅字 လောင် 燃烧（《缅汉词典》891 页）碑*luaŋ（仰光）laũ（方言音）T. lɔŋ　D. lɔ̃　I. lɔ̃

490. 虔《说文》：虎行貌。《段注》："坚固者，虎行之貌也。"*gĭan①　（中）gĭɛn①　（现）tɕhian②　（方言音）W. tɕhiɪ②　Y. khian②　Mn. sian①

缅字 ခဲ 坚固（《缅汉词典》69 页）碑*kramʔ（仰光）tɕã

491. 穿《说文》：通也。*thĭwan①　（中）tɕhĭwɛn①　（现）tʂhuan①　（方言音）W. tshø①　Y. tʃhyn①　Mn. tshuan①tshn①

缅字 ဝှင်း:穿空（《缅汉词典》416 页）碑*thwaaŋ（仰光）（方言音）T. thwẽ：　D. thwẽ：、　I. thwaŋ:

492. 圆《说文》：圜全也。*ɣĭwan①　（中）ɣĭwɛn①　（现）yuan②　（方言音）W. jiø②　Y. jyn②　Mn. uan②ĩ②

缅字 ဝိုင်း:圆/ဝန်း:环绕（《缅汉词典》938/943 页）碑*wuiiŋ /waan/弯（仰光）waĩ :/wũ :（方言音）T. waĩ　D. wuŋ　I. weĩ

白保罗构拟的藏缅语"圆形"的词根为:*wal。（白保罗 1972《汉藏语言概论》91 节，马提索夫用汉语的"圆、员、院、缳、圈、还"等字与和原始藏缅语的*wal作比较白保罗 1972《汉藏语言概论》注 449）

493. 反《说文》：覆也。* pĭwan②* păn?　（中）pĭwɛn②　（现）fan ②　（方言音）W. fɛ③　Y. fan③　Mn. huan③ piŋ③

缅字ပြန်颠倒（《缅汉词典》568页）碑*pran（仰光）pjã（方言音）T. plã   D. plaĩ   I. plã

494. 卷《古汉语常用字字典》：弯曲。*gǐwan②*grŏnʔ（中）gǐwɐn②（现）tɕyan④（方言音）Y. kyn③ Mn. kuan⑤

缅字ကွန်း弯腰（《缅汉词典》38页）碑*kun（仰光）koũ（方言音）T. kɑu   D. kwẽ   I. koũ

495. 圈《说文》：养畜之闲也。*gǐwan②（中）gǐwɐn②（现）juan④（方言音）W. dʑiø⑤ Y. kyn⑥ Mn. kuan⑤

缅字ခြံ养畜、家禽之场所（《缅汉词典》38页）碑*khram（仰光）tɕhã（方言音）T. tɕhã   D. khrõ tɕhã   I. tɑʔ

496. 伴《说文》：大貌。借为伴侣之伴。*buan② *baans（中）buan②（现）pan④（方言音）W. bø⑤ Y. pun④ phun④ Mn. phuan⑤ phũã⑤。甲骨文中有"夫夫"，《说文》：两人并行。读若伴侣之伴。"伴"与"夫夫"音义相同。

缅字ပွန်း:朋友（《模范缅华大词典》297页）碑*pwan（仰光）pũ：

497. 满《说文》：盈溢也。*muan②*moonʔ（中）muan②（现）man③（方言音）W. mø③ Y. mun④，Mn. buan③ bũã③

缅字မွန်း弥漫、充满（《缅汉词典》747页）碑*hmun（仰光）hmũ

汉语的同族词还有"漫"可作对应词。

498. 懑《说文》：烦也。*muan②（中）muan② Mn. buan③

缅字မွန်း:恨，厌恶（《缅汉词典》694页）碑*mun（仰光）moũ（方言音）T. mu   D. moũ   I. moũ

499. 短《说文》：*tuan②（中）tuan②（现）tuan③（方言音）W. tø③ Y. tyn③ Mn. tuan③

缅字တောင်း：（古）短、窄（《缅汉词典》639页）碑*tuaŋ（仰光）totaũ

500. 断 * duan②（中）duan②（现）tuan④（方言音）W. dø⑤ Y. tyn⑥ Mn. tuan⑤tŋ⑤

缅字တောင်း:တောင်း:完全折断（《缅汉词典》369页）碑*tuaŋ（仰光）taũ

501. 暖《说文》：* nuan②（中）nuan②（现）nuan③（方言音）W. nø③ Y. nyn④ Mn. luan③

缅字နွေး:暖（《缅汉词典》470页）碑**nui（四）（仰光）nwe（方言音）T. nwi   D. nwi   I. nwe

502. 算/筭《说文》：数也。《段注》："筭为算之器，算为筭之用。二字音同而义别。" * sqoons/* sqloons （中）suan②Mn. suan④sŋ④

缅字 ခြင် （古）估量、衡量（《缅汉词典》289 页）碑*tshun（仰光）shoũ

503. 管《古汉语常用字字典》：掌管、管理。*guan② （中）guan② （现）guan③ （方言音）W. kuø③Y. kun③ Mn. kuan③kŋ③

缅字 ကွင် 掌管（《缅汉词典》31 页）碑*kiuaŋ（仰光）kaĩ（方言音）T. kaĩ D. kɯŋ I. keĩ

504. 板/版《说文》：版，判也。指剖开的木板。*pean② （中）pan② （现）pan③ （方言音）W. pε③ Y. pan③ Mn. pan③

缅字 ပျင် 木板（《缅汉词典》550 页）碑*pliŋ（仰光）pjĩ（方言音）T. pjĩ D. plε̃ I. pjĩ

505. 扁《说文》：署也。从户册。户册者，署门户之文也*pien② （中）pien② （现）pian③ （方言音）W. piɹ③Y. pin③Mn. pian③pĩ③

缅字 ပျင် 木板（《缅汉词典》550 页）碑*pliŋ（仰光）pjĩ（方言音）T. pjĩ D. plε̃ I. pjĩ

506. 犬 *khiwan②*khweenʔ （中）khiwen② （现）tɕhyan③ （方言音）W. tɕhiø③ Y. hyn③ Mn. khi an③

缅字 ခွေး:犬（《缅汉词典》147 页）碑*khwii（四）盔（仰光）khwe:（方言音）T. khwi D. khwe I. khwe

白保罗构拟的藏缅语"犬"的词根为:*kwiy。（白保罗 1972《汉藏语言概论》159 节）

507. 浅《说文》：不深也。*tshĭ an② （中）tshĭ ɛn② （现）tɕhian③ （方言音）W. tshiɹ③ Y. tʃhin③ Mn. tshian③

缅字 တိမ် 浅（《缅汉词典》381 页）碑*tim（四）登（仰光）teĩ（方言音）T. ti D. ti I. teĩ

508. 演《说文》：长流也。*ʎi an② （中）ji ɛn② （现）ian③ （方言音）W. iɹ③ Y. jin③ Mn. ian③

缅字 စင် 长流（思绪、水流）（《缅汉词典》758 页）碑*jiŋ（仰光）jĩ（方言音）

509. 圈《说文》：养畜之闲也。《段注》："闲，栏也。" *g̃i wan② （中）g̃i wɛn② （现）tɕyan④ （方言音）W. dziø⑤Y. kyn⑥Mn. kuan④

缅字 ကွင်း:空地，广场（《缅汉词典》82 页）碑*kwaaŋ（仰光）kwĩː（方言音）T. kwaŋ   D. kwẽ   I. kwĩː

510. 健《说文》：伉也。《集韵·梗韵》："伉，健力也。"*gĭan③   （中）gĭɐn③ （现）tɕian④   （方言音）W. dzɨɨ⑤   Y. kin⑥   Mn. kian⑤ki̯ã⑤
   缅字 ကျန်:健康、强壮（《缅汉词典》60 页）碑*klan（四）减（仰光）tɕã（方言音）T. klaŋ   D. klãĩ   I. tɕã

511. 惮《说文》：忌难也。《段注》："憎恶而难之也。"*dan③   （中）dan③ （现）dan④   （方言音）W. dɛ⑤ Y. tan⑥ Mn. tan⑤
   缅字 တွန့်:畏缩、发怵（《缅汉词典》387 页）碑*twan?（仰光）tũˈ（方言音）T. tũ   D. tuẽ   I. tũ

512. 粲《说文》：粝米也。俗称"糙米"。*tshan③   （中）tshan③ （现）tshan④（方言音）W. tshɛ④   Y. tʃhan⑤   Mn. tshan④
   缅字 ဆန်: 大米（《缅汉词典》287 页）碑*tshan（仰光）shã（方言音）T. shã̃ shãĩ   D. shãĩ   I. shã

513. 岸《说文》：*ŋan③   （中）ŋan③ （现）an④   （方言音）W. ŋø⑤   Y. ŋɔn④   Mn. gan⑤hũã⑤
   缅字 ကမ်း:堤岸（《缅汉词典》42 页）碑*kam（四）甘（仰光）kã（方言音）T. kã   D. kãĩ   I. kã

514. 棺《说文》：关也，所以掩尸。*kuan③   （中）kuan③   （方言音）W. Y. Mn. kuan④
   缅字 ခေါင်း:棺材（《缅汉词典》110 页）碑*khɔŋ（四）康（仰光）khaũ（方言音）T. khɔ̃   D. khɔ̃   I. khɔ̃

515. 雁/鴈《说文》：雁,鸟也。鸿雁，侯鸟。《说文》：鴈,鹅也。*ŋean③   （中）ŋan③   （现）ian④   （方言音）W. ŋɛ⑤iɨ④   Y. ŋan⑥ Mn. gan⑤"鹅（鴈）"、"雁"常以家养和野生别之。
   缅字 ငန်း:雁（《缅汉词典》180 页）碑*ŋam（四）奄（仰光）ŋã（方言音）T. ŋã   D. ŋãĩ   I. ŋã
   缅字 ဝမ်းဘဲငန်း:鹅 碑*waam bɛ ŋaam（四）弯背奄（仰光）ŋã bɛ

516. 串 *koan③   （中）kwan③   （现）   （方言音）Mn. kuan④
   缅字 ကွင်း:串（《缅汉词典》82 页）碑*kwaaŋ（仰光）kwĩː（方言音）T. kwaŋ   D. kwẽ kwaŋ   I. kwĩ

517. 宦《说文》：仕也。《段注》："宦，谓学官事。" *ɣoan③ *gwraans （中）ɣwan③ （现）huan④ （方言音）W. ɦuɛ⑤ Y. wan④ Mn. huan⑤
缅字 ကျွန် 奴隶、奴仆（《缅汉词典》87 页）碑 *klwan（仰光）tɕũ

518. 覸 *kean③ *kreen （中）kæn③ （现）tɕian④ （方言音）Mn. kan④ ŋean③
缅字 ကြည် 见（《缅汉词典》77 页）碑 *kreʔ（四）革列（仰光）tɕi（方言音）T. ke D. ke I. ki

519. 遍 *pien③ （中）pien③ （现）pien④ （方言音）W. piɪ④ Y. pin⑤ phin⑤ Mn. pian④ phian④
缅字 ပြန့် 铺开、散开、扩展（《缅汉词典》567 页）碑 *pranʔ（仰光）pjã（方言音）D. prãĩ

520. 见《说文》：视也。《段注》："析言之，有视而不见者。" *kian③ （中）kien③ （现）tɕian④ （方言音）W. tɕiɪ④ Y. kin⑤ Mn. kian④ kĩ④
缅字 ကြည် 见（《缅汉词典》77 页）碑 *kreʔ（四）革列（仰光）tɕi'（方言音）T. ke D. kre I. ki

521. 眩《说文》：目无常主。 *ɣiwen③ *gweens （中）ɣiwen③ （现）ɕyan④ （方言音）W. ɦiø② Mn. hian②hin②
缅字 မှိုင်း:瞎（《缅汉词典》36 页）碑 *kam（仰光）kã（方言音）T. kã D. kãĩ I. kã

522. 炫《说文》：耀也。*ɣiwen③ *gweens （中）ɣiwen③ （现）ɕyan④ （方言音）W. ɦiø② Mn. hian②hin②
缅字 ရွှန်း:鲜艳、明亮（《缅汉词典》839 页）碑 *hrwan（仰光）ɕũ

523. 变《说文》：更也。改变。 *pĭan③ *prŏns （中）pĭen③ （现）pian④ （方言音）W. piɪ④ Y. pin⑤ Mn. pian④ pĩ④
缅字 ပြောင်း:改变（《缅汉词典》561 页）碑 *pruuŋ（仰光）pjaũ:（方言音）T. prõ D. prø I. prõ

524. 骗 欺蒙 （中）phĭɛn③ （现）phian④ （方言音）W. phiɪ④ Y. phin⑤ Mn. phian④
缅字 ပြန်: 吹嘘、瞎说（《缅汉词典》603 页）碑 *phran（仰光）phjã

525. 碾 轧。滚压 * nĭan③ （中）nĭɛn③ （现）nian③ （方言音）

W. ɲiɪ①　Y. tʃin③　Mn. lian③

缅字 ညှစ်:碾、压（《缅汉词典》460 页）碑*naŋ（四）（仰光）ñĩ（方言音）T. nẽ　D. nẽ　I. nẽ

526. 颤《说文》：头不（正）[定]也。*ȶi an③ *tjă ns　（中）tɕi ɛn③　（现）tsan④　（方言音）W. tsø④　Y. tʃin③　Mn. tsian④ tsun④

缅字 တုန် 抖动、颤（《缅汉词典》378 页）碑*tun（仰光）toũ（方言音）T. toũ　D. tuẽ　I. toũ

527. 恋 *ĺi wan③　（中）ĺi wɛn③　（现）lian④　（方言音）W. liɪ⑤　Y. lyn⑥　lyn⑤　Mn. luan②

缅字 လွမ်း:想念（《缅汉词典》910 页）碑*lwam（仰光）lwã / lũ　（方言音）T. lw ã / lũ　D. lw ẽ　I. lwã / lũ

528. 发《说文》：根也。张舜徽《约注》："人之头上有发，亦犹草木之本下有根。" *pĭ wat④ *pŏ t　（中）pĭ wɐt④　（现）fa④　（方言音）W. fah⑥　Y. fat⑧　Mn. huat⑥

缅字 ပွင့် 发（《缅汉词典》591 页）（仰光）phouʔ

529. 筏/栰 *pĭ wat④ *pŏ t　（中）pĭ wɐt④　（现）fa②　（方言音）W. vah⑥　Y. fet⑨　Mn. huat⑦

缅字 ဖောင်း 筏（《缅汉词典》568 页）碑*phɔŋ（仰光）phaũ（方言音）T. phɔ̃　D. phɔ̃　I. phɔ̃

530. 越《说文》：度也。度过。* yĭ wat④　（中）yĭ wɐt④　（现）ye④　（方言音）W. jyɤh⑦　Y. jyt⑨　Mn. uat⑦

缅字 လွာ:越过（《缅汉词典》922 页）碑*vwa（仰光）hlwa

531. 钺《说文》：车銮声也。徐铉 "今俗作'鐬'，以'钺'作斧戉之'戉'。"：* yĭ wat④ * ɢwă t　（中）yĭ wɛt④　（现）ye④　（方言音）W. jyɤh⑦　Y. jyt⑨　Mn. uat⑦

缅字 ခွန် 锛（《缅汉词典》151 页）ခွန် 长柄斧（《模范缅华大词典》100 页）碑*khwan（仰光）khũ

532. 渴《说文》：水尽也。*khat④ *ɢră t　（中）khat④　（现）khɤ③　（方言音）W. khɤh⑥　Y. hɔt⑧　Mn. khat⑥ khuah⑥

缅字 ငတ် 饿、渴（《缅汉词典》180 页）碑*ŋat（四）（仰光）ŋaʔ（方言音）T. ŋaʔ　D. ŋaɪʔ　I. ŋaʔ

533. 泼 （中）phuat④ （现）pho① （方言音）W. phɤh⑥ Y. phut⑧ Mn. phuat⑥ phuah⑥

　　缅字 ပက် 泼（《缅汉词典》517页）碑*pak（仰光）pɛʔ（方言音）T. paʔ D. paʔ I. pɛʔ

534. 茇《说文》：草根也。草舍也。*buat④ （中）buat④ （现）pa② （方言音）Mn. puat⑦

　　缅字 ဗုတ် 茅屋（《缅汉词典》591页）碑*phut（仰光）phouʔ

535. 炦《说文》：火气也。*buat④*boot （中）buat④ （现）pa② （方言音）Mn. puat⑦

　　缅字 ဗုတ် 烤、烘、煨（《缅汉词典》591页）碑*phut（仰光）phouʔ（方言音）T. phu D. phui I. phouʔ

536. 炦《说文》：尘土也。*buat④*boot （中）buat④ （现）pa② （方言音）Mn. puat⑦

　　缅字 ဗုတ် 尘土、灰尘（《缅汉词典》591页）碑*phut（仰光）phouʔ

537. 胈《说文》：毛、发等。*buat④*boot （中）buat④ （现）pa② （方言音）Mn. puat⑦

　　缅字 ဗုတ် 散乱的头发（《缅汉词典》591页）碑*phut（仰光）phouʔ

538. 沫 泡沫 *muat④ （中）muat④ （现）mo④ （方言音）W. mɤh⑦ Y. mut⑨ Mn. b⑦buah⑦

　　缅字 မြုပ် 泡沫（《缅汉词典》729页）碑*mrup（仰光）mjouʔ

539. 脱《说文》：消肉臞也。消尽其肉而变瘦。*thuat④*khïloot （中）thuat④ （现）thuo④ （方言音）W. thɤh⑥ Y. thyt⑧ Mn. thuat④thuah④

　　缅字 ကျွတ် 摆脱、脱落（《缅汉词典》87页）碑*klwat（仰光）tɕuʔ（方言音）T. kluʔ kueʔ D. kueʔ I. kluʔ

540. 挩《说文》：取易也。易：王筠《句读》："容易之义。亦有轻易之义。" *luat④ （中）luat④ （现）luo① （方言音）W. lɤh⑦ Y. lyt⑧ Mn. luat⑦ luah⑦

　　缅字 လွတ် 逃脱（《缅汉词典》908页）碑*lwat（仰光）luʔ

541. 掇《说文》：两指撮也。桂馥《义证》："两指当为三指。两指为拈三指为撮。" *tshuat④ （中）tshuat④ （现）tshuo① （方言音）W. tshɤh⑥ Y. tʃhyt⑧ Mn. tshuat⑥ tshɔk⑥

缅字 ꩃပ် 撮（《缅汉词典》290 页）碑*tshup（仰光）shouʔ

542. 八《说文》：别也。象分别相背之形。后世借用为数目字八。*pet④ *preet（中）pæt④　（现）pa①　（方言音）W. poh⑥　pah⑥　Y. pat⑧　Mn. pat⑥　pueh⑥

缅字 ရှစ် 八（《缅汉词典》831 页）碑*hret（四）色（仰光）ɕıʔ（方言音）T. ɕe　D. sheɪʔ　I. ɕıʔ

白保罗构拟的藏缅语"八"的词根为*hrats<hret（白保罗 1972《汉藏语言概论》注 148）

白保罗构拟的汉藏语"八"的词根为：b-r-gyat（白保罗 1972《汉藏语言概论》163 节）根据潘悟云先生的考证，原始汉藏语的形式应该是：*preet。

543. 杀《说文》：戮也。*ʃeat④　（中）ʃæt④　（现）ʂa①　（方言音）W. sah⑥　Y. ʃat⑧　Mn. sat⑥　suah⑥

缅字 သတ် 杀（《缅汉词典》1008 页）碑*sat（四）撒（仰光）tθaʔ（方言音）T. tθʔ　D. shaɪʔ　I. shaʔ

白保罗构拟的藏缅语"杀"的词根为：*g-sat（白保罗 1972《汉藏语言概论》58 节）

汉语的同源词还有"煞"。

544. 煞 止住（中）ʃæt④　（现）ʂa①　（方言音）W. sah⑥　Y. ʃat⑧　Mn. sat⑥　suah⑥

缅字 သတ် 煞（《缅汉词典》1008 页）碑*sat（四）撒（仰光）tθaʔ（方言音）T. tθaʔ shaɪʔ　D. shaɪʔ　I. shaʔ

545. 猾 *ɣoat④ *gruut　（中）ɣwæt④　（现）hua②　（方言音）　W. ɦuah⑦　Y. wat⑨　Mn. huat⑦　kut⑦

缅字 ကုတ်ကျဲ 狡猾（《缅汉词典》34 页）碑*kut klaʔ（仰光）kouʔ tɕıʔ（方言音）T. kauʔ tɕe　D. kuiʔ tɕeɪʔ　I. kouʔ tɕı

546. 刷《说文》：刮也。礼（布）[有]刷巾。《广雅》："刮，削也。"刷巾：即拭物之巾。*ʃoat④ *srŏt *sroot　（中）ʃwat④　（现）ʂua①　（方言音）W. sɤh⑥　Y. tʃhat⑧　Mn. suat⑥　suah⑥

缅字 ခွတ်(刷油漆用的)毛刷（《缅汉词典》246 页）သုတ် 擦、拭、涂抹、刷（《缅汉词典》1008 页）碑* tsut * sut（仰光）souʔ tθouʔ（方言音）T. tθuʔ　D. shuiʔ tθuʔ　I. tθouʔ

此处义相近，唯词性相异，一为名词；一为动词。

547. 捏 （中）niet④ （现）nie① （方言音）W. ȵiaʰ⑦ ȵiɒʰ⑦ Y. nip⑨ Mn. liap⑥ ʃi h⑦

 缅字 ညှစ် 挤、捏、卡（《缅汉词典》317页）碑*n̥at（仰光）hn̥ɪʔ

548. 节《说文》：竹约也。《段注》："约，缠束也。竹节如缠束之状。"* tsiet④* tsiit （中）tsiet④ （现）tɕie② （方言音）W. tsiiʰ⑥ Y. tʃhit⑧ Mn. tsiat⑥ tsat⑥

 缅字 ဆစ် 节（《缅汉词典》284页）碑*tshak（仰光）shɪʔ（方言音）T. shɪʔ D. sheɪʔ I. shɪʔ

 白保罗构拟的藏缅语"关节"的词根为：*tsit （白保罗1972《汉藏语言概论》44节）

549. 楔 楔子。* siat④（中）siet④ （现）ɕie① （方言音）Y. ʃit⑧ Mn. siat⑥ sueʰ⑥

 缅字 သပ် 楔子（《缅汉词典》1012页）碑*sap（仰光）tθaʔ（方言音）T. tθaʔ D. shɒʔ I. tθa?

550. 结《说文》：缔也。徐灏《段注笺》："凡以绳屈之为椎，谓之结。*kiet④ *kiit<*kiik （中）kiet④ （现）tɕie① tɕie② （方言音）W. tɕiiʰ⑥ Y. kit⑧ Mn. kiat⑥ kat⑥

 缅字 ကျစ် 搓绳、编辫子（《缅汉词典》58页）碑*klak（仰光）tɕɪʔ（方言音）T. shɪʔ D. kreɪʔ I. tɕɪʔ

551. 契《说文》：大约也。一曰：从大，从㓞（义：刻，音：tɕhà）*kiat④ （中）kiet④ （现）tɕie② （方言音）W. tɕiiʰ⑥ Y. kit⑧ Mn. kiat⑥

 缅字 ချုပ်/ချုပ် 缔结、签订/刻、划（《缅汉词典》134页）碑*khlup khrak（仰光）tɕhouʔ/tɕhɪʔ

552. 页 *ɣiet④ （中）ɣiet④ （现）ie④ （方言音）W. iiʰ⑦ Y. jip⑨ Mn. hiat⑦ iaʰ⑦

 缅字 ရွက် 张、页（《缅汉词典》818页）碑*rwak（仰光）jwɛʔ（方言音）T. waʔ D. jwaʔwaʔ I. wɛʔ

553. 噎《说文》：饭窒也。*iet④中）iet④ （现）ie④ （方言音）W. iiʰ④ Y. jit⑧ Mn. iat⑥

 缅字 အပ် 卡住脖子，使窒息（《缅汉词典》1206页）碑*ak（仰光）ɪʔ

554. 缺《说文》：器破也。*khiwat④ （中）khiwet④ （现）tɕhye① （方言音）W. tɕhyɤh④ Y. khyt⑧ Mn. khuat⑥ kheh⑥
缅字ချွတ် 出偏差、有缺陷（《缅汉词典》152 页）碑*khlwat（仰光）tɕhuʔ

555. 血《说文》：祭所荐牲血也。*hiwet④ *swiik<*qhwiik （中）hiwet④ （现）ɕie③ ɕye④ （方言音）W. ɕyɤh⑥ Y. hyt⑧ Mn. hiat⑥ huih⑥
缅字သွေး血、血统、血缘（《缅汉词典》1017 页）碑*swi（四）随（仰光）tθwe（方言音）T. tθwi D. shwi I. shwe
白保罗构拟的藏缅语"血"的词根为*s-hwiy（白保罗 1972《汉藏语言概论》222 节）

556. 别《说文》：分解也。*bĭ at④ *prĕ t*phrĕ t （中）bĭ ɛt④ （现）pie② （方言音）W. biɪh⑦ Y. pit⑨ Mn. piat⑦pat⑦
缅字ဖြတ် 斩断、砍断（《缅汉词典》602 页）碑*phrat（仰光）phjaʔ（方言音）T. phlaʔ D. phlaiʔ phlaʔ I. phjaʔ

557. 裂《说文》：分解也。*lĭ at④ （中）lĭ ɛt④ （现）lie④ （方言音）W. liɪh⑦ Y. lit⑨ Mn. liat⑦ lit⑦
缅字အက် 裂开、裂（《缅汉词典》1198 页）碑*ak（仰光）ɛʔ（方言音）T. ɛʔaʔ D. aʔ I. aʔ

558. 蜇* 毒虫刺人（中）tĭ ɛt④ （现）tʂɤ② （方言音）W. tsɤh⑥ Y. tʃit⑧ Mn. tiat⑥
缅字တုပ်（蝎子、蜂等）蜇（《缅汉词典》381 页）碑* tup（四）（仰光）touʔ（方言音）T. tauʔ D. twiʔ I. tauʔ

559. 蛰《说文》：藏也。《段注》："凡虫之伏为蛰。" * （中）bĭ ɛt④ （现）tʂɤ② （方言音）W. tsɤh⑥ Y. tʃit⑧ Mn. tiat⑥
缅字ကုပ် 蜷缩（《缅汉词典》40 页）碑*kup（仰光）kouʔ（方言音）T. kauʔ D. kwiʔ I. kauʔ

560. 撤《说文》：*thĭ at④ （中）thĭ ɛt④ （现）tʂhɤ （方言音）W. tshɤh⑥ Y. tʃhit⑧ Mn. thiat⑥
缅字ဆုပ် 握拳，挽拳（《缅汉词典》290 页）碑*tshup（仰光）shouʔ（方言音）T. shauʔ D. shwiʔ I. shauʔ

561. 说/悦《说文》：说，说释也。《段注》："说释即悦怿，说释、悦怿皆古今字，许书无悦怿二字。" *ɲĭ wat④*qljŏ ts*qljŏ t （中）jĭ wɛt④ （现）ye④ （方

言音）W. jyɤh⑦　Y. jyt⑨　Mn. uat⑦　iat⑦

缅字ရွှင် 逗趣、逗乐（《缅汉词典》839 页）碑*hrwɑt（仰光）ɕuʔ

效摄

562. 漂《说文》：浮也。《段注》："谓浮于水也。"*pʰĭ au①　（中）pʰĭ ɛu①　（现）phiau②　（方言音）W. miæ② Y. miu② Mn. phiau①

    缅字ပေါ 浮在水面（《缅汉词典》509 页）碑*pɔ（仰光）pɔ（方言音）T. pɔ　D. pɔ　I. pɔ

563. 苗《说文》：艹生于田者。《诗·魏风·硕鼠》："无食我苗。"毛传云"苗，嘉谷也。"《段注》："苗本禾未秀（开花吐穗）之名，因以为凡艹木初生之名。"*mĭ au①　*mrĕ w　（中）mĭ ɛu①　（现）miau①　（方言音）W. phiæ①　Y. phiu①　Mn. biau②

    缅字မျိုး：植物种子，根茎（《缅汉词典》697 页）碑*mlui（仰光）mjo 1981 年 H.Luce 曾拿汉语的苗字和缅语的 အညှောက်(嫩芽/a hɲok /)、藏文的 myug。这里，从声母和韵尾以至词义都差别较大。不如拿"苗"与"မျိုး"来比较更近些。

564. 焦《说文》：火所伤也。* tsĭ au①　（中）tsĭ ɛu①　（现）tɕiau①　（方言音）W. tsiæ①　Y. tʃiu①　Mn. tsiau① ta①

    缅字ကျွမ်း:焦（《缅汉词典》88 页）碑*klwɑm（仰光）tɕwã　tɕũ（方言音）T. klũ　D. krũ　I. tɕũ

565. 烧《说文》：焚烧。*ɕĭ au①　（中）ɕĭ ɛu①　（现）sau①　（方言音）W. sæ①　Y. ʃiu①　Mn. siau① sio①

    缅字ရှို့（《缅汉词典》827 页）碑*hriuʔ（仰光）ɕo（方言音）T. ɕo　D. sho　I. taɪʔ

566. 饶《说文》：仁也。推己及人，饶恕。*n̠ĭ au①　（中）n̠ĭ ɛu①　（现）zau②　（方言音）W. zæ② n̠iæ②　Y. jiu②　Mn. liau②

    缅字နာ 同情、饶恕（《缅汉词典》315 页）碑*n̠ɑ（仰光）hn̠a（方言音）T. hn̠ɑ　D. n̠ɑ　I. n̠ɑ

567. 摇《说文》：动也。*ʎĭ au①　（中）jĭ ɛu①　（现）iau②　（方言音）W. jiæ②　Y. jiu②　Mn. iau②

    缅字ယိမ်း 不稳定（《缅汉词典》757 页）碑*jiuŋ（仰光）jã（方言音）T. jã　D. jeɲ̃　I. jẽ

568. 胞《说文》：儿生裹也。《段注》："包为母腹，胞为胎衣。"*peu① （中）pau① （现）pau① （方言音）W. pæ①Y. pau①Mn. pau①
缅字 ပေါက်(ပေါ)生育（《缅汉词典》618 页）碑*puɑk（仰光）pauʔ （方言音）T. pɔʔ D. pøʔ I. pɔʔ

569. 苞 *peu① *pruu （中）pau① （现）pau① （方言音）W. pæ① Y. pau① Mn. pau①
缅字 ပွ：苞、蓓蕾：含苞待放（《缅汉词典》581 页）碑*phuu（仰光）phu（方言音）T. phu D. phu I. phu

570. 抛《说文》：*pheu① （中）phau① （现）phau① （方言音）W. phæ① Y. phau① Mn. phau① pha①
缅字 ပေါက်扔、掷（《缅汉词典》518 页）碑*pɔk（仰光）pauʔ

571. 泡《说文》：*pheu① （中）phau① （现）phau④ （方言音）W. phæ④ Y. phau① Mn. phau①
缅字 ပေါက် 泡（《缅汉词典》587 页）碑* phɔk（仰光）phauʔ

572. 庖《说文》：厨也。* beu①* pruu （中）bau① （现）phau② （方言音）W. bæ② Y. phau② Mn. pau② 厨房应与炉子有关，
缅字 ဗးဖို 炉灶/ဗးဖိုဆောင် 厨房（《缅汉词典》210 页）可能古语中与 "ပု(热、烫/ puu/)" 有关，故在方言词中保留了有关的词语。如：ဘိုး(土瓦方言)厨房（《缅汉词典》632 页）碑*phiu（仰光）sə pho

573. 炮《说文》：毛炙肉也。*beu① （中）bau① （现）phau② （方言音）Y. phau② Mn. phau②
缅字 ပု 热、烫（《缅汉词典》501 页）碑*pu（仰光）pu（方言音）T. pu D. pu I. pu

574. 刨 挖掘 *beu① （中）bau① （现）phau② （方言音）Y. phau② Mn. phau②
缅字 ပေါ် 刨、揭发、揭露（《缅汉词典》583 页）碑*phɔ（仰光）phɔ（方言音）T. phɔ D. phɔ I. phɔ

575. 挠《说文》：扰也。*neau①*nraawʔ <*mɢraawʔ （中）nau① （现）nau② （方言音）W. næ② Y. nau② Mn. lau①
缅字 နှောင့် 骚扰、打扰（《缅汉词典》476 页）碑*hnɔŋʔ（仰光）hnaũ
黄树先在《汉缅语比较研究》102 页上提到："按潘悟云先生有关上古鼻音

的构拟,"挠"字的声母应是"mɢr","n-"这样的音可能是比较晚的形式。"缅汉语的这种差异恐怕不仅是个别的词例。所以我同意这种观点,这样的观点无异是比较客观的。无论潘先生的上古汉语的构拟音是否精确,是否会被大家接受。但是,缅甸语的语音看来不应该与汉语同时出现,上古缅甸语必然比上古汉语要出现得晚些,这是肯定的。我们比较研究时恐怕不能"同日而语"。

576. 交《说文》:交胫也。象两腿相交的样子。*keau① （中）kau① （现）tçiau①（方言音）W. tçiæ① kæ①Y. kau① Mn. kau①ka①

缅字 ခေါက် 折叠（《缅汉词典》106 页）碑*khɔk（仰光）khauʔ（方言音）T. khɔʔ D. khøʔ I. khɔʔ

577. 咬*ŋau（中）kau① （现）iau③ （方言音）W. ŋæ③ Y. ŋau①

缅字 ကိုက် 咬（《缅汉词典》28 页）碑*kuik（仰光）kaɪʔ（方言音）T. kaɪʔ D. kɒuʔ I. kaɪʔ

578. 胶《说文》:昵也。作之以皮。能粘（的物质）。用皮煮成。*keu① （中）kau① （现）tçiau① （方言音）W. tçiæ① kæ① Y. kau① Mn. kau① ka①

缅字 ကော် 胶（《缅汉词典》21 页）碑*kɔ（仰光）kɔ（方言音）T. kɔ D. kɔ I. kɔ

579. 敲《说文》:横擿也。徐锴《系传》:"从旁横击也。" * kheau① （中）khau① （现）tçhiau① （方言音）W. tçhiæ① khæ①Y. khau① Mn. kau①

缅字 ခေါက် 敲（《缅汉词典》106 页）碑*khɔk（四）拷（仰光）khauʔ（方言音）T. khɔʔ D. khøʔ I. khɔʔ

580. 硗《说文》:磬石也。义为坚硬的石头。* kheau①* khraaw （中）khau① （现）tçhiau① （方言音）W. tçhiæ① khæ①Y. khau①Mn. kau①

缅字 ကျောက် 石、岩石（《缅汉词典》53 页）碑*klɔk（四）缴（仰光）tçauʔ（方言音）T. klɔʔ D. kløʔ I. tçɔʔ

581. 哮《说文》:*heu① （中）hau① （现）çiau① （方言音）W. çiæ① Y. hau① Mn. hau①

缅字 ဟောက် 吼叫,训斥（《缅汉词典》1029 页）碑*hɔk（四）（仰光）hauʔ（方言音）T. hɔʔ D. høʔ I. hɔʔ

582. 肴 *ɣeau① （中）yau② （现）iau② （方言音）W. jiæ② Y. ŋau②

Mn. hau② ha②

缅字 လျာ（《缅汉词典》906 页）碑*lja（仰光）ja（方言音）T. lja　D. lja　I. lja

583. 刀《说文》：兵也。*tau①　（中）tɑu①　（现）tau①　（方言音）W. tæ①　Y. tou①　Mn. to①

缅字 ဓါး 刀（《缅汉词典》432 页）碑*thɑ（四）他（仰光）da（方言音）T. thɑ　D. thɔ　I. thɑ

584. 叨* thau①　（中）thɑu①　（现）tau①thau①　（方言音）W. thæ①　Y. thou①　tou①　Mn. tho①

缅字 ဗျက်တီးဗျက်တော် 絮絮叨叨（《缅汉词典》620 页）碑*tɔk（仰光）tauʔ

585. 遭《说文》：遇也。*tsu①　*tsuu　（中）tsɑu①　（现）tsau①　（方言音）W. tsæ①　Y. tʃou①　Mn. tso①tsau①

缅字 စု 集中、聚集（《缅汉词典》214 页）碑*tsuʔ（仰光）su（方言音）T. su　D. su　I. su

《白狼歌》中有"与天合意"句，用汉字注缅语音为"魏冒逾糟"。郑张尚芳先生认为，此处"糟"字就是缅语的"စု"音。与汉语的"遭"字对应。

586. 骚《说文》：扰也。*su①　（中）sɑu①　（现）sau①　（方言音）W. sæ①　Y. ʃou①　Mn. so①

缅字 ရှုပ် 扰乱、打扰（《缅汉词典》833 页）碑*hrup（仰光）çouʔ（方言音）T. çɔʔ　D. khrouʔ　I. çauʔ

587. 臊《说文》：豕膏臭也。* sau①　（中）sɑu①　（现）sau①　（方言音）W. sæ①　Y. ʃou①　Mn. so①tsho①

缅字 စော် 腐臭（《缅汉词典》219 页）碑*tsɔ（仰光）sɔ（方言音）T. sɔ　D. sɔ　I. sɔ

588. 嗷《说文》：众口愁也。《小雅·鸿雁》："鸿雁于飞，哀鸣嗷嗷。"*ŋau①　*ŋoow　（中）ŋɑu①　（现）au②　（方言音）W. ŋæ②Y. ŋou② Mn. go②汉语还有"哭"/*ŋ̊ook/与"嗷"同义。

缅字 ငို 哭（《缅汉词典》117 页）碑*ŋiu（四）（仰光）ŋo（方言音）T. ŋo　D. ŋɯ　I. ŋo

589. 嘷《说文》：咆也。吼叫。*ɣu①　（中）ɣɑu①　（现）hau②　（方言音）W. fiæ②Y. hou②Mn. ho②au②

缅字 ဢူ 嗥（《缅汉词典》1188 页）碑*u（仰光）u（方言音）T. u　D. u　I. u

590. 袅、嫋（女子身体）柔弱修长貌。* niau②　（中）nieu②　（现）niau③　（方言音）Y. niu④　Mn. l̃ ã ũ ③

缅字 နွေး:柔软（《缅汉词典》470 页）碑*nwaj? nɔŋ（仰光）nwɛ hnaũ

591. 鳔 *bǐ ɛu　（中）　（现）piau④　（方言音）Y. phiu④　Mn. piau⑤　pio⑤

缅字 ညှပ်ပေါင်:鱼鳔（《缅汉词典》239 页）碑*tsi puŋ（仰光）si baũ

592. 燎《说文》：放火也。徐灏《段注笺》："燎之本义谓烧草木。"*liau②　（中）liɛu②　（现）liau②　（方言音）W. liæ②　Y. liu②Mn. liau②

缅字 လောင်（《缅汉词典》891 页）碑*lɔŋ（仰光）laũ（方言音）T. lɔŋ　D. lɔŋ　I. lɔ̃

593. 狡 狡猾。*keau②　（中）kau②　（现）tɕiau③　（方言音）W. tɕiæ③　Y. kau③　Mn. kau③

缅字 ကောက် 弯、狡猾（《缅汉词典》26 页）碑*kɔk（仰光）kauʔ（方言音）T. kɔʔ　D. kø?　I. kɔʔ

594. 宝《说文》珍也。：*pu② *buu?　（中）pau②　（现）pau③　（方言音）W. pæ③　Y. pou③　Mn. po③

缅字 အဖိုး:价格、价值（《缅汉词典》1122 页）碑*a phiu（仰光）a pho

595. 抱《说文》：引取也。《段注》："后人用抱为怀抱字。盖古今字之不同如此。"*bu②　（中）bau②　（现）pau④　（方言音）W. bæ⑤　Y. pou⑥　Mn. pho⑤　phau⑤

缅字 ပိုက်（《缅汉词典》521 页）碑*puik（仰光）paiʔ

596. 捣《说文》：手（推）[椎]也。一曰筑也。王筠《句读》："木部：'椎，击也。'"

*du② *ṯŭ?　（中）dau②　（现）tau③　（方言音）Mn. to③

缅字 ထု 捣、捶、敲（《缅汉词典》393 页）碑*thuʔ（仰光）thuˈ（方言音）T. thu　D. thu　I. thu

597. 脑《说文》：头髓也。*nau② *nuu?　（中）nau②　（现）nau③　（方言音）W. næ⑤　Y. nou④　Mn. lo③　lã ũ ③

缅字 ဦးနှောက် 脑，头脑（《缅汉词典》1226 页）碑*u nuak（仰光）ou hnauʔ（方言音）T. ɔ̃ hnɔʔ　D. oũ nø?　I. oũ hnɔ?

郑张尚芳（1995：280）认为，原始汉语的上声字的-q 有少量和藏缅语的-k

尾对应。汉语的爱称词、身体词许多都读上声。因此"脑"的韵尾-q>-ʔ 变化就有了依据。将汉语的"脑"与缅语的"u hnɔk"认作同源词就令人十分信服。

白保罗构拟的藏缅语"脑"的词根为：*nuk（白保罗 1972《汉藏语言概论》483 节）

598. 早《说文》：晨也。* tsu② * tsuuʔ （中）tsɑu② （现）tsau③ （方言音）W. tsæ③ Y. tʃou③ Mn. tso③tsa③

缅字 ေသာင် 天亮（《缅汉词典》995 页）/စော 早（《缅汉词典》219 页）碑*suk /*tsu *tsu（四）爪（仰光）tθauʔ /sɔ （方言音）T. sɔ D. sɔ I. sɔ

599. 澡《说文》：洒手也。* tsau② （中）tsɑu② （现）tsau③ （方言音）W. tsæ③ Mn. tso③

缅字 ေဆး:洗（《缅汉词典》265 页）碑*tshi（仰光）she:（方言音）T. she D. she I、she

600. 造《说文》：就也。成就。* dzu②* sguuʔ （中）dzɑu② （现）tsau④ （方言音）W. zæ⑤ Y. tʃou ⑥Mn. tso⑤

缅字 ေဆာင် 建、造（《缅汉词典》274 页）碑*tshuk（仰光）shauʔ

601. 叫《说文》：呼也。*kiu③ （中）kieu③ （现）tɕiau④ （方言音）W. kæ④ tɕiæ④ Y. kiu⑤ Mn. kiau④ kio④

缅字 ေခြ 呼喊（《缅汉词典》68 页）碑*krɔ（仰光）tɕɔ（方言音）T. klɔ D. klɔ I. tɕɔ

602. 窍《说文》：空也。《段注》："空、孔，古今字。"*khiau③*khleewks （中）khieu③ （现）tɕhiau④ （方言音）W. tɕhiæ④ Y. khiu⑤ hiu⑤ Mn. khiau④ khio④

缅字 ခေါင်:树洞（《缅汉词典》110 页）碑*khoŋ（仰光）khaũ

603. 峭《说文》：陵也。《段注》："凡斗直者曰陗。'斗'俗作'陡'，古书皆作'斗'。"*tshĭ au③*smĕ wks （中）tshiɛu③ （现）tɕhiau④ （方言音）W. tɕhiæ④ Y. tʃhiu⑤ Mn. tshiau④

缅字 ေစာက် 陡，陡峭（《缅汉词典》227 页）碑*tsɔk（仰光）sauʔ（方言音）T. sɔʔ D. søʔ I. sɔʔ

604. 少 *ɕi au③ （中）ɕi eu③ （现）ṣau④ （方言音）W. sæ③Y. ʃiu⑤ Mn. siau④

缅字ရှား:稀少（《缅汉词典》821 页）碑*hra（四）唰（仰光）ça（方言音）T. ça   D. sha   I. ça

605. 绕《说文》：缠束也。* n̯ĭ au③   （中）r̯ĭ eu③   （现）zau④   （方言音）W. n̯iæ⑤   Y. jiu④   Mn. liau②

缅字လောက်绕（《缅汉词典》754 页）碑*jɔk（仰光）jauʔ（方言音）T. jɔʔ   D. jøʔ   I. jɔʔ

606. 约《说文》：缠束也。* ĭ au③   *qlě wk   （中）ĭ eu③   Mn iau⑤

缅字လောက်绕（《缅汉词典》754 页）碑*jɔk（仰光）jauʔ（方言音）T. jɔʔ   D. jøʔ   I. jɔʔ

"约"还有"相当于"之义。它与缅语的"လောက်/lauʔ/大约"相对应。

607. 爆 *peau③   （中）pau③   （现）pau④   （方言音）W. pæ④   bæ④   Y. pau⑤   Mn. pɔk⑦   pɔk⑥

缅字ပေါက်爆炸、爆（《缅汉词典》518 页）碑*pɔk（仰光）pauʔ（方言音）T. pɔʔ   D. pøʔ   I. ɔʔ

608. 奅《说文》：大也。《段注》："此谓虚张之大。"*phau③   （中）phau④   （现）phau④   （方言音）Mn. phau④pha④

缅字ဖောင်း鼓起、涨满（《缅汉词典》589 页）碑*phuuŋ（仰光）phaũ（方言音）T. phõ   D. phø̃   I. phõ

609. 刨 *bruu *phruu   1. phau①（动词）挖掘 2. bau④（名）刨子（动）刨（中）bau③   （现）pau④   （方言音）W. bæ⑤   Mn. phau④

缅字ရွေ刨子（《缅汉词典》817 页）碑*rwi pɔ（仰光）jwe pɔ

610. 闹 *neau③   （中）nau③   （现）nau④   （方言音）W. næ⑤   Y. nau⑥   Mn. lã ũ ⑤   la⑤

缅字နောက်开玩笑（《缅汉词典》457 页）碑*nɔk（仰光）nauʔ（方言音）T. nɔʔ   D. nøʔ   I. nɔʔ

611. 罩《说文》：捕鱼器也。* teau③   （中）t̯au③   （现）tṣau④   （方言音）W. tsæ④   Y. tʃau⑤   Mn. tau④ta④

缅字ဆောင်း捕鱼用的鱼罩（《缅汉词典》282 页）碑*tshuŋ（仰光）shaũ（方言音）T. shõ   D. shø̃   I. shõ

612. 校《说文》：上所施，下所效也。*keau③   （中）kau③   （现）tɕiau④   （方言音）W. tɕiæ④   kæ④   Y. kau⑤   Mn. kau④   ka④

缅字 သင်ကြာ:学习（《缅汉词典》997 页）碑*saŋ kra（仰光）tθi tça（方言音）

613. 校《说文》：木囚也。《段注》："囚，系也。木囚者，以木羁之也。"
*ɣeau③ （中）ɣau③ （现）ɕiau④ （方言音）W. jiæ⑤ Y. hau⑥ Mn. hau⑤

缅字 ကျောင်:学校、寺庙（《缅汉词典》57 页）碑*klɔŋ（四）江（仰光）tçaũ（方言音）T. klɔ D. krõ I. klɔŋ

614. 帽/冃《说文》：冃, 小儿及蛮夷头衣也。*mu③ *muuks （中）mau③ （现）mau④ （方言音）W. mæ⑤ Y. mou⑥ Mn. bo⑤

缅字 ခမောက် 斗笠（《缅汉词典》92 页）碑*khaʔ mɔk（四）冒（仰光）khə mauʔ

615. 冒《说文》：冢而前也。徐锴《系传》："以物自蒙面前也。"徐灝《段注笺》："古帽字。"
* mu③ （中）mau③ （现）mau④ （方言音）W. mæ⑤ Y. mou⑥ Mn. bõ⑤

缅字 မောက် 隆起、鼓起、冠状物（《缅汉词典》676 页）碑*mɔk（四）冒（仰光）mauʔ

616. 导《说文》：导引也。*du③ （中）dau③ （现）tau③ （方言音）W. dæ⑤ Y. tou⑥ Mn. to⑤

缅字 ဆောင် 引导、率领（《缅汉词典》281 页）碑*tshɔŋ（仰光）shaũ（方言音）T. shõ D. shõ I. shɔŋ

617. 嫪《说文》：婟也。朱骏声《通训定声》引《声类》："嫪，惜也。谓恋不能去也。"
* lu③ （中）lau③ （现）lau④ （方言音）Mn. lo⑤

缅字 လွမ်:想念，怀念（《缅汉词典》910 页）碑*lwam（仰光）lwã（方言音）T. lũ D. lũ I. lũ

618. 操《说文》：把持。* tshau③ （中）tshau③ （现）tshau④ （方言音）W. tshæ① Y. tʃhou⑤ tʃhou① Mn. tsho④

缅字 ဆောင် 掌握、控制（《缅汉词典》281 页）碑*tshɔŋ（仰光）shaũ（方言音）T. shõ D. shõ I. shɔŋ

619. 噪《说文》：扰也。*s au③ （中）sau③ （现）tsau④ （方言音） Mn. tso④

缅字 ဆောင်း:吵闹（《缅汉词典》1001 页）碑*sɔɔŋ（仰光）tθaũ：（方言音）T. tθaũ　D. shõ　I. shõ

620. 傲 *ŋau③　（中）ŋau③　（现）au④　（方言音）W. ŋæ⑤　Y. ŋou⑥　Mn. ŋou⑤

缅字 ကော 骄傲（《缅汉词典》22 页）碑*kɔ（仰光）kɔ

621. 号《古汉语常用字字典》：大声喊叫*ɣau③　（中）ɣau③　（现）hau④　（方言音）Y. hou⑥　Mn. ho⑤　ko⑤

缅字 ဟော 大声叫喊、吼（《缅汉词典》1192 页）碑*ɔ（仰光）ɔ（方言音）T. ɔ　D. ɔ　I. ɔ

果摄

622. 多《说文》：重也。从重夕。夕者，相绎也，故为多。*tai①*kilaal　（中）tɑ①　（现）tuo①　（方言音）W. təu①　tɒ①　Y. tɔ①　Mn. to①

缅字 ကယ် 饱满、过多（《缅汉词典》42 页）碑*kaj（仰光）kɛ（方言音）T. kɛ　D. ka　I. kɛ

623. 醝《说文》：咸也。*dzai①*dzaal　（中）dzɑ①　（现）tshuo②　（方言音）Y. tʃhɔ②　Mn. tsho①

缅字 ဆား 盐《缅汉词典》260 页）碑*tsha（四）叉（仰光）sha（方言音）T. sha　D. shɒ　I. sha

白保罗构拟的藏缅语"盐"的词根为：*tsa（白保罗 1972《汉藏语言概论》214 节）

《白狼歌》中有"不见盐谷"句，注古缅音的汉字为："莫砀粗沐"。郑张尚芳认为，这里的"粗"就是古缅语的"ဆား 盐"的音。

624. 娑《说文》：舞也。*sai①　（中）sɑ①　（现）suo①　（方言音）W. səu①　tɒ①　Y. ʃɔ①　Mn. so①

缅字 က 跳舞（《缅汉词典》1 页）碑*kaʔ（仰光）ka（方言音）T. ka　D. kɒ　I. ka

625. 歌《说文》：咏也。*kai①　（中）kɑ①　（现）kɤ①　（方言音）W. kəu①　Y. kɔ①　Mn. ko①

缅字 စကား:话、语句、谚语（《缅汉词典》190 页）碑*tsa kaa（仰光）zə ga:（方言音）T. ga　D. sə　kɒ　I. sə ka

白保罗构拟的藏缅语"话、语言"的词根为：*ka（白保罗 1972《汉藏语言概论》9节）并且拿它与汉语"歌"字比较。

626. 哥《说文》：声也。《段注》："《汉书》多用哥为歌。""今呼兄为哥。"
*kai① （中）kɑ① （现）kɤ① （方言音）W. kəu① Y. kɔ① Mn. ko①
缅字 ကို 哥（《缅汉词典》23页）碑*ko（四）垢（仰光）ko（方言音）T. ko D. rʔ kɯ I. ko

627. 峨 山势告竣的样子。*ŋai① *ŋaal （中）ŋɑ① （现）ɤ② （方言音）W. ŋəu② Y. ŋɔ② Mn. . go②
缅字 ငါး:巍峨（《模范缅华大词典》124页）ငါး:高耸（《缅汉词典》185页）碑*ŋwa（仰光）ŋwa

628. 俄《说文》：行顷也。徐灏《段注笺》："顷犹倾也。行顷盖谓行步倾侧，引申谓凡倾侧之称。"*ŋai①*ŋaal （中）ŋɑ① （现）ɤ② （方言音）W. ŋəu② Y. ŋɔ② Mn. go②
缅字 ငဲ 偏、倾斜（《缅汉词典》177页）碑*ŋajʔ（仰光）ŋɛ

629. 诃《说文》：大言而怒也。*hai① （中）hɑ① （现）hɤ① （方言音）Y. hɔ① Mn. ho① hia①
缅字 ဟောက် 生气而大声训斥（《缅汉词典》1029页）碑*hok（仰光）hauʔ

630. 河 *ɣai①*gaal （中）ɣɑ① （现）hɤ② （方言音）W. ɦəu② Y. hɔ② Mn. ho② o②
缅字 ကန် 湖、水塘（《缅汉词典》35页）碑*kan（仰光）kã（方言音）T. kã D. kãĩ I. kã

631. 荷《说文》：芙蕖叶。*ɣai①*glaal （中）ɣɑ① （现）hɤ② （方言音）W. ɦəu② Y. hɔ② Mn. ho② o②
缅字 ကြာ 荷花、莲花（《缅汉词典》63页）碑*kla（仰光）tɕa

632. 婆 *buai① *baal （中）buɑ① （现）pho② （方言音）W. bu② Y. pho② Mn. po②
缅字 ဖွား:婆婆、奶奶、姥姥（《缅汉词典》640页）碑*phwa（四）帕（仰光）phwa（方言音）T. phwa D. mɯ ɯ I. phwa

633. 蘑 * （中） （现）mo② （方言音）Mn. bɔ̃ ②
缅字 မှို 蘑菇（《缅汉词典》735页）碑*mo（仰光）hmo（方言音）T. hmo D. mɯ I. hmo

634. 挼/捼《说文》：捼，一曰两手相切摩也。又曰："捼或作挼。"

*nool*nuul *njǔ l （中）nuɑ① （现）ruo② （方言音）W. nəu② Y. nɔ② Mn. lo②le②

缅字 နယ် 捏、揉（《缅汉词典》468 页）碑*nai（仰光）nɛ（方言音）T. nɛ D. nɑ I. nɛ

白保罗构拟的藏缅语"揉"的词根为：*naï y（白保罗 1972《汉藏语言概论》286 节）

635. 过《说文》：度也。度者, 过去之谓。*kuai① （中）kuɑ① （现）kuo① （方言音）Y. kuɔ① Mn. ko① kuɑ①

缅字 ကျော် 超过（《缅汉词典》51 页）碑*klɔ（仰光）tɕɔ（方言音）T. tɕɔ D. krɔ I. tɕɔ

636. 涡 *uai① （中）uɑ① （现）uo① （方言音）W. əu① Y. wɔ① Mn. o①

缅字 ဝဲ 旋涡（《缅汉词典》933 页）碑*wai（仰光）wɛ（方言音）T. wɛ D. wɑ I. wɛ

637. 吾/我《说文》：施身自谓也。*ŋai ②*ŋaa （中）ŋɑ② （现）uo③ （方言音）W. ŋəu①ŋəu⑤Y. ŋɔ④ Mn. gɔ̃ ③ guɑ③

缅字 ငါ 我（《缅汉词典》168 页）碑*ŋɑ（四）阿（仰光）ŋa （方言音）T. ŋɑ D. hŋɑ、ŋɔ I. ŋɑ

白保罗构拟的藏缅语"我"的词根为：*ŋa y（白保罗 1972《汉藏语言概论》285 节）

638. 簸《说文》：扬米去糠也。*puai② *plaals （中）puɑ② （现）po③ （方言音）W. pu① Y. pɔ⑤ Mn. po③pai③

缅字 ပြာ 簸（《缅汉词典》552 页）碑*prɑɑ（仰光）pja（方言音）T. plɑ D. prɔ I. plɑ

639. 爸 （中）buɑ② （现）pa④ （方言音）W. pɒ① Mn. pa①

缅字 ဘ/ဖ 父亲（《缅汉词典》576/622 页）碑*phaʔ（仰光）pha /ba（方言音）T. pha D. ba I. pha

640. 堕 崩落之意。* duai② （中）duɑ② （现）tuo④ （方言音）W. dəu⑤ Y. thɔ⑥ Mn. to⑤

缅字 တွဲ 垂下、悬吊（《缅汉词典》384 页）碑*twaj（仰光）twɛ

641. 坐《说文》：止也。* dzuai②* sdool？ （中）dzuɑ② （现）tsuo④ （方言音）W. zəu⑤ Y. tʃhɔ④ tʃɔ⑥ Mn. tso⑤ tse⑤

缅字 ထိုင် 坐、安顿下来（《缅汉词典》406 页）汉语还有"妥"也是安顿下来的意思。碑*thoŋ（四）痛（仰光）thaĩ（方言音）T. thaĩ　D. thuɲ　I. theĩ

642. 蜾 细腰蜂。*kuai② *klool？　（中）kuɑ②　（现）kuo③　（方言音）Y. kuɔ③　Mn. ko③

    缅字 ကွဲ 橡皮蜂（《模范缅华大词典》60 页）（仰光）kwɛː

    白保罗构拟的藏缅语"蜜蜂"的词根为：*kway（白保罗 1972《汉藏语言概论》157 节）。

643. 饿《说文》：饥也。*ŋai③　（中）ŋɑ③　（现）ɤ④　（方言音）W. ŋəu⑤　Y. ŋɔ⑥　Mn. go⑤

    缅字 ငတ် 饿、渴（《缅汉词典》180 页）碑*ŋat　（四）马（仰光）ŋaʔ（方言音）T. ŋaʔ　D. ŋaɪʔ　I. ŋaʔ

644. 播《说文》：种也。一曰：布也。(传布之意。）*puai③　（中）puɑ③　（现）po①　（方言音）W. pu③Y. pɔ⑤Mn. pɔ④

    缅字 ပွါး:增长、蔓延、传播（《缅汉词典》570 页）碑*pwɑ（仰光）pwa

645. 破《说文》：石碎也。*phuai③　*phaal　（中）phuɑ③　（现）pho④　（方言音）W. phu④　Y. phɔ⑤　Mn. pho④　phuɑ④

    缅字 ပေါက် 破、缺口（《缅汉词典》505 页),是个不及物动词。及物动词为"ဖဲ/phɛ/"表示将硬的物品"砸破"。辅音的送气与否，决定了动词的自动与使动（及物或不及物）的性质。,碑*paiʔ（仰光）pɛ（方言音）T. pɛ　D. pɑ　I. pɛ
    缅语中，还有一个动词表示（布、纸等软状物体）破或撕破。不及物动词"ပြဲ/pjɛ/破"与"ဖြဲ/phjɛ/撕破"相对，声母辅音送气者为及物动词，不送气者为不及物动词。

646. 唾《说文》：口液也。* thuai③* thools　（中）thuɑ③　（现）thuo④（方言音）W. thəu⑤　Y. thɔ⑤　Mn. tho④

    缅字 တံတွေး:唾液、痰（《缅汉词典》357 页）碑*də twi（仰光）tə dwe

    白保罗构拟的藏缅语"口水、痰"的词根为：*twiy（白保罗 1972《汉藏语言概论》168 节）。

647. 货《说文》：财也。*huai③ *hŋwaals　（中）huɑ③　（现）huo④　（方言音）W. hau④　Y. fɔ⑤　Mn. ho④　he④

    缅字 ငါ(古)东西、物品（《缅汉词典》188 页）碑*ŋɑ（仰光）hŋa

    《白狼歌》中有"所见奇异"句，注古缅语音的汉字为："知唐桑艾"。

郑张尚芳认为此处之"艾"就是古缅语的"ၡ/hŋaa /",与藏文dŋgos、汉语的"货 /*hŋwaals/"同源。

假摄

648. 巴《说文》：虫也。*pea① （中）pa① （现）pa① （方言音）W. pɑ① Y. pa① Mn. pa①

    缅字 ပိုး:虫（《缅汉词典》512 页）碑*pui（四）卜都（仰光）po（方言音）T. po   D. pɯ   I. po

649. 巴《说文》：<u>帚巴,</u>以手击物。黎锦熙先生认为："窃谓即把之用为名词者，犹掌也，形省而变调作巴，与掌为同义的复合。"*pea① *praa （中）pa①（现）pa①（方言音）W. pa①   Y. pa①   Mn. pa①

    缅字 ဖဝါး:掌（《缅汉词典》577 页）碑*pha wa（仰光）phə wa

    白保罗构拟的藏缅语"手掌、脚心"的词根为：*pwa（白保罗 1972《汉藏语言概论》418 节）。

650. 笆《说文》：*pea①*praa （中）pa① （现）pa① （方言音）W. pɑ① Y. pa①   Mn. pa①

    缅字 ဝါး:竹（《缅汉词典》927 页）碑*wa（四）瓦（仰光）wa（方言音）T. wɑ   D. wɒ   I. wa

    白保罗构拟的藏缅语"竹子"的词根为：*(g)-pwa（白保罗 1972《汉藏语言概论》注 487）。

651. 豝《说文》：牝豕也。*pea① （中）pa① （现）pa① （方言音）Mn. pa①

    缅字 ဝက် 猪（《缅汉词典》934 页）碑*wak（四）瓦（仰光）wɛʔ（方言音）T. wɑʔ   D. wɑʔ   I. wɛʔ

    白保罗构拟的藏缅语"猪"的词根为：*pwak（白保罗 1972《汉藏语言概论》43 节）。

652. 葩/芭《说文》：华也。*phea①*phraa / *praa （中）pha① （现）pha① （方言音）①   Y. pha①   Mn. pha①

    缅字 ပန်း:（《缅汉词典》537 页）碑*pɑn（四）板（仰光）pã（方言音）T. pã   D. pãĩ   I. pã

    白保罗构拟的藏缅语"花"的词根为：*baïr（白保罗1972《汉藏语言概论》1 节）。

653. 差《说文》：贰也，差不相值也。*tʃheai① （中）tʃha① （现）tʂha① （方

言音）W. tshɒ① tsho① Y. tʃha① Mn. tsha① tshe①

缅字 ချ（《缅汉词典》118 页）碑*khlɑɑ（仰光）tɕha

654. 查 *tʃea① （中）dʒa① （现）tʂha② （方言音）W. tso① Y. tʃha② Mn. tsa② tsa①

缅字 ရှာ 查找（《缅汉词典》820 页）碑*hrɑ（四）唎（仰光）ɕa（方言音）T. ɕa D. khrɒ I. ɕa

655. 沙《说文》：水散石也。*ʃeai①*sraal （中）ʃa① （现）ʂa① （方言音）W. so① Y. ʃa① Mn. sa① sua①

缅字 သဲ၊သဲ 沙（《缅汉词典》930/961 页）碑*saj/ sa laj（仰光）tθɛ /tθə lɛ（方言音）T. tθɛ D. sha I. shə lɛ:

656. 加 *keai① *kraal （中）ka① （现）tɕia① （方言音）W. tɕiɒ① kɒ① Y. ka① Mn. ka①

缅字 က 过分、添加（《缅汉词典》20 页）碑*kaj（仰光）kɛ

657. 瑕 *ɣea① （中）ɣa① （现）ɕia② （方言音）W. io① Y. ha② Mn. ha②

缅字 အနာအဆာ（《缅汉词典》1103 页）碑*a na a tsha（仰光）ə na ə sha

658. 霞*ɣea① （中）ɣa① （现）ɕia② （方言音）W. iɒ②io①，Y. ha②，Mn. ha② he②

缅字 ဆည်း၊ဆ 霞光（《缅汉词典》285 页）碑*tshi tsha（仰光）shi sha

659. 瓜 《段注》：瓜者，藤生布于地者也。*koa①*kwraa （中）kwa① （现）kua① （方言音）W. ko①Y. kua①Mn. kua①kue①

缅字 သခွါး 黄瓜（《缅汉词典》949 页）碑*sa khwa（四）萨俦（仰光）tθə khwa（方言音）T. khwa D. shə khɒ I. sə khwa khwa shi

660. 夸 *khoa① *khwraa （中）khwa① （现）khua① （方言音）W. kho① Y. khua① Mn. khua①

缅字 ကား၊ကြား 夸张、吹嘘（《缅汉词典》16/88 页）碑*kɑ / krwa（仰光）ka/tɕwa

661. 跨 *khoa④ *khwraa （中）khwa④ （现）khua④ （方言音）W. kho④ Y. khua④ Mn. khua④

缅字 ခွ 跨（《缅汉词典》页）碑*kwɑʔ（仰光）khwa（方言音）T. khwa D. khwɒ I. khwa

662. 胯《说文》：股也。*khoa④*khwraas （中）khwa④ （现）khwa④ （方言音）W. kho④ Y. khua⑤ Mn. khua④

第八章　缅汉同源词

缅字 ခါး:腰（《缅汉词典》97 页）碑*khaɑ（四）噶（仰光）kha:（方言音）T. kha　D. khɒ　I. kha

白保罗构拟的藏缅语"腰、背"的词根为：*mǐkal（白保罗 1972《汉藏语言概论》12 节）。

663. 洼《说文》：深池也。*oe①（中）wa①　（现）ua①　（方言音）W. o①　Y. wa①　Mn. ua①

缅字 အင်:湖泊、池塘（《缅汉词典》1203 页）碑*aŋ（仰光）ĩ（方言音）T. aŋ　D. ẽ　I. ẽ

664. 洼《说文》：清水也。一曰：窊也。低凹。一颖切（yǐ ng）。又，屋瓜切（wā）*oe①　（中）wa①　（现）ua①　（方言音）W. o①　Y. wa①　Mn. ua①

缅字 အိုင်:汪着水（《缅汉词典》1205 页）碑*uiŋ（仰光）aĩ（方言音）T. aĩ　D. ulŋ　I. eĩ

665. 蛙　*oe①　（中）wa①　（现）ua①　（方言音）Y. wa①　Mn. ua①

缅字 ဖါ:青蛙（《缅汉词典》578 页）碑*phɑ（仰光）pha（方言音）T. phɑ　D. phɒ　I. phɑ

白保罗构拟的藏缅语"蛙"的词根为：*s-bal（白保罗 1972《汉藏语言概论》附录二藏—缅—汉语词根索引）

666. 斜《说文》：（杼）[抒]也。《段注》："凡以斗挹出之，谓之斜。"*zia①　（中）zǐ a①　（现）ɕie②　（方言音）W. ziɒ②　Y. tʃhɛ②　Mn. sia②　tshia①

缅字 စွေ 斜（《缅汉词典》253 页）碑*tswi（仰光）swe

667. 车《说文》：舆轮之总称。*ʈiai①　*khljaa①　（中）tɕhǐ a①　（现）tʂhɤ①　（方言音）W. tsho①　Y. tʃhɛ①　Mn. tshia①

缅字 ရ:能旋转之物、纺车、风车（《缅汉词典》118 页）碑*khlɑ（仰光）tɕha

郑张尚芳先生认为：见母三等的"车"读 ka，昌母的读 khjaa，j 是垫音。缅语的 က（象舆/ka'/）与汉语的见母三等的"车"对应。缅语的"ရ:/tɕha: /纺车"则与昌母的"车"对应。

668. 把　与"掌"有关(参见 689 条和黄树先《汉缅语比较研究》第 58 页"巴"词条注释)*pea②　*praaʔ　（中）pa②　（现）pa③　（方言音）W. po③ Y. pa③　Mn. pa③　pe③

缅字 ဖဝါ:（手、脚）掌（《缅汉词典》577 页）碑*pha wɑ（仰光）phə wa

669. 马《说文》：怒也；武也。象马头髦四足之形。*mea② *mraaʔ （中）ma② （现）ma③ （方言音）W. mo⑤ mɒ③ Y. ma④ Mn. bã③ be③
   缅字 မြင်း：马（《缅汉词典》724 页）碑*mraŋ（四）麦浪（仰光）mĩ（方言音）T. bj̃i mrẽ D. mrẽ I、mrẽ
   白保罗构拟的藏缅语"马"的词根为：*s-maŋ～mraŋ（白保罗 1972《汉藏语言概论》145 节。）关于"马"的原始形式和语音变化的情况，孙宏开先生曾撰文作了精彩而又详细阐述。（参见孙宏开 1989《民族语文》第 6 期《原始藏缅语的构拟问题》）

670. 贾《说文》：贾市也。一曰：坐卖售也。公户切（gǔ）。*kea② （中）ka②（现）tɕia③ （方言音）W. tɕiɒ③ kɒ③ Y. ka③ Mn. ka③ ke③
   缅字 ကာ：进行交易（《缅汉词典》16 页）碑*kaa（四）嘎（仰光）ka

671. 牙、伢、雅 都作幼儿解。*ŋea② （中）ŋa② （现）ia③ （方言音）W. iɒ③ Y. ŋa③ Mn. gã③
   缅字 ငယ် 小、年幼（《缅汉词典》758 页）碑*ŋai（四）爱（仰光）ŋɛ（方言音）T. ŋɛ D. ŋɛ I. ŋɛ

672. 雅 文雅：*ŋea② （中）ŋa② （现）ia③ （方言音）W. iɒ③ Y. ŋa③ Mn. gã③
   缅字 ယဉ် 文雅（《缅汉词典》758 页）碑*jiŋ（仰光）jĩ

673. 下《说文》：底也。底：许书无低字，底即低字。*ɣea② （中）ɣa② （现）ɕia④ （方言音）W. ɦo⑤ Y. ha⑥ Mn. ha⑤ ke⑤
   缅字 အောက် 下（《缅汉词典》1198 页）碑*ɔk（四）袄（仰光）auʔ（方言音）T. ɔʔ D. ø̃ʔ I. ɔʔ

674. 哑 *ea② （中）a② （现）ia③ （方言音）W. iɒ③ o③ Y. a③ Mn. a③ e③
   缅字 အ 哑巴（《缅汉词典》1035 页）碑*aʔ（四）（仰光）aʔ（方言音）T. ɑ D. ɒ I. ɑ

675. 瓦《说文》：土器已烧之总名。*ŋoai② （中）ŋwa② （现）ua③ （方言音）W. ŋo⑤ Y. ŋa④ Mn. gua③ ua③ hia⑤
   缅字 အုတ်ကြွပ် （《缅汉词典》1207 页）碑*ut krwap（仰光）ouʔ tɕuʔ（方言音）T. utɕuʔ D. uikru I. ɔʔ tɕu?

676. 野《说文》：郊外也。*ʎia②*laaʔ<*kilaaʔ （中）jɣa② （现）ie③ （方

言音）W. jiɒ⑤　Y. jɛ④　Mn. ia③

缅字ရွာ 乡村（《缅汉词典》815 页）碑*rwa（四）到（仰光）jwa（方言音）T. wa　D. wɒ　I. wa

677. 帕 色头或擦手的布或绸 *phea③ （中） （现）pha④ （方言音）Mn. pha④ phe④

缅字ပဝါ 头巾、披巾（《缅汉词典》491 页）碑*pə wa（仰光）pə wa

678. 驾《说文》：马在轭中。*keai③ （中）ka③ （现）tɕia④ （方言音）W. tɕiɒ④　kɒ④　Y. ka⑤　Mn. ka④

缅字က 套车（《缅汉词典》1 页）碑*kaʔ（仰光）ka

679. 架《说文》：*keai③ （中）ka③ （现）tɕia④ （方言音）W. tɕiɒ④　kɒ④　Y. ka⑤　Mn. ka④　ke④

缅字ဝက်ကာ 三角架（《缅汉词典》934 页）碑*wak kaʔ（仰光）wɛʔ kaʹ

680. 价 *kea③ *kraas （中）ka③ （现）tɕia④ （方言音）W. tɕiɒ④　kɒ④　Y. ka⑤　Mn. ka④　ke④

缅字ကျ 价值（《缅汉词典》46 页）碑*klaʔ（仰光）tɕa（方言音）T. kla　D. klɒ　I. kla

681. 贾 *kea③ （中）ka③ （现）tɕia④（方言音）W. tɕiɒ④　kɒ④　Mn. ka④

缅字ကား:进行交易（《缅汉词典》16 页）碑*kaa（四）嘎（仰光）ka（方言音）T. ka　D. kɒ　I. ka

682. 吓 *qhraak （中）ha③ （现）ɕia④ （方言音）Mn. ha④

缅字ခြောက် 吓唬、威胁（《缅汉词典》142 页）碑*khrɔk（仰光）（方言音）T. khrɔʔ　D. tɕhø　I. khrɔʹʔ

白保罗构拟的藏缅语"害怕"的词根为：*grok *krok<*grâk *krâk（白保罗 1972《汉藏语言概论》473 节及注 430。）

683. 罅《说文》：裂也。*hea③ （中）ha③ （现）ɕia④ （方言音）W. Y. Mn. ha④ he④

缅字ဟ 张开、露缝（《缅汉词典》1025 页）碑*haa（仰光）ha（方言音）T. ha　D. hɒ　I. ha

684. 亚《说文》：丑也。《段注》："此亚之本义。亚与恶音义皆同。" *ea③ （中）a③ （现）ia④ （方言音）W. iɒ①　iɔ①　Y. a⑤　Mn. a④　a①

缅字အ 样子蠢笨（《缅汉词典》1036 页）碑*aʔ（仰光）aʹ（方言音）T. a　D.

ɒ I. ɑ

685. 哑* （中）a③ （现）ia③ （方言音）Y. a⑤ Mn. a④e④
    缅字 အအ 哑巴（《缅汉词典》1179 页）碑*ɑʔ ɑʔ（仰光）aa （方言音）T. ɑ ɑ D. ɒ I. ɑ ɑ

686. 华《说文》：荣也。花。*ɣoɑ③ （中）ɣwa③ （现）hua④ （方言音）Y. wa⑥ Mn. hua⑤
    缅字 ဝါ 外表、相貌、棉花（《缅汉词典》925 页）碑*wɑ（仰光）wa（方言音）T. wa D. wɒ I. wa

687. 夜 *ʎia③ *laaks<*k·laaks （中）jǐa③ （现）ie④ （方言音）W. iɒ④ Y. jɛ⑥ Mn. ia⑤
    缅字 ရက် 日、天（《缅汉词典》795 页）碑*rak（仰光）jɛʔ（方言音）T. rɑʔ D. rɑʔ I. rɑʔ

宕摄

688. 娘 *nǐaŋ① *năŋ （中）nǐaŋ① （现）niaŋ② （方言音）W. n̪iaŋ① n̪iaŋ② Y. nœŋ② Mn. lioŋ②li ǔ②
    缅字 မောင်း 夫妻（《缅汉词典》682 页）碑*mɔŋ hnɑm（仰光）maũ hnã
    白保罗构拟的藏缅语"少女、妻"的词根为：*s-nam（白保罗1972《汉藏语言概论》103 节）

689. 良 古者妇称夫曰良，而今谓之郎也。*lǐaŋ①*gǐrăŋ （中）lǐaŋ① （现）liaŋ② （方言音）W. liaŋ② Y. lœŋ② Mn. lioŋ②。古者妇称夫曰良，而今谓之郎也。
    缅字 လင် 丈夫（《缅汉词典》888 页）碑*laŋ（四）浪（仰光）lĩ（方言音）T. hlã D. lɛ̃ I. lɛ̃

690. 良 主人*lǐaŋ① *gǐrăŋ （中）lǐaŋ① （现）liaŋ② （方言音）W. liaŋ② Y. lœŋ② Mn. lioŋ②
    缅字 ရင်/အရှင် 主人（《缅汉词典》799/1155 页）碑*rɑŋ ɑ hrɑŋ（仰光）ə ɕĩ （方言音）T. ɑ ɕaŋ D. ɑ shẽ I. ɑ çẽ
    《白狼歌》中有"愿主长寿"句，注缅语音时，用汉字"阳雒僧鳞"。郑张尚芳认为此处的"雒/*raag/"就是注的缅音 ရင်/ɕĩ /主人、主公"。与汉语的"良"对应。
    白保罗构拟的藏缅语"主人"的词根为：*ryaŋ（白保罗1972《汉藏语言

概论》205 节）

691. 量《说文》：称轻重也。 *lĭaŋ①* gĭrăŋ* gĭrăŋs （中）lĭaŋ① （现）liaŋ② （方言音）W. liaŋ② Y. lœŋ② Mn. lioŋ②

    缅字 ချိန် 量（谷物等的体积，布等的长度）（《缅汉词典》126 页）/ချင် 量(粮食)（《缅汉词典》143 页）碑*khlaŋʔ/ khraŋ（仰光）tɕhĩ /tɕhĩ

692. 梁《说文》：水桥也。水桥：《段注》："梁之字，用木跨水，则今之桥也。"/一曰："屋上大梁" *lĭaŋ①*g•răŋ （中）lĭaŋ① （现）liaŋ② （方言音）W. liaŋ② Y. lœŋ② Mn. lioŋ②

    缅字 ကြင် 椽子（《缅汉词典》143 页）碑*khraŋ（仰光）tɕhĩ

693. 张《说文》：施弓弦也。 *tĭaŋ① （中）tĭaŋ① （现）tʂaŋ① （方言音）W. tsaŋ① Y. tʃœŋ① Mn. tioŋ① fi ũ ①

    缅字 တင်း(弦、筋)紧、弄紧（《缅汉词典》365 页）碑*taaŋ（仰光）fi：（方言音）T. taŋ D. tẽ I. tẽ

694. 场 *dĭaŋ① （中）tĭaŋ① （现）tʂhaŋ② （方言音）W. zaŋ② Y. tʃhœŋ② Mn. tioŋ② fi ũ ②

    缅字 ကွင်း:空地、广场（《缅汉词典》82 页）碑*kwaaŋ（仰光）kwĩ：（方言音）T. kwaŋ D. kwẽ I. kwẽ

695. 曩《说文》：向也。 *nĭaŋ①* naaŋʔ （中）ȵĭaŋ① （现）zaŋ② （方言音）Y. jœŋ② Mn. lioŋ②

    缅字 ရှေ့ 先（《缅汉词典》475 页）碑*naŋʔ（仰光）hnĩ

696. 禳/攘《说文》：磔禳祀，除疠殃也。王筠《句读》："禳当作攘，二字迭韵。""云磔禳祀者，谓磔牲以攘之，祀名曰禳也。" *nĭaŋ① *njăŋ （中）ȵĭaŋ① （现）zaŋ② （方言音）Y. jœŋ② Mn. lioŋ②

    缅字 နှင် 驱逐、赶（《缅汉词典》475 页）碑*naŋ（仰光）hnĩ （方言音）T. hnaŋ D. nẽ I. hnẽ

697. 瀼*nĭaŋ①*njăŋ *naaŋʔ （中）ȵĭaŋ① （现）zaŋ② （方言音）Y. jœŋ② Mn. lioŋ② lĭaŋ①

    缅字 နှင်း:露、薄雾、雪（《缅汉词典》475 页）碑*naŋ（四）曩（仰光）hnĩ （方言音）T. hnẽ D. nẽ I. hnaŋ

698. 嚷/让 *nĭaŋ① *njăŋʔ/*njăŋs （中）ȵĭaŋ① （现）zaŋ② （方言音）Y. jœŋ② Mn. lioŋ② lĭaŋ①

缅字 ဆူညံ 吵闹声（《缅汉词典》1086 页）碑*a ɲam?（仰光）ə nã（方言音）T. nã D. nõ I. nã

699. 让 *nĭ aŋ①*njă ŋs （中）ȵĭ aŋ① （现）zaŋ② （方言音）Y. jœŋ② Mn. liɔŋ② lĭ aŋ①

缅字 နှင်း:授予、颁发（《缅汉词典》475 页）碑*naŋ（仰光）hnĭ

700. 攘 *nĭ aŋ①*njă ŋ （中）ȵĭ aŋ① （现）zaŋ② （方言音）Y. jœŋ② Mn. liɔŋ② lĭ aŋ①

缅字 ဆူညံ(古)小偷（《缅汉词典》1085 页）碑* a ɲam?（仰光）ə nã̌

701. 翔 *zĭ aŋ （中）zĭ aŋ① （现）ɕiaŋ② （方言音）W. ziaŋ② Y. tʃhœŋ② Mn. siɔŋ②

缅字 သန်း:翔（《缅汉词典》1012 页）碑*san（仰光）pjã tθã

702. 妆 化妆*tʃi aŋ①*kă ŋ （中）tʃi aŋ① （现）tṣuaŋ① （方言音）W. tsŋ① Y. tʃɔŋ① Mn. tsɔŋ① tsŋ①

缅字 ဆင် 化妆、打扮（《缅汉词典》276 页）碑*tshaaŋ（四）昌（仰光）shĭ（方言音）T. shẽ D. shẽ I. shan

703. 姜 *kĭ aŋ①*kă ŋ （中）kĭ aŋ①（现）tɕiaŋ① （方言音）Y. kœŋ① Mn. kiɔŋ① kĭ ũ ①

缅字 ချင်း:词义（《缅汉词典》127 页）碑*khlaŋ（四）腔（仰光）dʑĩ（方言音）T. ɕĩ D. krẽ I. ɕẽ tɕhẽ

704. 疆《说文》：界也。*kĭ aŋ① *kă ŋ （中）kĭ aŋ① （现）tɕiaŋ① （方言音）Y. kœŋ① Mn. kiɔŋ① kĭ ũ ①

缅字 ချင်း:……之间（《缅汉词典》127 页）碑*khlaŋ（四）腔（仰光）dʑĩ:

705. 殃《说文》：咎也。灾祸。*ĭ aŋ① （中）ĭ aŋ① （现）iaŋ① （方言音）W. iaŋ① Y. jœŋ① Mn. iɔŋ①

缅字 ရန် 灾害、敌人（《缅汉词典》808 页）碑*ran（仰光）jã（方言音）T. jã D. jẽ I. jaŋ

706. 疡《说文》：头创也。创，王筠《句读》："疮之正字。" *ʎĭ aŋ① （中）jĭ aŋ① （现）iaŋ② （方言音）W. jiaŋ② Y. jœŋ②，Mn. iɔŋ②

缅字 ရောင် 发炎、红肿（《缅汉词典》803 页）碑*rɔŋ（仰光）jaũ （方言音）T. jaŋ D. jɔ̃ jaŋ I. jɔ̃

707. 佯 假装 *ʎĭ aŋ① （中）jĭ aŋ① （现）iaŋ② （方言音）W. jiaŋ② Y.

jœŋ② Mn. iɔŋ②

缅字 ေသာင်း 假的、无意识的（《缅汉词典》756 页）碑*jɔŋ（仰光）jaũ（方言音）T. jaŋ D. jɔ̃ I. jɔ̃

708. 筐 *khwĭaŋ① *khwăŋ （中）khwĭaŋ① （现）khuaŋ① （方言音）W. khuɒŋ① Y. hɔŋ① khuaŋ① Mn. khɔŋ① khiŋ①

缅字 ခြင်း:簸、筐（《缅汉词典》143 页）碑*khlaŋ(仰光)tɕhĩ（方言音）T. ɕĩ D. krẽ I. ɕɛ̃ : tɕhẽ :

709. 眶 眼眶。*khwĭaŋ①*khwăŋ （中）khwĭaŋ① （现）khuaŋ① （方言音）W. khuɒŋ② Y. hɔŋ① khuaŋ① Mn. khɔŋ① khiŋ①

缅字 မျက်ကွင်း:眼眶（《缅汉词典》143 页）碑*mlakwaŋ（仰光）kwĩ

710. 傍/帮*pɔŋ① *baaŋ *baaŋs /*paaŋ （中）paŋ① （现）paŋ① （方言音）W. pɒŋ① Y. pɔŋ① Mn. pɔŋ① paŋ① pŋ①

缅字 ပင့် 抬举、扶助（《缅汉词典》522 页）碑*paŋʔ（仰光）pĩ （方言音）T. paŋ D. pẽ I. pã

711. 滂《说文》：沛也。徐锴《系传》："水广及貌。"* phuaŋ① （中）phaŋ① （现）phaŋ① （方言音）W. phɒŋ① Y. phɔŋ② Mn. phɔŋ① phaŋ①

缅字 ေပါင်း 水多（《缅汉词典》588 页）碑*phɔŋ(仰光)phaũ（方言音）T. phɔ̃ D. phẽ I. phɔ̃

712. 雱《说文》：大也。*phuaŋ①*phaaŋ （中）phaŋ① （现）phaŋ① （方言音）Mn. phɔŋ①

缅字 မိုးပွင့်:雨珠、雪花（《缅汉词典》673 页）碑*miu pwaŋʔ（仰光）moː pwĩ '

713. 傍《说文》：近也。* buaŋ① （中）baŋ① （现）phaŋ② （方言音）W. bɒŋ② Y. phɔŋ② Mn. pɔŋ②

缅字 ပန်:旁边、侧面（《缅汉词典》631 页）碑* pan（仰光）bepã

714. 旁《说文》：溥也。广大。* buaŋ① （中）baŋ① （现）phaŋ② （方言音）W. bɒŋ② Y. phɔŋ② Mn. pɔŋ②

缅字 ပြန့် 普遍（《缅汉词典》567 页）碑*pranʔ（仰光）pjã

715. 彷 * buaŋ① * baaŋ * phăŋʔ （中）baŋ① （现）phaŋ② （方言音）W. bɒŋ② Y. phɔŋ② Mn. pɔŋ②

缅字 ပင့် 迟缓、拖延（《缅汉词典》588 页）/ငင် 迟缓、犹豫（《缅汉词典》588 页）碑*phaŋ /phaŋʔ（仰光）phĩ /phĩ

716. 膀 *buaŋ① （中）baŋ① （现）phaŋ② （方言音）W. bɒŋ② Y. phoŋ② Mn. pɔŋ②
    缅字 ပေါင် 腿（《缅汉词典》526页）碑*poŋ（仰光）baũ （方言音）T. põ D. põ I. pɔŋ

717. 郎 *laŋ① （中）laŋ① （现）laŋ② （方言音）W. lɒŋ② Y. lɔŋ② Mn. lɔŋ② lŋ②
    缅字 လင် 丈夫（《缅汉词典》888页）碑*laŋ（四）浪（仰光）lĩ （方言音）T. lã D. lẽ I. lẽ

718. 浪 *laŋ① （中）laŋ① （现）laŋ② （方言音）Y. lɔŋ② Mn. lɔŋ②
    缅字 လှိုင်း 波浪（《缅汉词典》914页）碑*hliuŋ（仰光）hlaĩ （方言音）T. hlaŋ D. lʉŋ I. hlẽĩ

719. 沧 冷也。*tshaŋ① （中）tshaŋ① （现）tshaŋ① （方言音）W. tshɒŋ① Y. tʃɔŋ① Mn. tshɔŋ① tshaŋ①
    缅字 ချမ်း 冷（《缅汉词典》135页）碑*khlam（四）遭（仰光）tɕhã （方言音）T. tɕhã D. khrõ I. tɕhã

720. 冈/岗《说文》：山（骨）[脊]也。*kaŋ①*klaaŋ （中）kaŋ① （现）kaŋ① （方言音）W. kɒŋ① Y. kɔŋ① Mn. kɔŋ① kaŋ①
    缅字 ခင် 土岗、丘陵（《缅汉词典》108页）碑*khaŋ（仰光）khĩ

721. 纲《说文》：维纮绳也。《段注》"纮者，冠维也。引申之为凡维系之偁。孔颖达云：纮者，网之大绳。" *kaŋ① （中）kaŋ① （现）kaŋ① （方言音）W. kɒŋ① Y. kɔŋ① Mn. kɔŋ① kaŋ①
    缅字 ခင် 绕成束的线（《缅汉词典》108页）碑*khaŋ（仰光）khĩ

722. 康《说文》：强壮有力。* kaŋ① （中）kaŋ① （现）kaŋ① （方言音）W. kɒŋ① Y. kɔŋ① Mn. kɔŋ① kaŋ①
    缅字 ခံ့ 坚实（《缅汉词典》103页）碑*kham?（仰光）khã

723. 黄《说文》：地之色也。*ɣuaŋ①*gwaaŋ （中）ɣuaŋ① （现）huaŋ② （方言音）W. ɦuɒŋ② Y. wɔŋ② Mn. hɔŋ② wŋ②
    缅字 ဝါ 黄（《缅汉词典》925页）/ဝင်း 金黄色，（果实成熟）发黄（《缅汉词典》937页）碑*waa/waaŋ（仰光）wa /wĩ：方言音）T. wa D. wɒ I. wa

724. 潢《说文》：积水池也。*ɣuaŋ①*Gwaaŋ （中）ɣuaŋ① （现）huaŋ② （方言音）W. ɦuɒŋ② Y. wɔŋ② Mn. hɔŋ② wŋ②

缅字 ၍ၣ်း:洼地、壕(《缅汉词典》57 页)碑*klaŋ（仰光）tɕĩ
坑汉语"潢"的同族词。有：坑*khraaŋ、汪《说文》：池也。*qwaaŋ

725. 蝗《说文》：螽也。从虫，黄声。乎光切（hua′ng）*ɣuaŋ①　（中）ɣuaŋ①
（现）huaŋ②　（方言音）W. ɦuŋ②　Y. wɔŋ②　Mn. hɔŋ②
缅字 ၍ၣ်း:蝗虫(《缅汉词典》58 页)碑*kliuŋ（仰光）tɕaĩ（方言音）T.
tɕeĩ tɕaĩ tɕẽ　D. tɕaĩ tɕeĩ　I. tɕeĩ

726. 汪《说文》：池也。*uaŋ①　（中）uaŋ①　（现）uaŋ②　（方言音）W. uɒŋ①
Y. wɔŋ①　Mn. ɔŋ①
缅字 အိုင်း:湖泊(《缅汉词典》1203 页)碑*aŋ（仰光）ĩ（方言音）T. aŋ　D.
ẽ　I. ĩ

727. 想《说文》：冀思也。*sĭ aŋ② *sǎŋ?（中）sĭ aŋ②　（现）ɕiaŋ②　（方言
音）W. siaŋ③　Y. ʃœŋ③　Mn. siɔŋ③　sĭ ũ⑤
缅字 စဉ်းစား:(《缅汉词典》238 页)碑*tsaŋ（仰光）sĩ（方言音）T.
saŋ sa sẽ: sɒ. D. sẽ sɒ I、sĩ sa
缅语中，有些单音节动词后往往会跟上一个无意义的后缀"စား:"，组成双音
节动词。主要词根在前面第一音节上。如："ကြိုးစား:"努力；"စဉ်းစား:"想等等。

728. 像《古汉语常用字字典》：相像，相似。*zĭ aŋ② *sGlǎŋ?（中）zĭ aŋ②
（现）ɕiaŋ④　（方言音）W. ziaŋ⑤　Y. tʃœŋ⑥　Mn. siɔŋ⑤　tshĩ ũ⑤
缅字 ဆင်း像(《缅汉词典》276 页)碑*tshaŋ（四）唱（仰光）shĩ（方言音）
T. shaŋ　D. shẽ　I. shĩ

729. 象《说文》：长鼻牙，南越大兽，三年一乳，象耳牙四足之形。*zĭ aŋ②*sGlǎŋ?
（中）zĭ aŋ②　（现）ɕiaŋ④　（方言音）W. ziaŋ⑤　Y. tʃœŋ⑥　Mn. siɔŋ⑤
tshĩ ũ⑤
缅字 ဆင်း象(《缅汉词典》276 页)碑*tshaŋ（四）唱（仰光）shĩ（方言音）
T. shaŋ　D. shẽ　I. shĩ

730. 蟓 *zĭ aŋ②*sGlǎŋ?（中）zĭ aŋ②　（现）ɕiaŋ④　（方言音）W. ziaŋ⑤
Y. tʃœŋ⑥　Mn. siɔŋ⑤　tshĩ ũ⑤
缅字 ဆင်ပိုး:象鼻虫(《缅汉词典》278 页)碑*tshaŋ pui（仰光）shã po

731. 爽《说文》：明也。*ʃĭ aŋ②　*srǎŋ?（中）ʃĭ aŋ②　（现）ʂaŋ③　（方
言音）W. sɒŋ⑤　Y. ʃɔŋ③　Mn. sɔŋ③　sŋ③
缅字 ရှင်း:清楚、清爽(《缅汉词典》830 页)碑*hraŋ（仰光）ɕĩ（方言音）

T. ɕĩ　D. shẽ　I. ɕẽ

732. 赏《说文》：赐有功也。*ɕǐ aŋ②　（中）ɕǐ aŋ②　（现）ʂaŋ②　（方言音）W. sɒŋ③　Y. ʃœŋ③　Mn. siɔŋ③　sĩ ũ ③

　　缅字 ၍:封爵、赏赐（《缅汉词典》119 页）碑*kii（仰光）tɕhi:

733. 强　强壮*gǐ aŋ②　（中）gǐ aŋ②　（现）tɕhiaŋ③　（方言音）W. tɕhiaŋ③　Y. khœŋ④　Mn. siɔŋ③　kiɔŋ③

　　缅字 ေကာင်း（《缅汉词典》365 页）碑*tɔŋʔ（仰光）taũ '

734. 响　声音高、大。*hǐ aŋ②　（中）hǐ aŋ②　（现）ɕiaŋ③　（方言音）W. ɕiaŋ③　Y. hœŋ③　Mn. hiɔŋ③　hiaŋ③

　　缅字 ဟည်း:震天响（《缅汉词典》1032 页）碑*hɑn（四）（仰光）hi（方言音）T. hi　D. hi　I. hi

735. 痒《说文》：瘍也。王筠《句读》："痒疥者，疮疥也"。似阳切（yáng）*ʎǐ aŋ②　*lǎ ŋ　（中）jǐ aŋ②　（现）iaŋ③　（方言音）W. jiaŋ⑤　Y. jœŋ③　Mn. iɔŋ③

　　缅字 ယား:痒（《缅汉词典》750 页）碑*ja（仰光）ja（方言音）T. ja　D. jɒ:　I. jwɑ

736. 纺《说文》：纺丝也。*phǐ waŋ②　*phǎ ŋʔ　（中）phǐ waŋ②　（现）faŋ③　（方言音）W. fɒŋ③　Y. fɔŋ③　Mn. hɔŋ③　phaŋ③

　　缅字 ဝင်း纺（纱）（《缅汉词典》936 页）碑*waŋʔ（仰光）wĩ

　　白保罗构拟的藏缅语"纺"的词根为：*paŋ（白保罗 1972《汉藏语言概论》48 节）

737. 枉《说文》：斜曲也。*ǐ waŋ②　（中）ǐ waŋ②　（现）uaŋ③　（方言音）W. uɒŋ③　Y. wɔŋ③　Mn. ɔŋ③

　　缅字 ဝှင်း:走样、错误（《缅汉词典》761 页）碑*jwaŋ（仰光）jwĩ

738. 往《说文》：*ɣǐ waŋ②　（中）ɣǐ waŋ②　（现）uaŋ③　（方言音）W. uɒŋ③　Y. wɔŋ③　Mn. ɔŋ③　iŋ③

　　缅字 ဝှင်：去，前往（《缅汉词典》762 页）碑*jwan（仰光）jũ

739. 朗《说文》：明也。*laŋ②　（中）laŋ②　（现）laŋ③　（方言音）W. lɒŋ⑤　Y. lɔŋ④　Mn. lɔŋ③

　　缅字 လင်း:亮、明亮（《缅汉词典》889 页）碑*laŋ（仰光）lĩ（方言音）T. laŋ　D. lẽ laŋ　I. lẽ

740. 沆《说文》：莽沆，大水也。一曰：大泽貌。*ɣaŋ②　（中）ɣaŋ②　（现）haŋ④　（方言音）Y. hɔŋ②　Mn. hɔŋ⑤
    缅字 အိုင်:湖泊（《缅汉词典》1203 页）碑*aŋ（仰光）ĩ:（方言音）T. aŋ　D. ɛ̃　I. ĩ

741. 广《说文》：殿之大屋也。殿，《段注》："殿为堂无壁"。屋，王筠《句读》："覆乎上者曰屋。无四壁而上有大覆盖，是曰广。"*kuaŋ②　（中）kuaŋ②　（现）kuaŋ③　（方言音）W. kuɒŋ③　Y. kuaŋ③　Mn. kɔŋ③　kŋ③
    缅字 ကွင်:广场（《缅汉词典》82 页）碑*kwaŋ（仰光）kwĩ

742. 亮　*lĭ aŋ②*raŋs　（中）lĭ aŋ②　（现）liaŋ④　（方言音）W. liaŋ⑤　Y. lœŋ⑥　Mn. liɔŋ⑤　liaŋ⑤
    缅字 လင်:亮（《缅汉词典》889 页）碑*laaŋ（仰光）lĩ:（方言音）T. laŋ　D. lɛ̃　I. lɛ̃:

743. 谅《说文》：信也。*lĭ aŋ②　（中）lĭ aŋ②　（现）liaŋ④　（方言音）W. liaŋ⑤　Y. lœŋ⑥　Mn. liɔŋ⑤
    缅字 လင်:解释、说明（《缅汉词典》889 页）碑*laaŋ（仰光）lĩ:（方言音）T. lɛ̃:　D. laŋ:　I. lɛ̃:

744. 冷/凉《说文》：寒也。*lĭ aŋ②　（中）lĭ aŋ②　（现）liaŋ④　（方言音）W. liaŋ⑤　Y. lœŋ⑥　Mn. liɔŋ⑤
    缅字 ချမ်:冷（《缅汉词典》135 页）碑*khlam（四）遣（仰光）tɕhã（方言音）T. khrɔ̃　D. tɕhã　I. tɕhã:

745. 帐 用布或其它料子做成的帷幕*tĭ aŋ③　（中）tĭ aŋ②　（现）tʂaŋ④　（方言音）W. tsaŋ④　Y. tʃœŋ⑤　Mn. tiɔŋ④ fi ũ ④
    缅字 ခြင်ထောင် 蚊帐（《缅汉词典》143 页）碑*khraŋ tɔŋ（四）克浪倘（仰光）tɕhĩ daũ

746. 胀《说文》：*tĭ aŋ③　（中）tĭ aŋ②　（现）tʂaŋ④　（方言音）W. tsaŋ④　Y. tʃœŋ⑤　Mn. tiɔŋ④ fi ũ ④
    缅字 တင်:紧、胀（《缅汉词典》365 页）碑*taŋ（仰光）fi（方言音）T. taŋ　D. tɛ̃:　I. tɛ̃:

747. 怅《说文》：望恨也。望恨，《段注》："望其还却不到，为恨也。"*thĭ aŋ③　（中）thĭ aŋ②　（现）tshaŋ④　（方言音）W. tshaŋ④　Y. tʃhœŋ⑤　Mn. thiɔŋ④

缅字 ထင် 忐忑不安、忧虑（《缅汉词典》402 页）碑*thaŋʔ（仰光）thĩ '（方言音）T. thaŋ   D. thẽ   I. thẽ

748. 匠《说文》：木工也。《段注》："工者，巧饰也。百工皆称工称匠，独举木工者，其字从斤也。"*dzǐ aŋ③　（中）dzǐ aŋ②　（现）tɕiaŋ④　（方言音）W. ziaŋ⑤　Y. tʃœŋ⑥　Mn. tsiɔŋ⑤tshĩ ũ ⑤

缅字 သည် 从事某种工艺事业者，身为……者（《缅汉词典》1006 页）碑*si（仰光）tθɛ（方言音）T. tθɛ   D. shɛ   I. shɛ

749. 壮《说文》：大也。*tʃǐ aŋ③　（中）tʃǐ aŋ③　（现）tʂuaŋ④　（方言音）W. tsɒŋ④　Y. tʃɔŋ⑤　Mn. tsɔŋ④

缅字 တောင် 强壮（《缅汉词典》366 页）碑*tɔŋʔ（仰光）taũ（方言音）T. tɔŋ   D. tɔ̃   I. tɔ̃

750. 创　*tʃhĭ aŋ③　（中）tʃhĭ aŋ③　（现）tʂhuaŋ④　（方言音）W. tshɒŋ③　Y. tʃhɔŋ⑤　Mn. tshɔŋ④

缅字 ထွင် 创造（《缅汉词典》416 页）碑*thwaŋ（仰光）thwĩ

751. 唱 *tɕhĭ aŋ③　（中）tɕhĭ aŋ③　（现）tʂhaŋ④　（方言音）W. tshɒŋ④　Y. tʃhœŋ⑤　Mn. tshiɔŋ④　tshĩ ũ ④

缅字 ချင်း 歌曲（《缅汉词典》127 页）碑*khlaŋ（仰光）tɕhĩ /dʒĩ

752. 让《说文》：相责让。《广雅》："让，责也。"；一曰：予也。*nǐ aŋ③*njǎ ŋs　（中）ɽǐ aŋ②　（现）zaŋ④　（方言音）W. zaŋ⑤　nǐ aŋ⑤　Y. jœŋ⑥　Mn. liɔŋ⑤　ɾĩ ũ ⑤

缅字 နှင်း 授予、颁发（《缅汉词典》475 页）碑*hnaŋ（仰光）hnaĩ

753. 攘/儴《说文》：禳，磔禳祀，除疠殃也。又曰：推也。推，《段注》："推手使前也。"*nǐ aŋ③　（中）ɽǐ aŋ②　（方言音）Mn. liɔŋ⑤

缅字 နှင် 驱逐、赶（《缅汉词典》475 页）碑*hnaŋ（仰光）hnĩ

754. 望《说文》：出亡在外，望其还也。*mǐ waŋ③　*mǎ ŋs　（中）mǐ waŋ②　（现）uaŋ④　（方言音）W. vɒŋ⑤　mɒŋ⑤　Y. mɔŋ⑥　Mn. bɔŋ⑤　baŋ⑤

缅字 မျှော် 盼望、期待（《缅汉词典》744 页）碑*mlɔ（仰光）hmjɔ

755. 望 *mǐ waŋ③*mǎ ŋs　（中）mǐ waŋ②　（现）uaŋ④　（方言音）W. vɒŋ⑤　mɒŋ⑤　Y. mɔŋ⑥　Mn. bɔŋ⑤　baŋ⑤　《白狼歌》中有"所见奇异"句，注古缅音时用汉字为"知唐桑艾"。郑张尚芳先生认为，此处的"唐"即是古缅音'*ɦlaaŋ'，就是缅语的"မြင်" mraŋ，和汉语的 望 同源。

缅字မြင်（《缅汉词典》732 页）碑*mraŋ（四）麦浪（仰光）mjĩ　（方言音）（方言音）T. bjĩ　D. mlẽ　I. mjĩ

白保罗构拟的藏缅语"见"的词根为：*mraŋ（白保罗1972《汉藏语言概论》146 节）。并用此词根与汉语的"望"作比较。（白保罗1972《汉藏语言概论》注 474）。

756. 忘《说文》：不识也。识（zhi），张舜徽《约注》："识即记也，亦读同志。"
*mǐ waŋ③　（中）mǐ waŋ②　（现）uaŋ④　（方言音）W. vɒŋ⑤　mɒŋ⑤
Y. mɔŋ②　Mn. bɔŋ⑤　bɔŋ②

缅字မေ့忘（《缅汉词典》667 页）碑*miʔ（四）美（仰光）meˈ（方言音）
T. meˈ　D. meˈ　I. meˈ

757. 王《说文》：天下所归往也。*ɣǐ waŋ③　（中）ɣǐ waŋ②　（现）uaŋ④　（方言音）W. waŋ⑤　Y. mɔŋ⑥　Mn. ɔŋ⑤

缅字မင်း:帝王（《缅汉词典》678 页）碑*maŋ（四）莽（仰光）mĩ（方言音）
T. maŋ　D. mẽ　I. mẽ

758. 傍《说文》：近也。*buaŋ③　（中）baŋ③　（现）paŋ④　（方言音）W. bɒŋ②　Y. pɔŋ⑥　Mn. pɔŋ⑤　pŋ⑤

缅字ဘေး:ပန်:旁边（《缅汉词典》631 页）碑*biepan（仰光）be pã

759. 挡*taŋ③　（中）taŋ③　（现）taŋ③　（方言音）W. tɒŋ③　tɒŋ④　Y. tɒŋ③　Mn. tɒŋ④

缅字တား阻止、挡（《缅汉词典》344 页）碑*taɑ（仰光）ta:

760. 抗《说文》：扞也。抵御。*khaŋ③　（中）khaŋ③　（现）khaŋ④　（方言音）W. khɒŋ④　Y. khɔŋ⑤　Mn. khɔŋ④

缅字ခံ阻挡、抵抗（《缅汉词典》104 页）碑*kham（仰光）khã　（方言音）T. khã　D. khɒ̃ khã　I. khã

761. 旷《说文》：明也。《段注》："广大之明也。会意兼形声字也。引伸为虚空之称。"*khuaŋ③　*khwaaŋş　（中）khuaŋ③　（现）khuaŋ④　（方言音）W. khuɒŋ④　huɒŋ④　Y. khɔŋ⑤　khuɒŋ⑤　Mn. khɔŋ③

缅字ခေါင်း无沿无际的（《缅汉词典》109 页）碑*khɔŋ（仰光）khaũ

762. 圹《说文》：堑穴也。《段注》："谓堑地为穴也，墓穴也。"*khuaŋ③　（中）khuaŋ③　（现）khuaŋ③　（方言音）W. khuɒŋ③　huɒŋ③　Y. khɔŋ⑤　khuɔŋ⑤　Mn. khɔŋ④

缅字 ကျင်း 洞穴、坑《缅汉词典》57 页）碑*klaŋ（仰光）tɕĩ

763. 掠 *lǐ ak④ （中）lǐ ak④ （现）lye④ （方言音）W. lipʰ⑦ Y. lœk⑨ Mn. liɔk⑦ liah⑦

缅字 လုယက် 抢夺、抢劫（《缅汉词典》843 页），碑*luʔ jak（仰光）luʔjɛ？

764. 灼《说文》：炙、炙也。*tǐ auk④ （中）tɕǐ ak④ （现）tṣuo③ （方言音）W. tspʰ⑥ Y. tʃœk⑧ Mn. tsiɔk⑥

缅字 လောင် 燃烧（《缅汉词典》360 页），碑*tuk（仰光）tauʔ（方言音）T. D. I

765. 勺《说文》：挹取也。《段注》："挹者抒也。勺是器名；挹取者，其用也。" *zǐ auk④ （中）zǐ ak④ （现）ṣau② （方言音）W. zoh⑦ Y. tʃœk⑧ ʃœk⑧ Mn. siɔk⑦ siah⑦

缅字 ယောက် 勺（《缅汉词典》754 页）碑*jɔk（四）咬（仰光）jauʔ（方言音）T. jɔʔ D. jø？ I. jɔʔ

766. 䑛《说文》：舌也。* gǐ ak④ * glǎ k （中）gǐ ak④ （方言音）Mn. kiɔk⑦

缅字 လျက် 舔（《缅汉词典》907 页）/ လျာ 舌（《缅汉词典》918 页）碑*liak / ljɑla（四）喇（仰光）jɛʔ /ça（方言音）T. hlja D. shã li: I. ça

767. 疟 *ŋǐ auk④ （中）ŋǐ ak④ （现）nye④ iau④ （方言音）W. ȵiah⑦ ŋoh⑦ Y. jœk⑨ Mn. giɔk⑦ liak⑦

缅字 ငှက် 疟疾（《缅汉词典》188 页）碑*ŋak（四）哈（仰光）hŋɛʔ（方言音）T. hnaʔ D. ȵaʔ I. hɛʔ

768. 约《说文》：缠束也。*ǐ auk④ （中）ǐ ak④ （现）ye① （方言音）W. ipʰ⑥ Y. jœk⑧ Mn. iɔk⑥ ioh⑥

缅字 ယောက် 绕（线）（《缅汉词典》754 页）碑*jɔk（仰光）jauʔ

769. 约 大约、相当于。*ǐ auk④ （中）ǐ ak④ （现）ye① （方言音）W. ipʰ⑥ Y. jœk⑧ Mn. iɔk⑥ ioh⑥

缅字 လောက် 大约（《缅汉词典》886 页）碑*lɔk（四）老（仰光）lauʔ（方言音）T. lɔʔ D. lø？ I. lɔʔ

770. 缚《说文》：束也。* bǐ wak④ （中）bǐ wak④ （现）fu④ （方言音）W. voh⑦ Y. fɔk⑧ Mn. hɔk⑦ pak⑦

缅字 ဖွဲ့ 拴、系（《缅汉词典》605 页）碑*phwaiʔ（四）排（仰光）phwɛ

第八章　缅汉同源词　525

771. 攫《说文》：扟也。《礼记·儒行》："鸷虫攫搏。"孔颖达疏："以脚取之谓攫，以翼击之谓搏。"*kĭ wak④　（中）kĭ wak④　（现）tɕye②　（方言音）Mn. kiɔk⑦

    缅字 သုပ် 突然攫取（《缅汉词典》1009 页）碑*sut（仰光）tθouʔ

772. 博《说文》：大、通也。*puak④　（中）pak④　（现）po②　（方言音）W. poh④　Y. pɔk⑧　Mn. pɔk⑥　phɔk⑥　poh⑥

    缅字 ပေါက် 了解、明了。（《缅汉词典》519 页），碑*pɔk（仰光）pau

773. 搏《说文》：索持也。一曰：至也。*puak④　（中）pak④　（现）po②　（方言音）Y. pɔk⑧　Mn. pɔk⑥　phɔk⑥

    缅字 ပေါက် 通、通达（《缅汉词典》518 页）碑*pɔk（仰光）pauʔ

774. 粕 *phuak④　（中）phak④　（现）pho②　（方言音）W. phɤh④　Y. phɔk⑧　Mn. phɔk⑥　phoh⑥

    缅字 အဖတ် 渣子（《缅汉词典》1123 页）碑*a phat（仰光）a phaʔ

775. 薄　* buak④　（中）pak④　（现）po②　pau②　（方言音）W. boh⑦　Y. pɔk⑨　Mn. pɔk⑦　poh⑦

    缅字 ပါ 薄，单薄。（《缅汉词典》494 页）碑*paa（四）（仰光）pa:（方言音）T. pɑ　D. pɒ　I. pɑ

776. 漠《说文》：北方流沙也。徐灏《段注笺》："流沙者，尘埃冥蒙之地，故谓之沙漠。漠者，蒙也。"* muak④　（中）mak④　（现）mo④　（方言音）W. moh⑦　Y. mɔk⑨　Mn. bɔk⑦　bɔ②

    缅字 မု：覆盖（《缅汉词典》671 页）碑*miu（仰光）mo（方言音）T. mo　D. mɯ　I. mo

777. 膜　* muak④　（中）mak④　（现）mo④　（方言音）W. moh⑦　Y. mɔk⑨　Mn. bɔk⑦　bɔ̃ h⑦

    缅字 မေး:／မြေး: 薄膜状物（《缅汉词典》1138/1140 页）碑*hmee /hmree（仰光）hme:

778. 箨《说文》：草木凡皮叶落，陊地为箨。它各切（tuò）。*thak④　*khïlaak④　（中）thak④　（现）thuo④　（方言音）Y. thɔk⑧　Mn. thɔk⑥

    缅字ရွက် 叶子、树叶（《缅汉词典》818 页）/အရွက် 叶片、叶子（《缅汉词典》1153 页）碑*rwak（四）阿唎（仰光）jwɛʔ（方言音）T. a waʔ　D. a jwaʔ　I. a jwɛʔa wɛʔ

779. 拓《说文》：拾也。拓：邵瑛《群经正字》："今经典从或体作摭。拓（拾取）字经典不见。子史多以拓为开拓之拓；又'拓落'亦作此：盖截分为二字矣。"*thak④ *thaak<khïlaak （中）thɔk④ （现）thuo④ （方言音）W. thoh⑥ Y. thɔk⑧ Mn. thɔk⑥ thuh⑥
缅字ထ上升、（从下游向上游）前进（《缅汉词典》359页）碑*tak（四）打（仰光）tɛʔ（方言音）T. taʔ D. taʔ I. tɛʔ

780. 度《说文》：度，法度。《段注》："周制：寸、尺、咫、寻、常、仞，皆以人之体为法。寸法人手之寸口，咫法中妇人手长八寸，仞法伸臂一寻，皆以手取法，故从又。"*dak④*daak<*gïlaak, *daaks<*gïlaaks （中）dak④ （现）tuo② （方言音）W. doh⑦ Y. tɔk⑨ Mn. tɔk⑦
缅字ဎ算、估量（《缅汉词典》385页）/တ丈量（《缅汉词典》342页）碑*twak/ta（仰光）twɛʔ /ta（方言音）T. twaʔ D. twaʔ I. twɛʔ
《白狼歌》中有"无所报嗣"句，注古缅语音的汉字为："莫支度由"。郑张尚先生认为此处的"度/ *daags/"字就是缅语"တ 量, 丈量/taa /"的音。

781. 落《说文》：凡草曰零，木曰落。* lak④* gïraak （中）lak④ （现）luo④ （方言音）W. loh⑦ Y. lɔk⑨ Mn. lɔk⑦ lak⑥ loh⑦ lau④
缅字ကျ落、降（《缅汉词典》45页）碑*klaʔ（四）革刺（仰光）tɕa'（方言音）T. kla D. krɒ' I. kla

782. 烙 * lak④* gïraak （中）lak④ （现）luo④ lau④ （方言音）W. loh⑦ Y. lɔk⑧ Mn. lɔk⑥ loh⑦
缅字ကျက်（饭菜等）熟（《缅汉词典》53页），ကျက်ကျက် 滚烫、灼热（《缅汉词典》53页）碑*klak（四）假（仰光）tɕɛʔ（方言音）T. sɪ D. kraʔ I. tɕɛʔ

783. 作《说文》：起也。能立也。*tsak④ （中）tsak④ （现）tsuo④ lau④ （方言音）W. tsoh⑥ Y. tʃɔk⑧ Mn. tsɔk⑥ tsoh⑥
缅字ရ 站立（《缅汉词典》810页）碑*rap（四）唦（仰光）jaʔ（方言音）T. jaʔ D. raɪ I. jaʔ

784. 凿 穿孔、挖 *tsauk④*ʔsoowɢ （中）tsak④ （现）tsuo④ （方言音）W. zoh⑦ Y. tʃɔk⑨ Mn. tshɔk⑦ tshak⑦
缅字ဆောက် 凿、直插（《缅汉词典》274页）碑*tshok（四）凿（仰光）shau?

785. 凿 穿孔或挖掘的工具 *dzauk④*zoowɢ （中）dzak④ （现）tsau② （方言音）W. zoh⑦ Y. tʃɔk⑨ Mn. tshɔk⑦ tshak⑦

缅字 ဆောက် 凿子（《缅汉词典》274 页）碑*tshɔk（四）凿（仰光）shauʔ（方言音）T. shɔʔ D. shøʔ I. shɔʔ

786. 胳《说文》：亦下也。亦与腋古今字。*kak④ *klaak （中）kɑk④ （现）kɤ④ （方言音）W. koh⑥ Y. kɔk⑧ Mn. kɔk⑥ koh⑥

缅字 လက် 手、袖、畜生的前肢（《缅汉词典》868 页）碑*lak（四）剌（仰光）lɛʔ（方言音）T. lɛʔ D. hlɑʔ I. lɛʔ 汉语还有"袼（衣袖/*klaak /）"可作对应词比较。

787. 鹗《说文》：*nak④ （中）ŋak④ （现）ɤ④ （方言音）W. ŋoh⑦ Y. ŋɔk⑨ Mn. gɔk⑦

缅字 ငှက် 鸟（《缅汉词典》188 页）碑*ŋak（四）哈（仰光）hŋɛʔ（方言音）T. hŋɑʔ D. n̥ɑʔ I. hŋɛʔ hɛʔ

788. 壑《说文》：沟也。*hak④ （中）hak④ （现）hɤ④ （方言音）W. hoh⑥ Y. khɔk⑧ Mn. hɔk⑦

缅字 ဟက် 破开（《缅汉词典》1029 页）碑*hak（仰光）hɛʔ

789. 恶 *ak④ *qaak （中）ak④ （现）ɤ④ （方言音）W. oh⑥ Y. ɔk⑧ Mn. ɔk⑥ oh⑥

缅字 ကျင် 尿尿、粪便（《缅汉词典》57 页）碑*klaaŋ（仰光）tɕĩ（方言音）白保罗构拟的藏缅语"大便"的词根为：*kyak（白保罗 1972《汉藏语言概论》注 82）。

790. 鞹《说文》：去毛皮也。*khuak④ *khwaak （中）khuak④ （现）khuo④ （方言音）Mn. khɔk⑥

缅字 ခေါက် (合) 皮（《缅汉词典》106 页）碑*khɔk（仰光）（方言音）T. khɔʔ D. khøʔ I. khɔʔ

白保罗构拟的藏缅语"皮"的词根为：*kok，并用它来与"鞹、革"作比较。（白保罗 1972《汉藏语言概论》342 节），他还通过喜马拉雅语支的语言发现了复辅音声母*kw-;他认为这个复辅音似乎很重要。并为原始藏—缅语构拟为*（r-）kw-â k，它通过*-khok，产生缅语的 khauk。（白保罗 1972《汉藏语言概论》注 229）。

791. 获《说文》：刈谷也。*ɣuak④ （中）ɣuak④ （现）huo④ （方言音）W. fiuɣh⑦ Y. wɔk⑨ Mn. hik⑤ hɔ⑤

缅字 ရုပ် 收、收还（《缅汉词典》812 页）碑*rup（仰光）jouʔ

梗摄

792. 膨　*beaŋ①　（中）bɐŋ①　（现）phəŋ②　（方言音）W. baŋ②　Y. phaŋ②　Mn. phiŋ②

    缅字 ဖေါင်း:膨胀（《缅汉词典》589页）碑*phɔŋ(仰光)phaũ（方言音）T. phɔŋ　D. phõ　I. phõ

793. 撑　*theaŋ①　（中）thɐŋ①　（现）tʂhəŋ①　（方言音）W. tshaŋ①　tshaŋ④　Y. tʃhaŋ①　tʃhaŋ⑤　Mn. thiŋ①　thĩ①　the①

    缅字 ေထာက်（《缅汉词典》401页）碑*（四）桃（仰光）thauʔ（方言音）T. thɔʔ　thø?　D. thø?　I. thɔ?

794. 羹《说文》：五味盉（调味也）羹也。*keaŋ①　（中）kɐŋ①　（现）kəŋ①　（方言音）W. kəŋ①　kaŋ①　Y. kɐŋ①　Mn. kiŋ①　kĩ①

    缅字 ဟင်း:菜、菜肴（《缅汉词典》1030页）碑*haŋ（四）杭（仰光）hĩ（方言音）T. haŋ　D. hẽ　I. hẽ

795. 衡　* ɣeaŋ①* graaŋ　（中）ɖəŋ①　（现）tʂhəŋ②　（方言音）W. zən②　Mn. tiŋ②

    缅字 ချင်း 量(谷物等)（《缅汉词典》126页）/ြင်း 量（粮食）（《缅汉词典》143页）碑*khlaŋʔ/khraŋ（仰光）tɕĩ / tɕĩ

796. 澄　* deaŋ①　* dɯɯŋs　（中）ɖəŋ①　（现）tʂhəŋ②　（方言音）W. zən②　Mn. tiŋ②

    缅字 သင်း 沉淀（《缅汉词典》406页）碑* thiuŋ（四）痛（仰光）thaĩ（方言音）T. thaĩ thuŋ　D. thuŋ　I. theĩ

797. 生《说文》进也。徐灏《段注笺》："《广雅》曰：'生，出也。'生与出同义，故皆训为进。"：* ʃeŋ①　（中）ʃəŋ①　（现）ʂəŋ②　（方言音）W. sən①　saŋ①　Y. ʃeŋ①　ʃaŋ①　Mn. siŋ①　sĩ①　tshĩ①

    缅字 ရှင် 有生气、有活力（《缅汉词典》829页）碑*hraŋ（仰光）ɕĩ（方言音）T. ɕaŋ　D. ɕhẽ　I. ɕẽ

    白保罗构拟的藏缅语"活、生"的词根为：*s-riŋ～*s-raŋ（白保罗1972《汉藏语言概论》404节）。

798. 坑　*kheaŋ①　（中）khəŋ①　（现）khəŋ①　（方言音）W. khɒŋ①　khaŋ①　Y. haŋ①　Mn. khiŋ①　khĩ①

    缅字 ကျင်း 洞穴、坑（《缅汉词典》57页）碑*klaŋ（仰光）tɕĩ

799. 炕《说文》：干也。heaŋ①*khaaŋs （中）kheŋ① （现）khəŋ① （方言音）W. khoŋ① khaŋ① Y. haŋ① Mn. khiŋ① khĩ①
缅字 ကင် 烤（《缅汉词典》28 页）碑*kaaŋ（四）冈（仰光）kĩ（方言音）T. kaŋ D. kẽ I. kẽ
白保罗构拟的藏缅语"烧、烤"为：*kaïŋ 白保罗 1972《汉藏语言概论》330 节）同时，他又构拟了"蒸发、干涸、煎"为短元音的*kaŋ。

800. 平《说文》：语平舒也。*bĭ eŋ① （中）bĭ eŋ① （现）phiŋ② （方言音）W. biŋ② Y. phiŋ② pheŋ② Mn. piŋ② pĩ② piã② phĩã②
缅字 ပြင် 平、平坦（《缅汉词典》567 页）碑*praŋʔ（四）白滥（仰光）pjã （方言音）T. pjã D. praĩ I. pjã

801. 评 *bĭ eŋ① （中）bĭ eŋ① （现）phiŋ② （方言音）W. biŋ② Y. phiŋ② Mn. phiŋ②
缅字 ဝေဖန် 词义 碑*wiphan（仰光）we phã

802. 盟《说文》：《周礼》曰："国有疑则盟。"诸侯再相与会，十二岁一盟。*mĭ aŋ① （中）mieŋ① （现）məŋ② （方言音）W. mɐn② Y. mɐŋ② Mn. biŋ②
缅字 မြင် 依附（《缅汉词典》746 页）碑*mroŋ（仰光）hmjaũ

803. 鸣《说文》：鸟声也。《段注》："引申之凡出声皆曰鸣。"* mĭ eŋ①* mrĕ ŋ （中）mieŋ① （现）miŋ② （方言音）W. min② Y. miŋ② Mn. biŋ②
缅字 မြည် 响、叫（《缅汉词典》727 页）碑*mrii（四）（仰光）mji（方言音）T. bjɛ D. mre I. hmje hmi

804. 卿 *khĭ eŋ① （中）khĭ eŋ① （现）tɕhiŋ① （方言音）W. tɕhin① Y. hiŋ① Mn. khiŋ①
缅字 ခင် 亲热（《缅汉词典》108 页）碑*khaŋ（仰光）khĩ（方言音）T. khaŋ D. khẽ khaŋ I. khẽ

805. 民/萌/甿《说文》：民，众萌也。《段注》："古谓民为萌，汉人所用，不可枚数。萌犹懵懂无知貌也。"* mĭ eŋ①* mrĕ ŋ （中）mieŋ① （现）miŋ② （方言音）W. min② Y. miŋ② Mn. biŋ②
缅字 လယ်သမား 农民（《缅汉词典》841 页）/မြင်း碑*lə miuŋ（仰光）lə maĩ
汉语中还有："甿"，《说文》："甿，田民也。"

806. 氓《说文》：民也。《段注》："此氓与民小别。盖自他归往之民则谓之氓。

故字从民亡。"* meaŋ①* mraaŋ （中）mæŋ① （现）maŋ② （方言音）W. min② Y. mɐŋ② Mn. baŋ②

缅字 လူပြို：普通人、经验不多、阅历浅的人（《缅汉词典》849 页）碑*lubrin（仰光）lu bẽĩ

807. 争《说文》：争，引也。*tʃeŋ①*skreeŋ （中）tʃæŋ① （现）tṣeŋ① （方言音）W. tsɐn①tsaŋ①Y. tʃɐŋ①tʃaŋ① Mn. ts iŋ①tsĩ ①

缅字 အငြင်း：事情、事件（《缅汉词典》1054 页）အခြင်းပွား：发生冲夺、发生口角，吵架的话。(《缅汉词典》1059 页）碑*a khlaŋ pwa（仰光）a tɕhi pwa "争"还可以与缅语的 "စစ် 战争/sıʔ /" 作比较。"စစ်" 按照缅古文的转写为：tsats，也有转写成：cac的。按拟音写，有些写作 "tsat" 或 "siʔ"。

808. 耕《说文》：犁也。一曰：古者井田。*keŋ① （中）kæŋ① （现）kəŋ①（方言音）W. kən① kaŋ① Y. kɐŋ① kaŋ① Mn. k iŋ①

缅字 ထိကျင်：开垦、平整（《缅汉词典》345 页）碑*ti klaŋ（仰光）ti tɕĩ

809. 娙《说文》：长好也。*kh eŋ①*geeŋ （中）khæŋ① （现）khəŋ①（方言音）Y. k ɐŋ① Mn. kh iŋ①

缅字 ခြည့်း:(古)苗条、窈窕（《缅汉词典》144 页）碑*khri（仰光）tɕhi

810. 硁《古汉语常用字字典》：浅陋固执的样子*kh eŋ① *khreeŋ （中）khæŋ①（现）khəŋ①（方言音 Y. k ɐŋ① Mn. kh iŋ①

缅字 ရင်းကျည်(古)卑鄙、狡诈（《缅汉词典》802 页）碑*raŋ kli（仰光）j ĩ tɕi

811. 茎《说文》：枝柱也。*ɣeŋ① *greeŋ （中）ɣæŋ① （现）tɕiŋ④ （方言音）W. tɕin① Y. k iŋ⑤ Mn. k iŋ④ kũ ã ĩ

缅字 ကျည်：柱、棍、门闩（《缅汉词典》59 页）碑*kliŋ（仰光）tɕi

白保罗构拟的藏缅语词根*kaïk （白保罗 1972《汉藏语言概论》327 节注 222：

812. 嘤《说文》：鸟鸣也。*eŋ① （中）æŋ① （现）iŋ④ （方言音）Y. j iŋ① Mn. iŋ①

缅字 ကျူးရင့်：唱起悠扬的歌声（《缅汉词典》49 页）/ရင်ကျူး：啼鸣（《缅汉词典》799 页）碑* raŋʔklu(仰光)j ĩ tɕu(方言音)T. klu jan D. klu jẽ I. tɕu jẽ

813. 并《说文》：相从也。一曰：合并。*pĭ eŋ①*pĕ ŋ*pĕ ŋs （中）pĭ eŋ① （现）piŋ① （方言音）Mn. piŋ①

缅字 ပင်:勾结、结合（《缅汉词典》526 页）碑*paŋ（仰光）pĩ

814. 名《说文》：自命也。从口，从夕。夕者，冥也。冥不相见，故以口自名。张舜徽《约注》："许君云自命者，谓自呼其名也。"*mĭ eŋ① *mě ŋ *mě ŋs　（中）mĭ eŋ①　（现）miŋ②（方言音）W. min②　Y. miŋ②　meŋ②　Mn. biŋ② bĭ ã ②

缅字 မည် 名、叫（《缅汉词典》685 页）碑*maṅ（四）灭（仰光）mi（方言音）T. mi　D. mje　I. mi

白保罗构拟的藏缅语"名字"的词根为：*r-miŋ（白保罗 1972《汉藏语言概论》83 节）

缅甸语中这个词的形态变化很明显。例如："အမည် 名字/ə mi /（名词）"，"မည် 叫/mi /（动词、自动）"，"မှည့် 命名/hmɛ'/（动词，使动）"。浊声母表自动，轻声母表使动。汉语的"名"也有名词、动词（使动）两种作用。

815. 贞《说文》：卜问也。*tĭ eŋ①　（中）tĭ eŋ①　（现）miŋ②　（方言音）W. min②　Y. miŋ②　meŋ②　Mn. biŋ②　bĭ ã ②

缅字 ဗေဒင် 星相术（《缅汉词典》613 页）碑*pe taṅ（仰光）be ɖi

816. 赪《说文》：赤色也。* thĭ eŋ① * khĭlĭ ŋ 　（中）thĭ eŋ①　（现）tʃhən①　（方言音）②　Y. tʃhin②　Mn. tsin①

缅字 နီခြင်းခြင်း 红彤彤（《缅古语词典》446 页）碑*nii khraŋkhraŋ（仰光）ni tçhĭ : tçhĭ :

白保罗构拟的藏缅语"红,深红"的词根为：*kyeŋ（白保罗 1972《汉藏语言概论》162 节）

817. 证/呈《说文》：证，告也。有同族词"呈"（呈递/*dě ŋ /）*dĭ eŋ①　（中）dĭ eŋ①　（现）tʃhən①　（方言音）W. zən②　Y. tʃhin②　Mn. tsin②　thiŋ② thĭ ã ②　fi ã ②

缅字 တိုင် 报告、申报；（向长辈、上级）告状、控告（《缅汉词典》370 页）碑*tuiṅ（四）（仰光）taĩ（方言音）T. taĩ　D. tũ　I. teĩ

818. 精《说文》：择也。拣择米粒。*tsĭ eŋ①　（中）tsĭ eŋ①　（现）tçi ŋ②　（方言音）W. tsin②　Y. tʃɛŋ①　tʃiŋ①　Mn. tsiŋ①　tsĭ ã ①　tsĭ ①

缅字 ရွေးစင် 精选、遴选（《缅汉词典》817 页）碑*rwetsaṅ（仰光）jwe sĩ

819. 征《说文》：正、行也。* tĭ eŋ①　（中）tçi eŋ①　（现）tsə ŋ①　（方言音）W. tsən②　Y. tʃiŋ①　Mn. tsiŋ①

缅字 စင် （《缅汉词典》372 页）碑* （仰光）tɛ（方言音）T. D. I

820. 正 地方官"里正"。据黄树先查证:"里正形成于春秋,北齐以来多置之。汉语文献里,《周礼》称"里宰"。"里正"一词大约出现在汉代:《公羊传》宣公十五年何休注:'一里八十户,其有辩护伉健者为里正。'" *tǐ eŋ① *kljĕ ŋs （中）tçǐ eŋ① （现）tsə ŋ① （方言音）W. tsən① Y. tʃiŋ① Mn. tsiŋ① tsĩ ã ①
缅字 ကျေးငင်（古）里胥、里正（《缅汉词典》49 页）碑*kli kiuŋ（四）（仰光）tçe kaĩ

821. 清 *tshǐ eŋ① （中）tshǐ eŋ① （现）tshi ŋ① （方言音）W. tshin① Y. tʃhiŋ① Mn. tshiŋ① tshĩ ã ①
缅字 ၁င်干净、纯洁（《缅汉词典》229 页）碑*tsɑŋ（四）（仰光）sĩ（方言音）T. sã D. sẽ I. sẽ

822. 声《说文》:音也。音,《段注》:"此浑言之也。析言之,则曰:生于心有节于外谓之音。宫、商、角、征、羽,声也;丝、竹、金、匏、石、土、革、木,音也。"既可作名词也可作动词。*çǐ eŋ①qjĕ ŋ （中）çǐ eŋ① （现）ʂəŋ① （方言音）W. san① saŋ① Y. ʃeŋ① ʃiŋ① Mn. siŋ① sĩ ã ①
缅字 ကြည်:（古）（诗）响（《缅汉词典》77 页）碑*kran.（仰光）tçi

823. 颈《说文》:头茎也。*ʎǐ eŋ①kĕ ŋ （中）jǐ eŋ① （现）iŋ② （方言音）W. jin② Y. jiŋ② Mn. iŋ② ĩ ②
缅字 လည် 脖子（《缅汉词典》893 页）碑*leeŋ（仰光）lɛ（方言音）T. D. I
白保罗构拟的藏缅语"颈"的词根为:*liŋ（白保罗 1972《汉藏语言概论》96 节）

824. 楹《说文》:柱也。*ʎǐ eŋ①lĕ ŋ （中）jǐ eŋ① （现）iŋ② （方言音）W. jin② Y. jiŋ② Mn. iŋ② ĩ ②
缅字 ကြည်:柱、棍（《缅汉词典》59 页）碑*kleŋ（仰光）tçi（方言音）

825. 盛《说文》:黍稷在器中以祀者也。从皿,成声。(chéng) *zǐ eŋ① （中）zǐ eŋ① （现）tʂhəŋ② （方言音）W. zan② Y. ʃiŋ② Mn. siŋ②
缅字 တင်置于某物之上、供奉、上供（《缅汉词典》364 页）碑*taŋ（仰光）tĩ（方言音）T. taŋ D. tẽ I. tẽ

826. 城《说文》:以盛民也。*zǐ eŋ① （中）zǐ eŋ① （现）tʂhəŋ② （方言音）W. zan② Y. ʃeŋ② ʃiŋ② Mn. siŋ② sĩ ã ②
缅字 တံတိုင်:城（《缅汉词典》357 页）碑*tam tiuŋ（四）丹等（仰光）də daĩ

827. 縈《说文》：收卷。注："收卷长绳，重迭如环，是为縈。"即今语缠绕、萦绕。*ĭweŋ①　（中）ĭweŋ①　（现）iŋ②　（方言音）W. jin②　Y. jiŋ②　Mn. iŋ②

　　缅字 လည် 旋转（《缅汉词典》893页）碑*leŋ（仰光）lɛ（方言音）T. lɛ　D. le　I. lɛ

828. 营　围绕而居。*ɲĭweŋ①*gwlĕŋ　（中）jĭweŋ①　（现）iŋ②　（方言音）W. ɦin②　Y. jiŋ②　Mn. iŋ②　ĩã②

　　缅字 ဝိုင်း 围成圆圈（《缅汉词典》938页）碑*wiuŋ（仰光）wãĩ（方言音）T. wãĩ　D. wuŋ　I. wẽĩ

829. 瓶　*bieŋ①　（中）bieŋ①　（现）phiŋ②　（方言音）W. bin②　Y. phiŋ②　Mn. p iŋ②　paŋ②

　　缅字 ပုလင်း：（《缅汉词典》501页）碑*puʔ laŋ（四）必浪（仰光）pə lĩ（方言音）T. pə l aŋ　D. pə lẽ　I. pə lẽ

830. 冥《说文》：幽也。*mieŋ①　（中）mieŋ①　（现）miŋ②　（方言音）W. min②　Y. miŋ②　Mn. biŋ②　pĩ②

　　缅字 မည်း：黑暗（《缅汉词典》686页）碑*maŋ（四）灭（仰光）mɛ（方言音）T. mɛ　D. me　I. mɛ

831. 溟《说文》：小雨溟溟也。溟：《玉篇·水部》："溟，溟蒙小雨。"*mieŋ①　（中）mieŋ①　（现）miŋ②　（方言音）W. min②　Y. miŋ②　Mn. biŋ②

　　缅字 မုန် 小雨点（《缅汉词典》674页）碑*hmun（仰光）hmoũ

832. 暝《说文》：幽也*mieŋ①　（中）mieŋ①　（现）miŋ②　（方言音）W. min②　Y. miŋ②　Mn. biŋ②　pĩ②

　　缅字 မည်း：黑暗（《缅汉词典》686页）碑*maŋ（四）灭（仰光）mɛ（方言音）

833. 瞑/眠《说文》：翕目也。*mieŋ①　（中）mieŋ①　（现）miŋ②　（方言音）W. min②　Y. miŋ②　Mn. biŋ②　pĩ②

　　缅字 မှိန်း:打瞌睡（《缅汉词典》711页）碑*mlaŋ（仰光）mĩ

　　白保罗构拟的藏缅语"睡"的词根为：*myel（白保罗1972《汉藏语言概论》197节）

834. 丁《说文》：夏时万物皆丁实。徐灏《段注笺》："疑丁即今之钉字。"　*tieŋ①　（中）tieŋ①　（现）tiŋ②　（方言音）W. tin①　Y. tiŋ①　Mn. tiŋ①

缅字 တင်း: 丰满（《缅汉词典》365 页）碑*taŋ（仰光）tĩ（方言音）T. taŋ D. tẽ I. tẽ

835. 听 *thieŋ① （中）thieŋ① （现）thiŋ① （方言音）W. thin① Y. thiŋ① Mn. thiŋ①

缅字 နားထောင် 听（《缅汉词典》443 页）碑*na thuŋ（仰光）na thaũ （方言音）T. na thõ D. na thoŋ I. na thõ

836. 厅 *thieŋ①*theeŋ （中）thieŋ① （现）thiŋ① （方言音）W. thin① Y. thiŋ① theŋ① Mn. thiŋ① thĩ ã

缅字 ြပည့်: 住房、房间（《缅汉词典》552 页）碑*praʔ taŋ（仰光）pja ti

837. 蜓 *dieŋ①*deeŋ<*gïleeŋ （中）dieŋ① （现）thi ŋ② （方言音）W. din② Y. thi ŋ② Mn. thi ŋ②

缅字 ပုစဉ်: （《缅汉词典》374 页）碑*puʔ tsaŋ（四）卜剪（仰光）bə zĩ （方言音）T. pə zaŋ D. pə zẽ I. pə sẽ

838. 停 *dieŋ①*deeŋ<*gïleeŋ （中）dieŋ① （现）thi ŋ② （方言音）W. din② Y. thi ŋ② Mn. thi ŋ②

缅字 တည်: 寄宿、下榻。（《缅汉词典》374 页）碑*taŋ（四）爹（仰光）tɛ（方言音）T. tɛ D. te I. tɛ

839. 宁《说文》：愿词也。宁愿之意。*nieŋ① （中）nieŋ① （现）ni ŋ② （方言音）W. ṇin② Y. ni ŋ② nɛŋ② Mn. li ŋ②

缅字 နိုင် 能、可以（《缅汉词典》461 页）碑*nuiŋ（仰光）naĩ （方言音）T. naĩ D. nɯŋ I. nẽĩ

840. 拧《说文》：（现）ni ŋ② （方言音）W. ṇin② Y. ni ŋ② nɛŋ② Mn. li ŋ②

缅字 လိမ် 拧（《缅汉词典》903 页）碑*lim（仰光）lẽĩ（方言音）T. li D. lẽĩ I. lẽĩ

841. 灵 *lieŋ① （中）lieŋ① （现）li ŋ② （方言音）W. lin② Y. li ŋ② lɛŋ② Mn. li ŋ②

缅字 လည် 机灵（《缅汉词典》893 页）碑*laŋ（仰光）lɛ（方言音）T. lɛ D. le I. lɛ

842. 令/命《说文》：发号也。*lieŋ①*rĕ ŋs*rĕ ns （中）lieŋ① （现）li ŋ② （方言音）W. lin② Y. li ŋ② Mn. li ŋ②

缅字 နှင့် 吩咐、指示（《缅汉词典》691 页）碑*min?（四）敏（仰光）mẽi
（方言音）T. mẽi D. mẽi I. mi

843. 青《说文》：东方色也。*tshieŋ① *tsheeŋ （中）tshieŋ① （现）tçi ŋ①
（方言音）W. tshin① Y. tʃhi ŋ① tʃhɛ ŋ① Mn. tshi ŋ① tshĩ ①
缅字 စိမ်း:绿，青（《缅汉词典》252 页）碑*tsim（四）枕（仰光）sẽi（方言音）T. si D. si I. sẽi

844. 腥 有腥味。*sieŋ① （中）sieŋ① （现）çi ŋ① （方言音）W. çin④ Y. ʃi ŋ① ʃɛ ŋ① Mn. si ŋ① tshĩ ①
缅字 စိမ်းနေ 有生腥味的（《缅汉词典》253 页）碑*tsim hrwii（仰光）sẽi çwe

845. 经《说文》：织也。织：当依《段注》作"织从丝。"段说："织之从丝谓之经。"王筠《句读》："从同纵。"*kieŋ①*keeŋ *keeŋs （中）kieŋ① （现）tçi ŋ① （方言音）W. tçin① Y. ki ŋ① ka ŋ① Mn. ki ŋ① kĩ ①
缅字 ချည် 线（《缅汉词典》130 页）碑*khlaŋ（仰光）tçhi（方言音）T. khe D. khre I. çi tçi

846. 馨《说文》：香之远闻者。*hieŋ① *qheeŋ （中）hieŋ① （现）çi ŋ①
（方言音）W. çin① Y. hi ŋ① Mn. ki ŋ①
缅字 သင်း:芳香（《缅汉词典》1000 页）碑*saŋ（仰光）tθi（方言音）T. tθaŋ D. shẽ I. shẽ
黄树先还将汉语"馨"字与缅语的"မွှေးကြိုင်" 芳香（《缅汉词典》747 页）作比较。（黄树先 2003《汉缅语比较研究》112 页）

847. 形《说文》：象形也。象形，徐灏《段注笺》："象形者，画成其物也。"
*ɣieŋ① （中）ɣieŋ① （现）çi ŋ② （方言音）W. jin② Y. ji ŋ② Mn. hi ŋ②
缅字 လန် 形态、姿态、风格（《缅汉词典》1033 页）碑*han（四）罕（仰光）hã （方言音）T. hã D. hãi I. hã

848. 型 模子、式样。（现）çi ŋ② （方言音）W. jin② Y. ji ŋ② Mn. hi ŋ②
缅字 စံ 标准（《缅汉词典》222 页）碑*tsam（仰光）sã（方言音）T. sã D. sõ I. sã

849. 梗《广野·释诂》四"梗，强也。（参见黄树先《缅汉语比较研究》84 页 116 条）"。*keaŋ②*kraaŋ （中）kɐŋ② （现）kəŋ③ （方言音）W. kən③ kaŋ③ Y. kɐŋ③ khuaŋ③ Mn. kiŋ③ kĩ③

缅字 ရင့် 成熟、变老；老练；坚强（《缅汉词典》799 页）碑*raŋʔ（仰光）jĩ˩（方言音）T. jaŋ D. jẽ I. jẽ

850. 矿 开采矿物的场所。*koaŋ②　（中）kwɐŋ②　（现）khuaŋ④　（方言音）W. khuɐŋ③ Y. khɔŋ⑤khuɔŋ⑤ Mn. khɔŋ④

缅字 တွင်း:矿井（《缅汉词典》386 页）碑*twaŋ（仰光）kwĩ（方言音）T. twaŋ D. twẽ I. twẽ

851. 景 *kĭ aŋ②　（中）kĭ ɐŋ②　（现）tɕiŋ③　（方言音）W. tɕin③ Y. kiŋ③ Mn. kiŋ③

缅字 ခင်း:景色（《缅汉词典》109 页）碑*khaŋ（仰光）khĩ（方言音）T. khaŋ D. khẽ I. khẽ

852. 影 *ĭ aŋ③　（中）ĭ ɐŋ③　（现）iŋ③　（方言音）W. in④ Y. jiŋ③ jɛŋ③ Mn. iŋ③

缅字 အရိပ်အရောင်：身影（《缅汉词典》1152 页）碑*a rip a rɔŋ（仰光）a jeɪʔ a jaũ（方言音）T. a raɪʔ D. a raɪʔ I. a rɪʔ

853. 并 *pĭ eŋ②　（中）pĭ ɛŋ②　（方言音）Y. piŋ⑤ Mn. piŋ④

缅字 ပင်:结合、勾结（《缅汉词典》526 页）碑*paŋ（四）邦（仰光）pĩ（方言音）T. pĩː D. pẽ I. pẽ

854. 领《说文》：项也。*lĭ eŋ②*gĭlĕ ŋʔ　（中）lĭ ɛŋ②　（现）liŋ③　（方言音）W. lin⑤ Y. liŋ④ leŋ④ Mn. liŋ③ ĺi ã③

缅字 လည် 颈（《缅汉词典》893 页）碑*leŋ（四）赖（仰光）lɛ（方言音）T. lɛ D. lɛ I. lɛ

白保罗构拟的藏缅语"颈"的词根为：*liŋ。（白保罗 1972《汉藏语言概论》96 节）

855. 静 *dzĭ eŋ②　（中）dzĭ ɛŋ②　（现）tɕiŋ④　（方言音）W. zin⑤Y. tʃiŋ⑥ Mn. tsiŋ⑤ tsĩ⑤

缅字 ငြိမ် 静（《缅汉词典》184 页）碑*ŋrim（四）厄林（仰光）nẽĩ

856. 骋《说文》：直驰也。*thĭ eŋ②　（中）thĭ ɛŋ②　（现）tʂhəŋ③　（方言音）W. tshən③ Y. tʃhiŋ③ Mn. thiŋ③

缅字 နှင်:驰骋（《缅汉词典》232 页）碑*tshiuŋ（仰光）saĩ

857. 井：*tsĭ eŋ②　（中）tsĭ ɛŋ②　（现）tɕiŋ③　（方言音）W. tsin③ Y. tʃ iŋ③ tʃ ɛŋ③ Mn. tsiŋ③ tsĩ③

缅字 ၌:井、坑（《缅汉词典》386 页）碑*twaŋ（四）当（仰光）twĩ（方言音）T. twaŋ　D. twẽ　I. twɛ̃

858. 阱 *dzĭ eŋ②　（中）dzǐ eŋ②　（现）tɕiŋ③　（方言音）W. tsin③　Mn. tsiŋ⑤

缅字 ၌:井、坑（《缅汉词典》386 页）碑*twaaŋ（四）（仰光）twĩ（方言音）T. twaŋ　D. twẽ　I. twɛ̃

859. 颈《说文》：头茎也。*kĭ eŋ②*kĕ ŋ　（中）kĭ eŋ②　（现）tɕiŋ③　（方言音）W. tɕin③　Y. keŋ③　Mn. kiŋ④

缅字 လည် 颈（《缅汉词典》893 页）碑*leŋ（四）列梆（仰光）lɛ（方言音）T. le　D. le　I. lɛ

白保罗构拟的藏缅语"颈"的词根为：*liŋ（白保罗 1972《汉藏语言概论》96 节）

860. 并（并）《说文》：并也。并肩而立。*biaŋ②　（中）bieŋ②　（现）piŋ④（方言音）W. biŋ⑤　Y. piŋ⑤　Mn. piŋ⑤

缅字 ပြိုင် 平行、并行（《缅汉词典》562 页）碑*priuŋ/pruiŋ（仰光）pjaĩ（方言音）T. pjaŋ　D. pruŋ　I. preĩ

861. 挺《说文》：拔也。*dieŋ②　（中）dieŋ②　（现）thiŋ③　（方言音）W. thin③　Y. thiŋ③　Mn. thĩ③　thã③　thiŋ③

缅字 တောင့် 僵直、挺（《缅汉词典》366 页）碑*toŋʔ（仰光）taũ（方言音）T. toŋ̃　D. t õ　I. tõˈ

862. 炯《说文》：*光也。　（中）ɣiweŋ②　（现）tɕyŋ③　（方言音）W. tɕioŋ③ Y. kuiŋ③　Mn. kiŋ③

缅字 ၽွန်း鲜艳、明亮（《缅汉词典》839 页）碑*hrwan（仰光）ɕwĩ /ɕũ

863. 鞭/硬　（中）ŋaŋ③　（现）iŋ④　（方言音）W. ŋaŋ⑤　Y. ŋaŋ④　Mn. giŋ⑤　gĩ⑤

缅字 ရှိုင်း坚强（《缅汉词典》799 页）碑*raŋʔ（仰光）jĩ（方言音）T. jaŋ　D. jẽ　I. jẽ

864. 病《说文》：疾加也。*bĭ aŋ③*brǎ ŋs　（中）bĭ eŋ②　（现）piŋ④　（方言音）W. bin⑤　Y. piŋ⑥　p eŋ⑥　Mn. piŋ⑤　pĩ⑤

缅字 ပြည် 脓（《缅汉词典》564 页）碑*preŋ（四）白列（仰光）pji（方言音）T. ple　D. prɛ　I. a pje

865. 病《说文》：疾加也。*bǐ aŋ③*brǎ ŋs （中）bǐ ɛŋ② （现）piŋ④ （方言音）W. bin⑤ Y. piŋ⑥ p ɛŋ⑥ Mn. piŋ⑤ pĩ ⑤

缅字 ရော：病（《缅汉词典》594 页）碑*phla（仰光）phja（方言音）T. phj a D. phjɔ I. phja

866. 命《说文》：使也。*mǐ aŋ③*mrě ŋs （中）bǐ ɛŋ③ （现）miŋ④ （方言音）W. min⑤ Y. miŋ⑥ m ɛŋ⑥ Mn. biŋ⑤ bĩ ã ⑤

缅字 မင်း 吩咐、下令（《缅汉词典》691 页）/အမိန့် 命令（《缅汉词典》1130 页）

碑*min?（四）（仰光）mẽĩ （方言音）T. mẽĩ D. mẽĩ I. mi

缅语中"မိန့်"（命令）是动词，加上前缀"အ"就变成名词"命令"。

867. 聘《说文》：访也。从耳，粤声。匹正切（pìn）。*phǐ ɛŋ③ （中）phǐ ɛŋ③ （现）phiŋ④ （方言音）W. phiŋ③ Y. phiŋ⑤ Mn. phiŋ④

缅字 ပင့် 迎奉、恭请（《缅汉词典》522 页）碑*paŋ?（四）邦（仰光）pĩ （方言音）T. paŋ D. pẽ I. pẽ '

868. 咏/咏 *γiaŋ③ （中）γiwɛŋ③ （现）yŋ③ （方言音）W. ioŋ③ Y. wiŋ⑥ Mn. iŋ③

缅字 အံ 念（《缅汉词典》1196 页）碑*am（仰光）ã （方言音）T. aŋ D. õ I. ã

869. 瀞/净《说文》：无垢秽也。《段注》："古瀞今净，是之谓古今字。"*dzǐ ɛŋ③ *sgě ŋs （中）dzǐ ɛŋ③ （现）tɕiŋ④ （方言音）W. zin⑤ Y. tʃiŋ⑥ tʃɛŋ⑥ Mn. tsiŋ⑤ tsĩ ã ⑤

缅字 ကြည် 清澈、皎洁（《缅汉词典》77 页）碑*kra（四）（仰光）tɕi（方言音）T. tɕɛ D. kre I. tɕe

870. 劲《说文》：强也。弓有力也。《广韵·劲韵》："劲，建也。" *kǐ ɛŋ③ （中）kǐ ɛŋ③ （现）tɕiŋ④ （方言音）W. tɕin③ Y. kiŋ⑤ Mn. kiŋ④

缅字 ခိုင် 坚固、结实（《缅汉词典》69 页）碑*kram?（四）革滥（仰光）tɕã

871. 订《说文》：平议也。即评议，《说文》无评字。*dieŋ③ （中）tieŋ③ （现）tiŋ④ （方言音）W. tin④ Y. tiŋ⑤ tɛŋ⑥ Mn. tiŋ④ tan④

缅字 တင် 审订（《缅汉词典》374 页）碑*taŋ（四）（仰光）ti

872. 定 * dieŋ③* deeŋs* teeŋs （中）dieŋ③ （现）tiŋ④ （方言音）W. tiŋ⑤ Y. tiŋ⑥ tɛŋ⑥ Mn. tiŋ⑤ fĩ ã ⑤

缅字 တည် 决定于（《缅汉词典》373 页）碑*tan（仰光）ti（方言音）T. ti D. ti I. ti

873. 伯《说文》：长也。*peak④　（中）pɐk④　（现）po②　pai③　（方言音）W. pɤh⑥　pɒ⑥　Y. pak⑧　Mn. pik⑥　peh⑥

缅字 ဘ 父亲；对长者的尊称（《缅汉词典》622 页）碑*pha（四）阿帕（仰光）ba'（方言音）T. a pha D. a pha I. tɔ pha

874. 迫《说文》：近也。*peak④　（中）pɐk④　（现）pho④ phai③　（方言音）W. pɤh⑥　phɤh⑥　Y. pak⑦　pik⑦　Mn. pik⑥

缅字 ဘေး 旁边、附近（《缅汉词典》630 页）碑*be（仰光）be

875. 百《说文》：十十也。*peak④*praak　（中）pɐk④　（现）pai③　（方言音）W. pɤh⑥　pɒh⑥　Y. pak⑧　Mn. pik⑥　pah⑥　peh⑥

缅字 ရာ 百（《缅汉词典》767 页）碑*ra（四）刷（仰光）ja（方言音）T. ja D. rɒ I. ja

876. 拍《说文》：拊也。* pheak④　（中）phɐk④　（现）phai①　（方言音）W. phɒh⑥　Y. phak⑧　pik⑦　Mn. phik⑥　phah⑥

缅字 ပုတ် 拍、打（《缅汉词典》535 页）碑*phut（仰光）pouʔ（方言音）T. pau? D. pui? I. pau?

877. 白《说文》：白色。* beak④ * braak　（中）bɐk④　（现）pai②　（方言音）W. bɒh⑦　Y. pak⑨　Mn. pik⑦　peh⑦

缅字 ဖြူ 白（《缅汉词典》597 页）碑*phruu（四）阿普路（仰光）phju（方言音）T. phlu D. phlu I. phlu phru

878. 碧《说文》：石之青美者。* piak④　（中）pĭɐk④　（现）p i④　（方言音）W. piıh⑥　Y. pik⑦　Mn. pik⑥

缅字 ထင်ရှား（古）明显、鲜明（《缅汉词典》597 页）碑*plak（仰光）pjɛʔ

879. 帛《说文》：缯也。饶炯《部首订》："帛、素皆织匹之无纹彩者"*beak④　（中）bɐk④　（现）po②　（方言音）W. bɒh⑦　Y. pak⑨　Mn. pik⑦　peh⑦

缅字 ပိတ် 布（《缅汉词典》534 页）碑*pit（仰光）peıʔ（方言音）T. pi? D. pi? I. paıʔ

880. 泽《说文》：光润也。*deak④　（中）ɖɐk④　（现）tsɤ②　（方言音）W. zɤh⑦　zɒh⑦　Y. tʃak⑨　Mn. tik⑦

缅字 လောက် 亮的、闪光的（《缅汉词典》360 页）碑*tɔk（仰光）tauʔ（方言音）T. tɔʔ　D. tø?　I. tɔʔ

881. 窄　*tʃeak④　（中）tʃɐk④　（现）tsai③　（方言音）W. tsɤh⑥　tsah⑥　Y. tʃak⑧　Mn. tsik⑥

　　缅字 ကျဉ် 紧、挤、窄（《缅汉词典》61 页）碑*klɑp（四）贾（仰光）tɕaʔ（方言音）T. tɕaʔ　D. krɒʔ　I. tɕaʔ

882. 格 *keak④ *kraak　（中）kɐk④　（现）kɤ②　（方言音）W. kɤh⑥　kɒh⑥　Y. kak⑧　Mn. kik⑥　keh⑥

　　缅字 ကွက်（《缅汉词典》82 页）碑*kwɑk（仰光）kwɛʔ（方言音）T. kwaʔ　D. kwaʔ　I. kwɛʔ

883. 骼《说文》：禽兽之骨曰骼。徐灏《段注笺》："引申之则人以为称。*keak④ *kraak　（中）kɐk④　（现）kɤ②　（方言音）W. kɒh⑥　Y. kak⑧　Mn. kik⑥　keh⑥

　　缅字 ရိုး 骨骼（《缅汉词典》143 页）碑*khraŋ（仰光）tɕʰĩ
　　白保罗为原始藏缅语的"骨头"构拟了原始形式（《汉藏语言概论》附录五：再论汉藏语系）为："*(-)raŋ"。它与缅语的"ရိုး:"(碑*khraŋ）都可与汉语的"骼"归入同源之列。

884. 客《说文》：寄也。寄，王筠《句读》："偶寄于是，非久居也。" * kheak④　（中）khɐk④　（现）khɤ④　（方言音）W. khɒh⑥　Y. hak⑧　Mn. khik⑥　pheh⑥

　　缅字 ကပ် 依附、寄生（《缅汉词典》39 页）碑*kɑp（仰光）kaʔ

885. 赫《说文》：火赤貌。* heak④　（中）hɐk④　（现）hɤ④　（方言音）W. hɤh⑥　hɒh⑥·Y. hak⑧　Mn. hik⑥　heh⑥

　　缅字 ဟိတ်（古）威力强，势头大（《缅汉词典》1034 页）碑*hit（仰光）heɪʔ

886. 摘《说文》：拓果树实也。采摘果树的果实。*tek④*tek　（中）dæk④　（现）tsai①　（方言音）W. tsɒh⑥　tiɪh⑥　Y. tʃak⑨　Mn. tik⑥　tiah⑥

　　缅字 ဆွတ် 采、摘（《缅汉词典》294 页）碑*tshwɑt（仰光）shuʔ（方言音）T. shuʔ　D. shueʔ　I. shuʔ

887. 帻《说文》：发有巾曰帻。*tʃek④ *skreek　（中）tʃæk④　（现）tsɤ②　（方言音） Mn. tsik⑥

　　缅字 ဘောက်ခြုက်（古）乌纱帽（《缅汉词典》614 页）碑*bɔk khriuk（仰光）

bauʔtɕhaıʔ

888. 隔《说文》：障也。*kek④　（中）kæk④　（现）kɤ②　（方言音）W. kɒh⑥ kəh⑥　Y. kak⑧　Mn. kik⑥　keh⑥
缅字 ကန် 阻挡、隔开（《缅汉词典》34 页）碑*kɑnʔ（仰光）kã

889. 搹《说文》：把也。今作"扼"。*ek④*qreek　（中）æk④　（现）ɤ④　（方言音）　Mn. ik⑥
缅字 အစ် 掐住脖子（《缅汉词典》1206 页）碑*at（仰光）ɪʔ（方言音）T. eʔ　D. ɑɪʔ　I. ɪʔ

890. 扼《说文》：作搹。*ek④*qreek　（中）æk④　（现）ɤ④　（方言音）W. ŋɤh⑦　Y. ŋak⑦　Mn. ik⑥
缅字 အစ် 掐住脖子（《缅汉词典》1206 页）碑*at（四）（仰光）ɪʔ（方言音）T. eʔ　D. ɑɪʔ　I. ɪʔ

891. 搤《说文》：捉也。义同"扼"。*ek④*qreek　（中）æk④　（现）ɤ④　（方言音）　Mn. ik⑥
缅字 အစ် 掐住脖子（《缅汉词典》1206 页）碑*at（四）（仰光）ɪʔ（方言音）T. eʔ　D. ɑɪʔ　I. ɪʔ

892. 僻《说文》：避也。一曰：从旁牵也。*phĭ ek④　（中）phĭ ɛk④　（现）phi ④　（方言音）W. phiɪh⑥　Y. phik⑦　Mn. phik⑥　phiah⑥
缅字 ဖယ် 避开、排除（《缅汉词典》594 页）碑*phai（仰光）phɛ（方言音）T. phɛ　D. phe　I. phɛ

893. 辟《说文》：开也。*bĭ ek④　（中）bĭ ɛk④　（现）phi ④　（方言音）Mn. phik⑦　phik⑥
缅字 ဖွင် 开（《缅汉词典》606 页）碑 phwaŋʔ（仰光）phwĩ（方言音）T. phwã　D. phwẽ　I. phwẽ

894. 摘《说文》：搔也。从手，啇声。一曰：投也。*ɖĭ ek④　（中）ɖĭ ɛk④　（现）tʂʅ④　（方言音）Mn. tik⑦
缅字 ကုတ်ခြစ်(古)挠痒，搔（《缅汉词典》34 页）碑*kut khlak（仰光）kouʔ tɕhɛʔ（方言音）T. kuʔ　D. kwiʔ　I. kauʔ

895. 积《说文》：聚也。*tsĭ ek④*sklĕ k　（中）tsĭ ɛk④　（现）tɕi ④　（方言音）W. tsiɪh⑥　Y. tʃik⑦　Mn. tsik⑥
缅字 တည် 堵塞、积滞（《缅汉词典》371 页）碑*tat（四）爹（仰光）tɪʔ（方

言音）T. teʔ D. taɪʔ I. tɪʔ

896. 昔/腊《说文》：干肉也。*siak④ *sjaak<*sqaak （中）sǐ ɛk④ （现）ɕi①
（方言音）W. siɹh⑥ Y. ʃik ⑦ Mn. sik⑥

缅字 သ：（《缅汉词典》965 页）碑*sɑ（四）阿撒（仰光）tθa（方言音）T. a tθa D. a shɒ I. a sha

897. 夕《说文》：莫也。从月半见。徐锴《系传》："（夕）月字之半也。月初生则暮见西方，故半月为夕。"*ziak④*sGlǎ k （中）zǐ ɛk④ （现）ɕi① （方言音）W. ziɹh⑥ Y. tʃik⑨ Mn. sik⑦ siah⑦

缅字 ရက် 天、日（《缅汉词典》795 页）碑*rak（仰光）jɛʔ（方言音）T. iʔ D. jɑʔ I. jɛʔ

898. 只《说文》：鸟一枚也。*tiak④ （中）tɕǐ ɛk④ （现）tʂɻ① （方言音）W. tsɤh⑥ tsɒh⑥ Y. tʃɛk⑧ Mn. tsik⑥ tsiah⑥

缅字 တစ် 一（《缅汉词典》371 页）碑*tak（四）爹（仰光）tɪʔ（方言音）T. te D. teɪʔ I. ti

899. 赤《说文》：南方色也。*thiak④ （中）tɕhǐ ɛk④ （现）tʂhɻ① （方言音）W. tshɤh⑥ tshɒh⑥ Y. tʃhik⑧ tʃhɛk⑧ Mn. tshik⑥ tshiah⑥

缅字 ရှက် 害羞（《缅汉词典》828 页）碑*hrak（四）沙挞（仰光）ɕɛʔ（方言音）T. ɕɪʔ khraʔ D. khraʔ I. ɕɛ

900. 释《说文》：解也。*ɕiak④ （中）ɕǐ ɛk④ （现）ʂɻ④ （方言音）W. s ɤh⑥ Y. ʃik⑦ Mn. s ik⑥

缅字 ရှင်း 解释（《缅汉词典》830 页）碑*hraŋ（四）穰（仰光）ɕĩ（方言音）T. ɕɛ̃ D. shẽ I. ɕaŋ

901. 石《说文》：山石也。*ziak④ （中）zǐ ɛk④ （现）ʂ ɻ② （方言音）W. z ɤh⑦ z ɒh⑦ Y. ʃɛk⑨ Mn. s ik⑦ tsioh⑦ sia⑤

缅字 ကျောက် 石（《缅汉词典》53 页）碑*klɔk（四）皎（仰光）tɕauʔ（方言音）T. klɔʔ D. kløʔ I. tɕɔʔ

902. 易 更移之意。*ɣǐ ɛk④ （中）jǐ ɛk④ （现）i④ （方言音）W. jiɹh⑦ Y. jik⑨ Mn. ik⑦ iak⑦

缅字 လဲ 交换（《缅汉词典》861 页）碑*lai（四）赖（仰光）lɛ：（方言音）T. lɛ D. la I. lɛ

白保罗构拟的藏缅语词根：*lay（白保罗 1972《汉藏语言概论》283 节。）

903. 腋《说文》：人之臂亦也。原为"亦"，后作腋。*ʌĭ ak④　（中）jĭ εk④　（现）ie④　（方言音）W. jiɪh⑦　Y. jik⑨　Mn. ik⑦

缅字 ချိုင်း 腋（《缅汉词典》129页）碑*khliuŋ（仰光）dzãi（方言音）T. tɕhãi　D. krẽi　I. lεʔ kə ti

白保罗构拟的藏缅语"臂"词根*g-lak（白保罗1972《汉藏语言概论》注458节）

904. 液《说文》：津也。*ʌĭ ak④*lă k<k•lă k　（中）jĭ εk④　（现）ie④　（方言音）W. jiɪh⑦　Y. jik⑨　Mn. ik⑦　sioh⑦

缅字 ပန်းရည် 花蜜（《缅汉词典》540页）/အရက် 酒（《缅汉词典》1148页）缅语中的"ရည်"含有"精华和汁液"之义。与汉语的"液"意义相对应。碑 *rak（仰光）jεʔ　（方言音）T. jɪʔ　D. a raʔ　I. a rεʔ

白保罗构拟的藏缅语"汁、蜜、脂肪"词根*ryak（白保罗1972《汉藏语言概论》204节）

905. 劈《说文》：破也。*phiek④　（中）phiek④　（现）phi①　phi③　（方言音）W. phiɪh⑥　Y. phik⑦　phεk⑧　Mn. ph ik⑥

缅字 ဖျက် 破坏、破（《缅汉词典》594页）碑*phlak（仰光）phjεʔ（方言音）T. phjɪʔ　D. phjaʔ　I. phjεʔ

906. 滴《说文》：水注也。*tiek④*kĭleek　（中）tiek④　（现）ti①　（方言音）W. tiɪh⑥　Y. tik⑨　Mn. t ik⑥　tih⑥

缅字 စက် 滴（《缅汉词典》224页）碑*tsak（四）乍（仰光）sεʔ（方言音）T. sɪʔ　D. saʔ　I. sεʔ

907. 镝《说文》：矢锋也。*tiek④　（中）tiek④　（现）ti①　（方言音）W. tiɪh⑥　Y. tik⑦　Mn. t ik⑥

缅字 ထိပ် 顶端、（箭）头（《缅汉词典》411页）碑*thip（仰光）theɪʔ（方言音）T. thiʔ　D. thaɪʔ　I. thaɪʔ

908. 剔《说文》：解骨也。*thiek④　（中）thiek④　（现）thi①　（方言音）W. thiɪh⑥　Y. thik⑦　Mn. th ik⑥

缅字 ထစ် 刻、划（《缅汉词典》406页）碑*thak（仰光）thɪʔ

909. 溺《汉语常用字字典》：淹没；沉溺。*niauk④*neewk　（中）niek④　（现）ni④　（方言音）W. niɪh⑦　Y. nik⑨　Mn. lik⑦

缅字 နစ် 沉没（《缅汉词典》462页）碑*nak（四）捏（仰光）nɪʔ

910. 砾《说文》：小石也。* liauk④* girᴇewk　（中）liek④　（现）li④　（方言音）W. liɪh⑦　Y. lik⑦　Mn. lik⑦
    缅字 ကျောက်စရစ်ခဲ 鹅卵石（《缅汉词典》54 页）碑*klɔk tsə rak khaj（仰光）tçauʔ sə lıʔ khɛ

911. 寂《说文》：*dzi uk④　（中）dziek④　（现）tçi④　（方言音）W. ziɪh⑦　Y. tʃik⑨　Mn. tsik⑦
    缅字 တိတ် 寂静（《缅汉词典》374 页）碑*tit（仰光）teɪʔ（方言音）T. tiʔ　D. tiʔ　I. taɪʔ

912. 析 东方曰析*siek④ *seek　（中）siek④　（现）çi①　（方言音）W. siɪh⑥　Y. ʃik⑦　Mn. sik⑥
    缅字 အရှေ့ 东方（《缅汉词典》1154 页）碑*a hriʔ（四）阿写（仰光）a çe（方言音）T. a çe　D. ɒkhre　I. a çe

913. 击 打。* kiek④* keek　（中）kiek④　（现）tçi①　（方言音）W. tçiɪh⑥　Y. kik⑦　Mn. kik⑥
    缅字 ခိုက် 碰撞、攻击（《缅汉词典》107 页）碑*kuik（仰光）khaɪʔ

曾摄

914. 陵 大土山。*lĭ əŋ①*lŭ ŋ　（中）lĭ əŋ①　（现）liŋ②　（方言音）W. lin②　Y. liŋ②　Mn. liŋ②
    缅字 ကြည်:陆地（《缅汉词典》77 页）碑*kraŋ（仰光）tçi
    《白狼歌》中有"日入之部"句，用汉字注古缅音时用"且交陵悟"。郑张尚芳先生认为此处"陵"字是古缅语"陆地（ကြည်/kraŋ/）"。
    白保罗构拟的藏缅语"陆地、山"的词根为：*gliŋ（白保罗 1972《汉藏语言概论》128 节）

915. 蒸《小雅·无羊》："以薪以蒸"。郑玄笺："粗曰薪，细曰蒸。"蒸字或作烝。
    * tĭ əŋ①　（中）tçĭ əŋ①　（现）tʂ əŋ①　（方言音）W. tsən①　Y. tʃiŋ①　Mn. tsiŋ①
    缅字 အကိုင်း:树枝、树杈（《缅汉词典》1039 页）碑*a kuiŋ（四）阿苛（仰光）a kãĩ（方言音）T. a kãĩ　D. a kɯŋ　I. a kẽĩ

916. 蒸/烝《说文》：火气上升也。* tĭ əŋ①　（中）tçĭ əŋ①　（现）tʂ əŋ①　（方言音）W. tsən①　Y. tʃiŋ①　Mn. tsiŋ①
    缅字 ခြောင်း 弥漫、笼罩（《缅汉词典》144 页）碑*khrɔŋ（仰光）tçhaũ

917. 称、秤《说文》：铨也。铨，《段注》引《声类》："铨，所以秤物也。"
＊tʰĭəŋ① ＊kthjŭŋs （中）tɕʰĭəŋ① （现）tʂʰəŋ① （方言音）W. tsʰən① Y. tʃʰiŋ① Mn. tsʰiŋ①
缅字 ချိန် 称（《缅汉词典》132 页）碑*khlin（四）钦（仰光）tɕheĩ（方言音）T. khi D. khli I. tɕheĩ

918. 称 称呼。＊tʰĭəŋ①＊kthjŭŋs （中）tɕʰĭəŋ① （现）tʂʰəŋ① （方言音）W. tsʰən① Y. tʃʰiŋ① Mn. tsʰiŋ①
缅字 ချင့် (罕)命名、称谓（《缅汉词典》130 页）碑*khlaŋ（仰光）tɕhi

919. 乘 乘车、马。*ɖĭəŋ① （中）dʑĭəŋ① （现）tʂʰəŋ② （方言音）W. zən② tsʰən④ Y. ʃiŋ② Mn. s iŋ②
缅字 စီး 驰骋（《缅汉词典》232 页）碑*tsiuŋ（仰光）saĩ

920. 凝《说文》：水坚也。*ŋĭəŋ① （中）ŋĭəŋ① （现）n iŋ② （方言音）W. n̥in② Y. j iŋ② Mn. g iŋ② g in②
缅字 ငိုင် 发呆、发楞（《缅汉词典》180 页）碑*ŋiuŋ（仰光）ŋaĩ

921. 兴《说文》：起也。*hĭəŋ① （中）h ĭəŋ① （现）ɕ iŋ① （方言音）W. ɕin① Y. h iŋ① Mn. h iŋ①
缅字 ဟိန်း 扬名（气味）弥漫（《缅汉词典》1034 页）碑*hin（仰光）heĩ

922. 膺《说文》：胸也。＊ĭəŋ①*qlŭŋ （中）ĭəŋ① （现）iŋ① （方言音）W. in① Y. j iŋ① Mn. iŋ①
缅字 ရင် 胸（《缅汉词典》799 页）碑*raŋ（四）穰（仰光）jĩ（方言音）T. jaŋ D. jẽ I. jẽ

923. 鹰《说文》：*ĭəŋ①* qlŭŋ （中）ĭəŋ① （现）iŋ① （方言音）W. in① Y. j iŋ① Mn. iŋ①
缅字 လင်းတ 秃鹫、狗头雕（《缅汉词典》889 页）碑*laŋtaʔ（仰光）lə ta（方言音）T. lə taʼ D. lẽ ta I. lẽ ta
白保罗构拟的藏缅语"鹰"的词根为：*laŋ（白保罗 1972《汉藏语言概论》333 节）

924. 蝇《说文》：营营青蝇。虫之大腹者。*ʎĭəŋ① （中）j ĭəŋ① （现）iŋ② （方言音）W. in① Y. j iŋ② Mn. iŋ② sin②
缅字 ယင် 蝇（《缅汉词典》755 页）碑*jaŋ（仰光）ji（方言音）T. jã D. jẽ I. çẽ mə ɜm

白保罗构拟的藏缅语"蝇"词根为：*（s-）brəŋ＝*yaŋ（白保罗 1972《汉藏语言概论》492 节）

925. 崩《说文》：山坏也。*pəŋ① （中）pəŋ① （现） pəŋ① （方言音）W. pən① Y. pɐŋ① Mn. piŋ① paŋ①

缅字ဧ 倒塌、崩溃（《缅汉词典》557 页）碑*priu（仰光）pjo（方言音）T. pjo D. pro I. plo

926. 朋《古汉语常用字字典》：朋友；比；同，齐* bəŋ① * bɯɯŋ （中）bəŋ① （现） phəŋ② （方言音）W. bɔn② baŋ② Y. phɐŋ② phaŋ② Mn. piŋ②

缅字ဧ 平行、一起、比（《缅汉词典》562 页）碑*priuŋ（仰光）pjaĩ （方言音）T. pjaĩ D. prɯŋ I. prẽi

927. 登《说文》：上车也。*təŋ①* tɯɯŋ （中）təŋ① （现） təŋ① （方言音）W. tən① Y. tɐŋ① Mn. tiŋ①

缅字ဧ 上升，上来（《缅汉词典》359,364 页）碑*tak taŋ（仰光）tɛʔ tĩ （方言音）T. taʔ taŋ D. taʔ tẽ I. tɛʔ tẽ

928. 凳 坐具。*təŋ④ * tɯɯŋ （中）təŋ④ （现） təŋ④ （方言音）W. tən④ Y. tɐŋ④ Mn. tiŋ④

缅字ဧ 坐、蹲（《缅汉词典》406 页）/ဧ（古）床（《缅汉词典》576 页）碑*thiuŋ/*za thiuŋ（四）痛（仰光）tha ĩ /zə thaĩ （方言音）T. thaĩ D. thɯŋ I. thẽi

929. 能 *nəŋ① *nɯɯŋ （中）nəŋ① （现） nəŋ② （方言音）W. nən② Y. nɐŋ② Mn. liŋ②

缅字ဧ 能够、胜任（《缅汉词典》461 页）碑*niuŋ（仰光）naĩ （方言音）T. naĩ D. nɯŋ I. nẽi 。

《白狼歌》有"曲伸悉备"句。用汉字注古缅音的字为："局后仍离"。郑张尚芳先生认为此处的"仍"字就是古缅音的"ဧ(能/nuiŋ/)"。

930. 层《说文》：重屋也。*dzəŋ①*dzɯɯŋ （中）dzəŋ① （现） tshəŋ② （方言音）W. zən② Y. tʃhɐŋ② Mn. tsiŋ② tsan②

缅字ဧ 阶、层（《缅汉词典》275 页）碑*tshaŋʔ（仰光）shĩ （方言音）T. shaŋ D. shẽ I. shẽ

931. 乘《说文》：覆也。加其上。*ɖiəŋ① （中）dzĭəŋ① （现） tsh əŋ② （方

言音）W. zən② tshən④ Y. ʃiŋ② Mn. siŋ②

缅字 ဆင့် 叠、摞、叠加（《缅汉词典》275 页）碑*tshaŋʔ（仰光）shĩ¹（方言音）T. shaŋ D. shẽ I. shẽ

932. 乘《说文》：狡黠也。军法曰乘。*d̥iŋ③ （中）dẓǐŋ③ （现）ʂəŋ④（方言音）W. zən② tshən④ Y. ʃiŋ⑥ Mn. siŋ⑤

缅字 စဉ်း 狡猾（《缅汉词典》238 页）碑*tsiŋ（仰光）sĩ（方言音）T. saŋ sẽ: D. sẽ I. sẽ

933. 匿《说文》：亡也。*n̥ǐək④ （中）nǐək④ （现）ni④（方言音）W. nɨh⑦ Y. nik⑦ Mn. lik⑦

缅字 လစ် 溜掉、失去（《缅汉词典》892 页）碑*lik（仰光）lɪʔ（方言音）T. leʔ D. laɪʔ I. lɪʔ

934. 直《说文》：正见也。*d̥iək④ （中）d̥iək④ （现）tʂʅ②（方言音）W. zɤh⑦ Y. tʃik⑨ Mn. tik⑦ tit⑦

缅字 တည့် 直、正（《缅汉词典》372 页）碑*teŋʔ（四）爹（仰光）tɛ（方言音）T. tɛ D. te I. te

935. 植《古汉语常用字字典》：栽种。* d̥iək④ * djuk̆ （中）d̥iək④ （现）tʂʅ② （方言音）W. zɤh⑦ Y. tʃik⑨ Mn. tik⑦ tit⑦

缅字 စိုက် 种、植（《缅汉词典》228 页）碑*tsuik（仰光）saɪʔ（方言音）T. saɪʔ D. sɒʊʔ I. saɪʔ

936. 值 * d̥iək④ （中）d̥iək④ （现）tʂʅ② （方言音）W. zɤh⑦ Y. tʃik⑨ Mn. tik⑦ tit⑦

缅字 ထိုက် 值（《缅汉词典》402 页）碑*thiuk（仰光）thaiʔ（方言音）T. thaɪʔ D. thɒʊʔ I. thaɪʔ

937. 息《说文》：喘也。*sǐək④ （中）sǐək④ （现）ɕi① （方言音）W. sɨh⑥ Y. ʃik⑦ Mn. sik⑥ sit⑥

缅字 သက် 深呼吸（《缅汉词典》829 页）/缅字 သက် 累得喘气（《缅汉词典》1029 页）碑*hriuk /hiuk（仰光）ɕaɪʔ /haɪʔ（方言音）T. ɕaɪʔ D. shaʊʔ ɕaɪʔ I. ɕaɪʔ 白保罗构拟的藏缅语 "呼吸" 词根为：*sak（白保罗 1972《汉藏语言概论》485 节）

938. 熄 *sǐək④ （中）sǐək④ （现）ɕi① （方言音）W. sɨh⑥ Y. ʃik⑦ Mn. sik⑥ sit⑥

缅字 ငြိမ် 熄灭（《缅汉词典》页）碑*tit（仰光）teɪʔ（方言音）T. tiʔ   D. tiʔ   I. taɪʔ

939. 穑《说文》：谷可收曰穑。泛指耕种。*ʃĭ ək④ *srŭ k　（中）ʃi ək④　（现）sɤ④　（方言音）W. sʌɣh④　Y. ʃik⑦　Mn. sik⑥
    缅字 စိုက် 种、植（《缅汉词典》228 页）碑*tsok（仰光）saɪʔ（方言音）T. saɪʔ   D. sau？   I. saɪʔ

940. 织《说文》：作布帛之总名也。《段注》："布者，麻缕所成；帛者，丝所成。作之皆谓之织。经与纬相成曰织。"*tĭ ək④　（中）tɕi ək④　（现）tʂʅ①　（方言音）W. tsɤh⑥　Y. tʃik⑦　Mn. sik⑥　sit⑥
    缅字 ရက် 编、织（《缅汉词典》795 页）碑*rak（仰光）jɛʔ（方言音）T. raʔ   D. raʔ   I. jɛʔ

941. 食 *dĭ ək④　（中）dʑi ək④　（现）ʂʅ②　（方言音）W. zɤh⑦　Y. ʃik⑦　Mn. sik⑦　sit⑦　tsiah⑦
    缅字 စား 吃（《缅汉词典》208 页）碑*tsɑɑ（四）乍（仰光）sa:（方言音）T. sa   D. sɒ   I. sa

942. 极《说文》：栋也。《段注》："引申之义，凡至高至远皆谓之极。"*gĭ ək④ *gŭ k　（中）gi ək④　（现）tɕi②　（方言音）W. dzɨh⑦　Y. kik⑨　Mn. kik⑦
    缅字 ရောက် 到达、及（《缅汉词典》107 页）碑*khiuk（仰光）khaɪʔ

943. 蚀《说文》：*dĭ ək④　（中）dʑi ək④　（现）ʂʅ②　（方言音）W. zɤh⑦　Y. ʃik⑦　Mn. sik⑦　sit⑦　tsiah⑦
    缅字 စား 腐蚀、侵蚀（《缅汉词典》208 页）碑*tsɑɑ（四）乍（仰光）sa:（方言音）T. sa   D. sɒ   I. sa

944. 域《说文》：邦也。一曰：地域也。*ɣĭ wək④　（中）ɣĭ wək④　（现）y④　（方言音）W. jyɤh⑦　Y. wik⑨　Mn. ik③
    缅字 ကွက် 格子、区域（《缅汉词典》82 页）碑*kwak（仰光）kwɛʔ

945. 北《说文》：乖也。相违背。*pək④ *pɯɯk　（中）pək④　（现）pei③　（方言音）W. poh⑥　Y. pɐk⑦　Mn. pɔk⑥　pak⑥
    缅字 ျှက် 误事、失败（《缅汉词典》548 页）碑*ylak（四）必牙（仰光）pjɛʔ（方言音）T. pjɪʔ   D. pjaʔ   pjɪʔ   I. pjɛʔ

946. 墨《说文》：书墨也。*mək④ *mɯɯk　（中）mək④　（现）mo④　（方言音）W. mɤh⑦　Y. mɐk⑨　Mn. bik⑦　bak⑦

缅字 မင် 墨水、墨（《缅汉词典》677 页）缅语中，"墨"的书写形式是(မင်)，发音时，读作（မဲ）。碑*maŋ（四）湣（仰光）hmĩ（方言音）T. hmaŋ mẽ D. mẽ   I. hmẽ

如果将汉语的"墨"字，取其"黑"义，则可与缅语的 နက် 黑、黑暗/古音 miuk 现代音mai?/作比较。

947. 冒《说文》：木，冒也，冒地而生。隆起之义。*mək④ （中）mək④ （现）mo④ （方言音）Y. mɐk⑨ Mn. bik ⑦

缅字 မော် 隆起、鼓起（《缅汉词典》676 页）碑*mɔk（四）冒（仰光）mau?（方言音）T. mɔʔ D. mø ʔ mɔʔ I. mɔʔ

948. 塞《说文》：隔也。*sək④*sɯɯk （中）sək④ （现）sɤ④ （方言音）W. sɤh⑥ Y. ʃɐk⑦ Mn. sik ⑥

缅字 ဆို့ 塞住、妨碍（《缅汉词典》270 页）碑*tshiu?（四）嗅（仰光）sho（方言音）T. sho D. shɯ I. sho

949. 刻《说文》：镂也。*khək④ （中）khək④ （现）khɤ④ （方言音）W. khɤh⑥ Y. hɐk⑦ Mn. khik⑥ khat⑥

缅字 ခြစ် 刻、划（《缅汉词典》144 页）碑*khrak（仰光）tɕhɪ?（方言音）T. khreʔ D. khraɪʔ I. ɕiʔ

流摄

950. 浮《说文》：泛也。漂在水面。*bĭu① （中）bĭɐu① （现）fu② （方言音）W. vɤ② Y. fɐu② phou② Mn. hu② phu②

缅字 ပေါ် 浮（《缅汉词典》509 页）碑*pɔ（仰光）pɔ（方言音）T. pɔ D. pɔ I. pɔ

951. 浏《说文》：流清貌。*lĭu① （中）lĭɐu① （现）liəu② （方言音）liɔ② Y. lɐu② Mn. hu② liu②

缅字 ကြည်လင် 清澈（《缅汉词典》77 页）碑*krelaŋ（四）革列浪（仰光）tɕi lĩ（方言音）T. tɕẽ D. kre lẽ I. tɕe

952. 流《说文》：水行也。*lĭu① （中）lĭɐu① （现）liəu② （方言音）W. ly② Y. lɐu② Mn. liu② lau②

缅字 ေစျာ 急速流动，泻（《缅汉词典》919 页）碑*hlju /hljɔ（仰光）ɕɔ（方言音）T. ɕɔ D. tɕhɔ I. ɕɔ

953. 抽《说文》：引也*thĭu① （中）thĭɐu① （现）tshəu① （方言音）

W. tʃhy① Y. tʃhɐu① Mn. thiu① liu①

缅字 စုပ် 吸、抽（《缅汉词典》251 页）碑*tsup（四）竹（仰光）souʔ（方言音）T. souʔ D. souʔ I. su?

954. 秋 禾谷孰也。*tshĭ u① （中）tshĭ ɐu① （现）tɕhiɐu① （方言音）
W. tʃhy① Y. tʃhɐu① Mn. tshiu①
缅字 ဆောင်း 冷季（《缅汉词典》282 页）碑*tshuŋ（四）昌（仰光）shaũ（方言音）T. shɔŋ D. shɔ̃ I. shɔ̃

955. 囚《说文》：系也。从人在口中。桂馥《义证》："<风俗通>：'礼，罪人寘诸圜土（牢狱）。'"故"人"在"口"中会意。*zĭ u① （中）zĭ ɐu① （现）tɕiɐu② （方言音）W. zy② Y. tʃhɐu② Mn. siu② tshiu②
缅字 ချုပ် 囚禁（《缅汉词典》134 页）碑*khlup（仰光）tɕhouʔ（方言音）T. tɕhauʔ D. khrouʔ I. tɕhauʔ

956. 愁《说文》：忧也。*dʒĭ u① *dzrĭ w （中）dʒĭ ɐu① （现）tʂhɐu② （方言音）W. zY② Y. ʃɐu② Mn. tshɔ② tshiu②
缅字 စိုး 担心、忧虑、悲伤、忧伤（《缅汉词典》221 页）碑*tsiu（仰光）so

957. 搜《说文》：众意也。一曰：求也。*ʃĭ u① （中）ʃĭ ɐu① （现）sɐu① （方言音）W. sY② Y. ʃɐu① Mn. sɔ①
缅字 ရှာ 寻找（《缅汉词典》820 页）碑*hrɑ（四）唰（仰光）ça（方言音）T. ça D. shɑ I. ça

958. 馊 饭团湿热变酸臭（中）ʃĭ ɐu① （现）sɐu① （方言音）W. sY② Y. ʃɐu① Mn. sɔ①
缅字 သိုး 馊（《缅汉词典》984 页）碑*suiw（仰光）tθo（方言音）T. tθo D. shu I. sho

959. 收《说文》：捕也。捕取罪人。引申为收取、收敛。*çĭ u① （中）çĭ ɐu① （现）ʂɐu① （方言音）W. sY① Y. ʃɐu① Mn. siu①
缅字 ချုပ် 控制、收敛（《缅汉词典》134 页）碑*khlup（仰光）tɕhouʔ（方言音）T. khrouʔ D. khrouʔ I. tɕhauʔ

960. 柔《说文》：木曲直也。*nĭ u① （中）ȵĭ ɐu① （现）zɐu② （方言音）W. zY② Y. ʃɐu② Mn. liu②
缅字 နု 软、煮烂（《缅汉词典》448 页）碑*nu（仰光）nu:（方言音）T. nu: D. nu: I. nu:

第八章　缅汉同源词　551

961. 揉 团弄。*nĭu① （中）ɲǐəu① （现）zou② （方言音）W. zʏ② Y. ʃeu② Mn. liu②
缅字 နယ် 揉（《缅汉词典》468 页）碑*nai（仰光）nɛ（方言音）T. nɛ D. na I. nɛ

962. 鞣《说文》：软也。使皮革柔软。*nĭu① （中）ɲǐəu① （现）zou② （方言音）Y. ʃeu② Mn. liu②
缅字 နယ်（《缅汉词典》468 页）碑*nai（四）（仰光）nɛ（方言音）T. nɛ D. na I. nɛ

963. 鸠 鹘*kĭu① *kŭ （中）kĭəu① （现）tɕiəu① （方言音）Y. kɐu① Mn. kiu①
缅字 ခို 鸽子（《缅汉词典》102 页）碑*khiu（四）可（仰光）kho（方言音）T. khɯ D. khɯ I. kho
缅字 ချိုး 斑鸠（《缅汉词典》123 页）碑*khliu（四）久赖标（仰光）dzo:（方言音）T. tɕho D. klɯ I. ço

964. 求 设法得到。*gĭu①*gŭ （中）gĭəu① （现）tɕhiəu② （方言音）W. dzɨʏ② Y. khɐu② Mn. kiu②
缅字 ချွေ 谋求、力求（《缅汉词典》119 页）碑*khlu（仰光）tɕhu

965. 觓/觓 *gĭu① *grŭw （中）gĭəu① （现）tɕhiəu② （方言音）W. dzɨʏ② Y. khɐu② Mn. kiu②
缅字 ချို 角（《缅汉词典》122 页）碑*khloo（四）克路（仰光）dzo（方言音）T. tɕo D. khrɯ I. a ço
白保罗构拟的藏缅语"角"的词根为：*kruw（白保罗 1972《汉藏语言概论》37 节）

966. 球《说文》：玉声也。*gĭu① （中）gĭəu① （现）tɕhiəu② （方言音）W. dzɨʏ② Y. khɐu② Mn. kiu②
缅字 ချွင်း 金属撞击声（《缅汉词典》152 页）碑*khlwaŋ（仰光）tɕhwĩ

967. 牛《说文》：大牲也。*ŋĭwu①*ŋwŭ （中）ɲǐəu① （现）niəu② （方言音）W. nʏiy② Y. ŋɐu② Mn. giu② gu②
缅字 နွား 牛（《缅汉词典》469 页）碑*nwa（四）那（仰光）nwa（方言音）T. nwa D. nɔ nwa: I. hnwa
白保罗构拟的藏缅语"家畜"词根为：*ŋwa（白保罗 1972《汉藏语言概论》

215 节）

968. 优《说文》：饶也。徐锴《系传》："宽裕也。"一曰：倡也。倡，《段注》："即所谓俳优也。"指乐舞或杂戏演员。*ʔiu① （中）ǐəu① （现）iəu① （方言音）W. iɣ① Y. jɐu① Mn. iu①

   缅字 ယို/ယိုစီး 流出、溢出（《缅汉词典》752 页）碑*jo（仰光）jo /jo pheɪʔ（方言音）T. jo D. jɯ I. jo

969. 邮/尤《尔雅·释言》："邮，过也。"*ɣǐ wə① *Gwuǐ 邮/ *Gwuǐ 尤 （中）ɣǐ əu① （现）iəu② （方言音）W. jiɣ② Y. jɐu② Mn. iu②

   缅字 ချို့ 缺陷、缺少（《缅汉词典》122 页）碑*khlo？（仰光）tɕho

970. 娄《说文》：空也。一曰：愚也。*lɔ① （中）ləu① （现）ləu② （方言音）W. lɣ② Y. jɐu② Mn. lɔ② ləu②

   缅字 ဟာလာ 空（《缅古文字典》426）碑*ha la（仰光）ha la

971. 钩《说文》：曲钩也。*kɔ① （中）kəu① （现）kəu① （方言音）W. kɣ① Y. ŋɐu① Mn. kɔ① kəu①

   缅字 ကောက် 弯、弯曲（《缅汉词典》26 页）碑*kɔk（仰光）kauʔ（方言音）T. kɔʔ D. kø? I. kɔʔ

972. 勾《说文》：曲也。《段注》："凡曲折之物侈为倨，敛为句。"*kɔ① （中）kəu① （现）kəu① （方言音）W. kɣ① Y. ŋɐu① Mn. kɔ① kəu①

   缅字 ကောက် 弯曲物（《缅汉词典》26 页）碑*kɔk（仰光）kauʔ（方言音）T. kɔʔ D. kø? I. kɔʔ

973. 抠《说文》：繑也。即今扣字。一曰：抠衣升堂。抠即举。*khɔ①*khloo *khǒ （中）khəu① （现）khəu① （方言音）W. khɣ① Y. khɐu① Mn. khɔ① khau①

   缅字 ကလော် 抠（《缅汉词典》10 页）碑*kə lɔ（仰光）kə lɔ

974. 喉《说文》：咽也。喉与咽连称咽喉，口语作喉咙。*ɣɔ① （中）ɣəu① （现）həu② （方言音）W. fiɣ② Y. hɐu② Mn. hɔ② hau② kau②

   缅字 အာ 口腔（《缅汉词典》1180 页）碑*a（仰光）a（方言音）T. a D. ɒ I. ɒ

975. 欧/呕《说文》：吐也。*ɔ① （中）əu① （现）əu① （方言音）W. ɣ① Y. ɐu① Mn. ɔ① au①

   缅字 အော့ 呕吐，恶心（《缅汉词典》1162 页）碑*ɔʔ（仰光）ɔ（方言音）T. ɔ D. ɔ I. ɔ

976. 殴《说文》：捶击物也。*ɔc① （中）əu① （现）əu① （方言音）W. ɤ①
Y. ɐu① Mn. ɔ① au①
缅字 ခုတ် 打、揍（《缅汉词典》1213 页）碑*up（仰光）ouʔ（方言音）T. u D. ou I. ou

977. 瓯《说文》：小盆也。*ɔc① （中）əu① （现）əu① （方言音）W. ɤ①
Y. ɐu① Mn. ɔ① au①
缅字 အိုးခွက် 陶盆（《缅汉词典》1201 页）အုပ် 带盖的盒（《缅汉词典》1212 页）。碑*up（仰光）ouʔ？

978. 幽《说文》：隐也。*ʔĭu① （中）ʔĭəu① （现）iəu① （方言音）W. iɤ① Y. jɐu① Mn. iu①
缅字 ဖုံ 隐瞒（《缅汉词典》1213 页）碑*up（仰光）ouʔ（方言音）T. u D. ou I. ou

979. 妇《说文》：服也。从女持帚，洒扫也。*bĭwə②*bŭʔ （中）bĭəu② （现）fu④ （方言音）W. vu⑤ Y. fu④ phou④ Mn. hu⑤ pu⑤
缅字 အပျို 少女、处女（《缅汉词典》1116 页）碑*əplui（仰光）ə pjo（方言音）T. ə pjo D. ɑ pɯ I. ə pjo

980. 负《说文》：持也。从人守贝，，有所持也。一曰：受贷不赏。*bĭwə②*bŭʔ （中）ˋbĭəu② （现）fu④ （方言音）W. vu⑤ Y. fu④ phou④ Mn. hu⑤
缅字 ပိုး 背、驮（《缅汉词典》512 页）碑*piu（四）ト（仰光）po（方言音）T. po D. pɯ I. po

981. 肘《说文》：臂节也。《段注》："厷与臂之节曰肘。" *tĭu②*tŭʔ<*kĭlŭʔ （中）tĭəu② （现）tʂəu③ （方言音）W. tsɤ③ Y. tʃɐu③ Mn. tiu③
缅字 တံတောင် 肘（《缅汉词典》357 页）碑*tɑm tuŋ（四）（仰光）də daũ（方言音）T. dõ D. də dõ I. dõ
白保罗构拟的藏缅语"肘"的词根为：*klu ～kləw（白保罗 1972《汉藏语言概论》36 节）
"肘"在汉藏语中，往往与"腿关节"相通。如：缅语的"du 膝盖"米基尔语中 lag-du"肘"。因此，黄树先在《汉缅语比较研究》191 页中，用"肘"来与缅语的"ဒူ:膝盖/duː/"作同源词的比较。此说可信，故采纳。缅字 ဒူး 膝盖（《缅汉词典》第 395 页）碑*thuu（四）都（仰光）duː（方言音）

T. duː khɔ̃   D. duː   I. duː   thuː。

982. 手《说文》：拳也。《段注》："今人舒之曰手，卷之曰拳，其实一也。"
*tsĭu② *hnjŭʔ / *sklŭʔ （中）tsĭəu② （现）tɕiəu③ （方言音）
W. tsɤ③   Y. tʃɐu③   Mn. tsiu③

缅字 လက်ညှိုး:食指（《缅汉词典》第874页）碑*lak hn̥iuw（四）刺钮（仰光）lɛʔ hn̥o （方言音）T. laʔ n̥uː   D. laʔ n̥oː   I. lɛʔ n̥o。黄树先称："郑张尚芳先生认为汉语的'手'/*hnjŭʔ/和'杻''杸'/*nu/语音相谐，所以汉语的'手'与缅语的'食指/hn̥ɯ ²/'对应。他的意见是对的。'手、杻、杸'语音相同。唐写本有（杻）读若'丑'/n̥ŭʔ/。"

983. 酉/酒 *tsĭu②*kĭlŭʔ / *sklŭʔ （中）tsĭəu② （现）tɕiəu③ （方言音）W. tsɤ③   Y. tʃɐu③   Mn. tsiu③

缅字 ကေင်:糯米酒、棕榈堂糖酿成的酒（《缅汉词典》第2页）碑*kə tsɔ（仰光）kə cz

984. 丑《说文》：可恶也。*thĭu② （中）tɕhĭəu② （现）tṣhəu③ （方言音）
W. tshɤ③   Y. tʃɐu③   Mn. tshiu③

缅字 ဆိုး:坏、劣、恶（《缅汉词典》271页）碑*shoo（四）嗅（仰光）shoː（方言音）T. sho   D. shɯ   I. sho

985. 首 *ɕĭu②*qhlŭʔ （中）ɕĭəu② （现）ʂəu③ （方言音）W. sɤ③   Y. ʃɐu③   Mn. siu③   tshiu③

缅字 ခေါင်း:头部、首领（《缅汉词典》110页）碑*khɔŋ（四）康（仰光）gaũ （方言音）T. khɔ̃   D. khõ   I. khõ

白保罗构拟的藏缅语"头"的词根为：*m-gaw ～*(s)-gaw（白保罗1972《汉藏语言概论》490节）

986. 久 时间长。*kĭwə② （中）kĭəu② （现）tɕiəu③ （方言音）
W. tɕiɤ③   Y. kɐu③   Mn. kiu③   kuʔ

缅字 ကြာ 久（《缅汉词典》63页）碑*krɑ（四）革刺（仰光）tɕa

987. 九 *kĭu② （中）kĭəu② （现）tɕiəu③ （方言音）W. tɕiɤ③
Y. kɐu③   Mn. kiu③   kau③

缅字 ကိုး:九（《缅汉词典》24页）碑*kiu（四）垢（仰光）ko（方言音）T. ko   D. kɯ   I. ko

白保罗构拟的藏缅语"九"的词根为：*d-kuw （白保罗1972《汉藏语言

概论》13 节）

988. 有 *yĭ wə② （中）yĭ əu② （现）iəu③ （方言音）W. jiɤ⑤ Y. jɐu④ Mn. iu③ u⑤

缅字 ှ 有、存在（《缅汉词典》821 页）碑*hi？（四）西（仰光）çi'（方言音）T. çi D. çi I. çi

白保罗构拟的藏缅语"存在"的词根为：*s-ri（白保罗 1972《汉藏语言概论》264 节）

989. 莠《说文》：禾粟下[阳]生[者曰]莠。今之狗尾巴草。*ʎĭu② （中）jĭəu② （现）iəu③ （方言音）W. iɤ④ Y. uɐu④ Mn. iu③

缅字 ယွတ် 差、次、卑劣、恶劣（《缅汉词典》759 页）碑*jut（四）云（仰光）jouʔ（方言音）T. jouʔ D. jui I. jouʔ

990. 母 *mə② （中）məu② （现）mu③ （方言音）W. mo① m⑤ Y. Mn. bɔ③ bu③

缅字 အမေ 母亲（《缅汉词典》1128 页）碑*ami /a me（四）阿米（仰光）ame（方言音）T. a mi D. a me I. tɔ ɛme

991. 拇《说文》：将指也。将指，徐锴《系传》："所谓将指者，为诸指之率（统率）也。"

*mə② （中）məu② （现）mu③ （方言音）W. mo① m⑤ Mn. bɔ③ bu③

缅字 လက်မ 拇指（《缅汉词典》879 页）碑*lak maʔ（仰光）lɛʔ ma（方言音）T. laʔ ma D. hlaʔ mɑ khɔŋ I. lɛʔ ma ku khɔ̃

992. 姆/妈《广雅》："妈，母也。"*mə②*maaʔ （中）məu② （现）mu③ （方言音）W. mo① m⑤ Mn. bɔ③ bu③

缅字 မ 女性、雌性动植物《缅汉词典》641 页）碑* maʔ（仰光）ma（方言音）T. ma D. ma I. ma

白保罗构拟的藏缅语"妈"的词根为：*ma（白保罗 1972《汉藏语言概论》487 节），并将其与汉语的"妈"字作比较。见该书第 46 节。）

993. 抖 *tɔ② （中）təu② （现）təu③ （方言音）W. tɤ③ Y. tɐu③ Mn. tɔ③ tau③

缅字 တုန် 颤抖、发抖（《缅汉词典》378 页）碑*tun（四）顿（仰光）toũ（方言音）T. tu D. tuɛ I. toũ

994. 走《说文》：趋也。趋，《段注》："《释名》曰：'徐行曰步，捷行曰趋，捷趋曰走。此析言之，混言不别也。"*tsɔ②　（中）tsəu②　（现）tsəu③　（方言音）W. tsɤ③　Y. tʃɐu③　Mn. tsɔ③　tsau③　（中）（现）（方言音）W. Y. Mn.

缅字 သုတ် 快、疾速地（《缅汉词典》1009页）碑*sut（仰光）tθouʔ

995. 犬/狗《说文》：孔子曰："狗，叩也。叩气吠以守。"*kɔ②*khweenʔ　（中）kɐu②　（现）kəu③　（方言音）W. kɤ③　Y. kɐu③　Mn. kɔ③　kau③。关于"狗"和"犬"，据黄树先考证认为，原为两个不同的词，犬指大狗，狗则是指幼犬。后来"狗"替代了"犬"。

（黄树先1993《说'幼小'》《中国海峡两岸黄侃学术研究会论文集》华中师大出版社）

缅字 ခွေး：(《缅汉词典》147页）碑*khwi（四）盏（仰光）khwe（方言音）T. khwi　D. khwe　I. khwe

白保罗构拟的藏缅语"犬"的词根为：*kwiy（白保罗1972《汉藏语言概论》159节）

996. 叩《古汉语常用字字典》：敲.*khɔ②*khooʔ　（中）kɐu②　（现）khəu④　（方言音）W. kɤ③　Mn. kɔ③　kau③

缅字 ခေါက် 敲（《缅汉词典》106页）碑*khɔk（仰光）khauʔ（方言音）T. khɔʔ　D. khø?　I. khɔʔ

997. 吼　兽大声叫。* hɔ②　（中）həu②　（现）həu③　（方言音）W. hɤ④　Y. hɐu⑤　Mn. hɔ③　hau③

缅字 ဟောက်(狮子等)吼叫（《缅汉词典》1029页）碑*hɔk（仰光）hauʔ（方言音）T. hø?　D. hɔʔʔ　I. ʔɔʔ

998. 后《说文》：迟也。* ɣɔ②* gooʔ* goos　（中）ɣɐu②　（现）həu④　（方言音）W. ɦɤ⑤　Y. hɐu⑥　Mn. hɔ⑤　hau⑤　au⑤

缅字 အောက် 下、下面（《缅汉词典》1198页）碑*ɔk（四）袄（仰光）auʔ（方言音）T. ɔʔ　D. øʔɔʔ　I. ɔʔ

白保罗构拟的藏缅语"下"的词根为：*ok（白保罗1972《汉藏语言概论》110节）

999. 纠《说文》：绳三合一也。*kiu②　（中）kiəu②　（现）tɕiəu①　（方言音）W. tɕiɤ①　Y. kiu③　kɐu③　Mn. kiu④

第八章　缅汉同源词　557

缅字 ကြိုး:绳（《缅汉词典》68页）碑*krui（四）骨路（仰光）tɕo（方言音）T. tɕo　D. kru　I. tɕo

1000. 赳《说文》：轻劲有才力也。*kĭu② （中）kiəu② （现）tɕiəu① （方言音）W. tɕiɤ①　Y. kiu③　kɐu③　Mn. kiu④

缅字 ကြွ. 俊俏、强壮（《缅汉词典》68页）碑*kruʔ（仰光）tɕɔ

1001. 富《说文》：备也。一曰：厚也。*pĭ wə③ （中）pĭ əu③ （现）fu④ （方言音）W. fu④　Y. fu⑤　Mn. hu④　pu⑤

缅字 ပွ 膨胀、发财（《缅汉词典》569页）碑*pwa（仰光）pwa

1002. 副《说文》：判也。剖分。*pĭ wə③ （中）pĭ əu③ （现）fu④ （方言音）W. fu④　Y. fu⑤　Mn. hu④　pu⑤

缅字 ပွ: 蔓延、传播（《缅汉词典》570页）碑*pwa（仰光）pwa（方言音）

1003. 覆《说文》：反复。一曰：盖也。*phĭ u③ （中）phĭ əu③ （现）fu④ （方言音）W. foh⑥　Mn. hɔk⑥

缅字 ဖုံ:盖（《缅汉词典》535页）碑*phum（四）喷（仰光）phoũ（方言音）T. phɔ̃　D. phoũ　I. phoũ

1004. 伏《说文》：司也。*phĭ u③ （中）phĭ əu③ （现）fu④ （方言音）W. foh⑥　Mn. hɔk⑥

缅字 ဝပ် 趴、伏（《缅汉词典》943页）碑*wap（仰光）wuʔ（方言音）T. wuʔ　D. wuʔ　I. wuʔ

1005. 畜《说文》：田畜也。《段注》："畜与蓄义略同。畜从田，其源也。蓄从草，其委积也。"
*thĭ u③ （中）tʰĭ əu③ （方言音）Mn. thiu④

缅字 စု 集聚（《缅汉词典》214页）碑*tsuʔ（仰光）su（方言音）T. su　D. su　I. su

1006. 宙《说文》：舟舆所极、覆也。《淮南子》高诱注："宙，栋梁也。"故"覆"译为"屋宇覆盖的栋梁。"*dĭ u③ （中）ḍĭ əu③ （现）tʂuɤ④ （方言音）W. zɤ⑤　Y. tʂɐu⑥　Mn. tiu⑤

缅字 ထုပ် 梁（《缅汉词典》412页）碑*thup（仰光）thouʔ

1007. 皱 *tʃĭ ɔ③ （中）tʃĭ ue③ （现）tʂəu④ （方言音）W. tsɤ④　Y. tʃɐu⑤　Mn. tsɔ④

缅字 တွန့် 起皱纹。（《缅汉词典》387页）碑*twnʔ（四）当（仰光）tũ（方

言音）T. tũ　D. tuẽ　I. tũ

1008. 骤《说文》：马疾步也。*dʑĭ ɔ③　（中）dʑĭ əu③　（现）tʂəu④　（方言音）W. tsʏ⑤　Y. tʃau⑥　tʃau⑥　Mn. tsɔ⑤

缅字 ခြင်း:驰骋、飞奔（《缅汉词典》232 页）碑*tsiuŋ（仰光）saĩ（方言音）T. saĩ　D. sɯŋ　I. seĩ

1009. 瘦《说文》：少肉也。*ʃĭ u③　（中）ʃĭ əu③　（现）ʂəu④　（方言音）W. sʏ④　Y. tʃau⑤　Mn. sɔ③

缅字 ချုံး:瘦弱（《缅汉词典》124 页）/缅字 ချုံ 瘦（《缅汉词典》70 页）碑*khlum/krum（四）革林（仰光）tɕhoũ /tɕoũ（方言音）T. kraũ　D. kroũ　I. kroũ

1010. 嗅/臭《说文》禽走，臭而知其迹者，犬也。：*thĭ u③　（中）tɕhĭ əu③　（现）tʂhəu④　（方言音）W. tshʏ④　Y. tʃheu⑤　Mn. tshiu④　tshau④　用鼻子闻味儿，汉语原为"臭/*khljŭ s/"字,见于甲骨文。"嗅/*qhlŭ s/"在《说文》中为"齅"，"齅"，"以鼻就臭也。读若畜生之畜"。

缅字 ရှူ 闻，吸气（《缅汉词典》823 页）碑*hru（四）ɕu（方言音）T. ɕu　D. shu　I. ɕu

1011. 守《说文》：守官也。即官守。寺府之事者。寺府，即今衙门。*ɕĭ u③　（中）ɕĭ əu③　（现）ʂəu③　（方言音）W. sʏ③　Y. ʃau③　Mn. siu③　tsiu③

缅字 စောင့် 等候、看守（《缅汉词典》230 页）碑*tsɔŋʔ（四）掌（仰光）saũ（方言音）T. sɑŋ　D. sɔ̃　I. sɔ̃

1012. 首 *ɕĭ u③　（中）ɕĭ əu③　（现）ʂəu③　（方言音）W. sʏ③　Y. ʃau③　Mn. siu③

缅字 ခေါင်း:头，首领（《缅汉词典》110 页）碑*khɔɕŋ（四）康（仰光）ghaũ：（方言音）T. khɔ̃　D. khɔ̃　I. khaŋ

1013. 救 *kĭ u③　（中）kĭ əu③　（现）tɕiəu④　（方言音）W. tɕiʏ④　Y. kɐu⑤　Mn. kiu④

缅字 ကယ် 救（《缅汉词典》42 页）碑*kaj（仰光）kɛ（方言音）T. kɛ　D. kɑ　I. kɛ

1014. 柩《说文》：棺也。*gĭ u③　（中）gĭ əu③　（现）tɕiəu④　（方言音）W. dziʏ④　Y. kɐu④　Mn. kiu⑤　khu⑤

缅字 ခေါင်း:（《缅汉词典》110 页）碑*khɔŋ（四）康（仰光）khaũ（方言音）

T. khɔ̃   D. khɔ̃   I. khaŋ

1015. 右/又《说文》：手也。*ɣĭwə③ *Gwŭʔ/*Gwŭs （中）ɣĭəu③ （现）jəu④ （方言音）W. jiɤ⑤ Y. jɐu⑥ Mn. iu⑥ 《说文》："又，手也。"《段注》："此即今之右字。"

缅字 လက် 右（《缅汉词典》749 页）碑*ja（四）牙（仰光）ja/口语中为：n̥a（方言音）T. n̥a   D. n̥a   I. hn̥a

1016. 斗《说文》：遇也。《段注》："凡今人云斗接着，是遇之理也。""凡斗接用斗字，斗争用斗字。俗皆用斗为争竞，而斗废矣。"*tɔ③ （中）təu③ （现）təu④ （方言音）W. tɤ④ Y. tɐu⑤ Mn. tɔ④ tau④

缅字 တိုက် 斗、打斗（《缅汉词典》361 页）碑*tuik（四）得（仰光）taɪʔ（方言音）T. taɪʔ   D. tauʔ   I. taɪʔ

1017. 透《说文》：*thu③ （中）thəu③ （现）thəu④ （方言音）W. thɤ④ Y. thɐu⑤ Mn. thɔ④ thau④

缅字 ထွက်ချင်း 透（《缅汉词典》408 页）碑*thut khlaŋ（四）禿（仰光）thouʔ tɕhĩ

1018. 奏《说文》：奏进也。一曰：上进之义。*tsɔ③ *tsooks< *skooks （中）tsəu③ （现）tsəu④ （方言音）W. tsɤ④ Y. tʃɐu⑤ Mn. tsɔ④ tsau④

缅字 စော 敲击乐器（《缅汉词典》269 页）碑*tshɔ（四）爪（仰光）shɔ（方言音）T. shɔ   D. shɔ   I. shɔ

1019. 凑《说文》：水上人所会也。《段注》："引申为凡聚集之称。"*tshɔ③ （中）tshəu③ （现）tshəu④ （方言音）W. tshɤ④ Y. tʃhɐu⑤ Mn. tshɔ④ tshau④

缅字 စု（《缅汉词典》214 页）碑*tsuʔ（仰光）su（方言音）T. su   D. su   I. su

1020. 嗽/欶《说文》：吮也。*sɔ③*srookɔ （中）səu③ （现）səu④ （方言音）W. sɤ④ Y. ʃɐu⑤ Mn. sɔ④ sau④

缅字 သောက် 喝、饮（《缅汉词典》995 页）碑*sok（四）骚（仰光）tθauʔ（方言音）T. tθɔʔ   D. shɵʔ   I. tθɔʔ

1021. 寇《说文》：暴也。暴乱。*khɔ③ *khoos （中）khəu③ （现）khəu④ （方言音）W. khɤ④ Y. khɐu⑤ Mn. khɔ④

缅字 ခိုး 偷、盗窃（《缅汉词典》103 页）碑*khui（四）寇（仰光）kho（方

言音）T. kho　D. khɯ　I. kho

1022. 后《说文》：迟也。*ɣɔ③ *gooʔ *gooʂ　（中）ɣuɛ③　（现）həu④　（方言音）W. fiɣ⑤　Y. hɐu⑥　Mn. hɔ⑤

缅字 နောင်း：迟（《缅汉词典》476页）碑*hnɤŋ（仰光）hnaũ

1023. 谬《说文》：狂者之妄言也。*miu③　（中）miəu③　（现）miəu④　（方言音）W. miɣ⑤　Y. mɐu⑥　Mn. biu⑤

缅字 မှာ：（《缅汉词典》733页）碑*ma（仰光）hma（方言音）T. hma　D. ɔmɒ　I. hmɑ:

深摄

1024. 林《说文》：平土有丛木曰林。《说文》：*lĭ əm①　*g‧rŭ m　（中）lĭ ə̆m①　（现）lin②　（方言音）W. lin②　Y. lɛm②　Mn. lim②　lã ②

缅字 ငိုင်း 大森林（《古缅文字典》154页）碑*kə niuŋ（仰光）gə naĩ

1025. 淋 *lĭ əm①　（中）lĭ ə̆m①　（现）lin②　（方言音）W. lin②　Y. lɛm②　Mn. lim②　lam②

缅字 လောင်း：浇（《缅汉词典》891页）碑*lɔŋ（四）浪（仰光）laũ（方言音）T. lɔŋ　D. lɔ̃　I. lɔ̃:

1026. 侵《说文》：渐进也。*tshĭ əm①　*tshĭ m<*skhĭ m　（中）tshĭ ə̆m①　（现）tɕhin①　（方言音）W. tshin①　Y. tʃhɐm①　Mn. tshim①

缅字 စိမ် 侵入（《缅汉词典》251页）碑*tsimʔ（四）枕（仰光）seĩ（方言音）T. si　D. si　I. seĩ

"侵"另一义为："侵略"，与缅语的 "စိမ် 侵占、占领"相对。碑*sim（四）枕（仰光）tθeĩ（方言音）T. tθi　D. shẽ　I. seĩ

1027. 浸　*tshĭ əm①　*tsĭ m<　*skhĭ m / *skhĭ ms <　*skhĭ m　（中）tshĭ ə̆ m①（现）tɕhin①（方言音）W. tshin①　Y. tʃhɐm①　Mn. tsim④

缅字 စိမ် 浸泡（《缅汉词典》252页）碑*tsim（四）枕（仰光）seĩ（方言音）T. tθi　D. shẽ　I. seĩ

1028. 心《说文》：人心，土藏，在身之中。*sĭ əm①*sĭ əm　（中）sĭ ə̆m①　（现）ɕin①　（方言音）W. sin①　Y. ʃɐm①　Mn. sim①

缅字 နှလုံး:心脏（《缅汉词典》471页）碑*hna lum（四）那笼（仰光）hnə loũ（方言音）T. hne loũ　D. nə loũ　I. hnə loũ

1029. 鬵、寻、燂、荨《说文》：鬵,于汤中瀹肉也。徐灏《段注笺》："鬵,古通作寻,久而遂专其义,又增火旁作燖。"几个字之间的关系,解释得十分清楚。只是语音之间稍有差别, 燅/*sGlŭ m、*sGlă m/、寻、燖/*sGlŭ m /。
*zĭ əm① *sGlŭ m *sGlă m   (中) zĭə̆m①   (现) ɕyn② (方言音)
W. zin②   Y. tʃhɛm②   Mn. sim②   siam②。

缅字 ဥှ 烤火取暖、晒太阳(《缅汉词典》913 页)碑*hlum(仰光)hloũ
(方言音)T. hloũ   D. loũ   I. hloũ

白保罗构拟的藏缅语"热"的词根为: *lum (白保罗 1972《汉藏语言概论》381 节)

1030. 簪《说文》: 首笄也。《段注》: "此谓今之兂古之笄也。" 兂、笄: 古人用来别住挽起的头发,或固定冠冕在头发上的用品。*tʃĭ əm① (中)tʃĭə̆m① (现) tsən①   (方言音)W. tsø①   Mn. tsim①

缅字 ဆံထိုး 簪(《缅汉词典》272 页)碑*tshan klaŋ(仰光)shə tɕĩ

1031. 森《说文》: 木多貌。*ʃĭ əm① *sqrŭ m   (中)ʃĭə̆m①   (现)sən①   (方言音)W. sən①   Y. ʃɛm①   Mn. sim①

缅字 ϙ 森林/ϙϙ 森林(《缅汉词典》223/247 页)碑*tsumtsin(仰光)soũ seĩ

1032. 针、鍼《说文》: 所以缝也。用来缝衣服的针。针: 进作针。*tĭ əm①*kjŭ m
(中) tɕĭə̆m①   (现) tsən①   (方言音)W. tsən①   Y. tʃɛm①   Mn. tsim①
缅字 အပ် 针(《缅汉词典》1211 页)碑*ap(四)阿(仰光)aʔ(方言音)
T. ɒʔ   D. ɒʔ   I.ɑʔ 张琨先生曾对汉藏语系语言的"铁"和"针"作了研究(1969)认为汉语的这个词收-m 尾,而藏缅语收-p 尾。潘悟云先生认为上古汉语有-p,-m 两个收尾,即"针"收-m,"鍼"收-p。

1033. 恁《说文》: 下赍也。志气低下。*nĭ əm①(中) ɲĭə̆m①   Mn. lim③
lin③
缅字 ှံ 士气低落/ှံ 贬低、压低(《缅汉词典》468/481 页)碑*nimʔ/ hnimʔ
(仰光)neĩ /hneɪ(方言音)T. ni hni nẽ ' D. nẽ   I. neĩ /hneɪ
缅语中送气与不送气使动词改变形态,送气者为使动,不送气为自动。

1034. 金《说文》: 五色金也。《段注》: "下文白金、青金、赤金、黑金,合黄金为五色。" 金属的总称。有时也单指"铁"。*kĭ əm① *krŭ m   (中)kĭə̆m①   (现)
tɕin①   (方言音)W. tɕin①   Y. kɛm①   Mn. kim①
缅字 သံ (《缅汉词典》985 页)缅语中的"သံ"与汉语一样,既可以指"铁",也可泛指"五金"。碑*sam(四)桑(仰光)tθã(方言音)T. tθã   D. shõ   I.

shã

1035. 禁《说文》：吉凶之忌也。原意是对鬼神为祸的避忌，所以从示。后来泛指为不论凶吉，凡是法令习俗予以制止、避忌的事。*kĭəm① （中）kĭə̃m①（现）tɕin①（方言音）W. tɕin① Y. kəm④ khem① Mn. kim① kim④

缅字 ကြဉ် 回避、排斥（《缅汉词典》77 页）碑*kraŋ（仰光）tɕĩ

1036. 钦《说文》：欠皃。打哈欠的样子。*khĭəm① （中）khĭə̃m① （现）tɕhin① （方言音）W. tɕhin① Y. jəm④ Mn. khim①

缅字 သမ် 打哈欠（《缅汉词典》1014 页）碑*sam（仰光）tθã（方言音）T. tθã D. shuŋ I. shã

1037. 阴《说文》：闇也；水之南、山之北也。闇：《段注》："闇者，闭门也。闭门则为幽暗。"水之南、山之北句：徐锴《系传》："山北水南，日所不及。" *ĭəm① *qrŭm （中）ĭə̃m① （现）in① （方言音）W. in① Y. jəm① Mn. im① iam①

缅字 အိမ် 房、家、刀或剑的鞘（《缅汉词典》1215 页）碑*im（四）印（仰光）eĩ（方言音）T. i D. i I. eĩ

白保罗构拟的藏缅语"房子"的词根为：*kim（白保罗 1972《汉藏语言概论》53 节

1038. 淫《说文》：侵淫随理也。一曰：久雨为淫。侵淫句：《段注》："浸淫者，以渐而入也。" *ɣĭəm① （中）jĭə̃m① （现）in② （方言音）W. jin② Y. jəm② Mn. im②

缅字 ဇိမ် 渗入、渗透（《缅汉词典》251 页）碑*tsimʔ（四）枕（仰光）seĩˈ（方言音）T. si D. si I. seĩ

1039. 凛/懔《说文》：寒也。汉语中音义相同或相近者还有"廪/*bĭrŭm/"，"禀/*grŭmʔ,*grŭms/" " " *lĭəm②*grŭm*grŭmʔ （中）lĭə̃m② （现）lin③（方言音）Y. lɛm④ Mn. lim③

缅字 ချမ် 感到冷（《缅汉词典》135 页）碑*khlam（四）遭（仰光）tɕhã（方言音）T. tɕhã D. khrõ I. tɕhã

白保罗构拟的藏缅语"冷"的词根为：*kyam（白保罗 1972《汉藏语言概论》224 节）

1040. 寝《说文》：卧也。*tshĭəm② （中）tshĭə̃m② （现）tɕhin③ （方言音）W. tshin③ Y. tʃhem③ Mn. tshim③

缅字 ကျင်း:睡觉（《缅汉词典》61 页）碑*klin（四）（仰光）tɕẽĩ

"寝"表示"睡觉"还可以与缅语的"အိပ် 睡、躺着/eɪʔ /"作比较。

1041. 枕《说文》：卧所荐首者。*tǐəm② *khjŭm? （中）tɕǐə̃m② （现）tʂən③ （方言音）W. tsən③ Y. tʃəm③ Mn. tsim③

缅字 အုံး:（动）枕；（名）枕头（《缅汉词典》1197 页）碑*um（四）翁（仰光）oũ （方言音）T. aũ D. oũ I. oũ

汉语的"枕"有车厢后横木、拴牛的木桩等义。"枕"的本义应为"木桩"，与缅语的"ခုံ"凳子、桌子、拴马的木桩/khoũ /作比较。

1042. 荏《论语·阳货》：色厉而内荏。*nǐəm② *njŭm （中）nǐə̃m② （现）zən③ （方言音）W. zən③ Y. jəm④ Mn. lim⑤

缅字 နမ်း①差劲，无能；②（诗）、优美、柔弱（《缅汉词典》312 页）碑*n̠am?（四）念（仰光）n̠ã （方言音）T. n̠ã D. n̠ã I. n̠ã

1043. 渗 *ʃǐəm③ （中）ʃǐə̃m③ （现）ʂən④ （方言音）W. sən④ Y. ʃəm⑤ Mn. sim④ siam④

缅字 စိမ့် 渗入、渗透（《缅汉词典》251 页）碑*tsim?（四）枕（仰光）seĩ （方言音）T. si D. si I. seĩ

1044. 立《说文》：住也。住：张舜徽《约注》："宋育仁曰：'住犹止也。立与行对，故说立为住。'" *lǐəp④ （中）lǐə̃p④ （现）li④ （方言音）W. liɪh⑦ Y. lɛp⑨ Mn. lip⑦

缅字 ရပ် 站、立（《缅汉词典》810 页）碑*rap（仰光）jaʔ（方言音）T. jaʔ D. raɪʔ I. jaʔ

1045. 蛰《说文》：藏也。《段注》："凡虫之伏为蛰。" *ďǐəp④ （中）ďǐə̃p④ （现）tʂɤ② （方言音）W. zɤh⑦ Mn. tip⑦ tit⑦

缅字 တိတ် 宁静；停止。（《缅汉词典》374 页）碑*tit（仰光）teɪ

1046. 习《说文》：数飞也。鸟儿频频试飞。*zǐəp④ （中）zǐə̃p④ （现）ɕi② （方言音）W. ziɪh⑦ Y. tʃəp⑨ Mn. sip⑦

缅字 ကျက် 熟悉、复习（《缅汉词典》53 页）碑*klak（四）假（仰光）tɕɛʔ （方言音）T. siʔ D. kraʔ I. tɕɛʔ

1047. 执《说文》：捕罪人也。*tǐǐəp④ （中）tɕǐə̃p④ （现）tʂʅ② （方言音）W. tsɤh⑥ Y. tʃəp⑦ Mn. tsip⑥

缅字 ချုပ် 囚禁（《缅汉词典》134 页）碑*khlup（仰光）tɕhouʔ（方言音）

T. khlouʔ   D. khrouʔ   I. khrouʔ

1048. 湿《说文》：幽湿也。*çĭəp④　（中）çĭɔ̆p④　（现）ʂɿ①　（方言音）W. sɤh⑥　Y. ʃɐp⑦　Mn. sip⑥
　　　缅字 စွတ် 潮湿、湿润（《缅汉词典》254页）碑*tswɑt（仰光）suʔ（方言音）T. suʔ　D. sueʔ　I. su?

1049. 十《说文》：数之具也。以十为单位叫"什"。*zĭəp④*gjŭp　（中）zĭɔ̆p④　（现）ʂɿ①　（方言音）W. zɤh⑦　Y. ʃɐp⑦　Mn. sip⑥
　　　缅字 ကျိပ် 十位（用于人或神）（《缅汉词典》62页）碑*klip（仰光）tɕeɪʔ
　　　白保罗构拟的藏缅语"十"的词根谓：*gip（白保罗1972《汉藏语言概论》16节）

1050. 入《说文》：内也。*n̥ĭəp④　（中）ȵĭɔ̆p④　（现）zu④　（方言音）W. zɤh⑦　Y. jɐp⑨　Mn. lip⑦
　　　缅字 ငုပ် 潜入水里（《缅汉词典》181页）碑*，ŋup（仰光）ŋouʔ

1051. 急《说文》：褊也。褊：《段注》："褊者，衣小也。故凡窄陋谓之褊。"张舜徽《约注》："大抵心怀窄陋者，性多躁暴，故引申有急迫义。"*kĭəp④　（中）kĭɔ̆p④　（现）tɕi②　（方言音）W. tɕiɪh⑥　Y. kɐp⑦　Mn. kip⑥
　　　缅字 ကျပ် 紧、窄（《缅汉词典》61页）碑*klap（仰光）tɕaʔ（方言音）T. tɕaʔ　D. krauʔ　I. tɕaʔ

1052. 给《说文》：相足也。从纟，合声。朱骏声《通训定声》："当训'相继也'，故从纟。"合声：声中有义。朱骏声《通训定声》："合者，接也。"从纟，从合，表示连接断丝的意思。*kĭəp④　（中）kĭɔ̆p④　（现）tɕi③　（方言音）W. tɕiɪh⑥　Y. khɐp⑦　Mn. kip⑥
　　　缅字 ကပ် 粘住（《缅汉词典》39页）碑*kap（仰光）kaʔ（方言音）T. kaʔ　D. kɒʔ　I. kaʔ

1053. 汲《说文》：引水于井也。*kĭəp④ *krŭp（中）kĭɔ̆p④　（现）tɕi①　（方言音）W. tɕiɪh⑥　Y. khɐp⑦　Mn. kip⑥
　　　缅字 ခပ် 舀（汤），打水（《缅汉词典》117页）碑*khap（仰光）khaʔ（方言音）T. khaʔ　D. khɒʔ　I. khaʔ
　　　白保罗构拟的藏缅语"汲"的词根为：*kaïp（白保罗1972《汉藏语言概论》336节）

1054. 吸《说文》：内息也。《段注》："纳其息也。"*hĭəp④　（中）hĭɔ̆p④　（现）

ɕi① （方言音）W. ɕiɩh⑥　Y. khɐp⑦　Mn. hip⑥　khip⑥　hip⑥

缅字 ရှုပ် 吸、吻（《缅汉词典》833 页）碑*hrup（仰光）ɕouʔ（方言音）T. ɕɔʔ　D. khrouʔ　I. ɕouʔ

白保罗构拟的藏缅语"吸"的词根为：*s-rup（白保罗 1972《汉藏语言概论》384 节）

1055. 邑《说文》：国也。从口。《段注》："凡称人曰大国，凡自称曰敝邑。古国、邑通称。"从口：《段注》："封域也。"*ĭəp④　（中）ĭə̆p④　（现）i④ （方言音）W. iɩh④　Y. jɐp⑦　Mn. ip⑥

缅字 ရပ် 地区（《缅汉词典》810 页）碑*rap（四）ရ（仰光）jaʔ（方言音）T. jaʔraɪʔ　D. raɪʔ　I. jaʔ

1056. 晔《说文》：光（也）[儿].*Gĭp *Gĕp　（中）yĭə̆p④　（现）ie④ （方言音）Mn. ip⑦　iap⑦

缅字 ရှိပ် 发光（《缅汉词典》133 页）碑*khlip（仰光）tɕheɪʔ

咸摄

1057. 探　*thəm①　（中）thɐm①　（现）than①　（方言音）W. Y. Mn. tham①　tham④

缅字 စမ်း:试探（《缅汉词典》251 页）碑* tsam（仰光）sã（方言音）T. sã　D. sɔ̃　I. sã

1058. 贪　*thəm① *kh•lɯɯm　（中）thɐm①　（现）than①　（方言音）W. thø①　Mn. tham①

缅字 ငမ်း:贪婪（《缅汉词典》182 页）碑*，ŋam（四）安（仰光）ŋã（方言音）T. ŋã　D. ŋɔ̃　I. ŋã

1059. 簟《说文》：竹席也。*diam② *g•lɯɯmʔ　（中）diem②　（现）tian④ （方言音）Y. thim④　Mn. tham⑤

缅字 ကြမ်း:地板（《缅汉词典》79 页）碑* kram（仰光）tɕã（方言音）T. tɕã　D. kraũ　I. tɕã

1060. 箪《说文》：饭及衣之器也。小筐，《段注》：筐筥皆可盛饭，而筐筥无盖，箪笥有盖，如今之箱盒。*dan①　（中）dan①　（现）tan①　（方言音）W. tɛ②　Y. tan①　Mn. tan①　tũã①

缅字 တွမ်း 装咸菜的筐（《缅汉词典》387 页）碑*twan（仰光）tũ

1061. 潭 *dəm① *gĭlɯɯmʔ　（中）dɒm①　（现）than①　（方言音）W. dø②　Y.

tham② Mn. tam②

缅字 တွင်း:井、坑、穴《缅汉词典》386 页）碑*twaŋ（仰光）twĩ

1062. 曇《说文》：云布也。*dəm①*dɯɯm<*gïlɯɯm （中）dɒm① （现）than① （方言音）W. dø② Y. tham② Mn. tham②

缅字 မိုး积雨云（《缅汉词典》673 页）碑*miu tim（仰光）moteĩ

1063. 婪/贪《说文》：贪也。*ləm①*gïrɯɯm （中）lɒm① （现）lan② （方言音）W. lø② Y. lam② Mn. lam②

缅字 လော 贪，贪心（《缅汉词典》864 页）碑*lɔbaʔ（仰光）lɔ ba

1064. 堪《说文》：地突也。* khəm① （中）khɒm① （现）khan① （方言音）W. khø① Y. hɐm① Mn. kham①

缅字 ခုံ:凸起（《缅汉词典》106 页）碑*khum（仰光）khoũ（方言音）T. khaũ D. khoũ I. khoũ

1065. 龛 供奉佛像神位的小阁子。* khəm① （中）khɒm① （现）khan① （方言音）W. khø① Y. hɐm① Mn. kham①

缅字 ခန်း:房间（《缅汉词典》116 页）碑*khan（仰光）khã （方言音）T. khã khaĩ： D. khaĩ I. khã

1066. 堪《古汉语常用字字典》：经得起、忍受。* khəm① * khluum （中）khɒm①（现） khan①（方言音）W. khø① Y. hɐm① Mn. kham①

缅字 ခံ 经受、忍耐（《缅汉词典》104 页）碑*kham（四）堪（仰光）khã （方言音）T. khã D. khaĩ I. khã

1067. 含 *ɣəm①*glɯɯm （中）ɣɒm① （现）han② （方言音）W. ɦø② Y. hɐm② Mn. ham② kam②

缅字 င 含（《缅汉词典》178 页）碑*ŋum（四）翁（仰光）ŋoũ （方言音）T. ŋaũ D. ŋoũ I. ŋoũ

1068. 颔 *ɣəm①*glɯɯm （中）ɣɒm① （现）han② （方言音）W. ɦø⑤ Y. hɐm④ Mn. ham② am②

缅字 အံ 白齿（《缅汉词典》1196 页）碑*am（仰光）ã （方言音）T. ã D. ã I. ã

白保罗拟的藏缅语"腭（白齿）"的词根为：*gam（白保罗 1972《汉藏语言概论》50 节）

1069. 鹌 *am① （中）ɒm① （现）an① （方言音）W. ø⑤ Y. ɐm① Mn.

am①

缅字 ɛ:鹌鹑（《缅汉词典》178 页）碑*ŋum（仰光）ŋoũ（方言音）T. ŋaũ D. ŋoũ I. ŋoũ

1070. 担/儋《说文》：何也。《段注》："儋俗作担。韦昭《齐语》注曰：'背曰负；肩曰儋；任，抱也；何揭也。'按：统言之，则以肩、以手、以背、以首，皆得云儋也。"*tam①*taams<*kïlaams/*taam<*kïlaam（中）tam①（现）tan①（方言音）W. tɛ① Y. tam① Mn. tam① tã①

缅字 ထမ်：挑、抬、担（《缅汉词典》413 页）碑*tham（四）滩（仰光）thã（方言音）T. thã D. thõ I. thã

白保罗构拟的藏缅语"担"词根为：*tam（白保罗1972《汉藏语言概论》§46节。）

1071. 三/叁《说文》：天地人之道也。从三数。*sam①（中）sam①（现）san①（方言音）W. sɛ① Y. ʃam① Mn. sam① sã①

缅字 သုံး：（《缅汉词典》990 页）碑* sum（四）松（仰光）tθoũ（方言音）T. tθõ D. shoũ I. tθoũ

1072. 甘《说文》：美也。《段注》："羊部曰：'美，甘也。'甘为五味之一，而五味之可口皆曰甘。"*kam①*kaam（中）kam①（现）kan①（方言音）W. kø① Y. kɛm① Mn. kam① kã①

缅字 ကြံ 甘蔗（缅古时将甘蔗亦作"甘"用，见《缅汉词典》70 页）碑*kram（四）革滥、江（仰光）tɕã（方言音）T. tɕã D. tɕõ I. tɕã

1073. 歼《说文》：微尽也。*tsĭ am①（中）tsĭ ɛm①（现）tɕian①（方言音）W. tshir① Y. tʃhim① Mn. tshiam①

缅字 ရှင်:清除、解决（《缅汉词典》830 页）碑*hraŋ（四）穰（仰光）çĩ（方言音）T. çĩ D. shẽ I. shẽ

1074. 佥《说文》：皆也。*skhlŏ m*tshĭ am①（中）tshĭ ɛm①（现）tɕhian①（方言音）W. tshir① Y. tʃhim① Mn. tshiam①

缅字 ခြုံ 统，概括，集中（《缅汉词典》142 页）碑*khrum（仰光）tɕhoũ（方言音）T. khloũ D. khroũ I. çoũ /tɕhoũ

1075. 尖 （中）tsĭ ɛm①（现）tɕian①（方言音）W. tsir① Y. tʃim① Mn. tsiam①

缅字 ချွန် 尖（《缅汉词典》153 页）碑*khlwan（仰光）tɕhoũ（方言音）T.

çũ　D. khruẽ　I. çũ

1076. 纤《说文》：细也。《方言》卷二："缯帛之细者谓之纤。"*sĭ am①*sem　（中）sĭ ɛm①　（现）ɕian①　（方言音）W. siɪ①　Y. tʃhim①　Mn. tshiam①
"纤"的同族词还有："攕、孅、襳"。《说文》：攕，好手貌。诗曰：攕攕女手。《说文》：孅，锐细也。《段注》："孅与纤音义皆同，古通用。"
缅字 သိမ် 细小，小（《缅汉词典》1014 页）碑*sim（仰光）tθeĩ（方言音）T. tθi　D. shẽĩ　I. shẽĩ

1077. 占 用强力取得。*tĭ am①*sem　（中）tɕĭ ɛm①　（现）tsan①　（方言音）W. tsø①　Y. tʃim①　Mn. tsiam①
缅字 သိမ်း:占领、没收（《缅汉词典》1014 页）碑*sim（仰光）tθeĩ（方言音）T. tθi　D. shẽĩ　I. shẽĩ

1078. 针《说文》：所以缝也。*gĭ əm①　（中）gĭ ɛm①　（现）tɕhian②　（方言音）Mn. khiam②
缅字 အပ် 针（《缅汉词典》1211 页）碑*ap（仰光）aʔ（方言音）T. aʔ　D. ɒʔ　I. aʔ

1079. 粘 *nĭ am①　（中）nĭ ɛm①　（现）nian②　（方言音）W. iɪ①　Y. jim①　Mn. liam①
缅字 ကောက်ညှင်း:糯米（《缅汉词典》27 页）碑*hŋaŋ（仰光）hnĩ（方言音）T. kɔʔ　hn̥aŋ　D. køʔ ŋ̊ẽ　I. kɔʔ　hn̥ẽ

1080. 沾/《说文》：水。一曰：益也。*tĭ am①　（中）tĭ ɛm①　（现）tsan②　（方言音）W. tsø①　Y. tʃim①　Mn. tiam①　tsam①　tsiam①
缅字 စွမ် 成功（《缅汉词典》254 页）碑*tswam（仰光）sũ

1081. 淹 *ĭ am①*qrŏ m*qrŏ mʔ　（中）gĭ ɛm①　（现）ian①　（方言音）W. n̥iɪ①　Y. nim②　Mn. iam①
缅字 လျှံ 漫溢（《缅汉词典》920 页）碑*hljam（仰光）çã（方言音）T. çã　D. tɕhã　I. çã 。

1082. 阉《说文》：竖（竖犹孺也。）也。宫中奄，《段注》："《周礼》注曰："奄，精气闭藏着。"今谓之宦人。阉闭门者。*ĭ am①　（中）gĭ ɛm①　（现）ian①　（方言音）W. iɪ①　Y. jim①　Mn. iam①
缅字 သိန်း:骟，阉。（《缅汉词典》1000 页）碑*saaŋ（仰光）tθi　（方言音）T. shaŋ　D. shẽ　I. shẽ

1083. 腌 *ǐam① （中）ǐɛm① （现）ian① （方言音）W. iɪ① Y. jim① Mn. iam①

缅字 ဆား၌ 用盐浸泡，腌。（《缅汉词典》252 页）*tshɑ tsim（仰光）sha seĩ

1084. 炎《说文》：火光上也。火光向上升腾。*ɣǐam① *Glǎm （中）ɣǐɛm① （现）ian② （方言音）W. jiɪ② Y. jim② Mn. iam⑤

缅字 ညွံ 溢出；闪耀。（《缅汉词典》920 页）碑*hljam（仰光）ҫɑ （方言音）T. ҫã D. tҫhã I. ҫã。

1085. 咸《说文》：衔（咸也）也。北方味也。*ɣeəm① （中）ɣem① （现）ҫian② （方言音）W. fiE② Mn. ham② hiam②

缅字 ĉ/ĉ 咸（《缅汉词典》180 页）碑*ŋam（四）安（仰光）ŋã （方言音）T. ŋã D. ŋõ I. ŋã。

1086. 盐 *ʎǐam①*Glǎm （中）jǐɛm① （现）ian② （方言音）W. jiɪ② jiɪ⑤ Y. jim② Mn. iam② sĩ②

缅字 ယမ်း 火药、炸药。（《缅汉词典》760 页）碑*jaam（仰光）jã：（方言音）T. jã D. jõ I. jã。

白保罗构拟的藏缅语"盐"的词根为：*g-ryum（白保罗 1972《汉藏语言概论》245 节）

1087. 监《说文》：临下也。居上视下。*keam① （中）kam① （现）tҫian① （方言音）W. tҫiɪ① kE① Mn. ham② hiam②

缅字 ကြပ် 看管、监督。（《缅汉词典》78 页）碑*krap（仰光）tҫaʔ。

1088. 嵌 *kheam①*khraam （中）kham① （现）tҫhian④ （方言音）W. khE④ Mn. kham①

缅字 ကမ်း 堤岸、崖（《缅汉词典》42 页）碑*kam（四）甘（仰光）kã （方言音）T. kã D. kaĩ I. kã。

《白狼歌》中有"高山岐峻"句，用汉字注古缅语音时用"俭狼藏幢"。郑张尚芳先生认为：此处的"俭/gam /"字是古缅语的 ကမ်း 的音。它与汉语的"嵌"对应。

白保罗构拟的藏缅语"悬崖、岸"的词根为：*r-ka[.]m（白保罗 1972《汉藏语言概论》329 节）

1089. 帆 *bǐwəm① （中）pǐwəm① （现）fan② （方言音）W. vE② Y. fan② Mn. huan② phaŋ②

缅字ရွက်帆（《缅汉词典》818 页）（《缅汉词典》114 页）*rwak（四）唰（仰光）jwɛʔ（方言音）T. waʔ　D. jwɑ　I. jwɛʔ / wɛʔ

1090. 惨《说文》：毒也。《段注》："毒，害也。"*tshəm②　（中）tshɒm②　（现）tshan③　（方言音）W. tshø③　Y. tʃham③　Mn. tsham③

缅字စိမ့်毛骨悚然（《缅汉词典》251 页）碑*tsimʔ（仰光）sẽĩ

1091. 感《说文》：动人心也。感动，感（hàn）恨两义兼备。*kəm②　（中）kɒm②　（现）kan③　（方言音）W. kø③　Y. kɛm③　Mn. kam③

缅字ခံ经受、忍受。（《缅汉词典》104 页）*kɑm（仰光）khã（方言音）T. khã　D. khãĩ　I. khã

1092. 坎《说文》：陷也。*kham②　（中）khɒm②　（现）khan③　（方言音）W. khø③　Y. hɛm③　Mn. kham③

缅字ချိုင့်凹陷；坑儿（《缅汉词典》128—129 页）碑*kluiŋʔ（仰光）tɕhaĩ（方言音）T. dzaĩ　D. khluɯŋ　I. khrẽĩ

"坎"还有"忧"义，见下条。

1093. 悿《说文》：扰困也。古籍借用"坎"为之。*kham②　*khǔ m　（中）khɒm②　（现）khan③　（方言音）W. khø③　Y. hɛm③　Mn. kham③

缅字ခြုံ:害怕（《缅汉词典》124 页）碑*klum（仰光）tɕhoũ

1094. 砍《说文》：*kham②　（中）khɒm②　（现）khan③　（方言音）W. khø④　khE④　Y. hɛm③　Mn. kham③

缅字ချိုင်း砍（《缅汉词典》128—129 页）碑*kliuŋ（仰光）tɕhaĩ（方言音）T. tɕhaĩ　D. khluɯŋ　I. khrẽĩ

1095. 槛《说文》：栊也。王筠《句读》引《三苍》："栊，所以养禽兽阑槛也。"按：也可用来囚禁罪人。* ɣeam② * graamʔ　（中）ɣɒm②　（现）tɕian④　（方言音）W. tɕhiɪ③　khE③　Y. ham④　Mn. ham⑤

缅字တံခါး门坎（《缅汉词典》356 页）碑*khum（仰光）khoũ（方言音）T. khaũ　D. khoũ　I. khoũ

1096. 颔 * ɣəm②　（中）ɣɒm②　（现）han④　（方言音）W. fiø⑤　Y. hɛm④　Mn. ham⑤

缅字ငုံ့低头（《缅汉词典》178 页）碑*ŋumʔ（仰光）ŋoũˈ（方言音）T. ŋau　D. ŋoũ　I. ŋoũ

1097. 滥 流水漫溢。*lam③　（中）lɑm③　（现）lan④　（方言音）W. lE⑤　Y.

lam⑥　Mn. lam⑤

缅字 လျှံ 漫溢（《缅汉词典》920页）碑*hljam（仰光）ɕã（方言音）T. ɕã　D. tɕhã　I. ɕã。

1098. 燣 *gïraams *gïraamʔ　（中）lam②　（方言音）Mn. lam③　lã③

缅字 ကျွမ်း:烧焦（《缅汉词典》88页）碑*klwam（仰光）tɕwã（方言音）T. tɕwã　D. krũ　I. tɕwã

1099. 壍 *tshĭ am③　（中）tshĭ ɛm③　（现）tɕhian④　（方言音）Y. tʃhim⑤　Mn. tshiam④

缅字 ကျင်း:壕沟、堑（《缅汉词典》57页）碑*klaŋ（四）革浪（仰光）tɕi

1100. 闪《说文》：窥头门中也。*ɕĭ am②　（中）ɕĭ ɛm②　（现）ʂan③　（方言音）W. sø③　Y. ʃim③　Mn. siam③

缅字 ချောင်း:窥视（《缅汉词典》128页）碑*khlɔŋ（仰光）tɕhaʊː（方言音）T. ɕɔ̃　D. khrɔ̃　I. tɕhɔŋ

1101. 彡《说文》：毛发*sraam　（中）sam③　（现）　（方言音）Mn. sam④

缅字 သ 头发（《缅汉词典》271页）碑*tsham（四）颭（仰光）shã（方言音）T. shã　D. shõ　I. shã

白保罗构拟的藏缅语"毛发"的词根为：*tsam（白保罗1972《汉藏语言概论》73节），并将"彡"与缅语的"သ"作比较。指出藏缅语的"ts"，汉语中则用一个"s"表示，如"彡/sam /"（长毛）

1102. 爓/焰《说文》：*ɕĭ am③*kĭŏ ms　（中）ɕĭ ɛm②　（现）ian④　（方言音）W. jɪɪ⑤　Y. jim⑥　Mn. iam⑤。汉语的同族词还有"爓"、"炎"、"焱"等字。

缅字 ကျွမ်း:烧焦、烧毁（《缅汉词典》88页）碑*klwam（仰光）tɕwã（方言音）T. tɕwã　D. krũ　I. tɕwã

1103. 敢 *kam② *klaamʔ　（中）kam②　（现）kan③　（方言音）W. kø③　Y. kɛm③　Mn. kam③　kã③

缅字 ဝံ့ 敢、勇于（《缅汉词典》934页）碑*wamʔ（四）弯（仰光）wũ（方言音）T. wũ　D. wũ　I. wũ

白保罗构拟的藏缅语"敢"的词根为：*hwam（白保罗1972《汉藏语言概论》216节）

1104. 检 注意约束*kĭ am② *krŏ mʔ　（中）kĭ ɛm②　（现）tɕian③　（方言

音）W. tɕiɿ③　Y. kim③　Mn. kiam③

缅字 ကျွံ 拘谨、必恭必敬（《缅汉词典》52 页）碑*klum（仰光）tɕoũ

1105. 睑　*kǐam②*krŏmʔ　（中）kǐɛm②　（现）tɕian③　（方言音）W. tɕiɿ③　Y. kim③　Mn. kiam③

缅字 မျက်ခမ်း:眼睑（《缅汉词典》699 页）碑*mlak kham（仰光）mjɛʔ khã

1106. 俭《说文》：约也。《段注》："约者，缠束也。俭者，放奢之意。"*gǐam②*grŏmʔ　（中）gǐɛm②　（现）tɕian④　（方言音）W. dziɿ③　Y. kim⑥　Mn. khiam⑤

缅字 ကျွံ（古）缺少、少（《缅汉词典》52 页）碑*klum（仰光）tɕoũ

1107. 范《说文》：范𨎥也。读与范同。《段注》："不曰'读若犯'而曰'与同'者, 其音义皆取'犯'。"*bǐwam②*bŏmʔ　（中）bǐwɐm②　（现）fan④　（方言音）W. vɛ⑤　Y. fan⑥　Mn. huan⑤

缅字 ပုံ 样子、模型、样本（《缅汉词典》514 页）碑*pum（仰光）poũ （方言音）T. paũ　D. poũ　I. poũ

1108. 贛《说文》：赐也。*kam③ *klooms　（中）kɒm③　（现）kan④　（方言音）Y. hɐm⑤　Mn. kam④　kan④

缅字 ကမ်း:递给、传给、分发（《缅汉词典》917 页）碑*kɑɑm（四）甘（仰光）kã:（方言音）T. kã　D. kɔ̃　I. kã

1109. 暗《说文》：日无光也。*ɘm③　（中）ɒm③　（现）an④　（方言音）W. ø④　Y. ɐm⑤　Mn. am④

缅字 မှောင် 黑暗、昏暗（《缅汉词典》736 页）碑*hmɕm（仰光）hmaũ （方言音）T. maɪʔ　D. mõ　I. hmõ

1110. 闪　:*ɕǐam③　（中）ɕǐɛm③　（现）ʂan③　（方言音）W. sø③　Y. ʃim③　Mn. siam③

缅字 လျှပ် 闪耀（《缅汉词典》920 页）碑*hljam（仰光）ɕã（方言音）T. ɕã　D. tɕhã　I. ɕã 。

1111. 艳《说文》：好而长也。《春秋传》曰："美而艳。"*ʎǐam③　（中）ʎǐɛm③　（现）ian④　（方言音）W. jiɿ③　iɿ④　Y. jim⑥　Mn. iam⑤

缅字 လျှပ် 光耀、光亮（《缅汉词典》921 页）碑*hljam（仰光）ɕã （方言音）

1112. 焰《说文》：火行微焰焰也。徐灏《段注笺》："盖火之初着，其力尚微，渐长而渐盛。"

第八章　缅汉同源词　573

*ɲĭ am③　（中）ɲĭ ɛm③　（现）ian④　（方言音）W. jiɪ⑤　Y. jim⑥　Mn. iam⑤

缅字 မီး:火焰（《缅汉词典》663 页）碑*miihljam（仰光）mi ɕã /mi hljã（方言音）T. mi ɕã　D. mi tɕhã　I. mi ɕã。

1113. 焱《说文》：火华也。火光盛也*ɲĭ am③　（中）ɲĭ ɛm③　（现）ian④　（方言音）W. jiɪ⑤　Y. jim⑥　Mn. iam⑤

缅字 လျှံ 火焰（《缅汉词典》663 页）碑*hljam（四）（仰光）ɕã / hljã（方言音）T. ɕã　D. tɕhã　I. ɕã。

1114. 念　想念。*niəm③*njŭ m<*mɢlŭ m　（中）niem③　（现）nian④　（方言音）W. n̩iɪ⑤　Y. nim⑥　Mn. liam⑤

缅字 လွမ်း:想念、怀念（《缅汉词典》910 页）碑*lwam（四）卵（仰光）lwã

1115. 欠《说文》：张口气悟也。哈欠。*khĭ am③*khŏ ms　（中）khĭ ɛm③　（现）tɕhian④　（方言音）W. tɕhiɪ④　Y. kim⑤　Mn. khiam④

缅字 သမ်း:打哈欠（《缅汉词典》1014 页）碑*saam　（仰光）tθã（方言音）T. tθã　D. shaɪ̃　I. shã。

1116. 淹*ĭ am③*grŏ m*grŏ m?　（中）ĭ ɛm③　（现）jam①　（方言音）W. iɪ①　Mn. iam①

缅字 လျှံ 泛滥、水溢出（《缅汉词典》785 页）碑*hljam（四）（仰光）hljã / ɕã（方言音）T. ɕã　D. tɕhã　I. ɕã。

1117. 陷《说文》：高下也。*ɣeam③*grooms　（中）ɣɛm③　（现）ɕian④　（方言音）W. jiɪ⑤　ɦɪɛ⑤　Y. ham⑥　Mn. ham⑤

缅字 လွှံ 词义（《缅汉词典》86 页）碑*klwam（仰光）tɕũ

1118. 监　*keam③　（中）kam③　（现）tɕian④　（方言音）W. tɕiɪ④　Y. kam⑤　Mn. kam④

缅字 ကြပ်မြပ် 监督（《缅汉词典》78 页）碑*kri? krap（仰光）tɕi tɕa?

1119. 泛/泛《说文》：浮皃。*phĭ wam③*phlŏ ms　（中）phĭ wɛm③　（现）fan④　（方言音）W. fɛ④　Y. fan⑤　Mn. huan④

缅字 ပြည့်:充满（《缅汉词典》576 页）碑*pljam? /*prwam（仰光）pjũ

1120. 泛/泛《说文》：滥也。*phĭ wam③*phlŏ ms　（中）phĭ wɛm③　（现）fan④　（方言音）W. fɛ④　Y. fan⑅⑤　Mn. huan④

缅字 ပြန့် 遍布（《缅汉词典》547 页）ပြည့်:充满（《缅汉词典》576 页）碑

*praŋʔ /*prwaam（仰光） pjã /pjũ

1121. 杂《说文》：五彩相会。《段注》："所谓五彩彰施于五色作服也。引申为凡参错之称。"*dzəp④　（中）dzɒp④　（现）tsa②　（方言音）W. zɤh⑦　zah⑦　Y. tʃap⑨　Mn. tsap⑦

缅字 ၈ⴷ 混合，拼合（《缅汉词典》249 页）碑*tsap（仰光）saʔ

1122. 合《说文》：合口也。桂馥《义证》："言两口对合也。"*kəp④ *kloop *gloop　（中）kɒp④　（现）kɤ③　（方言音）W. kɤh⑥　Y. kəp⑧　Mn. kap⑥

缅字 ခုဝ်（《缅汉词典》1213 页）/ⴷⴷ 合适、恰当（《缅汉词典》1211 页）碑*up ap（仰光）ouʔ aʔ（方言音）T. auʔ aʔ D. ouʔ aʔ I. ouʔ aʔ

白保罗构拟的藏缅语"盖"的词根为：*up<*klup（白保罗 1972《汉藏语言概论》107 和 479 节）

1123. 盒 *ɣəp④　（中）ɣɒp④　（现）hɤ②　（方言音）W. ɦɤh⑦　Y. həp⑨ Mn. hap⑦　ah⑦

缅字 အုပ် 圆形盒子（《缅汉词典》1211 页）碑*ak（仰光）ɪʔ（方言音）T. eɪʔ D. eɪʔ I. ɪʔ

1124. 盍/嗑 *ɣap④/*kap④*ă p /*glaap　（中）khap④　（现）khɤ④　（方言音）Y. həp⑨　Mn. khap⑥

缅字 ဟပ် 鱼吞食（《缅汉词典》1034 页）碑*hap（仰光）haʔ（方言音）T. haʔ D. hɒʔ I. haʔ

汉语中还有表示吃的同族词如："呷/*qhraap/""啖/*g laams/""啖/*glaamʔ/""噉/*gdaamʔ/"（见黄树先《汉缅语比较研究》101 页）

白保罗构拟的藏缅语"吃、喝"的词根为：*am＝əm（白保罗 1972《汉藏语言概论》481 节）

1125. 馞或作"嗑"字。*khap④ *ɢă p　（中）khap④　（现）khɤ①　（方言音）W. khɤh⑥　Y. həp⑨　Mn. khap⑥　khap⑦

缅字 ဟပ် 鱼吞食、狗咬（《缅汉词典》1034 页）碑*hap（仰光）haʔ（方言音）T. haʔ D. hɒʔ I. haʔ

1126. 磕《说文》：石声。两石相击声。*khap④　（中）khap④　（现）khɤ①（方言音）W. khɤh⑥　Y. həp⑨　Mn. khap⑥　khap⑦

缅字 ခတ် 捶、打、敲（《缅汉词典》113 页）碑*khat（仰光）khaʔ（方言音）T. khaʔ D. khɒʔ I. khaʔ

1127. 聂《说文》：附耳私小语也。*nǐ ap④　（中）nǐ ɛp④　（现）nie④　（方言音）W. nıɪh⑦　Y. nip⑨　Mn. liap⑥

缅字 ညင်း 轻柔、温和（《缅汉词典》312 页）碑*n̥ak（仰光）n̥ɛʔ

1128. 蹑《说文》：蹈也。踩踏 *nǐ ap④　（中）nǐ ɛp④　（现）nie④　（方言音）W. nıɪh⑦　Y. nip⑨　Mn. liap⑥

缅字 ညင်း 舞姿娴熟（《缅汉词典》462 页）碑*n̥ak（仰光）n̥ɛʔ

"蹑"还有"压"的意思。*nĕ p<*ŋGlĕ p 与缅语 နှိပ် （压 /hnip/）对应。（参见黄树先《汉缅语对比研究》第 124 页）

1129. 镊 夹住；镊子 *nǐ ap④ *nĕ p<*mGïleep　（中）nǐ ɛp④　（现）nie④　（方言音）W. nıɪh⑦　Y. nip⑨　Mn. liap⑥

缅字 ညပ် 夹在中间（《缅汉词典》315 页）ညပ် 夹住；镊子（《缅汉词典》315 页）碑*n̥ap/hn̥ap（四）（仰光）n̥aʔ /hn̥aʔ（方言音）T. n̥aʔ　D. n̥rʊʔ　I. n̥aʔ

1130. 接《说文》：交也。徐灏《段注笺》："接者，相引以手之义。引申为交接之称。"

*tsǐ ap④ *tsĕ p<*sklĕ p　（中）tsǐ ɛp④　（现）tɕie①　（方言音）W. tsiɪh⑥　Y. tʃip⑧　Mn. tsiap⑥　tsih⑥

缅字 ဆက် 接、连接（《缅汉词典》274 页）碑*tshak（仰光）shɛʔ（方言音）T. shɪʔ　D. shaʔ　I. shɛʔ

白保罗构拟的藏缅语"连接"的词根为：*tsyap，并认为有可能来自汉藏语的*tsyap。（白保罗 1972《汉藏语言概论》186 节和注 452）

1131. 楫《说文》：船桨。*tsǐ ap④　（中）tsǐ ɛp④　（现）tɕi②　（方言音）W. tshiɪh⑥　Y. tʃip⑧　Mn. tsip⑦

缅字 တက် 船桨（《缅汉词典》359 页）碑*tak（四）打（仰光）tɛʔ（方言音）T. taʔ　D. taʔ　I. tɛʔ

1132. 折《说文》：败也。毁坏。*tǐ ap④　（中）tɕǐ ɛp④　（现）tʂɤ②　（方言音）W. tsɤh⑥　Mn. tsiap⑥ tsih⑥

缅字 ပျက် 毁、坏（《缅汉词典》548 页）碑*pjak（仰光）pjɛʔ（方言音）T. pjiʔ　D. praʔ　I. pjɛʔ

1133. 慑《说文》：失气也。丧气。一曰服也。《段注》："心服" *ɕǐ ap④　（中）ɕǐ ɛp④　（现）sɤ④　（方言音）W. sɤh⑥　Y. tʃip⑧　Mn. siap⑥

缅字 ပျက် 坏、毁坏；失常、变样（《缅汉词典》548 页）碑*pjak（四）必

牙（仰光）pjɛʔ（方言音）T. pjiʔ D. praʔ I. pjɛʔ

1134. 枼《说文》：薄也。《段注》："木片之薄者谓之枼。故叶、牒、鍱、偞、枼等字，皆用以会意。"*ɕǐ ap④　（中）ɕǐ ɛp④　（现）sɤ④　（方言音）Mn. siap⑥

缅字 ချပ် 片、扁平状物（《缅汉词典》133 页）碑*khlap（仰光）tɕhaʔ（方言音）T. ɕaʔ　D. khraʔ　I. ɕaʔ

1135. 涉《说文》：徒行历水也。徒步行走而过水。《古汉语常用字字典》：牵涉。*ẑi ap④　（中）ẑi ɛp④　（现）sɤ④　（方言音）W. zʏh⑦　Y. ʃip⑧　Mn. siap⑦

缅字 စွက် 插手、干涉（《缅汉词典》254 页）碑*tshwak（仰光）shwɛʔ

1136. 叶《说文》：草木之叶也。*ɕǐ ap④　（中）ɕǐ ɛp④　（现）sɤ④　（方言音）Mn. siap⑥

缅字 ချပ် 片（《缅汉词典》133 页）碑*khlap（仰光）tɕhaʔ（方言音）T. ɕaʔ　D. khraʔ　I. ɕaʔ

1137. 晔《说文》：光也。日月光华。*ɣǐ ap④　（中）ɣǐ ɛp④　（现）ie④　（方言音）Y. jip⑨　Mn. iap⑦

缅字 လျပ် 闪亮（《缅汉词典》920 页）碑*hljap（仰光）hljaʔ /ɕaʔ

1138. 蝶/蜨《说文》：蛺蜨。蛺，蛺蜨也。《广雅·释虫》"蛺蜨"条王念孙《疏证》亦谓"蜨与蝶同。"*diap④*glleep　（中）diep④　（现）tie②　（方言音）W. dɯh⑦　Y. tip⑨　Mn. tiap⑦　iah⑦

缅字 လိပ်ပြာ 词义（《缅汉词典》897 页）碑*lip pra（四）李傍（仰光）leiʔ pja（方言音）T. liʔ pla li? plɒ D. liʔ plɒ I. laiʔ pja

1139. 迭 *diəp④*duɯp　（中）diep④　（现）tie②　（方言音）W. dɯh⑦　dʏh⑦　Y. tip⑨　Mn. tiap⑦　thiap⑦

缅字 ထပ် 叠、摞（《缅汉词典》410 页）碑*thap（仰光）thaʔ（方言音）T. thaʔ　D. thau? I. tha?

缅文中还有"ချပ်"一层层、重叠（《缅汉词典》133 页）与"ထပ်"音义相同。

白保罗构拟的藏缅语"迭"的词根为：*tap（白保罗 1972《汉藏语言概论》第 46 节）

1140. 夹《说文》：持也。二人相向夹一人之形。*keap④　（中）kɐp④　（现）

tɕia① tɕia② （方言音）W. tɕiah⑥ kah⑥ Y. kap⑧ Mn. kiap⑥ kah⑥ 缅字 ကပ် 靠近，接近（趋炎附势之意）（《缅汉词典》39 页）碑*kap（仰光）kaʔ（方言音）T. kɑʔ D. kɒʔ I. kɑʔ

1141. 荚《说文》：艹实。徐灏《段注笺》："艹木实之有皮甲者曰荚，如豆角之类是也。"

*kiap④ （中）kiep④ （现）tɕia② （方言音）Y. kap⑧ Mn. kiap⑥ 缅字 ကပ် 弹夹（《缅汉词典》39 页）碑*kap（仰光）kaʔ（方言音）T. kɑʔ D. kɒʔ I. kɑʔ

1142. 掐 *kheəp④ *khruup （中）khɐp④ （现）tɕhia① （方言音）W. khah⑥ Y. hap⑧ Mn. khap⑥ khah⑥ 缅字 ခုပ် （虎、猫等）扑（《缅汉词典》117 页）ခပ် （鸡、鸟、蛇等）相斗 （《缅汉词典》151 页）碑*khup /khwap（仰光）khouʔ /khuʔ（方言音）T. khuʔ D. khouʔ I. khouʔ

1143. 峡《说文》：隘也。*γeap④ （中）γɐp④ （现）tɕia② （方言音）W. tɕiah⑥ Y. hap⑨ Mn. kiap⑥ 缅字 ကျပ်၊ ကျဉ်း:词义（《缅汉词典》59 页）碑*klap /klaŋ（四）减（仰光）tɕaʔ/ tɕĩ （方言音）T. tɕaʔ /tɕĩ D. klɒʔ /klɛ̃ I. tɕaʔ /tɕĩ

1144. 狭《说文》：隘也。*keap④ （中）kɐp④ （现）tɕia② （方言音）W. jiah⑦ ɦiah⑦ Y. hap⑨ Mn. hiap⑥ ueh⑦ 缅字 ကျပ်၊ ကျဉ်း:狭窄（《缅汉词典》59 页）碑*klap /klaaŋ（四）减（仰光）tɕaʔ/ tɕĩ （方言音）T. tɕaʔ /tɕĩ D. klɒʔ /klɛ̃ I. tɕaʔ /tɕĩ

1145. 甲 古军人穿的、用皮或金属做的护身衣 *keap④*kraap （中）kap④ （现）tɕia③ （方言音）W. tɕiah⑥ kah⑥ Y. kap⑧ Mn. kap⑥ kah⑥ 缅字 ခုပ် 盔甲、甲胄（《缅汉词典》133 页）碑*klap（四）克剌（仰光）tɕhaʔ 与汉字"甲"对应的缅语还有"ကိုကြပ်/kui krap /"古代士兵的一种铠甲。缅语中，不送气音与送气音以及"l""r"可以通转，因此，*klap 与*krap 实际上是音近而义同的词。

1146. 狎 近也。*γeap④*kraap （中）γap④ （现）ɕia② （方言音）W. ɦiah⑦ Y. hap⑨ Mn. hap⑥ ah⑥ 缅字 ကြပ် 紧密、牢固（诗）极近（《缅汉词典》78 页）碑*krap（仰光）tɕaʔ （方言音）T. kraʔ D. kraʔ I. kraʔ

1147. 柙 《说文》：槛也。关养禽兽的木笼。*ɣeap④ *kraap　（中）ɣap④　（现）ɕia②　（方言音）Mn. hap⑦

　　　 缅字 ကြပ် 看管、监督（《缅汉词典》78页）碑 *krap（四）（仰光）tɕaʔ（方言音）T. kraʔ　D. kraʔ　I. kraʔ

　　　 此字还可以与缅文名词 ခြင် 囚笼（《缅汉词典》128页）比较。

1148. 乏 《春秋传》曰："反正为乏"。徐灏《段注笺》："乏盖本为凡不正直称、后乃专以贫乏为义。"*bĭ wap④　（中）bĭ wep④　（现）fa②　（方言音）W. vah⑦　Y. fɐt⑨　Mn. huat⑦　hat⑦

　　　 缅字 ရွဲ 歪、斜（《缅汉词典》817页）碑 *rwajʔ（仰光）jwɛ（方言音）T. jwɛʔ　D. jwɑ　I. wɛ

　　　 "乏"还有"缺少；乏力"之义，可与缅语的"ဖါ:疲乏/pha /"对应。

　　　 缅字 ဖါ:疲乏（《缅汉词典》578页）碑 *phaɑ（仰光）pha（方言音）T. phɑ　D. phɔ　I. phɑ

结　语

　　我们在本书中，将缅甸语与汉语作了语音、词汇、语法等全面的比较研究。语音方面我们是通过纵横两条线索综合考察了缅甸语古往今来的变化轨迹。

　　纵的线索包括两条途径：

　　一条是总结①上古缅甸文（12世纪初缅文碑铭）②中古缅甸语（四译馆缅文）③现代缅甸语的语音为基础，（其中还包括可以认为是缅甸语前身的《白狼歌》中的资料）捋出缅甸语音从古到今的历时变化的规律。

　　另一条途径是利用缅甸文古往今来的经典著作中的语音通转规律，总结出缅甸语在历时发展中，语音变化的轨迹。综合这两条途径所获得的材料，构成了缅甸语历史发展的综轴面貌。

　　横轴的线索是利用我们境外方言调查的第一手资料，即共时的方言材料，经过比较研究，来佐证语音历史变化的轨迹。通过比较典型的缅甸语方言（包括东友、茵达、土瓦方言）作基础，从纵横两条轴线互相参证，总结出缅甸语言历时和共时的变化规律。然后，将上述的研究成果来与上古汉语、中古汉语、现代汉语及吴方言、粤方言、闽南话等方言作比较。这样我们可以发现很多有意思的语言发展变化的轨迹和规律。例如：

　　（一）在语音方面：

1. 缅甸语和汉语中的塞音和塞擦音的共同变化途径
2. 缅甸语中的前置和后置复辅音的历史变化（可以用来证实汉语的复辅音的存在）
3. 缅甸语的复辅音的后置辅音与汉语的介音关系
4. 缅汉两种语言中辅音韵尾的变化途径和规律
5. 在缅汉两种语言中，声母、韵母、辅音韵尾等对于声调产生和发展的作用
6. 声调在两种语言中的形态作用等等。这些都是过去很少有人全面作过比较研究的。

　　过去，研究汉语语音史中利用了许多重要的资料，例如徐通锵的《历史语言学》中提到的：

梵汉对音：四世纪（西晋）——八世纪（唐）
日译吴语：五世纪——六世纪
日译汉音：七世纪
朝鲜译音：七世纪前后
汉藏对音：七世纪——八世纪
越南译音： 唐末（八——九世纪）
蒙汉对音：十三世纪

这些丰富的对音材料在汉语史的研究中是极其宝贵的。今天，我们通过缅汉对比总结出的规律不仅是填补了空白，而且也肯定将为研究汉语史提供有益的参考。

此外，过去，我们研究语音史的途径主要有两条：一条以书面材料为对象，排比不同时期的历史文献，找出其间的差异，从中找出语言发展的线索。这是沿着历史的顺序，追踪演变的过程，被称之为"前瞻"的历史法。传统的汉语史研究基本上是这种途径。另一个途径是从现实的语言材料，"以今证古"的推论性的"回顾"方式。这两种方法各有千秋。本书中研究的方法却是综合这两种方法，在动态的变化中探索缅汉两种语言的发展途径和规律，从理论和方法上对传统有所变革和创新。运用这些，我们在作语言比较时，视野和思路可以更加开阔。可以通过比较，找到更多的有对应的同源词和缅汉两种语言的构词方式、形态变化和句子结构的异同。

对这些变化规律的了解，可以说完全得益于缅甸语和汉语两种语言都有着丰富的历史文献和记载。因为我们可以充分利用这种得天独厚的条件，深入地研究汉藏语系语言的特点和变化规律。这样比较研究的结果也可为研究汉藏语系，尤其是藏缅语族中缺乏文字记载的语言提供有价值的参考。

（二）在词汇的比较中，我们不仅从缅汉两种语言的构词法方面作了较全面的比较研究，揭示了两种语言的构词特点和异同之处。同时，也对两种语言的共同的形态变化作了比较与研究。对过去认为缅汉两种语言都是"孤立语"，没有形态变化的结论有了新的看法。此外，我们认为声调与声母、韵母结合成一个整体，这汉藏语系的一大特点，它和其它无声调语系有着鲜明的区别，因此声调的变化也应该作为形态变化的一个内容。这样才能更好地反映汉藏语系的一些固有的特点。

（三）在语法方面，我们也将两种语言的古、今语法特点作了比较研究。了解到两种语言在句子结构上的共同特点和相互之间的差异。缅汉比较从语音、词汇、语法等全方位探索，还有另一个目的就是通过这些方面来证实两种语言的同源关系，这要比单纯地寻找同源词数量多少来静态地确定语言的同源关系要可靠的多。因此，缅汉语言综合性的比较研究无疑对汉藏语系的研究、语言谱系的确立都有着理论和实践的意义。

在我们比较研究中，许多方面可能是"第一次吃螃蟹"，难免有这样或那样的缺陷和错误。这不要紧，可以通过大家的批评、斧正和正常的学术争鸣，去伪存真，改正缺点。我们知道，无论是历时和共时的语音比较研究还是词汇、语法的比较研究都是方兴未艾。其实，每个方面都有许多值得进一步深入研究的广阔天地，可以说在这个领域中，大有英雄用武之地。殷切的希望有志者共同携手，创造出更加辉煌的未来。

缅甸语汉语同源词索引

（下列词条后的数字是同源词表中词条的序数）

A

爱	381	隘	375	厄	375
揞	376	鞍	453	鹌	1069
岸	513	暗	1109	盎	81
嗷	588	傲	620		

B

八	542	巴	648，649	笆	650
芭	652	豝	651	胈	537
坝	526	炦	535，536	茇	534
把	668	爸	639	伯	873
白	877	百	875	班	472
般	448	板	504	版	504
伴	496	姘	82	邦	75
帮	710	傍	710,173	滂	711
苞	569	胞	568	薄	281，775
抱	595	爆	607	炮	563
刨	564　600	宝	594	北	945
崩	925	悖	377	誖	377
比	111	笔	416	俾	192
畀	191	秘	189	闭	359
毕	415	碧	878	裨	92
俾	93	篦	110，320	边	478
弁	457	扁	486，505	遍	519
变	523	鳔	591	别	556

并	813，853，860	病	864，865	悖/誖	377
播	644	驳	86	博	772
搏	773	帛	879	簸	638
补	280，307	捕	308	布	306
部	282				

C

采	357	餐	450	查	654
差	101，332，653	惨	1090	粲	512
操	618	层	930	潺	474
缠	487	颤	487，526	沧	719
场	694	唱	751	车	667
撤	560	赪	816	称	917，918
秤	917	骋	856	撑	793
乘	919，931，932	城	826	呈	817
澄	796	驰	97	迟	114
赤	899	疵	98	眵	157
忡	22	春	34	抽	953
丑	984	臭	1010	凑	1019
愁	956	差	332	出	426
初	221	除	219	楚	258
储	220	触	71	蹴	61
杵	262	搥	162	垂	108
锤	122	刺	186	穿	491
慈	125	辞	129	疵	98
撮	541	蹉	623	促	67
簇	46	蹙	56	畜	1005
触	71	穿	491	串	516
创	750	催	339	悴	206

D

大	372	箪	1060	惮	511
担	1070	弹	488	儋	1070
挡	759	刀	583	叨	584
捣	596	导	616	捣	596
登	927	凳	928	堤	324
滴	906	镝	907	地	197，351
弟	352	帝	360	簟	1059
蝶	1138	迭	1139	丁	834
订	871	定	872	冬	30
洞	38	抖	993	斗	1016
督	62	毒	65	笃	64
堵	283	蠹	309	度	310
断	500	端	460，461	短	499
敦	393	钝	413	盾	402
多	622	堕	640		

E

俄	628	峨	627	鹅	515
饿	643	厄	375	搤	891
扼	889，890	搞	889	恶	789
鄂	787	儿	330	耳	182
尔	160	迩	159	二	204

F

乏	1148	筏/伐（头）	529	栿	529
发	528	番	436	蕃	437
翻	435	燔	440	帆	1089
繁	441	反	439，493	返	438
范	1107	泛	1119	泛	1120
纺	736	飞	144	非	142

诽	143，183	肥	145	肺	382
沸	217，428	芬	392	丰	18
封	32	麸	226	浮	950
伏	52，1004	扶	227，228	拂	427
烰	428	甫	267	抚	269
腐	271	父	268	付	297
辅	270	附	298	负	980
妇	979	覆	1003	腹	51
副	1002	富	1001	缚	770

G

荄/垓	179，348	赅/该	349	絯	356
干	452	肝	451	甘	1072
敢	1103	感	1091	赣	13，1108
冈	720	岗	720	纲	721
肛	79	缸	80	胳	786
隔	888	袼	389	歌	625
哥	626	革	790	骼	883
格	882	给	1052	根	348
耕	808	羹	794	梗	849
工	12	弓	25	躬	26
公	10	蚣	11	宫	27
贡	14	钩	971	勾	972
狗	995	冦	250	谷	48，49,74
股	316	梏	66	故	314
固	315	瓜	659	关	484
观	467，468	官	464，465	倌	465
馆	467	棺	466，514	管	503
广	741	螺（蠃）	642	过	635
鞹	790				

H

孩	350	骸	336	含	1067
颔	1068，1096	沆	740	嗥	589
号	621	合	1122	颌	1096
河	630	诃	629	荷	631
盒	1123	盍	1124	嗑	1124
馇	1125	磕	1126	赫	885
壑	788	衡	795	烘	16
鸿	17	喉	974	后	998，1022
吼	997	呼	253	蝴蝶	1138
壶	254	虎	290	户	291
互	292	猾	545	华	686
宦	517	黄	723	潢	724
蝗	725	晃		灰	153，340
挥	154	毁	147	毁	147
炧	146	繐	367	昏	395
货	647	获	791		

J

肌	117	击	913	鸡	328
积	185，895	基	131	楫	1131
汲	1053	诘	423	极	942
急	1051	击	913	机	136
讥	137	饥	138	虮	139
给	1052	挤	362	妓	161
霁	361	寂	911	系	
加	656	夹	1140	荚	1141
蛱蝶	1138	甲	1145	贾	287，670，681
价	680	驾	678	架	679
尖	1075	歼	1073	坚	485
间	475，476	艰	477	俭	1106

检	1104	睑	1105	见	520
觊	518	健	510	键	484
监	1087，1118	槛	1095	溅	482
江	78	疆	704	姜	703
降	84	匠	748	交	576
胶	578	焦	564	狡	593
叫	601	角	90	节	548
结	550	接	1130	金	1034
尽	397,398	紧	400	近	411
浸	1027	禁	1035	茎	811
经	845	颈	823，859	精	818
井	857	阱	858	景	851
徑	391	劲	870	净	869
静	855	瀞	869	炯	862
纠	999	赳	1000	鸠	963
九	987	久	986	酉/酒	983
救	1013	枢	1014	巨	265
腒		踘	61	句	302
聚	277	惧	303	卷	494
圈	495	朦	766	攫	771
均	390	峻	408		

K

铠	358	荄	348	堪	1064，1066
龛	1065	愘	1093	坎	1092
砍	1094	康	722	抗	760
炕	799	渴	532	壳	
客	884	刻	949	坑	724，798
婜	809	硁	810	空	15，42
恐	45	孔	40，41	抠	973

叩	996	寇	1021	哭	50
苦	288	胯	316，317，662	楛	66 夸 660
跨	318，661	宽	463	筐	708
眶	709	旷	761	圹	762
矿	850	窥	109		

L

腊	896	来	342	拦	449
楼	1063	燣	1098	滥	1097
浪	718	郎	689，717	朗	739
嫪	617	冷	744	理	171
𭒂、𭒂	172，173	立	1044	砺	910
怜	481	恋	527	良	689，690
凉	744	梁	692	量	691
亮	742	谅	743	燎	592
猎		林	1024	淋	1025
凛	1039	瘭	1039	灵	841
陵	914	令	842	领	854
裂	557	流	952	浏	951
六	54	娄	970	路	311
赂	312	卢	246	芦	248
房	2	掳	284	驴	218
缕	273	沦	389	捋	540
掠	763	烙	782	落	781

M

妈	992	马	669	埋	334
霾	335	满	497	懑	498
曼	458	蔓	459	冒	615，947
帽/月	614	眉	112	寐	196

缅甸语汉语同源词索引 | 589

闷 412	氓 806	甿 805
蒙 4，7	萌 805	饛 5
幪 6	盟 802	朦 3
梦 19，21	甍 20	縻 95
迷 323	密 195	秘 194
蕄 195	眠 479，833	苗 563
民 384，805	敏 396	闽 385
名 814	鸣 386，803	冥 830
溟 831	暝 832	瞑 833
命 842，866	谬 1023	没 431
墨 946	模 244	膜 245，777
沫 538	漠 776	母 990
姆 992	拇 991	目 53
蘑 633		

N

奶 355	难 448	挠 575
脑 597	闹 610	嫩 414
能 379，929	恁 1033	你 170
腻 198	袅、嬲、嫋 590	溺 909
匿 933	呢 113	蔫 434
粘 1079	碾 525	念 1114
娘 688	捏 547	聂 1127
蹑 1128	镊 1129	凝 920
宁 839	拧 840	牛 967
侬 31	女 256	暖 501
疟 767		

O

| 呕 975 | 欧 975 | 殴 976 |
| 瓯 977 | | |

P

葩 652	帕 677	迫 874
拍 876	潘 454	盘 455
般 456	旁 744	雱 712
傍 713, 758	彷 715	胖 83
膀 716	庖 572	抛 570
泡 571	奔 608	刨 574, 609
炮 573	陪 337	篷 1
芘 2	朋 926	膨 792
疲 94	疋 222	匹 2
裨 92, 190	疕/庀 156	辟 893
劈 905	俾 192	畀 191
僻 892	脾 321	敝 368
骗 524	漂 562	贫 383
聘 867	平 800	评 801
瓶 829	婆 632	粕 774
泼 533	破 645	蒲 242
蒲卢 243	仆 63	

Q

七 417	漆 418	期 132
脐 322, 326	齐 322, 325	奇 106
祁 119	祈 140	棋 133
耆 118	启 354	契 365, 551
掐 1142	千 483	仚 1074
虔 490	浅 507	欠 1115
嵌 1088	堑 1099	强 733
敲 579	硗 580	窍 602
峭 603	切 363	钦 1036
侵 1026	寝 1040	青 843

清	821	卿	804	秋	954
囚	955	求	964	球	966
觑	965	觩	965	穹	28
驱	236	岖	237	曲	73
屈	429, 430	取	276	去	296
觑	294	圈	509	犬	506, 995
缺	554				

R

燃	489	禳	696, 753	攘	696, 700, 753
瀼	697	嚷	698	让	698, 699, 752
绕	605	饶	566	忍	399
荏	1042	日	422	柔	960
揉	961	鞣	962	孺	234
蠕	235	乳	278	入	1050
挼	634	授	634		

S

塞	948	腮	346	鳃	347
三	1071	枼	1134	穑	939
森	1031	杀	543	煞	544
沙	655	彡	1101	闪	1100, 1110
臊	587	烧	565	勺	765
少	604	涉	1135	慑	1133
渗	1043	生	797	声	822
盛	825	狮	115	湿	1048
十	1049	时	130	驶	177
识	213	实	421	食	210, 941
石	901	蚀	943	矢	120, 165, 166
使	176, 211	始	180	屎	120, 167
氏	330	舐	158	市	181

试	214，215	释	900	视	168
赏	732	收	959	手	982
守	1011	首	985，1012	瘦	1009
扭	982	纾	263	暑	264
杸	982	殊	233	输	232
墊	60	熟	59	薯	295
鼠	325	束	72	刷	546
率	207	爽	731	双	77
水	169	吮	403	顺	409
说	561	司	127	丝	128
思	126，209	嘶	100，327	澌	99，188
死	163	四	200	似	175
肆	201	松	33	骚	586
莍	58	嗽	1020	搜	957
馊	958	夙	57	粟	68
栗	69	溯/遡	313	算	502
筭	502	绥	123	岁	371
娑	624				

T

炱	341	太	372	贪	1058，1063
滩	447	潭	1061	昙	1062
探	1057	剔	908	田	480
听	835	厅	836	挺	861
停	838	蜓	837	通	8
桶	39	统	44	痛	321、37
透	1017	秃	322	突	432
涂	247	团	363	推	124，338
退	378	蜕	373	臀	394
脱	539	拓	779	度	780
筶	778	唾	646		

W

蛙	665	瓦	675	洼	663，664
弯	473	完	470	丸	471
蚖	469	汪	724，726	王	757
枉	737	往	738	望	754，755
忘	756	巍	152	尾	149，150
煋	146	微	148	洢	151
吻	404	问	410	蜗	333
我	637	呜	255	巫	231
诬	340	无	340	无	229，230
吾	252，637	五	289	龉	251
舞	272	务	299	雾	300
误	319	围	155	涡	636

X

夕	897	稀	141	昔	896
腊	896	析	912	息	937
熄	938	习	1046	溪	329
蹊		吸	1054	悉	419
酰	331	洗	353	繫	366
细	364	瑕	657	霞	658
吓	682	鱥	683	呷	432
狎	1146	柙	1147	狭	1144
峡	1143	下	673	纤	1076
咸	1085	掀	433	鲜	488
翔	701	想	727	巷	85
响	734	象	729	像	728
蠰	730	哮	581	校	612，613
楔	549	斜	666	心	1028

薪	387	兴	921	馨	846
猩		腥	844	形	847
型	848	熊	29	袖	786
嗅	1010	续	70	虚	224
嘘	225	绪	257	眩	521
炫	522	血	555	寻	1029
燅	1029	荨	1029	燖	1029
驯	409	汛	406		

Y

亚	684	牙	671	伢	671
哑	674, 685	雅	671/672	阉	1082
炎	1084	盐	286, 1086	腌	1083
淹	1081, 1117	演	508	雁/鴈	515
焱	111, 1113	艳	1111	焰	1112
燂	1102	殃	705	痒	735
佯	707	疡	706	约	606, 768, 769
肴	582	摇	567	咬	577
野	676	叶	1136	噎	553
页	552	夜	687	液	904
腋	903	晔	1056, 1137	一	424
衣	216	挜	423	噫	134
姨	121	移	107	颐	135
矣	184	邑	1055	柂	370
易	193, 902	逸	425	议	189
阴	1037	银	388	淫	1038
引	401	饮	1036	嘤	812
膺	922	鹰	923	迎	
营	828	荥	827	楹	824
蝇	924	影	852	硬	863
咏	868	拥	35	臃	36

鞭	863	优	968	幽	978
尤	969	邮	969	有	988
莠	989	酉	415，983	右	1015
又	1015	幼	419	于	239
鱼	223	隅	238	逾	240
蹦	241	雨	279	语	
郁	359	域	944	龉	342
吁	305	聿		裕	304
御	266	元	442	员	446
圆	446，492	原	443	猿	444
院/园	445	约	769	岳	91
悦	561	说	561	钺	531
越	530	蕴	405		

Z

杂	1121	载	343，380	栽	344
哉	345	簪	1030	遭	585
凿	784，785	早	598	澡	599
造	600	噪	619	帻	887
泽	880	摘	886	债	374
沾	1080	占	1077	张	693
窄	881	帐	745	胀	746
怅	747	罩	611	蜇	558
蛰	559，1045	折	1132	贞	815
针	1032，1078	针	1078	枕	1041
震	407	争	807	蒸	915，916
正	820	征	819	证	817
支	102，103	枝	104	肢	105
只	898	织	940	汁	422
知	96	旨	164	脂	116
执	1047	摘	894	止	178

趾	178	直	934	植	935
值	936	至	202	致	199
蛭	420	志	212	挚	203
滞	369	终	23	螽	24
众	43	忡	22	妆	702
肘	981	皱	1007	宙	1006
骤	1008	灼	764	柱	275
拄	274	煮	259，260，261	箸	293
筑	55	铸	301	壮	749
撞	76	坠	205	子	174
字	208	渍	187	帻	287
浊	89	鬃	9	涿	88
啄	87	走	994	奏	1018
租	249	组	285	族	47
钻	462	坐	641	作	783

主要参考书目

在撰写本文过程中,参考下列著作及科研成果:

[缅甸文]

吴埃貌;《蒲甘碑文选》仰光,1958 年

门纪摩珂泽亚丁卡雅 《词诠》(ဝေါဟာရလီနတ္ထဒီပနီ)格威莱克纳比德伽印书馆

吴戈桑落法师 《缅甸语词汇音义考》(မြန်မာစကားလုံးပြောင်းထုံးကျမ်း)萨北邦古印书馆,1985 年

威基耶基纽 《中缅友谊录》,纳龙拉文学出版社,1973 年;中译本,书名为《四个时期的中缅关系》德洪民族出版社,1995 年

吴宁貌 《古代缅文碑铭》(上、下册),文化部考古局印刷出版公司,1972 年

觉昂山拓法师 《说文解字》(ဝေါဟာရတ္ထပကာသနီ)1948 年莱迪曼岱彼得加印书馆

委当漂 《缅甸文反义词》仰光德里给泽印书馆, 1967 年

委 苗 《缅文文法》当代人书局,1952 年

杜丹瑞:《耶扎贡曼孟文碑铭研究》仰光,1971 年

吴山其 《词法》(အဘိ ဓါန ကဝိသေတ်ပုံကျမ်း)格威亚德纳萨印书馆,1944 年

山达觉都吴奥 《加威勒克纳音韵、释义、校勘三合一本》(ဦးဩ ကဝိလက္ခဏာသတ်ပုံ၊ သီရိမဟာဇေယျသူ ကဝိလက္ခဏာဒီပနီ၊ ဆရာဦးဆန်းထွန်း ကဝိလက္ခဏာဝိသောဓနီ) 1965 年

吴桑吉和咖亚都卡巴利文教授 《词义译解》(卷 1、卷 2)(သမ္မန္တကျမ်းဒီပနီကျမ်း),咖亚都卡印书馆,1968 年

吴丁拉 《语言和文学》昂明文学出版社,1966 年

萨耶东伦:《缅甸文字学》(မြန်မာစာအက္ခရာဗေဒ)仰光尼迪书局,1972 年

毛筐萨亚登吉 《缅甸古文字典》(ပေါ ရ ာဏဒီပနီ)罕达瓦底 彼得嘎印书馆

吴吞丁 《缅甸词诠》(မြန်မာစကားအနက်ဖွင့်)仰光大学缅文系硕士论文,1970 年

吴吞佩 《缅文字考》(မြန်မာစာနိဒါန်း)宾尼亚阿林贝印书馆,1955 年

吴通明 《缅甸文中的巴利文借词词典》仰光,1968 年

考古学家乃班拉 《现代和古代缅甸语的对比研究》,第八届国际汉藏语言学会议论文,1975 年

吴佩貌丁、美国阿姆斯特朗合著《缅甸语音学》仰光,1969 年

貌达诺 《缅甸文和缅甸语》（ဗမာစာနှင့်ဗမာစကား）粹文学宫出版社，1972 年

拉德盟 《缅文精髓》（မြန်မာစာအမြေ）仰光宾尼亚阿林比牙印书馆，1967 年

—— 《疑难字典》（ခက်ဆစ်အဘိဓာန်）佐地咖萨印书馆，1958 年

—— 《丰富词汇妙方》（စကားလုံးကြယ်ဝရာနည်းပဒေသာ）丁瑞埃印书馆，1969 年

吴佩貌丁 《缅甸文造句法》（မြန်မာဝါကျဖွဲ့ထုံးကျမ်း）

吴貌貌丁 《宫廷用语辞典》（ရွှေနန်းသုံးဝေါဟာရအဘိဓာန်）佛教协会印书馆

吴登乃：《缅甸文字考》曼德勒，1968 年

阿信瓦耶玛 《孟文教学法》仰光，1957 年

信欧甘德玛拉 《文字拼写法》（ဝဏ္ဏဗောနေသတ်အင်း）仰光大学，1961 年

吴 温 《缅文正字法》（မြန်မာသတ်ညွှန်းကျမ်း）翻译文学社

《蒲甘王朝时期的缅文碑铭》（ပုဂံကျောက်စာများ）缅甸教育部高教局翻译和出版处编，1980 年

《彬牙王朝、阿瓦王朝时期的缅文碑铭》（ပင်းယခေတ် အင်းဝခေတ် မြန်မာကျောက်စာများ）缅甸教育部高等教育局编，大学出版社，1979 年

《蒲甘、阿瓦、贡榜王朝时期缅文碑铭字体》（ပုဂံ အင်းဝ ကုန်းဘောင် ကျောက်ထွင်းမြန်မာအက္ခရာပုံ）1986 年

《缅甸文拼写正字法》（မြန်မာစာလုံးပေါင်းသတ်ပုံကျမ်း），缅甸联邦教育部缅甸文委员会编印，1978 年

《缅甸王朝枢密院定正字法》罕达瓦底印书馆，1962 年

吴瑞敦、杜钦钦埃等 《缅甸语音学教程》

吴达妙：《孟缅文字史》仰光

—— 《古语词典》罕达瓦底印书馆，1961 年

吴丁瑞 《缅甸文研究荟萃》德哈亚文学宫，1976 年

吴东伦 《新缅甸语法》宗教事务局印书馆，1978 年

吴登貌：《蒲甘时代文化》仰光，1956 年

阿信瓦耶玛 《孟文教学法》仰光，1958 年

阿信埃伽德玛比温达 《字典编纂法》仰光，赞布湄穗比德伽印书馆

吴厚生 《巴利文－缅文字典》缅甸联邦政府印刷和文具局，1956 年

吴翁瑞 《缅文词汇正字典》（မြန်မာဝေါဟာရသတ်ပုံ）都德玛瓦底印书馆

吴埃貌 《蒲甘碑文选》仰光，1958 年

《缅甸文字典》缅甸文委员会 1991 年

[西文]

P.K. Benedict 本尼迪克特 （白保罗） 1972 年《汉藏语言概论》剑桥大学出版社（*Sino-Tibetan: A Conspectus* Paul K, Benedict）

—— 1976 年 再论汉藏语系，《汉藏语言概论》附录

雅洪托夫 1960 上古汉语复辅音声母，《汉语史论集》北京大学出版社 1984 年

—— 1969 上古汉语的使动式，《汉语史论集》北京大学出版社 1984 年

N.C.Bodman(包拟古) 1980 年《原始汉语与汉藏语》（*Proto-Chinese and Sino-Tibetan*）中华书局

—— 1985 年 上古汉语中具有 l 和 r 介音的证据及相关诸问题（Evidence for l and r Medials in Old Chinese and Associated Problem JAOS）中华书局

D.Bradley (布莱德雷) 1979 《Proto-Loloish》（彝语支源流），四川民族出版社 1992 年翻译并出版

—— 《ARAKANESE VOWELS》第十二届国际汉藏语言学会论文

C.F.Hockett(霍凯特) 1958 年 （*A Course In Modern Linguistics*）1986 年北京大学出版社翻译出版

D.G.E.Hall (霍尔) 1968 年 《东南亚史》（*A History of South-East Asia*），商务印书馆 1982 年中文版

G.E.Harvey(哈威) 1925 年 《缅甸史》（*History of Burma*）商务书馆 1957 年、1973 年

R. Halliday：*A Mon-English Dictionary* 仰光 1955 年

H.Luce(卢斯) 1981 年 对应词汇表（*Comparative word-list*）伦敦大学东方和非洲学院学报

James A. Matisoff 马提索夫 1983 年 从卢斯的《对应词汇表》看原始汉藏语，《民族语文研究情报资料集》第 11 辑

—— 1987 年 藏缅语研究对汉语史研究的贡献，南开大学《语言研究论丛》第四辑

—— 1997 年 原始彝语、原始缅语、纳西语、景颇语中促声韵的声调对应证明了声调起源的多元性（Tonal Correspondences in the Checked Syllables of Proto–Yi, Proto-Burmish,Naxi,and Jingpho:Evidence Against the "Monogenetic" theory of tonogenesis），《彝缅语研究》四川民族出版社

—— 2003 年《古藏缅语手册》（*Handbook of Proto-Tibeto-Burman*），加利福尼亚

大学出版社

John okell 1969 年 *A Reference Grammar of Colloquial Burmese*（缅语口语语法参考）London oxford University Press.

Pulleyblank 1963 年 《上古汉语的辅音系统》，中华书局 1999 年

Roberte. Stervenson *Judson's Burmese-English Dictionary* 1953 年

[日]西田龙雄 1972 年 《缅甸馆译语の研究》年东京松香堂

[日]薮 司郎(YABU Shiro) 2001 年 在捧语中的缅语同源词，第 34 届国际汉藏语言学会议论文

——2002 年 《 缅甸的濒危语言——篷语》(HPUN A MORIBUND LANGUAGE IN MYANMAR)，日本，大阪外国语大学

[瑞典]高本汉 2003 年 《中国音韵学研究》 商务印书馆出版

[中文]

《模范缅华大词典》陈孺性 1962 年

《缅汉词典》 北京大学东方语言文学系缅甸语教研室编，商务印书馆，1990 年

《基础巴利文语法》（အခြေပြုပါဠိသဒ္ဒါ）吴敏瑞著，缅甸联邦宗教部，1983 年

《汉语方音字汇》（第二版）北京大学中文系语言学教研室编，文字改革出版社，1989 年

《缅彝语研究》（国际彝缅语学术会议论文选），四川民族出版社，1992 年

《普通话闽南方言词典》厦门大学中国语言文学研究所汉语方言研究室编，福建人民出版社

《现代汉语》 北京大学中文系现代汉语教研室编，商务印书馆，2003 年

《宋本广韵》根据张氏泽存堂本，北京市中国书店，1982 年

《云南少数民族》（修订本）云南省历史研究所编著，云南人民出版社，1983 年

《华阳国志校注》[晋]常璩撰，刘琳校注，巴蜀书社，1984 年

《音学五书》（清）顾炎武 中华书局

《现代汉语》北京大学中文系现代汉语教研室编，商务印书馆，2003 年

《中国的语言》 孙宏开、胡增益、黄行主编，商务印书馆，2007 年

《中国少数民族语言简志丛书》民族出版社

《古汉语常用字字典》商务印书馆，1983 年

《简明古汉语常用字字典》 张玉金 高虹主编，辽海出版社，1999 年

车　谦	1986年	吐蕃时期藏语声母的几个问题，《民族语文》第六期
陈　康	1987年	彝语人称代词的"数"，《民族语文》第三期
——	1988年	彝语的紧调类，《民族语文》第一期
——	1990年	彝语自动词与使动词的形态标志及其由来，《民族语文》第二期
——	1991年	彝语支调类诠释、《民族语文》第三期
——	1993年	彝缅语塞音韵尾演变轨迹，《民族语文》第一期
陈其光	1988年	苗瑶语鼻音韵尾的演变，《民族语文》第六期
——	1994年	汉藏语声调探源，《民族语文》第六期
——	1996年	汉语源流设想，《民族语文》第五期
陈家康	1975年	《四声究竟是什么东西》，北京文字改革出版社。
曹广衢	1994年	壮侗语趋向补语的起源和发展，《民族语文》第四期
——	1998年	壮侗语诸语言同源词的词义变化，《民族语文》第一期
曹志耘	2002年	《南部吴语语音研究》，商务印书馆
陈士林	1989年	凉山彝语的泛指和特指，《民族语文》第二期
戴庆厦	1979年	我国藏缅语族松紧元音来源初探《民族语文》第一期
——	1984年	藏缅语族某些语言弱化音节探源，《民族语文》第二期
——	1990年	《藏缅语族语言研究》云南民族出版社出版
——	1994年	《藏缅语新论》中央民族学院出版社出版
——	1995年	景颇语单纯词在构词中的变异，《民族语文》第四期
——	1997年	《中国民族语言论丛》，云南民族出版社
——	1998年	《藏缅语族语言研究》云南民族出版社出版
——	2002年	景颇语"形修名"两种语序对比，《民族语文》第四期
刀世勋	1982年	西双版纳老傣文音位系统初探，《民族学报》第二期
丁邦新	1979年	《丁邦新语言学论文集》商务印书馆
	2000年	汉藏语系语言研究法检讨，《中国语文》第六期
丁惟汾	1985年	《方言音释》，齐鲁书社出版
傅爱兰	2000年	普米语动词的重叠，《民族语文》第三期
傅懋勣	1998年	《论民族语言调查研究》语文出版社出版
盖兴之	1987年	基诺语句子的语气，《民族语文》第二期
——	1994年	藏缅语的松紧元音，《民族语文》第五期
——	2001年	《民族语言文化论集》，云南大学出版社

盖兴之、姜竹仪 1997 年彝语支语言的小舌音 《彝缅语研究》，四川民族出版社出版

格　勒　1985 年　略论藏语辅音韵尾的几个问题 《民族语文》第一期

格桑居冕　1982 年　藏语动词的使动范畴，《民族语文》第五期

郭锡良　1986 年　《汉字古音手册》，北京大学出版社

龚群虎　1999 年　声调仅起源于声母说献疑，《民族语文》第四期

龚煌城　1980 年　汉、藏、缅语元音的比较研究（A Comparative study of the Chinese ,Tibetan and Burmese Vowel System）《音韵学研究通讯》第 13 期，中国音韵学研究会　1989 年

胡书津　1983 年　书面藏语连词 Zhing 的用法，《民族语文》第二期

——　　1986 年　藏语 ABAB 型的四音格，《民族语文》第六期

胡　坦　1980 年　藏语（拉萨话）声调研究，《民族语文》第二期

——　　1984 年　拉萨藏语中几种动词句式的分析，《民族语文》第一期

——　　1985 年　论藏语比较句，《民族语文》第五期

——　　1986 年　藏语并列式复合词的一些特征，《民族语文》第六期

——　　2002 年　《藏语研究文论》，藏学出版社

胡素华　2000 年　彝语结构助词语义虚化的层次，《民族语文》第二期

——　　2001 年　彝语动词的体貌范畴，《民族语文》第四期

胡双宝　1998 年　《汉语 汉字 汉文化》北京大学出版社

黄布凡　1981 年　古藏语动词的形态，《民族语文》第三期

——　　1983 年　十二、十三世纪藏语（卫藏）声母探讨，《民族语文》第三期

——　　1991 年　藏缅语的情态范畴，《民族语文》第二期

——　　1992 年　（主编）《藏缅语族语言词汇》，中央民族学院出版社出版

——　　1994 年　藏语方言声调的发生和分化条件，《民族语文》第三期

黄成龙　1997 年　羌语动词的前缀，《民族语文》第二期

——　　2000 年　羌语的存在动词，《民族语文》第四期

黄树先　1993 年　汉文古籍中的藏缅语借词"吉量"，《民族语文》第二期

——　　1994 年　古代汉语文献中的藏缅语词拾零，《民族语文》第五期

——　　1997 年　古文献中的汉藏语前缀*a-，《民族语文》第六期

——　　2001 年　上古汉语复辅音声母探源，《语言研究》第三期

——　　2002 年　汉缅语的音节问题《民族语文》第三期

——	2003 年	汉语缅语的形态比较,《民族语文》第二期
——	2003 年	《汉缅语比较研究》华中科技大学出版社出版
黄 行	1997 年	藏语动词语法范畴的相互制约作用,《民族语文》第六期
——	2001 年	确定汉藏语同源词的几个原则,《民族语文》第四期
江 荻	1992 年	藏语动词屈折现象的统计分析,《民族语文》第四期
——	2000 年	论汉藏语言历史比较词表的确定,《民族语文》第三期
——	2001 年	藏缅语言元音的上移和下移,《民族语文》第五期
——	2002 年	《汉藏语言演化的历史音变模型》民族出版社出版
——	2002 年	缅甸语复合元音的来源,《民族语文》第三期
姜竹仪	1985 年	纳西语西部方言音位系统中的几个问题,《民族语文》第三期
计莲芳	1996 年	骠缅语文关系浅析,《民族语文》第六期
金理新	1990 年	古汉字与古汉语的音节结构《语文研究》第三期
——	1994 年	汉藏语中两个性质不同的 *-ŋ 韵尾
——	1998 年	汉藏语的名词后缀,*-n ,《民族语文》第一期
——	2000 年	论形态在确定汉藏同源词中的重要意义,《民族语文》第三期
——	2002 年	《上古汉语音系》黄山书社
——	2003 年	汉藏语的语音对应与语音相似,《民族语文》第三期
——	2005 年	汉藏语的完成体后缀 "*-s",第二期
金 鹏	1982 年	藏语拉萨话动词的式及其表达方式,第 15 届国际汉藏语言学会议论文
——	1986 年	汉语和藏语的词汇结构以及形态的比较,《民族语文》第三期
金有景	1988 年	拉祜语的紧元音,《民族语文》第三期
——	1990 年	拉祜语的主语、宾语、状语助词,《民族语文》第五期
劲 松	2002 年	《现代汉语轻声动态研究》,民族出版社
蓝庆元	2000 年	汉藏语胞衣的同源关系,《民族语文》第一期
李方桂	1977 年	《台语比较手册》(A Handbook of Comparative Tai)夏威夷大学出版社
——	1980 年	《上古音研究》商务印书馆
李永燧	1984 年	试论哈尼语汉语动宾词序的异同,《民族语文》第三期
——	1985 年	哈尼语和汉语的名词修饰语,《民族语文》第三期

	1986 年	哈尼语形容词的生动形式，《民族语文》第四期
	1987 年	《哈尼语语法》，民族出版社
	1988 年	藏缅语名词的数量形式，《民族语文》第五期
	1989 年	彝缅语唇舌音声母研究，《民族语文》第三期
	1990 年	汉语古有小舌音《中国语文》第三期
	1990 年	哈尼语名、量、动词的同源现象研究，《民族语文》第三期
	1992 年	缅彝语言声调比较研究，《民族语文》第六期
	1994 年	缅彝语语素比较研究，《民族语文》第三期
	1996 年	共同缅彝语声母类别探索，《民族语文》第一期
	1998 年	羌缅语群刍议，《民族语文》第一期
	1999 年	论缅彝语，《民族语文》第二期
	2000 年	共同缅彝语韵类刍议《民族语文》第四期
	2002 年	论藏缅语黏着语素与语言类型学，《民族语文》第二期
	2003 年	历史比较法与声调研究，《民族语文》第二期
李　荣	1952 年	《切韵音系》，中国科学院
	1983 年	切韵与方言，《方言》第三期
李如龙	1984 年	自闽方言证四等韵无-i- 说，《音韵学研究》第一辑，中国音韵学研究会
	2001 年	《汉语方言的比较研究》，商务印书馆
	2005 年	关于东南方言的"底层"研究，《民族语文》第五期
李新魁	1984 年	近代汉语介音的发展，《音韵学研究》第一辑，中华书局
梁　敏	1994 年	原始侗台语构拟中的一些基本观点，《民族语文》第六期
梁敏、张均如 1996 年		《侗台语族概论》，中国社会科学出版社
林向荣	1983 年	嘉戎语构词法研究，《民族语文》第三期
	1993 年	《嘉戎语研究》，四川民族出版社
刘光坤	1984 年	羌语辅音韵尾研究，《民族语文》第四期
	1987 年	论羌语代词的"格"，《民族语文》第四期
	1997 年	羌语复辅音研究，《民族语文》第四期
刘景农	1994 年	《汉语文言语法》，中华书局
刘月华等着 1983 年		《实用现代汉语语法》，外语教学与研究出版社
刘镇发等 2004 年		《从方言比较看官话方言的形成和演变》，香港蔼民出版社

刘正埮、高名凯、麦永干、史有为　1984年《汉语外来词词典》，上海辞书出版社

陆俭明　1979年　谈谈跟"的"字有关的几种语病，《中国语文》第三期

罗秉芬　1991年　古藏语复辅音韵尾中-d 的演变，《民族语文》第三期

罗常培　1950 年　《语言与文化》，北京大学出版部出版，1989 年（重排版）语文出版社

——　2004年《罗常培语言学论文集》，商务印书馆

罗美珍　1983年　试论台语的系属问题，《民族语文》第二期

——　1984年　傣语长短元音和辅音韵尾的变化，《民族语文》第六期

——　1989年　傣语的称谓法，《民族语文》第五期

——　1990年　傣语动词的虚化，《民族语文》第三期

——　1993年　汉藏语言的韵母研究，《民族语文论文集》中央民族学院出版社

——　1993年　三论台语的系属问题，《民族语文》第六期

——　1996年　谈谈我国民族语言的数量词，《民族语文》第二期

——　1996年　有关建立汉藏语系的几个认识问题，《民族语文》第四期

马学良　1980年　彝语"二十、七十"的音变，《民族语文》第一期

——　1991年《汉藏语概论》（上、下）北京大学出版社

——　1992年《民族语文研究新探》，四川民族出版

——　1994年《藏缅语新论》，中央民族学院出版社

——　1996年　汉藏语系研究的理论和方法问题，《民族语文》第 4 期

马学良、戴庆厦　1980 年　藏缅语族辅音韵尾的发展民族语文学术讨论会论文

——　1982年《白狼歌》研究，《民族语文》第五期

孟蓬生　2001年《上古汉语同源词语音关系研究》北京师范大学出版社

木玉璋　1982年　谈谈傈僳语中的词头 a-，《民族语文》第二期

梅　耶　1924 年　历史语言学中的比较方法，《国外语言学论文选译》1992 年语文出版社

倪大白　1982年　水语的声调别义，《民族语文》第六期

——　1996年　侗台语复辅音声母的来源及其演变，《民族语文》第三期

欧阳觉亚　1979年　声调与音节的相互制约关系，《民族语文》第五期

潘悟云　1982年　关于汉语声调发展的几个问题，《中国语言学报》

	1987 年	汉藏语历史比较中的几个声母问题，《语言研究集刊》（1），复旦大学出版社
	2000 年	《汉语历史音韵学》 上海教育出版社出版
	2000 年	缅甸文元音的转写，《民族语文》第二期
	1996 年	华澳语系中几个词族比较，《语言研究》增刊
	1997 年	喉音考，《民族语文》第五期
	1999 年	上古汉语元音系统构拟述评，《汉语现状与历史的研究》中国社会科学出版社
	2007 年	上古汉语的韵尾 *-l 与 *-r，《民族语文》第一期
瞿霭堂	1979 年	谈谈声母清浊对声调的影响，《民族语文》第二期
	1980 年	阿里藏语动词体的构成，《民族语文》第四期
	1981 年	藏语的声调及其发展，《语言研究》创刊号
	1983 年	嘉戎语动词的人称范畴，《民族语文》第四期
	1985 年	藏语动词屈折形态的结构及其演变，《民族语文》第一期
	1990 年	嘉戎语的方言 — 方言划分和语言识别，《民族语文》第四期
	1991 年	《藏语韵母研究》，青海民族出版社
	1993 年	论汉藏语言的声调，《民族语文》第六期
	1994 年	论汉藏语言的声调（续），《民族语文》第一期
	1995 年	论汉藏语言的虚词，《民族语文》第六期
	1996 年	论汉藏语言的音系学，《民族语文》第五期
	1999 年	汉藏语言声调起源研究中的几个理论问题，《民族语文》第二期
	2002 年	声调起源的论证方法，《民族语文》第三期
瞿霭堂、劲松	2000 年	《汉藏语言研究的理论和方法》，中国藏学出版社
全广镇	1996 年	《汉藏语同源词综探》，台湾学生书局
史金波	1995 年	西夏语的"买""卖"和"嫁""娶"，《民族语文》第四期
施向东	1998 年	上古汉语声母*s- 与*x-的交替，《语言研究》增刊
	2000 年	《汉语和藏语同源体系的比较研究》，华语教育出版社
	2005 年	汉藏语唇辅音与半元音 W 的交替，第 38 届国际汉藏语言学会议论文
石锋、刘劲荣	2005 年	拉祜语的元音格局，第 38 届国际汉藏语言学会议论文

石林、黄勇	1996 年	汉藏语系语言鼻音韵尾的发展演变，《民族语文》第六期
照那斯图	1989 年	八思巴字中的零声母符号，《民族语文》第二期
宋金兰	1994 年	汉语和藏缅语住所词的同源关系，《民族语文》第一期
宋亚云	2005 年	古汉语词义衍生途径新说综论，《语言研究》第 25 卷第一期
孙宏开	1981 年	羌语动词的趋向范畴，《民族语文》第一期
——	1981 年	《羌语简志》，民族出版社
——	1983 年	我国藏缅语动词的人称范畴，《民族语文》第二期
——	1984 年	藏缅语动词的互动范畴，《民族语文》第四期
——	1989 年	原始藏缅语构拟中的一些问题——以"马"为例，《民族语文》第六期
——	1991 年	从词汇比较看西夏语与藏缅语族羌语支的关系，《民族语文》第二期
——	1992 年	论藏缅语语法结构类型的历史演变，《民族语文》第五期
——	1992 年	论藏缅语语法结构类型的历史演变（续），《民族语文》第六期
——	1993 年	试论藏缅语中的反身代词，《民族语文》第六期
——	1994 年	再论藏缅语中动词的人称范畴，《民族语文》第四期
——	1995 年	藏缅语人称代词格范畴研究，《民族语文》第二期
——	1995 年	藏缅语疑问方式试析－兼论汉语、藏缅语特指问句的构成和来源，《民族语文》第五期
——	1996 年	论藏缅语的语法形式，《民族语文》第二期
——	1996 年	西夏语鼻冠声母构拟中的几个问题，《民族语文》第四期
——	1997 年	论汉藏语中动词的命令式，《民族语文》第六期
——	1999 年	原始汉藏语的复辅音问题，《民族语文》第六期
——	2001 年	原始汉语辅音系统中的一些问题，《民族语文》第一期
——	2001 年	原始汉藏语中的介音问题，《民族语文》第六期
孙宏开、江荻	1999 年	汉藏语言系属分类之争及其源流，《当代语言学》第二期
谭克让	1980 年	阿里藏语的复元音，《民族语文》第二期
——	1985 年	藏语擦音韵尾的演变《民族语文》第四期
——	1988 年	藏语动词的自动态与使动态，《民族语文》第六期

谭克让、孔江平	1991 年	藏语拉萨话元音、韵母的长短及其与声调的关系，《民族语文》第二期
汪大年	1983 年	缅甸语中辅音韵尾的历史演变，《民族语文》第二期
——	1985 年	缅甸文字的起源和发展，《东方研究论文集》
——	1986 年	妙齐提碑文研究（一），北京大学学报第四期
	1986 年	论现代缅语的声调，《东方研究论文集》1986 年 5 月
——	1990 年	缅甸语中的弱化音节，《东方研究论文集》1990 年 9 月
——	1992 年	藏缅语的定语（与杜若明合作），（中国民族语言学术会议论文集）
	1993 年	古代缅文与藏文关系初探，《中国民族古文字研究》天津古籍出版社
——	2000、2001 年	建立在六缘基础上的中缅文化交流，《东方研究论文集》
——	1997 年	藏缅语 A-词头探源，《缅彝语研究》（国际会议学术论文选集）四川民族出版社
——	1997 年	《缅甸语概论》，北京大学出版社
——	2000 年	仰光话和土瓦方言比较研究，《民族语文》第一期
	2002 年	缅甸语动词后附词的探析，《语言学研究》北京大学出版社
——	2006 年	缅汉成语的语音比较，《语言研究》第 26 卷第三期
——	2006 年	缅甸语丹老方言与仰光话比较研究，《语言学研究》第四辑，高等教育出版社
——	2007 年	缅甸语东友方言，《民族语文》第三期
王尔松	1990 年	哈尼语和汉语关系字初探，《民族语文》第六期
王辅世	1980 年	苗语的声类和韵类，《民族语文》第二期
——	1988 年	苗语古音构拟问题，《民族语文》第二期
王辅世、毛宗武	1995 年	《苗瑶语古音构拟》，中国社会科学出版社
王介南、王全珍	1996 年	《中缅友好两千年》，德洪民族出版社
王敬骝、陈相木	1982 年	西双版纳老傣文五十六字母考释，《民族学报》第二期
王均等编著	1984 年	《壮侗语族语言简志》，民族出版社
王 力	1954 年	《中国语法理论》（上、下册）中华书局出版
——	1962 年	《古代汉语》，中华书局出版

——	1984年	《经典释文》反切考，《音韵学研究》第一辑，中国音韵学研究会
——	1985年	《汉语语音史》，中国社会科学出版社
——	1989年	《汉语音韵》中华书局
——	1978年	同源字论，《中国语文》
——	1954年	《中国语法理论》（上、下册）中华书局出版
王双成	2004年	安多藏语复元音韵母的特点，《民族语文》第三期
王 尧	1981年	藏语 Mig 字古读考，《民族语文》第四期
	1982年	《吐蕃金石录》，文物出版社
——	1996年	藏语 zla-ba 一词音义考，《民族语文》第五期
闻 宥	1980年	语源丛考，《中华文史论丛》第四辑，上海古籍出版社
吴安其	1996年	汉藏语同源问题研究，《民族语文》第二期
——	1996年	汉藏语使动和完成体前缀的残存与同源的动词词根，《民族语文》第六期
——	2001年	上古汉语的韵尾和声调的起源，《民族语文》第二期
吴竞存、侯学超		《现代汉语句法分析》，北京大学出版社
邢公畹	1979、84年	现代汉语和台语里的助词"了"和"着"（上、下）《民族语文》第二期、第三期
——	1982年	说"鸟"字的前上古音，《民族语文》第三期
——	1984年	说平声，《音韵学研究》第一辑，中国音韵学研究会
	1986年	汉语和侗泰语里的 -m、-ŋ 交替现象，《民族语文》第四期
	1992年	台语-ok 韵是汉台语比较的关键，《民族语文》第六期
	1996年	汉藏语系研究和中国考古学，《民族语文》第四期
	1998年	汉藏语系上古音之支脂鱼四部同源字考，《民族语文》第四期
	1998年	汉藏语系上古音侵谈二部同源字考，《民族语文》第五期
	1998年	汉藏语系上古音歌候幽宵四部同源字考，《民族语文》第六期
	1999年	汉藏语系上古音阳东冬耕四部同源字考，《民族语文》第二期
	1999年	汉藏语系上古音真文元三部同源字考，《民族语文》第三期
	1999年	汉藏语系上古音叶辑物质月五部同源字考，《民族语文》第五期
——	1999年	汉藏语系上古音觉铎屋职锡五部同源字考，《民族语文》第六期

——	1999 年	《汉台语比较手册》，商务印书馆
肖家成	1979 年	景颇语的弱化音节，《民族语文》第四期
——	1988 年	景颇族各支系亲属称谓比较研究，《民族语文》第一期
——	1992 年	阿昌族亲属称谓结构及其社会文化背景，《民族语文》第五期
肖申生	1979 年	名词的定语和助词"的"、"之"，《中国语文》第三期
谢广华	1985 年	拉萨藏语的句法结构，《民族语文》第六期
谢志礼 苏连科	1990 年	藏缅语清化鼻音、边音的来源 《民族语文》第四期
徐悉艰	1984 年	景颇语的使动范畴，《民族语文》第一期
——	1987 年	景颇语的量词，《民族语文》第五期
——	1990 年	景颇语的重叠式，《民族语文》第三期
——	1993 年	载瓦语的量词，《民族语文》第四期
徐世璇	1991 年	缅彝语几种音类的演变，《民族语文》第三期
——	1995 年	缅彝语言塞檫音声母初探，《民族语文》第三期
——	1996 年	汉藏语言的语音屈折构词现象，《民族语文》第三期
——	1999 年	汉藏语言的派生构词方式分析，《民族语文》第四期
——	2000 年	毕苏语的"体""时"系统，《民族语文》第三期
徐通锵	1991 年	《历史语言学》，商务印书馆
——	1998 年	声母语音特征的变化和声调的起源，《民族语文》第一期
——	2001 年	声调起源研究方法论问题再议，《民族语文》第五期
许宝华	1984 年	论入声，《音韵学研究》第一辑，中国音韵学研究会
薛德才	2001 年	藏文前加字*ɦ- 上古汉语的鼻音前置辅音，《民族语文》第一期
——	2004 年	藏文后置辅音-j 和中古汉语的 -i- 的本源，《民族语文》第三期
杨焕典	1983 年	纳西语中的数量词，《民族语文》第四期
——	1991 年	从纳西语的松紧元音对立看汉藏语系语音发展轨迹，《民族语文》第一期
严学宭	1959 年	汉语声调的产生和发展，《人文杂志》第一期
——	1984 年	周秦古音结构体系（稿），《音韵学研究》第一辑，中国音韵学研究会
	1997 年	论汉语同族词内部曲折的变换模式，《中国语文》第二期
杨将领	2000 年	独龙语的长元音，《民族语文》第二期
阎立羽	1983 年	汉语和泰语的连绵词，《民族语文》第三期

叶蜚声、徐通锵	1997年	《语言学纲要》北京大学出版社
尤 中	1987年	《中国西南边疆变迁史》，云南教育出版社
余定邦	2000年	《中缅关系史》，光明日报出版社
俞 敏	1980年	汉藏两族人和话同源探索，《北京师范大学学报》，第一期
——	1984年	等韵溯源，《音韵学研究》第一辑，中国音韵学研究会
——	1984年	名词 动词 形容词，上海教育出版社
——	1989年	汉藏同源词谱稿，《民族语文》第一期
——	1989年	汉藏同源词谱稿（续），《民族语文》第二期
——	1991年	汉藏文献学相互为用一例，《语言研究》第一期
——	1999年	《俞敏语言学论文选》，商务印书馆
喻世长	1984年	用谐声关系拟测上古声母系统，《音韵学研究》第一辑，中国音韵学研究会
袁 焱	2002年	阿昌语的述宾结构，《民族语文》第四期
岳相昆、戴庆厦、肖家成、徐悉艰	1981年	《汉景辞典》，云南民族出版社
曾晓渝、陈平	2000年	从妙齐提碑文溯源缅语声调之源，《民族语文》第二期
詹伯慧	1981年	《现代汉语方言》，湖北人民出版社
张公瑾	1979年	傣语德宏方言中动词和形容词的后附形式，《民族语文》第二期
——	1998年	《文化语言学发凡》，云南大学出版社
张济川	1982年	藏文元音 a 的表示法，《民族语文》第一期
——	1982年	古藏语塞音韵尾读音初探，《民族语文》第六期
——	1989年	藏语的使动、时式、自主范畴，《民族语文》第二期
——	1990年	藏语声母 lh– 的来源和演变，《民族语文》第二期
张 琨	1992年	瑶语入声字，《民族语文》第三期
——	1980年	汉藏语系的"针"字（Sino-Tibetan words for Needle），《汉藏语系语言学论文选译》，中国社会科学院民族所语言室
——	1995年	古苗瑶语鼻音声母字在现代苗语方言中的演变，《民族语文》第四期
张均如	1983年	壮侗语族塞擦音的产生和发展，《民族语文》第三期
——	1995年	侗台语族轻唇音的产生和发展，《民族语文》第一期
张蓉兰	1987年	拉祜语动词的语法特点，《民族语文》第二期
张世禄		《中国音韵学史》

张文国	2007 年	景颇语动名兼类词的分化,《民族语文》第二期
张希峰	2004 年	《汉语词族三考》,北京语言大学出版社
张永言	1960 年	"夫"与 pa-,《中国语文》第十一期
——	1984 年	关于上古汉语有送气流音声母,《音韵学研究》第一辑,中华书局
——	1988 年	语源探索三例,《中国语言学报》第三期,商务印书馆
赵秉璇	1989 年	汉语、瑶语复辅音同源例证,《晋中教育学院学报》第二期
赵秉璇、竺家宁	1998 年	《古汉语复声母论文集》,北京语言文化大学出版社
郑张尚芳	1984 年	上古音构拟小议,《语言论丛》第十四辑,商务印书馆
——	1990 年	上古汉语的 s- 头,《古汉语复声母论文集》
——	1990 年	上古入声的清浊问题,《语言研究》第一期
——	1991 年	上古声母系统及演变规律,,《语言研究》增刊
——	1993 年	上古缅歌——白狼歌的全文解读,《民族语文》第一、二期
——	1994 年	汉语声调平仄之分与上声去声的起源,《语言研究》增刊
——	1998 年	上古音研究十年回顾与展望(一)《古汉语研究》第四期
——	1999 年	上古音研究十年回顾与展望(二)《古汉语研究》第一期
——	1999 年	汉语塞檫音声母的来源,《汉语现状与历史的研究》,中国社科出版社
——	2003 年	《上古音系》,上海教育出版社
钟智翔	1999 年	论缅语声调的起源和发展,《民族语文》第二期
周长楫	1984 年	略论上古匣母及其到中古的发展,《音韵学研究》第一辑,中国音韵学研究会,中华书局
周祖谟	2001 年	《周祖谟语言学论文集》商务印书馆
——	2004 年	《周祖谟文字音韵训诂讲义》,天津古籍出版社
朱德熙	1978 年	"的"字结构和判断句(上、下)《中国语文》第一、第二期
朱建新	1984 年	试论凉山彝语词头 a-,《民族语文》第六期

后　记

　　自从 1955 年进入北京大学东方语言学系学习缅甸语开始，算来已有半个多世纪，当时的东语系培养目标是翻译干部，所以我们一直是一边学缅甸语，一边将缅甸语跟自己的母语——汉语作比较，找出两种不同语言的对应意义和对应的语言结构。因为只有正确了解原文以及两种语言的互相之间的关系，翻译才能达到信、达、雅的效果。在学习期间和后来担任翻译工作中，自己犯过无数的错误，闹过不少的笑话，回想起来也都是因为对两种语言本身了解不够，以及对使用两种语言的国家和民族的历史文化背景知之甚少、了解肤浅所致。毕业后留校任教时，首先就下定决心，不能让学生重蹈自己的"覆辙"。"以己昏昏"是决不能"使人昭昭"的。所以，开始一步一个脚印地踏踏实实研究缅甸语法和缅汉翻译技巧，不断地学习汉语提高自己的汉语水平。几十年的努力，回头看看，缅汉两种语言确实都很博大精深，自己数十载不敢怠懈地辛勤学习，掌握和运用两种语言的水平虽有很大提高，但越学越感到自己的不足。对两种语言的认知程度及运用能力只能算得上"粗通"的程度，离"精通"两种语言实在差之甚远。于是，不免对有些真正能精通多种语言的能人，十分佩服和景仰万分。

　　本书的撰写，从申请"全国社会科学研究基金"到反复修改完成，虽然前后历时近十年的时间。其实，准备时间可说是经历了将近半个世纪。都是在一点一滴的学习、请教、研究，再学习、再请教、再研究的基础上撰写而成。书中很少有高深的理论阐述和生僻的词语，主要是想实实在在、原原本本的将两种语言的差异展示出来，请大家来了解缅汉两种语言的同源关系。让更多有兴趣的人加入研究的行列，将汉藏语系的研究推向更深更广的领域。

　　值此本书出版之际，追忆往昔，思绪万千。在我眼前彷佛看到，这个科研成果只不过是一滴"蜂蜜"，它是由一只蜜蜂在万紫千红的百花园中忙碌碌地向各种奇花异葩求取甘甜香醇的花蜜，然后酿制而成。（这些"百花"的名字绝大部分已被收录在本书的参考书目部分）离开了她们，"成果"将成"空想"。因此，这个成果离不开这些"奇花异葩"，成果的酿成绝非一己之功。在此，我首先要感谢我的缅甸语的启蒙恩师任竹根老师、施振才老师，是他们教会了我缅甸语，为我打下了研究的基础。我还要感谢中国社会科学院的傅懋勣、王辅世、李永燧、瞿霭堂、陈康、徐悉艰、刘光坤、黄行等研究员，中央民族大学的马学良、胡坦、黄布凡、罗美珍、张公瑾等教授，云南民族大学盖兴之、王敬骝、陈相木等教授以及北京大学朱德熙、徐通锵、叶蜚声等教授，是他们引导我从缅甸语的框框中跳出来，进入汉藏语系更宽阔的范围内开展研究，使我开了眼界，扩大了视野，走向了更高的平台。尤其要感谢孙宏开戴庆厦两位教授，他们数十年来一直是我的良师益友，一贯支持、鼓励、帮助我深入研究缅甸语，并开展汉藏语系有关语言的比较研究。在本书完稿后，请他们提修改意见并作序时，他们欣然同意，并在百忙中抽出时间审阅本书并作了序言，为本书作了精彩的介绍，序言为本书增色不少，实际上已成为本书的"画龙点睛"之作。同时我还要衷心感谢热情关心、支持、帮助我的老师、同仁、年轻的战友们以及默默无闻地支持和关心我的爱人和亲朋好友，是他们给了我巨大的力量，帮助我去克服各种困难。激励我不断向前进步，最终完成撰写本书的任务。

在国家社科基金办组织同行专家对本科研项目的结项评审过程中，有五位不知姓名的专家给予本书高度的评价和肯定，并且提出了宝贵的修改意见，北京市社科出版基金的审稿专家也提出了具体的修改意见。在此一并向这几位从未谋面的老师表示衷心感谢。几年来为了达到精益求精的目的，吸收了他们的宝贵意见，作了反复的修改，希望不辜负他们的关心和支持。

本书的出版得到北京市社会科学理论著作出版基金办的资助，在此表示衷心的感谢。同时我还要感谢北京大学外语学院的领导关心和支持。感谢北京大学出版社的鼎力支持和责任编辑的辛勤劳动，使本书得以和读者见面。也殷切希望敬爱的读者能提出宝贵意见使本书质量不断提高。

作者

于北京大学燕北园寓所

2009 年 10 月 24 日

图书在版编目(CIP)数据

缅甸语汉语比较研究 / 汪大年著. —北京：北京大学出版社，2012.3
（国家哲学社会科学成果文库）

ISBN 978-7-301-20291-3

Ⅰ. 缅… Ⅱ. 汪… Ⅲ. ①缅语—对比研究—汉语 Ⅳ. ①H421 ②H1

中国版本图书馆 CIP 数据核字（2012）第 026825 号

书　　　名：	缅甸语汉语比较研究
著作责任者：	汪大年 著
责任编辑：	杜若明
标准书号：	ISBN 978-7-301-20291-3/H·3004
出版发行：	北京大学出版社
地　　　址：	北京市海淀区成府路 205 号　100871
网　　　址：	http://www.pup.cn
电　　　话：	邮购部 62752015　发行部 62750672　编辑部 62753374
	出版部 62754962
电子邮箱：	zpup@pup.pku.edu.cn
印　刷　者：	北京中科印刷有限公司
经　销　者：	新华书店
	787 毫米×980 毫米　16 开本　40 印张　650 千字
	2012 年 3 月第 1 版　2012 年 3 月第 1 次印刷
定　　　价：	110.00 元

未经许可，不得以任何方式复制或抄袭本书之部分或全部内容。
版权所有，侵权必究　举报电话：010-62752024